Trajetórias das desigualdades

Como o Brasil mudou nos últimos cinquenta anos

Marta Arretche (org.)

Trajetórias das desigualdades

Como o Brasil mudou nos últimos cinquenta anos

centro de estudos da metrópole

editora unesp

Fundação Editora da Unesp (FEU)
Praça da Sé, 108
01001-900 – São Paulo – SP
Tel.: (0xx11) 3242-7171
Fax: (0xx11) 3242-7172
www.editoraunesp.com.br
www.livrariaunesp.com.br
feu@editora.unesp.br

Centro de Estudos da Metrópole (CEM)
Av. Prof. Luciano Gualberto, 315 *(USP)*
Salas 116B (1° andar) e 2 (2°andar)
05508-900 – São Paulo – SP
R. Morgado de Mateus, 615 *(Cebrap)*
04015-902 – São Paulo – SP
Fone (Cebrap): (0xx11) 5574-0399
Fone (USP): (0xx11) 3091-2097
contato@centrodametropole.org.br
www.centrodametropole.org.br

CIP – Brasil. Catalogação na fonte
Sindicato Nacional dos Editores de Livros, RJ

T688

Trajetórias das desigualdades: como o Brasil mudou nos últimos cinquenta anos / organização Marta Arretche. – 1. ed. – São Paulo: Editora Unesp; CEM, 2015.

ISBN 978-85-393-0566-7

1. Desigualdade social. 2. Ciências sociais. 3. Ciências políticas. 4. Economia. I. Arretche, Marta.

15-20605 CDD: 330.122
CDU: 330.342.14

O Centro de Estudos da Metrópole (CEM) é um dos Centros de Pesquisa, Inovação e Difusão *(Cepid)* da Fapesp e um dos Institutos Nacionais de Ciência e Tecnologia do CNPq, com sede na Universidade de São Paulo e no Cebrap. Fundado em 2001, reúne pesquisadores de diferentes áreas das ciências sociais voltados ao estudo das desigualdades sociais e espaciais em contextos urbanos e metropolitanos.

Editora afiliada:

Asociación de Editoriales Universitarias de América Latina y el Caribe

Associação Brasileira de Editoras Universitárias

Sumário

Apresentação

Marta Arretche

As democracias do mundo desenvolvido testemunharam substancial e inesperada escalada da desigualdade nas últimas décadas. Os dados do The World Top Income Database indicam que a participação do 1% mais rico na renda nacional (excluídos os ganhos de capital) nos Estados Unidos cresceu de 12,2% para 19,3% entre 1991 e 2012. Na Europa, onde a construção de generosos Estados de bem-estar marcou o pós-Segunda Guerra, a parcela da renda nacional destinada aos mais ricos apresentou trajetória igualmente ascendente. Para os mesmos anos, o indicador passou de 10% para 15,4% no Reino Unido e de 5% para 7,1% na meca da social-democracia, a Suécia.[1]

No mesmo período, o Brasil caminhou na direção oposta. A desigualdade de renda caiu sistematicamente. O pico da desigualdade de renda ocorreu em 1989, final do governo Sarney, quando o piso da renda dos 5% mais ricos correspondia a 79 vezes o teto da renda dos 5% mais pobres. Desde então, essa razão vem apresentando queda sistemática. Em 2012, ano em que a série atingiu seu patamar mais baixo, essa razão ainda era

1 Dados obtidos em: <http://topincomes.parisschoolofeconomics.eu>.

de 36.[2] A despeito dessa trajetória, não resta dúvida de que o patamar é ainda muito alto. A América Latina apresenta os mais elevados índices de desigualdade do mundo (Ravallion, 2014), e o Brasil ainda está entre os países mais desiguais da região.[3]

Ambas as trajetórias – dos países desenvolvidos e do Brasil – subverteram teorias solidamente estabelecidas. Colocaram questões importantes para a teoria democrática. Na história das ideias políticas, liberais e conservadores temiam – aparentemente com razão – o sufrágio universal, em vista do risco de politização das lutas por redistribuição e seus efeitos prováveis sobre a ordem social e a propriedade. A trajetória das democracias no pós-Segunda Guerra parecia confirmar a proposição de que, *no longo prazo*, a universalização do sufrágio levaria à redução das desigualdades econômicas e sociais (Marshall, 1967). Seu principal mecanismo também parecia conhecido. Dado que na esmagadora maioria das democracias a renda do eleitor mediano é inferior à renda média, este votaria por redistribuição; sob a regra majoritária, a preferência do eleitor mediano levaria ao crescimento do papel redistributivo do Estado (Meltzer; Richard, 1981).

Contrariando essas expectativas, as evidências têm revelado que a sociedade de classe média que emergiu no pós-Segunda Guerra pode não ser duradoura. Contrariando trabalhos clássicos, como os de Eric Hobsbawm (1994) e Gösta Esping-Andersen (1985a; 1985b; 1990; 1999), a era dourada parece ter sido antes uma pausa na trajetória da concentração da riqueza do que expressão de transformações nos sistemas de estratificação econômica. Ainda que os EUA sejam muito mais desiguais do que os países europeus, o formato de U descreve a trajetória geral da desigualdade de renda, com tendência ascendente a partir da década de 1970 (Piketty; Saez, 2014). Por consequência, os níveis de pobreza aumentaram substancialmente nas democracias avançadas. Como isso foi possível se "uma característica-chave da democracia é a contínua responsividade do governo

2 Cálculos realizados com base nos dados das Pesquisas Nacionais por Amostra de Domicílio, do IBGE.

3 O *inequality-adjusted income index*, calculado pelo Programa das Nações Unidas para o Desenvolvimento para 2012, indica que apenas Colômbia, Paraguai, Venezuela e Equador apresentam pior distribuição de renda que o Brasil, na América Latina. Dados obtidos em: <https://data.undp.org/dataset/Inequality-adjusted-income-index/kgcz-8b4v>.

às preferências de seus cidadãos, considerados como politicamente iguais" (Dahl, 1997 [1972], p.25)?

Para a teoria econômica, esses fatos não parecem ser menos desafiadores. Ainda que Simon Kuznets tenha sido muito mais cauteloso que seus comentadores, suas "especulações preliminares" (1955, p.7) deram origem a uma agenda de investigação que buscou evidências e razões para um U invertido na trajetória secular da desigualdade da renda: o crescimento da desigualdade ocorreria apenas nas fases iniciais do processo de industrialização; estágios mais avançados de desenvolvimento seriam acompanhados por redução das desigualdades (Kuznets, 1955, p.18).

A trajetória recente do Brasil apresenta iguais desafios para as projeções sobre o desempenho do regime democrático contemporâneo. Na introdução a um clássico das ciências sociais brasileiras, *Cidadania no Brasil*, José Murilo de Carvalho (2001) sintetizou interpretação compartilhada à época por diversos cientistas sociais (Barros et al., 2000; Lamounier, 1992; Reis; Cheibub, 1993; Stepan, 1999). Segundo Carvalho, o entusiasmo com a democracia revelara-se ingênuo. As conquistas no plano político – eleição direta em todos os níveis, liberdade de reunião e de expressão, sufrágio universal – não haviam se traduzido em resolução de problemas centrais de nossa sociedade. As grandes desigualdades econômicas e sociais continuavam sem solução, ou até mesmo haviam se agravado; na melhor das hipóteses, melhoras eram marcadas por ritmo muito lento. O resultado de longo prazo era a "inaceitável estabilidade" da desigualdade (Barros et al., 2000).

Em conjunto, esses episódios de (aparente) subversão dos fatos em relação à teoria revelam que o conhecimento das ciências sociais sobre os fatores que levam à redução das desigualdades ainda repousa em bases bastante especulativas. Para tal estado da arte, tem contribuído a limitada disponibilidade de evidências firmemente estabelecidas (Piketty; Saez, 2014). Na verdade, impressiona o leitor o notável esforço dedutivo empreendido por trabalhos que se tornaram clássicos, esforço em parte induzido pela limitação de informações.

Este livro pretende ser uma contribuição ao conhecimento sobre a trajetória das desigualdades no Brasil. Reunidos no Centro de Estudos da Metrópole (CEM), os autores deste volume foram animados pela disponibilidade de seis edições dos Censos Demográficos, produzidos pelo Instituto Brasileiro de Geografia e Estatística (IBGE), de 1960 a 2010. A oportunidade nos estimulou a fazer um esforço coletivo de análise das mudanças ocorridas ao longo de um período da história brasileira que compreendeu contextos econômicos e políticos muito distintos: transição rural-urbana, industrialização, crescimento econômico acelerado e retração econômica, inflação e estabilidade monetária, autoritarismo e democracia. Ainda que essas transições tenham sido extensivamente registradas pela literatura, uma avaliação sistemática da trajetória das desigualdades ao longo desse período ainda estava por ser feita.

O Brasil de 1960 era um país rural, no qual as desigualdades de renda e de oferta de serviços de infraestrutura no vasto território nacional eram pequenas. Esta era, contudo, uma relativa igualdade na pobreza, na medida em que a baixa renda e a ausência de serviços públicos essenciais estavam mais ou menos homogeneamente distribuídas no território. O mercado de trabalho era predominantemente masculino. Em 1970, em um país esmagadoramente católico, as mulheres tinham em média seis filhos, mas as mais escolarizadas apresentavam uma taxa de fertilidade de dois filhos por mulher. Em qualquer dos extremos de renda e escolaridade, o arranjo predominante era a família tradicional, restringindo o mundo feminino ao trabalho doméstico.

Mais de três quartos da população brasileira era funcionalmente analfabeta, isto é, tinha somente até três anos de estudo. Apenas 20% dos jovens entre 12 e 15 anos completavam quatro anos de estudo. A universidade era um ambiente restrito aos homens brancos oriundos dos estratos superiores. A desigualdade entre brancos e não brancos já começava no acesso aos bancos do ensino fundamental.

A escassa oferta de profissionais qualificados garantia principalmente aos provedores masculinos grandes vantagens no mercado de trabalho e no sistema de proteção social, posto que o direito à previdência e à saúde produzia marcadas distinções de *status* aos detentores de uma carteira de trabalho assinada.

Em 2010, o Brasil era um país altamente urbanizado: 85% da população brasileira viviam em cidades. Os níveis de escolaridade haviam mudado radicalmente. O analfabetismo funcional havia caído para menos de 20%

da população economicamente ativa, concentrada na população idosa. Entre os jovens, a conclusão do ensino básico era praticamente universal – quase 70% dos jovens completavam oito anos de estudo. Logo, completar o ensino fundamental tornou-se cada vez menos dependente da origem familiar. Na outra ponta do sistema escolar, a população de mais de 18 anos que chegou ao ensino médio pulou de 6,2 milhões em 1980 para 39,7 milhões em 2010; a que chegou ao ensino superior passou de 3,4 milhões para 21,5 milhões. Ambas haviam aumentado mais de seis vezes. No mesmo período, a taxa de mortalidade infantil no Brasil caiu de 69 para 16 por mil nascidos vivos, e a esperança de vida passou de 62 para 73 anos.

Protagonistas do movimento feminista e do movimento pelos direitos civis na década de 1960, mulheres e pretos não tiveram, contudo, o mesmo sucesso em suas respectivas pautas de emancipação. A partir de 1970, as mulheres passaram a frequentar maciçamente os bancos universitários, a ponto de serem maioria na população universitária em 2010, reduzindo substancialmente as diferenças entre profissões tipicamente masculinas e femininas. A taxa de fecundidade feminina caiu de modo acelerado, pois o conjunto das mulheres adotou cada vez mais o comportamento reprodutivo das mulheres altamente escolarizadas. Ter filhos passou a ser uma escolha.

Acompanhou essas mudanças no comportamento das mulheres a emergência de uma multiplicidade de arranjos familiares: a família tradicional deixou de ser o arranjo predominante. Do mesmo modo, um declínio (nada moderado) do catolicismo, longe de assinalar o fim da religião, instalou o pluralismo religioso.

Ainda que pretos e pardos tenham paulatinamente ingressado na universidade nas últimas décadas, o fato é que, em 2010, os brancos ainda eram 75% da população universitária. Mais que isso, quando os não brancos entram no sistema de ensino superior, tendem a ingressar nas profissões de menor prestígio. Por consequência, a redução das desigualdades em relação aos não brancos dentro do sistema escolar permaneceu restrita ao nível de ensino em que o acesso tornou-se universal, isto é, no ensino fundamental.

A entrada massiva das mulheres nos mundos escolar e do trabalho, contudo, não se traduziu em salários iguais. Em 2010, mulheres e pretos ainda obtinham menores rendimentos que os homens brancos, mesmo quando possuíam o mesmo nível de escolaridade.

Em 2010, não apenas a barreira de idade era o único critério de exclusão da participação eleitoral como os custos de alistamento, comparecimento às urnas, obtenção da informação e manifestação da preferência eleitoral tinham sido consideravelmente reduzidos. Além disso, havia inúmeras oportunidades de participação extraparlamentar, por meio de conselhos ou associações de todos os tipos.

Duas conclusões podem ser extraídas desta breve síntese. A primeira delas é que o termo "desigualdade" é excessivamente abstrato. No mundo social, existem múltiplas desigualdades: entre pobres e ricos, entre mulheres e homens, entre categorias de raças, as quais, por sua vez, se manifestam na renda, no acesso a serviços, na participação política. Na verdade, a centralidade da renda nos estudos comparados sobre desigualdade está mais associada à disponibilidade de dados do que ao fato de que esta seja sua única dimensão relevante. O fenômeno da desigualdade é muito mais complexo do que apenas sua dimensão monetária. Portanto, entender a desigualdade requer examinar suas múltiplas dimensões. Assim, é mais preciso tratar das trajetórias das desigualdades, no plural, como indica o título deste volume.

Em segundo lugar, o Brasil de 2010 ainda apresentava muitas desigualdades inaceitáveis. Sua trajetória, contudo, esteve longe de ser estável. A breve síntese exposta acima revela que deslocamentos importantes nas distâncias entre categorias sociais ocorreram. Mais que isso, como será possível observar neste volume, esses deslocamentos estão indiscutivelmente associados à democracia. O regime autoritário de 1964 expandiu o acesso à educação, aos serviços de infraestrutura urbana e aos direitos previdenciários e de saúde. Porém, contrariando o aforisma atribuído a John F. Kennedy, a onda do crescimento econômico não levantou todos os barcos à mesma altura. Crescimento da desigualdade de renda, marcadas desigualdades entre indivíduos e regiões no acesso a serviços, bem como distinções nos direitos previdenciários associadas à formalidade da inserção no mercado de trabalho acompanharam a expansão das políticas sociais do regime militar. Em contrapartida, a queda acelerada dos níveis de pobreza, da desigualdade de rendas no mercado de trabalho e das desigualdades no acesso a serviços, entre indivíduos e entre regiões, emergiu apenas sob o regime democrático. É a década de 1990 que inaugura uma inflexão na história das desigualdades no Brasil.

A democracia não é, contudo, condição suficiente para afetar padrões enraizados de distribuição da renda e de acesso a bens públicos. As evidências apresentadas neste volume confirmam os achados de uma tradição de estudos nas ciências sociais que enfatiza a primazia das políticas para tornar possíveis mudanças substantivas na ordem social e econômica (Glaeser et al., 2004; Esping-Andersen, 1985a, 1985b, 1990). A trajetória de longo prazo das desigualdades no Brasil revela que não há determinismo – econômico ou político – nesse processo. Políticas importam! Mais que isso: deslocamentos nos padrões de desigualdade requerem políticas implementadas por um longo período de tempo.

São as políticas e suas regras que permitem explicar o *puzzle* formulado por Kingstone e Power (2008, p.2-5), para quem, na democracia brasileira contemporânea, "o progresso em algumas áreas é compensado pela estagnação em outras. [...] Algumas dimensões da governança democrática melhoraram dramática e rapidamente, enquanto outras melhoraram pouco ou nada".[4] As desigualdades que apresentaram declínio foram objeto de políticas cujo desenho visou deliberadamente produzir esse resultado e que ganharam grande centralidade na agenda do governo federal. Em contrapartida, a redução nos patamares de desigualdade foi muito mais lenta naquelas áreas caracterizadas pela descontinuidade entre mandatos presidenciais, ou mesmo pela paralisia decisória.

A competição política e a limitada desigualdade de participação eleitoral podem operar como incentivos à adoção dessas políticas. Essa relação não elimina, contudo, o fato de que a redução das desigualdades requer políticas cujas regras pretendam produzir esse resultado. A queda simultânea das desigualdades em diversas dimensões relevantes no Brasil não foi resultado de nenhum fator isolado, mas da combinação no tempo do efeito de diferentes políticas orientadas a públicos distintos,

4 Texto original: "*Progress in some areas is offset by stagnation in others. [...] Some dimensions of democratic governance have improved rapidly and dramatically, while some have improved very little or not at all*". (N. E.)

cuja característica comum foi a tentativa de reverter a longa trajetória de estabilidade de altos níveis de desigualdade.

A singularidade da trajetória das diferentes dimensões da desigualdade e a importância das políticas para dissociar os efeitos da renda e da origem social sobre sua reprodução tornam-se ainda mais evidentes se nossa métrica inclui o acesso a serviços públicos e a participação política. Por exemplo, a eliminação da barreira do analfabetismo pela Emenda Constitucional n.25, de 1985, ratificada pela Constituição Federal de 1988, foi um passo importante na direção da universalização do sufrágio. Entretanto, decisões relativas às regras para o exercício desse direito – tais como realizar eleições aos domingos e adotar a urna eletrônica – foram igualmente decisivas para diminuir os custos do comparecimento eleitoral dos mais pobres, reduzindo as desigualdades de participação política.

Na mesma direção, a trajetória do acesso a serviços públicos no Brasil revela progressiva dissociação em relação à renda. Esse efeito somente é eliminado sob a universalização, cuja trajetória, contudo, revela que os mais pobres são os últimos a serem incorporados. Uma vez alcançada a universalização, a desigualdade se desloca para uma nova fronteira, na qual origem social e renda sobrevivem como um fator de impacto relevante.

Enfatizar o efeito das políticas não implica que estas esgotem o rol das condições necessárias à redução das desigualdades. Este livro revela que demografia e comportamentos também afetam padrões redistributivos. No caso brasileiro, mudanças no comportamento das mulheres no mundo escolar e no mercado de trabalho, nas escolhas sobre tamanho e arranjo das famílias, e até mesmo nas escolhas religiosas, tiveram papel importante na redução das desigualdades. Em contrapartida, o preconceito e a autoexclusão também podem limitar o efeito das oportunidades abertas pelas políticas sobre as escolhas dos indivíduos.

Este não é, contudo, um livro sobre as políticas. Diferentemente, examina a desigualdade em suas múltiplas faces e detalha sua trajetória nos últimos cinquenta anos. Em conjunto, revela que essas distintas dimensões não podem ser deduzidas diretamente uma da outra, pois apresentam trajetória independente.

Estrutura do livro

Este livro está organizado em cinco partes, cada uma correspondendo a uma das dimensões consideradas centrais pela literatura sobre desigualdades.

A primeira parte diz respeito à participação política e revela que modificações de grande monta ocorreram nessa esfera, quer estas sejam observadas pela ótica da participação eleitoral, quer nos debrucemos sobre as formas de participação extraparlamentar. O capítulo "Participação política no Brasil", de Fernando Limongi, José Antonio Cheibub e Argelina Cheibub Figueiredo, examina as dimensões e os mecanismos da incorporação à participação eleitoral: passamos de um contingente de 7,4 milhões de eleitores em 1945 para 135,5 milhões em 2010. Essas cifras não são apenas resultado do crescimento demográfico. Antes, seu principal fator explicativo foi a eliminação da barreira educacional, instituída em 1985 e consagrada pela Constituição de 1988, dadas as elevadas taxas de analfabetismo do Brasil. Entretanto, os autores nos mostram que há evidências de que o critério legal de exclusão dos analfabetos tenha sido burlado durante o regime militar. Portanto, na impossibilidade de saber com certeza quanto a exclusão legal dos analfabetos foi de fato respeitada até 1988, é discutível o impacto efetivo dessa decisão constitucional sobre a incorporação eleitoral e, consequentemente, sobre as decisões políticas.

Eliminar barreiras legais à participação eleitoral não é, contudo, condição suficiente para a efetiva inclusão dos mais desfavorecidos. Como mostram os autores, os incluídos no universo de eleitores têm de superar obstáculos – de alistamento, de deslocamento e de obtenção de informação – para depositar seu voto na urna. Objeto de intensa disputa política na formulação dos códigos eleitorais, essas regras não são sabidamente neutras. Desigualdades de renda e de escolaridade capacitam distintamente os eleitores para enfrentar esses custos. O capítulo mostra que decisões relativas às regras eleitorais eliminaram grande parte desses obstáculos, o que reduziu expressivamente os custos de participação eleitoral dos mais pobres e menos escolarizados, com consequências óbvias para o ato de votar.

Sob o regime democrático contemporâneo, também cresceu exponencialmente o número de associações da sociedade civil. É o que claramente demonstra o capítulo "Conselhos, associações e desigualdade", de Adrian Gurza Lavalle e Leonardo Sangali Barone. Entre 1988 e 2009, os conselhos municipais se expandiram no país, convertendo em realidade as disposições previstas na Constituição Federal de 1988. A trajetória dessa expansão, contudo, é reveladora das interações entre a sociedade civil e as instituições do Estado, pois a expansão dos conselhos é afetada pela capacidade de indução da União no federalismo brasileiro, na medida em que se tornaram universais – isto é, com presença generalizada em todos os municípios – apenas aqueles conselhos em que o governo federal empregou seu poder de gasto para condicionar as transferências federais à sua instalação. Na ausência desse mecanismo de indução, a penetração territorial dos conselhos é afetada pelas desigualdades entre os municípios: há uma clara associação entre melhores condições educacionais e de renda, medida pelo índice de desenvolvimento humano (IDH), e a presença de conselhos.

Entre 1999 e 2009, as associações da sociedade civil também apresentaram crescimento superior ao da população em todos os municípios do país, independentemente da condição socioeconômica de sua população. Os autores mostram que a maior presença de associações em municípios com melhores condições socioeconômicas é basicamente um efeito do tipo de indicador empregado para medir associativismo, ou seja, se cartórios e associações condominiais, que tendem a proliferar nas aglomerações urbanas, são contabilizados como associações da sociedade civil. Ao adotar um indicador mais adequado para medir o tipo de associativismo descrito pela literatura sobre participação política – associações de defesa de direitos –, os autores revelam que na década de 2000 essa proliferação foi mais marcada nos municípios de pior IDH.

A segunda parte do livro trata das relações entre educação e renda, tema clássico da literatura sobre desigualdades, que sustenta que essa associação opera nas duas direções, isto é, a origem social afeta o acesso à educação e o desempenho escolar, assim como há um prêmio associado à educação que distingue indivíduos mais e menos escolarizados no mercado de trabalho. Isoladamente, a educação seria o fator que mais determina as oportunidades no mercado de trabalho; do mesmo modo, há uma estreita relação entre escolaridade e participação política. Por essa razão, um estudo abrangente sobre a desigualdade não poderia deixar de examinar diferentes dimensões da trajetória das desigualdades educacionais no Brasil e seu impacto sobre a renda, bem como a trajetória da associação entre origem familiar e acesso à educação.

No capítulo "Estratificação educacional entre jovens no Brasil", Carlos Costa Ribeiro, Ricardo Ceneviva e Murillo Marschner Alves de Brito examinam o impacto da origem socioeconômica sobre o acesso e a progressão educacional dos jovens. Os autores mostram que nos últimos cinquenta anos ocorreram mudanças substanciais na extensão em que as desigualdades sociais afetam as oportunidades educacionais. A universalização do acesso ao ensino básico – quase 70% dos jovens que entraram no sistema educacional completaram oito anos de estudo em 2010, em contraposição a uma taxa de 10% em 1960 – e a consequente entrada massiva de jovens no ensino médio implicaram um deslocamento, por efeito de saturação, do nível de ensino em que a origem socioeconômica opera como um constrangimento sobre a progressão escolar.

No ensino fundamental completo, o efeito de fatores que nas décadas de 1960 e 1970 operavam como limitadores da progressão educacional – origem rural, escolaridade dos pais, renda familiar, sexo e cor – foram praticamente eliminados. Entretanto, esses aspectos não desapareceram. Na verdade, deslocaram-se para os níveis imediatamente superiores da trajetória educacional. Ainda que um número crescente de jovens tenha ingressado no ensino médio e no ensino superior, as taxas de conclusão são muito inferiores às de entrada. Além disso, as desigualdades de oportunidades – isto é, a relação entre o fracasso na conclusão dessas etapas educacionais e a origem familiar – revelaram-se persistentes para o ensino médio e até mesmo ampliadas para a conclusão do ensino superior.

No capítulo "Educação e desigualdade no Brasil", Naercio Menezes Filho e Charles Kirschbaum examinam a associação entre a oferta relativa de mão de obra escolarizada e a desigualdade de renda no mercado de trabalho, ainda que admitam que essa trajetória também é afetada por outros fatores. Com base na evidência de que o mercado de trabalho é o principal componente da queda da desigualdade de renda a partir de

2000, os autores procuram desvendar o que ocorreu nessa esfera para alterar uma trajetória anterior – entre 1970 e 2000 – de aumento contínuo da desigualdade. Seu argumento central é que ambas as trajetórias – de aumento e queda da desigualdade de renda – estão diretamente associadas aos retornos da educação, os quais, por sua vez, são explicados pela oferta e demanda por trabalho qualificado.

Para os autores, nosso atraso educacional – qual seja, os muito baixos níveis de escolaridade da população brasileira – e, portanto, a escassez de mão de obra qualificada seriam responsáveis pelos elevados diferenciais de salário no mercado de trabalho. Logo, demonstram como o aumento da escolarização aumentou a oferta de mão de obra mais qualificada e, por consequência, reduziu o prêmio pelos diferenciais de escolaridade. Portanto, a queda da desigualdade de renda no mercado de trabalho teria como origem a expansão dos níveis de escolaridade da população economicamente ativa.

No capítulo "Estratificação horizontal da educação superior no Brasil", Carlos Antonio Costa Ribeiro e Rogerio Schlegel dão um passo analítico adicional. Se é verdade, como mostraram Naercio Menezes Filho e Charles Kirschbaum, que há uma associação positiva entre diferenciais de escolaridade e diferenciais de renda no mercado de trabalho, também é verdade que há diferenciais de renda entre indivíduos com o mesmo nível de escolaridade. Essa estratificação horizontal pode ser observada pela carreira universitária, isto é, o título profissional que os indivíduos obtêm. Os autores examinam, portanto, como diferenças de sexo e de raça afetam o ingresso na carreira universitária e sua estratificação horizontal, distinguindo carreiras de maior e menor prestígio.

Carlos Antonio Costa Ribeiro e Rogerio Schlegel revelam que entre 1960 e 2010 houve expressivo crescimento da participação dos mais pobres, das mulheres e dos pardos e pretos na vida universitária. Mas as mulheres foram mais bem-sucedidas que os demais. As taxas de ingresso feminino no ensino superior foram muito superiores às dos pretos e pardos, a ponto de as primeiras superarem os homens em termos percentuais a partir de 1991. Mais que isso: as mulheres também ingressaram em carreiras outrora tipicamente masculinas e de maior prestígio, tais como medicina, odontologia e arquitetura. Se ocorreu, por um lado, razoável equalização das carreiras universitárias entre homens e mulheres, a desigualdade de carreiras entre as raças permaneceu bastante estável. Os pretos não são apenas os que têm menores chances de ingressar no ensino superior, mas, quando conseguem, o fazem nas profissões de menor prestígio. Além disso, mulheres, pretos e pardos recebem rendimentos inferiores, mesmo quando possuem o mesmo diploma que os homens brancos.

No capítulo "Desigualdades raciais no Brasil: um desafio persistente", Márcia Lima e Ian Prates concentram-se especificamente nas desigualdades entre grupos de cor no sistema escolar e no mercado de trabalho. Seus resultados vão na mesma direção dos apresentados pelos capítulos anteriores: os autores mostram que na faixa etária entre 7 e 14 anos, correspondente ao ensino fundamental, a universalização do acesso eliminou as desigualdades raciais já em 2000. Entretanto, as desigualdades de acesso ao ensino médio por grupos de cor só mostraram tendência de queda a partir de 2000, tendo apresentado razoável estabilidade entre 1980 e 2000. No ensino superior, por sua vez, apesar da ampliação das taxas de escolarização, ainda havia em 2010 distância expressiva entre os brancos e não brancos, sendo que pretos e pardos tinham trajetórias muito similares. Adicionalmente, ainda em 2010 havia no ensino superior uma superposição de desvantagens por cor e renda, pois os negros pobres encontravam mais dificuldades para atingir níveis superiores de escolaridade do que os brancos pobres.

Segundo os autores, ocorreu, portanto, um deslocamento do nível educacional em que as desigualdades de cor, frequentemente superpostas às de renda, se manifestam. A universidade brasileira deixou de ser dominantemente branca, mas os não brancos ainda têm menor participação nas suas salas de aula. Sua origem familiar afeta suas chances de ingresso no ensino superior. Além disso, quando logram ingressar na universidade, tendem a se concentrar em carreiras de menor prestígio.

A terceira parte examina a trajetória das políticas públicas em dimensões relevantes do bem-estar que vão além da renda. Três capítulos dão particular atenção à trajetória das políticas públicas e seus efeitos sobre as desigualdades no bem-estar dos cidadãos.

No capítulo "Trazendo o conceito de cidadania de volta: a propósito das desigualdades territoriais", Marta Arretche examina a trajetória do acesso a serviços de infraestrutura e sua associação com a pobreza, de 1970 a 2010, tomando como unidade de observação os municípios brasileiros. O texto mostra que as condições de vida melhoraram sensivelmente nos últimos quarenta anos. Portanto, diminuíram as desigualdades no acesso a serviços básicos de energia elétrica, água e esgoto, coleta de lixo e níveis de escolaridade entre os municípios brasileiros. O acesso a serviços, entretanto, expandiu-se em estreita associação com o aumento da renda *per capita* e a redução do percentual de pobres, sem que seja possível determinar a direção da causalidade.

A trajetória da melhora teve também marcada expressão regional. Isto é, a expansão territorial da oferta de serviços apresentou padrão bastante similar para as diversas políticas. Iniciou nos municípios mais ricos, nos quais a universalização dos serviços antecede – em muito – a expansão da cobertura nos demais. A melhora das coberturas no Sudeste constitui o primeiro ciclo de expansão para todas as políticas. Pode-se dizer que as políticas do regime militar e mesmo da redemocratização beneficiaram mais fortemente essa região e, em menor grau, o Sul. A melhora da cobertura para as regiões Sul e Centro-Oeste constitui o segundo ciclo de expansão para todas as políticas, ainda que em períodos diferentes para cada política setorial. Por fim, as regiões Norte e Nordeste são a última área de expansão. Seja para água, seja para energia – de acesso universal na região Sudeste desde 1980 –, o acesso só se tornou universal em 2010. De fato, as populações rurais e os pobres dos municípios mais necessitados, em particular na área do Polígono das Secas, só tiveram acesso a água e energia elétrica, pela universalização dos serviços, a partir do século XXI.

No capítulo "Condições habitacionais e urbanas no Brasil", Eduardo Marques argumenta que as desigualdades em habitação não podem ser captadas pela propriedade do domicílio. As altas taxas de propriedade privada residencial no país desde 1950 são explicadas por um problema de registro: este diz respeito à propriedade do imóvel, e não à propriedade e regularização do terreno no qual está construído. Logo, a expansão desse tipo de propriedade é expressão da elevação da moradia precária. A desigualdade habitacional, portanto, deve ser examinada com base na densidade de ocupação do domicílio – que apresentou trajetória de queda –, na existência de banheiro – que tem forte associação com a renda – e no acesso a serviços essenciais, tais como água, esgoto, coleta de lixo e energia elétrica.

O autor mostra que, entre 1960 e 2010, ocorreu sensível melhora das condições urbanas, à exceção da cobertura para a coleta de esgoto, que permanecia muito baixa ainda em 2010. Essa redução das desigualdades de acesso, no entanto, varia bastante entre as políticas. Energia elétrica e coleta de lixo tornaram-se praticamente universais no meio urbano, ao passo que a cobertura de água estagnou na faixa de 90% a partir da década de 1990. O texto revela que dois fatores se superpõem na produção de desigualdades de acesso à infraestrutura dos domicílios urbanos. Em primeiro lugar, está a renda do domicílio: a cobertura nos domicílios mais pobres é sistematicamente inferior à nos mais ricos, fator que só desaparece sob a condição da universalização do acesso. Em segundo lugar, está o tamanho das cidades: as cidades maiores tendem a apresentar maiores coberturas. A superposição desses dois fatores pode, segundo o autor, estar na origem de uma terceira manifestação de desigualdades no acesso à infraestrutura urbana: a desigualdade entre regiões. Pobreza e cidades menores estão concentradas nas regiões Norte e Nordeste, produzindo ali as situações de maior precariedade urbana.

Em "Saúde e desigualdade no Brasil", Vera Schattan P. Coelho e Marcelo F. Dias examinam a trajetória das desigualdades em saúde no Brasil e mostram que os indicadores melhoraram sensivelmente após a redemocratização, tais como a taxa de mortalidade infantil e a expectativa de vida. Além disso, esse processo foi acompanhado de redução das desigualdades entre regiões, estados e municípios brasileiros.

Os autores encontraram associação robusta e estatisticamente significativa entre esses indicadores de saúde, de um lado, e a renda média dos municípios e a escolaridade das mulheres, de outro. Além disso, maiores taxas de desigualdade de renda apareceram associadas a maiores taxas de mortalidade infantil e menor expectativa de vida. A força dessa associação se mostrou, no entanto, modesta, e diminuiu ao longo do período.

A quarta parte da obra refere-se às relações entre a demografia e a desigualdade. As últimas décadas foram palco de intensas modificações demográficas. Deslocamentos populacionais de grande monta, mudanças profundas na situação das mulheres, queda na taxa de fecundidade, alterações expressivas no comportamento religioso. Essas transformações foram simultaneamente expressão e causa das trajetórias das desigualdades examinadas neste livro.

No capítulo "A migração interna no Brasil nos últimos cinquenta anos: (des)continuidades e rupturas", além de descrever a intensidade dos deslocamentos populacionais, que podem ser visualizados, José Marcos Pinto da Cunha mostra como seu volume e direção estiveram estreitamente associados à dinâmica da economia brasileira e à distribuição espacial das oportunidades de ocupação. A industrialização – e, portanto, a transição rural-urbana – foi a principal força motora dos massivos deslocamentos populacionais ocorridos no Brasil, cujo ápice ocorreu na década de 1970.

Essa transição, contudo, não é suficiente para explicar nem o volume, nem a direção das migrações internas em cada década. Nos anos 1970, o acelerado crescimento na região Sudeste (São Paulo, em particular) exerceu grande atração sobre massivos contingentes populacionais que viviam nas regiões expulsoras, dadas as escassas oportunidades de ocupação e péssimas condições de habitabilidade ali reinantes. Motivações de mesma natureza explicam por que a retração econômica – na década de 1980 e, principalmente, na de 1990 – levou à intensificação da migração de retorno; as oportunidades ocupacionais haviam se tornado mais limitadas à época na região Sudeste. Nos anos 2000, essa migração de retorno diminuiu em intensidade, devido à recuperação da atividade econômica nas regiões mais ricas.

A transição rural-urbana também foi um fator propulsor das migrações no Brasil. Na década de 1970, expressivos contingentes populacionais também se deslocaram para o Norte e o Centro-Oeste, como resultado da modernização agrícola no Sul e no Nordeste. Essa migração, de tipo rural-rural, expandiu a fronteira agrícola e tornou menos dramática a pressão migratória para o Sudeste.

Esses dois fatores – empregos no Sudeste e expansão da fronteira agrícola no Norte e Centro-Oeste – perderam força nos anos 1990, resultando em redução do volume dos fluxos migratórios. A partir de então, a desconcentração da atividade econômica mudou a intensidade das migrações internas e, principalmente, abalou a hegemonia do Sudeste e da fronteira agrícola como destino privilegiados dos deslocamentos.

No capítulo "Cinquenta anos de relações de gênero e geração no Brasil: mudanças e permanências", Maria Coleta Oliveira, Joice Melo Vieira e Glaucia dos Santos Marcondes descrevem a revolução silenciosa na vida privada que ocorreu no Brasil nos últimos cinquenta anos, revolução esta da qual as mulheres foram as principais protagonistas. As autoras desvendam a extensão das mudanças demográficas que ocorreram no Brasil entre 1970 e 2010. Não apenas a expectativa de vida aumentou, como as desigualdades entre os que vivem mais e menos tempo vêm diminuindo. Paralelamente, ocorreu um encolhimento da descendência, isto é, caiu expressivamente o número de filhos por mulher em idade fértil. Essa queda foi expressão da adoção generalizada ao longo dos últimos quarenta anos de um comportamento típico das mulheres mais escolarizadas já nos anos 1970. A mudança nos comportamentos deslocou a associação entre renda e escolaridade em diferentes faces da desigualdade entre as mulheres. Ter filhos passou a ser uma escolha que acompanhou a transição rural-urbana, a massiva presença da mulher no mercado de trabalho, bem como o aumento da escolarização feminina.

Não menos intensas foram as alterações nos arranjos familiares; há crescente heterogeneidade das suas configurações. O número de casamentos formais caiu significativamente, assim como aumentaram as separações conjugais. Isso não significa, contudo, um enfraquecimento da relevância do modelo familiar nuclear. Diferentemente, as uniões consensuais cresceram exponencialmente, revelando a convivência de múltiplas e mutáveis formas de convivência e de criação de filhos. As autoras mostram que, a despeito da persistência de desigualdades, as margens de liberdade e de escolha aumentaram muito para as mulheres neste último meio século.

Em "Transição religiosa no Brasil", Ronaldo de Almeida e Rogério Jerônimo Barbosa descrevem a trajetória de conversão de um país maciçamente católico, do Brasil rural dos anos 1960, em um país caracterizado pelo pluralismo religioso, sob um contexto altamente urbanizado. Para os autores, a história religiosa deste último meio século foi a história da progressiva perda de hegemonia da Igreja Católica, que não apenas perdeu membros declarados, como manteve um grande número de católicos não praticantes.

Entretanto, essa trajetória esteve longe de representar o fim da religião, posto que os sem religião revelaram avanço modesto ao longo desse período. A progressiva perda de importância relativa do catolicismo deu lugar à proliferação de diferentes filiações religiosas. Os autores mostram que se consolidou no Brasil o pluralismo religioso, como resultado das intensas transformações societais experimentadas nas últimas décadas, bem como das estratégias de proselitismo das religiões. Essa pluralidade de filiações religiosas, contudo, não está isenta de estratificações. A hegemonia católica permaneceu restrita ao meio rural. No meio urbano, cresceram mais aceleradamente os evangélicos, sobretudo nas metrópoles, dada sua maior presença – em particular dos pentecostais – na base da pirâmide social. Os espíritas, por sua vez, se concentram nos mais escolarizados e com maior renda.

Last but not least, as mudanças na composição do mercado de trabalho constituem tema central na trajetória das desigualdades e são o objeto central da parte cinco.

Em "Desenvolvimento econômico e desigualdades no Brasil", Alvaro A. Comin parte de uma constatação incômoda: a desigualdade de renda é duradouramente elevada, a despeito de sua trajetória de queda nas duas últimas décadas. Com base na evidência de que o principal fator explicativo da desigualdade de renda está no mercado de trabalho, o autor busca desvendar esse fenômeno analisando as mudanças nas estruturas produtiva e sócio-ocupacional e sua relação com o desenvolvimento econômico. Em sua abordagem, a influência da estrutura agrária preexistente e o modelo de industrialização, que incluem a política educacional e os direitos sociais, têm papel central.

O autor mostra que, no interior do macroprocesso da transição rural-urbana que acompanha toda trajetória de industrialização, uma combinação de fatores incidentes sobre a estratificação de ocupações no mercado de trabalho explica a persistência de um mercado de trabalho polarizado e desigual. A estrutura agrária foi apenas marginalmente alterada pelo processo de modernização. A população rural foi excluída do acesso à educação e aos direitos trabalhistas e sociais, bem como subordinada a oportunidades muito limitadas de inserção na economia urbana. A oferta abundante e sua baixa qualificação se traduziram em remuneração abaixo das condições de subsistência na economia urbana. A forma de incorporação à população economicamente ativa dessa parcela expressiva de brasileiros – em particular as mulheres, os menos escolarizados e os não brancos – se deu por meio do setor de serviços e de ocupações manuais de baixa qualificação. Para o autor, o grande desafio da redução da desigualdade de renda consiste na redução da distância nos rendimentos desses segmentos em relação à parcela privilegiada, que logrou obter níveis mais altos de escolaridade e, por extensão, integração às ocupações não manuais.

No capítulo "Mercado e mercantilização do trabalho no Brasil", Nadya Araujo Guimarães, Leonardo Sangali Barone e Murillo Marschner Alves de Brito desvendam os caminhos pelos quais se consolidou a mercantilização do trabalho no país. Segundo os autores, examinar esse processo requer entender os processos pelos quais o mercado de trabalho, que em 1960 não havia generalizado para toda a força de trabalho a relação de trabalho assalariado, típica do capitalismo, converteu-se em 2010 em um espaço onde a maior parte da população em idade de trabalhar buscava, de forma definitiva, as condições para sua sobrevivência. Responder a essa pergunta supõe, para eles, entender a trajetória da oferta potencial de trabalho, isto é, a composição da população economicamente ativa.

Os autores mostram que a mudança mais significativa na consolidação da mercantilização do trabalho no Brasil nestes últimos cinquenta anos está associada à integração das mulheres ao mercado. Ainda que tenham atingido os mesmos níveis de participação dos homens em 2010, é notável o crescimento nas chances de participação das mulheres que, por sua vez, está associado às variações no retorno esperado como resultado do engajamento no mercado de trabalho.

Todos os gráficos, tabelas, mapas e figuras apresentados neste livro podem ser reproduzidos. Disponibilizamos, no endereço <http://www.centrodametropole.org.br/trajetorias>, os "Anexos Metodológicos e Estatísticos" de nosso estudo. O leitor também encontrará neste *link* dados dos Censos Demográficos e das Pesquisas Nacionais por Amostra de Domicílios (PNADs), bem como notas técnicas relativas às soluções metodológicas adotadas para operar com as bases de dados.

Agradecimentos

Este livro contou com a generosa colaboração de muitas pessoas. Rogério Jerônimo Barbosa foi um esteio de seu processo de produção. Liderou uma equipe de brilhantes jovens pesquisadores do CEM, composta por Diogo Ferrari, Ian Prates, Leonardo Sangali Barone, Murillo Marschner Alves de Brito e Patrick Silva, responsáveis pelo suporte estatístico à produção de dados. Além disso, contribuiu como um ativo interlocutor na solução de inúmeras questões relevantes ao longo do desenvolvimento do projeto. Por fim, coordenou a organização do banco de dados com as edições dos Censos Demográficos e das Pesquisas Nacionais por Amostra de Domicílios (PNAD), que se encontram disponíveis no *site* do CEM, para consulta livre. A solução de problemas no tratamento dos dados contou com a sempre competente colaboração de Edgard Fusaro. A equipe de transferência do CEM, em particular José Donizete Cazzolato e Daniel Waldvogel Thomé da Silva, foi responsável pela produção dos mapas.

Realizamos dois seminários no Centro Brasileiro de Análise e Planejamento (Cebrap), em setembro de 2012 e março de 2013. Nestes, a generosa contribuição de André Portela, Claudio Amitrano, Daniel Hidalgo, Eduardo Rios Neto, Elza Berquó, Marcelo Ayres Camurça Lima, Maria Hermínia Tavares de Almeida, Nelson do Valle e Ricardo Mariano foi tremendamente útil para o desenvolvimento do projeto. A competência e a dedicação de Mariza Nunes e Paula Zucaratto nos garantiram a necessária tranquilidade para a realização desses seminários. Ximena I. León Contrera garantiu o suporte à comunicação institucional do CEM e Shirley Danuzia colaborou na editoração dos manuscritos. Em retribuição à competência e generosidade desses apoios, podemos apenas registrar nossos mais profundos agradecimentos.

O suporte financeiro da Fapesp ao Programa dos Centros de Pesquisa, Inovação e Difusão (Cepid) e do CNPq aos Institutos Nacionais de Ciência e Tecnologia foram cruciais para o desenvolvimento deste projeto.

PARTE I
PARTICIPAÇÃO POLÍTICA

1
Participação política no Brasil[1]

Fernando Limongi[2]
José Antonio Cheibub[3]
Argelina Cheibub Figueiredo[4]

Em 3 de outubro de 2010, pouco mais de 111 milhões de brasileiros foram às urnas. A quase totalidade da população adulta não encontrou maiores dificuldades para se alistar e votar. Resultados foram divulgados em poucas horas e não foram contestados por partidos ou candidatos individuais. O processo eleitoral, em todas as suas múltiplas e complexas fases, do alistamento à posse dos eleitos, não foi matéria de disputas políticas ou judiciais. Mesmo nas eleições de 2014, altamente polarizadas, a disputa política não levou à contestação consequente da legalidade do processo eleitoral.

1 Agradecemos a ajuda de Diogo Ferrari na coleta e organização dos dados, bem como os comentários de Marta Arretche, Maria Hermínia Tavares de Almeida, Daniel Hidalgo e dos participantes do 2º Workshop do Projeto Censo, Centro de Estudos da Metrópole, Cebrap, março de 2013. José Antonio Cheibub agradece o apoio do Lemann Institute of Brazilian Studies, University of Illinois at Urbana-Champaign.

2 Professor do Departamento de Ciência Política da FFLCH/USP.

3 Professor do Departamento de Ciência Política da University of Illinois at Urbana-Champaign (Estados Unidos).

4 Professora do Instituto de Estudos Sociais e Políticos da UERJ.

O Brasil é hoje uma democracia com um dos maiores contingentes de eleitores do planeta (135,5 milhões inscritos), atrás apenas da Índia, dos Estados Unidos e da Indonésia,[5] destacando-se também pela eficiência com que o processo eleitoral é organizado. Eleições transcorrem sem maiores violências e contestações à sua legitimidade. Graças ao voto eletrônico, cuja adoção teve início em 1998, os resultados são conhecidos em poucas horas.

O crescimento do eleitorado brasileiro entre 1945 e 2010 é patente e pode ser reputado de extraordinário.[6] Em 1945, o eleitorado total era composto apenas por 7,4 milhões de indivíduos, 18,2 vezes menor do que é hoje. A população, nesse mesmo período, quadruplicou. A razão entre alistados e a população total passou de 16% para 70%. Quando se considera apenas a população em idade de votar, isto é, os maiores de 18 anos, o crescimento não é menos marcante, passando de 42,6%, em 1950, para praticamente 100%, em 2014. Mesmo quando se leva em conta a restrição legal ao voto dos analfabetos, a proporção de alistados sobre a população adulta alfabetizada chegava a 87%, em 1950. A ampliação do eleitorado não se deu simplesmente como resultado do crescimento demográfico e das transformações da pirâmide etária, tampouco da expansão da educação ou da eliminação desta restrição.

O período analisado, portanto, pode ser caracterizado como marcado por um intenso processo de incorporação política. As transformações não se deram apenas do ponto de vista quantitativo. O contexto institucional e social também se alterou radicalmente. O objetivo deste capítulo é, justamente, o de acompanhar esse processo e distinguir os fatores que o regeram, destacando as relações entre as disputas políticas, as alterações na legislação eleitoral e as transformações sociais. Ao longo do texto, destacam-se três

---

5 O número de eleitores registrados na última eleição coberta pelos dados do Institute for Democracy and Electoral Assistance (Idea) nestes países era, respectivamente, de 716,9 milhões, 190,4 milhões e 171,2 milhões. Disponível em: <http://www.idea.int/resources/databases.cfm#vt>. Acesso em: 27/2/2013. A classificação de regimes é baseada em Cheibub, Gandhi e Vreeland (2010).

6 A presente análise cobre um período mais amplo, retrocedendo a 1945, quando tiveram lugar as primeiras eleições democráticas do país. Desde então, a despeito do interregno militar, o calendário eleitoral foi mantido, ao menos para as eleições legislativas. Quando se recorre aos dados do Censo, a série tem início em 1950.

períodos políticos: a primeira experiência democrática (1945-1964); o período autoritário (1964-1985) e o período atual (1985-2010).

Componentes da participação eleitoral[7]

Para participar da política, mesmo que apenas para votar, um cidadão tem que incorrer em custos. Alistar-se, comparecer ao local de votação e fazer uma escolha específica são atividades que tomam tempo e recursos. Os custos podem ser maiores ou menores em virtude das especificações legais e do contexto em que essas três atividades têm lugar. Ainda que legalmente apto a votar, um cidadão pode não se alistar, seja porque não consegue reunir a documentação exigida para tanto, seja porque não lhe é fácil dirigir-se aos locais de alistamento. Eleitores podem ser alistados por aqueles que esperam controlar seu comportamento nas urnas e impedidos de fazê-lo pelos que não esperam contar com seus votos. A maneira mais direta e contundente de exclusão se dá quando a lei nega o direito de voto a grupos específicos, como foi o caso, até 1985, dos analfabetos no Brasil.

Para comparecer às urnas, o eleitor deve se deslocar até estas e, possivelmente, perder dias de trabalho. Para aqueles que residem em zonas rurais, os custos de deslocamento são altos e dificilmente serão assumidos pelo eleitor. Uma vez mais, deve-se considerar a ação dos grupos políticos organizados para minorar ou elevar esses custos, transportando correligionários e intimidando os adversários.

Por último, para votar de forma válida, um eleitor terá que saber como fazê-lo, processando as informações sobre as alternativas disponíveis e se mostrando capaz de expressar suas preferências de forma adequada. As cédulas usadas afetam diretamente esses custos e podem levar à exclusão de eleitores com baixa escolaridade.

Assim, os custos à participação podem envolver a superação de diferentes obstáculos nos três momentos identificados. Importa, portanto,

7 Por simples conveniência, neste trabalho foram utilizadas participação *eleitoral* e participação *política* como sinônimos, ainda que a segunda englobe formas de ação que vão muito além da participação eleitoral.

não apenas analisar os custos inerentes à participação, mas também notar como a distribuição desigual destes afeta a forma como os cidadãos participam da política. Eleitores raramente arcam voluntariamente com os custos da participação. Se o fazem, é porque foram convencidos a tanto. Em muitos casos, partidos e candidatos os inscrevem e os levam às urnas, instruindo, quando não simplesmente coagindo, para que votem de determinada maneira.

O voto é obrigatório no Brasil desde a década de 1930. Esse é um parâmetro fundamental que deve ser considerado ao longo de toda a análise. Sua adoção se deu como parte de um pacote de reformas eleitorais, visando eliminar as práticas fraudulentas e viciadas que teriam marcado a experiência brasileira, àquela época já centenária, com eleições. A obrigatoriedade é a menos discutida das reformas empreendidas naquela oportunidade, que incluíram também a instituição da Justiça Eleitoral, garantias ao segredo do voto, a "invenção" da representação proporcional de lista aberta (Pires, 2009), entre outras. Essas medidas visaram minar as bases eleitorais do poder das oligarquias estaduais (Melo Franco, 2005).

Implicitamente, a obrigatoriedade do voto se justifica pela premissa de que, se voluntária, a participação eleitoral não se universaliza. Participação voluntária afastaria os mais pobres das urnas, que só votariam quando e se levados a tanto por seus superiores (patrões). Quando todos são forçados a participar, decresce a vantagem dos que controlam magotes de votos. Assim, quando da adoção do voto obrigatório, alguns de seus defensores acreditavam que seus efeitos só seriam sentidos se os custos de alistamento fossem inteiramente internalizados pelo Estado (Pinto Serva, 1931, p.250).

Quando vistos à luz das transformações institucionais que ocorreram desde 1945, os dados aqui reunidos permitem afirmar que o período assiste a um processo de ampliação da participação, entendida como diminuição generalizada dos custos individuais referentes a alistamento, comparecimento e expressão de uma preferência política. Essas três taxas básicas de participação crescem com o tempo.

A ampliação da participação não se deu de forma inconteste e tampouco foi produto de um idealismo que via a probidade do processo eleitoral como a condição para o progresso político do país. A expansão progressiva da participação eleitoral no Brasil, assim como suas flutuações ao longo dos anos, resultou do embate entre forças partidárias que projetavam os efeitos das medidas defendidas sobre suas bases eleitorais.

O direito ao sufrágio e o alistamento

O direito ao sufrágio define o eleitorado potencial, isto é, a parcela da população que pode se alistar e, legalmente, tomar parte do processo político. Democracias contemporâneas caracterizam-se pela adoção do sufrágio universal, que, em termos práticos, implica conferir o direito de voto aos adultos e, em geral, aos maiores de 18 anos. Restrições como as de gênero, renda, educação e raça, comuns no século XIX, foram progressivamente eliminadas.[8]

No Brasil, as restrições baseadas em gênero foram abolidas nos anos 1930. As reformas que estenderam o voto às mulheres também tornaram o voto obrigatório, reduziram a idade mínima para votar, introduziram o voto secreto e instituíram a Justiça Eleitoral como órgão competente e único para organizar eleições, mas restringiram o direito ao sufrágio em função da educação. A Constituição de 1946 manteve os elementos básicos do modelo gestado após a Revolução de 1930, confirmando o voto obrigatório e a restrição ao voto dos analfabetos. Contudo, o texto constitucional abriu uma brecha para que a lei ordinária estabelecesse exceções à obrigatoriedade do voto, o que se fez com o Código Eleitoral de 1950, que tornou o voto das donas de casa voluntário.[9] Restrições devidas à educação foram mantidas até quase o final do século XX, sendo removidas em 1985 por meio de uma emenda constitucional aprovada já sob o regime civil. A Constituição de 1988 confirmou a extensão do direito de voto aos analfabetos, ainda que, num ato revelador, este seja facultativo. Essa mesma condição foi estendida aos maiores de 70 anos e aos cidadãos entre 16 e 18 anos. A obrigatoriedade do alistamento e do voto, com as

8 Ver Przeworski (2010, cap.3).

9 O artigo 4º do Código de 1950 estabelece que só as mulheres que exercessem profissões remuneradas eram obrigadas a se alistar e votar.

pequenas exceções e variações mencionadas, é o ponto de referência para a análise. Todo o eleitorado potencial deveria se alistar e votar.

Diante dessas mudanças, a composição do eleitorado potencial varia com o tempo. Para o período anterior a 1985, o eleitorado potencial excluía os analfabetos. Qualquer restrição legal ao alistamento, contudo, deve ser considerada à luz das normas e práticas que cercam a qualificação formal do eleitor, isto é, a prova de que atende os requisitos estabelecidos em lei. Há sempre certa fluidez na transposição da exclusão legal para a prática, de tal sorte que o eleitorado efetivo não necessariamente corresponde ao potencial. Quanto à restrição educacional, por exemplo, as leis específicas regulando o alistamento nunca exigiram mais do que as assinaturas dos interessados nos formulários correspondentes para comprovar a alfabetização. Antes de 1950, nem isso era necessário, pois o alistamento poderia ser feito por terceiros. Provas de alfabetização, tais como diplomas ou certificados de frequência escolar, nunca foram exigidas. Já a comprovação de idade e a de residência eram minuciosamente definidas em lei. Assim, a avaliação do grau em que o eleitorado se aproxima do universo de eleitores potenciais – cidadãos alfabetizados com mais de 18 anos – não é tão clara quanto a exclusão legal indica.[10] Essas considerações afetam a forma como os dados apresentados a seguir devem ser lidos.

Para ressaltar a evolução da taxa de alistamento no período estudado, optou-se por apresentá-la segundo três segmentos: população total, maiores de 18 anos e maiores de 18 anos alfabetizados (Gráfico 1).

Entre 1950 e 2010, a proporção de alistados cresce seja qual for a população de referência. Contudo, esse crescimento é muito pequeno no primeiro período democrático (1950-1964), observando-se, mesmo, uma redução para eleitores alistados relativos ao total da população e aos maiores de 18 anos alfabetizados. Essa diminuição deveu-se ao diferencial nas taxas de crescimento das respectivas populações. Assim, enquanto o eleitorado alistado entre 1950 e 1960 cresceu em 35,7%, a população geral aumentou em 61,9% e aquela apta a votar, em 50,9%. Apenas o

10 Note-se que essa fluidez na transposição da exclusão legal para a prática é comum em qualquer sistema eleitoral, mesmo naqueles baseados em critérios adscritos (Horowitz, 1985). Em sistemas baseados em critérios não adscritos, porém, esta é ainda maior, posto que sujeita às transformações objetivas destes critérios.

crescimento da população adulta foi menor do que o do eleitorado, resultando em aumento no número de alistados relativos a esta população. Pode-se inferir que, entre 1950 e 1960, houve um rápido crescimento da população alfabetizada, assim como do segmento jovem menor de 18 anos, mas, como será discutido a seguir, o relativamente baixo crescimento do eleitorado foi resultado do recadastramento eleitoral de 1956-1957.

Gráfico 1 – Taxas de alistamento eleitoral – Brasil, 1950-2010

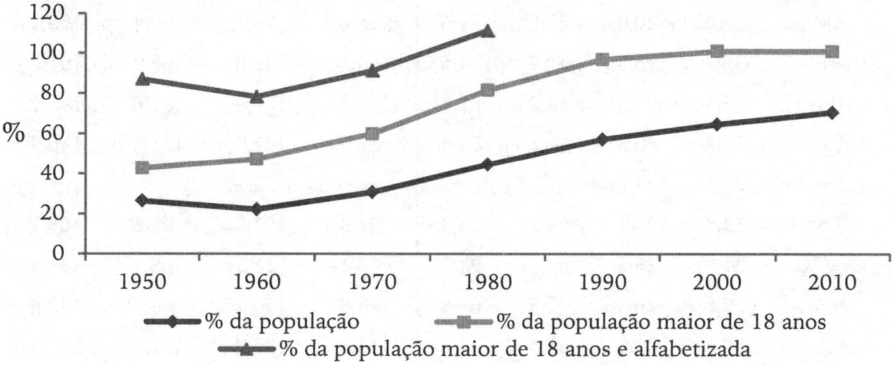

Fonte: Anexos Metodológicos e Estatísticos, disponíveis em: <http://www.centrodametropole.org.br/trajetorias>.

A exclusão legal dos analfabetos eliminou da vida política uma parcela significativa da população adulta. Os dados do Gráfico 1 sugerem uma diferença de aproximadamente 13 milhões de pessoas que poderiam votar caso o direito de voto fosse conferido aos analfabetos. Contudo, essa exclusão foi frequentemente burlada. Uma análise dos dados desagregados por unidades da federação (UF) comprova o desrespeito ao preceito constitucional, uma vez que o número de alistados ultrapassa o de eleitores potenciais em diversos estados (Tabela 1). Isso pode, por um lado, ser fruto do fato de que o numerador e o denominador utilizados na computação da taxa de alistamento advêm de fontes diferentes (IBGE e TSE), as quais podem adotar definições díspares de analfabetismo. Mais realisticamente, porém, acreditamos que taxas de alistamento superiores a 100% resultam do fato de que a definição política de analfabetismo para fins de alistamento era propositadamente fluida. As fronteiras da cidadania política estavam longe de ser definidas objetivamente. Como seria de se esperar, essa definição esteve no centro do debate político-partidário desde a democratização de 1945.

Tabela 1 – Percentual de eleitores alistados por UF, 1950-1980*

UF	% Pop. com 18 anos ou mais				% Pop. com 18 anos ou mais alfabetizada			
	1950	1960	1970	1982	1950	1960	1970	1982
AC	21,8	16,0	42,6	75,6	58,0	56,4	90,8	139,9
AL	27,2	19,9	36,0	66,0	112,3	130,3	95,7	149,3
AM	29,8	20,2	61,6	71,5	65,0	76,1	99,4	103,2
AP	35,5	15,5	42,7	74,6	80,1	62,8	66,9	101,7
BA	35,5	25,3	53,7	81,2	106,9	122,4	111,6	147,0
CE	52,2	30,3	57,1	84,4	157,3	147,0	131,2	160,9
DF		7,2				13,1		
ES	43,3	29,9	64,2	78,2	91,3	101,2	98,6	105,7
GO/TO	36,9	28,7	62,4	92,2	106,1	111,5	105,1	133,5
MA	32,8	26,5	32,6	66,8	126,4	150,1	84,2	142,8
MG	50,5	38,0	65,3	84,2	113,8	137,9	102,3	114,7
MT/MS	51,5	26,7	48,1	87,4	99,3	90,9	73,9	121,8
PA	48,3	30,9	57,9	79,3	96,6	102,8	87,4	112,0
PB	40,5	29,3	52,5	83,3	135,5	158,9	120,4	171,2
PE	25,9	25,9	50,5	73,3	78,5	121,5	103,4	130,2
PI	44,2	29,8	57,6	86,6	160,5	151,5	148,0	181,4
PR	35,2	26,2	62,3	107,4	67,0	82,6	92,6	138,0
RJ	53,1	36,2	64,1	80,9	73,7	77,4	77,9	93,7
RN	49,7	35,0	55,8	87,1	154,1	187,8	126,7	163,4
RO	24,5	16,3	29,0	70,9	37,9	43,5	46,1	106,6
RR	38,2	29,1	42,3	83,9	80,3	96,9	66,7	115,8
RS	45,6	40,0	65,7	83,8	69,4	102,1	82,0	97,6
SC	49,3	42,5	75,0	95,9	80,9	122,8	94,5	111,6
SE	45,8	34,1	59,2	75,1	139,1	167,6	131,1	146,6
SP	40,0	34,3	64,1	77,2	63,0	85,4	80,5	90,7
	42,6	32,2	59,8	81,5	87,0	101,9	91,1	111,1

Fontes: TSE, dados estatísticos; IBGE.

* A série de alistados com base na população alfabetizada maior de 18 anos interrompe-se com a incorporação legal dos analfabetos em 1986.

Como mostrou Castro Gomes (2005), à medida que o fim da Segunda Guerra se aproximava, o governo federal tomou a iniciativa política, abrindo o debate sobre a necessidade de se promover eleições presidenciais, suspensas provisoriamente pela Constituição de 1937. A estratégia de transição traçada pelo governo baseava-se em dois pontos: controle sobre o alistamento eleitoral e eleições rápidas e não competitivas. O plano arquitetado pelo ministro do Trabalho, Marcondes Filho, era recorrer aos sindicatos para alistar compulsória e coletivamente os eleitores, chegando-se inclusive a cogitar a criação de sindicatos rurais. Por meio desse expediente, o governo queria neutralizar a força eleitoral das "oligarquias".

O governo perdeu, ao menos parcialmente, o controle do processo de transição que desencadeara quando as forças de oposição lançaram seu candidato, o brigadeiro Eduardo Gomes (Castro Gomes, 2005). Em fevereiro de 1945, já estava claro que as eleições de dezembro seriam competitivas. A partir de então, setores identificados ao governo passaram a organizar o Partido Social Democrático (PSD) para fazer frente à candidatura oposicionista, não sem recorrer ao apoio das "oligarquias", as quais Marcondes Filho procurara enfraquecer.

O prazo exíguo para compor as listas de eleitores, algo como seis meses,[11] permitiu que o governo preservasse uma peça-chave de seu plano original, o alistamento *ex officio*, isto é, o alistamento coletivo e não voluntário a partir de listas compostas por órgãos públicos e empregadores, incluídos aí os sindicatos. Assim, a formação do eleitorado democrático em 1945 se deu pela combinação do alistamento *ex officio*, predominantemente urbano, e do alistamento "voluntário", predominante nas áreas rurais. Este último, contudo, não deve ser interpretado como uma decisão individual e autônoma. O requerimento para o alistamento não precisava ser apresentado pelo interessado, cuja presença era dispensada em todas as fases do processo. O fato é que o alistamento, em grande parte do território nacional, ocorria sob o controle estrito das máquinas políticas locais ligadas tanto ao PSD como à União Democrática Nacional (UDN), ainda que o controle do governo favorecesse os primeiros.

11 A última eleição nacional ocorrera em 1935 e as eleições presidenciais previstas para janeiro de 1938 foram suspensas com o golpe de 1937, que instaurou o Estado Novo.

Carvalho (1958, p.27) mostra o intenso envolvimento oficial no processo de alistamento em Minas Gerais. Recursos estatais foram empregados de forma abusiva com vistas a favorecer a situação e dificultar a oposição.[12] A Tabela 2 traz dados sobre a participação relativa do alistamento *ex officio* sobre o total de alistados por estado, distinguindo as capitais dos demais municípios. É evidente que o controle do governo sobre a composição do eleitorado é significativo nas capitais e, sobretudo, nos grandes centros urbanos como Rio de Janeiro e São Paulo. No Distrito Federal, por exemplo, 54% dos eleitores foram alistados pelo Estado. Para a oposição, a votação obtida por Vargas na capital federal comprovaria a relação entre o alistamento controlado e o apoio ao governo. O ex-presidente foi eleito deputado federal pelo PTB com uma votação superior a 100 mil votos, carregando consigo oito outros deputados, cinco deles com menos de mil votos.

O alistamento *ex officio* é visto como uma entre as diversas formas utilizadas pelo governo para manipular a lei eleitoral com o objetivo de assegurar sua vitória (Campello de Souza, 1990, cap.5). Contudo, o mecanismo pelo qual o voto dos eleitores urbanos assim inscritos seria controlado não é tão evidente como normalmente se assume.[13] É certo que, por meio desse mecanismo, como afirma Campello de Souza (1990, p.121), "o getulismo expande o eleitorado ao mesmo tempo que o compromete".[14] Contudo, as análises acadêmicas sobre o período tendem a ser mais contundentes do que as oferecidas pela própria oposição, para quem o principal problema do alistamento *ex officio* teria sido o alistamento de analfabetos e estrangeiros, e não o controle do voto daqueles assim alistados. Desde

---

12 Afirma Carvalho (1958, p.27): "Os questionários declaram sem discrepância que as despesas do partido oficial foram custeadas pelas prefeituras, quando não pelo estado; mas não obtiveram provas para uma afirmação peremptória". Adiante, o autor afirma: "A primeira manifestação do aparelho administrativo em favor do partido situacionista se fez com a nomeação das autoridades menores encarregadas do alistamento e da qualificação" (Carvalho, 1958, p.52).

13 De acordo com Kinzo (1979, p.81), o alistamento *ex officio* "atuava como um instrumento de controle sobre o eleitorado urbano, atrelando-o ao oficialismo, haja visto que o eleitor considerava-se, frequentemente, obrigado a votar com aquele que o alistou".

14 Campello de Souza (1990, p.121) chega a afirmar que a manipulação das regras eleitorais teria conferido à eleição de 1945 "senão um caráter de fraude oficializada, pelo menos um viés considerável".

a sua derrota na eleição de 1945, a UDN defendia a necessidade de um recadastramento eleitoral, "visando, principalmente, escoimá-lo de suas marcas criminosas: o analfabeto e o estrangeiro" (Franco, 1946, p.29).

Assim, os vetores do debate institucional relativos ao direito de sufrágio são claros: enquanto as forças getulistas buscavam expandir o eleitorado que comprometia politicamente, a UDN se batia por sua restrição por meio de uma aplicação mais rígida da exclusão legal dos não alfabetizados. A importância do alistamento *ex officio* nesse embate deve ser requalificada, pois sua incidência se concentra onde reside uma minoria do eleitorado. A maioria do eleitorado residia no campo e, pelos dados disponíveis, sabe-se que quanto mais rural o estado, maior o seu eleitorado, fato que pode ser tomado como indício de que as máquinas políticas locais eram capazes de mobilizar o apoio de trabalhadores rurais, grande parte deles analfabetos.

A legislação eleitoral, discutida de forma genérica na elaboração da Constituição de 1946, ocupou o centro do debate ao longo do governo Dutra, sobretudo na tramitação do Código Eleitoral previsto pelo texto constitucional. Nessa oportunidade, contudo, não houve confronto entre os dois principais partidos, já que o debate se deu sob a égide do acordo entre ambos. O PSD e a UDN haviam formado uma coalizão de apoio ao presidente Dutra (Leal, 1993, p.239; Figueiredo, 2007). A UDN teve muitos de seus reclamos atendidos, tais como a adoção do método D'Hondt para distribuir sobras e a vedação das candidaturas múltiplas. Temas como transporte de eleitores e a adoção das cédulas oficiais foram debatidos, mas as emendas a eles relacionadas foram facilmente derrotadas. O alistamento *ex officio* foi abolido para a obtenção de novos títulos eleitorais, mas sem questionar a validade do alistamento anterior. Vale observar que, entre 1945 e 1950, o crescimento absoluto do eleitorado foi grande, passando de 7,4 para 11,2 milhões de eleitores. No quinquênio seguinte, esse ritmo diminuiu, mas continuou alto, a despeito da abolição do alistamento *ex officio*. Na eleição de 1955, o número de inscritos chegou a 15,2 milhões. Em uma década, o eleitorado dobrou.

Após o suicídio de Vargas, a UDN elegeu a reforma eleitoral como uma de suas principais bandeiras. Fortalecida por sua aproximação com o presidente Café Filho, a UDN apoiou a formação de uma comissão

Tabela 2 – Porcentagem de eleitores alistados *ex officio* por estado e tipo de cidade*

UF	Capital *ex officio*	Capital requerimento	Capital total	Interior *ex officio*	Interior requerimento	Interior total	Total *ex officio*	Total requerimento	Total total
AL	11,0	13,4	24,4	11,6	64,0	75,6	22,7	77,3	100
AM	22,5	31,6	54,1	4,5	41,4	45,9	27,0	73,0	100
BA	7,4	11,7	19,1	9,9	71,0	80,9	17,3	82,7	100
CE	4,8	9,2	14,1	3,4	82,5	85,9	8,3	91,7	100
DF	54,1	45,9	100,0	0,0	0,0	0,0	54,1	45,9	100
ES	6,8	9,8	16,6	8,3	75,1	83,4	15,1	84,9	100
GO	2,3	7,0	9,3	5,1	85,6	90,7	7,4	92,6	100
MA	7,9	7,8	15,8	3,9	80,4	84,2	11,8	88,2	100
MG	2,9	4,5	7,4	11,7	80,9	92,6	14,6	85,4	100
MT	4,0	16,4	20,4	11,7	67,9	79,6	15,7	84,3	100
PA	13,8	27,0	40,7	3,7	55,6	59,3	17,4	82,6	100
PB	4,4	6,5	10,8	5,3	83,9	89,2	9,6	90,4	100
PE	13,9	13,2	27,1	7,2	65,7	72,9	21,1	78,9	100
PI									
PR	10,7	11,5	22,2	10,9	66,9	77,8	21,7	78,3	100
RJ	6,3	6,2	12,5	25,4	62,1	87,5	31,7	68,3	100
RN	2,9	10,3	13,2	5,9	81,0	86,8	8,7	91,3	100
RS	7,4	8,0	15,4	13,6	71,0	84,6	21,0	79,0	100
SC	2,2	4,5	6,7	17,2	76,1	93,3	19,3	80,7	100
SE	9,2	10,2	19,4	6,1	74,5	80,6	15,3	84,7	100
SP	18,3	20,4	38,7	14,7	46,5	61,3	33,0	67,0	100
Total	12,7	14,3	27,0	11,1	62,0	73,0	23,8	76,2	100

Fonte: TSE, dados estatísticos.

* Os dados para o Piauí não foram informados.

mista no Congresso visando "purificar e moralizar" o processo eleitoral. Duas medidas concretas foram propostas em um mesmo projeto de lei: a adoção das cédulas oficiais e a promoção de um recadastramento geral. A primeira medida será discutida na seção seguinte. No caso do alistamento, o objetivo era impor normas mais rigorosas para impedir que os analfabetos ou semialfabetizados obtivessem seus títulos.[15]

O recadastramento teve os efeitos esperados. O total de eleitores inscritos caiu em quase todos os estados.[16] No total do país houve uma redução de 1.462.786 eleitores, em que pese a população ter aumentado em quase 6 milhões entre a aprovação do recadastramento (1955) e o seu fim (1958). Observa-se que Maranhão, Amazonas e Pernambuco perderam cerca de um terço de seus eleitores, com vários outros estados sofrendo decréscimo superior a 20%. Poucos foram os estados que registraram aumento do eleitorado em função do recadastramento. Sobressai, nessa condição, o Ceará, onde o eleitorado cresceu em duvidosos 29%.

A reforma eleitoral aprovada em 1955 tomava uma série de medidas para garantir maior rigor no processo de alistamento e estabelecia que todos os títulos perderiam validade em dezembro de 1955. Como dito anteriormente, a nova lei impôs definitivamente o alistamento voluntário, exigindo que o eleitor comparecesse à junta eleitoral e preenchesse os documentos de próprio punho e na presença do escrivão, dificultando assim o alistamento dos analfabetos e semialfabetizados. Além disso, o novo título eleitoral deveria ter a fotografia do eleitor, a ser provida por ele. Assim, aumentaram os custos do alistamento eleitoral não só para os analfabetos, mas também para as populações rurais e de baixa renda. A redução generalizada do alistamento, portanto, não se deveu exclusivamente ao expurgo dos registros fraudulentos, mas também à exclusão de cidadão menos privilegiados. Com a reforma eleitoral, o objetivo da UDN era limitar o eleitorado. Em sentido oposto, provavelmente atendendo a pressões do PSD, as punições para os faltosos eram elevadas.

15 Ver Bloem (1955) para detalhes das propostas em apreciação.

16 Ver Tabela 1A nos "Anexos Metodológicos e Estatísticos", disponíveis em: <http://www.centrodametropole.org.br/trajetorias>.

Seja em função das maiores exigências ou não, o fato é que o recadastramento se arrastou por um longo tempo. Diante da pressão orquestrada por forças políticas locais, em geral identificadas com o PSD, que havia vencido a eleição presidencial de 1955, o Congresso Nacional aprovou uma extensão do prazo de validade dos velhos títulos, que foram usados nas eleições para prefeito de 1957. Assim, somente em 1958 se completou o recadastramento.[17]

Vista em conjunto, a primeira experiência democrática brasileira se desenrolou dentro de um quadro de participação política limitada. Pode ter havido um esforço mobilizador inicial pelas forças políticas identificadas com o varguismo. A resposta da UDN à polarização política que marcou a metade da década de 1950 foi clara: aumentar os controles sobre a incorporação de novos eleitores e, assim, limitar o eleitorado. Completado o recadastramento, com os efeitos notados, o eleitorado retomou seu crescimento, mas agora em ritmo significativamente inferior ao da primeira década de vigência do regime. Ao que tudo indica, esse aumento foi ditado por forças demográficas (crescimentos absoluto da população e relativo da população em idade de votar) e educacionais (melhoria na educação básica do país). A polarização política dos anos 1960 não parece ter afetado o ritmo da inclusão de novos eleitores ao sistema político. A tendência de crescimento lento se manteve nos anos iniciais do regime militar. Em meados dos anos 1970, houve aceleração do processo de incorporação política. Em 1980, somente três estados parecem ter tido adultos alfabetizados ainda não incorporados formalmente ao processo político.[18] Na realidade, os dados indicam que, em praticamente todas as UFs, o eleitorado inscrito ultrapassava o dos alistáveis.

Entre 1974 e 1986, o eleitorado praticamente dobrou de tamanho (de 35,8 milhões para 69,3 milhões), indicando, paradoxalmente, uma aceleração nas taxas de alistamento ao longo do período militar. Decerto, fatores demográficos e educacionais continuaram a operar. A urbanização também pode ter contribuído para minorar os custos relativos de alistamento.

---

17 A mesma lei que prorrogou o recadastramento também estendeu a aplicação da cédula oficial a todas as eleições majoritárias a partir de 1958.

18 Os dados eleitorais relativos a 1980 são, em verdade, a média de 1978 e 1982.

Mas não devem ser desconsiderados inteiramente fatores políticos, sobretudo o efeito das eleições locais, que foram suspensas apenas nas estâncias hidrominerais, capitais e áreas de segurança nacional. Tampouco se deve deixar de considerar os esforços mobilizadores do Movimento Democrático Brasileiro (MDB). As taxas de alistamento cresceram após o início da abertura e da revitalização dos mecanismos eleitorais.

O retorno à democracia em 1985 foi acompanhado pela extensão do direito de voto aos analfabetos. A reforma foi tardia em mais de um sentido. Em primeiro lugar, naquele momento, poucos países ainda excluíam politicamente os analfabetos ou qualquer outro grupo definido por critérios educacionais.[19] Além disso, a exclusão legal dos analfabetos já não era aplicada com rigor em quase todo o território nacional e, se aplicada, atingia uma parcela declinante da população. Ainda assim, não se deve minimizar seu efeito. Após a universalização do direito de voto, o TSE promoveu um novo recadastramento, durante o qual os alistados declaravam seu nível educacional. Dos quase 70 milhões de eleitores registrados, 9,72% se declararam analfabetos, impressionantes 30% afirmaram simplesmente saber ler e escrever e 28% declararam ter ensino fundamental incompleto. A extensão do sufrágio aos analfabetos não foi, portanto, inócua, ainda que não seja possível precisar seu efeito, dado que não se pode saber qual a proporção dos eleitores sem educação formal que já tinham títulos.

Do ponto de vista do alistamento, o atual período democrático dispensa tratamento sistemático. Os dados da Tabela 1 e do Gráfico 1 demonstram que o alistamento é praticamente universal desde o retorno à democracia. Hoje, ao que tudo indica, as barreiras para se alistar são mínimas. Os custos para fazê-lo são baixos e não há indicações de que a composição do eleitorado seja objeto de disputa política entre os que competem por votos. Contudo, a inclusão legal dos analfabetos não garante que, de fato, possam participar politicamente. Como será visto, as cédulas adotadas funcionaram como barreiras à expressão das preferências políticas dos menos educados.

19 Na Índia, país com alta taxa de analfabetismo, o sufrágio universal é garantido pelo texto constitucional desde 1950.

Comparecimento e voto

As taxas de comparecimento eleitoral no Brasil são relativamente altas. Como mostra o Gráfico 2, a maioria dos alistados cumpre a obrigatoriedade do voto.[20] Dois fatores explicam o não comparecimento: a defasagem do cadastro de eleitores e a ausência de voto em trânsito. Com o passar do tempo, o cadastro acumula eleitores que não podem comparecer às urnas, inflando as taxas de abstenção, seja porque o eleitor faleceu e os registros não foram atualizados, seja porque migrou e não retorna à cidade em que se alistou para votar. Por essas razões, a taxa de comparecimento nas eleições imediatamente posteriores aos recadastramentos de 1958 e de 1986 são as maiores verificadas em toda a série. Segundo os dados do Institute for Democracy and Electoral Assistance (Idea), as taxas de comparecimento registradas no Brasil não diferem significativamente das verificadas nos demais países democráticos que adotam o voto obrigatório.

Os custos de transporte constituem uma das principais barreiras ao comparecimento de eleitores que residem em zona rural. No início do período aqui analisado, a maioria da população brasileira residia no campo e se dedicava a atividades primárias. Votar, portanto, envolvia custos relativamente altos para uma parcela considerável dos eleitores, que só votava se fosse levada a fazê-lo, o que significava mais do que meramente o transporte para a sede do município. A despeito da existência do voto secreto, cédulas eram impressas e distribuídas pelos partidos. Assim, levar o eleitor para votar implicava garantir que as cédulas apropriadas chegassem às suas mãos e, sobretudo, que fossem depositadas nas urnas. Para tanto, fazia-se necessário resguardar o eleitor e "protegê-lo" do assédio de partidos rivais. Isso era feito pelo "aquartelamento", ou seja, a acomodação de eleitores em prédios privados e a salvo do acesso dos demais candidatos.

20 Entre 1945 e 1964, o calendário eleitoral não era inteiramente nacionalizado, posto que os estados decidiam quando seus governadores e prefeitos eram escolhidos. Cabe observar, portanto, que as taxas de comparecimento neste gráfico são computadas apenas para os casos em que eleições ocorreram em uma mesma data em todo o território nacional.

Gráfico 2 – Taxa de comparecimento eleitoral – Brasil, 1946-2010

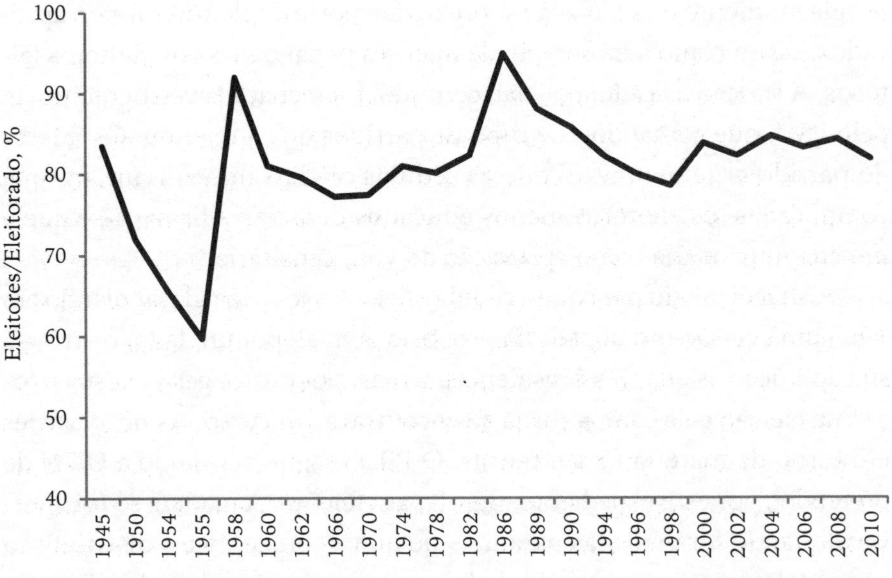

Fonte: Anexos Metodológicos e Estatísticos, disponíveis em: <http://www.centrodametropole.org.br/trajetorias>.

A prática do aquartelamento era de conhecimento público e a ela recorriam tanto a UDN quanto o PSD. Alterações da legislação visando limitar a coação exercida sobre eleitores foram debatidas quando da aprovação do Código Eleitoral de 1950. Como visto anteriormente, estas não foram as reformas então privilegiadas quer pela UDN, quer pelo PSD.

Em 1954, após o suicídio de Vargas, a UDN defendeu a adoção de reformas institucionais de acordo com seus princípios e interesses.[21] Alterar o processo eleitoral foi uma das prioridades do partido, que propôs, entre outras medidas, o recadastramento geral, a adoção da cédula oficial e novas regras regulando o transporte de eleitores. Segundo a proposta da UDN, estas últimas reformas, ao contrário da primeira, teriam aplicação imediata. Para o partido, esta seria a forma de "sanear" o processo eleitoral, retirando do getulismo as bases sobre as quais este teria assegurado sua hegemonia eleitoral.

21 Uma descrição das opções da UDN naquela oportunidade pode ser encontrada em Melo Franco (1965, p.454).

A ampla reforma pretendida foi apenas parcialmente aprovada. O recadastramento e a regulação sobre o transporte de eleitores foram aprovados, assim como a imposição de maiores penalidades aos eleitores faltosos. A adoção da cédula oficial, contudo, foi rechaçada veementemente pelo PSD, que comandou o grupo de partidos que a rejeitou. Os líderes do partido argumentavam que as cédulas oficiais impediriam, porque complicadas, os eleitores menos educados de votar. Afirmava-se que a medida funcionaria como aprovação do voto censitário.[22]

A UDN insistiu para que a cédula oficial fosse aprovada, apoiando em 1955 uma versão modificada da proposta, a qual, por um lado, restringia sua aplicação às eleições presidenciais, mas, por outro, garantia sua adoção na eleição cuja campanha já se encontrava em curso. As negociações em torno da matéria foram tensas. O PSD reagiu, acusando a UDN de pretender, por este expediente, fraudar as eleições. A medida só foi aprovada quando foram dadas garantias de que a confecção e a distribuição das cédulas não seriam manipuladas em favor do candidato da UDN. Os nomes dos candidatos figurariam na cédula de acordo com a ordem de inscrição e partidos poderiam imprimir e distribuir cédulas caso as oficiais não fossem distribuídas a tempo.[23]

No ano seguinte, 1956, o uso da cédula oficial foi estendido a todas as eleições majoritárias, incluindo as senatoriais, como parte das negociações que ampliaram o prazo do recadastramento. A extensão às eleições proporcionais ocorreu em 1962, a última do primeiro período democrático. Nessa oportunidade, sua introdução esteve restrita às capitais. Somente em São Paulo todos os municípios, em 1962, utilizaram a cédula oficial.[24] Ou seja, o preceito foi adotado onde era menos necessário: entre a população urbana e no estado mais desenvolvido da federação. Nas cidades menores, onde residia o grosso da população rural, eleitores permaneceram sujeitos

---

22 Para a transcrição integral do parecer do deputado Ulysses Guimarães, ver Bernardi (2008, p.7).

23 Para detalhes, ver Costa (1964, p.268).

24 A lei previa, ainda, que apenas as cidades médias utilizariam as cédulas oficiais nas eleições proporcionais de 1966; as cidades com menos de 500 mil habitantes continuariam votando com as velhas cédulas. Os militares, porém, abreviaram a reforma e, em 1966, todas as cidades usaram cédulas oficiais.

aos mecanismos tradicionais de controle que cercavam a distribuição de cédulas impressas pelos partidos.

Os partidos tinham expectativas sobre quem ganharia e quem perderia com a mudança no método de votação. Tanto UDN quanto PSD anteciparam as consequências da medida sobre suas bases eleitorais, colocando a questão no centro do debate político-institucional naquela conjuntura da política brasileira.

Na ausência de cédulas oficiais, a impressão de cédulas, assim como o transporte e mesmo o alistamento, acarretava custos assumidos pelos partidos, custos estes que não eram desprezíveis e/ou sem importância para os resultados eleitorais. Por isso, a adoção da cédula oficial foi defendida como uma contribuição decisiva para neutralizar o peso do poder econômico no processo eleitoral, bem como para impedir a coação e o controle direto sobre a vontade dos eleitores.

As eleições legislativas de 1966 foram as primeiras a utilizar cédulas oficiais em todo o país. Estas tiveram lugar em um novo contexto político; por meio de uma legislação eleitoral e partidária altamente restritiva, o regime militar impôs, entre outras tantas limitações, um sistema bipartidário. A simplificação do quadro partidário e de candidaturas facilitou a implantação das cédulas oficiais.

A despeito da implantação do regime militar e da sua ação devastadora sobre o sistema partidário, as taxas de comparecimento durante esse período não mostraram alterações significativas. Em 1966, registrou-se uma queda no comparecimento em relação à eleição de 1962, mas muito pequena se comparada ao caráter drástico da intervenção feita pelos militares no regime eleitoral. Eleições tinham pequeno significado político, mas ainda assim os eleitores, na sua maioria e em proporções próximas à verificada sob a democracia, continuaram a acorrer às seções eleitorais.

A abertura política e a revalorização do processo eleitoral que marcaram a transição política iniciada com a eleição de 1974 tiveram pequeno impacto sobre as taxas de comparecimento. Nota-se que as duas primeiras eleições legislativas sob o autoritarismo apresentaram queda de 2% no comparecimento, seguida pela recuperação deste mesmo percentual a partir do início da distensão. Assim, se vistas em conjunto com o crescimento nas taxas de alistamento, pode-se dizer que a abertura política foi acompanhada por um incremento na mobilização de eleitores.

Tenha ou não havido mobilização no período, o fato é que o recadastramento de 1985 explica a alta participação verificada na eleição de 1986. As taxas de comparecimento caíram à medida que o cadastro envelheceu. Observam-se pequenas flutuações e um incremento nas taxas de comparecimento após 1994, provavelmente ligados às medidas administrativas tomadas pelo TSE para atualizar o cadastro. Estas incluíam o cancelamento do título de eleitores que tivessem faltado três eleições consecutivas sem a apresentação de justificativa e o recadastramento de municípios em que a razão entre eleitores e população ultrapassasse um patamar preestabelecido.

Por fim, cabe ressaltar que nas eleições mais recentes as taxas de comparecimento foram consistentemente altas para todos os estados, um indicador de uniformização das condições que cercam o comparecimento às urnas. Sejam quais forem os fatores que afetam os custos de ir votar, estes parecem não mais incidir sobre grupos específicos da população.

Gráfico 3 – Variação no comparecimento eleitoral nos estados
Brasil, 1946-2010

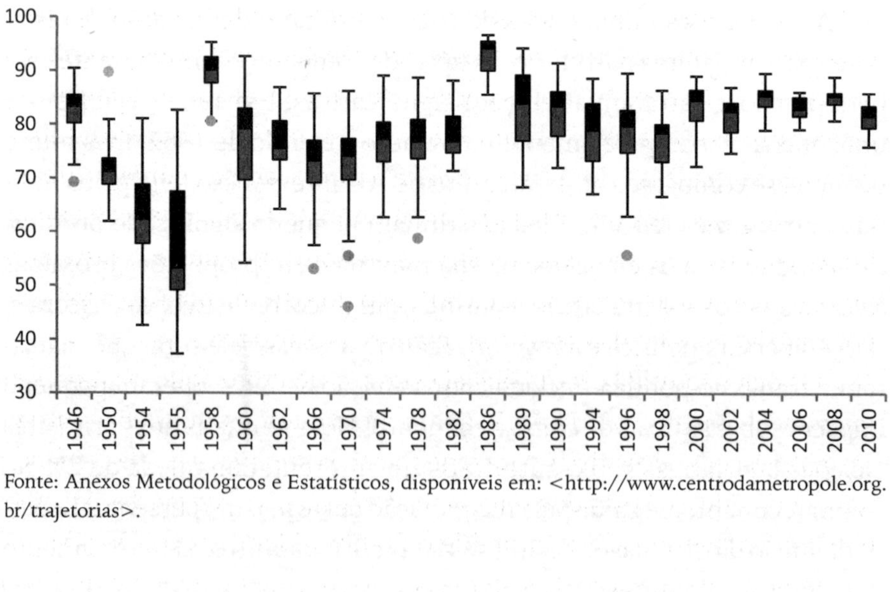

Fonte: Anexos Metodológicos e Estatísticos, disponíveis em: <http://www.centrodametropole.org.br/trajetorias>.

Votos válidos

O exercício do direito de votar está diretamente ligado à capacidade do eleitor. Mesmo quando as exigências legais se resumem à idade, o princípio norteador permanece o da capacidade. Menores não votam porque não possuem discernimento suficiente para formar autonomamente sua vontade política. O mesmo se aplica aos alienados: não votam porque são legalmente incapazes (Przeworski, 2010, p.74).

A capacitação assumida pela lei pode ser negada, de forma intencional ou não, na prática. As cédulas utilizadas têm enorme consequência política, uma vez que fazem exigências maiores ou menores para que eleitores expressem suas preferências. A cédula oficial, dependendo de seu desenho, pode ser um obstáculo para que os eleitores com menor educação façam suas escolhas. Assim, no limite, o direito garantido em lei pode ser negado na prática. Como visto na seção anterior, PSD e UDN estavam perfeitamente cientes desses efeitos e sabiam como eles afetariam a força eleitoral de ambos.

Estudos recentes (Gingerich, 2012; Hidalgo, 2010; Fujiwara, 2010) mostram que as mudanças no modo de votar – introdução da cédula oficial a partir da eleição presidencial de 1955 e da urna eletrônica a partir de 1988 – afetaram de forma direta as taxas de votos válidos, confirmando as observações contidas nos estudos de Nicolau (2002). O efeito da adoção da cédula oficial sobre os votos inválidos é patente, bastando comparar as taxas entre os dois anos: 9% em 1958 e 17,7% em 1962. Gingerich (2012) demonstra que essa diferença deve-se à alteração da cédula utilizada. Se, por um lado, ela dever ser vista como uma reforma progressista que limita o controle e a violência sobre os eleitores, por outro, seus efeitos práticos reforçam o elitismo característico do sistema político brasileiro, pois invalida o voto daqueles com menor escolaridade.

Os defensores da cédula oficial estavam cientes de que ela representaria um obstáculo à participação dos menos educados, que não reuniriam as qualificações necessárias para registrar suas preferências. Na verdade, a desavença entre os partidos referia-se às expectativas de perdas e ganhos que o novo método acarretaria. Melo Franco, líder da oposição a Vargas em nome da moralização do sistema político brasileiro, rememorando sua campanha eleitoral de 1954, não tem peias em listar o aquartelamento entres seus gastos de campanha.[25]

Tanto a UDN quanto o PSD sabiam que a medida pediria uma adaptação das suas estratégias eleitorais, sobretudo entre o eleitorado rural. Eleitores teriam, agora, de ser instruídos a votar. Muitos não foram; outros, dada sua baixa educação, simplesmente não poderiam ser.

Assim, a educação passa a representar uma limitação de fato ao exercício do direito de votar. Na experiência recente, caracterizada pelo sufrágio universal, as limitações postas à participação desses setores da população são claras: reconhece-se que analfabetos têm o direito de votar; contudo, nas primeiras eleições em que puderam participar, exigiu-se que escrevessem os nomes de seus candidatos para que suas preferências fossem contabilizadas. Após a redemocratização, concomitante à extensão do direito de votar aos analfabetos, o efeito desse tratamento contraditório se evidenciou no crescimento das taxas de votos inválidos, tanto nas eleições majoritárias quanto nas proporcionais, ainda que mais pronunciado nestas últimas.

Os números são alarmantes. Na eleição presidencial de 1994, praticamente um em cada cinco eleitores que votou não o fez de forma válida. Para a Câmara dos Deputados, tanto em 1990 quanto em 1994, por volta de quatro em cada dez eleitores que compareceram desperdiçaram seus votos. Em 1998, ocorreu uma reversão dessa tendência nas eleições proporcionais, quando a soma de votos brancos e nulos caiu a 20%, taxa similar à verificada nas eleições presidenciais. Em 2002 ocorreu nova redução, nesse caso em ambas as eleições. Registra-se, a partir daí, um equilíbrio em ambos os pleitos. Votos inválidos representaram cerca de 10% dos votos dados nessas duas disputas nas três últimas eleições gerais.

O Gráfico 4 traz informações básicas acerca da evolução da taxa de votos inválidos para todo o período analisado. A introdução do voto eletrônico, iniciada nas eleições de 1998, representou um divisor de águas. Hidalgo (2010) e Fujiwara (2010) mostram que, inegavelmente, a queda

25 A passagem relevante é a seguinte: "o alistamento, a assistência aos eleitores e famílias, a prudente coragem de enfrentar as autoridades adversárias, sem falar nas despesas com o transporte e alimentação, vestimenta e abrigo nos *quartéis*" (Melo Franco, 1965, p.292).

das taxas de votos inválidos nas eleições proporcionais deveu-se à adoção do voto eletrônico. A mesma certeza, contudo, não se pode ter com relação aos estratos sociais cuja participação efetiva era barrada pelas cédulas empregadas. Tampouco há acordo quanto às consequências da ampliação da participação sobre o sistema político brasileiro. Por último, ponto que está relacionado aos anteriores, deve-se notar que os trabalhos citados não tratam das eleições majoritárias.

Hidalgo e Fujiwara concordam em pontos fundamentais. Para ambos, as altas taxas de votos inválidos deviam-se às dificuldades postas pela cédula adotada para que os menos escolarizados votassem. Ainda que não seja possível provar esse ponto de forma rigorosa, a identificação do mecanismo causal e os indícios empíricos mobilizados corroboram essa hipótese. Para ambos, a incorporação efetiva dos menos escolarizados teve consequências políticas de grande significância. Fujiwara (2010), analisando os resultados das eleições para as assembleias legislativas, sustenta que as políticas de saúde passaram a mirar de forma efetiva os mais pobres após sua inclusão política. Hidalgo (2010), por sua vez, considerando as eleições para a Câmara dos Deputados, mostra que os partidos mais nitidamente ideológicos ganharam votos, enquanto as máquinas políticas tradicionais entraram em declínio. Assim, como argumenta Hidalgo, a adoção da urna eletrônica pode ser comparada à derrubada do voto censitário na Europa: ela efetivamente incorporou setores menos privilegiados ao processo eleitoral, tendo como consequência uma alteração dos grupos beneficiários das políticas públicas e uma modificação na natureza dos partidos políticos. A diferença, ele argumenta, é que o Brasil teria feito em oito anos o que na Europa se deu em pouco menos de um século.

Ainda que intrigantes, essas postulações sobre os efeitos políticos da introdução da urna eletrônica devem ser mitigadas: por se concentrarem exclusivamente nas eleições legislativas, tanto Hidalgo quanto Fujiwara acabam por exagerar o alcance da reforma. Há que se considerar, porém, que as taxas de votos inválidos eram significativamente mais baixas nas eleições majoritárias. Por exemplo, enquanto na eleição para a Câmara dos Deputados de 1994 a taxa alcançou 40%, na eleição presidencial do mesmo ano chegou a 20%. A exclusão política daqueles que não conseguiram votar nas eleições legislativas, portanto, não era absoluta, mesmo sem a urna eletrônica. Se o mecanismo explicativo para a exclusão efetiva das camadas menos educadas for a incapacidade de vencer as dificuldades postas pela cédula, pode-se concluir que metade dos excluídos conseguia votar para presidente. Dada a centralidade do presidente para a definição das políticas públicas no Brasil, não há razões para supor que os mais pobres estivessem inteiramente fora do radar dos políticos.

Gráfico 4 – Percentual de votos inválidos no total de votos
Brasil, 1945-2010

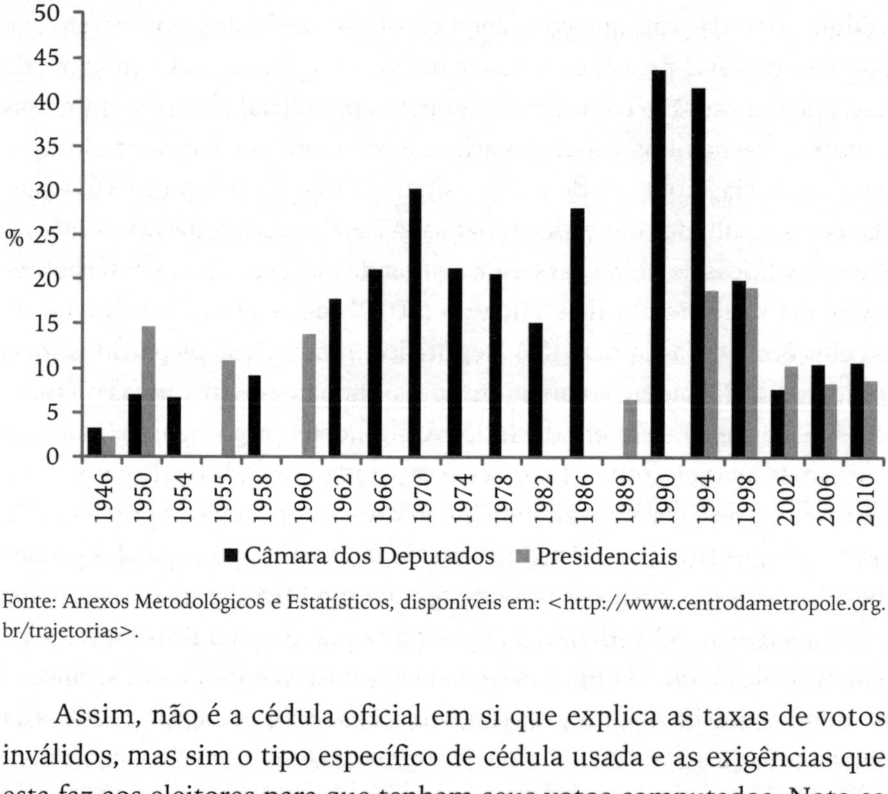

Fonte: Anexos Metodológicos e Estatísticos, disponíveis em: <http://www.centrodametropole.org.br/trajetorias>.

Assim, não é a cédula oficial em si que explica as taxas de votos inválidos, mas sim o tipo específico de cédula usada e as exigências que esta faz aos eleitores para que tenham seus votos computados. Note-se que as taxas de votos inválidos cresceram com o tempo. Há uma clara inflexão nessas taxas na eleição de 1994, quando pela primeira vez as eleições presidenciais passaram a ocorrer concomitantemente às demais. A necessidade de acomodar tantas escolhas ao mesmo tempo – sete votos ao todo – acarretou a confecção de duas cédulas: uma para as eleições majoritárias e outra para as proporcionais. Na primeira, com as escolhas das eleições majoritárias, votar era como preencher um teste de múltipla escolha. Na segunda, a das eleições proporcionais, as cédulas vinham inteiramente em branco, sem sequer listar os partidos que competiam. Não é de se estranhar, portanto, que eleitores tenham tido maiores dificuldades em expressar suas preferências nas eleições proporcionais.

Seja como for, é inegável que a adoção do voto eletrônico provocou uma ampliação significativa da participação política, alterando a composição social dos que efetivamente votam. Mesmo no que se refere às eleições presidenciais, houve queda significativa dos votos inválidos. Interessante notar que, a partir da eleição de 2006, as taxas de votos inválidos para as eleições majoritárias e proporcionais estabilizaram-se em níveis similares, indicando que, de fato, as cédulas, e não a natureza e/ou importância das eleições, explicavam a diferença observada. A representação proporcional de lista aberta pode ter muitos defeitos, mas com certeza elevar os custos da decisão dos eleitores não se encontra entre eles. A queda das taxas de votos inválidos após a adoção da urna eletrônica mostra que eleitores têm como fazer escolhas entre os inúmeros candidatos que se apresentam.

O contraste entre o debate partidário que cercou a adoção da cédula oficial em 1955 e 1962 e a reforma dos anos 1990 é gritante. Àquela época, os dois maiores partidos, PSD e UDN, foram os principais protagonistas dos debates, antecipando as consequências da nova modalidade de voto sobre a distribuição das respectivas forças eleitorais. Até onde sabemos, a tramitação da legislação prevendo a adoção do voto eletrônico pelo Congresso não ensejou disputas partidárias. A documentação existente indica que a iniciativa coube inteiramente ao TSE e pouco ou nada teve a ver com a preocupação em diminuir os votos inválidos, mas sim com a necessidade de simplificar e aumentar a segurança da apuração das eleições.

Conclusão

Organizar eleições às quais a maioria dos eleitores tenha condições de comparecer, votar e ter suas preferências contadas não é algo simples. Mais difícil ainda é fazê-lo sem que as partes interessadas nos resultados aleguem ter sido prejudicadas e seus opositores favorecidos. Desse ponto de vista, o Brasil pode ser considerado um caso de sucesso. Eleições com participação ampla são reconhecidas como livres, justas e a salvo de fraudes.

No período aqui analisado, as barreiras à participação política foram reduzidas. A restrição mais forte foi removida apenas em 1985, quando os analfabetos finalmente puderam votar. Entre 1946 e 1964, os esforços mais consistentes foram no sentido oposto, isto é, buscavam impor normas mais rigorosas para afastar os menos educados (leia-se os mais pobres) das urnas.[26]

Não deixa de ser significativo que o nascimento da nova democracia tenha sido acompanhado da extensão do direito de votar. Está claro que, do ponto de vista prático, a restrição já não era tão forte quanto em 1945. A porcentagem de analfabetos na população em idade de votar caíra, e a norma já não era aplicada com tanto rigor. A baixa saliência da inclusão legal dos analfabetos pode ser demonstrada de forma indireta: não são poucos os analistas que atribuem essa alteração ao texto constitucional de 1988.

Ainda assim, a baixa escolaridade da população combinada a cédulas pouco amigáveis teria impedido que uma boa parcela dos eleitores fosse capaz de expressar sua preferência de forma válida. O direito formal à participação seria negado na prática. Os temores dos próceres do PSD nos anos 1950 teriam se materializado: a cédula oficial seria a forma sub-reptícia de impor o voto censitário. Tenha ou não prevalecido tamanha exclusão, o fato é que essa barreira foi removida com a introdução da urna eletrônica. Do ponto de vista da história recuperada por este capítulo, importa frisar o contraste entre a intensa politização que cercou a adoção da cédula oficial e o caráter técnico que presidiu os debates relativos à introdução da urna eletrônica.

Hoje, eleitores incorrem em pequenos custos para se alistar, comparecer às urnas e expressar sua preferência de forma válida. As barreiras à participação caíram de forma significativa desde a primeira eleição

---

26 Paradoxalmente, o presidente Castello Branco, logo após o golpe militar, incluiu a extensão do direito de voto aos analfabetos no pacote de reformas políticas que submeteu ao Congresso, mas não se esforçou em aprovar a medida, que acabou rejeitada.

democrática do país em 1945. O contexto social e institucional em que a participação eleitoral tem lugar mudou da água para o vinho. Na eleição presidencial de 2010, de um eleitorado potencial de 134 milhões, 99,2% estavam alistados, 82,6% compareceram e 75,4% votaram de forma válida. Para a eleição presidencial de 1950, de uma população adulta de 26,8 milhões de habitantes, 42,6% estavam alistados, 30,7% compareceram e apenas 29,1% votaram em um dos candidatos. O contraste entre esses números tem paralelo em uma transformação profunda na forma como a participação eleitoral toma corpo. Do "aquartelamento" de eleitores ao voto eletrônico, uma mudança significativa e, inegavelmente, para melhor ocorreu.

2
Conselhos, associações e desigualdade[1]

Adrian Gurza Lavalle[2]
Leonardo Sangali Barone[3]

Introdução

Em duas décadas, aproximadamente, desde que as experiências pioneiras do orçamento participativo ganharam notabilidade pelo caso de implementação em Porto Alegre, o cenário das inovações institucionais de cunho participativo tornou-se variado e denso em proporções que pareceriam improváveis na virada dos anos 1980. Não apenas instâncias de participação ganharam novos formatos, maior disseminação e abrangência territorial e feições mais institucionalizadas, mas também organizações da sociedade civil firmaram sua presença nesses espaços, sendo que seu *status* e acesso direto ou indireto a recursos públicos foram submetidos a novas

1 Agradecemos as sugestões de Monika Dowbor, Lizandra Serafin e Rosangela Paz para a interpretação dos resultados aqui apresentados. O primeiro autor agradece também ao Institute for European Studies e ao Centre for the Study of Democratic Institutions, ambos da University of British Columbia, pelo apoio institucional recebido durante a redação deste capítulo, bem como a bolsa de pesquisa no exterior (processo n.2012/18439-6) concedida pela Fundação de Amparo à Pesquisa do Estado de São Paulo (Fapesp).

2 Professor do Departamento de Ciência Política da FFLCH/USP.

3 Doutor em Administração Pública e Governo pela FGV.

regulamentações, e seu papel na realização de diversas funções de gestão de políticas, capacitação, *advocacy* e produção de conhecimento tornou-se um dado do funcionamento da democracia e da administração pública.

Em registros teóricos diferentes e com ênfases distintas sobre o valor e limitações das instituições participativas e do papel da sociedade civil, a literatura nacional e a internacional alimentam amplo consenso quanto à singularidade da experiência brasileira no período pós-transição. A multiplicação de canais institucionais em que são exercidas experiências de participação não eleitoral e de representação extraparlamentar – o chamado modelo brasileiro – não encontraria paralelo em outras latitudes, bem como seriam incomuns a vitalidade e a capacidade de incidência da sociedade civil sobre as prioridades públicas. A narrativa usualmente associada a esse consenso é bem conhecida: a emergência de uma sociedade civil engajada na democratização teria cedido passo a uma trajetória de institucionalização graças à capacidade de mobilização da primeira durante a Constituinte; as demandas da sociedade civil inscritas na Carta Magna – notadamente a democratização do Estado pela via da participação –, por sua vez, teriam ganhado impulso pela progressiva expansão do Partido dos Trabalhadores (PT), cuja chegada à Presidência da República definira o contexto propício em que a arquitetura das instituições participativas e a ampliação do papel da sociedade civil adquiriram suas feições atuais.

Conferências nacionais cresceram exponencialmente e tornou-se obrigatória a participação na formulação de planos diretores, planos plurianuais e leis anuais do orçamento municipal; audiências públicas passaram a condicionar a aprovação de investimentos e a realização de projetos em diversas áreas; e comitês e outras formas de consulta adquiriram disseminação ampla nos programas federais. O caso mais notável é o dos conselhos gestores de políticas. Em 1991, apenas na região Sul havia, em média, mais de um conselho por município. Nove anos depois, todas as regiões brasileiras possuíam mais de 1,5 conselho por município e, em 2010, essa cifra elevou-se para 3,9 no Nordeste, 4 no Norte e mais de 5 no Centro-Oeste (5,2), Sudeste (5,7) e Sul (5,7). No começo do mesmo período, apenas Espírito Santo (1,16), Rio de Janeiro (1,35) e Rio Grande do Sul (1,45) contavam com mais de um conselho por município, mas nove anos depois todos os estados se encontravam nessa situação e, em

2010, somente Alagoas e Roraima registravam menos de três conselhos por município.[4]

Igualmente, a evolução das organizações civis é um fenômeno de monta, a julgar pelos dados mais sistemáticos e de maior cobertura territorial disponíveis. Entre 1996 e 2002, as entidades classificadas como Fundações e Associações Sem Fins Lucrativos (Fasfil) pelo IBGE passaram de 107 mil para 276 mil, um crescimento 109% maior do que o de todas as outras instituições privadas e públicas registradas no Cadastro Central de Empresas (Cempre), incrementando seu peso no cadastro de 3% para 5% (IBGE, 2002, p.43-45). Em 2005, as Fasfil experimentaram expansão 9% superior à de todas as entidades no Cempre, ampliando sua participação no cadastro para 5,6% (IBGE, 2005, p.46). Os resultados apurados mostram que o número de associações *per capita* cresceu nas diferentes regiões do país pelo menos um terço ao longo da última década. No Norte, com o menor número de associações por 1.000 habitantes (18,53) em 2000, o aumento foi de 75%, chegando a 32,75 associações por 1.000 habitantes em 2010. Em termos financeiros, o panorama também é de crescimento. A transferência anual de recursos federais a entidades sem fins lucrativos (ESFLs) aumentou de R$ 2,106 bilhões, em 1999, para R$ 4,106 bilhões, em 2010, e o incremento das transferências de estados e municípios a tais entidades foi proporcionalmente maior (Lopez; Bueno, 2012).

Contra o pano de fundo dessa expansão, o propósito do capítulo é duplo: descrever sistematicamente ou estabelecer fatos a respeito da evolução, nos municípios brasileiros, dos conselhos, nos últimos vinte anos (1988-2009), e das associações, nos últimos dez anos (1999-2009), de modo a iluminar as implicações dessa evolução para a desigualdade socioeconômica mensurada territorialmente. Colocam-se duas perguntas: conselhos e associações têm se expandido privilegiando municípios mais prósperos, adicionando-se à lista de fatores que reproduzem a desigualdade, ou têm-no feito de modo a permitir que, pelo menos em princípio, seus eventuais efeitos de inclusão ajam como um contrapeso, mesmo que modesto? Quais os fatores associados à presença de conselhos e

4 Exclusive o Distrito Federal, que carece de municípios e é sede de todos os conselhos nacionais. Por isso, em 1991, tinha quatro conselhos e, em 2010, quinze.

associações na "geografia" socioeconômica dos municípios brasileiros? As respostas variam, por vezes de forma surpreendente, entre tipos de conselhos e conjuntos de organizações civis considerados.

A análise aqui empreendida expõe os padrões da evolução de conselhos e associações em municípios que ocupam diferentes posições em indicadores sintéticos de desigualdade, principalmente o Índice de Desenvolvimento Humano (IDH) municipal. Os dados de conselhos e associações foram agregados em séries temporais por quintis de municípios, conforme as diferentes variáveis de desigualdade utilizadas, o que impôs diversas exigências metodológicas. Na seção a seguir são mencionadas brevemente as principais fontes de dados utilizadas e sua contribuição ao propósito do capítulo.

Posteriormente, a análise apresenta a evolução dos conselhos a partir dos anos 1980, debruçando-se sobre a tendência geral de expansão que pode ser mais bem entendida se desagregada em três padrões: (1) de convergência para a universalização, (2) expansão média e altamente desigual e (3) baixa expansão desigual. Em seguida, analisa-se a evolução de quatro conjuntos de organizações da sociedade civil, a começar por todas as Fasfil, e são definidos sucessivamente subconjuntos para operacionalizar concepções mais restritivas ou demandantes de sociedade civil. Em seguida, abordam-se a relação entre variáveis socioeconômicas e demográficas oriundas dos Censos e a presença de conselhos e organizações de defesa de direitos nos municípios brasileiros. Por fim, examinam-se as implicações dos resultados apresentados para a desigualdade territorial.

Fontes e escolhas

É conhecida a dificuldade de estudar associações e conselhos com evidências sistemáticas e com séries temporais. No caso das associações, a maioria dos estudos sobre a composição da sociedade civil no país tem trabalhado com listas e, em muito menor medida, com registros em cartório e amostras não aleatórias. Em todos os casos, os dados são territorial e temporalmente limitados. Neste capítulo foi utilizada a Relação Anual de Informações Sociais (Rais), do Ministério do Trabalho e Emprego (MTE), para identificar associações da sociedade civil, em virtude de se tratar da série mais longa disponível e de constituir uma das fontes empregadas para atualização do Cempre. Os conjuntos de associações classificados como organizações civis foram compatibilizados com as categorias desenvolvidas pelo IBGE para o estudo Fasfil.[5] Os dados da Rais permitem observar diferentes conjuntos de entidades sem fins lucrativos, a partir da atividade econômica das organizações, e compará-los entre si.

Já o estudo dos conselhos tem sido amplamente beneficiado com a introdução de perguntas a seu respeito na série da Pesquisa de Informações Básicas Municipais (Munic), do IBGE. Parte substantiva dos avanços da literatura sobre avaliação de efeitos das instituições participativas deve-se às informações sobre os conselhos ou a capacidade administrativa municipal levantadas por essa pesquisa. A Munic permitiu identificar os anos de criação de dezessete diferentes conselhos e examinar sua expansão ao longo do tempo nos municípios brasileiros.[6] Por fim, os Censos possibilitaram a caracterização detalhada do perfil sociodemográfico dos municípios em 1991, 2000 e 2010, com o intuito de explorar sistematicamente, com diferentes variáveis, as relações encontradas nas séries anuais entre a posição dos municípios pelo seu IDH e a evolução dos conselhos e das associações. Adicionalmente, foram incorporadas algumas variáveis oriundas de outras fontes para introduzir a dimensão político-eleitoral na análise.

5 A mesma palavra (Fasfil) designa ambas: pesquisa e entidades pesquisadas. A Fasfil é um estudo de reclassificação das informações constantes no Cempre que conjuga as informações da Rais, do Cadastro Geral de Empregados e Desempregados (Caged) e outras pesquisas setoriais do IBGE. É realizada pelo IBGE e pelo Instituto de Pesquisa Econômica Aplicada (Ipea). Os microdados do Cempre não são públicos, e isso reforçou a conveniência de se utilizarem os microdados de estabelecimentos da Rais, disponibilizados pelo MTE e organizados pelo Centro Brasileiro de Análise e Planejamento (Cebrap) e pelo Centro de Política e Economia do Setor Público da Fundação Getulio Vargas (Cepesp-FGV).

6 A variação do questionário da Munic nas suas diferentes edições inviabiliza a construção de uma série temporal dos conselhos municipais. Entretanto, em 2009, foi perguntado aos municípios o ano de criação de dezessete conselhos. Com base nessa informação, reconstruiu-se uma série anual. Entretanto, a série apenas pôde contemplar o ano de criação, e não a existência efetiva de conselhos em cada ano. Ademais, a ausência de perguntas sobre alguns conselhos em 2009, notadamente acerca dos conselhos municipais de assistência social, também impõe limitações a essa análise.

Evolução dos conselhos

Conselhos gestores de políticas sucederam o orçamento participativo como uma segunda geração de canais de participação crescentemente institucionalizados. Esse formato tornou-se a opção preferencial na regulamentação do mandato constitucional, que estabeleceu a participação como um componente de áreas estratégicas de políticas. Contudo, a criação de conselhos não apenas foi progressivamente implementada de modo setorial na saúde, na assistência social, na educação, ou em áreas transversais, como os direitos da criança e do adolescente, mas também acabou por ganhar presença em um conjunto amplo de outros setores e áreas. Assim, a denominação conselhos remete, hoje, tanto àqueles inseridos em sistemas de políticas, munidos de fundos, organizados em três níveis conforme o arranjo federativo, quanto àqueles com vinculação menos estruturada às suas respectivas áreas de políticas, com acesso mais irregular a recursos e presença desigual ao longo da estrutura federativa, ou inclusive àqueles criados discricionariamente por alguns municípios ou estados para respaldar as prioridades políticas dos Poderes Executivos locais.[7]

A tendência geral de expansão dos conselhos é representada no Gráfico 1a. Tomando como ponto de partida o ano de 1988, em que a promulgação da Constituição mandatou a participação em áreas e setores de políticas considerados estratégicos e quando praticamente inexistiam conselhos em todos os municípios, registra-se uma clara expansão dos conselhos em cada quintil de IDH municipal, calculado com base no Censo de 2000.[8] Entretanto, quando considerado o período analisado, observa-se

7 Há ainda conselhos tutelares, conselhos gestores de equipamentos locais e conselhos de programas, mas escapam do escopo deste capítulo.

8 Na Munic foram encontrados alguns conselhos criados antes de 1988, mas foi definido esse ano como base porque empírica e analiticamente é pouco relevante diferenciar os anos anteriores. Além disso, optou-se por utilizar o IDH calculado com base no Censo de 2000, ponto médio de nossa série. No momento da confecção deste capítulo, o IDH de 2010 ainda não havia sido divulgado pelo Programa das Nações Unidas para o Desenvolvimento. Optamos por utilizar somente o IDH de 2000 para classificar os municípios entre quintis. Há quatro razões para tal escolha, que nos pareceu a mais parcimoniosa. A primeira delas é que, se variássemos o IDH de acordo com os anos, teríamos em 1991 quintis eventualmente compostos por municípios diferentes dos quintis criados com o IDH de 2000 (que,

que a distância em relação à criação de conselhos entre os municípios com diferentes características socioeconômicas aumentou sistematicamente. Espera-se, em 2009, que um município com alto IDH (5º quintil) tenha duas vezes o número de conselhos de um município com baixo IDH (1º quintil). De fato, há uma estreita correlação entre IDH municipal e expansão dos conselhos, o que indica uma distância proporcionalmente menor entre os quintis intermediários.

Embora a variedade de conselhos existentes nos municípios brasileiros seja maior do que os dezessete conselhos pesquisados na Munic, nela levantaram-se informações ora sobre aqueles sabidamente mais relevantes, ora sobre aqueles a respeito dos quais havia expectativas de certa expansão.[9] Assim, a tendência de crescimento representada no Gráfico 1a exprime bem a evolução geral dos conselhos no país. Por fim, note-se a presença de um fator que incide favorecendo a ampliação dos conselhos em todos os quintis de IDH em 1996, cuja presença torna-se mais clara no gráfico seguinte. Como será visto adiante, trata-se do efeito da indução federal.

A evolução geral dos conselhos responde a três padrões diferentes. Primeiro, observa-se um conjunto pequeno com tendência convergente para a universalização: saúde, educação e direitos da criança e do adolescente (Gráfico 1b). São os conselhos tradicionais, munidos de fundos setoriais e correspondentes às áreas consideradas estratégicas pela Constituição, nas quais mandatou a participação. Devido a suas características similares, parece plausível supor que, caso houvesse informação, os Conselhos Municipais de Assistência Social inscrever-se-iam nesse grupo. Com o intuito de facilitar a visualização desta e das seguintes tendências, foram

---

pela ausência de dados, também seriam os quintis em 2010). A segunda razão é a ausência do ano 1991 na série de dados de associações, que, pelas limitações da Rais, só pôde ser utilizada a partir de 1999. Só seria possível variar o IDH na análise da evolução dos conselhos. A terceira razão é que empiricamente faz pouca diferença usar o ano de 1991 ou 2000 para os anos iniciais da série de dados sobre conselhos. Como se observará adiante, o número de conselhos no início da década de 1990 é baixo, e os grupos de IDH não são facilmente diferenciáveis. Por fim, é possível variar as condições socioeconômicas dos municípios mediante o exame das variáveis dos Censos 1990, 2000 e 2010. Os resultados, apresentados na penúltima seção, confirmam os padrões encontrados com o IDH.

9 Com exceção do Conselho Municipal de Assistência Social. Ver nota anterior.

representados apenas o 1º e o 5º quintis, constatando-se sempre que as trajetórias dos quintis intermediários seguem o mesmo padrão e preservam a ordem esperada entre os estratos de municípios. Por exemplo, o Gráfico 1b apresenta uma linha para o percentual de municípios com conselhos de saúde no grupo de maior quintil de IDH, e outra para o grupo de menor quintil. Entre elas, estão os demais quintis omitidos. Assim, a exclusão do 2º, 3º e 4º quintis dos Gráficos 1b, 1c e 1d não afeta a leitura dos resultados apresentados.

A universalização desses conselhos seguiu dois caminhos diferentes. Os Conselhos de Saúde expandiram-se simultaneamente em municípios com elevado e baixo IDH, embora o crescimento nos primeiros tenha sido maior na primeira metade dos anos 1990. Há fatores com notável capacidade de indução operando em 1990 e 1996, de modo que, no segundo caso, os municípios com piores condições de desenvolvimento humano praticamente alcançaram aqueles do 1º quintil. Desde então, a evolução é constante, independentemente das características municipais. Entre os municípios com maior IDH, 99% possuíam Conselhos de Saúde em 2009, contra 92,2% daqueles com menor IDH.

A acentuada indução registrada nesses dois anos é de origem federal e deriva da regulamentação do Sistema Único de Saúde (SUS), especificamente no que tange à descentralização e participação. A lei n.8.080, de 19 de setembro de 1990, estabeleceu a participação da comunidade como um princípio do SUS e atribuiu aos conselhos a faculdade de fiscalizar os recursos financeiros do setor. Por sua vez, a lei n.8.142, de 28 de dezembro do mesmo ano, dispôs sobre a participação, definindo os conselhos como instância colegiada do sistema de saúde e, sobretudo, condicionando as transferências de recursos setoriais à existência de conselhos – a segunda de seis condições (Duarte, 2000). Várias portarias foram introduzidas nos anos 1990 na modalidade de Normas Operacionais Básicas (NOB) para implementar e ajustar mecanismos capazes de orientar os municípios a aderirem ao SUS. A NOB 96 é conhecida por ter introduzido a Programação Pactuada e Integrada, fortalecendo o papel dos conselhos, bem como por ter mudado as formas de adesão para a gestão do SUS (Scatena; Tanaka, 2001, p.73). Isso parece ter gerado uma corrida dos municípios para a adesão sob as condições anteriores (Arretche; Marques, 2003, p.467).

Gráfico 1 – Evolução dos conselhos municipais, segundo quintis de IDH Brasil, 1988-2009

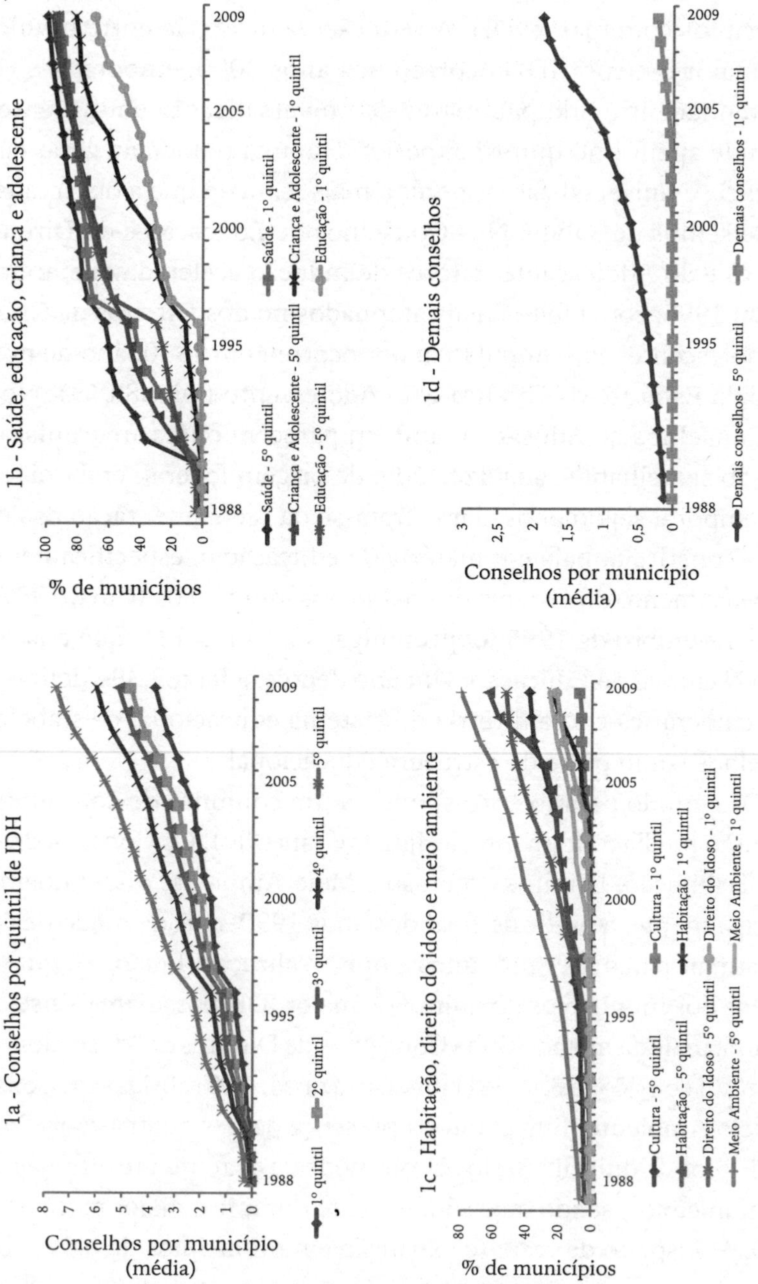

Fonte: IBGE, Censos Demográficos, Munic; Programa das Nações Unidas para o Desenvolvimento (PNUD), IDH. Tabulações especiais do Centro de Estudos da Metrópole (CEM).

Os Conselhos de Educação e de Direitos da Criança e do Adolescente expandiram-se mais lentamente e de modo mais acentuado nos municípios com maior IDH. A redução da distância entre municípios com maior e menor IDH ocorreu nos anos 2000, embora tais conselhos tenham atingido patamares de universalização equivalentes aos de saúde apenas no quintil superior. Há uma tendência geral de convergência e universalização, porém, mais lenta do que a observada para os Conselhos de Saúde. Nos Conselhos de Educação e de Direitos da Criança e do Adolescente, fatores de indução acelerada operaram apenas em 1996, com efeitos mais atenuados no dos Direitos da Criança e do Adolescente, cujo impulso maior ocorreu em 1990, ano de promulgação do Estatuto da Criança e do Adolescente (lei n.8.069). No salto dos Conselhos de Educação também parecem operar mecanismos de indução semelhantes aos da Saúde, de origem federal, embora a conexão temporal seja menos clara. Trata-se da regulamentação das disposições constitucionais em matéria de educação e, especificamente, do estabelecimento do sistema de ensino nos municípios (Cury, 1997). Em 24 de novembro de 1995 foi promulgada a lei n.9.131, que cria o Conselho Nacional de Educação. Um ano depois, a lei n.9.394 define a gestão democrática como diretriz do sistema educacional e estabelece os conselhos como parte da estrutura educacional.

O segundo padrão corresponde a um conjunto de conselhos com expansão média e altamente desigual (Gráfico 1c). Os Conselhos de Cultura, Habitação, Direitos do Idoso e Meio Ambiente disseminaram-se, principalmente, a partir do final dos anos 1990, mas de modo desigual e sem atingir patamares próximos à universalização. Em 2009, quase dois quintos dos municípios do quintil de maior IDH possuíam Conselhos de Cultura, mais da metade tinha Conselhos de Direitos do Idoso, dois terços contavam com Conselho de Habitação e quase 80% abrigavam Conselhos de Meio Ambiente. Entretanto, a presença desses quatro conselhos nos municípios do quintil inferior é hoje modesta e raramente ultrapassa 20% dos municípios, sendo quase inexistente durante a maior parte dos anos 1990. A despeito da recente expansão em municípios de baixo IDH, as trajetórias são crescentemente divergentes. Com exceção dos Conselhos de Habitação em 2006, não se observa incidência de indução acentuada.

O salto dos Conselhos de Habitação coincide com o primeiro ano de operação do Sistema Nacional de Habitação de Interesse Social, cuja lei n.11.124 foi promulgada em 2005 e definiu os conselhos municipais como parte integrante do sistema (Maricato, 2006). A ausência de mecanismos fortes de indução, que condicionem a transferência de recursos federais à criação e funcionamento desse conjunto de conselhos, é uma das explicações para sua expansão parcial.

O terceiro padrão corresponde a uma expansão baixa e desigual e engloba a maior parte dos conselhos. Neste caso, os municípios do quintil inferior registram presença mínima de Conselhos de Direitos Humanos, Esporte, Juventude, Direitos da Pessoa com Deficiência, LGBT, Direitos da Mulher, Promoção da Igualdade Racial, Política Urbana, Segurança e Transporte. Em 2009, no quintil de municípios com maior IDH, a média desses nove conselhos é de apenas 1,7, indicando sua reduzida incidência e a grande distância da universalização (Gráfico 1d). Nos demais quintis, esse valor não chega a 1 e, no quintil mais baixo, é de apenas 0,2.

A expansão geral dos conselhos é um ponto pacífico na literatura, e os dados a esse respeito são eloquentes. Contudo, a diversidade dos conselhos e a posição que ocupam no funcionamento de sua correspondente área ou setor de políticas configuram distintos padrões. Conselhos universalizados têm sido objeto de forte indução federal, ao ponto de neutralizar os efeitos associados às diferenças de IDH. Conselhos com expansão média e altamente desigual estão inscritos de maneira menos articulada na respectiva área ou setor de políticas, em boa medida pela combinação da natureza menos estruturada da própria política – comparativamente às políticas organizadas, *de fato*, em sistemas –, e de modalidades de indução fracas ou ausentes. Por fim, conselhos de expansão baixa e altamente desigual progrediram apenas em municípios de maior IDH. Ao caráter menos estruturado das políticas desse conjunto de conselhos, acrescenta-se a índole transversal dos temas de parte deles, o que, se pode supor, dificulta a coordenação, a distribuição de custos e a definição dos benefícios procurados com a eventual implantação de mecanismos centralizados de indução.

Evolução das associações

Razões teóricas e seus pressupostos normativos animam concepções em maior ou menor medida demandantes das características que definem uma associação, demarcando composições mais laxas ou mais restritivas do universo de atores a ser considerado. Assim, associações compreendem, em registro pluralista, todo e qualquer esforço de consociação, de modo que não é possível estabelecer uma diferenciação substantiva entre associações puramente econômicas ou de mercado e aquelas cuja principal finalidade não é o lucro, nem distinguir associações precipuamente políticas daquelas cuja razão de ser não é governar. Por sua vez, teorias contemporâneas da sociedade civil privilegiam apenas organizações civis, excluindo qualquer ator de mercado ou do Estado – e o sistema político e seus atores são concebidos como parte do Estado. Porém, tampouco há consenso nessas teorias sobre a constelação de organizações à qual cabe o qualificativo "civil", embora seja claro que, quanto mais normativas as compreensões, mais restritivo é o universo de atores selecionados e mais virtuoso é o comportamento deles esperado.

Não é conveniente, para os propósitos deste capítulo, adotar uma definição específica de sociedade civil, pois parte das deficiências desse campo de estudos está na variabilidade entre o conceito e seus referentes empíricos. Em vez disso, a estratégia analítica adotada foi delimitar e examinar quatro conjuntos de associações, partindo-se da categoria mais ampla até o recorte de subconjuntos de organizações civis mais restritivo – todos eles contidos nos contingentes superiores.[10]

O primeiro conjunto, mais largo, engloba *todas as entidades sem fins lucrativos* (ESFLs), conforme classificadas pela sua natureza jurídica na Rais e segundo critérios do IBGE.[11] Todas as organizações nacionais não

---

10 Os limites para a construção desses conjuntos são estabelecidos pela classificação da atividade econômica das entidades (CNAE) presente na Rais, do MTE, pelas alterações dessa classificação ao longo do tempo e pela generalidade ou imprecisão de algumas das categorias.

11 Apenas a partir de 1999 é possível separar os estabelecimentos cadastrados na Rais com base na sua natureza jurídica e obter confiavelmente o universo de organizações sem fins lucrativos. Assim, para a análise das associações, existe esse limite de disponibilidade de dados.

enquadráveis como empresas ou administração pública – "mercado" ou "Estado" – são incluídas nessa categoria.

O segundo conjunto – de *entidades sem fins lucrativos depuradas* – exclui associações de condôminos e cartórios, entidades que dificilmente seriam entendidas como sociedade civil.[12] O terceiro conjunto aproxima-se da *definição contemporânea comum de sociedade civil*: associações voluntárias, não corporativas, nem integradas ao mundo do mercado e do Estado, inclusive o sistema político. Assim, suprimem-se partidos políticos, Sistema S e outras associações patronais, profissionais, sindicatos e igrejas, que, somados, configuram algo entre 16,5% e 19,5% das ESFLs durante o período 1999-2009. Trata-se de um grupo de organizações bastante heterogêneo, envolvendo centenas de categorias econômicas enquadradas sob a natureza jurídica associações e fundações privadas nacionais e estrangeiras.[13]

Por fim, o quarto conjunto é delimitado por uma *definição exigente de sociedade civil* e limita-se às subcategorias "associações de defesa de direitos" e "outras atividades associativas".[14] Diferentemente dos demais grupos, que são definidos pela totalidade das ESFLs ou pela exclusão de subconjuntos de organizações cujas índoles econômicas são conhecidas, este contingente é construído de forma bastante restritiva, selecionando apenas organizações classificadas naquelas duas subcategorias. Elas correspondem a algo entre 35% e 40% do total de ESFLs e de 65% a 70% do terceiro contingente, variando conforme os anos.

---

12 Condomínios e cartórios representam aproximadamente de um quinto a um quarto das ESFLs de 1999 em diante, e sua presença correlaciona-se com fatores como tamanho das cidades e grau de urbanização.

13 A maioria das categorias econômicas incluídas contém poucas organizações, com exceção das entidades que compõem o quarto conjunto.

14 De 1999 a 2005, contamos apenas com a CNAE "outras atividades associativas". A partir de 2006, com a alteração do sistema de classificação da natureza jurídica das organizações, foi estabelecida a categoria "organização de defesa de direitos", de especial interesse para a análise. A redução numérica das organizações classificadas como outras atividades associativas, de 2005 para 2006, quando houve a mudança da classificação, corresponde quase inteiramente à nova categoria de organização de defesa de direitos. Assim, julgou-se seguro tratar a soma dessas categorias de 2006 em diante como equivalente à categoria preexistente, ainda que esse procedimento produza alguma imprecisão marginal. Ao longo do texto, esse conjunto será denominado, genericamente, de organizações civis de defesa de direitos.

Como somente as entidades que possuem CNPJ constam na Rais, há algum viés na composição do universo que tende a favorecer entidades com certo grau de institucionalização. Não existem, todavia, fontes de dados com cobertura nacional para analisar a miríade de associações informais a que uma categoria como sociedade civil poderia, eventualmente, visar. Os incentivos para o registro de associações no Brasil, todavia, são amplos.

O Gráfico 2a descreve a evolução geral de todas as ESFLs entre 1999 e 2009, preservando o IDH municipal como variável de ordenação dos quintis e controlando o número de entidades pelo total de habitantes do município. Quando considerado esse conjunto amplo, dois resultados sobressaem. Primeiro, os anos 2000 registraram um incremento de ESFLs em todos os quintis, a despeito de uma pequena queda no final da década. Segundo, a presença dessas entidades covaria positivamente com o IDH, especialmente nas diferenças favoráveis ao último quintil, que contou com uma associação a mais por habitante ao longo do período contemplado. A distância entre municípios com menor IDH e aqueles com posições intermediárias é menor, mas permaneceu estável no período observado, enquanto entre os municípios dos 2º, 3º e 4º quintis essa distância diminuiu. Nesse nível de agregação, as associações e seus eventuais efeitos operam em maior medida em municípios com maior IDH.

Porém, conforme mostra o Gráfico 2b, o universo das ESFLs, especialmente nos municípios com maior IDH, comporta-se de modo muito diferente se desconsideradas as associações condominiais e os cartórios – dois tipos de associações muito sensíveis à aglomeração urbana e, sobretudo, um deles obrigatório pela força do direito (associações de condôminos) e o outro produto de um regime de concessões que cria ESFLs de *status* idiossincrásico (cartórios). Com efeito, se tais associações são excluídas do universo, não apenas diminui a diferença no número de entidades por mil habitantes do quintil superior, como também a trajetória é convergente. Isto é, a distância entre quintis torna-se menor ou desaparece ao longo da década, além de o 2º e o 3º quintis inverterem sua posição em relação ao 4º quintil.

Surpreendentemente, a trajetória das organizações civis se inverte parcialmente se excluídos também sindicatos, associações profissionais e patronais, partidos políticos e igrejas (Gráfico 2c). A distância inicial

Gráfico 2 – Entidades sem fins lucrativos (ESFLs) por mil habitantes, segundo quintis de IDH-Brasil, 1999-2009

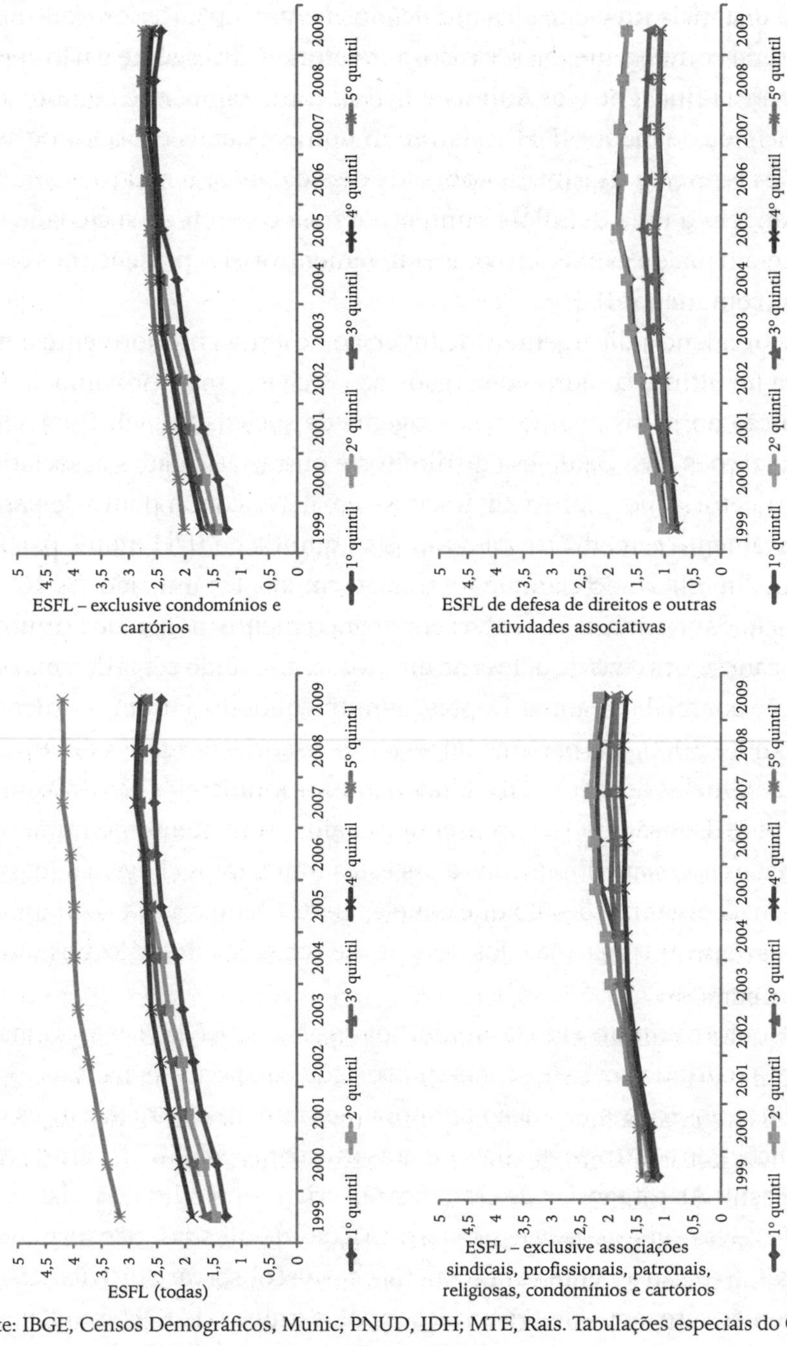

Fonte: IBGE, Censos Demográficos, Munic; PNUD, IDH; MTE, Rais. Tabulações especiais do CEM.

do número de associações por mil habitantes entre os diferentes quintis municipais de IDH é relativamente pequena, somente um pouco superior à distância final entre os municípios no gráfico anterior – após uma trajetória convergente. Nesse caso, a trajetória é divergente e não apenas a distância final entre os quintis é maior, como também os quintis com municípios de menor IDH registraram números mais elevados de associações *per capita*. Assim, ao longo da década, as organizações que correspondem a uma definição contemporânea comum de sociedade civil cresceram mais e ganharam comparativamente maior presença nos municípios com menor IDH.

A tendência divergente e de inversão descrita anteriormente é mais nítida no último conjunto de organizações civis – mais próximo de uma definição normativamente mais exigente de sociedade civil. Trata-se das organizações civis de defesa de direitos e outras atividades associativas, cuja trajetória, no Gráfico 2d, inicia-se em 1999 com o ponto de partida relativamente semelhante para todos os quintis de IDH municipal, mas evolui diferenciando claramente três percursos. De um lado, os 40% de municípios com maior IDH apresentam incremento moderado do número de organizações civis de defesa de direitos, registrando cerca de uma organização por mil habitantes. Depois, os municípios do 3º quintil situam-se, a partir de 2000, em patamar superior de associações por habitante em relação àqueles de maior IDH. Finalmente, os municípios dos dois quintis com pior IDH são os que apresentam maior crescimento no número de entidades *per capita*. Em alguns anos estes municípios chegam a registrar 80% mais organizações do que aqueles pertencentes aos 4º e 5º quintis. Note-se que as trajetórias dos dois primeiros e dos dois últimos quintis são tangenciais.

Conforme informado, os conjuntos de organizações civis examinados foram recortados com base nas informações disponíveis na Rais, o que permitiu observar a evolução temporal do número de organizações com definições de contingentes próximas às utilizadas pelo IBGE para os estudos Fasfil. As categorias de classificação criadas pelo IBGE, todavia, são mais precisas graças ao acesso a informações detalhadas, não disponíveis na Rais. Exclusivamente para 2010, foi possível observar a distribuição das diferentes categorias de organizações pelos grupos de IDH municipal na

Fasfil, permitindo confrontar os resultados de ambas as fontes de modo a verificar a acuidade dos resultados apresentados anteriormente.

A participação das organizações de desenvolvimento e defesa de direitos é nitidamente maior em municípios com menor IDH, representando um terço das entidades sem fins lucrativos. Já no quintil de municípios com maior IDH, essas entidades correspondem a apenas 9%, em 2010. Por outro lado, o peso das organizações da saúde, igrejas e da assistência social cresce conforme aumenta o IDH municipal (Gráfico 3). Infelizmente, não é possível separar, nos dados da Fasfil, as organizações patronais e profissionais daquelas de produtores rurais. Como se observa no gráfico, o conjunto formado por esses três tipos de entidades representa uma fatia maior do universo de organizações quanto menor é o IDH municipal, um indicativo de que, nesses municípios, as organizações rurais têm peso relevante. De fato, quando se observam os municípios de menor IDH, dois terços das organizações estão nessa categoria ou na de defesa de direitos. Nos municípios de 4° e 5° maiores IDH, essas instituições não chegam a um quinto do total.

Gráfico 3 – Distribuição das entidades sem fins lucrativos (ESFLs), por quintil de IDH, segundo classificação na Fasfil-Brasil, 2010

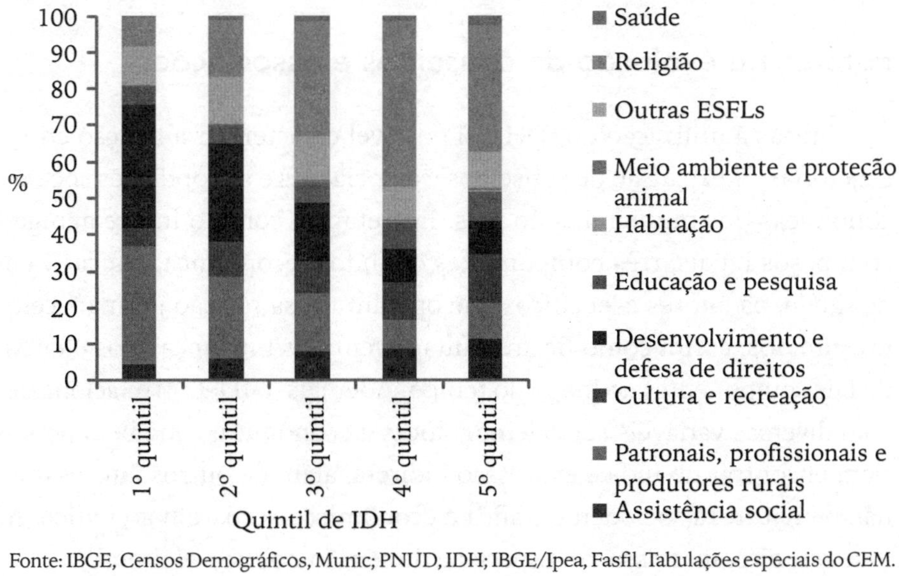

Fonte: IBGE, Censos Demográficos, Munic; PNUD, IDH; IBGE/Ipea, Fasfil. Tabulações especiais do CEM.

O número de associações *per capita* no país cresceu ao longo do decênio observado. Esse aumento encerra padrões diferentes segundo o conjunto de organizações civis considerado. A relação entre proliferação de associações e maior riqueza, infraestrutura cultural e de serviços diversos nas cidades parece intuitivamente correta. Porém, tal conexão apenas surge expressivamente no universo total das ESFLs, em que verticalização e aglomeração urbana pesam pela presença de cartórios e associações condominiais. A distância entre o número de associações disponíveis, em princípio, aos moradores de municípios de baixo e alto IDH caiu de modo notável em trajetória convergente entre os quintis. Mesmo quando mantidas entidades com presumível "dependência urbana" e "dependência demográfica", como sindicatos ou associações patronais, profissionais, partidos e igrejas, no final do período examinado as discrepâncias no número de organizações por habitante tinham sido reduzidas. Além disso, quanto mais o universo de entidades se aproxima de definições exigentes de sociedade civil, mais saliência elas ganham em municípios com menor IDH. Os resultados mostram-se consistentes quando a análise é replicada com as categorias de classificação desenvolvidas pelo IBGE para o estudo Fasfil.

Fatores na evolução de conselhos e associações

Graças à utilização do IDH, foi possível caracterizar a relação entre trajetórias de expansão de conselhos e associações e as condições socioeconômicas dos municípios no país. Entretanto, como o índice agrega, com pesos iguais, três componentes de índole econômica, educativa e de saúde, os fatores específicos que operam nessa relação permanecem presumidos, assim como ficam ocultas eventuais mudanças nos efeitos de tais componentes ao longo do tempo. Ademais, o IDH correlaciona-se com diversas variáveis sociodemográficas e econômicas, que bem poderiam encontrar no índice expressão indireta, além de outros fatores que não de natureza sociodemográfica e econômica escaparem ao índice. A esse respeito, interessa em especial a dimensão político-eleitoral.

Com o intuito de explorar sistematicamente as relações encontradas nas séries anuais entre a posição dos municípios pelo seu IDH e as trajetórias de conselhos e associações, foi examinado o comportamento das variáveis dependentes aqui utilizadas quando agregadas em quintis municipais, segundo distintas variáveis oriundas dos Censos de 1991, 2000 e 2010 e de outras poucas fontes que serão oportunamente informadas. Esse procedimento traz a vantagem de levar em consideração a variação das condições sociais e econômicas dos municípios, enquanto, com o IDH, as características dos municípios estavam fixadas no ano de 2000.

A Tabela 1 resume os principais resultados desse exame e mostra, para cada variável, as médias de conselhos por município e associações para cada mil habitantes para o 1° e o 5° quintis. Para cada variável também se apresenta o coeficiente de correlação, mas, no caso de variáveis discretas, são expostas apenas as médias para cada uma das categorias. Em todas as situações, foram contemplados a totalidade dos conselhos e o conjunto de associações de defesa de direitos. São os mesmos dados utilizados na produção dos gráficos 1a e 2d, respectivamente.

De forma geral, as principais variáveis socioeconômicas – renda municipal *per capita*, escolaridade dos habitantes e percentual da população urbana – apresentam relação consistente com o número médio de conselhos e de associações de defesa dos direitos por habitante, sendo positiva para os primeiros e negativa para as segundas. Como os conselhos começam a ser criados apenas no final da década de 1980, observa-se também que a correlação entre as variáveis utilizadas e a média municipal de conselhos em geral cresce com o tempo, um indicativo de que o processo de disseminação de tais instituições participativas segue padrões socioeconômicos bastante claros. Como evidenciado no Gráfico 1a, há uma relação entre esses fatores, se observado o conjunto dos conselhos nos municípios.

Iniciando com renda municipal *per capita*, variável intuitivamente clara quanto aos efeitos esperados, observa-se que, no início das últimas três décadas, os conselhos eram sensivelmente mais numerosos nos municípios com maior renda em relação àqueles do 1° quintil, com renda mais baixa. Em 1991, municípios mais ricos tinham, em média, 1,13 conselhos, contra apenas 0,3 naqueles mais pobres. A distância entre municípios ricos

Tabela 1 – Conselhos e associações, segundo características sociais, econômicas e políticas dos municípios – Brasil, 1991-2010

Características dos municípios	Medida	Conselhos por município			Associações por mil hab.	
		1991	2000	2010	2000	2010
Renda municipal*	Média 1º quintil	0,30	1,43	3,40	1,11	1,62
	Média 5º quintil	1,13	3,50	6,89	0,87	1,10
	Correlação	0,35	0,48	0,52	0,12	0,18
% de habitantes com ensino médio completo	Média 1º quintil	0,30	1,51	3,44	1,08	1,53
	Média 5º quintil	1,21	3,51	6,94	0,81	0,97
	Correlação	0,39	0,48	0,54	0,02	-0,01
% da população rural	Média 1º quintil	0,54	3,31	6,87	0,73	0,89
	Média 5º quintil	0,59	2,09	4,15	1,72	2,46
	Correlação	-0,02	-0,26	-0,36	0,30	0,35
% da população branca	Média 1º quintil	0,32	1,59	3,87	0,83	1,28
	Média 5º quintil	1,06	3,14	5,98	1,51	1,84
	Correlação	0,28	0,35	0,30	0,31	0,34
% da população masculina	Média 1º quintil	0,87	2,94	6,38	0,81	0,98
	Média 5º quintil	0,45	1,92	4,20	1,03	1,46
	Correlação	-0,17	-0,23	-0,26	0,00	0,02
% da população na PEA**	Média 1º quintil	1,10	3,24	6,93	0,78	0,98
	Média 5º quintil	0,46	2,09	4,35	2,23	3,24
	Correlação	-0,16	-0,14	-0,20	0,29	0,38
PT uma vez entre 1997 e 2008***	Média PT	0,74	2,86	6,16	1,47	2,02
	Média outros partidos	0,51	2,24	4,80	1,36	2,03

Fonte: IBGE, munic. TSE; MTE, Rais. Tabulações especiais do CEM.

* R$ em valores de 2012.

** População economicamente ativa.

*** São considerados "PT" os municípios em que o PT venceu as eleições para prefeito em qualquer um dos três anos (1996, 2000 ou 2004). Ou seja, pode-se dizer que são municípios governados pelo PT pelo menos uma vez entre 1997 e 2008.

e pobres aumentou ao longo do tempo, sendo que, em 2010, os municípios do 5° quintil de renda *per capita* possuíam 3,4 conselhos em média a mais do que aqueles do 1° quintil. A correlação entre renda e média de conselhos cresce a cada ano, chegando a 0,52 em 2010, forte indicativo de que a presença de conselhos está associada à renda municipal.

Por sua vez, a ocorrência de associações de defesa de direitos guarda uma relação inversa com a renda municipal *per capita*. Em 2000, o número médio de associações por mil habitantes era maior nos municípios com renda mais baixa (1,11 contra 0,87 no último quintil) e a distância entre ambos os grupos de municípios aumentou de 0,24 a 0,52 em uma década.

A proporção de pessoas com ensino médio completo oferece uma boa aproximação para aferir os efeitos da educação e mostra um padrão bastante semelhante ao da renda municipal. Assim, o número de conselhos é maior nos municípios que possuem habitantes com escolaridade mais elevada, sendo que a desigualdade entre os quintis aumenta ao longo do tempo. A correlação entre o indicativo de escolaridade municipal e o número de conselhos é ainda maior do que aquela observada entre este último e a renda. Associações de defesa de direitos, contrariamente, encontravam maior presença nos municípios com menor porcentagem de pessoas com ensino médio completo em 2000. A correlação entre essas variáveis, porém, é praticamente nula. Quando se examinam os demais quintis (omitidos na tabela), verifica-se que, de fato, apenas o 5° quintil tem média abaixo do total de municípios. Se a educação for medida de modo menos demandante, utilizando-se o percentual de pessoas com ensino fundamental completo, os resultados acusam o mesmo padrão.

Uma terceira variável apresenta padrão semelhante ao da renda e da educação: a proporção da população rural. Municípios mais urbanizados (1° quintil) têm, em média, mais conselhos e menos associações do que aqueles onde a população rural é maior (5° quintil). É interessante notar que, em 1991, a correlação entre o número médio de conselhos e a proporção da população rural era nula e, em 2010, passou para -0,36, sugerindo que a disseminação de conselhos pelo país segue trilhas urbanas.

As dimensões representadas pelas três primeiras variáveis na Tabela 1 não diferem, portanto, do que se esperaria observando apenas o IDH dos municípios. Há, entretanto, variáveis demográficas cuja relação com a presença de conselhos ou com o número de associações nos municípios brasileiros não conforma o padrão descrito pelo IDH: proporção de grupos de cor/raça, sexo e de indivíduos na força de trabalho (PEA), mostrando que o padrão encontrado não se mantém por meio de outras dimensões da desigualdade não contempladas pelo IDH.

Finalmente, a expansão de conselhos e associações pode ter sido estimulada por um conjunto diverso de efeitos associados à competição político-eleitoral. O principal fator político-eleitoral de interesse refere-se à eventual relação favorável entre governos do PT e a expansão de conselhos e associações. Os municípios governados pelo PT por pelo menos uma vez entre 1997 e 2008 apresentam médias de conselhos sistematicamente mais altas.[15] É entre 2000 e 2010, porém, que o PT se diferencia fortemente dos demais partidos: enquanto em 2000 a diferença era de apenas 0,62, em 2010 passou para 1,36. Nessa década, os Conselhos Municipais de Saúde, Educação e Direitos da Criança e do Adolescente caminharam na direção da universalização, e os Conselhos de Habitação, Meio Ambiente, Cultura e de Direitos da Pessoa Idosa começaram a ser mais frequentes. Municípios governados pelo PT pelo menos uma vez entre 1996 e 2004[16] tinham, em média, 6,16 conselhos em 2010, contra 4,80 nos demais municípios.[17]

Já no que se refere ao número de associações nos municípios governados pelo PT entre 1997 e 2008, não se observam diferenças relevantes em relação aos municípios que não foram governados por este partido. Aparentemente, não há evidências de que o PT tenha maiores chances de vitória onde há mais associações por habitante ou, contrariamente,

---

15 A fonte de dados eleitorais é o Tribunal Superior Eleitoral (TSE). O TSE não disponibiliza dados para as eleições municipais de 1992. Esperaríamos, todavia, poucas prefeituras governadas pelo PT nesse mandato.

16 Como os dados de conselhos e associações são do final de 2009, decidiu-se não incluir a eleição de 2008. Os prefeitos eleitos em 2008 tomaram posse em 2009 e sua inclusão aumentaria o número de municípios governados pelo PT sem tempo para que os efeitos esperados de um governo desse partido nas variáveis de interesse pudessem se manifestar.

17 O interesse, aqui, é apenas observar a associação entre as variáveis – governo do PT e número de conselhos ou associações por habitante – e não se pode, com os instrumentos disponíveis, auferir causalidade.

que um governo municipal desse partido resulte em maior número de organizações por habitante.

O padrão descrito nesta seção registra uma relação positiva e crescente entre as variáveis socioeconômicas consideradas e a evolução dos conselhos em geral, mas tal relação inverte-se e torna-se decrescente quando se trata de associações de defesa de direitos. Agora, sabe-se que esse comportamento se manteve estável ao longo do período examinado. Outros fatores de desigualdade social, como raça, gênero e inserção na PEA, escapam do padrão encontrado. Assim, é cabível asseverar que esses fatores de estratificação social não covariam com o IDH em relação à presença de conselhos e associações. Apenas uma variável política foi incorporada, com resultados interessantes: governos do PT mostram relação favorável com a expansão de conselhos nos municípios do país, mas, de modo contraintuitivo, não guardam relação aparente com a expansão de associações.

Conselhos, associações e desigualdade

A despeito de sua diversidade e da variação nos seus eventuais efeitos, conselhos operam como canais de representação extraparlamentar e deles se esperam pelo menos duas ordens de efeitos: racionalização das políticas e inclusão de grupos afetados pelas primeiras. Ambos os efeitos supõem um relação favorável com a redução da desigualdade. A literatura voltada para a aferição da efetividade das instituições participativas congrega os trabalhos de ponta para lidar com os efeitos de racionalização e, embora se trate de um corpo de estudos relativamente novo, tem indicado a correlação entre a presença dessas instituições e melhores indicadores de desempenho nas políticas públicas (Pires, 2011; Pires; Vaz, 2010). Por sua vez, os efeitos de inclusão têm preocupado a literatura há mais tempo e os diagnósticos enfatizam dois aspectos complementares: a distância socioeconômica do conselheiro médio em relação ao cidadão médio – diagnóstico de elitização da participação – e a diferença de composição entre conselhos e instâncias de representação parlamentar quanto à maior presença de mulheres, e renda e escolaridade mais baixas nos primeiros – diagnóstico de pluralização da representação (Almeida; Lüchmann; Ribeiro, 2012). Seja porque as políticas respondem melhor às necessidades dos grupos sociais por elas afetados, seja porque há vazão para vozes minimamente presentes nos canais tradicionais de representação, os efeitos esperados dos conselhos supõem uma relação favorável com a redução da desigualdade, e não o inverso. Vale mencionar que o pressuposto da relação favorável entre conselhos e redução da desigualdade encontra-se no plano dos valores institucionais e das bases normativas que orientam a literatura, embora pesquisas revelem a presença de fatores adversos ou de resultados contrários a esse pressuposto.[18]

A desigualdade, todavia, opera em diferentes escalas, sendo que sua redução no plano municipal pode aumentá-la, comparativamente à desigualdade entre municípios ou regiões. Entre 1988 e 2009, os conselhos se expandiram nos municípios do país, e aquilo que era uma disposição constitucional tornou-se uma realidade institucional de considerável capilaridade. Dentro dessa tendência geral, a penetração dos conselhos ocorreu de modo desigual, seguindo uma tendência que associa – de maneira sistemática e estável ao longo de duas décadas – melhores condições de IDH, bem como variáveis socioeconômicas, à maior presença de conselhos. Um grupo de conselhos escapa dessa tendência e segue uma trajetória de universalização – saúde, educação e direitos da criança e do adolescente –, graças à incidência de mecanismos fortes de indução federal. Os outros conselhos, catorze entre os dezessete pesquisados, inscritos em setores ou áreas de políticas menos estruturadas ou de natureza transversal, registraram expansão menor, seletiva ou excludente na geografia municipal brasileira. Nesses casos, os eventuais efeitos de racionalização e inclusão dos conselhos acresceram-se à lista dos fatores que reproduzem a desigualdade territorial. Assim, onde instituições participativas como os conselhos, conectadas à descentralização, não são objeto de indução federal, a divergência entre municípios com população de maior renda e

18 Ver, por exemplo, o tom de denúncia da primeira geração de estudos sobre os conselhos em Tatagiba (2002), ou inclusive em estudos mais recentes (Tatagiba, 2005), alguns deles com fortes críticas (Neto, 2012).

mais escolarizada tem se tornado a regra. A ocorrência de governos do PT guarda relação positiva com a expansão dos conselhos.

Associações podem ser entendidas, simultaneamente, como motores de igualdade e desigualdade, pois aqui também operam lógicas diferentes em distintas escalas. Maiores benefícios para os associados amiúde são obtidos pela disputa e apropriação de recursos escassos, dos quais outros grupos ficam privados. Por razões teóricas distintas, todavia, associações costumam figurar na literatura como fontes de mecanismos que atenuam desigualdade política, econômica e social. Ainda quando se pressupõe que associações são por excelência veículos para a promoção de interesses particulares coletivos, como feito distintivamente pelo pluralismo, assume-se em seguida que o melhor antídoto contra a dominação de interesses particulares organizados é o pluralismo associativo (Dahl, 1991). Embora a correlação entre *status* socioeconômico e propensão a se associar esteja bem estabelecida na literatura, as associações também estão presentes na mesma literatura como fontes para aquisição de recursos e habilidades que compensam as desigualdades sociais de origem dos indivíduos (Verba; Schlozman; Brady, 2005). No extremo oposto, teorias normativas definem as associações pela sua autenticidade e genuíno interesse em temas relevantes para o conjunto da sociedade, ou como veículo por excelência da genuína autodeterminação (Cohen; Arato, 1992; Hirst, 1994). Essas são apenas posturas diametralmente opostas em um espectro de posições. Na América Latina, em boa medida por um efeito de consenso negativo gerado pelas ditaduras, bem como pela prevalência de concepções mais demandantes de sociedade civil, as associações foram pensadas mais próximas do segundo polo, normativo, do que do primeiro – realista, liberal e centrado na categoria de interesse. O Brasil não é exceção a esse respeito, e, de fato, são raros os estudos que privilegiam associações, seus diversos tipos, lógicas organizacionais, bem como os efeitos ecológicos de composição desse universo (Lüchmann, 2013; Gurza Lavalle; Bueno, 2011; Gurza Lavalle; Houtzager; Castello, 2012).

No nível de agregação desta análise, as implicações da relação entre associações e desigualdade territorial dependem pelo menos de dois fatores: presença das primeiras à disposição dos munícipes e tipos de entidades localmente disponíveis. Na década pesquisada (1999-2009), o vasto universo de associações contemplado na categoria ESFL expandiu-se além do crescimento populacional, em todos os municípios do país, independentemente de sua posição nas condições de desenvolvimento humano. Tal ampliação foi maior nos municípios com melhores condições, em virtude da relação entre aglomeração urbana, cartórios e associações condominiais. Se desconsiderados ambos os tipos de entidades, todavia, as diferenças na presença de associações entre os municípios com piores e melhores IDH não apenas caem drasticamente, mas tornam-se menores ao longo da década. Ademais, quando adotadas definições exigentes de sociedade civil para recortar o universo a ser observado, ocorre uma inversão, e o conjunto de entidades excluindo-se sindicatos, associações profissionais e patronais, partidos políticos e igrejas, bem como o conjunto mais restritivo de associações de defesa de direitos, passa a predominar nos municípios de menor IDH. A inversão se mantém quando contempladas variáveis socioeconômicas. Assim, a desigualdade territorial, em termos da disponibilidade de associações nos municípios, é contraintuitivamente moderada, mesmo quando contemplados contingentes amplos de entidades. Mais: a distribuição das associações de defesa de direitos segue padrão contrário ao da desigualdade territorial.

A trajetória de expansão de conselhos e associações da sociedade civil apresenta um padrão estável: divergente entre ambos e invertido quando considerada sua relação com indicadores sintéticos de desigualdade econômica. As tendências de equalização territorial encontradas são de duas índoles, institucional e societal, ambas elucidativamente consoantes com a política e as políticas do país ao longo das últimas duas décadas. De um lado, os conselhos municipais que seguiram uma trajetória de universalização fizeram-no pela presença de forte indução federal; de outro, a distribuição na "geografia municipal" do conjunto de associações mais próximas das compreensões normativas da sociedade civil segue padrão oposto à estratificação socioeconômica territorial, embora por motivos que ainda demandam elucidação e que, aparentemente, não guardam conexão com a "cartografia eleitoral" das vitórias do PT nos governos locais.

PARTE II
EDUCAÇÃO E RENDA

3
Estratificação educacional entre jovens no Brasil: 1960 a 2010[1]

Carlos Costa Ribeiro[2]
Ricardo Ceneviva[3]
Murillo Marschner Alves de Brito[4]

A desigualdade de oportunidades educacionais (DOE) é mensurada pelo efeito das características socioeconômicas e culturais dos pais nos resultados educacionais dos filhos. Sabe-se que a educação alcançada pelos indivíduos é o principal meio de mobilidade social nas sociedades modernas, portanto, a diminuição da DOE é fundamental para o aumento da mobilidade social. No Brasil, há diversos estudos sobre o tema revelando que esse tipo de desigualdade permaneceu praticamente inalterado ao longo dos anos. Embora tenha havido expansão educacional de todos os níveis, os indivíduos de famílias com mais recursos socioeconômicos continuam mantendo as mesmas vantagens de progressão no sistema. Essa conclusão baseia-se principalmente em dados sobre coortes de nascimento observadas em pesquisas amostrais que trazem informações

1 Este capítulo beneficiou-se dos comentários e sugestões dos participantes do I Seminário do Projeto "Censo: o quanto o Brasil mudou nos últimos 50 anos?", realizado pelo Centro de Estudos da Metrópole (CEM) em setembro de 2012. Agradecemos expressamente ao convite e ao apoio de Marta Arretche para a realização deste trabalho.

2 Professor de Sociologia do IESP/UERJ.

3 Professor de Ciência Política do IESP/UERJ.

4 Professor no Departamento de Educação da PUC-RJ.

retrospectivas sobre as famílias em que os indivíduos cresceram (principalmente educação e ocupação dos pais quando os jovens tinham em torno de 15 anos de idade). Para que se compreenda este efeito sobre as chances de progressão educacional dos indivíduos, é necessário ter acesso a informações sobre as condições socioeconômicas da família, que, no caso dos Censos, está disponível para os indivíduos na condição de filhos. Assim, o objetivo do presente capítulo é usar os microdados dos Censos brasileiros entre 1960 e 2010 para avaliar a evolução do efeito da origem socioeconômica na progressão educacional dos brasileiros entre 12 e 25 anos, buscando responder à pergunta sobre o que mudou no Brasil nos últimos cinquenta anos no que diz respeito à estratificação educacional dos jovens.

Modelos de progressão educacional

Uma maneira bastante usual de se mensurar a desigualdade de oportunidades educacionais na literatura sociológica sobre estratificação social é a análise da progressão educacional enquanto uma sequência de decisões (Mare, 1980, 1981). Nas décadas de 1980 e 1990, diversos estudos sobre o tema culminaram na coletânea produzida por Shavit e Blossfeld (1993), na qual são investigados, comparativamente, os fatores determinantes da estratificação educacional em treze países, por meio de análises altamente padronizadas. A questão principal era saber em que medida a relação entre características de origem socioeconômica e as desigualdades de oportunidades educacionais mudava ao longo do tempo. Os casos nacionais investigados incluíam sociedades capitalistas ocidentais – Estados Unidos, ex-Alemanha Ocidental, Inglaterra e País de Gales, Itália, Suíça, Holanda e Suécia; sociedades capitalistas não ocidentais – Japão e Taiwan; e países de herança socialista – Polônia, Hungria e Tchecoslováquia, para os quais foram investigadas quatro transições educacionais principais: graduação no nível primário, entrada no secundário tendo completado o primário, graduação no nível secundário e entrada no nível pós-secundário tendo completado o secundário. A principal conclusão alcançada por este trabalho comparativo foi a de que não havia mudança na desigualdade ao longo do tempo, a despeito da expansão educacional, afirmação também corroborada por Mare (1980) na investigação do caso americano. De fato, esses trabalhos sugeriam que havia um padrão de desigualdades persistentes, supondo que as diferenças de classe na realização de transições tendem a ser constantes entre coortes de nascimento mais velhas e mais jovens no século XX. Ainda que as taxas de participação escolar tenham crescido para todas as classes, em praticamente todos os níveis, as vantagens associadas a origens socioeconômicas privilegiadas permaneceram inalteradas. Só a Holanda e a Suécia pareciam fugir desse padrão geral, pois nesses países a associação entre escolarização e origem social tendeu a diminuir ao longo do século XX.

Considerando que essas evidências pareciam bastante consistentes em diversos países, pesquisadores passaram a elaborar modelos que explicassem os padrões empíricos observados, em especial o padrão de desigualdades persistentes. Desde então, o esforço de pesquisa na investigação dos determinantes de classe da estratificação educacional tem produzido diversas evidências empíricas que procuram explicar a desigualdade persistente. Entre as hipóteses explicativas mais proeminentes, encontra-se a da desigualdade maximamente mantida (Raftery; Hout, 1993), que postula que mudanças na associação entre origem social e destino educacional tendem a ocorrer apenas em contextos nos quais as taxas de transição para determinados níveis educacionais atinjam níveis de saturação que impeçam, por um "efeito-teto", seu aumento entre classes de origem socioeconômica privilegiada. Esse processo, se por um lado diminui as desigualdades de classe entre os níveis educacionais para os quais se observa saturação do acesso para classes mais altas, por outro as desloca para níveis educacionais mais altos. Assim, onde existe saturação não existe desigualdade para nenhuma classe de origem. Nesse sentido, uma diminuição uniforme nos custos da escolarização tende a manter constantes as desigualdades, pois seu impacto é uniforme entre as classes. As investigações sobre o caso brasileiro (Valle Silva, 1986; Hasenbalg; Valle Silva, 2002; Fernandes, 2004; Torche, 2010; Ribeiro, 2011; Montalvão, 2011) muito contribuíram para o conhecimento dos principais padrões de evolução das DOE. Consolidou-se a concepção de que são especialmente proeminentes os desequilíbrios entre indivíduos com origem nos meios urbano e rural, e que a desigualdade de raça, notadamente entre níveis educacionais mais altos, coloca pretos e pardos em posição de desvantagem. Além disso, a desigualdade baseada na origem de classe dos indivíduos é pervasiva e persistente ao longo do tempo. Nas últimas três décadas, a expansão do sistema educacional no país foi direcionada fundamentalmente para os estágios de progressão mais baixos, e essa expansão diminuiu as desigualdades de classe no acesso a eles, mas em grande medida deslocou-as para níveis mais altos de escolarização. Atualmente, chega-se a demonstrar aumento na associação entre origem social e realização de transições educacionais nesses níveis mais altos. Sob essa ótica, o padrão de desigualdades persistentes mantém-se adequado para a análise da evolução da estratificação educacional no país, e a desigualdade maximamente mantida permanece uma hipótese de trabalho interessante para a investigação sobre o efeito da expansão do sistema em seus níveis mais baixos sobre as desigualdades de oportunidade educacional.

Tendo em vista que os estudos utilizam informações que cobrem um longo período de tempo, pretende-se verificar em que medida as conclusões alcançadas, baseadas na análise de coortes de idade e dados retrospectivos sobre origem de classe (perguntas sobre ocupação e educação dos pais), são ou não observadas quando se analisa a progressão educacional de jovens em um longo período de tempo.

Inicialmente, são apresentadas estatísticas descritivas sobre a evolução do nível de escolaridade da população jovem e suas chances de progressão no sistema educacional brasileiro no período, independentemente da sua origem social. Em um segundo momento, são demonstrados o modelo de progressão educacional aplicado aos microdados dos Censos entre 1960 e 2010 e os principais resultados das análises sobre as probabilidades de progressão educacional dos jovens, considerando sua origem socioeconômica.

Transições educacionais no Brasil: definições operacionais e descrição dos dados

Como se sabe, o sistema educacional brasileiro passou por reformas importantes no período analisado, por meio das Leis de Diretrizes e Bases (LDBs de 1961, 1971 e 1996), que impactaram a estruturação normativa das carreiras educacionais e, por conseguinte, as formas de mensuração da escolarização nos Censos. Ainda que tenham ocorrido transformações significativas, é possível elaborar um conjunto de transições educacionais adequado para representar as carreiras educacionais no país desde a década de 1960, aplicável a todos os levantamentos censitários. Em sua versão mais detalhada, essa estrutura conta com sete transições (Quadro 1).

Um indivíduo que é analfabeto, ou que nunca frequentou o sistema educacional, não realizou nenhuma das transições definidas, portanto, sua escolarização assume valor zero para qualquer das transições. Por sua vez, a pessoa que completou o ensino superior passou por todas as transições medidas pelo modelo (ou seja, para ela $T_1=1$, $T_2=1$,..., $T_7=1$). Os demais níveis de escolaridade encontram-se em posições intermediárias.

A posição dos indivíduos em sua trajetória educacional depende, fundamentalmente, de sua idade. Determinados níveis educacionais não são acessíveis a indivíduos em algumas faixas etárias, assim como é possível ter uma ideia aproximada de sua idade a partir de sua posição na trajetória educacional. O vínculo entre idade e progressão educacional é especialmente verdadeiro no início da trajetória educacional dos jovens, em que a distorção idade-série tende a ser menor; torna-se menos evidente à medida que se tornam mais velhos e avançam (ou não) na escolarização. Assim, buscou-se estruturar a análise da evolução das transições educacionais partindo da comparação entre categorias populacionais significativas do ponto de vista da evolução das trajetórias educacionais dos indivíduos. Para fins de exposição, isso significa recortar algumas faixas etárias no espectro populacional a respeito das quais se tenham determinadas expectativas específicas quanto à posição na trajetória educacional, e que possam ser utilizadas como referências para a avaliação dos resultados empíricos observados. As faixas etárias selecionadas foram as seguintes:

Quadro 1 – Modelo de transições educacionais – Brasil, 1960-2010

Grau	Transição	Descrição	T1	T2	T3	T4	T5	T6	T7
Sem escolarização	Fora do sistema educacional (SE)	Analfabeto/Nunca frequentou escola	–	–	–	–	–	–	–
Ensino básico (EB)	T1 – Entrou no SE	Entrou no sistema educacional e completou 1ª, 2ª e 3ª séries (não inclui pré-escola, creche, classe de alfabetização e alfabetização de adultos)	V	–	–	–	–	–	–
	T2 – Completou 4 anos de estudo	Entrou no SE (T1) e completou os 4 primeiros anos do EB (T2)	V	V	–	–	–	–	–
	T3 – Completou o EB	Entrou no SE (T1), completou 4 anos EB (T2) e completou o EB (até 8ª série) (T3)	V	V	V	–	–	–	–
Ensino médio (EM)	T4 – Completou o EB e entrou no EM	Entrou no SE (T1), completou 4 anos EB (T2), completou o EB (até 8ª série) (T3), e entrou no EM (T4).	V	V	V	V	–	–	–
	T5 – Completou o EM	Entrou no SE (T1), completou 4 anos EB (T2), completou o EB (até 8ª série) (T3), entrou no EM (T4) e completou o EM (T5).	V	V	V	V	V	–	–
Ensino superior (ES)	T6 – Completou o EM e entrou no ES	Entrou no SE (T1), completou 4 anos EB (T2), completou o EB (até 8ª série) (T3), entrou no EM (T4), completou o EM (T5) e entrou no ES (T6).	V	V	V	V	V	V	–
	T7 – Completou o ES	Realizou T1 (entrada no SE), T2 (completou o EB), T3 (entrou no EM), T4 (completou o EM), T5 (entrou no ES) e T7 (completou o ES)	V	V	V	V	V	V	V

1. **População de 12 a 15 anos:** nesta população, a expectativa é de realização de T_1 (entrada no sistema educacional) e T_2 (completar 4 anos de estudo). Como os níveis educacionais mais elevados não estão acessíveis a todos os indivíduos nesta faixa etária, as análises reduzem-se a essas duas transições.
2. **População de 16 a 18 anos:** considerou-se que todos os indivíduos nesta faixa etária já atingiram uma posição no ciclo de vida que os permite ter realizado T_1, T_2 e T_3 (completar 8 anos de estudo); portanto, as análises restringem-se a essas três transições.
3. **População de 19 a 20 anos:** nesta faixa etária, analisaram-se as chances de realização de T_1, T_2, T_3 e também de T_4 (entrada no ensino médio), T_5 (completar o ensino médio) e T_6 (entrada no ensino superior).
4. **População de 21 a 25 anos:** para esta faixa etária, avaliaram-se as chances de realização de todo o espectro de transições, que incluem, além das anteriormente descritas, as de T_6 (entrada no ensino superior) e T_7 (completar o ensino superior).

Escolarização da população jovem

Nível de escolarização da população jovem (12 a 25 anos)

A análise da evolução dos indicadores compara a população entre 12 e 25 anos no Censo de 1960; a de 12 a 25 anos no Censo de 1970; e assim por diante, evidenciando que não se trata da mesma população e nem da mesma coorte. Como o interesse é verificar o efeito dos recursos dos pais nas chances de progressão dos filhos no sistema educacional (DOE), trabalhou-se apenas com indivíduos que ainda moravam com suas famílias de origem. Esse é outro fator que limita as análises às faixas etárias descritas anteriormente. A grande maioria das crianças ainda reside com seus pais, mas não se pode afirmar o mesmo em relação aos jovens, principalmente a partir dos 19 anos de idade. Por esse motivo, são mais confiáveis os resultados para as primeiras transições educacionais, uma vez que são baseados em crianças e jovens que ainda moram com os pais.

O Gráfico 1 mostra avanços no nível de escolarização dos jovens para todas as faixas etárias analisadas, entre 1960 e 2010. A proporção da população que entra no sistema educacional atinge praticamente a universalidade entre 2000 e 2010, para todas as faixas etárias, o que não ocorria no início da série. Na população entre 12 e 15 anos, quase 90% dos jovens que entraram no sistema educacional completaram 4 anos de estudo em 2010, ao passo que esta proporção era de pouco mais de 20% em 1960. O mesmo movimento ocorre entre 1960 e 2010 com relação a esses níveis educacionais em todas as faixas etárias, demonstrando o processo de universalização do acesso ao sistema educacional, que se consolida no período 2000-2010.

Registram-se também avanços significativos na proporção da população que alcança 8 anos completos de estudo para as faixas etárias acima dos 16 anos. Na população entre 16 e 18 anos em 1960, menos de 10% dos indivíduos completavam o ensino básico, ao passo que quase 70% o faziam em 2010. Os gráficos referentes às populações entre 19 e 20 anos e entre 21 e 25 anos permitem evidenciar que os ganhos em nível de escolarização estenderam-se também à entrada e conclusão do ensino médio e do ensino superior, ainda que em graus variados entre esses níveis. Os resultados para essas populações indicam que cada vez mais indivíduos que completam o ensino básico tendem a prosseguir no ensino médio.

Por outro lado, a conclusão do ensino médio continua a interpor-se como uma barreira relevante à escolarização entre os jovens de 19 a 25 anos. A entrada e a conclusão do ensino superior também demonstram ganhos ao longo dos anos, ainda que o acesso ao ensino universitário demonstre-se restrito mesmo em 2010.

Os resultados apontam transformação significativa nos níveis de escolaridade dos jovens, que tenderam sempre a subir entre 1960 e 2010. Além disso, observaram-se universalização do acesso aos dois primeiros níveis educacionais e avanços muito significativos na conclusão do ensino médio. Mesmo que a trajetória educacional de muitos jovens ainda termine nesses níveis, parcelas crescentes de jovens acessam o nível de ensino superior entre 1960 e 2010.

Gráfico 1 – Nível de escolaridade da população jovem, segundo as faixas etárias de interesse – Brasil, 1960-2010

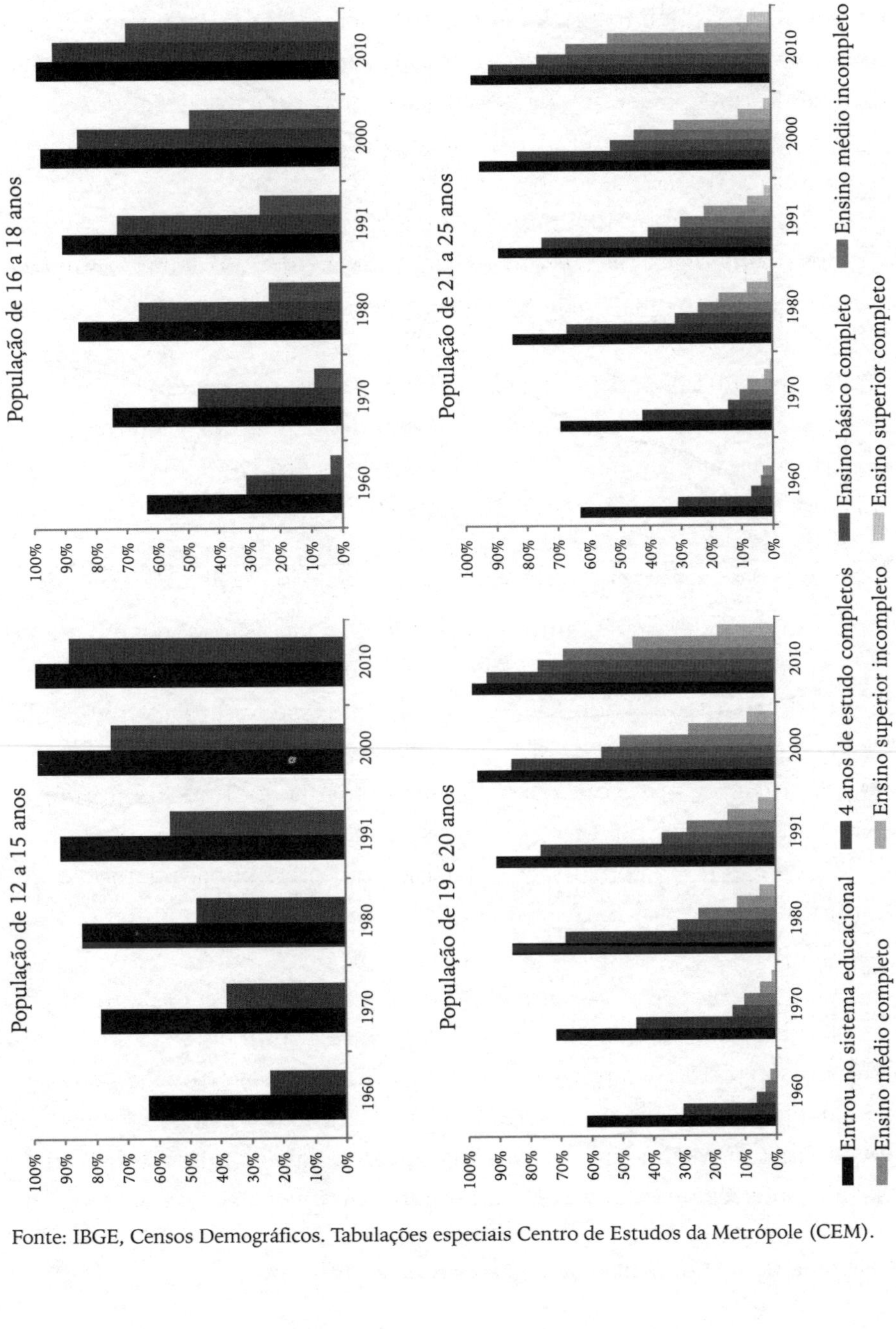

Fonte: IBGE, Censos Demográficos. Tabulações especiais Centro de Estudos da Metrópole (CEM).

Gráfico 2 – Taxas de transição condicionais, por faixas etárias e movimentos de transição – Brasil, 1960-2010

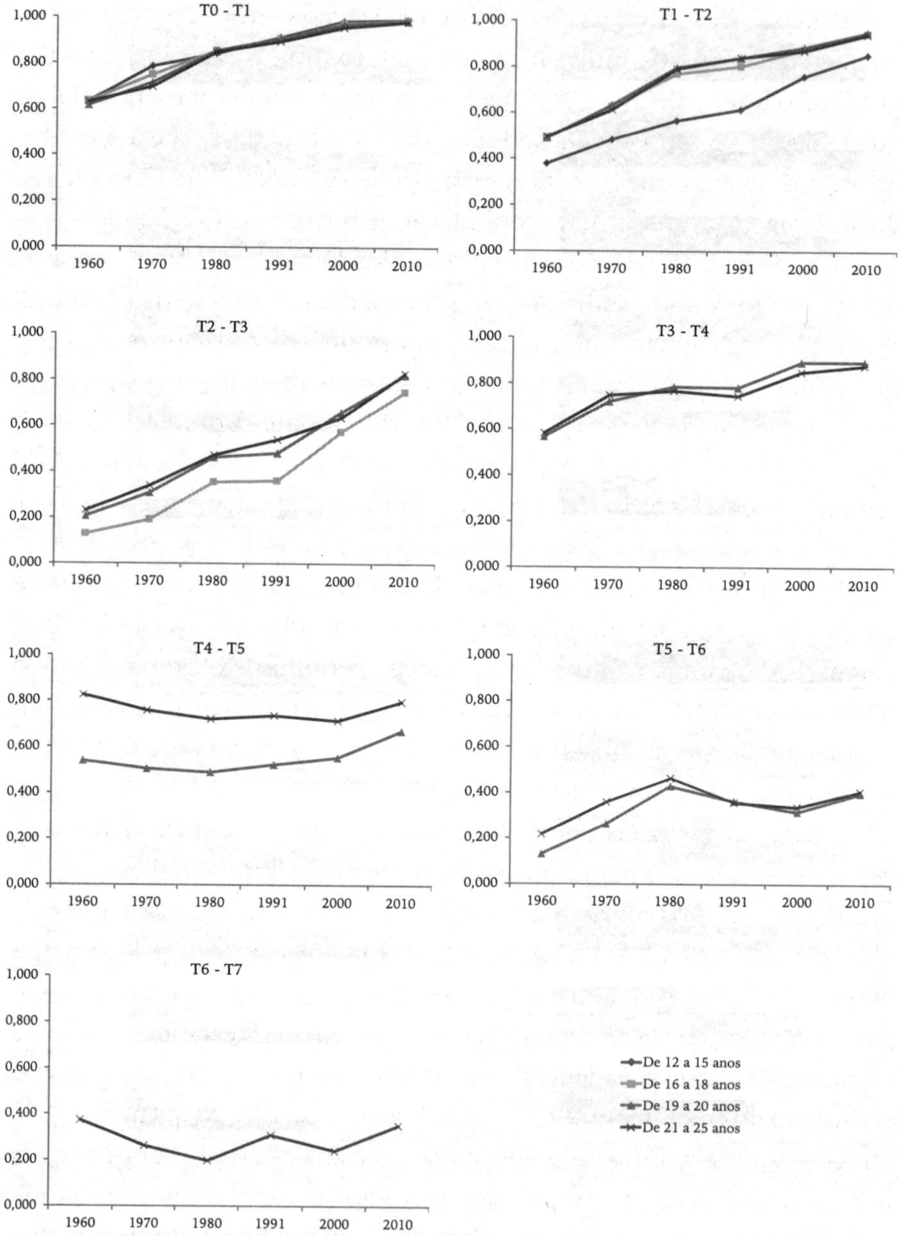

Fonte: IBGE, Censos Demográficos. Tabulações especiais do CEM.

Progressão educacional da população jovem (12 a 25 anos)

Pouco é dito sobre as chances de realização efetiva das transições, ou seja, dado que os indivíduos completam uma transição T_n, qual a proporção que realiza a transição T_{n+1}. Pode-se denominar a população que realizou T_n como aquela sob risco de realização de T_{n+1}, e a acessibilidade aos diversos níveis educacionais pode ser medida pela capacidade do sistema em transformar a população sob risco de T_{n+1} naquela que o realiza de fato. A relação entre o total dos indivíduos aptos a realizar T_{n+1} e os que de fato realizam pode ser medida por meio das taxas de transição condicionais, indicadores importantes da capacidade de o sistema educacional absorver população entre os diversos níveis. Assim, a população que realizar T_{n+1} é sempre decrescente com relação àquela que realizou T_n, já que a primeira se constitui em um subconjunto da segunda (somente os indivíduos que realizaram T_1 estão aptos a realizar T_2, por exemplo, e assim por diante).

Na estrutura de transições utilizada, contam-se seis movimentos de transição educacional, que vão de T_0 para T_1 (entrada no sistema educacional) até de T_6 para T_7 (completar o ensino superior uma vez tendo entrado na universidade). Observam-se, pelo Gráfico 2, as taxas de transição condicionais relativas às faixas etárias para as quais é pertinente pensar em um movimento de transição.

A análise das taxas de transição condicionais evidencia as diferenças na evolução dos parâmetros de progressão educacional dos jovens brasileiros entre os níveis básicos (até T_3) e os níveis intermediários (T_4 e T_5) e avançados (T_6 e T_7). As taxas de transição entre T_0 e T_1 atingem praticamente a universalidade em 2010 para todas as faixas etárias, e seu comportamento crescente indica que o sistema educacional teve uma capacidade progressiva de absorver os indivíduos desde 1960, o mesmo ocorrendo nos movimentos de T_1 para T_2 e de T_2 para T_3. No primeiro caso, atinge-se quase a universalidade, como na transição de T_0 para T_1, o que indica continuidade na progressão educacional até os 4 anos de estudo em 2010 para praticamente a totalidade dos indivíduos que entraram no sistema. Terminar o ensino básico, uma vez que o indivíduo completou 4 anos de estudo (transição de T_2 para T_3), também se transformou, ao longo do período, em um destino educacional muito frequente, no qual enquadram-se mais de 70% da população nas faixas etárias analisadas.

Nos níveis intermediários e avançados da progressão educacional dos jovens observam-se tendências um pouco distintas. A transição condicionada de T_3 para T_4, que indica a entrada no ensino médio após o término do ensino fundamental, apresenta tendência de crescimento similar aos níveis básicos, indicando assim um ganho de acessibilidade considerável, pois cresce muito ao longo do período. Mas é na transição de T_4 para T_5 (completar o ensino médio) que as tendências apontadas pela taxa de transição condicional se distinguem mais claramente do observado para os níveis básicos. O comportamento dessas taxas indica que a capacidade do sistema em transformar a população elegível a T_5 naquela que de fato a realiza manteve-se constante entre 1960 e 2000, com pequena recuperação em 2010. Assim, a proporção de pessoas que realiza esse movimento permaneceu inalterada – o que pode ser explicado pelo volume crescente de indivíduos elegíveis a essa transição, aliado à incapacidade do sistema educacional de expandir vagas nesse nível educacional no mesmo ritmo do crescimento da população elegível.

Nos níveis educacionais superiores encontram-se as taxas de transição condicionais mais baixas entre os jovens brasileiros. A transição de entrada na universidade, após a conclusão do ensino médio (de T_5 para T_6), era muito baixa em 1960: na população de 19 e 20 anos apenas 12,9% dos que terminavam o ensino médio entravam na universidade; já na população entre 21 e 25 anos essa proporção, que era de 21,5%, sobe em 1970 e atinge seu ápice em 1980, quando alcança aproximadamente 40%. A partir de 1991, há queda na taxa de transição condicional para T_6, com leve recuperação até 2010. Também nesse caso observa-se que a evolução do sistema educacional não foi capaz de aumentar a taxa de transição condicional (ver Gráfico 1). Dentre todos os movimentos de transição, a taxa condicional para o término do ensino superior é a que apresenta o comportamento mais errático no período. Trata-se também do movimento de transição com as taxas condicionais mais baixas, indicando que sempre foi comum entre os jovens brasileiros (até 25 anos) que chegam à universidade não conseguirem completar esse nível educacional (ou realizar T_7). A única faixa etária selecionada para a qual é possível avaliar as taxas de transição de T_6 para T_7 (entre 21 e 25 anos) apresenta resultados que mostram diminuição nas chances de completar o ensino universitário (uma vez tendo entrado). Entre 1960 e 1980, apenas 19,6% dos ingressantes concluíram a educação superior. Essa taxa recupera-se a partir de 1991 até 2010, quando atinge 35% do total de jovens na faixa etária de 21 a 25 anos.

A evolução das taxas de transição entre os jovens brasileiros demonstra que a capacidade de absorção do sistema educacional cresceu substancialmente entre 1960 e 2010 no que diz respeito aos níveis básicos de ensino. Se em 1960 era bastante improvável que os jovens alcançassem 8 anos de estudo, em 2010 as chances de progressão educacional para T_1, T_2 e T_3 são praticamente universais. Com relação aos níveis intermediários, há ganhos importantes de acesso condicional à entrada no ensino médio (T_4), mas ainda não é possível identificar movimentos da mesma magnitude na transição rumo à T_5 (completar o ensino médio), para a qual o sistema educacional brasileiro em 2010 mantém parâmetros de transição similares aos observados em 1980. Com relação aos níveis superiores, o nível de restrição ao acesso diminui no período 1960-2010. Ao longo de praticamente todo esse período (à exceção de 1960), as chances entre a população jovem de completar a universidade uma vez tendo entrado são menores do que as chances de entrar na universidade uma vez tendo terminado o ensino médio.

Análise estatística e resultados

Entre o conjunto de variáveis utilizadas nas estimações das probabilidades de progressão educacional, optou-se por empregar as mais usuais, e de compatibilização menos problemática, para os dados dos Censos de 1960 a 2010:

- **Sexo:** com a evolução da escolarização média das mulheres no Brasil (fenômeno observado também em outros países), ao ponto de superarem a dos homens, acredita-se que elas apresentam chances mais alta de realização de transições.

- **Cor:** cor/raça é uma dimensão muito presente (e relevante) em estudos sobre desigualdade educacional no Brasil, variando entre especificações dicotômicas que separam brancos e não brancos (Hasenbalg; Valle Silva, 2002) e aquelas que distinguem pardos, negros e brancos (Fernandes, 2004; Ribeiro, 2011; Montalvão, 2011). Os resultados desses estudos demonstram a pertinência da operacionalização da raça a partir da variável com três categorias, devido a diferenças significativas encontradas nas oportunidades educacionais de pretos e pardos – variável utilizada neste estudo.
- **Situação de residência:** as diferenças na oferta educacional em áreas rurais e urbanas também justificam a inserção de uma variável de controle por tipo de região de residência. Resultados para estudos brasileiros demonstram efeito muito relevante de diminuição de chances de realização de transições para estudantes residentes em áreas rurais (Hasenbalg; Valle Silva, 2002; Montalvão, 2011). A naturalidade (não necessariamente residência atual) em regiões urbanas ou rurais também é utilizada como indicador de origem social em estudos internacionais (Mare, 1981; Hout; Raftery; Bell, 1993; Lucas, 2001) e no estudo do caso brasileiro (Fernandes, 2004; Ribeiro, 2011), apresentando geralmente efeito de diminuição nas chances de realização de transições para aqueles nascidos em áreas rurais.
- **Composição familiar:** optou-se pela incorporação de dois indicadores acerca da composição familiar nas estimações das chances de os indivíduos alcançarem determinadas transições educacionais: (1) a ausência de cônjuge, indicador para famílias monoparentais; e (2) uma variável que indica se o indivíduo é o filho primogênito.
- **Renda familiar:** a renda *per capita* domiciliar é usualmente utilizada como indicadora da condição econômica da família. Estudos nacionais e internacionais que lançaram mão desta variável têm demonstrado efeitos positivos sobre as chances de transição (Lucas, 2001; Hasenbalg; Valle Silva, 2002, Milesi, 2010; Montalvão, 2011; Roksa; Velez, 2011). A variável de renda aqui utilizada foi submetida a uma transformação monotônica, por meio

da aplicação de uma transformação logarítmica, com vistas a se reduzir a excessiva dispersão dos dados.

- **Escolaridade da mãe:** o total de anos de estudo completos dos pais é variável comumente utilizada como indicador da origem social dos indivíduos. A maior parte dos trabalhos utiliza o total de anos de estudo completos do pai e da mãe (Mare, 1981; Hout; Raftery; Bell, 1993; Lucas; 2001; Hout; 2006, Fernandes, 2004; Torche, 2010; Ribeiro, 2011). Valle Silva e Hasenbalg (2000) utilizam apenas a escolaridade da mãe e, em outros casos, empregam variáveis que sintetizam a escolarização de ambos os pais por meio da média (Ayalon; Shavit, 2004) ou do nível de escolaridade mais alto entre ambos (Kesler, 2005; Milesi, 2010; Roksa;Velez, 2010; Karlson, 2011). Neste estudo, adotou-se a escolaridade da mãe, operacionalizada por meio de variáveis dicotômicas para nível educacional completo ou incompleto. Independentemente da forma como é trabalhada essa variável, estudos indicam que quanto mais alto esse nível de escolaridade, maiores as chances de realização das transições nos níveis básicos.

Modelos estatísticos

O modelo básico, ajustado para captar as correlações entre os atributos observáveis dos jovens, de seu ambiente familiar, social e econômico e a probabilidade de completar as transições educacionais, é descrito pela equação (1) a seguir.

$$T_{ij}=\alpha_0+\beta_1 S_{ij}+\beta_2 C_{ij}+\beta_3 R_{ij}+\beta_4 F_{ij}+\beta_5 Lg(R)_{ij}+\beta_6 E_{ij}+\varepsilon_{ij} \quad (1)$$

Onde:

- T_{ij} é uma variável categórica ordinal (com oito níveis) que identifica se o indivíduo i da faixa etária j completou uma determinada transição educacional;

- α_0 é uma constante que indica ponto de corte entre os diferentes níveis nos modelos ordinais;
- S_{ij} é uma variável do tipo *dummy* que identifica se o indivíduo *i* da faixa etária *j* é do sexo feminino;
- C_{ij} é um vetor de variáveis tipo *dummy* que identifica se o indivíduo *i* da faixa etária *j* é preto, pardo ou branco;
- R_{ij} é uma variável do tipo *dummy* que identifica se a residência do indivíduo *i* da faixa etária *j* está situada na área rural;
- F_{ij} é um vetor de variáveis tipo *dummy* que identifica se o indivíduo *i* da faixa etária *j* vive em uma família monoparental e se ele(a) é primogênito(a);
- $Lg(R)_{ij}$ é uma variável escalar que indica o log natural da renda domiciliar *per capita* da residência do indivíduo *i* da faixa etária *j*;
- E_{ij} é um vetor de variáveis tipo *dummy* que identifica o nível educacional da mãe do indivíduo *i* da faixa etária *j*, se esta completou o ensino fundamental, médio e superior;
- ε_{ij} é o termo de erro aleatório.

A variável de interesse deste capítulo, T_{ij} – a escolarização dos indivíduos –, foi construída como uma série de transições educacionais que o indivíduo *i* da faixa etária *t* pode completar ao longo de sua vida acadêmica. Portanto, as transições têm um desfecho dicotômico: completar uma determinada transição educacional, por exemplo, o ensino fundamental, dentro da faixa etária adequada,[5] ou não o completar até os 18 anos de idade. Assim, as transições educacionais foram operacionalizadas como variável categórica ordenada – com níveis de zero a sete –, que indica a transição mais elevada realizada por determinado indivíduo dentro de uma faixa etária específica. Em outras palavras, as transições educacionais

5 Neste capítulo, consideram-se faixas etárias mais amplas do que aquelas empregadas pelo Ministério da Educação (MEC) para mensurar a taxa de distorção idade-série. Por exemplo, segundo os critérios do MEC, a idade ideal para se concluir o ensino fundamental (a transição T3, de acordo com a classificação aqui adotada) é de 15 anos. Na presente análise, considera-se que o indivíduo pode concluir T3 até os 18 anos de idade. Empregaram-se faixas etárias mais amplas, pois não se pretende aqui mensurar a taxa de distorção idade-série, mas sim examinar os fatores ligados às características sociais e econômicas das famílias que podem afetar o desempenho e a progressão educacional dos jovens.

tomam valores discretos, que correspondem às *k* categorias ordenáveis. Embora se possa ordenar as *k* categorias na forma de transições educacionais, a verdadeira distância entre cada uma é ignorada e, mais importante, nem tampouco se pode supor que a distância entre as categorias seja constante.

Neste capítulo, optou-se pelo emprego de um Modelo de *Odds* Proporcionais (MOP)[6] devido principalmente a duas características dos dados das transições educacionais evidenciadas pelos Censos brasileiros: (1) esse tipo de modelo é mais apropriado para analisar variáveis ordinais, provenientes de uma variável contínua que foi, por sua vez, agrupada, tal como as transições educacionais analisadas neste capítulo;[7] (2) o MOP apoia-se no pressuposto de que chances proporcionais entre as categorias são válidas empiricamente. Exemplos recentes da utilização desse tipo de modelo na análise de transições educacionais podem ser encontrados em Hauser e Andrew (2006) e Torche (2010).

Resultados

As tabelas 1 a 4 apresentam os resultados das estimativas obtidas via Modelo de *Odds* Proporcionais (MOP) ajustado aos dados dos Censos de 1960 a 2010.[8] Os resultados reportam as razões de chance (*odds ratio*) de progressão educacional de jovens entre 12 e 25 anos para as covariáveis

---

6 Também denominado de Modelo de Chances Proporcionais. Maiores detalhes sobre a escolha do tipo de modelo estimado podem ser encontrados nos "Anexos Metodológicos e Estatísticos" deste capítulo, disponíveis em: <http://www.centrodametropole.org.br/trajetorias>.

7 Essa escolha metodológica está teoricamente justificada na seção "Transições educacionais no Brasil: definições operacionais e descrição dos dados" (p.83) deste capítulo.

8 Todos os modelos dispunham de controles para as unidades da federação, pois se entende que os estados brasileiros desempenham papel relevante na provisão da educação básica. Mais importante, a cobertura das redes públicas estaduais apresenta significativa variação tanto entre os diferentes estados como ao longo do período analisado (1960-2010). Consequentemente, os erros-padrão foram clusterizados por estados. Os pontos de cortes das categorias foram omitidos para preservar maior simplicidade na apresentação dos resultados.

referentes às características pessoais, de ambiente familiar e de origem social desses jovens.

Esses resultados podem ser lidos tanto sincronicamente – por meio da análise do efeito de cada uma das covariáveis (mantidas fixas todas as demais) sobre as chances de sucesso de completar determinada transição –, como também diacronicamente, por meio da análise da dinâmica de covariáveis específicas ao longo dos cinquenta anos decorridos entre os Censos de 1960 e 2010. Durante esses cinquenta anos, o Brasil experimentou mudanças significativas em sua estrutura social e econômica. A economia deixou de ser predominantemente agrícola para se tornar industrial, e a população passou de fundamentalmente rural para urbana. As mulheres ganharam espaço no mercado de trabalho e, principalmente, houve grande expansão nos sistemas públicos de educação básica.

A Tabela 1 apresenta as razões de chance estimadas de realização da transição de T_1 para T_2. A razão de chance compara a chance de sucesso – isto é, a chance de o indivíduo *i* da faixa etária *j* completar 4 anos de estudos e recair numa categoria igual ou maior que T_2 – de um grupo em relação ao outro grupo. Uma razão de chance igual a 1 indica que as chances de completar a transição T_2 é igualmente provável de ocorrer nos dois grupos comparados. Uma razão de chance maior do que 1 indica maior probabilidade de ocorrência da transição no primeiro grupo. Assim, por exemplo, uma razão de chance de 1,20 para as mulheres em 1960 significa que a chance de sucesso de completar a transição T_2 era 1,20 vezes maior entre as mulheres do que entre os homens, ou seja, era aproximadamente 20% maior para as mulheres. Uma razão de chance menor do que 1, por outro lado, indica que a probabilidade é menor no primeiro grupo. Por exemplo, uma razão de chance de 0,53 para jovens pretos em 1991 significa que a chance de sucesso de completar T_2 entre jovens pretos era 0,53 vezes a chance de jovens brancos – categoria de referência – completarem a mesma transição no mesmo ano. Ou seja, a chance de sucesso entre jovens pretos era aproximadamente 47% menor do que entre jovens brancos.

O Gráfico 1 nos indica que, em 1960, por volta de 25% dos jovens entre 12 e 15 anos de idade haviam completado 4 anos de ensino. Ou seja, de cada 100 jovens que entravam no sistema escolar, apenas 25 completavam 4 anos de estudo antes dos 16 anos de idade. A razão de chance

Tabela 1 – Razões de chance estimadas para a realização de T_2
Brasil, 1960-2010

	1960	1970	1980	1991	2000	2010
Mulheres	1.203***	1.264***	1.510***	1.667***	1.687***	1.739***
	(0,0408)	(0,0524)	(0,0544)	(0,0549)	(0,0524)	(0,0723)
Pretos	0.341***	NA	0.543***	0.532***	0.638***	0.772***
	(0,0254)	NA	(0,0165)	(0,0150)	(0,0219)	(0,0182)
Pardos	0.548***	NA	0.687***	0.713***	0.816***	0.912***
	(0,0306)	NA	(0,0166)	(0,0153)	(0,0101)	(0,0206)
Rural	0.202***	0.298***	0.394***	0.524***	0.607***	0.875**
	(0,0256)	(0,0380)	(0,0503)	(0,0565)	(0,0382)	(0,0356)
Monoparental	0.740***	0.808***	0.884***	0.949*	1,0100	0,9950
	(0,0267)	(0,0186)	(0,0200)	(0,0252)	(0,0217)	(0,0264)
Primogênito	1.215***	1.111***	1.151***	1.245***	1.238***	1.216***
	(0.0304)	(0,0224)	(0,0406)	(0,0381)	(0,0198)	(0,0203)
Renda (Log)	0.614***	0.552***	0.545***	0.434***	0.437***	0.283***
	(0.0334)	(0.032)	(0.043)	(0.024)	(0.0133)	(0.0154)
Mãe EF	4.399***	2.919***	2.091***	1.731***	1.723***	1.563***
	(0,6910)	(0,1870)	(0,1040)	(0,0556)	(0,1110)	(0,0662)
Mãe EM	0,9830	1,1700	1.376***	1.571***	1.401***	1.533***
	(0,1860)	(0,1050)	(0,0732)	(0,0927)	(0,0721)	(0,0555)
Mãe ES	0,8460	0,7060	0,9670	1,2270	0.819***	1.332***
	(0,4410)	(0,1510)	(0,0739)	(0,1290)	(0,0432)	(0,1010)
N	67482	403119	423313	205853	206605	162826
Controles p/ UF	sim	sim	sim	sim	sim	sim

Erros-padrão em parênteses

* $p<0.05$,** $p<0.01$,*** $p<0.001$

Fonte: IBGE, Censos Demográficos. Tabulações especiais do CEM.

estimada de 1,20 para as mulheres significa, portanto, que em uma amostra de 200 jovens, composta de 100 homens e 100 mulheres, esparamos que, em média, 25 homens tivessem completado T_2 antes dos 16 anos, enquanto 30 mulheres teriam sucesso em completar os mesmos 4 anos de estudo até os 15 anos de idade. Da mesma forma, em 1991, tão somente 55% dos jovens até 15 anos completavam $T_{2.}$ Ou seja, de cada 100 jovens que entravam no sistema escolar, apenas 55 completavam 4 anos de estudo antes dos 16 anos de idade. Uma razão de chance de aproximadamente 0,53 para os pretos significa, portanto, que em uma amostra de 200 jovens, composta de 100 jovens pretos e 100 jovens brancos, esperamos que, em média, apenas 30 jovens pretos obtivessem sucesso, enquanto entre os brancos, aproximadamente, 55 jovens completariam $T_{2.}$

Na Tabela 1, percebe-se que a variável sexo, já na década de 1960, desempenhava papel relevante nas chances de realizaçao dessa transição. O efeito estimado indica que as chances de as mulheres completarem 4 anos de estudos eram, aproximadamente, 20% maior do que as dos homens, tendência que se acentuou entre 1960 e 2010 para as chances de completar 4 anos de estudo até os 15 anos.

A comparação entre grupos raciais evidencia que a desigualdade de oportunidades educacionais entre pardos, pretos e brancos (categoria de referência) na realização de T_2 se mantém durante todo o período analisado e pode ser considerada umas das características marcantes do quadro de estratificação educacional brasileiro, ainda que essa desigualdade tenha diminuído significativamente desde o início da série histórica. O mesmo pode ser dito sobre a desigualdade referente à residência em área rural, ainda que, no caso dessa característica, seja observável um decréscimo mais drástico da desigualdade ao longo dos cinquenta anos investigados.

Entre as características familiares, observa-se que a desigualdade nas chances de realização de T_2 decorrentes do pertencimento a uma família monoparental decresceu entre 1960 e 1991, sendo que a partir de 2000 esse efeito não é significativo, indicando inexistência de desigualdades nas chances de realização dessa transição entre indivíduos provenientes de famílias monoparentais e de famílias que contavam com pessoa de referência e cônjuge. Por outro lado, o efeito de ser o filho mais velho na família mantém-se relativamente constante ao longo da série histórica, sendo que os primôgenitos apresentam chances significativamente mais altas de realização de T_2. O efeito da renda domiciliar *per capita* claramente decresce no período, sugerindo que a realização de T_2 esteve cada vez menos condicionada aos níveis de renda familiar, decorrência da expansão da acessibilidade dos níveis elementares de ensino (conclusão dos primeiros 4 e 8 anos de estudo, que hoje em dia constituem o ensino fundamental).

A escolaridade da mãe apresenta o efeito esperado, sugerindo que filhos de mães que têm ao menos o ensino básico (8 anos de estudo)

Tabela 2 – Razões de chance estimadas para a realização de T_3
Brasil, 1960-2010

	1960	1970	1980	1991	2000	2010
Mulheres	1.219***	1.341***	1.568***	1.586***	1.440***	1.381***
	(0,0652)	(0,0744)	(0,0898)	(0,1020)	(0,0767)	(0,0468)
Pretos	0.323***	NA	0.577***	0.605***	0.757***	0.863**
	(0,0225)	NA	(0,0224)	(0,0261)	(0,0307)	(0,0473)
Pardos	0.522***	NA	0.755***	0.768***	0.873***	0,9740
	(0,0255)	NA	(0,0189)	(0,0161)	(0,0133)	(0,0283)
Rural	0.186***	0.242***	0.372***	0.483***	0.720***	1,0520
	(0,0205)	(0,0252)	(0,0390)	(0,0438)	(0,0560)	(0,0481)
Monoparental	0.629***	0.724***	0.866***	1,0050	1,0120	0,9920
	(0,0230)	(0,0189)	(0,0203)	(0,0265)	(0,0176)	(0,0193)
Primogênito	1.145***	1.062**	1,0350	1.183***	1.102***	0.909***
	(0,0249)	(0,0194)	(0,0232)	(0,0216)	(0,0186)	(0,0155)
Renda (Log)	0.587***	0.525***	0.433***	0.351***	0.268***	0.135***
	(0,0462)	(0.0349)	(0.0402)	(0.0255)	(0.0134)	(0.0164)
Mãe EF	6.220***	2.937***	1.368***	3.095***	2.444***	3.286***
	(1,2930)	(0,2020)	(0,1090)	(0,2170)	(0,1020)	(0,1900)
Mãe EM	1,0230	1.261***	0,8950	0.493***	0.553***	0.377***
	(0,3280)	(0,0523)	(0,0711)	(0,0361)	(0,0506)	(0,0227)
Mãe ES	0.151***	1,2100	0.717***	0.757***	0.460***	0,8220
	(0,0799)	(0,1350)	(0,0672)	(0,0590)	(0,0623)	(0,0876)
N	39993	230974	216761	111518	95523	50169
Controles p/ UF	sim	sim	sim	sim	sim	sim

Erros-padrão em parênteses

* p<0.05,** p<0.01,*** p<0.001

Fonte: IBGE, Censos Demográficos. Tabulações especiais do CEM.

apresentam mais chances de realização de T_2. Para os demais níveis de escolaridade materna, os efeitos são dúbios e às vezes mesmo contraditórios, o que provavelmente se deve à variação nos níveis maternos de escolaridade ao longo do período.

A Tabela 2 apresenta as razões de chance de realização de T_3, que indica a conclusão do ensino fundamental (8 anos de estudo).

Assim como no caso de T_2, as mulheres têm mais chances de realização de T_3, ainda que se observe tendência de decréscimo na desigualdade entre homens e mulheres a partir de 1991. As desigualdades raciais na realização de T_3 são também persistentes, mas diminuem entre 1960 e 2010, sendo que desaparecem entre pardos e brancos em 2010. Entre negros e brancos, as desigualdades persistem significativas ainda em 2010. As desvantagens associadas a residência rural para a conclusão do ensino fundamental, que eram muito pronunciadas em 1960, se reduzem no período e deixam de ser estatisticamente significantes a partir do último Censo.

O efeito das características familiares indicam decréscimo do efeito negativo do pertencimento a família monoparental, característica que passa a não influenciar as chances de conclusão do ensino fundamental a partir de 1991, e mudança no efeito entre o filho mais velho e os demais: ainda que as desigualdades associadas a esta característica sejam pequenas, as chances de filhos mais velhos completarem T_3 são maiores em todos os anos, à exceção de 2010, quando passam a ser menores. A desigualdade condicionada à renda, por outro lado, experimenta decréscimo monotônico e evidencia que, assim como para T_2, a conclusão do ensino fundamental está crescentemente desvinculada do nível de renda domiciliar. O efeito da escolaridade da mãe indica maiores chances para indivíduos cujas mães tinham ao menos o ensino fundamental, sendo menos claros os efeitos para as demais categorias de escolaridade materna.

A Tabela 3 apresenta as razões de chance de realização de T_5, que indica a conclusão do ensino médio. Assim como nas demais transições, as mulheres mantêm ao longo de todo o período vantagens nas chances de completar o ensino médio, ainda que não seja identificável uma tendência clara de aumento ou decréscimo nas desigualdades com relação aos homens. As desigualdades raciais, ainda que venham diminuindo desde 1960, mantêm-se significativas quando se analisa a conclusão do ensino médio, e tanto pardos quanto pretos têm menos chances de conclusão do que brancos. A residência rural experimenta um decréscimo considerável em seu efeito negativo, que segue as observações gerais com relação à realização de T_1 e T_2.

As chances de conclusão do ensino médio para indivíduos provenientes de famílias monoparentais são significativamente menores até 1980. Em 1991, as chances são ligeiramente maiores, e a partir de 2000, as diferenças não são significativas. O efeito de ser o filho mais velho apresenta dinâmica oposta: passa a ser significativo a partir de 1991, com maiores chances de conclusão para os primogênitos, o que indica priorização dos filhos mais velhos no investimento educacional familiar para a progressão rumo a esse nível de escolarização. A renda domiciliar experimenta aumento de efeito entre 1960 e 1970, data a partir da qual passa a experimentar decréscimo, com um período de estabilidade entre 1991 e 2000, atingindo os patamares mais baixos da série histórica em 2010. Com relação ao efeito da escolaridade da mãe, indivíduos com mães com

Tabela 3 – Razões de chance estimadas para a realização de T_5
Brasil, 1960-2010

	1960	1970	1980	1991	2000	2010
Mulheres	**1.428*** **	**1.586*** **	**1.788*** **	**1.489*** **	**1.672*** **	**1.687*** **
	(0,054)	(0,070)	(0,079)	(0,065)	(0,061)	(0,059)
Pretos	**0.321*** **	**NA**	**0.501*** **	**0.585*** **	**0.690*** **	**0.758*** **
	(0,024)	NA	(0,025)	(0,015)	(0,028)	(0,028)
Pardos	**0.533*** **	**NA**	**0.676*** **	**0.761*** **	**0.822*** **	**0.847*** **
	(0,038)	NA	(0,022)	(0,020)	(0,013)	(0,015)
Rural	**0.195*** **	**0.234*** **	**0.311*** **	**0.414*** **	**0.537*** **	**0.805*** **
	(0,022)	(0,027)	(0,033)	(0,034)	(0,037)	(0,040)
Monoparental	**0.642*** **	**0.708*** **	**0.812*** **	**1.099*** **	**1,046**	**1,008**
	(0,021)	(0,020)	(0,023)	(0,030)	(0,028)	(0,016)
Primogênito	**1,030**	**1,068**	**1,067**	**1.672*** **	**1.791*** **	**1.643*** **
	(0,040)	(0,036)	(0,046)	(0,065)	(0,064)	(0,033)
Renda (Log)	**0.671*** **	**1.177*** **	**0.736*** **	**0.545*** **	**0.584*** **	**0.369*** **
	(0,056)	(0.0359)	(0.0659)	(0.0369)	(0.0232)	(0.022)
Mãe EF	**7.342*** **	**3.245*** **	**2.030*** **	**2.453*** **	**1.845*** **	**1.441*** **
	(1,616)	(0,117)	(0,123)	(0,111)	(0,160)	(0,093)
Mãe EM	**1,442**	**1.507*** **	**1.284*** **	**2.296*** **	**2.318*** **	**3.634*** **
	(0,322)	(0,100)	(0,058)	(0,168)	(0,131)	(0,187)
Mãe ES	**0.461* **	**0,910**	**0.869** **	**0.595*** **	**0.657*** **	**0.527*** **
	(0,156)	(0,121)	(0,045)	(0,038)	(0,064)	(0,052)
N	**18813**	**114851**	**125914**	**79654**	**98396**	**74629**
Controles p/ UF	**sim**	**sim**	**sim**	**sim**	**sim**	**sim**

Erros-padrão em parênteses

* p<0.05,** p<0.01,*** p<0.001

Fonte: IBGE, Censos Demográficos. Tabulações especiais CEM.

nível básico e médio completo têm mais chances de conclusão do ensino médio. As desigualdades baseadas na escolaridade materna são especialmente proeminentes entre indivíduos cujas mães têm ensino médio completo, e os resultados apontam que a tendência geral é de aumento nessas desigualdades.

A Tabela 4 apresenta as razões de chance para a realização de T_7, que indica a conclusão do ensino superior.

Tabela 4 – Razões de chance estimadas para a realização de T_7
Brasil, 1960-2010

	1960	1970	1980	1991	2000	2010
Mulheres	1.266***	1.566***	1.871***	1.457***	1.749***	1.776***
	(0,0485)	(0,0721)	(0,0717)	(0,0745)	(0,0552)	(0,0502)
Pretos	0.328***	NA	0.527***	0.647***	0.700***	0.714***
	(0,0264)	NA	(0,0136)	(0,0178)	(0,0211)	(0,0136)
Pardos	0.493***	NA	0.662***	0.756***	0.777***	0.768***
	(0,0287)	NA	(0,0196)	(0,0198)	(0,0180)	(0,0145)
Rural	0.205***	0.254***	0.321***	0.458***	0.525***	0.726***
	(0,0225)	(0,0268)	(0,0341)	(0,0345)	(0,0287)	(0,0236)
Monoparental	0.617***	0.713***	0.800***	1.177***	1.082***	1.047*
	(0,0240)	(0,0159)	(0,0135)	(0,0381)	(0,0231)	(0,0195)
Primogênito	0,9940	1.062*	1.104**	3.093***	2.979***	2.822***
	(0,0433)	(0,0258)	(0,0383)	(0,1740)	(0,1770)	(0,0762)
Renda (Log)	0.763***	0.879***	1.023***	0.668***	0.747***	0.631***
	(0.0608)	(0.0544)	(0.0804)	(0.0289)	(0.0367)	(0.0356)
Mãe EF	6.663***	3.105***	2.419***	3.214***	2.502***	1.911***
	(0,8590)	(0,1500)	(0,1440)	(0,1370)	(0,1040)	(0,1100)
Mãe EM	1.666***	1.371***	1.330***	3.066***	3.100***	3.491***
	(0,2050)	(0,0495)	(0,0359)	(0,0834)	(0,1200)	(0,1020)
Mãe ES	0,6310	0,9520	1,0320	2.870***	2.512***	3.240***
	(0,1950)	(0,0532)	(0,1010)	(0,1590)	(0,1220)	(0,1130)
N	26013	152283	192828	200252	237026	229691
Controles p/ UF	sim	sim	sim	sim	sim	sim

Erros-padrão em parênteses

* $p<0.05$,** $p<0.01$,*** $p<0.001$

Fonte: IBGE, Censos Demográficos. Tabulações especiais CEM.

Também para a realização dessa transição as chances das mulheres são significativamente mais altas, e as desigualdades de sexo tenderam a se alargar ao longo do período, à exceção de 1980. As desigualdades raciais se mostram significativas também para este nível, e em patamares ainda mais altos do que os observados para as outras transições, ainda que se observe diminuição nas desigualdades entre o início e o fim do período. A evolução dos coeficientes para residência rural também evidencia diminuição nas desigualdades de chances de conclusão do ensino superior entre residentes em áreas urbanas e rurais.

Indivíduos provenientes de famílias monoparentais tinham no início do período significativamente menos chances de conclusão do ensino superior. A partir de 1980, essas chances passaram a ser maiores, ainda que a diferença não seja muito proeminente. Por outro lado, o efeito de ser o primogênito ou filho único, que não era significativo no início do período, passa a ser muito relevante com relação às chances de conclusão do ensino superior a partir de 1991.

Por fim, o efeito da renda domiciliar apresenta comportamento distinto para esta transição em relação às demais transições analisadas até aqui. Além de ser significativamente mais alto, o que indica associação mais forte entre renda e chances de conclusão, as desigualdades tenderam a aumentar em 1960 e 1980, quando atingem seu pico, decrescendo a partir de então, mas ainda mantendo-se em patamares superiores aos observados nas demais transições analisadas. Por fim, o efeito da escolaridade da mãe sobre as chances de conclusão do ensino superior é o mais estável entre todas as transições analisadas, indicando que quanto mais alta a escolaridade da mãe, maiores as chances de conclusão, em especial para filhos de mães com ensino médio e ensino superior completo.

De forma geral, os principais resultados da análise apontam que as mulheres apresentam sempre coeficientes positivos e estatisticamente significantes, indicando que, quando comparadas aos homens (categoria omitida), apresentavam maiores chances de completar as transições educacionais.

Ao longo dos últimos cinquenta anos, em todas as faixas etárias e níveis educacionais considerados, a variável *cor/raça* demonstra que as chances de acesso e ascensão dos jovens pretos e pardos no sistema educacional são consideravelmente menores quando comparadas às chances de progressão dos indivíduos brancos (categoria omitida). Ademais, os jovens pretos têm chances ainda menores do que os pardos de acesso e progressão escolar no Brasil. Percebe-se, ao longo do tempo, que há diminuição na magnitude do efeito da raça nas chances estimadas de sucesso de completar as transições educacionais, significando que houve ligeira melhora no acesso e na progressão dos jovens pretos e pardos nos últimos cinquenta anos.

A variável *situação de residência* indica que indivíduos que moram em zonas rurais enfrentam chances muito menores de acesso e progressão educacional do que jovens que vivem em zonas urbanas. As razões de chance menores do que 1 e estatisticamente significantes para todas as transições analisadas mostram que a desigualdade por situação censitária de residência opera em todos os níveis educacionais e em todas as faixas etárias consideradas. O comportamento dessa variável ao longo do período indica que há aumento significativo das chances de sucesso, sugerindo que as oportunidades educacionais para jovens das áreas rurais melhoraram ao longo do período, embora suas chances de progressão sejam persistentemente menores. As variáveis de situação familiar dos jovens mostram que, em 1960, as chances de acesso e progressão educacional dos filhos de famílias monoparentais eram menores quando comparadas às dos filhos de famílias que possuíam os dois cônjuges, tendência que se mantém até a década de 1980, porém diminui a partir de 1991. Essa variável tem efeito negativo significativo quando não está controlada pelas covariáveis de origem socioeconômica (por exemplo, renda e educação da mãe); no entanto, estas perdem força explicativa quando são inseridas nos modelos. Tal fato pode indicar que o efeito dessa variável está condicionado às covariáveis de renda e educação da mãe.[9]

A segunda variável de situação familiar, que indica se o jovem é primogênito ou filho único, apresenta efeitos diferentes com relação ao acesso e à progressão educacional, principalmente quando se analisam os dados de 1960 e 1970. Ser o primeiro ou o único filho aumenta as chances de completar as três primeiras transições educacionais, mas, a partir desse

9 Esse efeito fica claro nos modelos de regressão linear e binomial, quando são testadas diferentes especificações, omitidas na presente análise.

ponto, o efeito deixa de se fazer notar. Pode-se especular que, nas décadas de 1960 e 1970, o custo de oportunidade do trabalho do primeiro ou único filho era muito alto, e não compensava adiar a entrada no mercado de trabalho em benefício da progressão a níveis mais elevados de escolaridade, principalmente num contexto em que a presença de jovens no mercado de trabalho era mais prevalente. Contudo, à medida que o país se modernizava, ser o primeiro ou o único filho passou a ter efeito positivo nas chances de acesso e progressão educacional. A partir da década de 1990, essa condição aumenta consideravelmente a probabilidade de acesso e, principalmente, progressão no sistema educacional, tendência que se intensificou nas décadas de 2000 e 2010.

As estimativas para as covariáveis de origem socioeconômica, renda e educação da mãe têm efeitos e sinais esperados, em especial no que diz respeito à conclusão do ensino médio e do ensino superior. De um ponto de vista sincrônico, nota-se diminuição de seu efeito sobre as chances de progressão educacional dos jovens, sobretudo a partir da década de 1990 e, principalmente, para os níveis básicos – até 8 anos de estudo. É importante ressaltar que para (o logaritmo natural da) renda familiar *per capita* estão reportados os coeficientes, não as razões de chance, como para as demais covariáveis, o que torna a avaliação mais intuitiva. Em relação às transições básicas, o nível de renda familiar esteve desde 1960 associado às chances de entrada e de conclusão de 4 anos de estudos entre os jovens brasileiros. No entanto, esse efeito vem diminuindo para as duas transições básicas desde 1980, o que indica ganhos de acessibilidade nesses níveis para indivíduos provenientes de famílias mais pobres. Para a conclusão de 8 anos de estudo, o efeito da renda é geralmente mais baixo do que nas transições de entrada e conclusão de 4 anos de estudo, e com tendência de decréscimo monotônico entre 1960 e 2010, indicando maior igualdade crescente de acesso entre estratos de renda à conclusão do ensino básico. As chances de conclusão do ensino médio estão crescentemente associadas à renda familiar entre 1960 e 1980, decrescendo a partir da década de 1980. A evolução do efeito da renda familiar sobre a conclusão do ensino médio é bastante similar ao que ocorre no ensino básico, sendo maior sobre os pontos da progressão educacional no qual os jovens obtêm as credenciais. A aquisição do título universitário, por outro lado, se fortemente associada aos níveis de renda no início da série histórica, apresenta tendência decrescente a partir de 1991.

A segunda variável de origem social dos indivíduos, a escolaridade da mãe, foi operacionalizada em três categorias dicotômicas que indicam o nível educacional mais alto completo pela mãe. Ainda, a categoria *sem educação* foi omitida, e funciona como base de comparação para os resultados das demais categorias. Quando se examina o efeito da educação da mãe nas chances de progressão educacional dos jovens, nota-se que ter, *ao menos*, o ensino fundamental completo está significativamente associado à progressão em todos os níveis educacionais, para todas as faixas etárias analisadas em todos os anos. Já os coeficientes para os níveis educacionais mais elevados indicam efeitos menos claros e, por vezes, mesmo contraditórios. Pode-se argumentar que, principalmente para os anos 1960, 1970 e 1980, esse fato deve-se ao percentual muito baixo de mães com ensino superior completo nas amostras analisadas.

No movimento de transição para a graduação no ensino médio, as evidências de associação entre escolaridade da mãe e progressão educacional dos filhos são também bastante robustas. A partir de 1970, o efeito positivo da escolaridade da mãe em nível médio sobre as chances de graduação dos filhos no ensino médio é significativo, com tendência de crescimento entre 2000 e 2010, especialmente nas faixas etárias mais avançadas. Em relação às transições de nível superior, para as quais apenas uma faixa etária observada é elegível, nota-se que, principalmente a partir do Censo de 2000, filhos de mães com o ensino superior completo têm chances consideravelmente maiores de completar o ensino superior.

Considerações finais

Neste capítulo foram apresentados os primeiros resultados do exame da associação entre as características socioeconômicas das famílias e as chances de progressão educacional dos jovens brasileiros ao longo dos últimos cinquenta anos. Do ponto de vista operacional, o exercício é bem-sucedido e demonstra que é possível a análise comparativa tanto de um ponto de vista sincrônico como diacrônico a partir dos dados censitários.

Os principais resultados descritivos evidenciam o processo de expansão da acessibilidade dos níveis educacionais básicos no país nos últimos cinquenta anos. As barreiras à entrada no sistema educacional e, principalmente, à conclusão do ensino básico, tão proeminentes nos anos 1960, 1970 e 1980, são gradualmente substituídas por obstáculos que se interpõem à progressão educacional rumo à conclusão do ensino médio e à entrada na universidade, notadamente a partir da década de 1990. A história recente das oportunidades educacionais no Brasil indica ganhos de acessibilidade muito altos nos níveis básicos e alguns menos evidentes na acessibilidade aos demais níveis.

Nos últimos cinquenta anos, a origem social dos jovens tem modelado significativamente suas chances de progressão educacional, ainda que de maneira distinta, dependendo do nível educacional considerado ou do período analisado. Com os ganhos em acessibilidade, os efeitos da origem social tenderam a diminuir nos níveis básicos, indicando diminuição da desigualdade de oportunidades educacionais nessas etapas. Esse é o caso das três primeiras transições na estrutura de progressão educacional brasileira, em que os ganhos em acessibilidade a partir da expansão educacional tenderam a abrandar os efeitos da origem social. A partir da entrada no ensino médio, a diminuição na desigualdade de oportunidades educacionais condicionada à origem social não é tão clara, e os níveis de desigualdade tenderam à estabilidade ao longo do período analisado.

Os efeitos da escolaridade da mãe, da renda *per capita* familiar e de características sociais do ambiente familiar evidenciam que nos últimos cinquenta anos a origem social dos jovens brasileiros teve forte impacto na sua trajetória educacional, seja em termos de acesso ou de progressão no sistema educacional. Se no passado essas barreiras à progressão educacional se interpunham aos jovens no início da trajetória educacional, no decorrer desse meio século elas foram se deslocando rumo a pontos mais avançados da progressão no sistema. Hoje em dia, o acesso ao sistema educacional até a conclusão dos primeiros 8 anos de estudo é muito menos condicionado à origem social dos jovens do que foi no passado. O mesmo não pode ser dito para os níveis de escolarização mais altos, para os quais o efeito da origem social sobre as chances de progressão entre jovens tende historicamente à estabilidade ou mesmo apresenta tendências de recrudescimento das desigualdades, como é o caso do ensino superior.

As análises apresentadas, portanto, indicam um padrão misto, e não de desigualdades persistentes. Pode-se dizer que, nos últimos cinquenta anos no Brasil, houve diminuição da desigualdade de oportunidades educacionais nos níveis educacionais básicos, persistência das desigualdades no nível médio e aumento da desigualdade no nível superior.

4
Educação e desigualdade no Brasil

Naercio Menezes Filho[1]
Charles Kirschbaum[2]

Introdução

O Brasil é notório por sua alta desigualdade social e baixo desempenho em termos educacionais. No final do século XX, o país permanecia entre as nações com maior desigualdade de renda do mundo e mais baixos níveis de escolaridade média. Por exemplo, enquanto os nascidos em 1980 nos Estados Unidos tinham 14 anos de estudo em média, no Brasil essa coorte havia alcançado apenas 9 anos, nível atingido pela população norte-americana nascida em 1900. Em termos de desigualdade de renda, os 10% mais ricos no Brasil, no final do século passado, possuíam renda média setenta vezes superior àquela dos 10% mais pobres, muito acima de países com níveis de renda *per capita* similares.

É importante ressaltar que a desigualdade entre estratos sociais também resulta de fatores não diretamente ligados à educação, os quais incluem os diferenciais de salário por gênero, cor, entre ocupações ou ramos de

1 Professor no INSPER e da FEA/USP.

2 Professor no INSPER e pesquisador associado no CEM.

atividade (Barros; Mendonça, 1995), englobando o diferencial salarial e a aposentadoria integral dada ao funcionalismo público (Hoffmann, 2009), ou ainda por conjunturas macroeconômicas que prejudicam mais intensamente certos grupos, como os períodos hiperinflacionários, em que os mais pobres não conseguem preservar o valor de sua renda real (Ferreira et al., 2006).

Durante grande parte do século XX, o foco das políticas públicas foi o "desenvolvimento econômico", ainda que isso ferisse a justiça social (Kerstenetzky, 2008). A partir da década de 1980, a meta principal da política econômica foi estabilizar a economia, tendo em vista que a hiperinflação dificultava qualquer planejamento econômico. Com o Plano Real e a estabilização da inflação, a atenção voltou-se ao combate da pobreza e da desigualdade de renda (Neri, 2006). Nas últimas décadas, emergiu o consenso de "inaceitabilidade" da desigualdade, seja por suas consequências econômicas, seja pelo embasamento de justiça social (Barros; Henriques; Mendonça, 2000; Kerstenetzky, 2000). Nesse sentido, vários setores da sociedade identificaram a educação como prioritária para o combate à desigualdade (Reis, 2000).

Assim, mais recentemente, a redução da desigualdade de renda tem se tornado um dos focos das preocupações governamentais. O programa Bolsa Família, por exemplo, reorganizou e expandiu várias políticas de transferência de renda preexistentes, de forma a articular a transferência de renda às condicionalidades de saúde e educação (Soares et al., 2010). Em linha com a última geração de programas de transferência de renda, o objetivo do Bolsa Família é aliviar a pobreza, ao mesmo tempo que gera oportunidades de mobilidade social por meio do aumento da escolarização nas camadas mais desfavorecidas da população (Silveira Neto, 2010).

Entretanto, estudos recentes mostram que, apesar de relevantes, os programas de transferência de renda não constituíram o fator mais importante da redução recente da desigualdade de renda no Brasil, que teve sua origem principal no mercado de trabalho (Hoffmann, 2005). Logo, se as principais dinâmicas que levaram ao decréscimo da desigualdade encontram-se no mercado de trabalho, justifica-se um olhar mais atento à evolução da demanda e oferta por trabalho qualificado na economia brasileira no período recente, na medida em que os diferenciais de salário por qualificação são um dos determinantes centrais da desigualdade de renda gerada no mercado de trabalho (Menezes Filho, 2001).

A relação entre desigualdade e educação vem sendo discutida com mais intensidade no Brasil desde o final da década de 1970, quando os primeiros estudos empíricos utilizando dados dos Censos Demográficos de 1960 e 1970 foram realizados (Hoffmann; Duarte, 1972; Langoni, 1973). O objetivo deste capítulo não é fazer uma discussão extensa desse debate (para isso, ver Menezes Filho, 2001), mas sim apresentar a visão de um dos seus proponentes (Langoni, 1973), que antecipou em grande parte as conclusões que serão aqui apresentadas.

Seguindo as ideias de Kuznetz (1955) e provocando um debate intenso no meio acadêmico brasileiro,[3] Langoni (1973, p.97) afirma que:

> as mudanças clássicas que acompanham o processo de desenvolvimento econômico levam a um aumento nos índices agregados de concentração (de renda), sem que seja possível atribuir-lhes qualquer sentido de deterioração de bem-estar. Este é o caso típico do fluxo de mão de obra que deixa regiões e setores cuja renda real é relativamente baixa; da entrada no mercado de trabalho de jovens e mulheres e, principalmente, da melhoria ou ascensão educacional da força de trabalho, existente e em formação.

Mais recentemente, parece ter havido uma convergência nas diversas ciências sociais para um conjunto de teses comuns, sendo que uma das principais é a de que a desigualdade de renda é afetada pelo desempenho escolar, que pode ser explicado parcialmente pela quantidade e qualidade do ensino. Portanto, políticas educacionais são diretamente responsáveis pela diminuição da desigualdade no país (Reis; Barros, 1990). Essa articulação teórica foi acompanhada por constatações sobre o *gap* a ser coberto, assim como a avaliação do efeito do sistema escolar, independentemente e para além das características individuais e seu contexto socioeconômico (Barros; Lam, 1993; Ribeiro, 2010).

Neste capítulo, o objetivo é examinar de que forma a evolução da oferta de trabalhadores com diferentes níveis de educação afetou o

3 A esse respeito, ver Tolipan e Tinelli (1978).

comportamento dos diferenciais de salário e, por consequência, a desigualdade de renda no mercado de trabalho brasileiro nos últimos quarenta anos. Especificamente, argumenta-se que o aumento da escolarização recente, especialmente no nível médio, provocou uma queda dos retornos à educação e, portanto, da desigualdade de renda.

Arcabouço teórico: educação e distribuição de renda

A relação entre educação e distribuição de renda tem sido objeto de análise há muito tempo por pesquisadores de várias áreas. Um dos primeiros estudiosos a analisar a relação entre crescimento econômico e distribuição de renda foi Kuznets (1955), que observou uma relação em formato de U invertido entre esses dois fatores. Segundo esse autor, o processo de desenvolvimento primeiro provoca aumento na desigualdade de renda, uma vez que a industrialização, por exemplo, necessita de trabalhadores com maior nível de escolaridade, cuja oferta normalmente é limitada nos países mais pobres. Isso faz que a demanda por esses trabalhadores seja maior do que a oferta, acarretando, num primeiro momento, aumento do salário dos trabalhadores mais educados (com relação aos menos educados), o que provoca crescimento da desigualdade. Mas, num segundo momento, espera-se que a desigualdade se reduza com a incorporação da maioria dos trabalhadores ao processo produtivo mais avançado.

Ao mesmo tempo, a escolaridade dos trabalhadores tende a aumentar, pois a ampliação dos diferenciais de salário passa a superar os investimentos em educação para um número maior de famílias. Além disso, a própria demanda por trabalhadores mais escolarizados leva a mudanças institucionais e políticas que promovam a maior escolaridade. Com o crescimento da oferta de trabalhadores qualificados, os diferenciais de salários e a desigualdade caem.

O arcabouço teórico corrente para analisar a relação entre educação e distribuição de renda utiliza um argumento parecido: os diferenciais de salários por educação no mercado de trabalho são resultado de uma "corrida" entre educação e tecnologia (Goldin; Katz, 2008). Baseada na terminologia cunhada por Tinbergen (1975), a ideia é que, enquanto a educação aumenta a oferta de pessoas com habilidades para o mercado de trabalho, a tecnologia também pode elevar a demanda por essas habilidades se for enviesada para o trabalho qualificado. Isso ocorre, por exemplo, quando apenas os trabalhadores mais qualificados sabem lidar com os avanços tecnológicos introduzidos num determinado momento do tempo. Esse fenômeno parece ter ocorrido no final do século passado em vários países do mundo, com a utilização em massa dos computadores, por exemplo (Goldin; Katz, 2008).

Assim, se a oferta relativa de um extrato educacional aumenta a uma taxa superior ao crescimento da demanda por esse extrato, o diferencial de salário entre esses grupos deve diminuir, e vice-versa. Por exemplo, Goldin e Katz (2008) mostram como o progresso educacional acelerado ocorrido nos Estados Unidos, na maior parte do século XX, provocou uma redução dos diferenciais de salário associados à educação e, consequentemente, um decréscimo da desigualdade. No entanto, a partir dos anos 1980, a desaceleração da educação observada naquele país, especialmente entre as minorias, combinada com a utilização intensiva de computadores nas empresas, fez que os diferenciais de salário aumentassem e a desigualdade atingisse níveis muito elevados.[4]

Mesmo não observando diretamente a evolução da demanda por habilidades, esta pode ser inferida a partir da evolução da composição educacional e dos diferenciais de salário associados a cada nível educacional. Por exemplo, se o diferencial de salários dos trabalhadores com maior escolaridade aumenta ao longo de um período (em relação aos menos escolarizados) ao mesmo tempo que a oferta desse grupo cresce (também com relação aos menos escolarizados), infere-se que houve ampliação na demanda por trabalhadores desse grupo. A magnitude do impacto da oferta relativa e da tecnologia (demanda) sobre o diferencial de salários entre dois grupos educacionais depende da elasticidade de substituição

---

4 No "Anexo técnico", localizado no final deste artigo, há um modelo formal para analisar essa relação, mas descrevê-lo ou utilizá-lo para uma análise formal do comportamento do mercado de trabalho nos últimos cinquenta anos fugiria aos objetivos deste capítulo (ver Goldin; Katz, 2008). A análise fica mais complicada quando trabalhamos com mais de dois grupos educacionais, pois é necessário examinar a inter-relação da demanda e oferta por esses grupos (ver Fernandes; Menezes Filho, 2012).

entre esses tipos de trabalhadores, ou seja, em que medida as empresas podem substituir um tipo de trabalhador por outro no processo produtivo sem afetar as quantidades por elas produzidas.[5]

Ressalta-se que o interesse, aqui, está apenas nas medidas relativas de renda (desigualdade), logo, o que importa é a escassez (oferta) e a demanda *relativas*, ou seja, a comparação entre oferta e demanda entre dois (ou mais) grupos de trabalhadores com níveis de escolaridade distintos. Por exemplo, se a oferta de trabalhadores com ensino médio e a daqueles com ensino superior aumentam na mesma proporção, não há alteração na sua oferta relativa e, portanto, se a demanda relativa também permanecer constante, o diferencial de salários entre os trabalhadores desses dois grupos não deverá se alterar.

Resultados

O Gráfico 1 mostra a evolução da desigualdade de renda proveniente de todas as fontes, no Brasil, nos últimos quarenta anos. Nota-se que a desigualdade, expressa pela razão entre os rendimentos de uma pessoa localizada no 90º percentil da distribuição de renda e outra situada no 10º percentil, era de 11 vezes em 1970, passou para mais de 12 em 1980 e atingiu seu ápice em 2000, chegando a 14. Entretanto, essa razão caiu abruptamente entre os anos 2000 e 2010, atingindo um patamar inferior àquele observado no início dos anos 1970. A mesma tendência, de forma mais atenuada, pode ser observada na curva que expressa a razão entre os rendimentos do indivíduo mediano e daquele pertencente ao 10º percentil, que passou de 3 para 2,6 vezes entre 2000 e 2010, depois de um período de crescimento contínuo entre 1970 e 2000. Algo parecido ocorreu com a razão entre o 90º e o 50º percentis, que declinou de 4,8 para 3,75 na década de 2000.

5 Ver derivação no "Anexo técnico" (p.129).

Gráfico 1 – Evolução da desigualdade de renda de todas as fontes, razão entre percentis – Brasil, 1970-2010

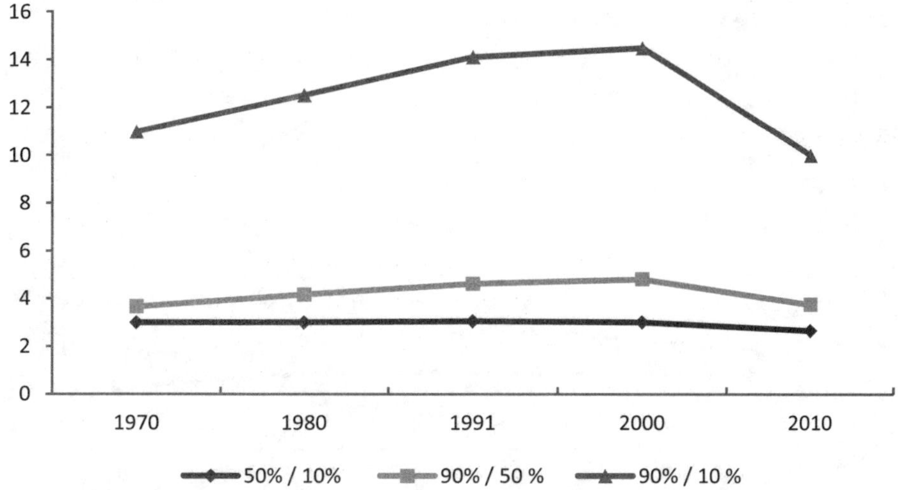

Fonte: IBGE; Censos Demográficos 1970-2010. Tabulações especiais do Centro de Estudos da Metrópole (CEM).

A evolução das mesmas medidas de desigualdade, agora usando somente a renda do trabalho em vez daquela proveniente de todas as fontes (que incluem aluguel, juros, aposentadorias e transferências),[6] é apresentada no Gráfico 2. Nota-se que a desigualdade da renda do trabalho tem uma evolução similar à daquela referente a todas as fontes, com crescimento seguido de queda. No entanto, a redução na desigualdade de renda do trabalho iniciou-se antes, entre 1991 e 2000. Assim, os fatores que atuam para o decréscimo da desigualdade no mercado de trabalho parecem ter começado antes do que ocorreu com a desigualdade em geral. Uma possível explicação para esse fato pode estar no processo inflacionário que dominou o Brasil na década de 1990 e que foi estabilizado a partir de 1994, com o Plano Real, o que trouxe aumento da renda real para os trabalhadores com menores rendimentos (Ferreira et al., 2006).

6 Infelizmente, não há informação sobre a renda do trabalho no Censo Demográfico de 1970.

Gráfico 2 – Evolução da desigualdade de renda do trabalho, razão entre percentis – Brasil, 1980-2010

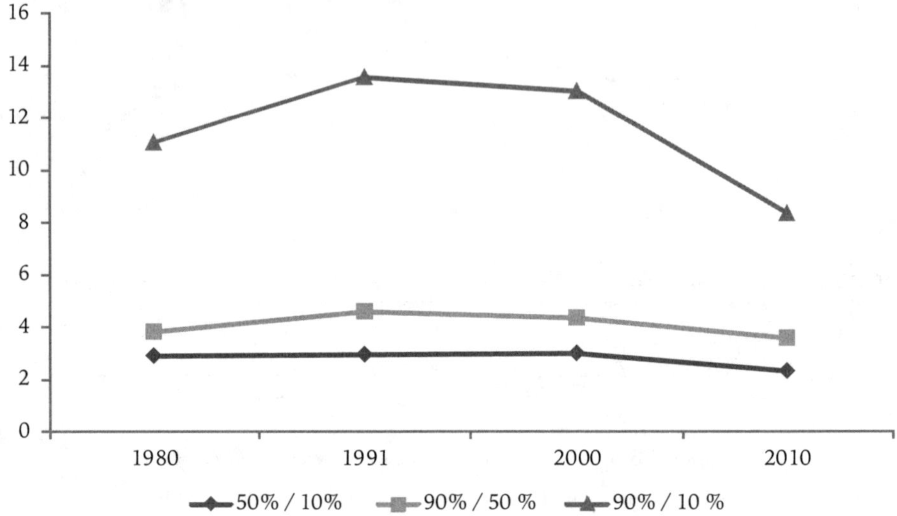

Fonte: IBGE, Censos Demográficos 1970-2010. Tabulações especiais do CEM.

A seguir, analisa-se o comportamento da oferta de trabalho por educação, que, segundo o modelo canônico apresentado anteriormente, deve ter tido papel importante para a redução da desigualdade. No Gráfico 3, observa-se claramente que, na população economicamente ativa (PEA), houve decréscimo da parcela com 0 a 3 anos completos de estudo, passando de 75%, em 1960, para cerca de 26%, em 2010.[7] Esse avanço foi significativo, apesar do ponto de partida extremamente elevado em comparação com os outros países. Vale notar que há uma pequena desaceleração na queda a partir de 2000, pois fica mais difícil diminuir o analfabetismo quando sua taxa já está muito reduzida.

7 Neste caso, zero refere-se a quem não completou nenhum ano com sucesso na escola, e assim por diante.

Gráfico 3 – Distribuição da população economicamente ativa, segundo anos de estudo[8] – Brasil, 1960-2010

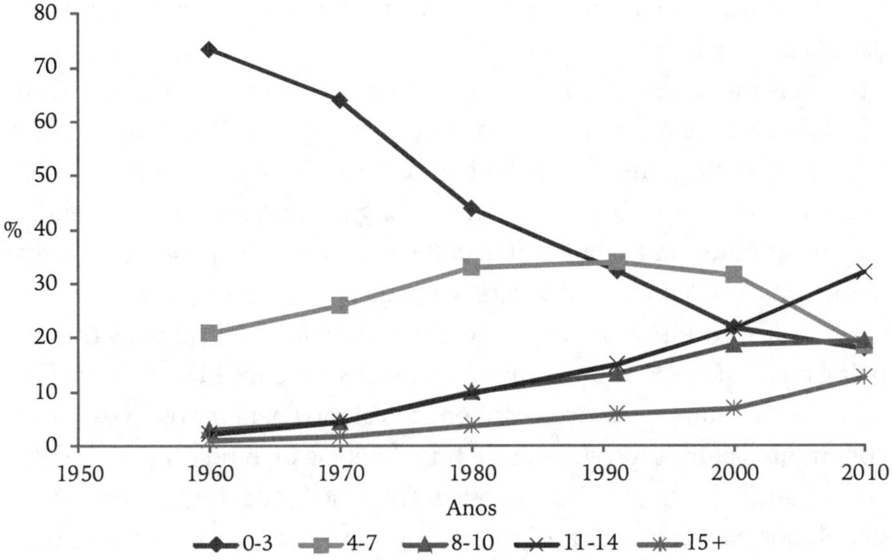

Fonte: IBGE, Censos Demográficos 1970-2010. Tabulações especiais do CEM.

Em contrapartida, a parcela com 4 a 7 anos de estudo aumentou aceleradamente entre 1960 e 1980, estabilizou-se de 1980 a 1990 e declinou a partir de então. Esse decréscimo ocorreu porque a maior parte da população jovem, que interrompia seus estudos nessa fase, avançou para completar os ensinos fundamental e médio a partir de 1990. A parcela da população com 8 a 10 anos de estudo (ensino fundamental completo e médio incompleto), por sua vez, cresceu até 2000, estabilizando-se a partir de então, quando a maior parte dos jovens brasileiros começa a permanecer na escola até o ensino médio. Esse movimento reflete-se no comportamento da parcela com ensino médio completo e superior incompleto (11 a 14 anos de estudo), que apresentou um crescimento ligeiro entre 1960 e 1970, um pouco mais acelerado entre 1970 e 1990

8 Ressalta-se que mudanças nas taxas de participação na força de trabalho ao longo do período podem afetar as mudanças de escolaridade se ocorrerem de forma diferenciada entre os grupos, como o aumento da taxa de participação das mulheres, por exemplo. O Gráfico A1 do "Anexo técnico" reproduz as mesmas curvas usando a população em idade ativa (PIA), que apresenta um comportamento muito parecido.

e "decolou" a partir de 2000, tornando-se majoritária na população. Por fim, a parcela com ensino superior completo (15 ou mais anos de estudo) cresceu lentamente entre 1960 e 2000, acelerando somente na primeira década do século XXI.

Essas mudanças educacionais são importantes para explicar a evolução da sociedade brasileira ao longo do século passado, pois a educação, além de impactar o mercado de trabalho, afeta a fertilidade, criminalidade, cidadania, preocupação com o meio ambiente etc. Vários fatores ajudam a explicar o aumento da escolaridade observado, tais como: transição demográfica acelerada devido à redução da taxa de fertilidade entre 1960 e 1991; descentralização da gestão e dos recursos educacionais trazidos pela Constituição de 1988; o Fundef, estabelecido em 1998, que transferiu recursos de municípios ricos com poucos alunos para municípios pobres com muitos alunos; programas de transferência de renda (Bolsa Escola e Bolsa Família), que condicionam a entrega dos recursos à permanência dos alunos na escola; e os programas de progressão continuada (não repetência), que foram introduzidos ao longo da década de 1990. Por fim, o aumento da parcela de pessoas com ensino superior deve-se, em grande parte, à flexibilização das regras para abertura de novas faculdades particulares, ocorrida a partir dos anos 1990, que atendeu prioritariamente à população de classe média baixa, a qual ansiava pelo acesso ao diploma.

Em paralelo às transformações na composição educacional, este capítulo enfatiza a renda relativa entre os estratos. Essa investigação será feita em duas etapas. Primeiro, explora-se a evolução dos estratos educacionais de forma relativa – a maneira como eles crescem em relação ao estrato imediatamente inferior, indicando aumento na oferta relativa. A seguir, é estabelecida a renda relativa entre os estratos adjacentes, com o objetivo de investigar de que forma o "prêmio salarial" oriundo do salto de um estrato para o estrato adjacente superior evolui e qual seu impacto na desigualdade de renda.

No Gráfico 4, observa-se que a oferta de trabalhadores no estrato de 4 a 7 anos de escolaridade em relação ao extrato inferior (0 a 3 anos) cresceu de 28% para 140%, entre 1960 e 2000, diminuindo a partir daí até atingir o mesmo número de pessoas que o estrato inferior em 2010 (razão igual a 1). Como visto anteriormente, esse declínio reflete o fato de que as novas gerações não deixam mais os estudos nessa fase, avançando para os ensinos fundamental completo e médio. Assim, houve crescimento expressivo do estrato de 8 a 10 anos de estudo (ensino fundamental completo e médio incompleto) sobre o de 4 a 7 anos, especialmente depois de 2000, sendo que ambos os grupos tinham o mesmo tamanho em 2010.

De forma análoga, verifica-se que a relação entre o estrato de 11 a 14 anos de estudo (ensino médio completo e superior incompleto) e o grupo de 8 a 10 anos cresceu durante todo o período, com momentos de maior e menor aceleração, que refletiam os desenvolvimentos institucionais e econômicos do país em cada período, como visto anteriormente. No final do período, o estrato com ensino médio é 70% maior do que aquele com fundamental completo. Por fim, é interessante notar que a razão entre o número de pessoas com ensino superior completo e o daquelas com ensino médio completo permaneceu relativamente estável todos esses anos, com pequenas flutuações de curto prazo em torno dessa tendência. Isso mostra que os dois estratos ampliaram-se de forma bastante similar no período.

Gráfico 4 – Oferta relativa de escolaridade na população economicamente ativa, segundo estratos de anos de estudo – Brasil, 1960-2010

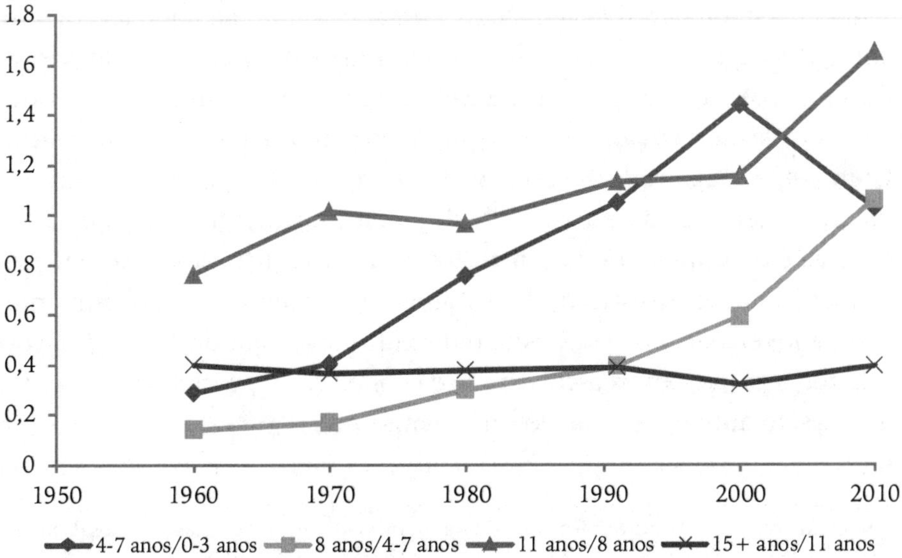

Fonte: IBGE, Censos Demográficos 1960-2010. Tabulações especiais do CEM.

Consideradas em conjunto, essas tendências mostram um deslocamento da população de estratos inferiores de educação para estratos superiores. É possível sugerir que essa migração observada é resultado de esforços dos formadores de políticas públicas em aliviar o "gargalo na educação" que impedia a oferta de trabalho educado (Steiner, 2006), após décadas de descaso com a educação do país. Além disso, as próprias famílias decidem aumentar a escolaridade de seus filhos, tendo em vista os altos retornos ao investimento na educação. Entretanto, tais evidências também podem ser tomadas de forma crítica, pois esse deslocamento encontra um "teto" ao redor do patamar de 11 a 14 anos. A relação entre o estrato de 15 anos ou mais e o estrato de 11 a 14 anos mostra-se bastante estável durante todo o período (em torno de 40%), o que significa que os grupos cresceram no mesmo ritmo nos últimos cinquenta anos e, portanto, o gargalo continua praticamente inalterado no acesso aos cursos superiores.

No Gráfico 5 observa-se o comportamento da renda relativa do trabalho entre os estratos, a fim de se examinar em que medida ela reflete o comportamento da oferta relativa.[9] Verifica-se que a renda do grupo de 4 a 7 anos (em relação ao de 0 a 3 anos) vem declinando, assim como a relação entre a renda do estrato de 8 a 10 anos sobre o de 4 a 7 anos. O diferencial em favor do grupo de 8 a 10 anos de estudo era de 33% em 1980 e declinou para 17% em 2010, apesar de ter aumentado levemente entre 1980 e 1991. Já o diferencial do grupo de 4 a 7 anos era de 70% e declinou para apenas 12%. Parece claro que essa diminuição deriva do aumento da oferta relativa desses grupos ao longo do tempo, mostrada no Gráfico 4. A magnitude da resposta do diferencial de salários a mudanças da oferta depende da elasticidade de substituição entre os grupos.[10] A exceção é o último período (entre 2000 e 2010), quando houve redução da oferta relativa do estrato de 4 a 7 anos não acompanhada por aumento no salário relativo. Isso pode estar refletindo um choque de demanda favorecendo o grupo menos escolarizado da população no período recente, ou até mesmo aumentos reais do salário mínimo.

9 O Gráfico A3 do "Anexo técnico" (p.132) traz os mesmos cálculos utilizando dados da renda de todas as fontes.

10 Ver "Anexo técnico" (p.129).

Gráfico 5 – Razão entre rendas médias do trabalho, segundo estratos de anos de estudo – Brasil, 1970-2010

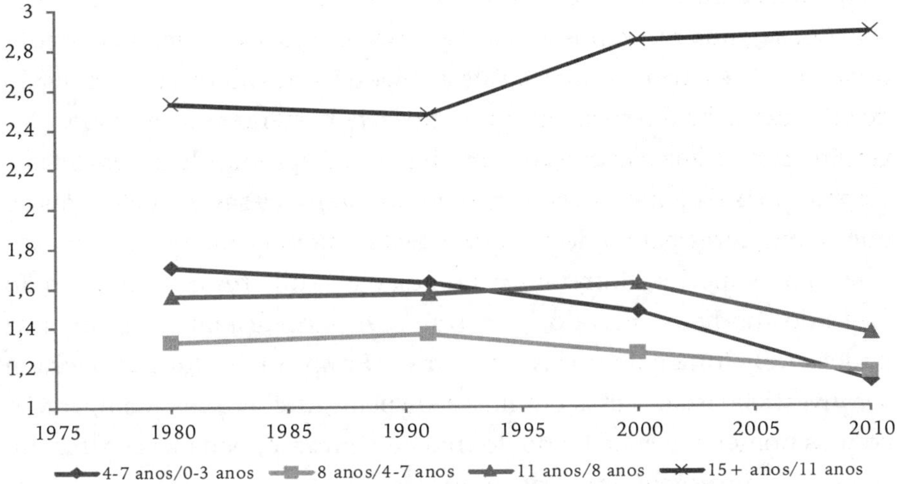

Fonte: IBGE, Censos Demográficos 1970-2010. Tabulações especiais do CEM.

É interessante notar que o diferencial de rendimentos entre o grupo com ensino médio completo (11 a 14 anos) e aquele com fundamental completo aumentou a taxas modestas entre 1980 e 2000 e diminuiu significativamente de 2000 a 2010, atingindo cerca de 37%, justamente quando a oferta relativa desse grupo aumentou aceleradamente. Assim, em 2010, observa-se um reordenamento das curvas de diferencial de rendimentos entre os estratos analisados. O maior diferencial de salários (excluindo o ensino superior) está no ensino médio completo, ao passo que, em 1980, o maior prêmio era o ensino fundamental incompleto, significando que o primeiro patamar de formação educacional formal trazia muito mais benefícios relativamente do que o segundo e o terceiro. O reordenamento dessas curvas refletiu um avanço educacional no período e reflete as novas demandas da sociedade brasileira, constituindo um estímulo maior para a permanência na escola.

Finalmente, a relação entre a renda do estrato de 15 anos ou mais sobre o de 11 a 14 anos decresceu a taxas modestas entre 1980 e 1990, crescendo aceleradamente somente a partir de então. Acompanhado da estabilidade de oferta entre esses extratos nas últimas décadas, o aumento desse diferencial no período recente significa que a demanda relativa por esse grupo está se ampliando, possivelmente devido ao uso de tecnologias enviesadas para o trabalho qualificado.

Em seguida passamos a investigar a evolução dos diferenciais educacionais de salário para atributos individuais de interesse, no sentido de verificar se há diferenças importantes e persistentes entre grupos. No Gráfico 6, que traz a evolução da renda de cada grupo educacional desagregada por sexo, observa-se que os homens têm rendas mais elevadas do que as mulheres para todos os grupos educacionais, mas especialmente no ensino superior. Entretanto, a renda das mulheres cresceu mais do que a dos homens em todos os estratos. A diferença no nível de renda pode ser explorada de várias maneiras.[11] Em primeiro lugar, poderiam ser investigadas as ocupações buscadas pelas mulheres em comparação com os homens. Dependendo do tipo de educação, pode-se esperar um retorno à educação diferenciado entre os gêneros.[12]

Ao mesmo tempo, contudo, sabe-se que o engajamento das mulheres no mercado de trabalho, ou seja, sua disponibilidade para trabalhar fora de casa, mudou muito nas últimas décadas. Como mostram Araujo Guimarães, Barone e Brito, no artigo "Mercado e mercantilização do trabalho no Brasil" (p.395), o engajamento feminino mais que dobrou dos anos 1980 até 2010, ao mesmo tempo que a fertilidade média reduziu-se drasticamente. Dessa forma, se a oferta feminina aumentou fortemente, o crescimento maior da renda média das mulheres (principalmente na faixa de 15 anos ou mais de estudo) pode sinalizar que elas estão crescentemente competindo com os homens pelos postos mais bem remunerados. Dito de outra forma, o "teto de vidro" pode ter sido deslocado paulatinamente nas últimas décadas.

É notável verificar que a evolução dos diferenciais de salários por educação tem se dado de forma parecida entre homens e mulheres ao longo dos últimos trinta anos (Gráfico 7), a despeito das grandes mudanças na taxa de participação delas. Assim, parece que o efeito da evolução da

11 A esse respeito, ver Leme e Wajnman (2001), por exemplo.

12 Ver "Estratificação horizontal da educação superior no Brasil" (p.133).

oferta educacional predomina sobre os efeitos da composição e outros na determinação dos diferenciais de salários e da desigualdade.

Gráfico 6 – Renda média de todos os trabalhos por sexo, segundo estratos de anos de estudo – Brasil, 1980-2010

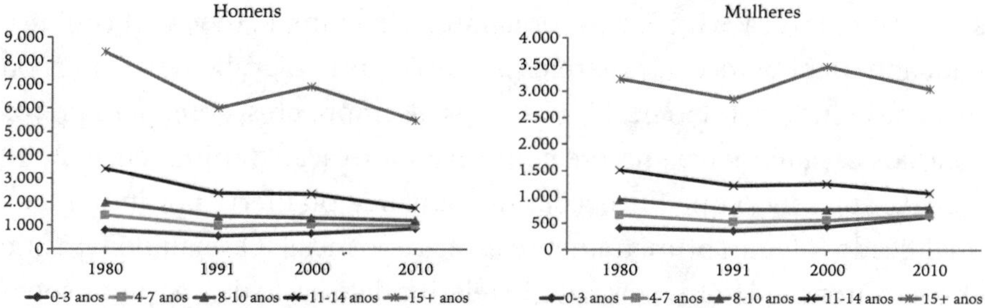

Fonte: IBGE, Censos Demográficos 1970-2010. Tabulações especiais do CEM.

Gráfico 7 – Razão entre as rendas médias de todos os trabalhos por sexo, segundo estratos de anos de estudo – Brasil, 1980-2010

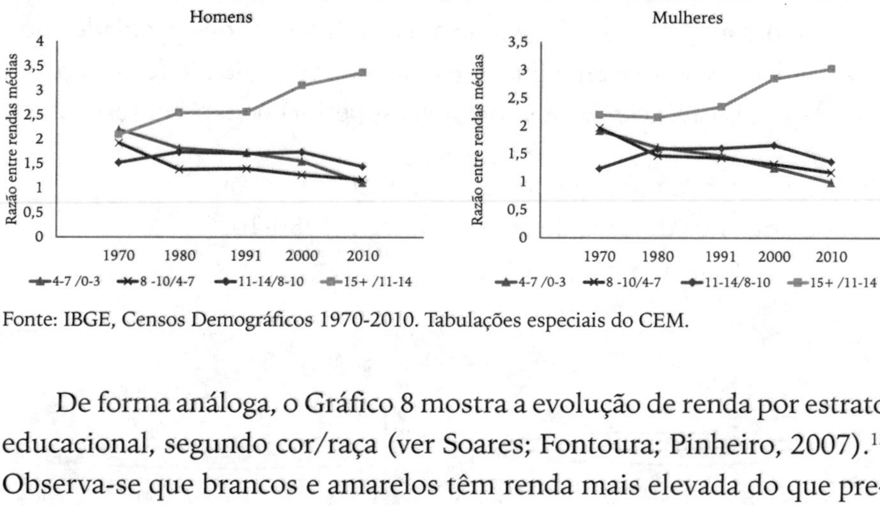

Fonte: IBGE, Censos Demográficos 1970-2010. Tabulações especiais do CEM.

De forma análoga, o Gráfico 8 mostra a evolução de renda por estrato educacional, segundo cor/raça (ver Soares; Fontoura; Pinheiro, 2007).[13] Observa-se que brancos e amarelos têm renda mais elevada do que pretos e pardos, sendo que essa diferença torna-se mais acentuada quando são analisados os estratos educacionais mais elevados, o que pode estar refletindo a existência de discriminação no mercado de trabalho, bem como a pior qualidade da educação recebida pelos pretos e pardos, que, em sua maioria, estudaram em escolas públicas. Sabe-se que há um

13 Não há dados sobre raça no Censo Demográfico de 1970.

grande diferencial de qualidade entre as escolas públicas e as privadas e que os brancos estão super-representados nessas últimas. Por fim, a escolaridade dos pais tende a ser maior entre os brancos do que entre os pretos e pardos.[14]

Quando se observa a relação de renda entre os estratos educacionais, segundo cor/raça (Gráfico 9), dois fatos chamam a atenção. Primeiro, enquanto para brancos e amarelos a relação entre o grupo de 15 anos ou mais de estudo sobre o de 11 a 14 anos é sempre crescente, para pretos e pardos essa tendência não se confirma: tal relação diminui entre 2000 e 2010, sugerindo que flutuações de demanda ou oferta por indivíduos qualificados afetam primeiramente este grupo racial. O segundo fato que chama a atenção refere-se ao salário relativo do estrato de 4 a 7 anos sobre o de 0 a 3 anos, que era superior ao do estrato de 11 a 14 anos sobre o de 8 a 10 anos até meados dos anos 1990 para pretos e pardos, enquanto no caso de brancos e amarelos a queda já havia ocorrido a partir dos anos 1980. As tendências mostradas aqui corroboram os estudos de desigualdade racial no Brasil. Ainda que haja uma queda relativa na desigualdade entre raças, indaga-se em que medida o resíduo de desigualdade (causado, por exemplo, pela carência de pais com nível superior) poderá ser revertido.[15]

Gráfico 8 – Renda média de todos os trabalhos por cor, segundo estratos de anos de estudo – Brasil, 1980-2010

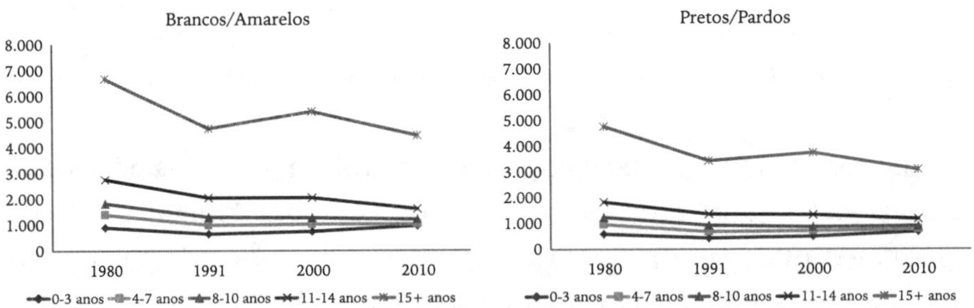

Fonte: IBGE, Censos Demográficos 1970-2010. Tabulações especiais do CEM.

14 Ver Albernaz, Ferreira e Franco (2002).

15 Ver o capítulo "Desigualdades raciais no Brasil: um desafio persistente", (p.163).

Gráfico 9 – Razão entre as rendas médias de todos os trabalhos por cor, segundo estratos de anos de estudo – Brasil, 1980-2010

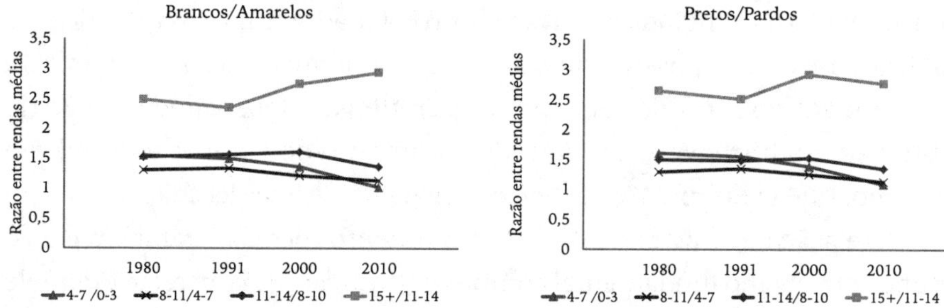

Fonte: IBGE, Censos Demográficos 1970-2010. Tabulações especiais do CEM.

O Gráfico 10 mostra a relação entre os diferenciais de renda relativa e oferta relativa desagregada por estrato educacional. O intuito aqui é resumir os resultados alcançados até agora e procurar inferir comportamentos da demanda relativa por cada grupo, a partir dos comportamentos da oferta e da renda relativa.[16] Toda vez que a reta ligando dois pontos tiver uma inclinação negativa, significa que a oferta e a renda relativa entre os dois grupos caminharam em direções opostas na década em questão.[17] Isso quer dizer que não houve, necessariamente, choques de demanda favorecendo um dos grupos no período e que a oferta sozinha poderia dar conta de explicar os movimentos salariais. Quando a oferta relativa e os rendimentos relativos se movimentam na mesma direção (inclinação positiva), a demanda relativa necessariamente desempenhou um papel relevante, a não ser que a elasticidade de substituição entre os grupos seja menor que 1.[18]

Por exemplo, para os grupos menos escolarizados (4 a 7 anos e 0 a 3 anos), observa-se claramente, nos movimentos de oferta e renda, que sempre houve uma relação negativa entre eles até 2000 (evidenciada pela

16 Vale notar que estamos usando a renda de todas as fontes, em vez da renda do trabalho, para aumentar o período de análise. Os resultados são muito parecidos quando usamos apenas a renda do trabalho.

17 Se estivermos caminhando para a direita na reta com uma inclinação negativa, o prêmio está caindo e a oferta, aumentando. Mas se estivermos caminhando para a esquerda (subindo a reta), o prêmio estará aumentando e a oferta, caindo.

18 Ver "Anexo técnico".

linha desenhada). Entretanto, entre 2000 e 2010, a oferta relativa declinou substancialmente, assim como a renda relativa, o que pode estar refletindo um aumento na demanda relativa pelos trabalhadores menos qualificados no Brasil recente. É possível que tal comportamento esteja ocorrendo pelo crescimento do setor de serviços (que emprega intensivamente mão de obra não qualificada), ou refletindo o aumento do valor real do salário mínimo, que cresceu 74% em termos reais na última década.

A relação negativa entre oferta e rendimentos fica clara também para o grupo com ensino fundamental completo (8 a 10 anos) com relação àquele com 4 a 7 anos de estudo. Apesar de pequenos desvios na tendência geral (como o ocorrido entre 1980 e 1991, por exemplo), parece claro que existe uma relação bastante forte entre aumento de oferta relativa e redução de rendimentos relativos entre esses grupos durante todo o período.

Já entre o grupo com ensino médio completo (11 a 14 anos) e aquele com ensino fundamental completo (8 a 10 anos), a relação negativa não é tão clara. Entre 1970 e 1980 houve redução de oferta com forte aumento de rendimentos, o que parece indicar que o decréscimo de oferta foi acompanhado por aumento da demanda relativa por esse grupo no auge do milagre econômico brasileiro. No entanto, entre 1980 e 2000, os diferenciais de rendimentos ampliaram-se juntamente com a oferta relativa. Isso significa que deve ter havido um aumento da demanda relativa por pessoas com ensino médio completo. Entretanto, mais recentemente, com a elevação da taxa de inovações e do crescimento econômico baseado em conhecimento, a demanda derivada da tecnologia pode ter passado para um nível de qualificação superior, fazendo que o diferencial de rendimentos a favor do ensino médio refletisse de forma mais clara a evolução da oferta relativa, reduzindo-se drasticamente entre 2000 e 2010.

O comportamento dos diferenciais de rendimentos e de oferta entre o grupo mais escolarizado (15 anos e mais) e aquele com ensino médio parece simétrico com relação ao que foi dito anteriormente. Entre 1980 e 2000 parece haver uma relação negativa bastante clara entre oferta e salários relativos, apesar de a escala do gráfico ser um pouco enganadora (os movimentos de oferta são na verdade bem menores do que nos grupos anteriores). Porém, entre 2000 e 2010 a oferta relativa aumentou significativamente, juntamente com os rendimentos relativos. Assim,

Gráfico 10 – Relação entre oferta e renda relativa, segundo estratos de anos de estudo – Brasil, 1970-2010

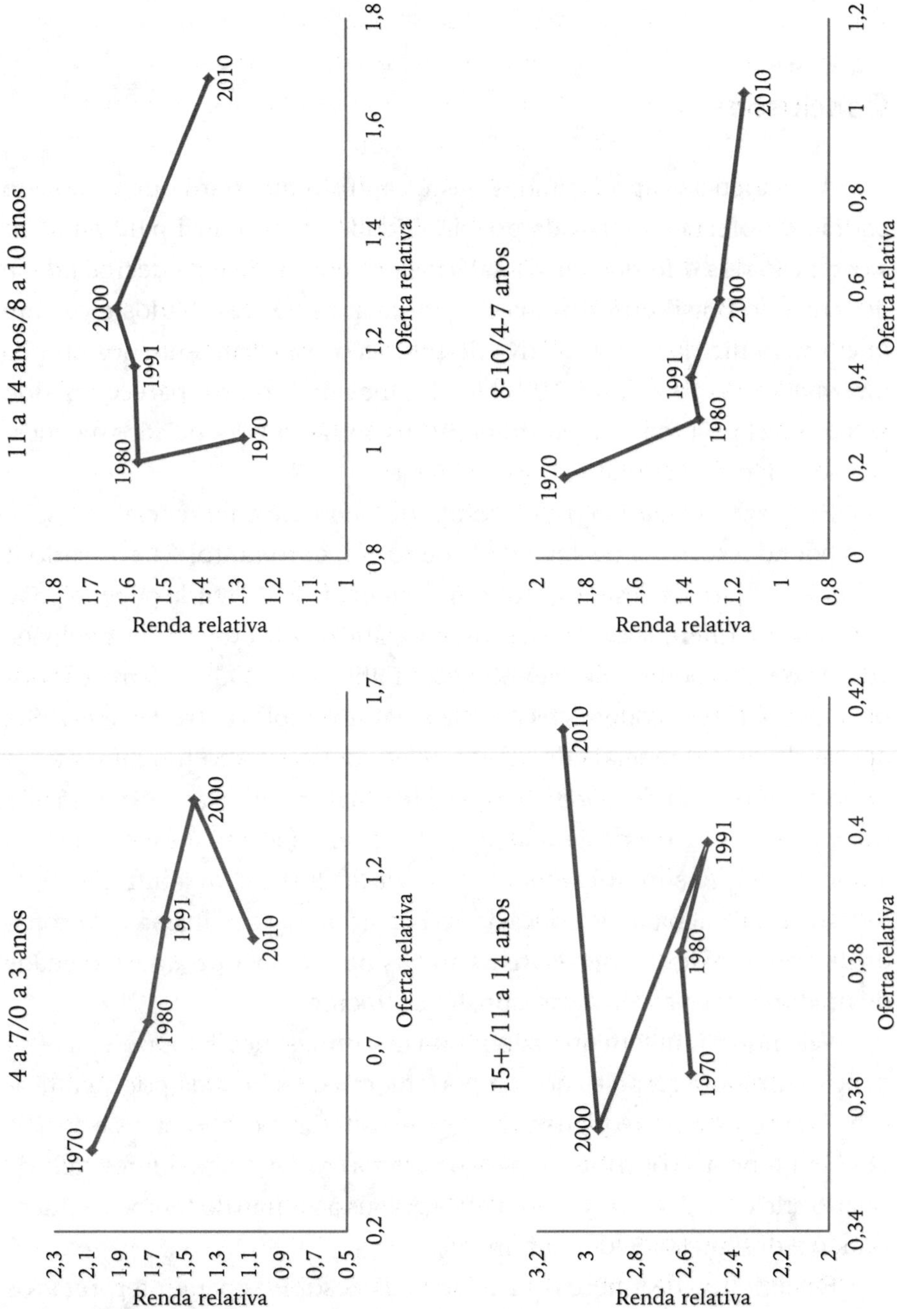

Fonte: IBGE, Censos Demográficos 1970-2010.

parece que há um movimento de crescimento de demanda relativa pelos trabalhadores com ensino superior, entre 2000 e 2010.

Conclusões

As evidências apresentadas neste capítulo mostram que o modelo padrão de oferta e demanda por habilidades parece útil para analisar a evolução dos diferenciais de salários por educação e da desigualdade de renda no Brasil nos últimos cinquenta anos. Os resultados mostram que o aumento da oferta relativa de educação, especialmente nos grupos intermediários (4 a 7, 8 a 10 e 11 a 14 anos de estudo), parece ter sido responsável pela redução dos diferenciais de salários associados à educação ao longo do período.

Para fazer a ligação entre o comportamento dos diferenciais de salários por educação e a desigualdade de renda, entretanto, é necessário ir além dos objetivos deste capítulo. A desigualdade de renda depende não somente dos diferenciais de salários, mas também da própria desigualdade educacional da população (ver Menezes Filho et al., 2007), além de todos os outros fatores econômicos e sociais. Por exemplo, entre 1970 e 1990, apesar de os diferenciais de salário relativos ao ensino fundamental já estarem se reduzindo (Gráfico 5), o diferencial relativo ao ensino médio estava crescendo e a desigualdade educacional (acesso à escola) estava aumentando. Assim, foi somente a partir de 2000, com a inflação estabilizada e a desigualdade educacional começando a declinar, assim como os diferenciais de salário relativos ao ensino médio, que a desigualdade de rendimentos passou a cair substancialmente.

Vale notar também que não foram discutidas, neste capítulo, as evidências diretas a respeito do comportamento da demanda por qualificação. Assim, é bastante plausível que outros fatores econômicos e sociais também tenham contribuído para o comportamento dos diferenciais de salário entre os diversos grupos educacionais ao longo do tempo, influenciando a desigualdade de rendimentos.

Finalmente, há a necessidade de mais pesquisas para interpretar os movimentos da oferta de educação em momentos específicos da nossa história recente, especialmente aqueles em que os diferenciais de salário entre grupos caminharam na mesma direção dos movimentos de oferta relativa. Por exemplo, entre 2000 e 2010, tanto a oferta relativa como os diferenciais salariais associados ao grupo de 4 a 7 anos de estudo declinaram. Isso pode ter ocorrido devido a um aumento da demanda pelo grupo menos qualificado da economia. Como dito anteriormente, esse crescimento pode ter resultado da ampliação do consumo de serviços, setor que emprega intensivamente esse grupo, ou das elevações recentes do salário mínimo, por exemplo.

Entre 1980 e 2000, parece ter havido aumento da demanda por trabalhadores com ensino médio completo. Por fim, no período mais recente, parece ter ocorrido ampliação da demanda por ensino superior no Brasil, talvez associada ao novo tipo de crescimento econômico, cada vez mais baseado em inovações e ideias. Assim, parece haver evidências de polarização no Brasil, com expansão da demanda pelos grupos menos e mais educados da população, e excesso de oferta dos grupos intermediários (Autor; Dorn, 2012).

É necessário, a partir de agora, associar os movimentos de oferta e demanda por educação com as mudanças políticas, institucionais e econômicas nos períodos específicos da economia brasileira, nos últimos cinquenta anos, no sentido de jogar mais luz sobre as importantes mudanças pelas quais a sociedade brasileira passou nas últimas décadas.

Anexo técnico

Assuma que o produto agregado possa ser representado por uma função de produção Cobb-Douglas com retornos constantes de escala e dois fatores de produção: capital e um agregado de fator trabalho. Esse agregado pode ser representado por uma função de produção CES com trabalhadores qualificados e não qualificados:

$$Y = K^{1-\theta}\left(\left[A_1(t)L_1\right]^{\frac{\sigma-1}{\sigma}} + \left[A_2(t)L_2\right]^{\frac{\sigma-1}{\sigma}} \right)^{\frac{\theta\sigma}{\sigma-1}} \quad (1)$$

onde Y é o produto agregado, K é o capital agregado, L_1 é a oferta de trabalho não qualificado, L_2 é a oferta de trabalho qualificado, Ai são os fatores de produtividade, σ é a elasticidade de substituição entre os dois tipos de trabalho e θ é a elasticidade do produto do trabalho agregado.

A partir de (1), as produtividades marginais do trabalho qualificado e não qualificado são:

$$\frac{\partial Y}{\partial L_1} = K^{1-\theta}\frac{\theta\sigma}{\sigma-1}\left([A_1(t)L_1]^{\frac{\sigma-1}{\sigma}} + [A_2(t)L_2]^{\frac{\sigma-1}{\sigma}}\right)^{\frac{\theta\sigma-\sigma+1}{\sigma-1}} \frac{\sigma-1}{\sigma}[A_1(t)L_1]^{\frac{-1}{\sigma}} A_1(t)$$

$$\frac{\partial Y}{\partial L_2} = K^{1-\theta}\frac{\theta\sigma}{\sigma-1}\left([A_1(t)L_1]^{\frac{\sigma-1}{\sigma}} + [A_2(t)L_2]^{\frac{\sigma-1}{\sigma}}\right)^{\frac{\theta\sigma-\sigma+1}{\sigma-1}} \frac{\sigma-1}{\sigma}[A_2(t)L_2]^{\frac{-1}{\sigma}} A_2(t)$$

Se os salários forem iguais às produtividades marginais, os salários relativos serão dados por:

$$\frac{W_2}{W_1} = \left[\frac{A_2(t)}{A_1(t)}\right]^{\frac{\sigma-1}{\sigma}}\left[\frac{L_2}{L_1}\right]^{\frac{-1}{\sigma}}$$

Em logs:

$$\ln\left(\frac{W_2}{W_1}\right) = \frac{\sigma-1}{\sigma}\ln\left[\frac{A_2(t)}{A_1(t)}\right] - \frac{1}{\sigma}\ln\left[\frac{L_2}{L_1}\right]$$

Ou seja:

$$\ln\left(\frac{W_2}{W_1}\right) = \frac{1}{\sigma}[D(t) - \ln\left(\frac{L_2}{L_1}\right)] \qquad (2)$$

A demanda por qualificação será dada por: $D(t) = (\sigma-1)\left(\frac{A_2(t)}{A_1(t)}\right)$

A equação (2) indica que o log dos salários relativos entre os trabalhadores qualificados e não qualificados depende da elasticidade de substituição, da demanda por habilidades e do log da oferta relativa. Assim, se a oferta relativa e os salários relativos moverem-se na mesma direção e a elasticidade de substituição for maior que 1, a demanda relativa tem que estar seguindo essa direção também.

Gráfico A1 – Distribuição da população em idade ativa (PIA), segundo estratos de anos de estudo – Brasil, 1960-2010

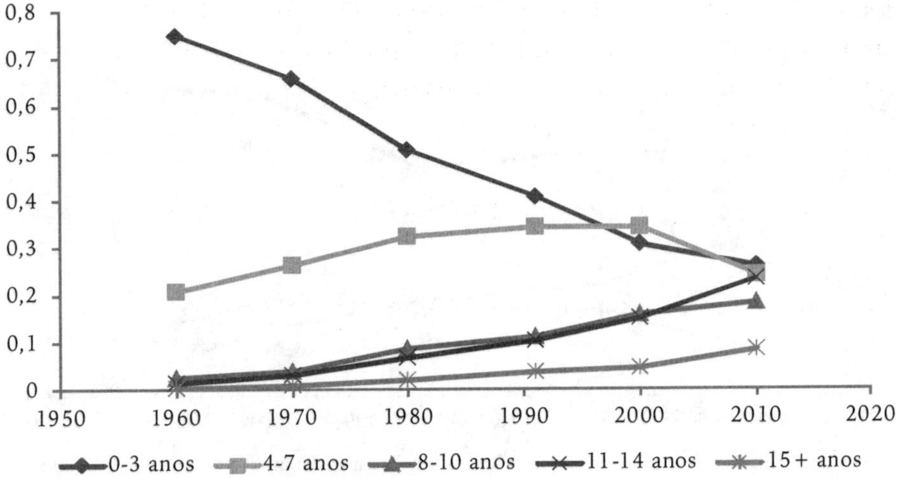

Fonte: IBGE, Censos Demográficos 1960-2010.

Gráfico A2 – Oferta relativa de escolaridade na população em idade ativa (PIA), segundo estratos de anos de estudo – Brasil, 1960-2010

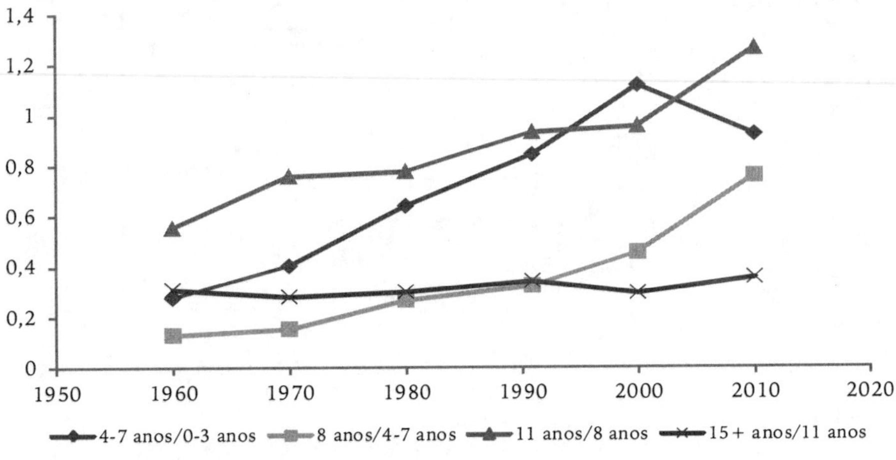

Fonte: IBGE, Censos Demográficos 1960-2010.

Gráfico A3 – Razão entre rendas médias de todas as fontes, segundo estratos de anos de estudo – Brasil, 1970-2010

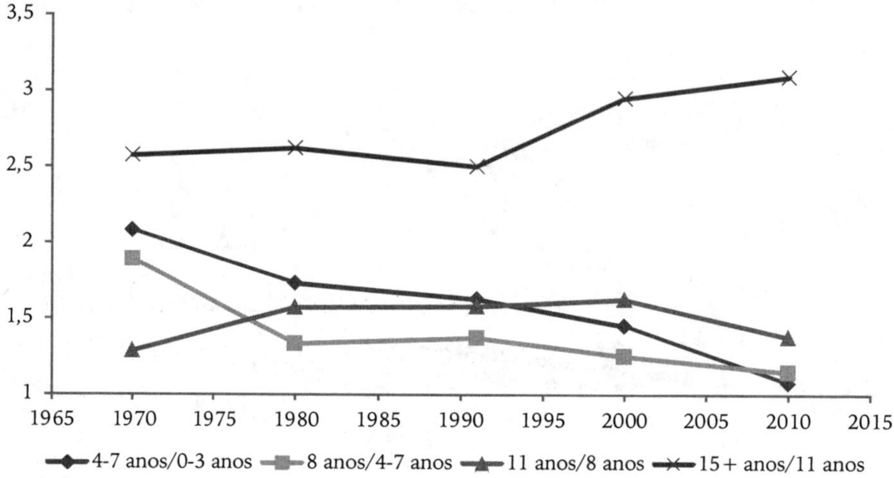

Fonte: IBGE, Censos Demográficos 1960-2010.

5
Estratificação horizontal da educação superior no Brasil (1960 a 2010)

Carlos Antonio Costa Ribeiro[1]
Rogerio Schlegel[2]

Introdução

Em matéria de educação superior, a trajetória do Brasil nos últimos cinquenta anos revela duas tendências claras, com sentidos opostos. De um lado, o acesso à universidade se democratizou, com aumento da participação relativa de mulheres, pretos, pardos e indígenas; de outro, essa inclusão não representou acesso igual a todas as carreiras universitárias, mas foi mais intensa em áreas menos valorizadas pelo mercado de trabalho.

O resultado em termos de remuneração foi desigual: as mulheres com diploma universitário ainda ganham menos, porém diminuiu a distância salarial que as separava dos homens. Já a desvantagem relacionada a cor/raça oscilou, mas não se alterou significativamente. Quando conseguem completar o ensino superior, pretos, pardos e indígenas continuam com remuneração inferior à de brancos e amarelos com o mesmo nível de escolaridade.

1 Professor de Sociologia da UERJ.
2 Professor de Ciência Política da Unifesp.

Os Censos também revelam para o Brasil um padrão próximo ao dos Estados Unidos na estratificação das carreiras. As áreas de educação, humanidades e saúde – com Medicina como um caso à parte – têm maior concentração de mulheres, enquanto as carreiras relacionadas a negócios, engenharia e tecnologia atraem mais homens. O segundo grupo tem rendimentos médios superiores ao primeiro. Em termos de raça, há maior concentração de pardos e pretos em carreiras de Humanidades e Ciências Sociais aplicadas, com destaque para Religião.

Os dados censitários representam uma oportunidade única para entender mudanças e continuidades no ensino superior brasileiro no longo prazo. Desde 1960 os questionários da amostra do Censo identificam a carreira escolhida por aqueles que completaram a educação superior. Trata-se de um instrumento poderoso para avaliar, sobretudo, a chamada estratificação horizontal – hierarquização existente dentro de um mesmo nível educacional –, termo que se opõe à ideia de estratificação vertical, que se refere às chances desiguais de os indivíduos progredirem no sistema educacional. Este capítulo dedica-se ao estudo da estratificação horizontal dentro do próprio ensino superior.

Em geral, estudos sobre o caso brasileiro contrastam o superior com outros níveis de ensino, sem atentarem para as relevantes diferenças existentes dentro da própria formação universitária. São observados os diferenciais em termos verticais, comparando superior, médio e fundamental ou tomando os anos de estudo como variável de escolaridade. Considerar apenas os diferenciais entre os níveis de estudo pode levar a atribuir ao mercado de trabalho diferenças de remuneração que podem ser explicadas pelo sistema educacional, como será discutido adiante.

A estratificação horizontal não só é relevante, como também possui múltiplas dimensões. No Brasil, um marcador decisivo é o tipo de instituição de ensino superior frequentada – se privada ou pública e, neste segundo caso, se mantida pelo governo federal ou por outras esferas de governo. Entre as privadas, há escolas diferenciadas pela sua reputação ou pela qualidade do ensino oferecido. Na literatura internacional, outros fatores são explorados, como o período do curso (se meio período ou integral) e a existência de pesquisa e pós-graduação associadas à graduação.

Com os dados dos Censos é possível observar a estratificação horizontal em termos de carreiras universitárias e entender como sexo e cor/raça estão associados a diferentes carreiras e remunerações.

Na próxima seção, são discutidos os mecanismos por trás da estratificação e as teorias para desvendá-los. Em seguida, descrevem-se os dados dos Censos envolvidos na análise. Posteriormente, são apresentadas as análises sobre participação nas carreiras e aborda-se a renda associada a elas. Breve conclusão fecha o capítulo.

Como entender a estratificação horizontal?

A educação é o fator isolado que mais determina as oportunidades no mercado de trabalho, tendo papel decisivo na estratificação entre as pessoas. O acesso à educação não se dá de forma uniforme para os diferentes segmentos sociais. Indivíduos privilegiados por sua origem têm mais chances de estudar por tempo mais longo, em instituições de melhor qualidade e na companhia de pessoas igualmente privilegiadas, apenas para citar alguns fatores que podem influenciar o sucesso no mundo do trabalho.

Tradicionalmente, quando se analisa a desigualdade na distribuição da escolaridade, a observação recai sobre a estratificação vertical. Por exemplo, como indivíduos com diferentes características pessoais enfrentam e superam (ou não) as diversas transições dentro do sistema educacional, ou como características relacionadas à origem das pessoas impactam os anos de estudo que conseguem completar.

Observar a estratificação horizontal no ensino superior brasileiro ganha importância também por conta dos avanços em equalização vertical verificados nas últimas décadas, em grande medida por conta da expansão do sistema de ensino superior. A hipótese da "desigualdade efetivamente mantida" (*effectively maintained inequality*) prevê que a desigualdade horizontal tende a aumentar quando a desigualdade vertical diminui (Lucas, 2001, p.1652), porque os privilegiados do ponto de vista socioeconômico seriam tentados a assegurar para si e seus filhos, sempre que possível, alguma vantagem. Se as diferenças quantitativas são comuns, essas pessoas perseguiriam vantagens quantitativas; quando elas deixam de existir, passariam a visar vantagens qualitativas. Em termos educacionais, o mecanismo significaria que, quando o acesso a dado nível de escolaridade não está universalizado, os privilegiados usariam sua posição para assegurar sua aquisição. Quando, no entanto, certo nível escolar se aproxima da universalização, a estratégia seria procurar garantir o acesso a diferenças qualitativas.[3]

Estudos de Karen (1991, 2002) sugerem que os fatores ligados à origem perderam importância na determinação do acesso a universidades norte-americanas de elite nos anos 1970, mas a tendência foi neutralizada nas décadas posteriores em relação a negros e estudantes mais carentes. Em análise comparativa com doze países, Charles e Bradley (2002) constataram que a desigualdade vertical e a horizontal têm dinâmicas próprias e podem estar positiva ou negativamente associadas. Ou seja, a democratização do acesso ao ensino superior nem sempre é acompanhada por maior diferenciação entre as carreiras. O caso brasileiro permitirá incorporar evidências para a discussão dessa hipótese.

Diferenças nas carreiras universitárias

A análise busca fundamentalmente entender de que forma características como sexo e cor/raça impactam a colocação das pessoas no mercado de trabalho, mediadas pela escolha da carreira universitária.

Tradicionalmente, as mulheres concentravam-se nas áreas de educação, humanidades, artes e saúde, enquanto os homens, em engenharia, matemática, negócios e ciências (física, química e biologia). Esse é um padrão verificado em estudos anteriores no Brasil e que reproduzia a estratificação norte-americana. Nos Estados Unidos, recentemente, as mulheres avançaram de maneira destacada nas áreas de negócios, matemática e ciências. Elas já estão sobrerrepresentadas em ciências biológicas e

3 Esses seriam os caminhos predominantes; como observa o próprio Lucas (2001, p.1652), nada impede que os diferenciais qualitativos sejam perseguidos mesmo quando não há universalização.

ciências sociais – com exceção de Economia –, mas continuam bem atrás em termos de participação nos cursos universitários em Física, Engenharia e Ciências da Computação (Gerber; Cheung, 2008).

Por que as mulheres escolhem com mais intensidade e relativa estabilidade no tempo determinados campos na universidade? A pesquisa da área está longe de explicações inequívocas. Há hipóteses que apontam para os valores divergentes que a socialização semeia nos futuros profissionais. Os jovens do sexo masculino dariam ênfase ao sucesso econômico e ao prestígio na definição de seu trabalho ideal, enquanto para as jovens seriam mais importantes as oportunidades sociais e altruísticas oferecidas pela profissão (Fiorentine, 1987; Marini et al., 1996; Jonsson, 1999; Van de Werfhorst; Kraaykamp, 2001; Daymont; Andrisani, 1984).

As supostas diferenças em habilidades existentes entre os gêneros é outra explicação aventada. O argumento considera que o mercado de trabalho costuma remunerar melhor as habilidades matemáticas do que outras competências. Estudos mostraram que, em muitos países, os homens têm desempenho melhor do que as mulheres em testes envolvendo pensamento matemático em diferentes pontos do percurso educacional. No entanto, há muita variação entre as nações na magnitude dessas diferenças, que não se repetem em todos os países e têm declinado nas últimas décadas (Baker; Jones, 1993; Xie; Shauman, 2003).[4]

Tem sido registrada tendência de diminuição gradativa das assimetrias entre homens e mulheres em matéria de escolha de carreira universitária em diferentes tipos de sociedade (Bradley, 2000; Charles; Bradley, 2002; Ayalon, 2003). O número de mulheres estudando Ciências ou Engenharia cresceu em um terço entre 1972 e 1992 em escala global (Ramirez; Wotipka, 2001). No mundo, a diferença salarial entre homens e mulheres caiu entre as décadas de 1960 e 1980 (Gunderson, 1989, p.47). No Reino Unido, a remuneração das mulheres aumentou de 61% da recebida pelos homens em 1960 para 75% em 1980, ao mesmo tempo que

4 A diferença de gênero em habilidades matemáticas é menor em países em que há mais igualdade de oportunidades para homens e mulheres. Numa revisão da pesquisa da área, Gerber e Cheung (2008, p.312) concluíram que não há clareza sobre quais os mecanismos decisivos para que essas diferenças emerjam tão cedo na vida dos universitários, e mais pesquisas são necessárias nessa frente.

sua participação na força de trabalho cresceu de 29,5% para 55,4%. Na Suécia, o rendimento médio feminino passou de 72% do masculino para 90%. Mas esse não é um processo inexorável, como mostra o exemplo dos Estados Unidos. Em 1980, as americanas ganhavam 66% da média masculina, o mesmo percentual de duas décadas antes.

Raça é uma característica muito menos explorada nos estudos sobre a estratificação causada pelas carreiras universitárias, não só no Brasil, mas também em nível internacional (Gerber; Cheung, 2008, p.308). São mais raras as pesquisas sobre como cor/raça afetam a escolha do curso universitário, e elas se concentram nos Estados Unidos – por isso mesmo, um país privilegiado nas comparações deste capítulo.

No Brasil, as diferenças de participação no ensino superior e a concentração em diferentes áreas, segundo cor/raça, costumam ser interpretadas em linha com estudos sobre dominação, a exemplo de Bourdieu (1999) e Bourdieu e Passeron (1992). Assim como as mulheres, os negros seriam estigmatizados e portadores de um "coeficiente simbólico negativo" que seria aplicado a tudo que fazem.

Os grupos de cor/raça menos privilegiados têm um padrão de escolha de carreira universitária com muitas semelhanças com o das mulheres. A principal hipótese para explicar isso seria o *status* e o valor de mercado mais baixo para as profissões femininas. Diante das dificuldades de acesso ao ensino superior, os grupos sociais menos privilegiados optariam por carreiras de menor prestígio e menos masculinas. No passado, a seleção representada pelo vestibular mantinha fora do ensino superior quem desafiasse essa lógica; hoje, é possível pensar que a proliferação de instituições privadas de ensino superior que se concentram em cursos de baixo custo esteja entre os mecanismos que explicam essa estratificação horizontal.

A estratificação verificada no curso universitário naturalmente tem impacto em termos salariais. De forma geral, carreiras ligadas à engenharia oferecem os retornos mais elevados, e aquelas relacionadas à educação proporcionam as piores remunerações. A área de negócios e economia tende a oferecer rendimento acima da média, enquanto a de humanidades, abaixo da média.

Uma questão é saber que mecanismo explicaria essas diferenças na remuneração. Uma hipótese pode envolver o fato de serem carreiras que concentram mais homens (ou mulheres, no caso das áreas mal remuneradas). Pela teoria do capital humano, as competências associadas às diferentes carreiras representariam tipos diferentes de capital, sendo que os retornos para dada carreira dependeriam do tipo que está associado a ela. Paglin e Rufolo (1990) argumentam que o capital humano relacionado às competências matemáticas é mais escasso que aquele referente à habilidade verbal e, por isso, é mais bem remunerado. Grogger e Eide (1995) encontraram sinais de que as carreiras mais especializadas (ligadas a engenharia e negócios, por exemplo) têm maiores recompensas no mercado de trabalho do que as menos especializadas (como as da área de educação). Van de Werfhorst (2002) sugeriu quatro diferentes dimensões para as capacidades individuais: cultural, econômica, comunicativa e técnica, sendo que cada carreira demandaria combinações diferentes dessas capacidades e aquelas mais ligadas à economia teriam maiores retornos econômicos, por exemplo.

A desigualdade no ensino superior nos últimos cinquenta anos

O país viveu um claro avanço na participação de mulheres, pretos, pardos e indígenas em diferentes níveis do sistema de ensino. No início dos anos 2000, pretos e pardos saíam do sistema educacional com, em média, 1,5 ano de educação a menos que os brancos, ganhavam apenas 53% do que estes últimos recebiam e tinham o dobro da chance de viverem na pobreza. A maior parte da desvantagem em rendimentos é atribuída às diferenças na escolaridade (Hasenbalg, 1979; Soares, 2000; Campante; Crespo; Leite, 2004; Reis; Crespo, 2005).

Embora o crescimento da participação de pardos, pretos e indígenas seja um fenômeno bastante relevante, não há dúvidas de que a maior mudança observada nos últimos cinquenta anos é a enorme expansão da participação das mulheres no ensino superior. Isso está diretamente ligado à expansão do ensino nos níveis anteriores, mas também à crescente participação das mulheres no mercado de trabalho e a uma enorme mudança de seu papel na sociedade brasileira contemporânea. Embora o aumento da participação feminina seja um fato incontestável, ainda há muita estratificação horizontal, como será visto.

Analisando dados dos Censos de 1960 a 2000, Beltrão e Teixeira (2004) concluíram que a concentração de pretos e pardos nos cursos universitários segue a ordem de participação feminina. Nas carreiras femininas, a maior inserção relativa de pretos e pardos apareceu em Enfermagem, Geografia e História. Entre os cursos masculinos que podem ser considerados exceção pela grande proporção de pretos e pardos, destacam-se a carreira militar e a teologia – áreas que não se enquadram na cadeia produtiva capitalista *stricto sensu*, como observam os autores.

Outra peça fundamental no entendimento do caso brasileiro é a forma como o ensino superior tem se ampliado nos últimos anos. Algumas formações específicas, como Enfermagem, Administração de Empresas, Turismo, Farmácia, Marketing e Terapia e Reabilitação, tiveram grande aumento na proporção de formados. Em geral, são campos em que o custo relativamente baixo de formar um novo profissional estimula a criação de novos cursos, sobretudo entre instituições privadas. Nessas áreas, os salários médios tiveram queda pronunciada. Outras carreiras registraram elevação dos salários, acompanhando o decréscimo na participação entre os formados, a exemplo de Medicina, Arquitetura, Engenharias, Economia e Ciências Sociais (Menezes Filho, 2012).

Políticas públicas voltadas para a inclusão podem ter desempenhado papel especial na década passada. Desde 2005, o Programa Universidade para Todos (ProUni) concede bolsa no ensino superior privado em troca de isenção de tributos para as instituições. Pode se candidatar quem fez o ensino médio na rede pública ou na particular como bolsista integral e tem renda familiar inferior a três salários mínimos *per capita*. Há cota específica para indígenas, pardos e pretos, mas na prática sobram bolsas e as cotas não precisam ser aplicadas. No primeiro ano de funcionamento, a iniciativa ofertou 112,3 mil bolsas. Houve crescimento sustentado até 2009, quando o número de bolsas foi de 247,6 mil, seguido de oscilações. Em 2012, foram 284,6 mil bolsas (Brasil, 2009 e 2013).

Também a partir de meados da década de 2000 passaram a ser ampliadas as ações afirmativas no ensino superior. Em 2010, 51.494 estudantes entraram em vagas reservadas para públicos específicos. Quase dois terços dessas vagas beneficiaram alunos de escolas públicas, e 27% foram reservadas com critério étnico. Popularizou-se o sistema de bônus. Enquanto as cotas reservam percentual fixo de vagas para dados segmentos, o bônus adiciona pontos extras à nota do vestibular do aluno que se enquadre em determinado grupo, de forma que a proporção de beneficiados possa variar a cada ano de acordo com o mérito (Brasil, 2011).

Dados e carreiras

As análises se concentram nas variáveis dos Censos relativas a escolaridade, sexo, cor/raça e rendimentos. Os dados representam um estoque de informações diferenciado para análise da estratificação do ensino superior, mas com restrições importantes.

Os Censos analisados trabalham com quatro categorias principais de cor/raça: brancos, pretos, amarelos e pardos. De 1960 a 1980, os Censos identificavam os indígenas como pardos. Só a partir de 1991 a população indígena passou a ser identificada em categoria específica. O Censo de 1970 não trouxe uma variável relativa à cor/raça dos brasileiros. Em todos os Censos, os dados sobre cor/raça só são captados em relação à amostra, não fazendo parte do questionário básico aplicado a toda a população. Neste capítulo, distinguem-se pretos de pardos, em vez de reunir os dois grupos na categoria negros. Como será visto adiante, a distinção mostrou-se justificada em termos analíticos.

Desde os anos 1960, as mulheres vêm aumentando sua participação entre os formados, com avanço mais acelerado na década de 1970, tendo ultrapassado os homens no Censo de 1991 e atualmente com larga vantagem (Gráfico 1). Dados sobre a população geral também confirmam essa tendência: em 1960, apenas 0,14% das mulheres tinha diploma universitário, passando para 9,4% no Censo mais recente, contra 7,2% entre os homens.

Em termos de cor/raça, há dois grupos bem marcados: brancos e amarelos de um lado, com maior proporção de formados; e pretos, pardos e indígenas de outro. Apesar da tendência de redução, as diferenças seguem pronunciadas. No Censo de 2010, 12,8% dos brancos e 14,4%

dos amarelos concluíram o ensino superior, contra 4% dos pretos e pardos e 2,7% dos indígenas.

A participação dos brancos entre os formados diminuiu, mas eles seguem sobrerrepresentados. Em 1960, o grupo reunia 95% dos que tinham superior completo; hoje, três em cada quatro diplomados são brancos (Gráfico 1), apesar de sua participação na população total não passar de 47,5%. Os pardos são o segmento que mais avançou, passando de 3,6% para 20,8% dos formados, mas na população eles representam 43,4%. Menos de 1% dos diplomados eram pretos até 1991; hoje, eles são quase 4% dos que têm curso superior e 7,5% da população.

No quesito escolaridade, todos os Censos trazem informações sobre a educação pós-secundária completada pelos integrantes da amostra, embora com limitações. Nos Censos de 1980 a 2000, só houve informação sobre a carreira no curso superior concluído pelas pessoas que não estavam estudando – ficou de fora quem frequentava mestrado, doutorado ou uma segunda graduação. Nesses Censos e no de 2010, foi questionado o tipo de

Gráfico 1 – Distribuição da população com formação em curso superior, por cor/raça e sexo (em %) – Brasil, 1960-2010

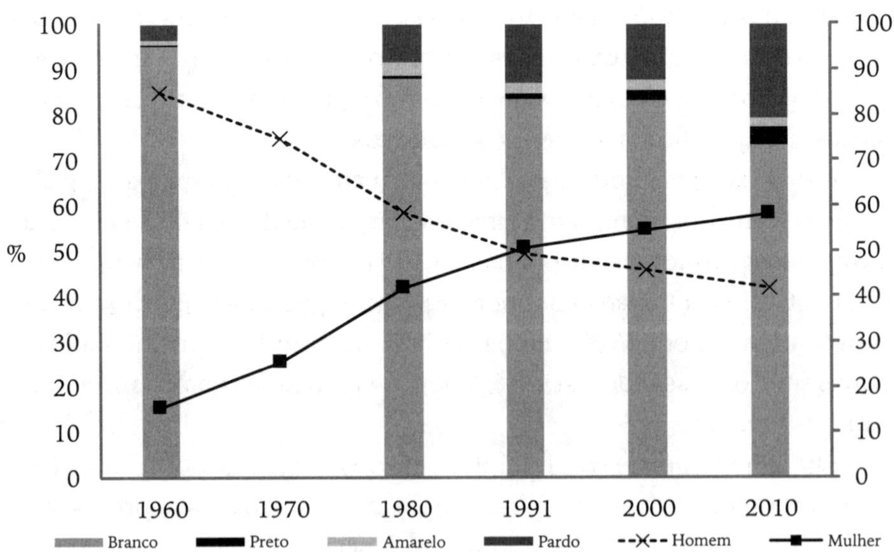

Fonte: IBGE, Censos Demográficos 1960-2010. Tabulações especiais do CEM.

curso do último nível concluído; para quem fez mestrado ou doutorado, a carreira escolhida na graduação só pode ser atribuída por aproximação, a partir da área de pós-graduação declarada, o que se mostrou aceitável diante da grande convergência detectada quando há informação sobre a graduação e a pós-graduação.

Acompanhando o aumento da complexidade do ensino superior brasileiro, o número de carreiras foi ampliado ao longo dos Censos: em 1960, havia 29 carreiras e a categoria "outros"; em 1970, 28 carreiras e a categoria "outros"; em 1980, 40 carreiras; para 1991, 42 áreas e uma categoria "outros cursos superiores"; para 2000, 45 cursos mais as categorias "outros cursos de graduação" e "outros cursos de mestrado e doutorado"; em 2010, são 89, além da categoria "não sabe/não especificado".

Diante da diversificação crescente, optou-se por trabalhar com dois subgrupos de carreiras típicas – aquelas que demonstram maior continuidade ao longo dos Censos e concentram proporção substancial de formados: um com 16 carreiras, para o período todo (1960-2010), nas análises envolvendo gênero; e outro com 25 carreiras, para 1980 a 2010, para os testes relacionados a cor/raça (Quadro 1). A participação dos formados nas 16 carreiras variou de 94,5%, em 1960, a 38,2%, em 2010; e nas 25 carreiras, de 94,5% a 83%.[5]

Em praticamente todas as carreiras, a participação das mulheres entre os formados cresceu ao longo desses cinquenta anos (Gráfico 2), inclusive em campos que ainda são marcadamente masculinos, como as Engenharias e a Religião. Letras é a área mais feminina, com menos de um quinto de homens nos últimos três Censos. Merecem destaque três carreiras que já foram masculinas e hoje têm maioria feminina: Farmácia/Bioquímica, Arquitetura e Odontologia.

Poucas áreas fogem claramente ao padrão geral de feminização. Em Biologia, a participação das mulheres tem oscilado – em 2010, foi menor do que no Censo anterior, por exemplo. Belas Artes e História/Geografia tiveram o pico de proporção feminina em 1991, declinando desde então. Mas todos esses cursos continuam com mais mulheres formadas do que homens.

5 Ver Tabela A1 nos "Anexos Metodológicos e Estatísticos", disponíveis em: <http://www.centrodametropole.org.br/trajetorias>.

Quadro 1
Carreiras universitárias analisadas

1	Medicina
2	Arquitetura
3	Odontologia
4	Direito
5	Engenharias
6	Economia
7	Militar superior
8	Farmácia ou Bioquímica
9	Veterinária
10	Agronomia
11	Geografia ou História
12	Matemática, Física, Química ou Estatística
13	Religião e Eclesiástico
14	Belas Artes
15	Letras
16	Biologia ou História Natural
17	Educação Física
18	Enfermagem
19	Administração
20	Pedagogia
21	Psicologia
22	Filosofia
23	Ciências Sociais
24	Contabilidade ou Atuárias
25	Serviço Social

(1–16) 16 carreiras para análise de 1960 a 2010

(1–25) 25 carreiras para análise de 1980 a 2010

Fonte: IBGE, Censos Demográficos 1960-2010.

No Gráfico 3, as 25 carreiras empregadas nas análises envolvendo cor/raça aparecem ordenadas pela proporção de brancos – da menor para a maior – verificada no Censo mais recente. Num extremo, está Religião, com 54,8% de brancos, 37,2% de pardos, 1,6% de amarelos e 6,5% de pretos. No outro, Arquitetura, que tem 85,5% de brancos, 10% de pardos, 3,4% de amarelos e 1,3% de pretos. Para maior rigor na comparação com o Censo de 1980, e devido à sua reduzida proporção, optou-se por agregar os indígenas com os pardos nos Censos a partir de 1991.

Gráfico 2 – Participação das mulheres entre os formados em 16 cursos superiores – Brasil, 1960-2010

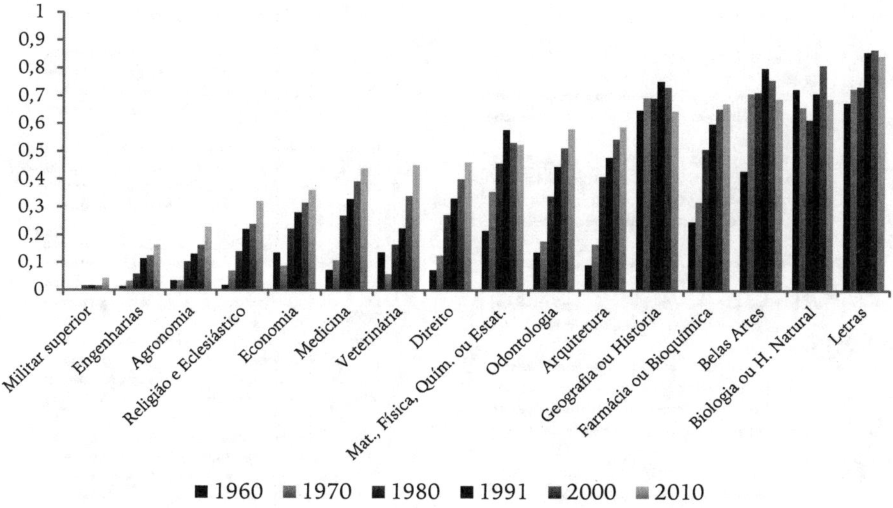

Fonte: IBGE, Censos Demográficos 1960-2010. Tabulações especiais do CEM.

O padrão predominante é de aumento da diversificação, com os brancos cedendo espaço a outras raças/cores entre 1980 e 2010. Medicina é a única área que destoa das demais carreiras, por ter mantido a proporção de brancos entre 2000 e o último Censo.

É fundamental observar que a inclusão de segmentos antes excluídos tendeu a se concentrar em áreas que tiveram grande crescimento de formados no período.[6] Ciências da Educação (Pedagogia), por exemplo, foi a área que mais cresceu em termos proporcionais entre 1980 e 2010: passou de 7,2% do total de formados para 19,5%. Na área, a proporção de pardos aumentou quase três vezes, e a de pretos, quase sete vezes.

Só outras três carreiras elevaram sua participação no total de formados: Enfermagem, Contabilidade e Administração (esta, com quase 6% de crescimento). Sintomaticamente, em Administração, a proporção de pardos aumentou duas vezes, e a de pretos, quase cinco vezes. Em Contabilidade, o crescimento foi de uma vez para os pardos e quase quatro

6 Ver Tabela A2 dos "Anexos Metodológicos e Estatísticos", disponíveis em: <http://www.centrodametropole.org.br/trajetorias>, sobre razões de chance das carreiras em relação à Odontologia.

Gráfico 3 – Distribuição dos formados em 25 cursos superiores, segundo cor/raça – Brasil, 1980-2010

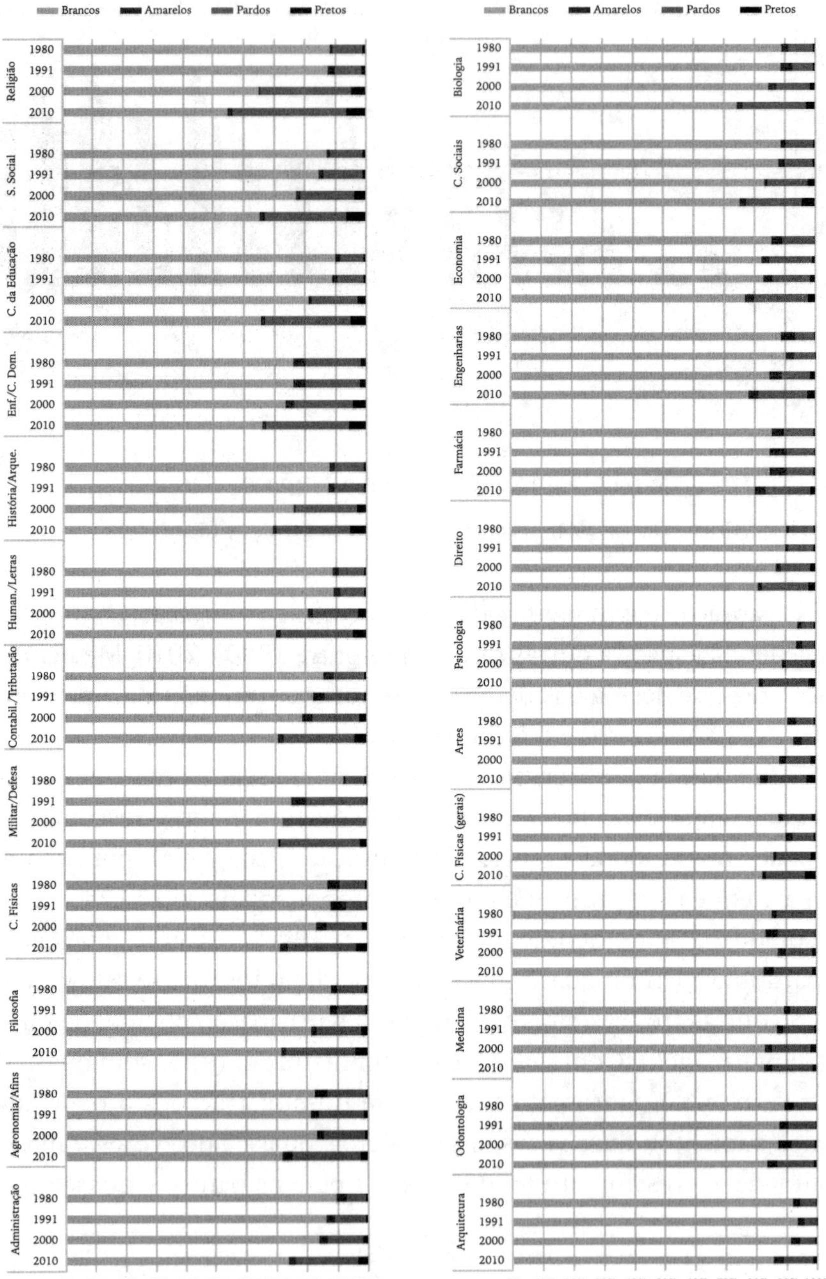

Fonte: IBGE, Censos Demográficos 1980-2010. Tabulações especiais do CEM.

vezes para os negros. Todas as demais carreiras experimentaram estabilidade ou redução na proporção de formados no total, com destaque para áreas tradicionais como Medicina (de 9,6% para 2,6%) e Direito (de 14,9% para 10%).

Carreiras universitárias, sexo e cor/raça

No Gráfico 2, observa-se forte aumento da participação feminina em diversas carreiras universitárias entre 1960 e 2010. Já o Gráfico 3 mostra crescimento menos acentuado da participação de pretos e pardos nas carreiras universitárias entre 1980 e 2010. Para complementar a análise da estratificação, foram utilizados modelos log-lineares que estimam a força da associação entre sexo e carreiras universitárias e cor/raça e carreiras universitárias.

Nesses modelos, a força da associação é obtida pelas razões de chance. Por exemplo, se as chances de homens terem concluído Medicina em vez de Letras forem vinte vezes superiores às de mulheres e diminuírem para cinco num período posterior, pode-se dizer que houve diminuição da desigualdade entre sexos na obtenção do diploma de Medicina quando comparado ao de Letras. Trabalhar com as razões de chance possibilita fixar uma carreira de referência e obter resultados que consideram a proporção de formados nela por sexo, como se depreende da seguinte expressão:

$$RC_{HM/ML} = \frac{(HM \div HL)}{(MM \div ML)}$$

Sendo que HM = Homens formados em Medicina, HL = Homens formados em Letras, MM = Mulheres formadas em Medicina e ML = Mulheres formadas em Letras.

Além disso, os modelos fornecem uma medida da associação estatística entre sexo ou cor/raça e carreiras universitárias que independe do tamanho de cada carreira. Quanto mais forte for a associação, maior a desigualdade de sexo ou raça, e vice-versa. Foram estimados dois modelos: o primeiro (associação constante) testa a hipótese de que a associação entre sexo ou raça e carreiras permaneceu constante ao longo dos anos; e o segundo (log multiplicativo ou de mudança uniforme) testa a hipótese de que houve mudança na força da associação entre sexo ou raça e carreiras no período, além de fornecer um parâmetro medindo a mudança nessa força da associação.

Mais especificamente, esses modelos foram ajustados às duas tabelas obtidas a partir das 16 e das 25 carreiras. O ajuste dos dois modelos a cada tabela foi avaliado usando a estatística L^2, que se distribui como X^2, e a estatística Bic, que é uma medida bayesiana que considera o tamanho das amostras e cujo valor mais negativo expressa melhor ajuste do modelo aos dados. Usando essas medidas, selecionou-se o modelo que melhor se ajusta a cada uma das duas tabelas para interpretar as tendências nas desigualdades de sexo e raça entre as carreiras – uma maneira formal de avaliar a estratificação horizontal por sexo e raça entre as carreiras universitárias entre 1960 e 2010.

Sexo e carreiras

Para analisar a mudança na força da associação entre sexo e carreiras de 1960 a 2010, ajustaram-se os dois modelos à primeira tabela mencionada. Nesse caso, o modelo testando a hipótese de mudança ao longo dos anos se ajusta melhor (L^2= 89,9; g.l.=71; Bic=-609) do que o de associação constante (L^2= 167,1; g.l.=74; Bic=-561). Ou seja, houve diminuição significativa da desigualdade de sexo na conclusão das 16 carreiras universitárias, entre 1960 e 2010.

Essa mudança deve-se, principalmente, à expansão do acesso das mulheres ao ensino universitário no Brasil durante o período analisado. Aqui, a estratégia de pesquisa mostra suas vantagens: a proporção de mulheres diplomadas cresceu ao longo dos cinquenta anos analisados, mas os modelos revelam que a diminuição das desigualdades entre gêneros se deu apenas entre 1960 e 1980 e de 2000 a 2010, mantendo-se constante entre 1980 e 2000. Essa redução na associação entre sexo e carreiras é resumida pelo parâmetro "unidiff" (Gráfico 4), fator que multiplica todas as razões de chance em cada ano analisado. O parâmetro é fixado em 1 para o primeiro ano (1960) e pode variar para cima ou para baixo de acordo com os dados analisados. No presente caso, o parâmetro "unidiff" diminuiu de 1 para 0,7 entre 1960 e 1980, e de 0,7 para menos de 0,6 entre 1980 e 2010. Como esse parâmetro está em escala logarítmica, a redução foi realmente de vulto.

Gráfico 4 – Mudança na força da associação entre sexo em 16 carreiras Brasil, 1960-2010

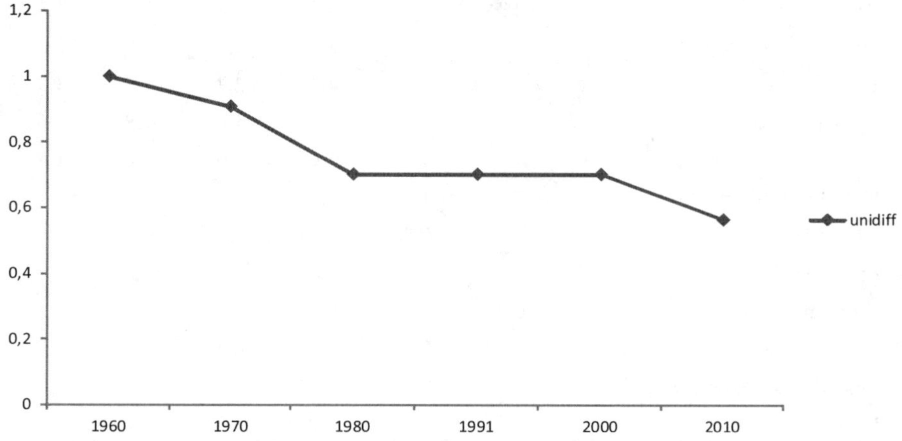

Fonte: IBGE, Censos Demográficos 1960 -2010. Tabulações especiais do CEM.

Para verificar o tamanho dessa diminuição da desigualdade, é conveniente avaliar a mudança nas razões de chance entre 1960 e 2010. Na Tabela 1 são comparadas as chances de homens e mulheres estarem em Medicina (a carreira de referência) em relação aos demais cursos em cada ano analisado. A mudança nas razões de chance segue o padrão indicado pelo coeficiente "unidiff". Por exemplo, em 1960 os homens tinham 26 vezes mais chances do que as mulheres de terem um diploma de Medicina em vez de Farmácia; em 2010, esse número diminuiu para 6,3 vezes.

Reduções na mesma direção, porém em graus distintos, sempre na comparação com Medicina, ocorreram para: Militar de nível superior, Direito, Veterinária, Biologia, Engenharias, Agronomia, Geografia ou História e Matemática-Física-Química-Estatística. A maior parte dessas carreiras, embora continuem de mais fácil acesso para os homens, tornaram-se gradualmente mais abertas às mulheres.

Tabela 1 – Razões de chance de homens, em comparação às mulheres, terem cursado Medicina, em relação às demais carreiras
Brasil, 1960-2010

Carreiras	1960	1970	1980	1991	2000	2010
Medicina (categoria de base)						
Farmácia ou Bioquímica	26,2	19,3	9,8	9,8	9,8	6,3
Militar Superior	14,9	11,6	6,6	6,6	6,6	4,6
Direito	13,1	10,3	6,1	6,1	6,1	4,3
Veterinária	12,3	9,7	5,8	5,8	5,8	4,1
Biologia ou História Natural	4,2	3,7	2,7	2,7	2,7	2,2
Engenharias	3,1	2,8	2,2	2,2	2,2	1,9
Agronomia	2,3	2,1	1,8	1,8	1,8	1,6
Geografia ou História	1,9	1,8	1,6	1,6	1,6	1,4
Mat., Física, Quím. ou Estat.	1,1	1,1	1,1	1,1	1,1	1,1
Arquitetura	0,8	0,8	0,9	0,9	0,9	0,9
Belas Artes	0,8	0,8	0,8	0,8	0,8	0,9
Economia	0,4	0,5	0,5	0,5	0,5	0,6
Odontologia	0,2	0,2	0,3	0,3	0,3	0,4
Religião e Eclesiástico	0,1	0,2	0,2	0,2	0,2	0,3
Letras	0	0	0	0	0	0,1

Fonte: IBGE, Censos Demográficos 1960-2010. Tabulações especiais do CEM.

Outras carreiras continuaram sendo nichos mais femininos, embora também tenha havido equalização à medida que se tornaram mais abertas aos homens. Por exemplo, em 1960 as mulheres tinham 112,7 (1/0,009) vezes mais chances de ter um diploma de Letras em vez de Medicina do que os homens, passando para 14,4 (1/0,069) vezes em 2010. Diminuições na vantagem relativa das mulheres e aumento da participação dos homens também ocorreram para as seguintes carreiras, comparadas a Medicina: Arquitetura, Belas Artes, Economia, Odontologia e Religião.

Os resultados apresentados até aqui revelam que houve um processo considerável de equalização entre homens e mulheres na conclusão das diversas carreiras universitárias entre 1960 e 2010. Ainda há carreiras que são claramente femininas (Letras, Biologia, Belas Artes, Geografia e História), outras que deixaram de ser masculinas para se tornarem femininas (Arquitetura, Odontologia e Matemática-Física-Estatística-Química) e outras que, apesar do grande aumento da participação feminina entre 1960 e 2010, continuam predominantemente masculinas (Direito, Veterinária, Medicina, Economia, Religião, Agronomia, Engenharias e Militar de nível superior).

Raça e carreiras

No Gráfico 3, observa-se aumento percentual de pretos e pardos na maioria das carreiras universitárias entre 1980 e 2010. Mas será que esse crescimento pode ser entendido como diminuição das desigualdades raciais na conclusão dos cursos universitários? Para responder a essa pergunta, foram empregados novamente os modelos log-lineares, testando as hipóteses de continuidade ou mudança na associação entre raça e carreiras.

Nesse caso, foi o modelo de associação constante, hipotetizando continuidade ao longo dos anos na associação entre raça e carreiras, que se ajustou melhor aos dados (L^2 = 1018; g.l. = 216; Bic = -1471) do que o de mudanças ao longo dos anos (L^2 = 1001; g.l. = 213; Bic = -1453). Isso significa que as razões de chance não são estatisticamente diferentes em 1980, 1991, 2000 e 2010, ou seja, a desigualdade racial na conclusão das diferentes carreiras universitárias não se modificou desde 1980.

De modo geral, os amarelos têm mais chances de completar cursos universitários do que os brancos, que, por sua vez, possuem mais chances do que os pardos, enquanto os pretos têm as menores chances entre todos os grupos. Esse resultado, no entanto, deve ser interpretado com cuidado porque, em alguns cursos, as vantagens de brancos, pardos e amarelos em relação aos pretos são semelhantes e, em outros, são muito diferentes. De qualquer forma, em todas as comparações os pretos são os que têm menores chances de estar em qualquer uma das carreiras universitárias. Ressalta-se que, neste capítulo, se distingue pretos de pardos, o que permite concluir que os pretos acumulam a maior parte das desvantagens, e os pardos, por vezes, têm chances semelhantes às dos brancos e amarelos.

De acordo com os dados, a carreira com maiores chances de conclusão para amarelos e brancos é a Odontologia, sendo, portanto, a escolhida como base para as comparações. A categoria de referência é a dos pretos.[7]

Gráfico 5 – Razões de chance de amarelos, brancos e pardos, na comparação com pretos, terem cursado Odontologia em relação às demais carreiras - Brasil, 1980-2010

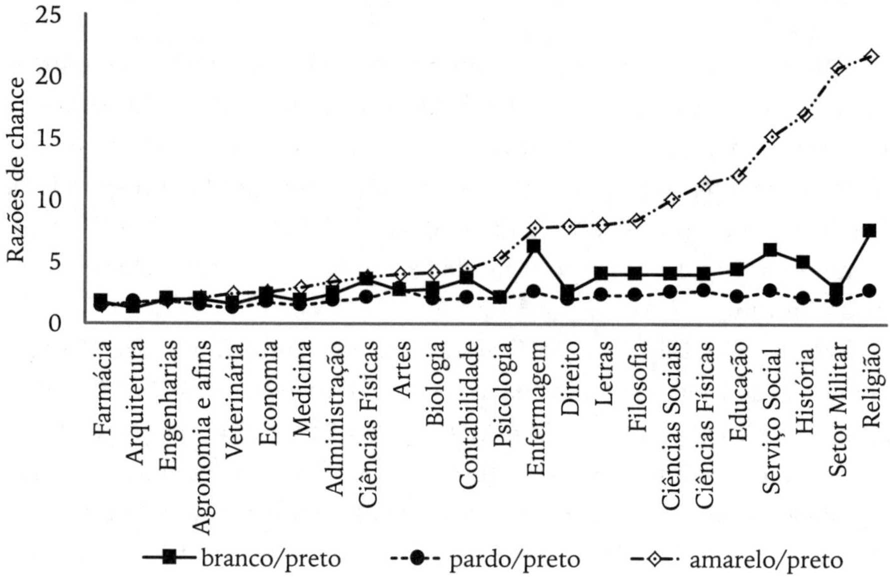

Fonte: IBGE, Censos Demográficos 1980-2010. Tabulações especiais do CEM.

Por exemplo, amarelos têm quinze vezes mais chances do que pretos de completarem odontologia do que serviço social, enquanto brancos têm seis vezes mais chances, e pardos, três vezes mais. Para as engenharias, o nível de desigualdade é diferente, uma vez que as vantagens de brancos, amarelos e pardos de completarem engenharias em vez de odontologia em relação aos pretos são as mesmas: duas vezes mais chances.

O gráfico 5 também indica que a inclusão dos pretos no ensino superior ocorre em carreiras de menor prestígio. A diferença racial, usando

7 Ver Gráfico 5 e Tabela dos "Anexos Metodológicos e Estatísticos", disponíveis em: <http://www.centrodametropole.org.br/trajetorias>, sobre razões de chance das carreiras em relação à Odontologia: brancos *versus* pretos, pardos *versus* pretos e amarelos *versus* pretos.

como base a odontologia – a carreira com mais formados brancos –, é maior quando a comparação é feita com cursos menos valorizados, tais como serviço social, história, educação, religião, militar, ciências físicas, ciências sociais, filosofia e letras. Por outro lado, as diferenças são menores nas comparações entre odontologia e carreiras de maior prestígio, como, por exemplo, arquitetura, engenharias e medicina. Assim, o indicador de desigualdade racial é maior quando se comparam carreiras de alto prestígio (odontologia, por exemplo) com aquelas menos valorizadas (serviço social, por exemplo). Ou seja, brancos e amarelos têm mais vantagem nas carreiras de maior prestígio.

Renda e carreiras universitárias

Em última instância, o que define o prestígio das carreiras são os retornos financeiros e de colocação no mercado de trabalho propiciados por elas. Esses retornos podem se modificar bastante de acordo com os mecanismos de oferta e demanda por profissionais no mercado de trabalho ao longo dos anos. O Gráfico 6 mostra a renda média para as carreiras analisadas em cada um dos anos para os quais há observações. As nove primeiras carreiras apresentadas no topo do gráfico (pedagogia, filosofia, serviço social, enfermagem, contabilidade, psicologia, educação física, administração e ciências sociais) foram observadas apenas nos anos de 1991, 2000 e 2010. As outras dezesseis carreiras, abaixo no gráfico, foram observadas nos anos de 1960, 1970, 1991, 2000 e 2010. Além disso, o Gráfico 6 ordena as carreiras da renda média mais baixa para a mais alta em 2010. Assim, o gráfico fornece duas informações: primeiro, a hierarquia das carreiras em termos de renda, e, depois, o aumento e a diminuição da renda média ao longo dos anos. Algumas carreiras, como, por exemplo, medicina e ciências sociais, tiveram aumentos constantes em suas rendas médias ao longo das décadas, e outras, como engenharia e contabilidade, tiveram mais flutuações ao longo dos anos.

As análises que se seguem são bastante simples. Inicialmente, estimamos diversas regressões lineares usando o logaritmo da renda como variável dependente, e carreiras, idade, raça e sexo como variáveis

Gráfico 6 – Renda média mensal predita, por carreira (valores em R$ de 2012) – Brasil, 1960-2010

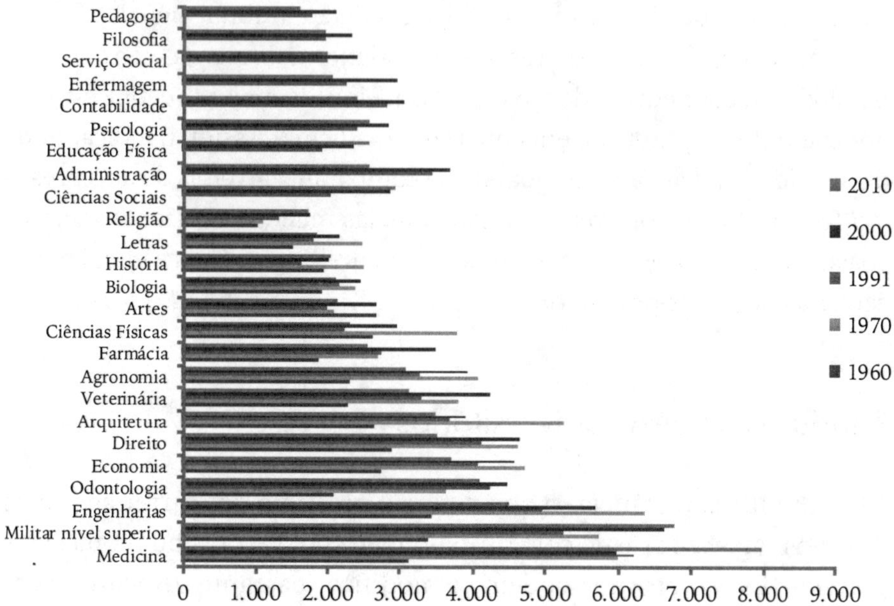

Fonte: IBGE, Censos Demográficos 1960-2010. Tabulações especiais do Centro de Estudos da Metrópole.

independentes. No entanto, verificamos que não havia muita diferença entre os resultados obtidos pelas regressões e aqueles baseados na simples comparação das médias de renda para os grupos de sexo e raça. Em outras palavras, o efeito da idade (usada como *proxy* para experiência no mercado de trabalho) não é muito grande. Assim, para verificar os retornos em renda, são comparadas as médias de renda para carreiras universitárias (dividida por sexo e cor/raça) de 1960 a 2010. Na realidade, calculamos a média do logaritmo da renda do trabalho por carreira para cada ano do Censo entre 1960 e 2010, mas apresentamos os dados de volta na escala de renda normal. Inicialmente, analisamos os dados para homens e para mulheres entre 1960 e 2010. Seguindo a mesma lógica, calculamos a renda média por carreira (1991, 2000 e 2010) para cada grupo de cor/raça (amarelos, brancos, pardos e pretos).

As rendas de todos os anos foram deflacionadas para valores de 2010. Esse exercício não apresenta muitos problemas para os Censos de 1970, 1991, 2000 e 2010, mas é menos confiável para o de 1960, ano no qual os dados de renda só estão disponíveis em faixas. Com isso, as estimativas de renda se comportam de maneira nada usual para 1960 e não seguem o padrão dos outros anos. Mesmo sabendo que a comparação dos resultados de 1960 com os dos outros anos não é estritamente válida, apresentam-se os resultados para verificar a estratificação horizontal em 1960; ou seja, não se pode comparar 1960 com os outros anos, mas é possível observar o diferencial de renda entre as carreiras em 1960.

Sexo, carreiras e renda do trabalho

A estratégia inicial de calcular a renda predita para os formados em cada carreira usando regressões lineares teria a vantagem de incluir o impacto da experiência (modelado como a idade e a idade ao quadrado nas regressões do logaritmo da renda). Embora esse cuidado seja justificável, os resultados não destoam do simples cálculo de médias de renda, que é uma forma simplificada de análise porque considera todos os formados no mesmo ponto do ciclo de vida, equalizando carreiras com expansão recente – e formados mais jovens – e carreiras tradicionais, que tenderiam a oferecer boa remuneração no início do período analisado e dispõem de estoque de formados mais velhos. Mesmo tomando essas precauções, chegou-se a um ordenamento das carreiras em termos de renda que não é muito diferente da simples comparação de médias. Portanto, decidimos apresentar apenas as diferenças de média de renda por carreira.

A Tabela 2 indica que sistematicamente as mulheres têm rendimentos menores do que os homens em todas as carreiras, em todos os Censos. Com uma única exceção: em Religião, no Censo de 1970, as mulheres ganhavam 22% acima dos homens. Em 2010, a maior distância se verificou nas carreiras militares de nível superior (ganho feminino predito equivalente a 41% do masculino), seguida de Economia (61%). Acompanhando a tendência de feminização das carreiras, observa-se também diminuição das diferenças salariais ao longo do tempo. As mulheres formadas em Medicina, por exemplo, tinham renda próxima de 53% da dos homens em 1970 (é preciso lembrar que os números para 1960 devem ser lidos com cautela, porque são medidos em outra escala), passando para 64% no Censo mais recente. Os dados indicam que as diferenças em rendimentos tendem a ser menores em carreiras femininas e que a aproximação também teria ocorrido mais fortemente nessas áreas. Em Letras, a carreira mais feminina entre todas as analisadas desde 1960, as mulheres saíram de 55% dos ganhos masculinos para 80% no Censo mais recente. Em Enfermagem, elas possuem renda superior a 80% da masculina desde 1991 e atingiram 89% da renda masculina predita em 2010. Mesmo em carreiras masculinas houve aproximação. Os ganhos preditos a partir do último Censo para as formadas em Engenharia foi de 69% dos masculinos, contra 54% em 1960.

Tabela 2 – Diferenças da renda predita das mulheres em relação à dos homens, segundo carreiras (em %) – Brasil, 1960-2010

Carreiras	1960	1970	1991	2000	2010
Militar nível superior		24	35	45	41
Economia	62	45	54	54	61
Administração			53	57	63
Educação Física			69	71	63
Religião	49	122	72	72	64
Medicina	61	53	58	54	64
Contabilidade			58	60	66
Agronomia	80	69	63	64	66
Veterinária	56	59	66	63	67
Biologia	48	57	56	72	67
Ciências Sociais			53	64	69
Engenharias	54	51	58	59	69
Ciências Físicas	73	56	58	62	70
Direito	74	47	61	66	71
Odontologia	67	54	67	69	74
Arquitetura		54	61	69	75
Pedagogia			61	71	76
História	68	53	68	75	79
Letras	55	56	64	78	80
Farmácia	64	56	59	68	80
Psicologia			67	76	80
Filosofia			79	94	84
Artes	81	49	65	75	86
Enfermagem			82	94	89
Serviço Social			66	82	95

Fonte: IBGE, Censos Demográficos 1960-2010. Tabulações especiais do CEM.

Para verificar qual a relação entre renda média das carreiras e percentual de mulheres nas carreiras ao longo dos Censos, foi estimado um modelo de regressão linear em que a renda média por carreira (na forma logarítmica) é função do percentual de mulheres e do ano do Censo. Essa análise indica claramente que há um aumento considerável da média de renda por carreira ao longo dos anos, algo que também fica evidente no Gráfico 6, e que as carreiras com rendas médias mais altas tendem a ter um percentual menor de mulheres. Em outras palavras, as mulheres tendem a seguir carreiras nas quais a renda média é menor. A entrada delas nessas carreiras tende a aumentar ao longo das décadas.

Raça, carreiras e renda do trabalho

Na análise das diferenças salariais relativas à cor/raça, foram observadas 25 carreiras para 1991, 2000 e 2010. Mais uma vez, a renda média por carreira, sem divisão por grupo de cor, pode ser observada no Gráfico 6. O Gráfico 7 apresenta a renda média para cada grupo de cor/raça por carreira entre 1991 e 2010.

Há relativa coincidência no ordenamento das carreiras em termos salariais (Gráfico 7, ordenado a partir da renda média para 2010) e de participação de não brancos (conforme expresso no Gráfico 3). Quatro das cinco carreiras com pior renda por esse critério estão entre as cinco com maior concentração de não brancos: religião, serviço social, ciências da educação e história/geografia. Na outra ponta estão algumas das carreiras que mais concentram brancos: arquitetura, odontologia e medicina. Essas coincidências tornam o caso da carreira militar de nível superior especialmente particular: com um dos maiores índices de formados pretos e pardos (quase 30%), a área tem uma das melhores rendas preditas; como observaram Beltrão e Teixeira (2004), a carreira acena com promessas especiais de mobilidade social para esses grupos raciais.

A comparação dos rendimentos médios para cada grupo de cor/raça (Gráfico 7) é que traz os resultados mais reveladores. Não só há menor concentração de pardos e pretos em áreas prestigiadas como Medicina, Engenharias e Odontologia, mas também os que conseguem concluir

Gráfico 7 – Renda média para diferentes grupos raciais, segundo carreira (valores em R$ de 2010) – Brasil, 1991-2010

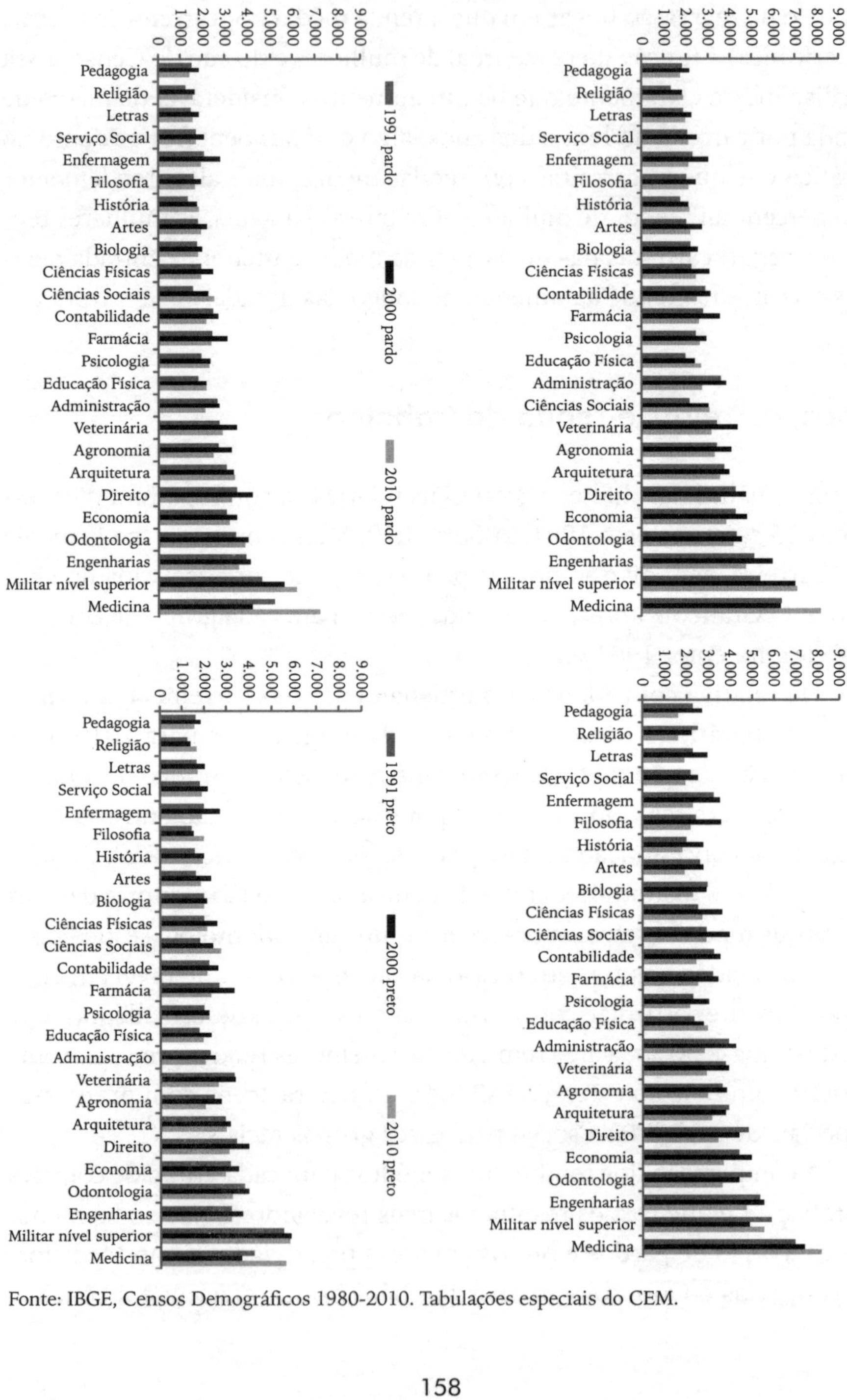

Fonte: IBGE, Censos Demográficos 1980-2010. Tabulações especiais do CEM.

esses cursos ainda tendem a ganhar menos do que brancos e amarelos na mesma carreira.

O Gráfico 7 revela claramente que há desigualdade racial nos retornos de renda em cada carreira. Sistematicamente, brancos e amarelos tendem a ganhar em média salários mais altos do que pardos e pretos formados no mesmo tipo de curso universitário. Além disso, usando uma regressão linear (não apresentada), é possível verificar que a renda média das carreiras aumentou entre 1991 e 2010, e o percentual de amarelos e brancos é maior em carreiras com renda mais elevada. Os pardos ficam em uma situação intermediária entre brancos e pretos, ou seja, tendem a estar em carreiras com renda média menor do que as carreiras em que os brancos predominam e em carreiras com renda média maior do que as carreiras que contam com mais pretos. Em outras palavras, a expansão da participação de pretos e pardos na universidade se dá principalmente em carreiras com renda média mais baixa. A desigualdade racial em termos de renda das carreiras é sistemática. A Tabela 3 revela a renda média por raça entre 1991 e 2010.

Comparando as diferenças entre brancos, de um lado, e amarelos, pardos e pretos, de outro, fica clara a tendência geral de renda mais baixa para estes dois últimos grupos. Também fica evidente que muitas vezes os amarelos tendem a ganhar mais do que os brancos. No Censo de 1991, por exemplo, nas Engenharias, os pardos tinham rendimento equivalente a 77% daquele auferido por brancos, e os pretos, 63%. Brancos e amarelos tinham rendimentos médios praticamente iguais. Nesse ano, por sinal, apenas a carreira militar destoou do padrão geral, com a renda dos pretos superando a dos brancos.

No Censo de 2000, há uma leve tendência de diminuição da desigualdade racial, na medida em que a disparidade de renda entre os grupos raciais diminui em relação ao Censo de 1991. Em 2010, continua a diminuir a desigualdade racial de um modo geral. No entanto, ao longo de todo o período, a renda média nas carreiras permanece sendo mais alta para os amarelos, seguidos de perto pelos brancos. Mais distante estão os pardos, e os pretos permanecem tendo a renda média mais baixa de todos. Além disso, há uma forte correlação entre renda média e percentual de brancos, amarelos, pardos e pretos em cada carreira. Quanto mais brancos

Tabela 3 – Comparação da renda média para amarelos, pardos e pretos em relação à dos brancos, segundo carreiras (em %) – Brasil, 1991-2010

Carreiras	1991			2000			2010		
	Amarelos/ brancos	Pardos/ brancos	Pretos/ brancos	Amarelos/ brancos	Pardos/ brancos	Pretos/ brancos	Amarelos/ brancos	Pardos/ brancos	Pretos/ brancos
Agronomia	107	79	72	94	80	67	91	74	61
Engenharias	104	77	63	93	69	63	100	76	67
Medicina	109	82	67	116	67	58	100	88	68
Educação Física	120	90	88	116	89	95	111	81	72
Administração	110	74	63	111	71	64	103	77	74
Economia	103	71	74	105	74	74	96	83	76
Odontologia	115	81	87	97	88	87	88	94	78
Militar nível superior	110	86	102	70	80	83	78	87	81
Veterinária	111	80	98	90	81	78	92	91	82
Psicologia	93	78	79	103	80	75	82	86	82
Artes	130	87	78	101	80	83	86	85	82
Contabilidade	113	86	76	113	86	83	98	86	84
Arquitetura	105	82	78	95	85	79	89	97	85
Letras	122	77	87	131	81	89	96	79	85
Ciências Físicas	113	84	86	119	80	84	111	79	86
Enfermagem	142	89	85	117	92	90	109	90	86
Direito	114	84	81	93	89	84	97	92	86
Biologia	134	79	89	116	77	83	103	79	87
Religião	191	94	91	124	90	74	87	83	87
Serviço Social	106	81	86	102	83	86	94	80	88
História	117	77	90	132	83	94	84	82	88
Farmácia	116	86	96	97	88	94	98	91	88
Ciências Sociais	136	72	82	131	74	79	96	82	89
Pedagogia	128	82	88	124	83	83	95	82	89
Filosofia	119	79	69	144	78	60	104	76	91

Fonte: IBGE, Censos Demográficos 1960-2010.

e amarelos há dentro das carreiras, maior tende a ser a renda média, e, inversamente, quanto maior o percentual de pardos e pretos, menor a renda média das carreiras. A desigualdade racial diminui de forma lenta exatamente porque pardos e pretos tendem a estar nas carreiras com rendas mais baixas, e mesmo nessas carreiras tendem a ganhar menos do que os brancos e os amarelos.

Conclusões

A análise da estratificação horizontal no ensino superior revela que cinquenta anos de mudanças foram suficientes para alterar o grau de elitismo dessa faixa da educação, mas não para superar as desigualdades na conclusão e obtenção de títulos nas diferentes carreiras. Os ganhos foram maiores para as mulheres, em termos tanto de acesso às diferentes áreas quanto de rendimento. Ainda há distância marcante entre os sexos, mas passos importantes foram dados.

Do ponto de vista de cor/raça, os avanços foram bem mais tímidos. De forma geral, a diversificação das carreiras aumentou proporcionalmente, mas os modelos estatísticos que mais se adequaram aos dados temporais são os que mostram estabilidade na desigualdade. Ainda mais séria é a constatação de que, sistematicamente, pardos e pretos têm renda menor do que brancos, ainda que consigam seguir a mesma carreira universitária.

Nesse sentido, as evidências mostram claramente que há forte estratificação horizontal no sistema de ensino superior no Brasil. Esse tipo de estratificação é observado tanto na conclusão dos cursos quanto nos retornos aos cursos no mercado de trabalho. Embora as desigualdades de gênero tenham diminuído e as raciais tenham permanecido inalteradas, os cursos com menor prestígio continuam sendo os que incluem mais mulheres e mais pretos e pardos. Além disso, os retornos financeiros são desiguais em termos de gênero e raça. As mulheres, os pretos e os pardos ganham em média salários mais baixos do que os homens e os brancos que completaram os mesmos cursos. As carreiras com mais mulheres também são as com mais pardos e mais pretos e tendem a ter renda média menor do que as carreiras com mais homens e mais amarelos e mais brancos. Essas desigualdades diminuíram ao longo dos anos, mas permanecem existindo.

Como se viu, parte relevante da desigualdade entre segmentos com diferentes características observáveis pode ser creditada ao sistema educacional, ainda que as assimetrias se verifiquem entre formados no curso superior – um segmento que já completou diversas transições no sistema educacional. Sem levar isso em conta, políticas que visem à igualdade poderão errar seu alvo e perder em efetividade.

6

Desigualdades raciais no Brasil: um desafio persistente[1]

Márcia Lima[2]
Ian Prates[3]

Como tem sido tratado o tema das relações e das desigualdades raciais no Brasil? O quadro das desigualdades tem se alterado nas últimas décadas? Se sim, como essas mudanças têm sido interpretadas? O intuito deste capítulo é apresentar o cenário das desigualdades raciais brasileiras nas últimas décadas, procurando responder a essas indagações. Os aspectos escolhidos partem da literatura sobre os mecanismos de reprodução social que retêm a grande maioria dos negros brasileiros na base da pirâmide social, não obstante as inúmeras transformações sociais pelas quais o país passou nos últimos cinquenta anos.

Para conduzir essa discussão, a primeira parte do texto retoma, ainda que de forma breve, como a literatura sobre relações e desigualdades tem abordado a questão da situação social dos negros no Brasil, com destaque para as transformações ocorridas nos anos 2000. Na sequência, serão

1 Agradecemos a Rogério Barbosa por sua gentil participação em nossas profícuas conversas sobre questões analíticas e metodológicas acerca de raça e classe no Brasil, que resultaram nos dados aqui apresentados.

2 Professora do Departamento de Sociologia da FFLCH/USP.

3 Doutorando em Sociologia na FFLCH/USP.

analisadas as desigualdades raciais ao longo do tempo, considerando os principais fatores relacionados à reprodução das desigualdades raciais, tais como as oportunidades educacionais e a posse do diploma de ensino superior e seus efeitos.

A construção do dilema raça *versus* classe: as origens da discriminação e seus efeitos

Os estudos que procuram identificar os efeitos da condição racial na sociedade de classes constituem peça fundamental para o entendimento da questão racial brasileira pós-abolição. Não cabe na presente análise uma revisão mais exaustiva da literatura sobre relações e desigualdades raciais, porém, em função da proposta deste livro, optou-se por eleger pelo menos três linhas principais de interpretação na trajetória dos estudos sobre a situação social do negro e as relações raciais no Brasil: (i) os negros ocupam as piores condições sociais devido ao fato de terem emergido recentemente da escravidão, período em que não havia preconceito racial, e sim de classe; (ii) o preconceito racial é um resquício da escravidão e é incompatível com o desenvolvimento de uma sociedade de classes; e (iii) a discriminação racial é um mecanismo que gera desigualdades por meio da desqualificação competitiva dos negros, preservando, assim, os privilégios e os ganhos materiais e simbólicos para os brancos.

A construção dessas perspectivas teve início nos anos 1930 com a pesquisa desenvolvida por Donald Pierson, entre 1935-1937, que resultou no livro *Brancos e pretos na Bahia* (Guimarães, 2002). Neste trabalho, o autor conclui que o que se configura neste país é uma sociedade multirracial de classes e que, apesar de as classes altas serem mais claras, o preconceito prevalecente não é o de raça, e sim o de classe.

Nos anos 1950, o tema "raça e classe" foi retomado sob outra perspectiva, a partir do desenvolvimento dos estudos denominados Projeto Unesco (1953-1956).[4] Embora seu objetivo inicial fosse investigar as rela-

4 Designa-se como Projeto Unesco um conjunto de pesquisas financiadas por este órgão acerca das relações raciais brasileiras. Tal proposta baseava-se na crença de que o Brasil

ções raciais brasileiras, considerando justamente a ausência de conflitos, os resultados apontaram em outra direção, ou seja, seus autores assumem que há um efeito da condição racial nas chances de mobilidade social e na estrutura de classes, devido ao preconceito racial e às condições individuais do negro pós-abolição. Contudo, os achados não são consensuais sobre a permanência ou não do preconceito e seus efeitos em longo prazo, com o desenvolvimento da sociedade de classes.

O estudo *Relações raciais entre negros e brancos em São Paulo: ensaio sociológico sobre as origens, as manifestações e os efeitos do preconceito de cor no município de São Paulo*, escrito por Florestan Fernandes e Roger Bastide, em 1955, é um marco. Florestan Fernandes encarregou-se de desenvolver um estudo histórico-sociológico da sociedade paulistana, enquanto Roger Bastide desenvolveu um trabalho sociográfico, descrevendo a diversidade de atitudes nas relações raciais.

No capítulo "Cor e estrutura social em mudança", Florestan Fernandes trata dos efeitos do preconceito na sociedade de classes e nomeia esse processo de ajustamento entre negros e brancos. Em relação à estratificação, evidenciada na composição da mão de obra, conclui que não predominavam critérios relacionados à raça ou à cor dos trabalhadores. Afirma também que, dadas as condições sociais de exploração econômica da mão de obra escrava, estas favoreceram a formação de símbolos sociais e de padrões de comportamento polarizados em torno da raça ou da cor (Fernandes; Bastide, 1955, p.67). Ou seja, o preconceito existe, mas não é suficiente para explicar a desigual inserção dos negros na estrutura social.

A pesquisa de Roger Bastide trata das manifestações e dos efeitos do preconceito de cor no âmbito cotidiano e das experiências individuais. Observando outros aspectos, o autor aponta os elementos societários que levaram às manifestações externas do preconceito: a industrialização e urbanização da cidade de São Paulo, o fluxo de imigrantes e o aparecimento de classes sociais estratificadas. Entretanto, tais manifestações conviviam com o elemento escamoteador de conflito, as diferentes

tenderia para uma harmonia racial ímpar, segundo os estudos realizados no país nos anos 1930 e 1940. As pesquisas foram feitas em Recife, Salvador, Rio de Janeiro e São Paulo.

condições sociais. Para Bastide, somente nas relações horizontais, é possível discernir o que é preconceito racial do que é preconceito de classe (Bastide, 1959, p.161).

Na década de 1970 surge um novo marco para esses estudos, mantendo a pergunta acerca das baixas posições sociais dos negros na sociedade de classes e os efeitos do preconceito racial na sua configuração. Nessa nova linha de investigação, a expressão "preconceito de cor" dá lugar ao vocábulo "discriminação", e o termo "desigualdades raciais" passa a ser mais recorrente. O trabalho de Hasenbalg, publicado em 1979, estabelece um diálogo com os estudos sobre os modelos de escravidão considerando a ótica da relação senhor/escravo e o processo de transição para a liberdade, a fim de desenvolver uma análise das relações raciais pós-emancipação. Esse diálogo é o caminho para consolidar sua crítica à orientação teórica que explicava as relações raciais contemporâneas como uma sobrevivência do passado escravista e da perspectiva que postulava uma incompatibilidade entre industrialização e racismo. Para Hasenbalg, ao contrário, a industrialização não elimina a raça como critério que estrutura as relações sociais.

Esse trabalho constituiu um marco para uma nova linha de investigação que se consolidou ao longo dos anos 1980 e 1990, fortemente embasada pelo emprego de dados estatísticos e pelo aprimoramento no uso de análises quantitativas. Seus resultados assinalavam extremas desigualdades raciais em diferentes campos.

Nesse período, no campo demográfico, estudos apontavam para intensas desigualdades raciais, em especial no que diz respeito às probabilidades de superar o primeiro ano de vida e à esperança de vida ao nascer. Berquó (1988), analisando os dados de mortalidade, nupcialidade e fecundidade, destaca os altos níveis de mortalidade infantil dos segmentos mais pobres da população, compostos majoritariamente por pretos e pardos. Segundo a autora, em 1980 esses grupos ainda apresentavam o nível de mortalidade infantil que os brancos possuíam em 1960.

Os estudos sobre educação e trabalho também destacaram fortes desigualdades entre crianças negras e brancas para completar o ciclo fundamental, mesmo quando apresentavam características similares de classe – como origem social e renda familiar *per capita* (Barcelos, 1992; Hasenbalg;

Silva, 1988; 1990). Ainda mais acentuadas eram as disparidades no acesso, permanência e finalização dos níveis médio e superior de ensino.

Essas desigualdades educacionais produziriam efeitos na inserção desses grupos de cor no acesso ao emprego e na estrutura ocupacional. Estudos sobre a participação dos negros no mercado de trabalho, ao analisarem suas condições de ingresso, mostraram que as diferenças no acesso à educação se refletiam de forma decisiva no acesso ao trabalho (maiores taxas de desemprego) e na estrutura ocupacional, resultando em um confinamento desproporcional de negros em ocupações manuais, menos qualificadas e pior remuneradas (Bairros et al., 1992; Castro; Guimarães, 1993; Hasenbalg, 1992; Oliveira et al., 1985; Silva; Lima, 1992).

Tratando da relação entre origem familiar e desigualdade racial, Silva (1988) questiona se a explicação da herança social é suficiente para dar conta das diferenças sociais entre negros e brancos no Brasil, uma vez que os brancos são oriundos de famílias mais bem posicionadas na hierarquia social, o que facilita sua reprodução de *status*. Ele divide seu estudo em duas etapas: na primeira, analisa a mobilidade social intergeracional, e, na segunda, a aquisição de renda, observando de que forma pessoas com a mesma posição na hierarquia ocupacional têm retornos monetários distintos.

Examinando a mobilidade intergeracional para o ano de 1996, o autor conclui que qualquer que seja o grupo ocupacional de origem que se tome como referência, os negros estão mais concentrados nos estratos ocupacionais inferiores. Dessa forma, no âmbito da distribuição ocupacional de mobilidade social entre os grupos de cor, os negros estão expostos a chances menores de ascensão social. As dificuldades aumentam com o nível do estrato de origem, e aqueles nascidos nos estratos mais elevados estão expostos a riscos maiores de mobilidade descendente.

Ao analisar a renda, Silva sugere que boa parte das diferenças inter-raciais de rendimentos não se relaciona com o fato de que os brancos estão predominantemente inseridos nos estratos ocupacionais superiores, pois esse autor compara as diferenças de rendimentos entre brancos, pretos e pardos inseridos nos mesmos estratos ocupacionais.

Nota-se, então, que ao longo dos anos 1980 e 1990 houve grande esforço analítico para identificar o peso do atributo racial na desigual inserção dos negros na escola e no mercado de trabalho. A agenda mais recente de estudos tem mantido essa pergunta e avançado mais no campo empírico e metodológico, além de se deparar com mudanças significativas na estrutura social brasileira, como será visto na próxima seção.

Desigualdades raciais: mudanças recentes

Nos últimos quinze anos, especialmente pós-estabilidade econômica, o Brasil viveu um conjunto de transformações que têm contribuído para o processo de diminuição das desigualdades sociais. Ocorreram mudanças tanto de caráter estrutural (estabilidade e crescimento econômicos e seus efeitos no mercado de trabalho) quanto demográfico (queda da fecundidade e alterações no padrão da população em idade ativa). Mas existem também modificações oriundas da implantação de políticas sociais extremamente importantes para a diminuição do número de pessoas em situação de pobreza e redução das desigualdades de oportunidades educacionais. No que diz respeito à desigualdade racial, são especialmente importantes as políticas de ação afirmativa para o ensino superior.

Duas perspectivas complementares têm tratado das recentes mudanças nas desigualdades raciais: (i) a redução das desigualdades raciais entendida como fruto dos avanços educacionais e da queda na desigualdade de renda; e (ii) a contribuição da diminuição das diferenças entre os grupos raciais para a redução das desigualdades em geral.

Observando o que aconteceu no âmbito da pobreza, Paixão (2009) analisa as mudanças nos patamares de indigência e pobreza no Brasil, comparando os dados das Pesquisas Nacionais por Amostra de Domicílios (PNADs) 1995 e 2006 e analisando informações sobre a cor dos beneficiários (pessoa de referência no domicílio) dos programas governamentais.

No caso da linha de indigência, ele aponta que a população branca reduziu em 30,4% a participação de seu grupo entre os indigentes. Para os pretos e pardos, esse percentual foi ligeiramente maior: 33,4%. Não obstante esse cenário, o autor mostra que, em 2006, 18,8% dos pretos e pardos e 8,0% dos brancos ainda estavam abaixo da linha de indigência. Em 1995, 27,9% dos brancos e 43,6% de pretos e pardos estavam abaixo da linha da pobreza; em 2006, esses percentuais eram, respectivamente, de 21,6% e 43,1%. O autor conclui que:

> Apesar da redução percentual das desigualdades de cor ou raça, ao se analisar em termos dos respectivos ritmos pelo qual o peso relativo de pessoas abaixo da Linha de Pobreza declinou, observa-se uma ampliação das assimetrias. Assim, em 1995, a proporção de pretos e pardos pobres era 93,9% superior à de brancos na mesma situação. Já, em 2006, a proporção de pretos e pardos abaixo da linha de pobreza era 99,5% superior à mesma proporção entre os brancos. (Paixão, 2009, p.9)

Em se tratando dos programas de transferência de renda, Paixão registra que, em 2004, do total de domicílios beneficiados por algum programa dessa natureza, 67,6% tinham indivíduos pretos ou pardos como pessoas de referência do domicílio. Observa-se, então, que uma política que beneficie os mais pobres refletirá certamente na desigualdade racial. Entretanto, uma vez que o nível das desigualdades era extremamente elevado quando se iniciaram tais mudanças, mesmo tendo apresentado avanços significativos a população negra ainda apresenta fortes desvantagens sociais. Segundo as projeções do Instituto de Pesquisa Econômica Aplicada (Ipea), se a diminuição das desigualdades raciais de renda, ocorridas entre 2001 e 2007, mantivesse o mesmo ritmo, seriam necessárias três décadas para que esses grupos tivessem, em média, a mesma renda (Ipea, 2008).

Outra perspectiva interessante para o entendimento das mudanças em curso é captar quanto a desigualdade racial contribui para a trajetória da desigualdade em geral. Ferreira et al. (2006) analisaram a desigualdade de renda no Brasil entre 1981 e 2004. Os autores definem como efeito-renda as mudanças nas rendas relativas dos grupos e como efeito-alocação as transformações não apenas no tamanho dos grupos como também na composição das características do grupo, tais como, por exemplo, níveis de escolaridade. Ao realizar várias decomposições do nível e da variação da renda ao longo de todo o período, seus resultados apontaram que os efeitos renda e alocação estavam indo na mesma direção de redução das desigualdades. Segundo eles, estaria ocorrendo uma diminuição das desigualdades raciais (efeito-renda) e, ao mesmo tempo, uma melhoria na composição dos grupos (efeito-alocação) que poderia estar relacionada ao avanço da escolaridade dos não brancos.

Por fim, as pesquisas que focam nos processos de transição educacional e de mobilidade social, utilizando modelos analíticos distintos, são unânimes em apontar que as dificuldades educacionais segundo a classe se sobrepõem às barreiras raciais. Entretanto, o efeito raça ganha mais evidência nas chances de mobilidade social, na probabilidade de perder posição social, bem como há maior desigualdade racial entre os mais escolarizados e em posições ocupacionais de maior *status*. Ribeiro (2006), analisando os efeitos de raça e classe de origem nas chances de realizar transições educacionais, demonstrou que existe desequilíbrio nas oportunidades para fazer as transições da escola para o trabalho, sendo o efeito da desigualdade de classe de origem maior do que o efeito da raça. Entretanto, o efeito da classe de origem diminui ao longo das etapas de transição, ao passo que o efeito racial aumenta na transição nos níveis mais elevados, em especial completar ou não o primeiro ano de universidade e concluir o ensino universitário. Segundo o autor:

> As análises indicam que há desigualdade nas chances de fazer transições tanto em termos de cor da pele quanto de classe de origem, mas que o segundo tipo de desigualdade é maior do que o primeiro. Além disso, enquanto a desigualdade de classe diminui ao longo das transições, a desigualdade racial aumenta na transição cinco, completar ou não o primeiro ano de universidade. Até a quarta transição (completar o ensino médio) os efeitos de classe de origem são pelo menos seis vezes maiores do que o efeito de raça. Ou seja, até a quarta transição a desigualdade de classes é maior do que a de raça. Na quinta e na sexta transição (completar o primeiro ano da universidade e terminar a universidade), a desigualdade racial torna-se mais semelhante à desigualdade de classe, tendo em vista que o peso da classe de origem é apenas 2,5 vezes maior do que o da cor da pele. (Ribeiro, 2006, p.863-864)

Raça e acesso à educação no Brasil

Conforme abordado na seção anterior, a constituição do campo da sociologia das relações e das desigualdades raciais tem colocado como objetivo central o intuito de estabelecer os limites entre raça e classe. O principal desafio é contribuir para o entendimento da relação entre discriminação e desigualdades. Se, por um lado, estudos pioneiros sobre o tema apontavam para uma sobreposição de raça e classe, pesquisas mais recentes afirmam que a permanência das desigualdades raciais não se constituía apenas como efeito de classe. A discriminação torna-se evidente à medida que os aspectos mais relevantes da condição de classe são controlados e as desigualdades raciais permanecem.

Hasenbalg e Silva (2005) sintetizaram um modelo de análise de realização socioeconômica, com o objetivo de caracterizar um processo cumulativo de desvantagens que afetam de forma diferenciada pretos e pardos. A ideia dos autores é considerar todos os elementos importantes na trajetória de realização socioeconômica dos indivíduos, procurando identificar o peso da raça nesse processo.

Essa análise inicia-se com a origem familiar dos indivíduos – quando se observam a situação social das famílias e os recursos disponíveis a seus membros –, passando por realização educacional, ingresso e posição no mercado de trabalho, e termina analisando os efeitos dessas etapas na composição da renda.

O escopo deste capítulo não permite cobrir todo esse ciclo, entretanto, algumas escolhas analíticas foram feitas levando em conta a proposta desses autores, em especial a fase que trata da internalização de recursos. Considera-se que o acesso à educação formal é um mecanismo produtor de desigualdades que afeta a desigualdade racial. Na presente análise, foram eleitos três aspectos. Em primeiro lugar, o cenário de mudanças no que diz respeito ao acesso à escola no Brasil; em segundo, o acesso ao ensino superior e seus efeitos na renda e no mercado de trabalho; e, por fim, serão apresentadas as diferenças de alcance educacional dos filhos de pais com nível superior.

Algumas considerações prévias devem ser feitas. A primeira delas refere-se à classificação racial. Estudos sobre desigualdades raciais realizados por quase três décadas apontam que pretos e pardos apresentam um perfil socioeconômico semelhante, o que levou diversas análises estatísticas a somarem essas duas categorias (preto e pardo) e classificá-las como "não brancos" ou negros (Silva, 1986). É importante enfatizar que essa classificação não opera como sinônimo de identidade racial no Brasil e, atualmente, as categorias utilizadas nas políticas envolvem tanto a classificação racial (pretos e pardos considerados como negros ou não brancos) quanto a de identidade (indígenas e remanescentes de quilombos).[5] Nas primeiras análises, os grupos preto e pardo serão apresentados separadamente para demonstrar a similaridade entre eles e, em seguida, o texto seguirá somente com o grupo *negro*, entendido aqui como uma categoria descritiva que agrega os grupos preto e pardo. Em relação ao período investigado, foram selecionados os Censos de 1980, 1990, 2000 e 2010.

As informações serão trabalhadas em três conjuntos distintos. Um primeiro conjunto enfoca o total da população brasileira, com destaque para suas características educacionais, com ênfase na faixa de escolarização dos jovens de 15 a 17 anos e de 18 a 24 anos. Um segundo conjunto considera apenas os indivíduos que possuem nível superior completo. E um terceiro traz informações sobre as realizações educacionais dos filhos cujos pais concluíram o ensino superior.

O cenário educacional brasileiro deve ser compreendido considerando tanto as melhorias do sistema de ensino quanto as alterações nas características demográficas da população e os efeitos de mudanças socioeconômicas. A característica demográfica mais marcante para esse processo é a condição etária da população, que é medida não apenas pela idade, mas também pela coorte, pois ajuda a compreender fenômenos relacionados ao período em que cada indivíduo acessou ou deveria ter acessado a escola (Collares, 2009).

5 É importante destacar aqui a peculiaridade da situação dos grupos indígenas no que diz respeito aos dados estatísticos. A sub-representação da população indígena está ligada a diversos fatores. Em primeiro lugar, seu registro como um segmento separado dos demais grupos só aconteceu em 1872 e 1890, como caboclos, e nos Censos seguintes em categorias residuais ou juntamente com os amarelos. A partir do Censo de 1940, índios e caboclos se transformavam em "parda", categoria indistinta que poderia significar também mulatos, morenos etc. Somente no Censo de 1991 foi introduzida a categoria indígena. Neste trabalho, optou-se por excluir esse grupo da análise.

Os gráficos a seguir mostram as mudanças nas taxas de escolarização líquida nos diferentes níveis de ensino, considerando a cor/raça.[6] No caso do ensino fundamental, o Gráfico 1 demonstra uma tendência à universalização para todos os grupos de cor, indicando que ainda nos anos 1980 os grupos preto e pardo tinham desempenho muito similar entre si e apresentavam participação bastante inferior ao grupo branco. Esses dados demonstram que a única faixa etária cuja frequência à escola é praticamente universal (98%) corresponde ao ensino fundamental, dos 7 aos 14 anos. Entretanto, pesquisas apontam que os desafios para a educação brasileira começam já na progressão nesse nível. Andrade e Dachs (2007), em estudo sobre o acesso à escola no Brasil, segundo renda e cor/raça, afirmam que para as crianças de 7 a 10 anos o acesso às primeiras séries do ensino fundamental é praticamente universal, independente de classe e raça, porém, na faixa de 11 a 14 anos a situação já se afasta da universalização, verificando-se variação mais acentuada em relação à renda e à cor/raça (Andrade; Dachs, 2007, p.405).

Em relação à participação dos jovens de 15 a 17 anos no ensino médio (Gráfico 2), as transformações das últimas décadas não alteraram o cenário, que é ainda bem desigual. Entre 1980 e 1990, há poucas mudanças nas taxas de escolarização, sendo a década de 1990 o momento de sua expansão, em que se evidencia a significativa vantagem dos brancos em relação aos pretos e pardos (23,8%, 6,4% e 8,7%, respectivamente). Em 2000, todos os grupos se beneficiaram da expansão de cobertura da década de 1990, mas ainda permanece uma distância entre os grupos de cor, com pretos e pardos apresentando tendências muito similares. Somente em 2010 é que as desigualdades raciais caem mais: dentre os jovens de 15 a 17 anos, 68,1% dos brancos frequentam o ensino médio, enquanto para pretos e pardos esses percentuais são de 49,3% e 53,7%, respectivamente.

6 Taxa de escolarização líquida refere-se à participação dos estudantes nos níveis de ensino considerados adequados ao seu grupo etário: estudantes de 7 a 14 anos cursando o ensino fundamental, de 15 a 17 anos cursando o ensino médio e de 18 a 24 anos cursando o nível superior. O cálculo dessa taxa resulta do número total dos estudantes dentro de cada grupo etário cursando o nível adequado de ensino dividido pelo número do total de indivíduos da mesma faixa etária.

Gráfico 1 – Taxas de escolarização líquida (7 a 14 anos) do ensino fundamental, segundo cor/raça – Brasil, 1980-2010 (em %)

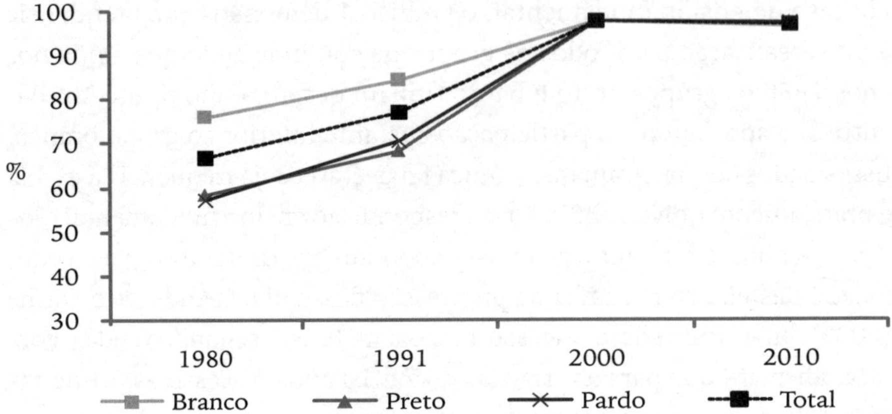

Fonte: IBGE, Censos Demográficos 1980-2010. Tabulações especiais do Centro de Estudos da Metrópole (CEM).

Gráfico 2 – Taxas de escolarização líquida (15 a 17 anos) do ensino médio, segundo cor/raça – Brasil, 1980-2010 (em %)

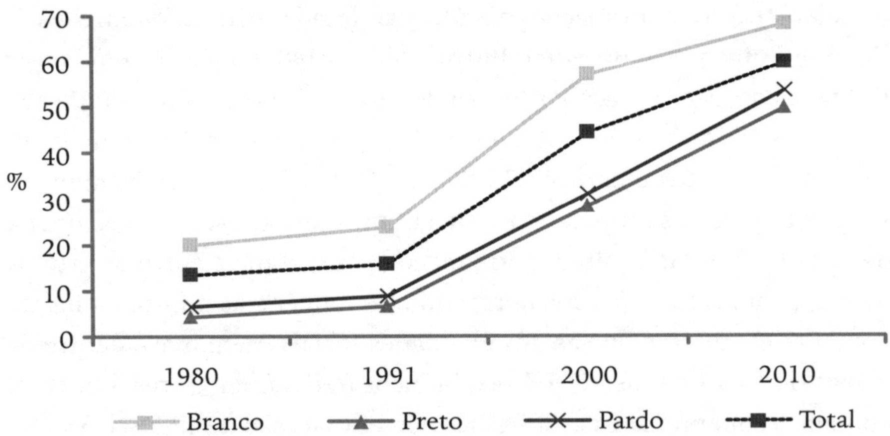

Fonte: IBGE, Censos Demográficos 1980-2010. Tabulações especiais do CEM.

Há inegável diminuição da desigualdade racial entre os estudantes do ensino médio. Essa mudança é extremamente importante para o debate sobre o acesso ao ensino superior que se configurou na última década. O crescimento do acesso ao ensino médio gerou uma demanda por acesso ao ensino superior que cresceu de forma tímida ao longo dos anos 1990.

Gráfico 3 – Taxas de escolarização líquida (18 a 24 anos) do ensino superior, segundo cor/raça –Brasil, 1980-2010

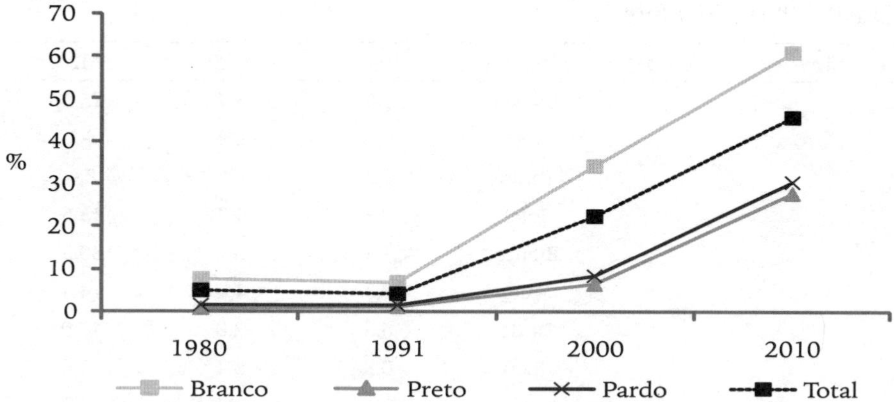

Fonte: IBGE, Censos Demográficos 1980-2010. Tabulações especiais do CEM.

Na faixa de 18 a 24 anos, as taxas de escolarização líquida são mais baixas e as desigualdades raciais ainda mais expressivas, como se pode observar no Gráfico 3. Novamente, observa-se um crescimento acentuado da participação de todos os grupos, partindo de diferença marcante na participação dos grupos de cor nos anos 1980, momento em que as taxas dos pretos e pardos eram praticamente insignificantes. Apesar da ampliação das taxas de escolarização, em 2010 ainda há uma distância expressiva entre os grupos de cor/raça, apresentando ainda as dos grupos pretos e pardos tendências muito similares.[7]

Se for considerada a participação dos grupos de cor no ensino superior segundo os quintis de renda (Tabela 1), percebe-se que ocorreram mudanças consideráveis.[8]

7 O capítulo "Estratificação horizontal da educação superior no Brasil" (p.133), de Carlos Costa Ribeiro e Rogerio Schlegel, aponta para diferenças significativas entre pretos e pardos se considerarmos as carreiras universitárias escolhidas. Parece haver uma tendência de aumento da distância entre pretos e pardos quando são analisados os estratos mais altos (educacionais via carreira ou mercado de trabalho), com vantagens para os últimos.

8 No cálculo dos quintis de renda, os valores expressam os percentuais de pessoas no interior de cada quintil que atingiram o nível superior. Cada quintil representa 20% da população, sendo o primeiro quintil composto pelos 20% mais pobres e o quinto quintil, pelos 20% mais ricos.

Tabela 1 – Taxas de escolarização líquida (18 a 24 anos) do ensino superior, segundo os quintis de renda e cor/raça
Brasil, 1990-2010 (em %)

Nível	Renda	Cor/raça	1991	2000	2010
Superior – 18 a 24 anos	1º quintil	Branco	1,2	3,7	25,5
		Preto	0,1	0,4	8,1
		Pardo	0,2	0,8	8,4
		Total	0,5	1,7	13,5
	2º quintil	Branco	1,3	5,7	30,3
		Preto	0,3	1,3	14,4
		Pardo	0,5	2,0	17,0
		Total	0,8	3,4	21,6
	3º quintil	Branco	2,6	12,8	49,3
		Preto	0,7	3,5	25,9
		Pardo	1,2	5,5	34,4
		Total	1,9	9,1	41,2
	4º quintil	Branco	6,5	30,4	68,7
		Preto	2,1	12,0	49,2
		Pardo	3,1	15,4	54,8
		Total	5,2	24,8	63,0
	5º quintil	Branco	19,3	66,0	86,0
		Preto	4,9	33,0	73,5
		Pardo	6,1	41,5	76,5
		Total	15,2	61,3	83,5

Fonte: IBGE. Censos Demográficos 1990-2010. Tabulações especiais do CEM.

Em primeiro lugar, nota-se a baixa participação dos mais pobres (1º quintil de renda) até o ano 2000 para todos os grupos de cor/raça. Somente em 2010 é possível detectar um crescimento na participação desse grupo, e com vantagem significativa dos brancos. Em resumo, no ano de 2010, dentre os 20% mais pobres, a taxa de escolarização dos estudantes brancos de 18 a 24 anos é de 25,5% e dos pretos e pardos, de 8,1% e 8,4%, respectivamente. Trata-se de uma desigualdade muito expressiva para o período recente.

Por outro lado, os dados da população pertencente ao quintil mais alto de renda (5º quintil) revelam que, nos últimos trinta anos, há uma redução mais expressiva das desigualdades raciais nesse grupo. Em 1980, 18,5% dos estudantes brancos de 18 a 24 anos pertencentes ao quintil mais rico frequentavam o ensino superior. Para pretos e pardos, essas taxas eram de 4,0% e 7,3%, respectivamente. Em 2010, essas taxas eram de 86% para os brancos, 73,5% para os pretos e 76,5% para os pardos, mantendo pequena diferença entre os dois últimos grupos (pretos e pardos).

Em resumo, ao comparar as desigualdades raciais dentro dos diferentes quintis (entre os mais ricos e os mais pobres), é possível afirmar que o negro pobre encontra dificuldade maior para atingir níveis mais altos de escolaridade do que o branco pobre.

Reprodução das desigualdades: o atributo raça entre os graduados

De modo a analisar o processo de reprodução das desigualdades raciais, e tendo em vista que a escolaridade formal e o acesso aos diferentes níveis de ensino constituem um dos seus principais mecanismos, esta seção terá como enfoque principal as pessoas graduadas. Para análise da classe ocupacional e rendimentos das pessoas com ensino superior completo, foram selecionados todos os casos que contemplavam os indivíduos que concluíram algum curso de graduação, para cada um dos anos analisados.

Esse estudo divide-se em dois momentos. Primeiro, destaca as diferenças no mercado de trabalho das pessoas com ensino superior, cujo foco será o *destino socioeconômico*, controlando pela área de formação (diploma) e classe ocupacional, com vistas a enfatizar as desigualdades no acesso a mecanismos de estratificação (escolaridade). Num segundo momento, serão apresentadas as diferenças de alcance educacional dos filhos de pais graduados, isto é, de crianças e jovens com *origem socioeconômica* razoavelmente semelhante.

A Tabela 2 apresenta a evolução da população com ensino superior no Brasil e as transformações na sua composição racial, em números absolutos e relativos. A despeito do inegável aumento da participação da população negra, percebe-se ainda que a composição é bastante desigual.

Em 1980, os negros correspondiam a 9,3% das pessoas com nível superior completo e, em 2010, a 24,7%, demonstrando que a população branca ainda constitui maioria expressiva. Por outro lado, um fato chama a atenção quando se observa o crescimento percentual no interior dos grupos: tanto na década de 1980 quanto na de 2000, o grupo de negros com ensino superior completo teve seu tamanho aumentado na mesma e expressiva intensidade – em quase três vezes (crescimento de 290%). Mas, se há certa semelhança do ponto de vista do crescimento percentual dos negros, a diferença emerge ao se constatar que dentre os brancos o aumento na década de 2000 (102%) é sensivelmente inferior ao da década de 1980 (133%), sugerindo uma dinâmica distinta na redução das desigualdades. Vale destacar, ainda, a peculiaridade dos anos 1990: não há mudança na composição ao longo da década em termos proporcionais, além de as taxas de crescimento serem muito inferiores.

O Gráfico 4, a seguir, que também considera apenas as pessoas com ensino superior completo, traz dois tipos de informação: nas barras, *a proporção de negros no interior dos estratos ocupacionais* ao longo do tempo; nas linhas, *a proporção de negros no total de pessoas que possuem nível superior* em cada um dos anos. A Tabela 2 já informou que houve crescimento da participação dos negros dentro desse estrato educacional de 9,3%, em 1980, para 24,7%, em 2010. Ao conjugar ambas as informações, o Gráfico 4 permite indicar se as variações no interior dos estratos ocupacionais

Tabela 2 – Distribuição da população com nível superior completo e taxas de crescimento, segundo cor/raça – Brasil, 1980-2010

Cor/raça	1980		1991		2000		2010	
	N°s abs.	%	N°s abs.	%	N°s abs.	%	N°s abs.	%
Negros	140,449	9,30	547,572	14,60	853,539	14,50	3.326.957	24,70
Brancos	1.372.813	90,70	3.198.828	85,40	5.014.281	85,50	10.136.734	75,30

Cor/raça	Taxas de crescimento (%)		
	1980-1991	1991-2000	2000-2010
Negros	290	56	290
Brancos	133	57	102

Fonte: IBGE, Censos Demográficos 1980-2010. Tabulações especiais do CEM.

se dão em maior ou menor intensidade que a variação da proporção de negros no total da população graduada. Desse modo, evitam-se possíveis vieses de interpretação que poderiam advir do processo de reclassificação racial ocorrido, em especial, na última década.

Quando se observa o saldo de todas as décadas, nota-se que as classes ocupacionais *não manuais de rotina de nível alto (NA)*, *manuais qualificados* e *manuais não qualificados* são aquelas nas quais os negros tiveram um crescimento (em pontos percentuais) superior ao de sua participação na composição de pessoas com nível superior. A proporção deles em cada um desses estratos ocupacionais, em 1980, era de 11,5%, 8,5% e 9,8%, respectivamente e, em 2010, de 33,8, 30% e 34,2%, respectivamente. Isso demonstra que, consideradas as transformações nesses trinta anos, há distintas permeabilidades à inserção dos negros no universo ocupacional dos graduados, uma vez que sua maior participação e crescimento se dão em estratos ocupacionais menos valorizados no mercado e que, em muitos casos, não demandam diploma superior.

Gráfico 4 – Proporção de negros com nível superior completo, por grupo ocupacional - Brasil - 1980-2010

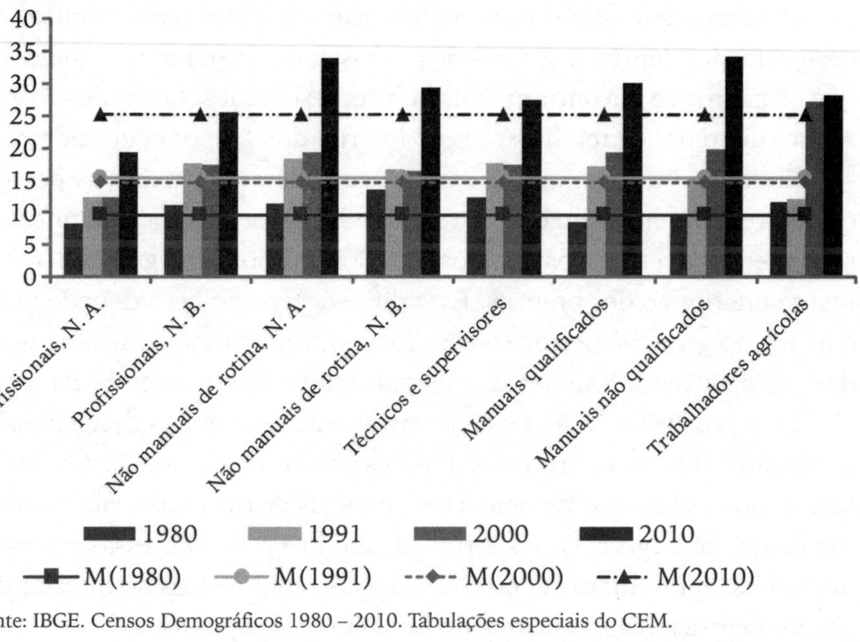

Fonte: IBGE. Censos Demográficos 1980 – 2010. Tabulações especiais do CEM.

Há, entretanto, comportamentos decenais não desprezíveis. Na década de 1980, a despeito do forte crescimento de negros com ensino superior, apenas no grupo dos não manuais qualificados (8,6%) esse aumento superou em mais de 1 ponto o da média geral, indicando uma situação de relativa estabilidade. Por outro lado, a década de 1990 espelha em alguma medida o comportamento do mercado de trabalho na época. Embora a proporção de negros no total de graduados tenha se mantido praticamente constante, o crescimento da ocupação se deu de forma considerável dentre os manuais não qualificados e agricultores, justamente as ocupações mais inferiores na hierarquia social.

Por fim, a década de 2000 marca o aumento da proporção de negros em todas as classes ocupacionais, mas, como se ressaltou anteriormente, esse resultado deve ser balanceado com o "crescimento" da população negra de um modo geral. Descontando esse aspecto, pode-se dizer que foi entre os não manuais de rotina (alto e baixo) e os manuais sem qualificação que ocorreu um crescimento *de fato da ocupação*. Dessa forma, embora seja verdade que a estrutura ocupacional tenha se mostrado mais receptiva a uma incorporação menos desproporcional dos negros graduados, a desigualdade ainda persiste no acesso ao topo da hierarquia.

O passo seguinte traz uma análise mais detalhada das dinâmicas das desigualdades dentre os grupos de profissionais, justamente aqueles em que os negros se encontram mais sub-representados. O Gráfico 5 apresenta a diferença de rendimentos no interior dos grupos ocupacionais de "profissionais" e "manuais de rotina", considerando apenas as pessoas que têm ensino superior. Embora seja notável uma tendência de queda de rendimentos em todos os estratos, nos dois grupos os negros têm rendimento inferior ao dos brancos. Essa diferença, como bem se pode notar, é maior no grupo superior (profissionais), reforçando a ideia de que a desigualdade tende a aumentar à medida que se sobe na hierarquia social.

Uma possível objeção a essa interpretação seria que as desigualdades de rendimentos no interior dos grandes grupos ocupacionais deve-se ao fato de que os brancos tendem a ter diplomas de carreiras mais valorizadas do que os negros. Dessa forma, de modo a controlar essas possíveis diferenças, apresentam-se, no Gráfico 6, os rendimentos no interior dos grupos ocupacionais, controlando também pelo diploma.

Gráfico 5 – Rendimento médio da ocupação principal, segundo cor/raça Brasil, 1980-2010

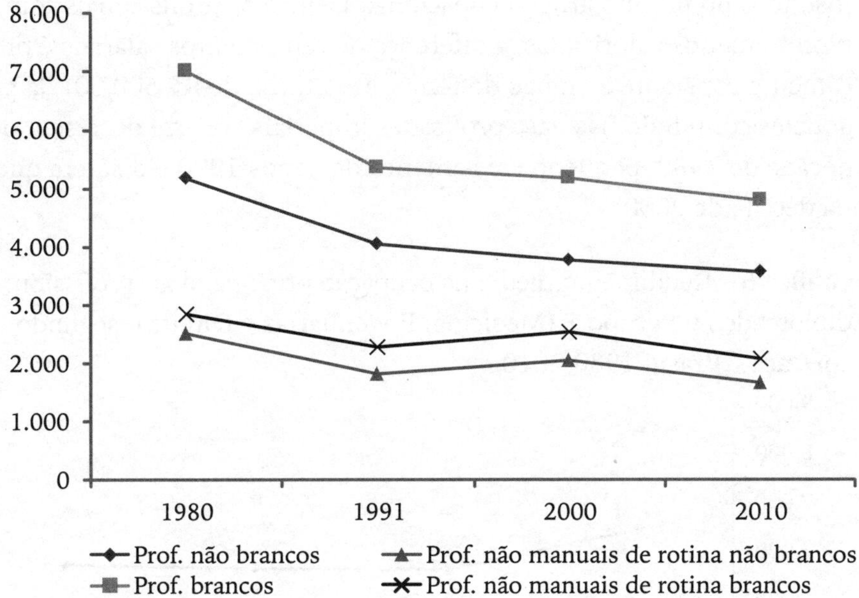

Fonte: IBGE, Censos Demográficos 1980-2010. Tabulações especiais do CEM.

Essa análise será ainda mais específica para facilitar a comparação das diferenças de retornos entres esses grupos. Para isso, foram selecionadas algumas profissões. Primeiro, observaram-se as médias e medianas da renda da ocupação por carreiras das pessoas com ensino superior e identificaram-se os polos superiores e inferiores dessa distribuição, agregados em dois grupos:

- Grupo 1: "Profissões imperiais": Medicina, Engenharias e Direito (três maiores médias salariais em 1980).[9]
- Grupo 2: "Profissões de baixo prestígio": Letras, História e Ciências da Educação (três menores médias salariais em 1980).

9 Medicina, Engenharia e Direito foram carreiras constituídas durante o período do Império e, naquela época, a posse do diploma significava mais *status* do que profissão. Entretanto, o diploma funcionava como forte instrumento de exclusão (Coelho, 1999).

Os gráficos 6 e 7 corroboram a interpretação de que há diferenças salariais entre negros e brancos para indivíduos com o mesmo diploma e inseridos no mesmo grupo ocupacional. Dentre os profissionais com diplomas menos valorizados, a diferença de rendimentos salariais é praticamente constante ao longo do tempo (em torno de R$ 500,00). Já para aqueles com diplomas das "profissões imperiais" ocorre decréscimo na década de 1980, pequeno crescimento nos anos 1990 e discreta queda na década de 2000.

Gráfico 6 – Rendimento médio na ocupação principal dos "profissionais" diplomados no grupo 1 (Medicina, Engenharias e Direito), segundo cor/raça – Brasil, 1980-2010

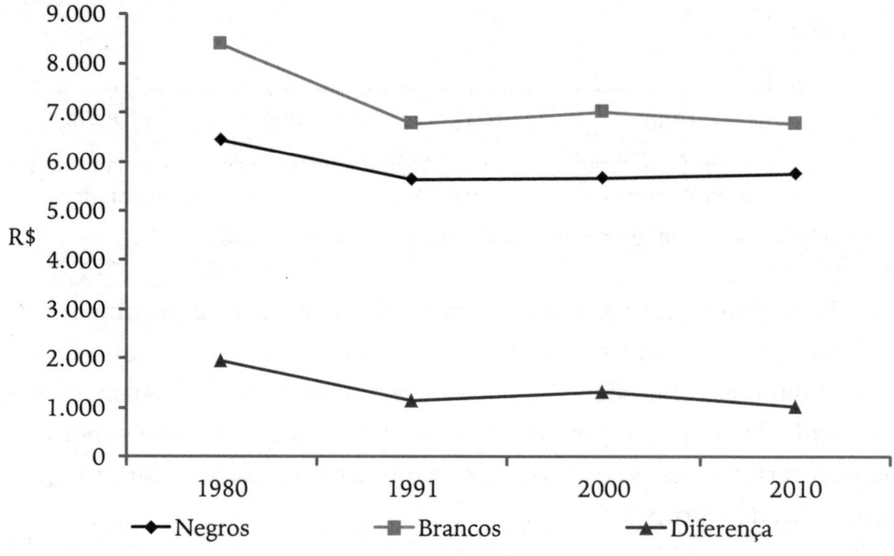

Fonte: IBGE, Censos Demográficos 1980-2010. Tabulações especiais do CEM.

Considerando que estavam inseridos na categoria ocupacional profissionais com diploma nas carreiras selecionadas, ainda se encontram diferenças entre brancos e negros, embora bastante reduzidas. A questão é avaliar qual a participação dos negros nesses grupos.

Gráfico 7 – Rendimento médio na ocupação principal dos "profissionais" diplomados no grupo 2 (Letras, História e Educação), segundo cor/raça Brasil, 1980-2010

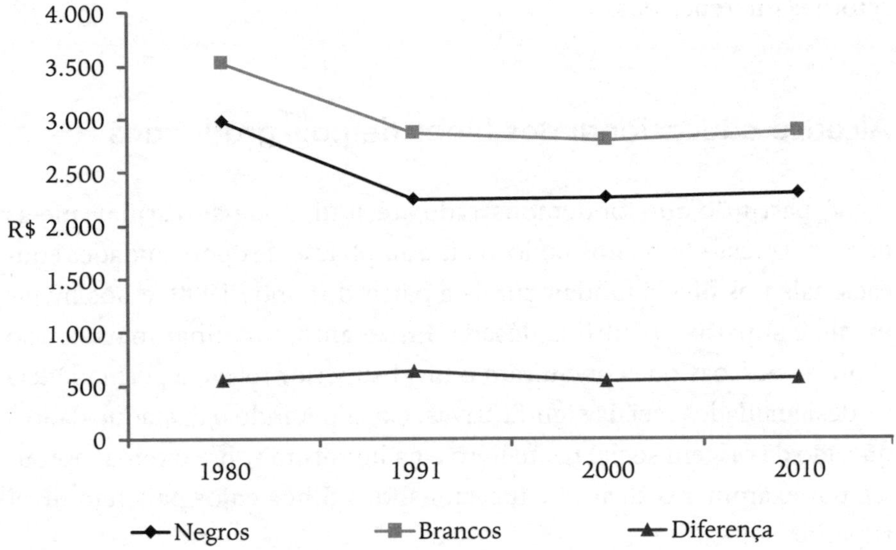

Fonte: IBGE, Censos Demográficos 1980-2010. Tabulações especiais do CEM.

Tabela 3 – Distribuição da população com nível superior completo, segundo carreiras selecionadas e cor/raça – Brasil, 1980-2010

Carreiras selecionadas e cor/raça	1980	1991	2000	2010
Medicina, Direito, Engenharia				
Total	**100,0**	**100,0**	**100,0**	**100,0**
Negros	8,7	12,9	11,8	17,9
Brancos	91,3	87,1	88,2	82,1
História, Educação e Letras				
Total	**100,0**	**100,0**	**100,0**	**100,0**
Negros	11,2	19,9	21,5	35,7
Brancos	88,8	80,1	78,5	64,3

Fonte: IBGE, Censos Demográficos 1980-2010. Tabulações especiais do CEM.

A Tabela 3 nos mostra que há mudanças em curso, mas novamente observa-se que o prestígio das carreiras é um elemento importante na composição das desigualdades raciais. Os negros estão conseguindo ampliar sua participação no ensino superior e, entre aqueles que o concluem, notam-se diferenças significativas de inserção tanto em termos de ocupação quanto de carreiras. Sua participação ampliou-se mais rapidamente nas carreiras de menor prestígio, e seus rendimentos ainda mostram retornos diferenciados.

Alcance educacional dos filhos de pais graduados

A partir do que foi demonstrado até aqui, pode-se afirmar que as barreiras raciais têm diminuído, dada a ampliação de oportunidades educacionais nos níveis fundamentais a partir dos anos 1980, e nos níveis médio e superior na última década. Entretanto, um olhar mais detido sobre as pessoas que concluíram o nível superior revela a permanência de desigualdades raciais significativas. Considerando o destaque dado à questão da origem social neste livro e na literatura sobre o tema, optou-se por examinar o alcance educacional dos filhos cujos pais têm nível superior.

Foram selecionados os domicílios em que pelo menos o responsável ou o cônjuge tenham completado o ensino superior. Nesse caso, considerou-se a raça do responsável pelo domicílio. A partir dessas informações, realizaram-se as análises de alcance educacional dos filhos. Assim, foram selecionados os domicílios em que havia pelo menos um filho maior de 14 anos (visto que não foram realizadas análises considerando as transições "ingressar no ensino básico" e "concluir 4 anos de estudo").

O gráfico a seguir demonstra a proporção de negros que compõem esse grupo (filhos cujos pais possuem nível superior completo) e a renda domiciliar *per capita* de brancos e negros. Em 1980, dentre os filhos cujos pais tinham ensino superior, apenas 9,3% eram negros; em 1990, esse percentual passou para 15,1%, mantendo-se estável em 2000 (14,9%). Em 2010, essa proporção saltou para 29,1%. Em relação à renda, notam-se vantagens significativas dos filhos pertencentes ao grupo branco. Em 2010, a renda domiciliar *per capita* dos brancos atingiu R$ 3.313,14 e a dos negros, R$ 2. 058,10.

Gráfico 8 – Proporção de filhos negros dentre as famílias de pais com ensino superior e renda domiciliar *per capita* (RDPC) das famílias, segundo cor/raça – Brasil, 1980-2010

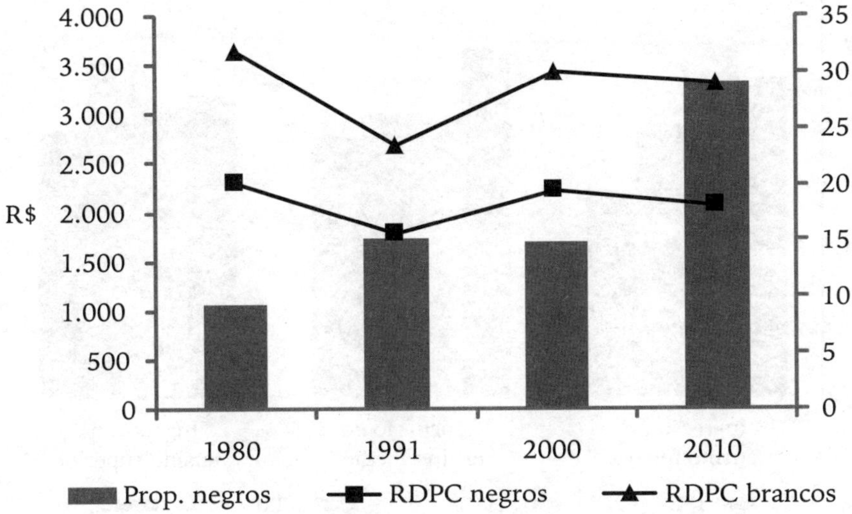

Fonte: IBGE, Censos Demográficos 1980-2010. Tabulações especiais do CEM.

Esses dados apontam que, quando se consideram os filhos cujos pais têm nível superior, há presença maciça de brancos, e com fortes vantagens de renda. Tal cenário revela quais foram as chances desses filhos na realização educacional. Como se trata de uma análise longitudinal, a ideia é captar como, ao longo das décadas analisadas, o alcance educacional dos indivíduos cujos pais tinham nível superior se diferenciava pela condição racial.

O Gráfico 9 apresenta as razões de chance[10] dos filhos cujos pais têm nível superior de completar as três transições educacionais (ingresso no ensino médio, conclusão do ensino médio e ingresso no ensino superior). A pergunta que este gráfico responde é: considerando apenas os indivíduos que concluíram uma etapa escolar, quais são as chances de ingressar na etapa seguinte?

---

10 A análise das razões de chance foi realizada considerando a proporção de "sucesso" no interior de cada grupo e a razão entre os grupos. Ou seja: Razão de chance = (Pb/1-Pb)/(Pn/1-Pn) = Pb x (1 – Pn) / Pn x (1 – Pb); em que: Pb = proporção de brancos que atingiram o nível escolar e Pn = Proporção de negros que atingiram o mesmo nível escolar. Valores menores significam menores desigualdades.

Gráfico 9 – Razões de chance do grupo de brancos realizar as transições educacionais* – Brasil, 1980-2010

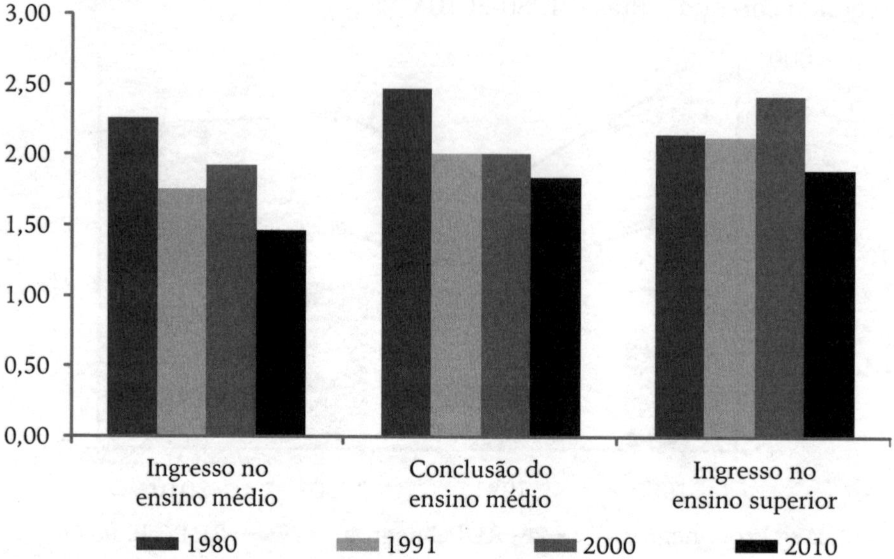

Fonte: IBGE, Censos Demográficos 1980-2010. Tabulações especiais do CEM.

* Foram considerados apenas os que realizaram a transição prévia.

Em geral, houve redução das desigualdades raciais ao longo do tempo nas três transições, com algumas especificidades. Para ingresso no ensino médio, nota-se um declínio da vantagem do grupo branco (que cai de 2,25 vezes para 1,5), sendo que, entre 1990 e 2000, houve ligeiro aumento. Para a conclusão do ensino médio, observa-se queda brusca da posição dos brancos entre 1980 e 1990, nenhuma mudança entre 1990 e 2000 e ligeira queda entre 2000 e 2010. A vantagem dos filhos brancos para ingresso no ensino superior não se altera entre 1980 e 1990, aumenta entre 1990 e 2000 e diminui entre 2000 e 2010.

O interesse final desta análise é destacar quais foram as chances, nas décadas analisadas, de os filhos conseguirem se aproximar do destino dos pais, ingressando no ensino superior. O gráfico a seguir traz dados específicos sobre essa transição. Considerando os que concluíram o *ensino médio* e que *ingressaram no ensino superior*, observa-se desigualdade um pouco maior. Dentre os brancos, a proporção que ingressa é de 87,1%, e, dentre os negros, de 78,1%.

Gráfico 10 – Proporção e razão de chance de ingresso no ensino superior de filhos de pais com nível superior, maiores de 18 anos, segundo cor/raça* – Brasil, 1980-2010

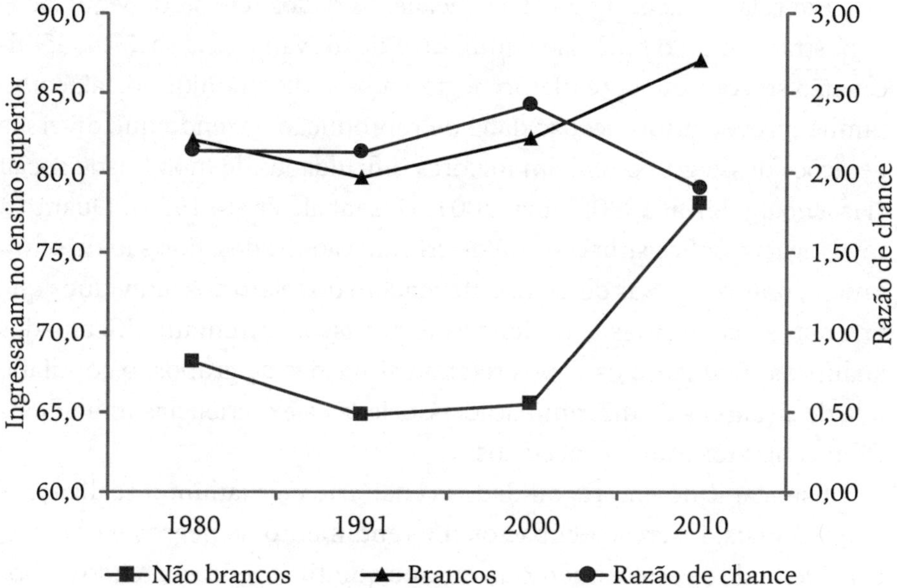

Fonte: IBGE. Censos Demográficos 1980-2010. Tabulações especiais do CEM.

* Concluíram o ensino médio e ingressaram no ensino superior.

Analisando a linha das razões de chance, conclui-se que, entre 1980 e 1990, a vantagem dos grupos brancos não se alterou; entre 1990 e 2000, aumentou; e, entre 2000 e 2010, decresceu, marcando mais uma vez a especificidade do último período no que diz respeito à tendência de mudança do cenário racial brasileiro.

Considerações finais

Ao longo deste capítulo, procurou-se demonstrar que a condição racial é um atributo importante no entendimento das desigualdades sociais em geral. Ao mesmo tempo, a construção dessa agenda de pesquisa sempre se deparou com a necessidade de lidar com o cerne da questão, qual seja, raça e classe. Essa dificuldade não é exclusiva da sociedade brasileira, mas por aqui ganha contornos muito específicos. Isso fica claro com a revisão dos estudos clássicos sobre o tema no Brasil, nos quais se percebe uma distinção entre a análise das desigualdades e a das relações raciais.

Em relação às desigualdades raciais, os dados têm sido inequívocos e mostram como o processo cumulativo de desvantagens socioeconômicas não só colocou a população negra na base da pirâmide social, como também revelou forte capacidade de reprodução, fazendo que diversas gerações desse grupo tenham maiores dificuldades de mobilidade social (Hasenbalg; Silva, 1990; Lima, 2001; Hasenbalg et al., 1999). Quanto à investigação sobre situações de discriminação, os desafios são de outra ordem, pois pesquisas desse tipo dependem do relato dos indivíduos que viveram suas próprias experiências e, por isso, enfrentam dificuldades analíticas. Enquanto os dados relatam situações de grupos, o cotidiano fala de situações de discriminação associadas a experiências individuais e em contextos muito específicos.

Este capítulo empregou dados censitários e examinou realizações educacionais, inserção ocupacional e rendimento de negros e brancos, considerando o pertencimento ao mesmo quintil de renda ou tendo ambos a posse de ensino superior ou pais com nível superior, para investigar o efeito racial dentro de condições semelhantes de classe.

Os achados mais importantes apontam que as desigualdades raciais diminuíram, mas, dado seu alto índice nos anos 1980, ainda é possível encontrar taxas expressivas em 2010. Além disso, o rendimento familiar interfere na diminuição da desigualdade, apresentando menos desequilíbrios dentro dos quintis de renda. Porém, novamente há resquícios dessa desigualdade, principalmente se se considerar o acesso ao nível superior entre os mais pobres.

No que diz respeito aos retornos no investimento em educação superior, o pertencimento ao grupo dos graduados é fator importante, porém não decisivo para diminuir desigualdade racial. Entre as carreiras escolhidas, há diferenças na inserção nos estratos ocupacionais e, mesmo entre aqueles que têm qualificações e inserções semelhantes, as distorções salariais persistem.

Por fim, a posse do diploma superior dos pais tem impacto decisivo no alcance educacional dos filhos. Nesse item, a desigualdade racial se expressa pela baixa proporção de negros dentre aqueles cujos pais têm nível superior e pela maior desigualdade para que esses filhos façam a transição entre o ensino médio e o ingresso na universidade. Essas diferenças, porém, têm diminuído ao longo do tempo.

PARTE III

POLÍTICAS PÚBLICAS

7
Trazendo o conceito de cidadania de volta: a propósito das desigualdades territoriais[1]

Marta Arretche[2]

A renda ocupa espaço privilegiado nas análises sobre a desigualdade. A literatura comparada tende a se concentrar nos efeitos das políticas sociais sobre a desigualdade de rendimentos entre os indivíduos e, por consequência, os trabalhos que analisam políticas de transferência de renda (previdenciárias e assistenciais) têm grande centralidade nessa agenda de estudos. Esta não era, contudo, a noção de redução das desigualdades sociais associada ao conceito de cidadania que se consolidou no século XX. Diferentemente, a cidadania havia sido concebida como o direito dos cidadãos a um mínimo de bem-estar econômico e segurança, que lhes permitisse viver como seres civilizados conforme os padrões correntes na sociedade, de modo a expandirem suas liberdades reais. Além de estabelecer que o bem-estar deveria incluir o acesso a bens essenciais,

1 Agradeço a valiosa colaboração de Patrick Silva, Rogério Barbosa e Edgard Fusaro na elaboração dos dados estatísticos, bem como a de José Donizete Cazzolato na confecção dos mapas. Esta versão final beneficiou-se dos comentários de Eduardo Marques, Edgard Fusaro e Patrick Silva, bem como dos participantes do II Workshop do Projeto Censo, do Centro de Estudos da Metrópole, em março de 2013.

2 Professora do Departamento de Ciência Política da FFLCH/USP.

essa concepção de cidadania definiu também que o direito a tais serviços deveria estar dissociado da renda dos indivíduos (Esping-Andersen, 1985b, 1990; Marshall, 1967; Sen, 1999).

Desse modo, o acesso a serviços sociais é uma dimensão do bem-estar distinta e não redutível aos rendimentos. Assim, pessoas com mesmos ganhos podem ter padrões de vida muito diferentes caso tenham distinto acesso a serviços. Além disso, a renda real é afetada pela desigualdade de acesso a serviços, dado que indivíduos com a mesma renda nominal poderão ter padrões de consumo diferentes dependendo do peso do gasto com bens essenciais em seus respectivos orçamentos.

De modo geral, os estudos sobre a relação entre renda e acesso a serviços tomam os domicílios como unidade de observação. Este texto parte da premissa de que essa associação, ainda que essencial, não é suficiente para explicar os fatores que afetam desigualdades de acesso a serviços. Diferentemente dos bens privados, o consumo de bens coletivos não depende apenas da decisão de compra por parte dos indivíduos. Exemplificando, o consumo de energia elétrica, água e esgoto, coleta de lixo, atendimento em saúde e educação requer sua oferta a uma distância acessível à residência dos indivíduos. Assim, o lugar onde moram importa para o acesso a esses serviços, ou seja, a distribuição espacial da oferta tem um efeito independente sobre as condições de acesso dos indivíduos. A distribuição territorial da provisão de serviços tem consequências, mas os prestadores tomam suas decisões de oferta com base nas características das jurisdições. Para efeitos da análise a ser realizada neste texto, assumi que essa decisão de oferta pode ser afetada pela riqueza das jurisdições ou pelos recursos de sua população.

Os dados aqui apresentados revelam que o Brasil mudou muito nos últimos quarenta anos no que diz respeito à oferta estatal de serviços essenciais. Nos anos 1970, a ausência de serviços básicos – água, esgoto, energia elétrica – assim como baixos níveis de escolaridade eram generalizados em quase todo o território nacional. Nenhum município brasileiro tinha pelo menos 50% de sua população com mais de 15 anos com ensino fundamental completo. Dos 3.952 municípios existentes à época, só um tinha pelo menos 80% de sua população com acesso à rede de esgoto, apenas dez apresentavam essa taxa de cobertura para serviços de abastecimento de água e somente 73 tinham essa cobertura para energia elétrica.

Em 2010, em 91% dos municípios brasileiros, pelo menos 90% da população tinham acesso à energia elétrica.[3] Em 1.868 municípios – em um universo de 5.564 –, pelo menos 80% dos cidadãos dispunham de rede geral de água. Em 2.190 municípios – 40% do total –, pelo menos 80% da população contavam com serviços de coleta de lixo.

Entre 1980 e 2010, a taxa de mortalidade infantil no Brasil caiu de 69 para 16 por mil nascidos vivos, e a esperança de vida passou de 62 para 73 anos.[4] A população de mais de 18 anos que chegou ao ensino médio pulou de 6,2 milhões para 39,7 milhões; a que atingiu o ensino superior passou de 3,4 milhões para 21,5 milhões. Ambas aumentaram em mais de seis vezes no período.

Embora tivesse havido expressiva expansão das coberturas em diversas políticas essenciais, isso não implicou universalização do acesso a serviços (à exceção do setor de energia elétrica, única política que eliminou as desigualdades de acesso). Expansão das coberturas e sobrevivência de desigualdades caracterizam a trajetória do acesso a serviços essenciais no Brasil nos últimos quarenta anos.

A expansão das coberturas foi acompanhada de redução global das desigualdades territoriais. Contudo, quando o ponto de partida são taxas muito baixas e inicia-se um processo de expansão das coberturas, pode mesmo ocorrer aumento das desigualdades se essa expansão for concentrada em algumas jurisdições e outras forem deixadas para trás. Assim, altas taxas globais de cobertura podem estar associadas à permanência de espaços territoriais com prestação muito baixa ou mesmos grupos de jurisdições com prestação média. Logo, o problema a ser respondido não é apenas se ocorreu redução das desigualdades territoriais, mas qual a sua direção, isto é, qual a associação entre essa expansão das coberturas e a riqueza das jurisdições ou das populações por ela beneficiadas. Trata-se, pois, de saber se as jurisdições favorecidas são aquelas que têm mais

3 As diferenças em relação às taxas de cobertura relatadas no capítulo de Eduardo Marques (p.223, neste volume) dizem respeito à inclusão da população rural em minha análise.

4 Consultar, neste volume, o capítulo "Saúde e desigualdade no Brasil" (p.249), de Vera Schattan P. Coelho e Marcelo F. Dias.

riqueza – e, portanto, maior capacidade de implantação dos serviços – ou aquelas que possuem uma população mais rica – e, consequentemente, maior capacidade de pagamento pelos serviços.

Este capítulo examina a trajetória da desigualdade de acesso a serviços essenciais no Brasil de 1970 a 2010, com base nos dados censitários. O período analisado permite explorar a contribuição de distintos períodos da história brasileira para o acesso dos cidadãos a serviços essenciais: o regime militar (cujo legado pode ser observado em 1980), a redemocratização e o primeiro governo civil escolhido ainda sob as regras da transição, o do presidente José Sarney (em 1991), e o período democrático recente. Para este último, é possível examinar a contribuição dos governos Fernando Henrique Cardoso (1995-2002) e Luiz Inácio Lula da Silva (2003-2012). Os anos 2000 e 2010, respectivamente, serão tomados como legados de cada um destes governos. Para essa finalidade, o presente estudo tomará os municípios brasileiros como unidade de análise, por se tratar da unidade de observação mais plausível de tratamento estatístico desagregado nos dados censitários.[5]

O capítulo mostra que os quarenta anos compreendidos entre 1970 e 2010 apresentaram melhora generalizada em todas as dimensões clássicas de bem-estar nos municípios brasileiros: renda, capital humano e capital físico. Entretanto, a desigualdade de riqueza, medida pelo PIB *per capita*, permaneceu rigorosa e escandalosamente estável, ao passo que aumentou a desigualdade territorial da concentração de pobres. Por outro lado, as desigualdades em formação educacional e infraestrutura física (energia elétrica, água e esgoto e coleta de lixo) declinaram sistematicamente. A exceção a essa trajetória é a da oferta de médicos, cujos padrões de desigualdade permaneceram praticamente estáveis.

---

5 A menor unidade de análise disponível nos Censos de 2000 e 2010 é a área de ponderação, mas ela não está disponível nos demais Censos. Para agregar as informações dos cinco últimos Censos Demográficos, dois procedimentos foram adotados. Em primeiro lugar, o número de municípios aumentou sistematicamente ao longo do período. Eram 3.991 em 1970, chegando a 5.564 em 2010. Converter o universo de municípios de cada Censo – mantendo o número de 1970 ou fracionando a população dos municípios derivados de desmembramento a cada Censo – implicaria dificuldades metodológicas incontornáveis. Assim, o universo de cada Censo foi mantido, o que pressupõe que resultados obtidos para cada período não são diretamente comparáveis com os demais. Não foi incluído o ano de 1960 na análise porque os dados disponíveis não permitem sua desagregação para os municípios.

A despeito da trajetória similar de expansão territorial, ainda em 2010 as taxas de cobertura variavam bastante entre as políticas, e aquelas políticas que apresentam mais baixas taxas de cobertura também apresentam maior desigualdade territorial. Assim, a desigualdade territorial de acesso a serviços essenciais só é baixa quando este se torna universal no território nacional.

A trajetória de expansão das coberturas é marcada por alta associação entre riqueza das jurisdições, renda da população e oferta de serviços essenciais. Mesmo não sendo possível determinar a direção da causalidade, o fato é que a melhora dessas diferentes dimensões do bem-estar tendeu a ocorrer conjuntamente. O progresso na produção de riqueza tende a ser acompanhado da redução no percentual de pobres e da expansão na oferta de serviços essenciais.

Essa trajetória de melhora das condições do bem-estar seguiu um percurso espacial bastante claro: a região Sudeste, em particular o estado de São Paulo, era mais bem servida nos anos 1970 e caminhava para a universalização já nos anos 1980; a expansão da cobertura em direção à universalização ocorreu, em segundo lugar, nas regiões Sul e Centro-Oeste; as regiões Norte e Nordeste só obtiveram patamares elevados de cobertura quando o serviço em questão já estava praticamente universalizado em todo o território nacional.

A trajetória das desigualdades territoriais

Na década de 1970, o acesso a serviços essenciais não era apenas muito baixo. As coberturas existentes estavam concentradas no Sul e Sudeste, como se verá mais adiante. Grande parte da população que vivia acima do paralelo 20° simplesmente não contava com acesso a redes de água, esgoto e energia elétrica. Mesmo indivíduos de renda média e (até) alta não contavam com a oferta pública desses serviços. Altas taxas de pobreza caracterizavam o território nacional. No que diz respeito à concentração de pobres, também havia uma relativa igualdade territorial. Contudo, tratava-se de uma igualdade na pobreza, já que a esmagadora maioria dos municípios era habitada por vasta camada de população pobre. A produção de riqueza, por sua vez, estava concentrada em um pequeno número de municípios localizados nas regiões Sul e Sudeste.

Entre 1970 e 2010, a desigualdade de riqueza entre os municípios permaneceu praticamente inalterada e aumentou a desigualdade territorial no tocante à concentração de pobres, ao passo que a expansão das coberturas nas políticas essenciais – com exceção da oferta de médicos – foi acompanhada de queda na desigualdade territorial. Essa trajetória pode ser visualizada no Gráfico 1, que apresenta coeficientes de Gini para as taxas de cobertura da população em políticas selecionadas, bem como para características sociodemográficas e econômicas relevantes, como o percentual de pobres[6] e o PIB municipal *per capita*. O gráfico mostra que a desigualdade de PIB *per capita* caiu muito pouco ao longo do período, de 0,494 para 0,403.

Em 1970, alguns poucos municípios do Sul e Sudeste apresentavam os mais altos valores de PIB *per capita*, ao passo que os mais pobres estavam concentrados na região Nordeste. Em 1980, expandiu-se o número de municípios que nas regiões Sul e Sudeste apresentavam as mais altas taxas de riqueza, tendo ocorrido também alguma expansão da riqueza na região Centro-Oeste. Permaneceu, contudo, a região Nordeste com configuração bastante similar à de 1970, isto é, com os mais baixos valores de PIB *per capita* do território nacional. É espantosa a semelhança na desigualdade espacial de PIB *per capita* para os anos 1991, 2000 e 2010. As regiões Sul e Sudeste abrigam os municípios mais ricos, as regiões Centro-Oeste e Norte têm ilhas de riqueza cercadas por municípios com riqueza de nível intermediário. Os municípios da região Nordeste permanecem de modo geral com um padrão estável, sendo os mais pobres

6 A variável foi calculada a partir dos Censos Demográficos. Foram aplicados os deflatores de Corseuil e Fogel (2002) para os valores de 2010. Foi calculada a renda domiciliar *per capita* (excluindo agregados, pensionistas, empregados domésticos e parentes de empregados domésticos) e operado um corte entre indivíduos com renda domiciliar *per capita* superior e inferior a R$ 255,00 (meio salário mínimo conforme o valor legal para 2010). Indivíduos com renda inferior a esse valor foram denominados pobres e receberam 1 na variável indicadora de pobres. Indivíduos com renda superior a esse valor foram denominados "não pobres" e receberam o *score* 0. Para calcular a proporção de pobres por município, foram somados os valores dessa variável indicadora por município, o que resulta no número de indivíduos pobres. O valor obtido foi dividido pela população total do município.

quando comparados aos demais. Assim, ainda que os valores no PIB *per capita* tenham aumentado devido ao crescimento econômico, a desigualdade permanece praticamente inalterada.

Gráfico 1 – Coeficientes de Gini, PIB *per capita* e acesso a serviços essenciais – Municípios brasileiros, 1970-2010

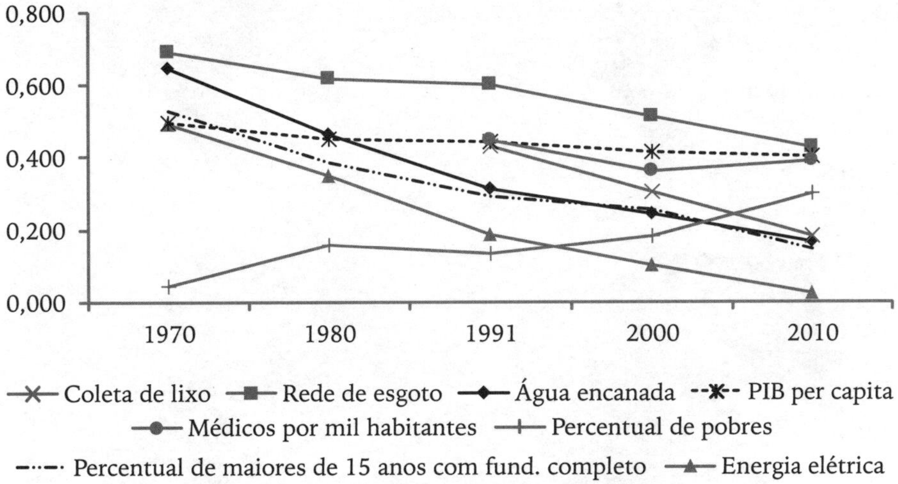

Fonte: IBGE, Censos Demográficos 1970-2010, Pesquisa Nacional Por Amostra de Domicílios (PNAD). Tabulações especiais do Centro de Estudos da Metrópole (CEM).

Esses dados confirmam os achados dos estudos de economia regional, que afirmam que as regiões brasileiras tornaram-se proporcionalmente mais desiguais entre si e mais homogêneas internamente. Em períodos de rápido crescimento econômico, a desigualdade de renda *per capita* entre as regiões tende a se acentuar, em favor do Sudeste (Azzoni, 1997). Há “clubes de convergência”: o Distrito Federal e o estado de São Paulo lideram o grupo de renda mais alta (concentrado no Sudeste), ao passo que os estados do Nordeste formam o clube de renda baixa (Magalhães; Hewing; Azzoni, 2005). Entre os municípios também há “clubes de convergência” que têm caráter regional, isto é, aqueles de baixa renda estão localizados nas regiões Norte e Nordeste, enquanto os de renda mais elevada concentram-se nas regiões Sudeste, Sul e Centro-Oeste (Araujo et al., 2010; Chein; Lemos; Assunção, 2007; Coelho; Figueiredo, 2007; Laurini; Andrade; Pereira, 2003; Ribeiro; Almeida, 2012).

Mapa 1 – PIB *per capita* (padronizado)[7] – Brasil, 1970-2010

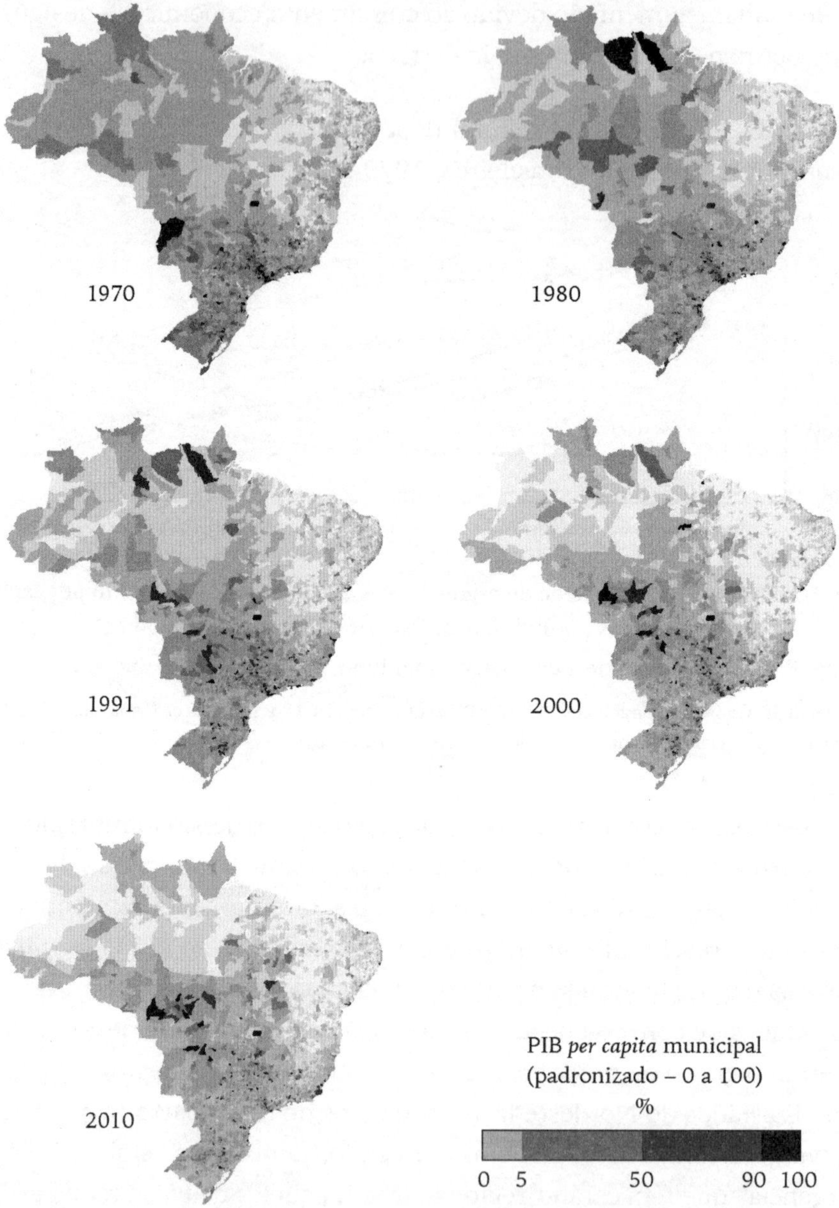

Fonte: IBGE, Censos Demográficos 1970-2010, PNADs. Tabulações especiais do CEM.

7 Foram utilizados os PIBs municipais em reais de 2000, disponíveis no *site* do IpeaData (www.ipeadata.gov.br), do Instituto de Pesquisa Econômica Aplicada (Ipea), e na pesquisa sobre PIBs municipais do IBGE. Os valores foram deflacionados pelas próprias instituições

Contudo, entre 1970 e 2010 aumentou a desigualdade entre os municípios brasileiros no que diz respeito à concentração da pobreza, medida pelo percentual de indivíduos vivendo com renda inferior a meio salário mínimo, em valores de 2010 (ver nota 6). O resultado parece paradoxal se se considerar a queda consistente da desigualdade de renda *entre os indivíduos* nas últimas décadas (Neri; Souza, 2012; Soares, 2010). O dado indica, porém, que a redução da pobreza e da desigualdade de renda teve *desigual distribuição territorial*, aumentando a distância entre áreas com menor e maior concentração de pobres. Os patamares médios de pobreza se reduziram muito, o que quer dizer que a grande maioria dos municípios brasileiros tem muito menores contingentes de população pobre. A desigualdade nesse indicador aumentou porque continuam existindo municípios com muita pobreza, cuja distribuição territorial é concentrada.

Essa trajetória pode ser visualizada no Mapa 2. Observe-se que a menor desigualdade na concentração de pobres de 1970 é expressão da sua massiva presença em todo o território. A mais baixa taxa de desigualdade revela que a esmagadora maioria dos municípios hospedava amplas camadas de população pobre. Já nos anos 1980, o aumento da desigualdade territorial da concentração de pobres distingue as regiões Sul, Sudeste e Centro-Oeste, de um lado, com menor concentração de pobres, das regiões Norte e Nordeste, de outro, com maior concentração. Em 1991, as taxas de pobreza eram mais elevadas em todas as regiões – inclusive em áreas das regiões Sul e Sudeste –, como resultado dos baixos índices de crescimento econômico da década de 1980. Mas a desigualdade territorial permanecia, dado que as regiões Norte e Nordeste (e a parte norte da região Sudeste) apresentavam as maiores taxas de concentração de

---

(Ipea e IBGE), com base no deflator implícito do PIB. Essa medida foi deixada em preços fixos de 2000. Os dados da população utilizados foram os dos Censos Demográficos. Após o cálculo do PIB *per capita*, foi realizada a padronização dos valores para uma escala de 0 a 100, utilizando a fórmula:

$$\textit{PIB per capita padronizado} = \frac{\textit{PIB per capita}_i - \textit{PIB per capita}_{min}}{\textit{PIB per capita}_{max} - \textit{PIB per capita}_{min}} * 100$$

Objetivando controlar a variação na padronização, os valores de PIB maiores que o 99º percentil foram retirados do cálculo e reinseridos com o valor de 1 após a padronização.

pobres. Ainda que as taxas de pobreza tenham caído na região Norte em 2000, a divisão territorial entre parte da região Norte, a região Nordeste e o norte da região Sudeste, de um lado, e o Sul e Sudeste, de outro, permanece uma constante. Por fim, embora as taxas de pobreza tenham se atenuado nas regiões Norte e Nordeste em 2010, elas caíram ainda mais nas regiões Sul e Sudeste.

Dado o conceito de concentração de pobreza adotado neste trabalho (indivíduos vivendo com meio salário mínimo),[8] o comportamento do indicador *não* é afetado pela cobertura do Programa Bolsa Família, cuja população-alvo são famílias em condição de indigência. Por outro lado, o indicador capta o impacto dos dois outros fatores apontados pela literatura como principais responsáveis pela redução da desigualdade entre indivíduos, quais sejam, o valor do salário mínimo e dos rendimentos no mercado de trabalho (Soares, 2010).

O indicador "concentração de pobres" capta a distribuição da renda no interior de cada município. Mantida constante a renda *per capita*, as taxas de pobreza podem variar bastante a depender da desigualdade na distribuição da renda (Barros; Henriques; Mendonça, 2000). Nessa dimensão, a trajetória das regiões também não foi homogênea. A queda da desigualdade foi mais intensa na região Sudeste, possivelmente devido ao fato de que os ganhos de produtividade dos pobres da região Sudeste foram mais intensos do que os das regiões Norte e Nordeste (Manso; Barreto; França, 2010a, 2010b; Pinto; Oliveira, 2010). Como resultado, a desigualdade de renda varia entre os estados e regiões, sendo mais elevada na região Nordeste e nos estados de Rio de Janeiro, Espírito Santo e Minas Gerais e mais baixa em São Paulo e na região Sul (Hoffmann, 2010). É possivelmente devido a esse fato que a elevação do coeficiente de Gini da concentração de pobres é mais acentuada nas décadas de 1970 a 2000, nas quais ocorreu crescimento econômico.

Portanto, dois fenômenos coexistem na trajetória da distribuição espacial dos pobres no Brasil de 1970 a 2010. A pobreza foi expressivamente reduzida, porque caiu sistematicamente o percentual de pobres em todas as regiões. Entretanto, de um ponto de partida caracterizado

8 O salário mínimo de referência é o do ano de 2010, ou seja, R$ 510.

Mapa 2 – Percentual de pobres – Brasil, 1970-2010

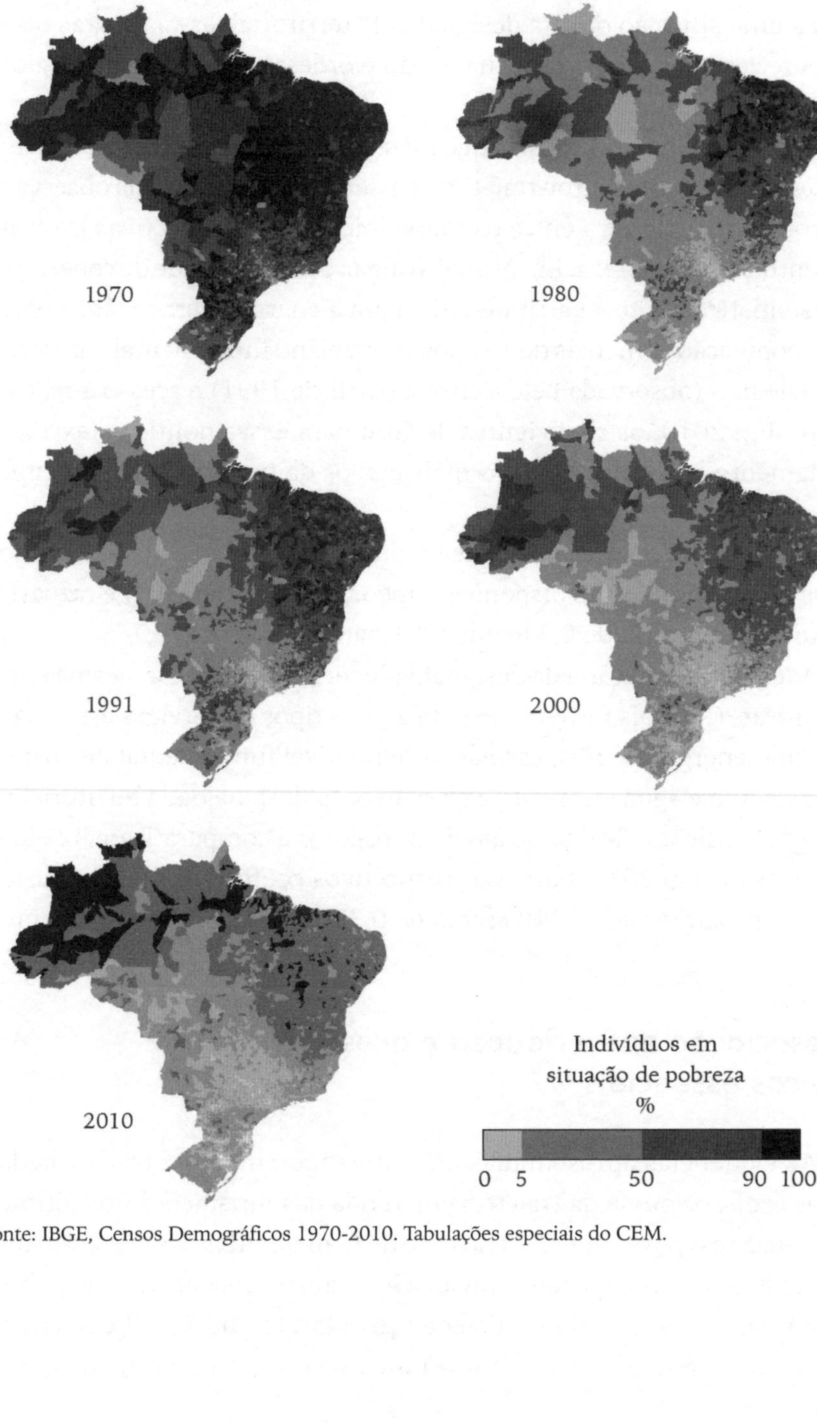

Fonte: IBGE, Censos Demográficos 1970-2010. Tabulações especiais do CEM.

pela baixa desigualdade territorial na pobreza em 1970, chega-se em 2010 a uma situação de alta desigualdade territorial: as mais altas taxas de pobreza estão concentradas na região Nordeste e em parte das regiões Norte e Sudeste.

Por fim, o Gráfico 1 mostra que a *desigualdade territorial de cobertura dos serviços essenciais* apresentou trajetória bastante distinta daquela observada na produção de riqueza entre os municípios e suas respectivas taxas de concentração de pobreza. Em primeiro lugar, a desigualdade de coberturas cai sistematicamente a partir de 1970 para a energia elétrica, água encanada, população com mais de 15 anos com ensino fundamental completo, coleta de lixo (observada pelo Censo a partir de 1991) e acesso à rede de esgoto. Em 2010, os coeficientes de Gini para essas políticas (exceto o esgotamento sanitário) eram os mais baixos da história brasileira: inferiores a 0,200.

Por outro lado, a desigualdade territorial da oferta de médicos (cujos dados no DataSUS estão disponíveis apenas a partir de 1991) é razoavelmente estável: passa de 0,446 em 1991 para 0,390 em 2010.

Ademais, a trajetória da desigualdade territorial não é a mesma entre as políticas. Cai mais fortemente para alguns tipos de serviços essenciais, tais como energia elétrica, escolaridade no nível fundamental de ensino, coleta de lixo e água encanada. Por sua vez, a desigualdade territorial na oferta de médicos e de ligação à rede de esgotos é comparativamente bastante elevada em 2010, pois seus respectivos coeficientes de Gini estão bastante próximos ao do PIB *per capita*: 0,390 e 0,427, respectivamente.

A associação entre riqueza e acesso a serviços essenciais

As evidências apresentadas até aqui sugerem que a trajetória das políticas dissociou-se da trajetória da renda das jurisdições nos últimos quarenta anos, posto que o coeficiente de Gini do PIB *per capita* permaneceu bastante estável, o coeficiente de Gini para a concentração de pobres aumentou, ao passo que os coeficientes para as diferentes políticas caíram. Ainda que a oferta de médicos seja uma exceção e a trajetória de queda seja bastante variável entre as políticas, a trajetória global é de redução das desigualdades territoriais de acesso a serviços essenciais. Essa conclusão é, contudo, *falsa*. Não decorre das evidências apresentadas. A razão é simples: os dados apresentados referem-se à desigualdade nas taxas de cobertura em cada uma das dimensões observadas e em cada um dos anos censitários. Nunca se referem à possível associação entre elas.

Para medir a existência (ou não) de relação entre todos os indicadores analisados simultaneamente, foi empregada uma análise fatorial para todas as variáveis cujos dados estão disponíveis para o período 1970-2010. As variáveis "coleta de lixo" e "médicos por mil habitantes" foram, portanto, excluídas. Além disso, para fins de interpretação, todas as variáveis foram operacionalizadas de forma a expressar a melhor situação de cada uma, fazendo que no indicador sintético os maiores valores correspondam às posições mais privilegiadas.[9] Assim, na dimensão relacionada à concentração de pobreza, a variável utilizada foi o "percentual de indivíduos vivendo com *mais* de meio salário mínimo".[10]

Os procedimentos metodológicos foram os seguintes. Foi realizada uma análise fatorial para os dados de 1970. A seguir, replicou-se a estrutura de pesos obtida a partir dessa modelagem para os dados dos demais censos demográficos do estudo, de forma a observar como o indicador sintético se comportou em cada ano censitário. Na modelagem foi extraído um único fator, cuja explicação da variabilidade total foi de 80,4%.[11] Esse resultado indica, portanto, que *há uma associação entre expansão da cobertura*

9 Agradeço a Edgard Fusaro esta solução metodológica, em particular por suas implicações para a análise que segue.

10 Na dimensão de riqueza econômica, efetuou-se uma transformação matemática, de forma que a variável que fez parte da modelagem foi o "logaritmo neperiano do PIB *per capita* do município".

11 Os coeficientes dos escores fatoriais, na sua forma original, são os seguintes: (i) percentual de indivíduos vivendo em domicílios com esgotamento sanitário: 0,193; (ii) percentual de indivíduos vivendo em domicílios com abastecimento de água (rede geral): 0,185; (iii) percentual de indivíduos vivendo em domicílios com energia elétrica: 0,194; (iv) percentual de indivíduos com 15 anos de idade ou mais, que possuem ensino fundamental completo: 0,187; (v) percentual de indivíduos vivendo com mais de meio salário mínimo, em valores de 2010: 0,190; (vi) logaritmo neperiano do PIB *per capita* do município (em R$ 1,00 do ano de 2000): 0,165.

nos serviços essenciais, PIB per capita *e desigualdade de renda nos municípios brasileiros nos últimos quarenta anos*.

Associação, contudo, não quer dizer causalidade. Não é possível afirmar se é a melhora na renda que explica a expansão do acesso a serviços, ou o contrário. O fato é que a melhora (ou sua ausência) tendeu a ocorrer em todas as dimensões simultaneamente. Municípios e regiões que experimentaram melhora na riqueza gerada em suas jurisdições também presenciaram redução nas taxas de pobreza e na cobertura de serviços essenciais. Em outras palavras, riqueza, redução da pobreza e acesso a serviços tiveram trajetória territorial semelhante no Brasil nos últimos quarenta anos.

A partir dos resultados obtidos pela análise fatorial, foi gerado um indicador sintético que consiste em uma reparametrização dos "escores fatoriais" para cada um dos anos censitários.[12] O indicador resultante varia em uma escala de 0 a 100, sendo que o valor 0 representa a pior situação e 100, a melhor.[13] O Gráfico 2 mostra o *boxplot* da trajetória do indicador sintético obtido para os municípios brasileiros, segundo as grandes regiões geográficas. Assim, os dados aí apresentados podem ser lidos como expressando a desigualdade em todas as dimensões tomadas de maneira conjunta, isto é, PIB *per capita*, presença de população não pobre e acesso a serviços essenciais (energia elétrica, água, esgoto e população acima de 15 anos com ensino fundamental completo).

O Gráfico 2 revela que em 1970 a desigualdade intrarregional era predominante. O Sul e o Sudeste abrigavam os municípios que apresentavam, de uma maneira geral, os melhores indicadores sintéticos, com marcada desigualdade no seu interior – a mediana e o tamanho do *box* (diferença entre o 3º e o 1º quartis) do fator sintético nessas regiões eram superiores às demais. Entretanto, a mediana variava pouco entre as regiões, isto é, era

12 Matematicamente, o indicador sintético foi obtido como:

$$Y = \frac{EF_{original} - EF_{original,\ mínimo}}{EF_{original,\ máximo} - EF_{original,\ mínimo}} *100$$

onde *Y* é o indicador sintético na escala 0 a 100 e *EF* corresponde ao "escore fatorial" original.

13 Vale destacar que, apesar de ser possível ordenar os municípios segundo os indicadores sintéticos, o mesmo não ocorre com a quantificação desses indicadores em termos *absolutos* de valores "grandes" ou "pequenos", somente relativamente.

igualmente baixa, com valores inferiores a 30. Embora a desigualdade no interior do Norte e Nordeste fosse menor, esta expressava relativa igualdade de privações, posto que o valor das medianas e o tamanho do *box* eram igualmente baixos.

De fato, em 1970, a oferta de serviços essenciais no Brasil era simplesmente péssima. Municípios em que mais da metade da população tinha acesso à rede elétrica eram raros e concentravam-se em São Paulo e nos estados do Sul. Mesmo nas regiões mais ricas, mais bem dotadas de serviços, a regra era que menos da metade da população contasse com serviços de energia elétrica. No Norte e Nordeste, o que prevalecia era a quase completa ausência de acesso à rede de energia, à exceção de algumas poucas cidades na costa litorânea (Mapa 3).

A escassez de serviços era ainda mais acentuada na cobertura de água e esgoto. Fortemente concentrada na região Sudeste e em algumas poucas cidades do Sul, a oferta não excedia mais da metade da população, mesmo naquelas cidades que contavam com alguma cobertura de serviços. Nas

Gráfico 2 – *Boxplot* dos indicadores sintéticos
Grandes regiões geográficas, 1970-2010

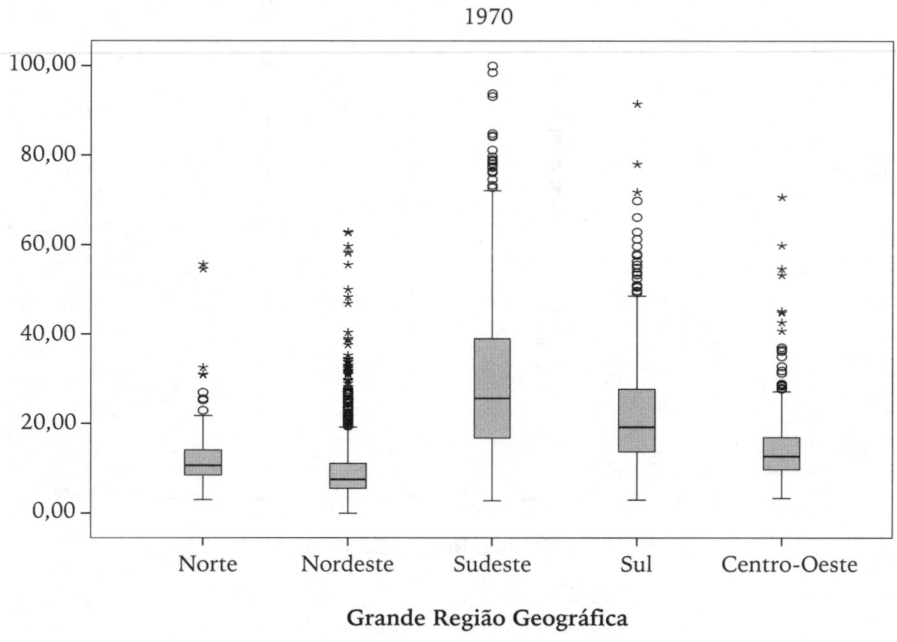

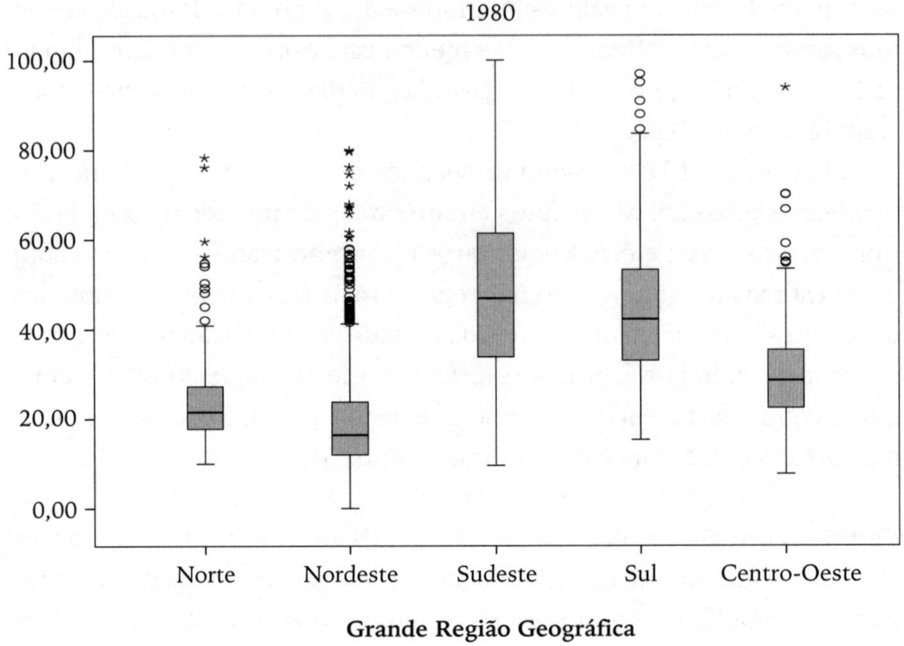
1980
100,00
80,00
60,00
40,00
20,00
0,00
Norte
Nordeste
Sudeste
Sul
Centro-Oeste
Grande Região Geográfica

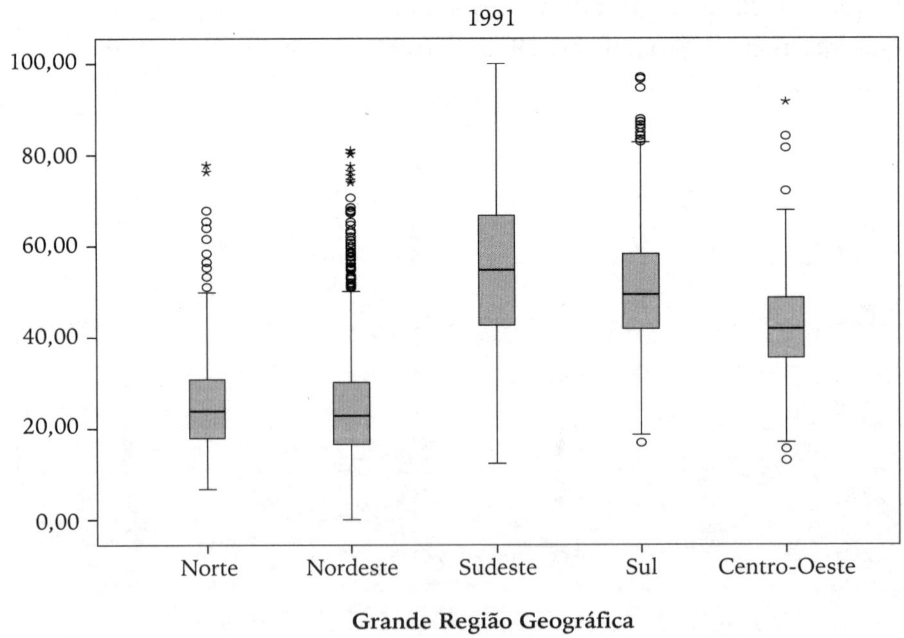
1991
100,00
80,00
60,00
40,00
20,00
0,00
Norte
Nordeste
Sudeste
Sul
Centro-Oeste
Grande Região Geográfica

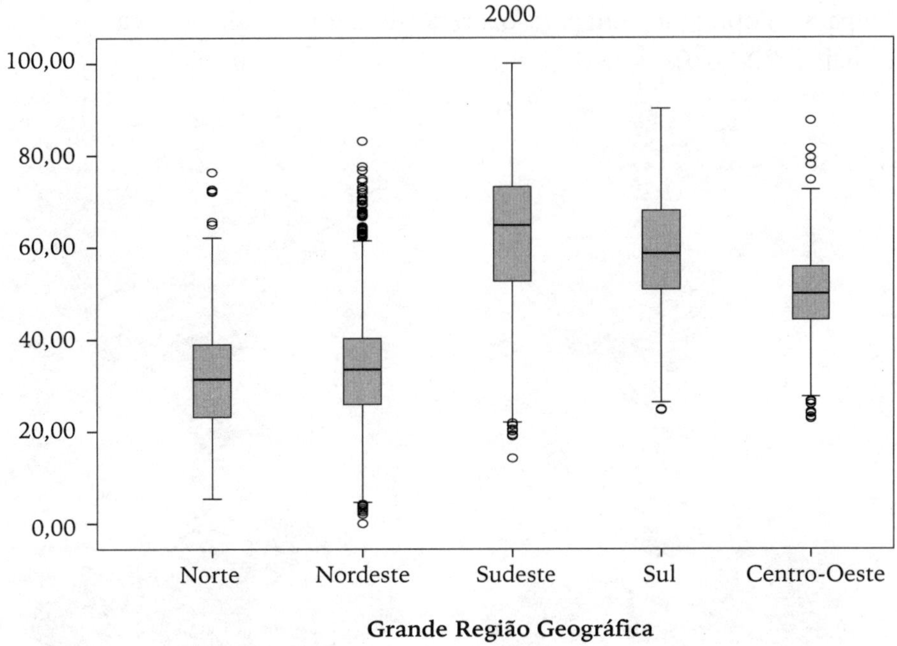

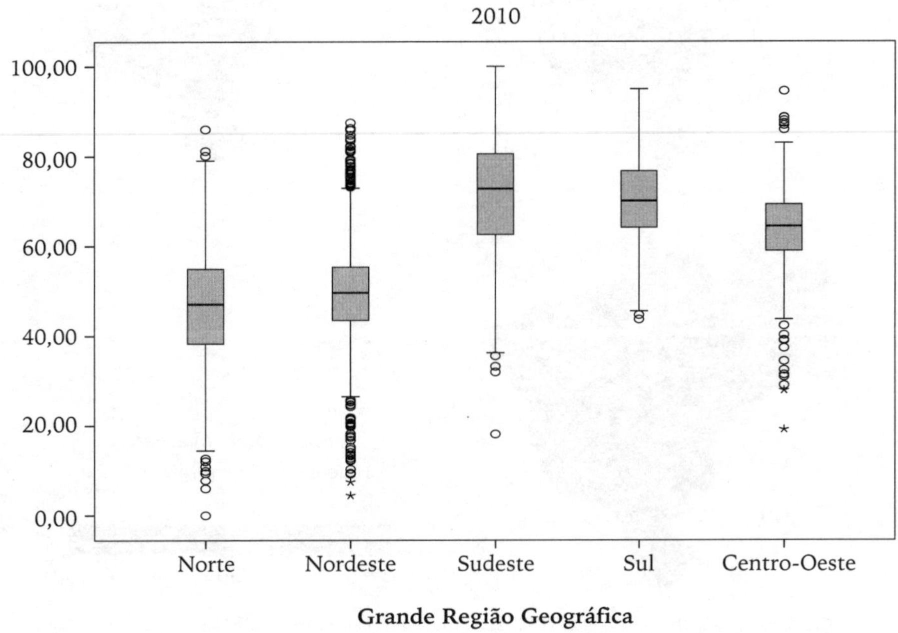

Fonte: IBGE, Censos Demográficos 1970-2010. Tabulações especiais do CEM.

Mapa 3 – População com acesso à rede geral de energia elétrica
Brasil, 1970-2010

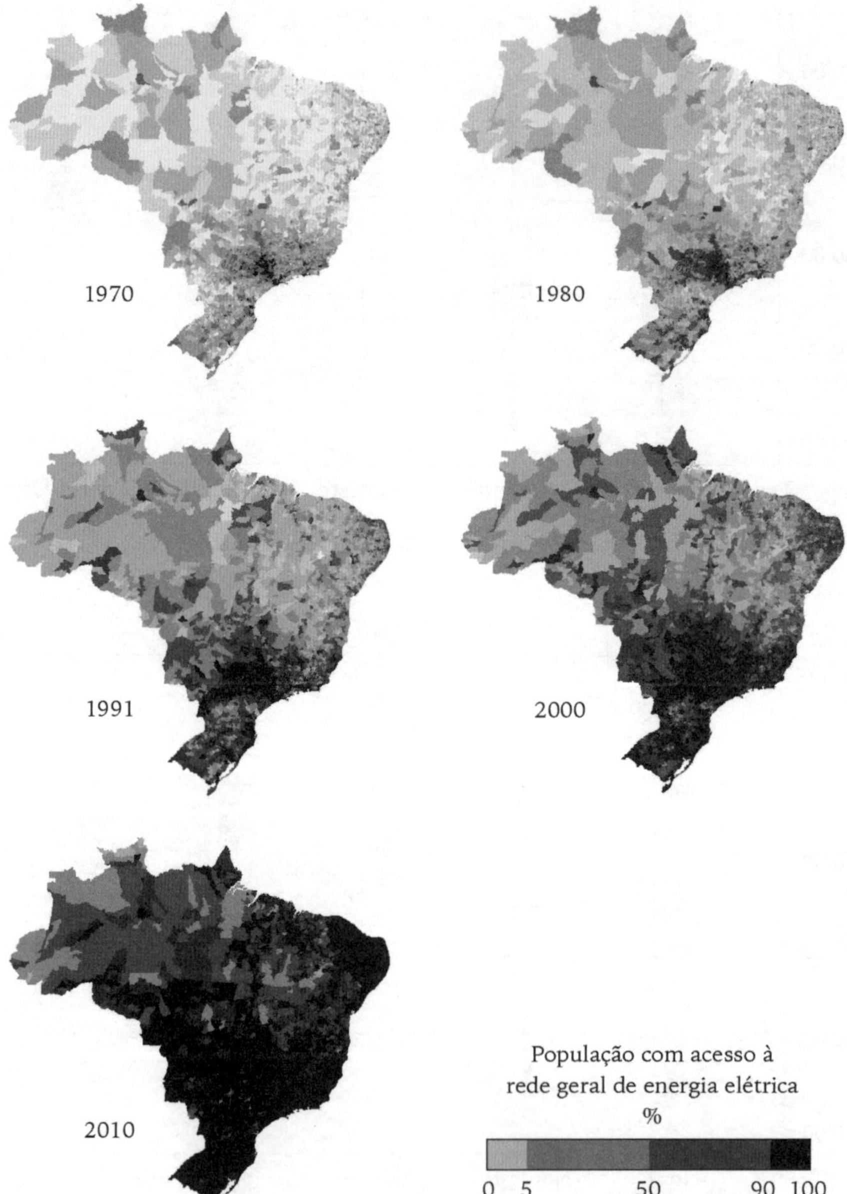

Fonte: IBGE, Censos Demográficos 1970-2010. Tabulações especiais do CEM.

regiões Norte, Nordeste e Centro-Oeste, contudo, era quase absoluta a ausência de acesso a redes domiciliares de abastecimento de água e coleta de esgoto (mapas 4 e 5).

As políticas do regime militar beneficiaram principalmente as regiões Sul e Sudeste, ainda que estas apresentassem razoável desigualdade intrarregional. Observe-se no gráfico 2 que o valor da mediana dessas regiões se eleva, bem como aumenta a extensão de seus *boxes* em 1980, comparativamente a 1970. Isso significa que alguns municípios no interior dessas regiões melhoraram bastante seus indicadores sintéticos, ao passo que os demais e aqueles das regiões Norte, Nordeste e Centro-Oeste não experimentaram taxas similares de melhora, embora tenha se elevado a desigualdade interna nessas últimas regiões.

Em 1980, foi bastante expandido o abastecimento de água e a ligação à rede de energia elétrica, quando comparados a 1970. Mas essa expansão foi concentrada nas áreas em que já havia alguma cobertura de abastecimento de água em 1970 (Mapa 4). A oferta de energia elétrica, por sua vez, se expandiu para quase todo o território (Mapa 3). Em ambas as políticas, na década de 1980, há marcada desigualdade territorial de cobertura. As cidades do Sul e Sudeste caminham em direção à universalização, ao passo que nas regiões Norte, Nordeste e Centro-Oeste são muito raros os municípios em que essa taxa excede metade da população.

A oferta de esgoto, por fim, apresentou ampliação de cobertura apenas nas regiões Sul e Sudeste. De modo geral, essa expansão basicamente diz respeito ao percentual de domicílios atendidos por serviços naquelas cidades que já contavam com alguma cobertura em 1970 (Mapa 5).

Portanto, as grandes realizações do regime militar – o Plano Nacional de Saneamento (Planasa), para os serviços de água e esgoto, bem como a criação da Eletrosul (em 1968), da Eletronorte (em 1973) e da Itaipu binacional, para os serviços de energia elétrica – de fato permitiram a expansão das coberturas. Entretanto, esta varia entre as políticas, sendo as da energia elétrica e do abastecimento de água muito mais rápidas do que a do abastecimento de esgoto. Além disso, essa expansão acentua as desigualdades regionais, já que as regiões Sul e Sudeste caminham na direção da universalização, enquanto o Norte e o Nordeste apresentam taxas de cobertura muito baixas.

Mapa 4 – População com acesso à rede de água – Brasil, 1970-2010

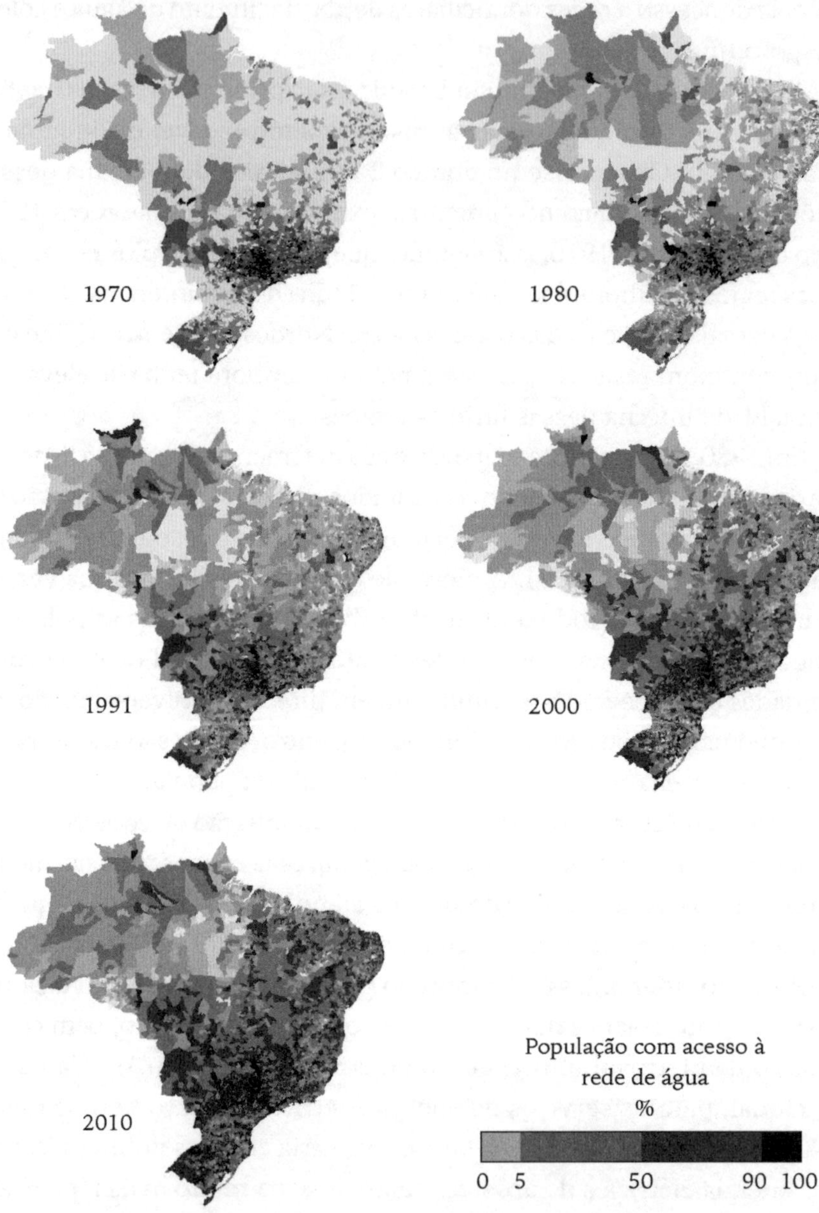

Fonte: IBGE, Censos Demográficos 1970-2010. Tabulações especiais do CEM.

Em 1991, muitos municípios apresentaram expressiva melhora no indicador sintético. Entretanto, esse avanço apresentou marcada distinção territorial. A mediana do indicador sintético era eminentemente mais elevada nas regiões Sul, Sudeste e Centro-Oeste, acompanhada de preservação das desigualdades no interior das áreas. Nas regiões Norte e Nordeste, por sua vez, tanto a posição mediana quanto a extensão do *box* permaneceram bastante similares às da década de 1980.

Também em 1991, a divergência de trajetórias das políticas ficou ainda mais evidente. O acesso à energia elétrica era praticamente universal no Sul, Sudeste e Centro-Oeste. Entretanto, restavam com menos da metade da população coberta o interior da região Nordeste e parte da região Norte (Mapa 3). Essa expansão pode ser creditada à conclusão de obras de grande porte iniciadas sob o regime militar: Itaipu, a maior hidrelétrica do mundo à época, que abasteceu a região Sudeste a partir de 1986, bem como a primeira parte do sistema de transmissão do Norte-Nordeste, que permitiu que a energia gerada na Bacia Amazônica pudesse ser distribuída na região Nordeste.

As políticas de água e esgoto, por sua vez, seguiram trajetória bastante diversa, ainda que implementadas e financiadas no âmbito de um mesmo Sistema Nacional inaugurado pelo regime militar – o Planasa, instituído em 1969 e implementado a partir de 1971. Para o esgoto, o paralelo 20° continuou sendo uma fronteira geográfica importante (Mapa 5); a oferta de água foi praticamente universalizada na região Sudeste – pois grande parte dos municípios alcançou taxas de cobertura superiores a 75% da população –, assim como se expandiu bastante nas regiões Norte e Nordeste, mas ali as taxas de cobertura eram de modo geral inferiores à metade da população (Mapa 4).

Para 1991, contamos também com dados sobre a coleta de lixo domiciliar e o número de médicos por mil habitantes (mapas 6 e 7). Embora esses dados não façam parte da construção do indicador sintético, nota-se que suas distribuições à época (exceto no que tange aos patamares) eram muito semelhantes às da cobertura de água e energia: concentração nas cidades do Sul e Sudeste e taxas muito baixas nas regiões Norte e Nordeste.

Nos anos 1980, combinou-se a transição política para o primeiro presidente civil, José Sarney, com elevada inflação e continuada crise

Mapa 5 – População com acesso à rede geral de esgoto – Brasil, 1970-2010

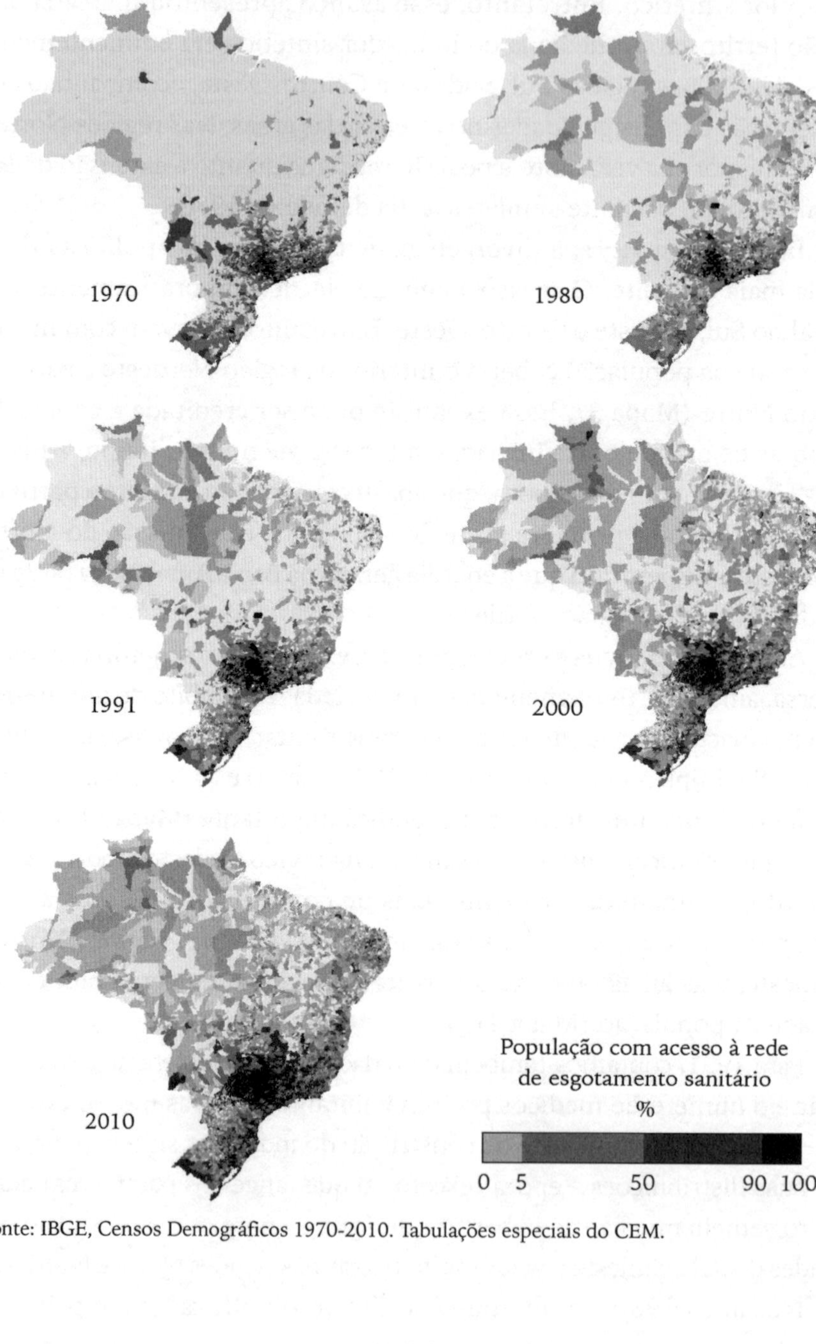

Fonte: IBGE, Censos Demográficos 1970-2010. Tabulações especiais do CEM.

econômica. Aquela foi considerada uma "década perdida" no plano econômico. Vilmar Faria (1992), contudo, contestou que tivesse sido uma década perdida para a oferta de serviços essenciais e demonstrou que havia ocorrido expressiva expansão de sua cobertura nesse período. Argumentava que a retomada de eleições livres tinha produzido incentivos para que os governos ampliassem sua cobertura. Suas principais evidências eram, contudo, aumentos nos valores percentuais da cobertura de serviços domiciliares em escala nacional. A desagregação espacial dos dados revela, porém, que a década de 1980 foi, sim, uma década perdida para as populações das regiões Norte e Nordeste. A virtual universalização das coberturas foi um fenômeno concentrado na região Sudeste e, de forma um pouco menos acentuada, na região Sul.

Na década de 1990, manteve-se a desigualdade entre os municípios das regiões Sul, Sudeste e Centro-Oeste, de um lado, e aumentaram as discrepâncias entre os das regiões Norte e Nordeste, de outro. Em 2000, a mediana do indicador sintético das primeiras era bem superior à das últimas. Isso significa que durante o mandato de FHC, as primeiras, em particular os municípios da região Centro-Oeste, experimentaram razoável prosperidade, em termos de riqueza, redução das taxas de pobreza e aumento das taxas de cobertura dos serviços essenciais, quando observadas através do indicador sintético.

Em 2000, o acesso à energia elétrica era praticamente universal nas regiões Sul, Sudeste e Centro-Oeste. Entretanto, em boa parte do Nordeste e Norte não atingia metade da população, ainda que ali também tenha ocorrido expansão da cobertura em relação a 1990 (Mapa 3). A desigualdade territorial da expansão da cobertura também ocorreu para a coleta de lixo: expandiu-se notavelmente em relação a 1990, mas a universalização da cobertura é um fenômeno concentrado nos municípios do Sul, Sudeste e Centro-Oeste. Essa expansão pouco alterou as baixas coberturas das regiões Nordeste e Norte (Mapa 6).

Na década de 1990, a expansão do abastecimento de água, em direção à universalização, ocorreu apenas nas regiões Sul e Sudeste. Norte e Nordeste pouco alteraram sua situação em relação a 1991. Registrou-se também alguma expansão da cobertura na coleta de esgoto, mas basicamente apenas nas regiões Sul e Centro-Oeste (Mapa 4).

O ano de 2000 pode ser interpretado como o legado da presidência de Fernando Henrique Cardoso para a distribuição territorial dos serviços de infraestrutura. Não há dúvida de que ocorreu expansão do abastecimento de água, da coleta de esgotos, da energia elétrica e da coleta de lixo, porém beneficiando sobremaneira as regiões Centro-Oeste e Sul. Ainda que as regiões Norte e Nordeste tenham tido alguma expansão na cobertura, esta é mais evidente no que diz respeito ao acesso à energia elétrica. Nas demais políticas, a diferença de cobertura em relação à situação no ano de 1991 é bem menos evidente.

Por fim, os municípios do Norte e Nordeste experimentaram aumento em suas taxas de bem-estar – envolvendo renda e serviços – durante o governo Lula. Em 2010, são essas regiões que apresentam boa elevação do

Mapa 6 – População com serviço de coleta de lixo – Brasil, 1991-2010

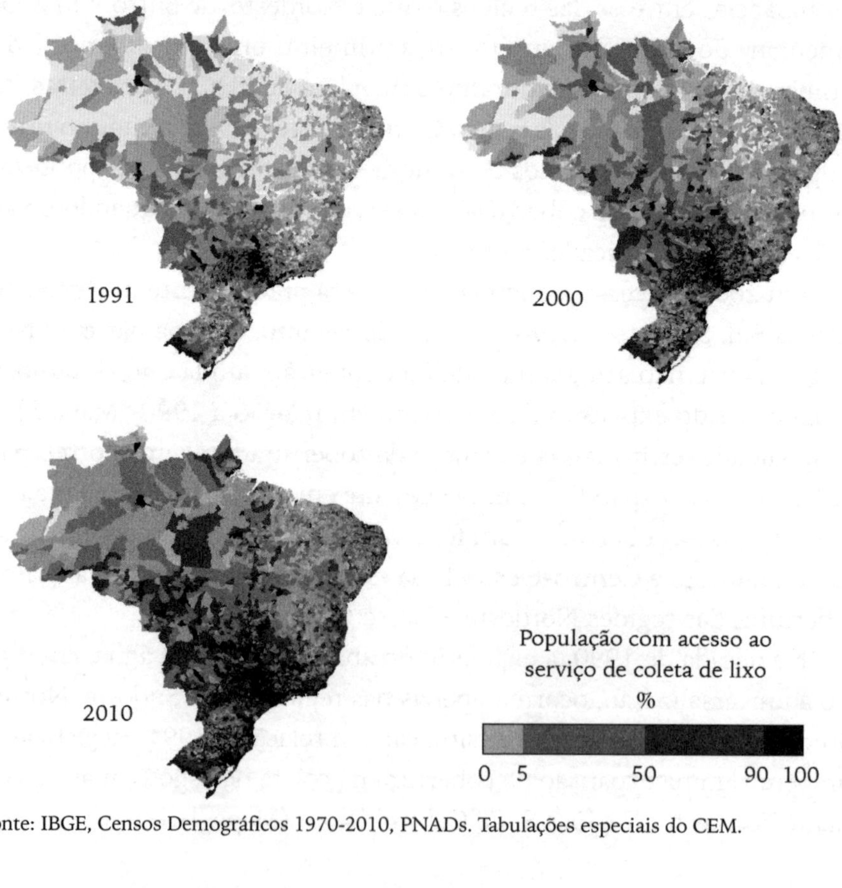

Fonte: IBGE, Censos Demográficos 1970-2010, PNADs. Tabulações especiais do CEM.

valor da mediana do indicador sintético, ainda que a desigualdade interna nessas áreas tenha se mantido similar à observada em 2000 (expressa pelo aumento do tamanho do *box*, no Gráfico 2).

Em 2010, o acesso à energia elétrica era de fato universal no Brasil, independentemente da renda *per capita* da jurisdição (Mapa 3), como resultado do Programa Nacional de Universalização e Uso de Energia Elétrica, lançado em 2003. A coleta de lixo era praticamente universal nos municípios da região Sudeste e Centro-Oeste, com pequena expansão da cobertura na região Sul. E embora tenha se expandido nas regiões Norte e Nordeste, persiste razoável variação nas taxas de cobertura (Mapa 6). No que diz respeito ao abastecimento de água, a cobertura nos municípios das regiões Norte e Nordeste foi aumentada, atingindo taxas próximas a 75%

Mapa 7 – Número de médicos por mil habitantes – Brasil, 1991-2010

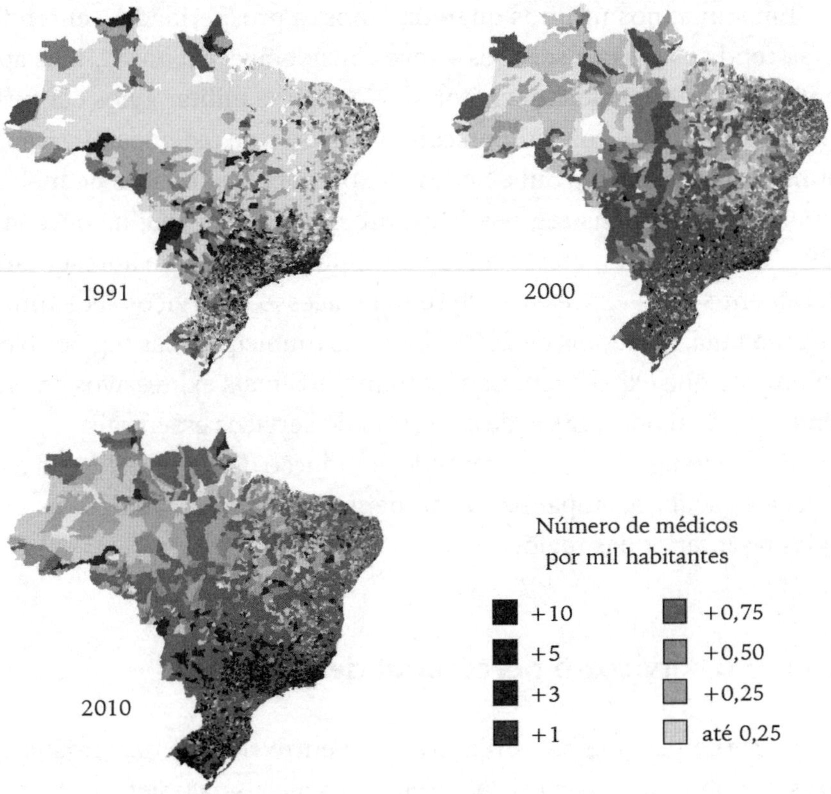

Fonte: IBGE; Censos Demográficos 1970-2010, PNADs; DataSUS. Tabulações especiais do CEM.

em várias localidades, assim como se manteve a virtual universalização nas regiões Sul, Sudeste e Centro-Oeste. Nos municípios dessas regiões, cujas coberturas eram bastante variáveis em 2000, as taxas também atingiram patamares superiores a 75% (Mapa 4).

A coleta de esgoto, entretanto, permaneceu praticamente inalterada, à exceção de um incremento marginal nas taxas de cobertura nos municípios já atendidos pelo serviço. Universalização no Sudeste e virtual inexistência de coleta de esgoto no Norte e Nordeste continuam caracterizando essa política (Mapa 5).

O ano de 2010 pode ser considerado como o legado do governo Lula no combate à desigualdade territorial de acesso a serviços essenciais. Em termos territoriais, o Nordeste é a região mais beneficiada na expansão das taxas de cobertura: ampliou seus serviços de abastecimento de água e coleta de lixo, bem como universalizou o acesso à rede de energia elétrica.

Em suma, nos últimos quarenta anos, a prosperidade – entendida como renda e acesso a serviços – teve considerável expansão, mas apresentou clara desigualdade territorial. No regime militar e nos conturbados anos 1980, que coincidiram com o processo de redemocratização, os municípios das regiões Sul e Sudeste experimentaram taxas de melhora superiores às demais regiões. Durante o governo FHC, na década de 1990, foram os municípios da região Centro-Oeste que apresentaram incremento mais expressivo de renda e acesso a serviços. Por fim, no governo Lula, na década de 2000, foram os municípios das regiões Norte e Nordeste que experimentaram incrementos mais expressivos em suas condições de renda e taxas de cobertura de serviços essenciais.

Em qualquer dos casos, contudo, a redução das desigualdades entre as regiões se fez acompanhar de aumento ou preservação das desigualdades no interior das regiões.

Acesso a serviços e percentual de pobres

Observou-se que há uma associação entre riqueza das jurisdições, taxas de pobreza e cobertura de serviços essenciais na trajetória das desigualdades territoriais no Brasil. Desse modo, baixas taxas de cobertura nos serviços essenciais estão combinadas a municípios com menor capacidade de geração de riqueza, bem como maiores taxas de pobres. A desigualdade de acesso a serviços no território nacional está, portanto, associada a maior concentração de pobres.

Essa associação, contudo, foi declinante nos últimos quarenta anos. É o que mostram os dados da Tabela 1, que apresenta a correlação entre as taxas de cobertura dos serviços e o percentual de pobres nos municípios brasileiros.

Como esperado, há uma associação negativa sistemática entre taxas de pobreza e taxas de cobertura dos serviços essenciais. Em outras palavras, taxas elevadas de pobreza estão associadas às mais baixas taxas de cobertura nos serviços.

Tabela 1 – Correlação entre o acesso a serviços essenciais e o percentual de pobres – Municípios brasileiros, 1970-2010

Serviços essenciais	1970	1980	1991	2000	2010
Acesso à rede geral de esgoto*	-0,739	-0,618	-0,598	-0,583	-0,548
Acesso à rede de energia elétrica*	-0,745	-0,811	-0,795	-0,758	-0,599
Acesso à rede geral de água*	-0,615	-0,643	-0,636	-0,461	-0,439
Percentual da população com + de 15 anos com ensino fundamental*	-0,772	-0,773	-0,797	-0,866	-0,712
Coleta de lixo*	–	–	-0,693	-0,699	-0,7
Médicos por mil habitantes	–	–	-0,404	-0,425	-0,5

Fonte: IBGE, Censos Demográficos 1970-2010; DataSUS. Tabulações especiais do CEM.

* Variáveis que eram mensuradas em percentual foram transformadas em Logit: Ln (p/[1-p]).

Entretanto, para a maior parte das políticas examinadas, a associação entre pobreza e baixas taxas de cobertura cai sistematicamente. Em 2010, a associação negativa entre pobreza e taxas de cobertura é a mais baixa da história do Brasil. Sem dúvida, isso é explicado, como se observou, pela elevação das taxas de cobertura nos municípios da região Nordeste e Norte. Isto é, a progressiva expansão da cobertura nos municípios mais pobres operou crescentemente, no sentido de diminuir o grau de associação entre pobreza na renda e oferta de serviços.

Por outro lado, há exceções notáveis a essa trajetória global. A associação entre pobreza e a distribuição territorial de médicos por mil habitantes, bem como a coleta de lixo, permanece estável, assumindo que a variação nos valores seja marginal. A relação entre pobreza e nível de escolaridade da população com mais de 15 anos aumenta sistematicamente entre 1970 e 2000. Na verdade, atinge seu ponto mais alto em 2000 e só cai de fato ao longo da década de 2000. Somente em 2010 apresenta valores inferiores aos de 1970. O acesso à energia elétrica em 1980 também apresenta valores superiores a 1970, indicando que o início do processo de expansão da cobertura pode aumentar, em vez de diminuir, a associação entre pobreza e acesso a serviços.

Observe-se que as políticas em que essa correlação apresenta valores mais baixos (inferiores ou iguais a 0,5) são aquelas em que os municípios estão inseridos em um sistema nacional. Na política de saúde, a vinculação constitucional das receitas municipais, as transferências federais vinculadas à saúde e os mecanismos de indução para integração ao SUS têm um efeito importante na distribuição territorial dos médicos, ainda que esta tenha permanecido estável desde a implantação do SUS. Nas políticas de energia elétrica, água e esgoto, por sua vez, a desigualdade de renda *per capita* foi endógena à montagem dos sistemas nacionais instituídos pelo regime militar. No Planasa e no sistema integrado de energia elétrica, a oferta dos serviços deveria ser feita por companhias estaduais, que operariam com base em subsídios cruzados, isto é, a receita dos municípios com maior renda compensaria o eventual déficit da oferta de serviços nos municípios mais pobres.

Nas políticas em que esta associação negativa permanece alta (em torno de -0,7) – quais sejam, ensino fundamental e coleta de lixo –, dois fatores distintos podem estar operando. No caso da coleta de lixo, esta é provavelmente explicada pelo fato de que esse serviço foi desde a sua origem organizado em bases exclusivamente municipais. A impossibilidade de subsídios cruzados e a ausência de regulação federal, seja induzindo à universalização do acesso, seja vinculando recursos a serviços, podem estar na origem da elevada correlação negativa entre taxas de pobreza e taxas de cobertura do serviço.

A alta correlação negativa entre nível de escolaridade e taxas de pobreza é mais facilmente explicável. Há sólidas evidências das relações entre escolaridade e renda, de modo que esses dois fenômenos representam duas faces de uma mesma moeda. Municípios cuja população apresenta mais baixos níveis de escolaridade – mesmo que estes sejam resultado da migração de indivíduos mais escolarizados para áreas com maior nível de atividade – apresentam também mais altas taxas de concentração de pobres.

Conclusões

Na década de 1970, o Brasil não era apenas um país pobre. A maior parte dos seus municípios era habitada por elevada concentração de pobres, e a carência de serviços essenciais era generalizada. Nos últimos quarenta anos, ocorreu sensível melhora nas condições de vida das cidades brasileiras. A renda *per capita* aumentou, a concentração de pobres diminuiu e a cobertura de serviços de infraestrutura física, bem como a oferta de médicos e os níveis de escolaridade melhoraram sensivelmente. Entretanto, a desigualdade de riqueza entre os municípios brasileiros permaneceu rigorosamente estável, a desigualdade territorial da concentração da pobreza aumentou e diminuíram as desigualdades no acesso a serviços básicos de energia elétrica, água e esgoto, coleta de lixo e níveis de escolaridade.

A prosperidade ocorreu em estreita associação com a expansão da renda *per capita* e a redução do percentual de pobres, sem que seja possível determinar a direção da causalidade. O fato é que a melhora na riqueza das jurisdições foi acompanhada, de modo geral, pela redução na concentração de pobres e ampliação das taxas de cobertura dos serviços. Em outras palavras, quando um município experimenta melhoras em uma dimensão, tem grandes chances de progredir nas demais dimensões de bem-estar examinadas.

Por essa razão, indivíduos com renda similar podem ter acesso desigual a serviços públicos, a depender de sua oferta na jurisdição em que residem. Essa oferta esteve estreitamente associada com a riqueza dos municípios e suas respectivas taxas de pobreza.

A trajetória da melhora teve, contudo, marcada expressão regional. Nos últimos quarenta anos, ela se iniciou nos municípios mais ricos, nos quais a universalização dos serviços antecede – em muito – a expansão da cobertura aos demais. A melhora das coberturas nas regiões Sul e Sudeste constitui o primeiro ciclo de expansão para todas as políticas, ainda que com ritmos diferentes para cada política setorial. Pode-se dizer que as políticas do regime militar e mesmo da redemocratização beneficiaram mais fortemente as regiões Sul e Sudeste.

A década de 1980 não foi de fato uma década perdida na área social, como afirmou Vilmar Faria (1992). Entretanto, os avanços na cobertura dos serviços sociais nesse período beneficiaram principalmente os pobres dos municípios mais ricos, nos quais o acesso a água e energia elétrica estava praticamente universalizado no início da década de 1990.

A melhora da cobertura para as regiões Sul e Centro-Oeste constitui o segundo ciclo de expansão para todas as políticas, ainda que em períodos diferentes para cada política setorial.

Por fim, as regiões Norte e Nordeste são a última área de expansão da oferta de serviços. Seja para água, seja para energia – ambas de acesso universal na região Sudeste desde 1980 –, o acesso só se tornou universal em 2010. De fato, as populações rurais e os pobres dos municípios mais necessitados, em particular na área do Polígono das Secas, só tiveram acesso a água e energia elétrica, pela universalização dos serviços, a partir do século XXI. No entanto, a coleta de lixo e de esgoto permanecem promessas não cumpridas para essas populações.

8
Condições habitacionais e urbanas no Brasil

Eduardo Marques[1]

Este capítulo discute a trajetória das condições urbanas nas cidades brasileiras desde 1960 até 2010, tendo como base informações dos Censos Demográficos do IBGE, principalmente as relativas a domicílios e acesso à infraestrutura urbana, como coberturas de serviços de abastecimento de água, redes de esgoto, coleta de lixo e fornecimento de energia elétrica. Embora os dados censitários apresentem limitações para a análise de condições urbanas, principalmente a de serviços urbanos, foram os únicos coletados de forma abrangente com metodologia unificada. Em termos médios, as condições urbanas melhoraram de forma substancial ao longo do tempo, sendo inquestionável a redução das desigualdades de acesso a melhores condições urbanas em sentido geral. Entretanto, a análise indica a persistência de problemas de duas ordens: as evidentes dificuldades no fornecimento de certos serviços, especialmente coleta de esgoto, dada a prevalência de coberturas muito baixas; e a permanência de importantes desigualdades regionais e sociais (entre grupos) no acesso

1 Professor do Departamento de Ciência Política da FFLCH-USP.

aos serviços. Analisar esse cenário de melhora da cobertura com permanência de desigualdades é o objetivo deste capítulo.

A presente análise está organizada em três partes. Na primeira seção, é discutida a trajetória histórica das condições urbanas no Brasil a partir da literatura existente. Na segunda, analisa-se a trajetória temporal dos indicadores, demonstrando a melhora média do acesso, mas também a permanência de problemas localizados em certas políticas, assim como a persistência de desigualdades entre regiões, estados, tamanhos de cidades, metrópoles e grupos sociais. A terceira explora de forma mais detalhada as desigualdades regionais e sociais, combinando a comparação das mais importantes regiões metropolitanas com a observação dos grupos sociais que as compõem.

O legado das condições urbanas no Brasil

A maior parte dos estudos existentes sobre esse tema constitui-se de monografias que analisam cidades específicas em períodos localizados, sendo poucos os trabalhos que tentaram acompanhar as dinâmicas mais gerais das cidades brasileiras em um período longo. Esse campo é tão amplo que seria impossível cobri-lo neste capítulo, mas vale uma rápida recuperação histórica dos trabalhos acadêmicos sobre as cidades brasileiras.

Um primeiro conjunto de trabalhos analisou as condições vigentes nas cidades brasileiras no final do século XIX e início do XX, quando foram realizadas reformas urbanas de vulto com o objetivo de apagar os traços coloniais de nossas cidades, embelezá-las (na formulação da época), e dotá-las de infraestrutura (Abreu, 1987; Leme, 1999). A forma de moradia predominante, ao menos para as classes populares, era o cortiço (Vaz, 2002), embora tenham sido construídas vilas operárias de forma residual e localizadas territorialmente (Bonduki, 1998). A implantação da infraestrutura urbana começou na segunda metade do século XIX, em especial no Rio de Janeiro, mas também em outras cidades, notadamente mediante concessão a empresas privadas estrangeiras (Marques, 1995; Carone; Dér, 1989; Segatto, 1989). Os transportes seguiram a mesma trajetória típica, iniciando com concessões a empresas privadas nacionais e, depois, a estrangeiras. As coberturas dos serviços eram baixas e fortemente seletivas em termos espaciais e sociais e, além disso, estavam inteiramente a cargo dos governos locais, sendo, portanto, fortemente concentradas nas cidades mais importantes e com maiores recursos econômicos.

As primeiras ações federais orientadas às cidades estruturaram-se a partir do final dos anos 1930, com a criação das carteiras habitacionais dos Institutos de Aposentadorias e Pensões (IAPs) e a instituição da Fundação da Casa Popular em 1945 (Azevedo; Andrade, 1981; Bonduki, 1998). Em ambos os casos, o volume da produção pública de habitação foi pífia em termos quantitativos, além de extremamente concentrado geograficamente no Rio de Janeiro, em Belo Horizonte e em São Paulo, permanecendo as demais cidades com as escassas e ainda mais seletivas políticas e intervenções dos governos locais. A população urbana brasileira pulou de 12,9 milhões de habitantes em 1940 para 31,3 milhões em 1960 (Baeninger, 2011), sem praticamente nenhuma política urbana nacional.

Assim, em 1960, quando ocorreram as primeiras políticas nacionais massivas em nível federal, as cidades brasileiras já acumulavam elevada precariedade e não dispunham de estruturas estatais capazes de produzir ações para prover boas condições urbanas. Os governos militares constituíram um complexo aparato institucional centralizado para promover políticas para cidades, a exemplo de outras áreas de políticas, como a criação do Banco Nacional da Habitação em 1964, a constituição dos Sistemas Financeiros da Habitação e do Saneamento (SFH e SFS) em 1967 e a formulação do Plano Nacional de Saneamento (Planasa), em 1971 (Maricato, 1987; Rezende; Heller, 2002). A partir de então e sob indução federal, constituíram-se empresas estaduais e municipais para implementar as políticas gestadas nacionalmente para habitação, abastecimento de água, esgotamento sanitário e energia elétrica. Coleta de lixo permaneceu inteiramente local, assim como planejamento urbano, embora este tenha sido objeto de política federal por meio do Serviço Federal de Habitação e Urbanismo (Serfau), mas com resultados praticamente nulos (Maricato, 1987). Os transportes públicos sobre pneus, amplamente predominantes nas cidades brasileiras a partir do segundo pós-guerra (Brasileiro; Henry, 1999), permaneceram inteiramente locais e sem regulação federal, enquanto os transportes sobre trilhos passaram a ser regulados e financiados parcialmente pelo governo federal.

As políticas do regime militar também conseguiram alcançar importante massificação e elevação das coberturas, mudando o patamar da intervenção pública nas cidades brasileiras, mas a sua condução foi marcada por excessiva centralização decisória, elevada corrupção e clientelismo. Tudo isso acabou por reduzir substancialmente os possíveis conteúdos distributivos envolvidos nas políticas (Draibe, 1989; Maricato, 1987; Rezende; Heller, 2002). Em termos dos públicos atendidos, as políticas foram marcadas por importante seletividade e mesmo desvio de foco, como no caso da habitação, em que elevados subsídios beneficiaram as classes médias em detrimento dos mais pobres (Maricato, 1987). Vale lembrar que apenas 33,1% das unidades construídas pelo sistema BNH entre 1964 e 1986 foram orientadas para baixa renda (Royer, 2009). Além disso, o que foi produzido em termos de habitação popular concentrou-se quase exclusivamente em um único produto: unidades novas para venda financiada em conjuntos de periferia, deixando parcela considerável da população fora da política (por não fazer parte da demanda por compra financiada), e reforçando os padrões de segregação residencial presentes nas metrópoles (já substanciais).

Como consequência, as políticas não conseguiram fazer frente ao estoque de precariedade preexistente e ao crescimento da demanda, visto que a população urbana brasileira havia pulado de 31 milhões de habitantes em 1960 para 80 milhões em 1980 (Baeninger, 2011). Os dados aqui analisados capturam parcialmente essa dinâmica, indicando aumento das coberturas dos serviços a partir dos anos 1960, mas em ritmo inferior ao necessário e de forma fortemente seletiva social e espacialmente, acumulando desigualdades de acesso entre grupos sociais. A literatura brasileira de estudos urbanos acumulou uma ampla reflexão sobre as consequências de tais políticas sobre as metrópoles brasileiras, incluindo trabalhos monográficos que focaram segregação, periferias e condições de vida (Kowarick, 1979, 2011; Bonduki; Rolnik, 1982), habitação (Valladares, 1980; Cardoso, 2007), favelas (Taschner; Baltrusis, 2007), forma e evolução urbanas (Abreu, 1987), e as consequências desses padrões sobre a pobreza e as desigualdades (Marques; Torres, 2005), entre muitos outros temas e trabalhos.

A partir do início dos anos 1980, os modelos de política do BNH entraram em acelerada crise, que culminou com sua extinção em 1986. Embora o período seguinte demonstrasse intensa instabilidade federal no setor (Arretche, 1995), paralelamente ocorria importante ativismo e inovação de políticas em nível local, especialmente no que dizia respeito às políticas de habitação (Cardoso, 2007). Apesar de as políticas existentes fazerem frente a uma parte importante do aumento da demanda, representada pela elevação da população urbana de 80 milhões para 161 milhões de habitantes entre 1980 e 2010, a precariedade urbana continuou a avançar.

Apenas a partir do início dos anos 2000, o governo federal voltou ao setor, primeiro com a regulamentação do Estatuto da Cidade, em 2001, e depois com a criação do Ministério das Cidades, que foi sucedida pela realização de Conferências Nacionais das Cidades e pela estruturação de inúmeros estatutos importantes, como conselhos, fundos, os Planos Nacionais de Habitação, Saneamento e Resíduos Sólidos (Maricato, 2006; Heller, 2009); além de mudanças regulatórias importantes que permitiram uma retomada forte dos investimentos em habitação, inclusive privados (Dias, 2012). Por outro lado, as capacidades administrativas locais ainda são muito baixas, embora tenham crescido, em parte como produto das políticas de indução federal (Arretche et al., 2012; Arretche; Vasquez; Fusaro, 2007). Esse crescimento parece chave para a constituição de políticas que permitam reduzir a precariedade e fazer avançar substancialmente as condições urbanas, mas o modelo resultante ainda não está consolidado, sendo muitas as perspectivas e os desafios a serem enfrentados nos próximos anos (Heller, 2009; Balassiano, 2009; Maricato, 2011).

As condições urbanas brasileiras entre 1960 e 2010

Inicialmente, são necessárias algumas advertências metodológicas referentes às limitações dos dados censitários trabalhados aqui, mas que incorrem em *trade-offs* entre vantagens e desvantagens da utilização de informações desse tipo. Em relação às desvantagens, como já discutido amplamente nos debates a respeito das cidades brasileiras, as informações censitárias apresentam limitações para a investigação aprofundada das condições urbanas (Taschner; Baltrusis, 2007; Heller, 2009). Isso porque, em primeiro lugar, o leque de informações é reduzido, as informações não abrangem dimensões centrais para a análise urbana como a regularidade da posse de imóveis ou da terra, as densidades construtivas e demais detalhes das edificações, as condições de mobilidade urbana, os padrões urbanísticos presentes nos assentamentos ou a qualidade do meio ambiente. Além disso, não permitem discriminar de forma precisa as coberturas de serviços com características (e consequências urbanas e ambientais) distintas – como redes de esgotamento unitário e separador absoluto, a existência ou não de tratamento dos esgotos ou especificar os destinos finais dos resíduos sólidos coletados. Na verdade, não há informações sistemáticas que permitam discriminar essas dimensões para o conjunto do país.

Em relação à qualidade dos serviços e políticas prestados, não é possível discriminar, por exemplo, frequências de abastecimento de água ou a regularidade da coleta de lixo, diferenças que podem gerar consideráveis desigualdades em relação aos serviços prestados em termos sanitários e de conforto. Quando possível, desenvolvo argumentos associados à qualidade dos serviços ao longo do capítulo, mas de uma forma geral essa questão não é abordada.

É provável que tais limitações produzam efeitos mais fortes sobre a análise do período recente. Nas décadas de 1960 e 1970, a ausência dos serviços era a dimensão principal a diferenciar lugares e grupos sociais. Mais recentemente, entretanto, quando eles já se fazem presentes, os diferenciais de qualidade configuram-se como as mais importantes fontes de desigualdades de acesso. É lógico considerar que os padrões de desigualdade territorial e social apontados ao longo do capítulo existem com ainda mais força no que diz respeito à qualidade dos serviços, mas não é possível testar empiricamente essa afirmação de forma sistemática.

Por fim, grande parte dessas desigualdades ocorre em nível muito desagregado, passível de análise apenas com investigações intraurbanas de detalhe. Isso não será realizado aqui por várias razões. Primeiro, não seria possível fazê-lo para o conjunto dos espaços urbanos brasileiros, ou mesmo para um grupo grande de regiões metropolitanas.[2] Segundo, só existem bases georreferenciadas de cidades brasileiras após 1991. No caso das informações da amostra, a situação é ainda pior, pois as áreas de ponderação são identificáveis espacialmente apenas a partir de 2000. Portanto, comparações intertemporais intraurbanas só são possíveis para 2000 e 2010, o que reduziria muito o escopo do exercício comparativo temporal realizado no capítulo, apesar de aumentar o detalhe espacial e social.[3] Apesar disso, utilizou-se um artifício metodológico para explorar as desigualdades sociais existentes, desagregando as informações por grupos de renda e analisando separadamente os 40% mais pobres, os 50% intermediários e os 10% mais ricos de cada metrópole, região e do país. Mesmo no caso das cidades, esses grupos não são especializáveis de forma detalhada com as informações existentes, sendo, portanto, impossível investigar o comportamento intertemporal da segregação residencial, por exemplo.

Entretanto, as informações censitárias apresentam abrangência nacional e temporal singulares, sendo os únicos dados padronizados para o conjunto do país e coletados de forma relativamente consistente no tempo.

Feitas essas advertências iniciais, a análise começa pela observação das transformações das condições urbanas no tempo, começando pelos dados relativos às edificações. A ocupação das cidades brasileiras ao longo das últimas décadas se fez predominantemente por meio de imóveis próprios, mesmo que essas condições de propriedade envolvessem diversos tipos de irregularidade ou de ilegalidade urbana. No início do século XX, a maior parte dos habitantes do espaço urbano brasileiro habitava imóveis alugados, tanto residências completas para as classes médias quanto quartos em cortiços para as classes populares (Bonduki, 1998; Vaz, 2002) mas, a partir dos anos 1930, observa-se importante tendência de crescimento da proporção de domicílios próprios e redução paulatina dos alugados (Gráfico 1). Até 1940, a condição de ocupação própria era menos

2 São analisadas em detalhes as nove regiões metropolitanas mais tradicionais e definidas pela lei n. 14/73: Belém, Fortaleza, Recife, Salvador, Belo Horizonte, Rio de Janeiro, São Paulo, Curitiba e Porto Alegre.

3 Realizou-se esse tipo de exercício comparativo para as cidades de São Paulo e Rio de Janeiro (Marques; Bichir; Scalon, 2012; Marques, 2013).

frequente do que o aluguel e as outras condições (cedido, permissão e outros). Entre 1950 e 1960, os domicílios próprios se tornam predominantes, chegando a alcançar mais do que 75% dos imóveis em 2000. Na década de 2000, observa-se pequena redução (73%), mas as informações existentes não permitem analisar a consistência ou as causas de tal queda.

Nos últimos trinta anos, as casas também são amplamente predominantes sobre apartamentos nas cidades brasileiras, embora essa última forma de residência esteja crescendo lentamente. As proporções têm variado pouco: a de domicílios em casas era de 91,9% em 1981, passou para 90,3% em 1992 e para 90,7% em 2009. A proporção em apartamentos aumentou suave mas continuamente: de 7,1% em 1981 passou para 8,7% em 1992 e alcançou 9,2% em 2009 (PNADs, IBGE).

Essa tendência geral é observada em todas as regiões do país e em suas principais regiões metropolitanas. Nas unidades federadas, a proporção de domicílios alugados na população urbana em 2010 situa-se sempre entre 20% e 30%, exceto nos estados do Piauí e Maranhão, com cerca de 19%, Goiás, com 33%, e Brasília, com 40%. Ao final do período, pode-se observar convergência dos domicílios alugados em torno de 20% do estoque, em todas as regiões metropolitanas analisadas. Além disso, a elevação dos domicílios próprios é praticamente a mesma quando se isolam domicílios de renda alta e baixa.

Gráfico 1 – Condição de ocupação dos domicílios – Brasil, 1940-2010

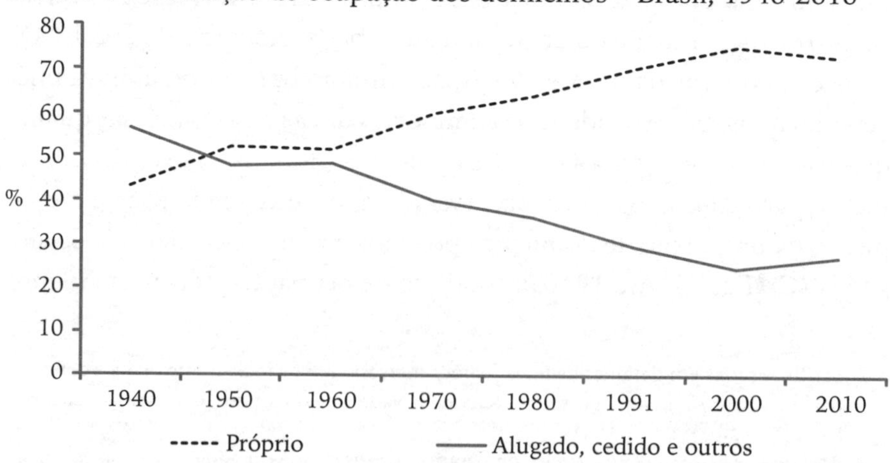

Fonte: IBGE, Censos Demográficos. Tabulações especiais do Centro de Estudos da Metrópole (CEM).

Essas dinâmicas incluem ao menos dois movimentos concomitantes, específicos de grupos sociais distintos. Por um lado, trata-se de um produto da constituição de mercados locais de produção imobiliária entre as décadas de 1930 e 1970 (Ribeiro, 1997), que também estão envolvidos na elevação paulatina da proporção de apartamentos. Mesmo no caso da produção habitacional pública, a opção pela venda financiada se encontra nas raízes das políticas de habitação popular no país (Bonduki, 1998). Por outro lado, a elevação dos imóveis próprios oculta, na verdade, um problema com esta informação, uma vez que moradores de favelas e loteamentos se autodeclaram proprietários, exceto quando pagam aluguel, independentemente do *status* de regularização da edificação, do terreno e do loteamento. Portanto, é o avanço da moradia precária em favelas e loteamentos clandestinos Brasil afora, a partir do momento de urbanização acelerada nos anos 1950, que explica a elevação dos domicílios próprios.

Outra dinâmica que contribui para a redução relativa dos aluguéis diz respeito à aparente diminuição dos domicílios de apenas um cômodo ou quarto em cortiços ou cabeças de porco, solução habitacional de elevada precariedade e insalubridade. Segundo as informações das PNADs, em 1982, 2,1% dos domicílios brasileiros eram desse tipo, caindo para 1,0% em 1992, 0,3% em 2001 e 0,1% em 2009. Os estudos monográficos sugerem números mais elevados para metrópoles, levando a crer que essa informação esteja subestimada (Schor; Borin, 1997; Bianchini; Schicchi, 2009). Entretanto, independentemente do volume do fenômeno, os dados sugerem tendência declinante para essa solução habitacional precária.

As informações de precariedade habitacional relativas à classificação de setores censitários como subnormais, disponíveis apenas a partir de 1991, informam que a proporção dos domicílios em setores subnormais passou de 4,5% em 1991 para 3,7% em 2000 e 5,6% em 2010 para o conjunto do Brasil (IBGE, 2010). Entretanto, é muito difícil analisar essa informação ao longo do tempo, pois o dado é bastante sensível à estratégia de classificação dos setores pelo IBGE, assim como à atualização do que é incluído como subnormal em cada Censo.[4] Estudo realizado pelo Centro

4 A classificação subnormal tem natureza administrativa e objetiva: pagar mais para recenseadores que trabalham em setores com condições urbanas precárias, pois se considera que

de Estudos da Metrópole (CEM) para o Ministério das Cidades em 2007 mostrou que 13% dos domicílios do país apresentavam características sociais, urbanas e habitacionais similares às dos 6,7% classificados pelo IBGE como subnormais naquela data no conjunto de cidades estudadas (que concentravam 98% dos setores subnormais do país), mostrando que o fenômeno da precariedade é muito mais prevalente do que a informação dos setores subnormais leva a acreditar. Segundo o IBGE, em 2010 as regiões metropolitanas com maior presença proporcional de domicílios em setores subnormais eram: Belém (53,9%), Salvador (26,1%), Recife (23,2%) e Rio de Janeiro (14,4%). Essas posições relativas já eram apontadas pelo estudo do CEM com os dados de 2000, indicando Belém (51,3%), Fortaleza (25,4%), Salvador (24%) e Rio de Janeiro (21%) como as metrópoles com maior presença de subnormais, dentre as analisadas em detalhes aqui (Marques et al., 2007). A maior diferença entre os dados de 2000 do estudo e os de 2010 do IBGE fica por conta de Fortaleza, onde o IBGE afirmou existirem apenas 11,9% de domicílios em setores subnormais em 2010. Além das nove metrópoles focadas neste capítulo, São Luiz do Maranhão aparecia naquele estudo como caracterizada por elevada presença de subnormais (27,9%) em 2000, dado confirmado pelos 24,5% creditados à cidade no Censo de 2010 pelo IBGE. Embora sejam necessárias cautelas com relação à utilização das informações relativas aos setores subnormais, é clara a elevada presença de precariedade habitacional nas metrópoles brasileiras, com destaque negativo para Belém, para a maioria das metrópoles nordestinas e para o Rio de Janeiro.

Outra informação sobre as condições gerais dos domicílios diz respeito às densidades médias dos domicílios urbanos, que tenderam a aumentar até 1970, mas caíram a partir de então de forma monotônica. Mesmo desagregando a informação e observando apenas os 40% mais pobres, as densidades alcançaram seu pico em 1970 com cerca de 3,2 moradores por domicílio, para cair continuamente até alcançar 2,2, em

seu trabalho é mais difícil. Assim, apesar de existir uma definição de setor subnormal (e são os setores inteiros que são classificados como tal, e não os domicílios), em cada Censo são assim classificados setores antes do trabalho de campo, considerando dados existentes localmente e a disponibilidade financeira para o trabalho de campo. Para detalhes da questão, ver Marques et al. (2007) e Costa e Nascimento (2005).

2010. Observa-se essa mesma tendência nas nove principais regiões metropolitanas, embora naquelas mais pobres as densidades sejam sempre superiores, em média, com destaque para Belém, que apresenta uma densidade média de 2,2, em 2010, similar à dos 40% mais pobres do país. Em 2010, a densidade domiciliar dos setores subnormais ainda era de 3,5 habitantes por domicílio (IBGE, 2010).

Por fim, um indicador importante de qualidade habitacional diz respeito às suas instalações sanitárias, sendo a sua ausência no domicílio uma das formas mais intensas de precariedade. A informação sobre a presença de banheiro está presente no Censo só a partir de 1991, mas mesmo para data tão recente os níveis de precariedade eram muito elevados. Os domicílios sem banheiro ultrapassavam 20% entre os 40% mais pobres do país, em 1991, enquanto a presença dessa condição era de apenas 5% entre os 50% de renda intermediária em 1991 e praticamente inexistente entre os 10% mais ricos. A situação melhorou continuamente nas últimas duas décadas e, em 2010, apenas 5% entre os 40% mais pobres dos domicílios não tinham banheiro. Entretanto, essa proporção alcançava cerca de 20% dos mais pobres (40%) na região Norte.

Verifica-se, ao desagregar a informação para os estados, que mais de 10% da população urbana no Amazonas, no Pará e no Amapá em 2010 não contavam com banheiro em seus domicílios, e acima de 20% da população urbana do Acre e do Maranhão viviam nessa condição de extrema precariedade. Dentre as regiões metropolitanas analisadas, a pior condição era encontrada em Belém, onde quase 12% entre os 40% mais pobres habitavam domicílios sem banheiro. Como marca das desigualdades presentes nas metrópoles brasileiras, 35% dos domicílios de Belém que não se classificavam como entre os 40% mais pobres em 2010 tinham dois ou mais banheiros. No restante das regiões metropolitanas, essa proporção era muito baixa em 2010, mas ainda alcançava cerca de 5% entre os 40% mais pobres de Salvador, Recife e Fortaleza. Portanto, apesar da melhora substancial das médias, persistem importantes desigualdades habitacionais em termos regionais e entre grupos sociais. A distância entre essas regiões e grupos tende a se reduzir.

Resultado similar é obtido quando se comparam cidades de tamanhos diferentes. Embora as mais elevadas presenças de domicílios sem banheiros apresentem-se sempre entre as cidades com menos de 500 mil habitantes, com destaque negativo para aquelas com população inferior a 100 mil, as distâncias entre tipos de cidades reduziram-se ao longo do tempo. Em 1991, cerca de 22% dos domicílios de municípios com menos de 20 mil habitantes e 17% daqueles que possuíam entre 20 mil e 100 mil habitantes não tinham banheiro, enquanto nas cidades com mais de 500 mil habitantes essa proporção não chegava a 10%. Em 2010, eram os municípios menores que apresentavam taxas próximas a 5%, enquanto nos maiores essas taxas giravam em torno de 1%. Vale ressaltar que as taxas caíram pouco entre 1991 e 2000, tendo a grande melhora do indicador ocorrido na década de 2000, possivelmente mais como produto da melhora da renda e do mercado de trabalho do que de políticas urbanas ou habitacionais especificamente.

Portanto, a presença de precariedade urbana convive com a melhora de indicadores específicos. Isso fica ainda mais claro quando se complementam as condições habitacionais com a infraestrutura urbana, o que será feito a seguir. Pode parecer contraditório, mas é absolutamente compreensível. Apesar do acesso à terra e à moradia regular ter se constituído historicamente em um grande problema nas cidades brasileiras, as condições habitacionais e de infraestrutura tendem a melhorar em termos médios, inclusive nas favelas e áreas precárias. Isso é especialmente verdadeiro no período posterior à redemocratização, quando as condições médias são propensas a melhorar na maior parte das situações precárias – favelas e loteamentos clandestinos, principalmente. Essas melhoras estiveram associadas a uma combinação de pressão dos movimentos sociais, em especial nos anos 1980, com transformações das agências estatais envolvidas com a promoção dos serviços, em um ambiente político crescentemente regulado por eleições regulares e competitivas (Faria, 1992; Silva, 1992; Marques; Bichir, 2003).

O Gráfico 2 apresenta a evolução das coberturas de água, esgotos, energia elétrica e coleta de lixo,[5] sendo que esta última informação só está disponível a partir de 1991.

5 Abastecimento: domicílio ligado à rede geral de abastecimento; esgotamento sanitário: domicílio coberto por rede geral de esgoto, mesmo que unitária; coleta de lixo: domicílio

Gráfico 2 – Evolução da infraestrutura urbana, segundo coberturas de serviços (em % de domicílios urbanos) – Brasil, 1960-2010

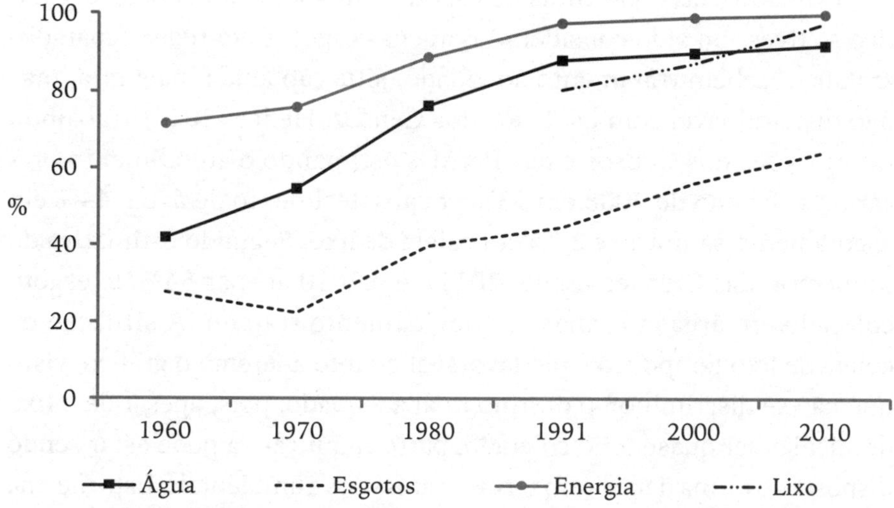

Fonte: IBGE, Censos Demográficos. Tabulações especiais do CEM.

A tendência geral é de aumento das coberturas, mas, no caso dos serviços de esgotamento sanitário, o ritmo de expansão é muito mais baixo do que nos demais. A ampliação do abastecimento de água foi expressiva nos anos 1970 e 1980 – certamente como resultado da estruturação do setor em nível nacional a partir do Sistema Financeiro do Saneamento, em 1967, e do Planasa em 1971 –, mas reduziu o ritmo nos anos 1990, registrando estagnação em torno de 92%. As coberturas de esgotamento sanitário ainda se expandem em ritmo razoável, mas em patamar muito baixo, alcançando em 2010 apenas 64% dos domicílios urbanos. Ampliaram-se bastante nas décadas de 1970 e 1990, mas quase ficaram estagnadas durante os anos 1980, período do auge da crise do modelo nacional de financiamento do BNH, assim como nos anos 2000. Os serviços de energia e coleta de lixo tenderam à universalização em 2010. A expansão deste último foi muito significativa, em especial entre os mais pobres – no início da série desse indicador, em 1991, os

com coleta regular direta; energia elétrica: domicílio ligado à rede de distribuição, com ou sem medidor individualizado.

40% mais pobres do país tinham acesso ao serviço em apenas 40% dos domicílios, enquanto, em 2010, 95% daqueles dessa faixa eram servidos.

O quadro das coberturas de esgotamento seria ainda mais dramático se tivessem sido considerados apenas esgotos em redes separadoras que recebem tratamento adequado, situação ainda mais rara, mas não discriminável com os dados dos Censos. Heller (2012) trabalhou informações dos Censos e das PNADs estimando o atendimento precário para o ano de 2008 em 33% em abastecimento de água, 44% em esgotamento sanitário e 27% em coleta de lixo. Segundo estimativa do Ministério das Cidades (SNIS, 2011), em 2010 apenas 54% do esgoto coletado em áreas urbanas era devidamente tratado. A situação da coleta de lixo tampouco é tão favorável quanto aparenta o gráfico, visto que não se discriminou o destino final adequado, pois, apesar de o lixo domiciliar ser quase todo coletado, parte significativa pode estar sendo disposta de forma danosa em termos sanitários e ambientais. Esta mesma fonte informa que, em 2010, 78% da população urbana estava localizada em municípios que afirmavam dispor de algum tipo de coleta seletiva (SNIS, 2012), altamente concentrada nos municípios de maior porte (a coleta alcançava apenas 39% dos municípios). Por outro lado, em 22% dos municípios o lixo coletado era disposto em lixões. Portanto, após a quase universalização da coleta, as fronteiras para avanço do serviço dizem respeito à reciclagem e à destinação final adequada, meta ainda distante (SNIS, 2012).

Quando se desagrega a informação em termos regionais, por grupo social, tamanho de cidade e por metrópoles, aparecem claros padrões de desigualdade, exceto no acesso a energia elétrica, praticamente universalizada para os domicílios urbanos. O primeiro eixo de desigualdade diz respeito às grandes regiões do país. Enquanto em termos médios as coberturas das regiões Sudeste, Sul, Centro-Oeste e Nordeste convergem para a universalização, exceto pelo esgotamento sanitário, a região Norte apresenta taxas muito distantes desse patamar, inclusive em abastecimento de água, em torno de 65%. O segundo eixo de desigualdade refere-se aos grupos sociais. Mesmo no abastecimento de água, próximo da universalização, a diferença entre as coberturas dos 10% mais ricos e dos 40% mais pobres é de sete pontos percentuais, aumentando substancialmente no caso dos esgotos, uma vez que enquanto os 10% mais ricos têm o serviço em 83% dos seus domicílios, os 40% mais pobres o têm em apenas 53%. E para a coleta de lixo, embora para os 10% mais ricos e para os 50% intermediários o serviço esteja quase universalizado, dentre os 40% mais pobres das regiões Norte e Nordeste, quase 10% dos domicílios não são servidos.

No que diz respeito aos estados da federação, as coberturas de abastecimento de água permaneceram inferiores a 60% da população urbana em 2010 apenas em quatro estados, todos na região Norte – Rondônia, Acre, Pará e Amapá –, sendo que nos demais houve clara convergência para taxas próximas de 95%. As coberturas de esgoto sanitário na população urbana, por outro lado, eram baixíssimas em 2010 em todos os estados do Norte: 32% no Amazonas e no Acre e inferiores a 20% nos demais. Também eram muito baixas para os demais estados, sendo superiores a 60% apenas nos quatro estados do Sudeste, no Paraná, no Rio Grande do Sul, na Bahia e no Distrito Federal. No caso do provimento de energia elétrica, houve tendência à universalização das coberturas à população urbana já em 2000, em todos os estados da federação, o mesmo correndo com a coleta de lixo, embora em dois estados do Nordeste os serviços tenham permanecido mais baixos – apenas 80% no Maranhão e 88% no Piauí, em 2010.

De modo geral, os estados do Sudeste e do Centro-Oeste tiveram importante melhora nas coberturas de água nos anos 1960 e de esgotamento nos anos 1970 e 1980, enquanto os do Sul avançaram no abastecimento de água nos anos 1960, mas apenas nos anos 1980 em esgotamento sanitário. Nos estados do Nordeste, as coberturas de abastecimento avançaram bastante nos anos 1960 e novamente nos anos 1990 e 2000, e no esgotamento houve algum avanço nos anos 1990.[6]

Outra forma interessante de analisar a informação diz respeito à observação dos tamanhos de município, apresentada na Tabela 1 para o período entre 1970 e 2010. O exercício apresenta certo grau de

6 As tabelas completas (por unidades federativas, para a população urbana) sobre cobertura de abastecimento de água, esgotamento sanitário, energia elétrica, coleta de lixo e presença de banheiros podem ser encontradas nos "Anexos Metodológicos e Estatísticos", disponíveis em: <http://www.centrodametropole.org.br/trajetorias>.

artificialidade, visto que em cada Censo são classificados os municípios com determinado porte e, portanto, municípios mudam de categoria ao longo do tempo. Entretanto, a análise nos dá ideia de como as condições urbanas se transformaram na rede urbana brasileira. Em termos gerais, a tabela indica que as cidades pequenas apresentam coberturas mais baixas do que as muito grandes, especialmente em anos mais recentes. A posição relativa dos municípios médios varia ao longo do tempo, que começam em geral melhores, mas sendo ultrapassados pelos muito grandes.

No entanto, serviços diferentes apresentam dinâmicas próprias. As coberturas de abastecimento de água foram sempre mais altas nas cidades grandes, ocorrendo avanço substancial em cidades de todos os tamanhos nas décadas de 1970 e 1980 e crescimento bem mais lento a partir de então. Ao final, os serviços continuam fracos nos municípios menores, mas as distâncias se reduziram bastante. A energia elétrica segue uma trajetória bastante similar, embora com pontos de partida mais altos e com a quase universalização dos serviços em 2010 para todos os tamanhos de cidade. Observa-se dinâmica diferente para o esgotamento sanitário. No início do período, as coberturas mais elevadas ocorrem nos municípios com população entre 100 mil e 1 milhão de habitantes. Nos anos 1970 e 1980, as cidades maiores realizam saltos na cobertura, terminando o período com taxas mais elevadas, porém longe da universalização. Embora o problema do esgotamento sanitário seja disseminado, tende a se mostrar ainda mais grave nos municípios de porte médio e pequeno. Se fosse possível discriminar redes separadoras de redes unitárias, certamente a situação seria ainda mais precária nas cidades menores. No caso dos serviços de coleta de lixo, as taxas mais elevadas sempre estiveram nas maiores cidades, mas nos anos 1990 e 2000 as cifras nas cidades menores se elevaram substancialmente, quase se equiparando às demais.

Em 2010, em todas as regiões analisadas, mesmo entre as mais pobres, energia elétrica e serviços de coleta de lixo também aparecem praticamente universalizados. Isso sugere que o problema de coleta observado anteriormente diz respeito à população pobre de núcleos urbanos não metropolitanos das regiões Norte e Nordeste.

Nos demais serviços, ressaltam como em piores condições Belém, Recife e, em menor grau, o Rio de Janeiro. No Recife, o abastecimento de água não ultrapassa os 85% mesmo entre os 10% mais ricos e, em Belém, é inferior a 70% para todos os grupos sociais. Quando se desagregam os três grupos de cada metrópole, também se destacam negativamente os 40% mais pobres do Rio de Janeiro, o que expressa pior atendimento a favelas e à Baixada Fluminense. Na metrópole carioca persistem grandes desigualdades por grupo social e, enquanto os 10% mais ricos têm acesso universal, os 40% mais pobres são servidos em apenas 83% dos domicílios em 2010. No que diz respeito ao esgotamento, a situação é muito ruim de forma quase generalizada. Embora os serviços estejam longe da universalização em todas as regiões, as piores situações são encontradas em Belém, Recife e Fortaleza. Nessas regiões, também os 10% mais ricos

Tabela 1 – Coberturas médias de serviços, por tamanho de município (em %) – Brasil, 1970-2010

Coberturas de serviços	Anos	Tamanho de município (em hab.)				
		Até 20 mil	Entre 20 e 100 mil	Entre 100 e 500 mil	Entre 500 mil e 1 milhão	Mais de 1 milhão
Abastecimento de água	1970	24,74	43,74	64,66	58,21	60,54
	1980	60,99	67,85	78,39	73,62	85,75
	1991	78,38	81,67	88,97	88,78	95,04
	2000	86,81	86,17	89,68	89,98	95,17
	2010	90,03	88,42	91,31	91,68	95,01
Esgotamento sanitário	1970	6,83	17,11	34,77	29,73	7,77
	1980	19,97	26,22	39,49	34,43	57,11
	1991	22,44	29,80	47,00	49,02	61,64
	2000	37,73	47,57	60,01	58,57	75,85
	2010	41,33	49,34	61,48	66,46	80,90
Energia elétrica	1970	46,05	61,01	81,85	84,67	91,95
	1980	71,60	79,89	91,24	95,37	96,93
	1991	92,63	94,84	98,30	99,06	99,51
	2000	97,69	98,45	99,51	99,80	99,84
	2010	99,36	99,53	99,72	99,86	99,92
Coleta de lixo	1991	60,82	69,58	83,05	85,66	91,32
	2000	75,87	82,40	90,88	90,07	92,40
	2010	93,91	95,73	97,18	98,18	98,87

Fonte: IBGE, Censos Demográficos. Tabulações especiais do CEM.

registram coberturas entre apenas 55% e 72%, e os 40% mais pobres alcançam somente 24% em Belém e 42% em Fortaleza.

Entretanto, nesse caso, mesmo Curitiba apresenta cobertura de apenas 70% para seus 40% mais pobres.

Uma boa medida para as desigualdades entre grupos, independentemente dos níveis das coberturas, é a subtração das coberturas dos 40% mais pobres pelos 10% mais ricos. A Tabela 2, que informa esses dados, omite diferenças inferiores a 10%, apresentando apenas os anos inicial e final da série de cada indicador. A tendência geral é de redução das desigualdades no tempo. Além disso, certos serviços, como energia e coleta de lixo, não apresentam mais desigualdades de acesso expressivas. Esgotamento sanitário é o serviço de acesso mais desigual e apresenta ainda grandes diferenças entre grupos sociais diversos. Em período recente, as desigualdades continuam fortemente presentes em esgotos, abastecimento de água e ausência de banheiros. Belém, Fortaleza e Recife são as metrópoles mais desiguais, mas o Rio de Janeiro ainda apresenta grandes desigualdades de acesso em abastecimento de água. Se fosse possível contar com indicadores que permitissem a análise da qualidade dos serviços prestados, certamente essas desigualdades seriam ainda mais acentuadas.

Todos esses serviços são produzidos por diferentes órgãos públicos de vários níveis de governo, o que em grande parte explica essas diferenças. A distribuição de energia, a cargo de empresas estaduais, vem se expandindo paulatinamente desde os anos 1960 para os grupos e regiões que ainda não contavam com esse serviço, notadamente os mais pobres e as regiões Norte e Nordeste. No caso da limpeza urbana, a cargo dos governos municipais, foi feito aparentemente importante esforço de expansão das coberturas entre os mais pobres, sobretudo em municípios das regiões Norte e Nordeste, onde a situação dos serviços era muito precária até 1991 e onde ocorreram as maiores expansões das coberturas. A situação mais complexa diz respeito ao esgotamento sanitário, desde o final dos anos 1960 a cargo de empresas estaduais financiadas por sistema federal organizado em torno do BNH até 1986 e, mais recentemente, novamente custeadas por arranjo federal ligado ao Ministério das Cidades. Nesse caso, subsistem grandes diferenças entre regiões metropolitanas, o que

Tabela 2 – Diferenças entre as coberturas dos 10% mais ricos e dos 40% mais pobres (em %) – Por região metropolitana, 1970-2010

Coberturas de serviços	São Paulo	Rio de Janeiro	Porto Alegre	Curitiba	Belo Horizonte	Fortaleza	Recife	Salvador	Belém
Água (1970)	56	44	52	68	61	49	69	58	49
Água (2010)		15							
Esgotos (1970)		71	63	58	71	14	53	23	32
Esgotos (2010)	15	17	22	22	14	31	40	15	33
Energia (1970)	11	18	27	31	71	59	36	35	29
Energia (2010)									
Lixo (1991)		32	9	11	37	31	37	34	29
Lixo (2010)									
Banheiros (1991)			20	18	11	22	22	22	28
Banheiros (2010)									11

Fonte: IBGE, Censos Demográficos. Tabulações especiais do CEM.

indica distintas políticas estaduais. Embora o esgotamento sanitário seja o pior serviço no conjunto do país, é ainda menos frequente em Belém e nas metrópoles nordestinas do Recife e de Fortaleza, sugerindo, no caso dessas regiões metropolitanas, políticas pouco eficazes por parte das companhias estaduais respectivas.

Sumarizando, pode-se dizer que há tendência forte de universalização – praticamente completa na energia elétrica e quase alcançada na coleta de lixo. No abastecimento de água as coberturas são bem altas e disseminadas, mas a última década demonstrou dificuldades do setor para atingir a universalização. No caso do esgotamento sanitário, as coberturas são ainda baixas e os desafios a enfrentar, muito grandes. Entretanto, independentemente das diferenças entre políticas, importantes desigualdades persistem entre regiões – sendo a região Norte a de piores condições –, assim como dentro dos grupos sociais, em especial os mais pobres do Nordeste e do Norte. As regiões metropolitanas de maiores distâncias nas coberturas de ricos e pobres são Belém, Recife e Fortaleza, onde as dos mais ricos chegam a ser o dobro das dos mais pobres em esgotos e 10% mais altas no abastecimento de água. Em geral, quanto mais longe da universalização está um serviço, maior é a desigualdade entre ricos e pobres no seu acesso.

As cidades dentro das cidades

Outra forma de analisar as condições urbanas vigentes nas grandes metrópoles brasileiras é comparar os diferentes perfis de cobertura ao longo de todo o período, o que permite não só avaliar os patamares dos serviços de diferentes cidades e grupos e os padrões de desigualdades presentes, como também acessar as trajetórias de aglomerados urbanos e seus grupos sociais em termos de infraestrutura urbana. Para tal, realizei uma análise de agrupamentos das regiões segundo o perfil das coberturas em cada um dos anos, com dados censitários disponíveis. Entretanto, como já foi visto, os diversos grupos sociais têm condições de acesso muito distintas dentro de cada região, por isso consideraram-se separadamente três diferentes grupos sociais para cada uma delas – 40% mais pobres,

50% intermediários e 10% mais ricos. Assim, a análise comparou os perfis de coberturas em 27 "regiões" que, na verdade, são as nove regiões anteriores subdivididas segundo as rendas dos domicílios, contemplando as coberturas de água, esgotamento, energia elétrica, coleta de lixo e a ausência de banheiro no domicílio, o que totalizou 21 variáveis.

Primeiramente, realizou-se uma análise fatorial das 21 variáveis, obtendo quatro fatores com autovalor superior a 1, que explicavam 89% da variância. Esses fatores foram então submetidos à análise de agrupamentos, que resultou em quatro grupos. Cada um deles encerra "regiões" com perfis diferentes em termos de cobertura entre serviços e no tempo, combinando os efeitos das desigualdades regionais e sociais. Detalho a seguir as características e a composição dos grupos.

Grupo 1

Incluem-se nesse grupo as camadas mais pobres de Belém, Fortaleza e Recife – os 40% mais pobres dessas metrópoles e os 50% intermediários de Belém.

Concentram-se aqui as piores condições de infraestrutura dentre todas as regiões metropolitanas estudadas. O abastecimento de água cresce pouco e ainda é baixo em 2010 (75,7%). O esgotamento sanitário começa baixíssimo (3,6%) e continua assim ao final do período (31,6%). Adicionalmente, há ainda 6,4% de domicílios sem banheiros, em média, em 2010 (em 1991, eles eram 22,1%). O fornecimento de energia elétrica e a coleta de lixo começaram a série histórica com indicadores medianos (cerca de 63,9% e 70,6%, respectivamente), mas alcançaram a universalização até 2010.

Este é o único grupo que continua marcado por intensa precariedade no acesso à infraestrutura. As piores condições de infraestrutura, portanto, são ofertadas para os grupos mais pobres das metrópoles mais periféricas e mais pobres do Norte e Nordeste. Combinam-se aqui as desigualdades sociais e de renda com as regionais. Chama a atenção a presença do grupo social intermediário de Belém, com acesso similar ao dos mais pobres dentre todas as cidades.

Grupo 2

Incluem-se aqui grupos pobres de metrópoles diversas (os 40% mais pobres de Salvador, Belo Horizonte, Rio de Janeiro e Porto Alegre), e aqueles de renda média (os 50% intermediários de Fortaleza, Recife e de Salvador), assim como os de mais alta renda de Belém (os 10% mais ricos).

O abastecimento de água começa baixo (46,9%), mas se eleva substancialmente até atingir 88,9% em 2010. O esgotamento sanitário inicia baixíssimo (13,3%), mas aumenta muito em termos relativos, chegando a se aproximar da média do país (67,8%). A energia e a coleta de lixo também partem de coberturas iniciais relativamente baixas (71% e 78%, respectivamente), mas alcançam a universalização. A proporção de domicílios sem banheiro é muito alta no início do período – 10,8% em 1991 – e, embora se reduza, persiste em 1,5% dos domicílios em 2010.

Esse grupo congrega situações de alta precariedade no início da série histórica e assim se mantém durante o regime militar, porém os serviços avançaram muito desde a redemocratização. Estão aqui representadas principalmente áreas de pobreza onde as coberturas eram baixas, mas os serviços avançaram bastante. Chama a atenção a presença da elite de Belém e de grupos médios de metrópoles nordestinas com perfil de atendimento similar ao dos grupos pobres dessas mesmas cidades ou de metrópoles do Sudeste. Também fica clara a conjugação das desigualdades regionais e metropolitanas com desigualdades de renda e sociais.

Grupo 3

Estão incluídos aqui pobres de cidades do Sul e do Sudeste – os 40% mais pobres de São Paulo e de Curitiba, grupos intermediários de metrópoles do Sul – Curitiba e Porto Alegre – e os 10% mais ricos de Fortaleza e do Recife. Destaca-se a presença de grupos sociais ricos de Fortaleza e do Recife, com perfis de condições urbanas similares aos dos pobres de São Paulo e Curitiba, assim como grupos médios de metrópoles do Sul, mais uma vez indicando a presença de combinações dos padrões de desigualdade.

As trajetórias de abastecimento e de esgotamento são mais altas do que as do grupo anterior, partindo de coberturas ligeiramente inferiores às médias do país em 1970 (55,6% e 24,8%, respectivamente, contra 59,8% e 26,6% para o conjunto das regiões) e ultrapassando-as no final do período (92,5% e 76,1% contra 90,6% e 72,3% de média geral). A cobertura da energia elétrica começa alta (90,2%) e se universaliza, assim como a da coleta de lixo, que parte de 95,3%. Os domicílios sem banheiro existiam no início do período – cerca de 6% –, mas praticamente desapareceram até 2010.

Assim como no grupo anterior, evidencia-se aqui a elevação da infraestrutura no período posterior à redemocratização. Entretanto, se as políticas conseguiram elevar as coberturas em espaços como os desse grupo e do anterior, ainda não se concretizam nos do primeiro grupo, em que as desigualdades regionais e sociais se combinam. De uma forma geral, pode-se dizer que a elevação das coberturas atingiu as camadas médias e médias-baixas, mas não as mais pobres das cidades mais pobres.

Grupo 4

Fazem parte deste grupo os intermediários (50% intermediários) de Belo Horizonte, Rio de Janeiro e de São Paulo e os 10% mais ricos de Salvador, Belo Horizonte, Rio de Janeiro, São Paulo, Curitiba e Porto Alegre.

É o grupo que apresenta as melhores condições urbanas e habitacionais. O abastecimento foi universalizado já em 1991, e mesmo o esgotamento começa com 49,9% de cobertura em 1970, alcançando 91,9% dos domicílios em 2010. A energia se universaliza em 1980 e a coleta de lixo, em 1991. A presença de domicílios sem banheiro é ínfima, mesmo no início da série.

Portanto, desigualdades sociais e regionais/metropolitanas combinam-se de forma cumulativa. Mesmo no caso das elites, os grupos mais ricos das metrópoles mais pobres não apresentam a mesma trajetória e as mesmas condições dos observados nas metrópoles mais ricas. Os grupos médios e pobres também apresentam trajetórias específicas, dependendo das coberturas presentes nos anos 1970 e do ritmo de elevação dos serviços posteriormente. Por fim, os pobres das metrópoles mais periféricas continuam apresentando coberturas muito baixas, mesmo considerando o avanço geral das coberturas no país.

Sob o ponto de vista da prestação de serviços, apesar da existência de sistemas nacionais unificados de produção de políticas para água, esgotos e energia elétrica desde a ditadura militar, as diferenças regionais não foram eliminadas. Por outro lado, as políticas seguiam uma clara hierarquia social: os grupos sociais pobres tinham atendimento mais precário e mais demorado. À medida que certos serviços tenderam à universalização, até mesmo os grupos mais pobres tiveram acesso a eles. A superposição dessas desigualdades é visível ainda em 2010 nos serviços menos universalizados.

Conclusão

Ao longo do período estudado, as condições urbanas melhoraram substancialmente em termos de cobertura. Os dados censitários não permitem a análise sistemática da qualidade dos serviços, mas as informações existentes atestam a presença de elevadas desigualdades de qualidade. As metrópoles brasileiras ainda exibem proporções elevadas de precariedade habitacional, mas as presenças de encortiçamento, adensamento excessivo e ausência de banheiros reduziram-se substancialmente ao longo dos últimos cinquenta anos. Entretanto, importantes desigualdades persistem.

Primeiramente, ressaltam-se as desigualdades entre serviços. Enquanto energia elétrica e coleta de lixo virtualmente se universalizaram, as coberturas de esgotamento sanitário permaneceram baixas. As coberturas de abastecimento de água são elevadas, mas tendem à estagnação, principalmente nos municípios menores e estados mais pobres do Norte e do Nordeste.

Além disso, permanecem importantes desigualdades entre regiões do país, notadamente no Norte, com destaque para os estados de Rondônia, Pará, Amapá e Acre, e no Nordeste, em especial no Maranhão e no Piauí. As mais precárias aqui estudadas também se localizam nessas regiões – Belém, Fortaleza e Recife. Quando se observam as cidades por tamanho, as piores condições estão nos municípios menores. Além disso, a prestação dos serviços continua seguindo uma clara lógica hierárquica em termos de grupos sociais, sendo os mais pobres servidos em proporções mais baixas e atendidos em último lugar, quando os serviços são escassos. Os estudos existentes sugerem ainda que os serviços para esses grupos apresentam pior qualidade.

Por fim, é possível dizer que essas desigualdades regionais, metropolitanas e sociais se combinam e se acumulam, com efeitos sobre os serviços prestados não apenas para os mais pobres, mas também para as elites, que tendem a ter pior acesso nas cidades mais periféricas do que nas metrópoles das regiões Sudeste e Sul. Sob o ponto de vista das condições urbanas, os pobres das metrópoles periféricas são os que enfrentam os graus mais elevados de precariedade.

9
Saúde e desigualdade no Brasil[1]

Vera Schattan P. Coelho[2]
Marcelo F. Dias[3]

Em 1988, Singer, Campos e Oliveira publicaram o livro *Prevenir e curar*, resultado de pesquisa realizada no Centro Brasileiro de Análise e Planejamento (Cebrap) que investigou a relação entre mortalidade e morbidade, nível socioeconômico e acesso aos serviços de saúde. Passados 25 anos, revisitamos esse debate examinando a trajetória das desigualdades em saúde.[4]

Entre 1980 e 2010, a taxa de mortalidade infantil no Brasil caiu de 69,1 para 16 por mil nascidos vivos. Com relação à expectativa de vida,

1 Agradecemos o trabalho intenso e cuidadoso de Patrick Silva, que sistematizou todo o material apresentado neste texto, e a Rogério Barbosa pela inestimável contribuição no processamento e na análise dos dados. Agradecemos a Elza Berquó, Jane Greve, Marta Arretche, Argelina Figueiredo, José Marcos P. da Cunha, Estela M. G. P. da Cunha, Carlos Eugenio de C. Ferreira e Cristina Guimarães pela leitura atenta de versões preliminares e suas valiosas sugestões. O artigo apresenta resultados dos projetos Fapesp 2013/07616-7 e Fapesp 2011/20641-5.

2 Coordenadora do Núcleo de Cidadania, Saúde e Desenvolvimento do Cebrap.

3 Mestre em Ciência Política pela FFLCH-USP.

4 As desigualdades em saúde referem-se às diferenças, em sentido descritivo, nos níveis de saúde entre grupos populacionais reconhecidos a partir de características socioeconômicas, de gênero, raça, cor e etnia.

o país também registrou expressivos ganhos: esta passou de 62,6 anos em 1980 para 73,4 anos em 2010. Por outro lado, há evidências de que as desigualdades em saúde permaneceram expressivas. Nos anos 1990, a chance de uma criança negra falecer antes de completar um ano de vida era 1,8 vezes maior do que a de uma criança branca, enquanto a mortalidade materna entre mães negras era 3,6 vezes mais elevada que entre as mães brancas (Cunha, 2008). Segundo Menegolla (2008), a mortalidade infantil entre crianças indígenas era o dobro daquela registrada entre crianças brancas, enquanto as taxas de tuberculose entre indígenas eram três vezes mais elevadas do que as taxas da população total.

Evidências desse tipo estão na raiz do debate sobre os fatores explicativos dos indicadores e das desigualdades em saúde (Castro; Simões, 2009; Costa et al., 2001; Duarte, 2007; Pellegrini Filho; Vettore, 2011). Neste trabalho, revisitamos as dificuldades teóricas e metodológicas desse debate e buscamos avançar na descrição da trajetória das desigualdades em saúde no Brasil, bem como na discussão dos fatores que a afetam.

O artigo está divido em cinco partes, além desta introdução. A seção "Revisão da literatura" aborda os determinantes das desigualdades em saúde. Na seção "A mortalidade infantil e a expectativa de vida: 1980-2010", são apresentadas as trajetórias da mortalidade infantil e da expectativa de vida por grandes regiões, estados e municípios brasileiros para o período de 1980 a 2010.[5] Na seção "As condições de saúde nos municípios e seus determinantes", investigamos o comportamento da mortalidade infantil e da expectativa de vida para o conjunto de municípios brasileiros, no período de 1980 a 2010, buscando identificar a relação entre esses indicadores, de um lado, e a renda, a desigualdade de renda, a oferta de serviços públicos de saúde e de saneamento básico e a escolaridade, de outro. Na seção "Desafios na análise das desigualdades em saúde", apresentamos as dificuldades metodológicas para aprofundar a análise das desigualdades em saúde no período. Finalmente, na seção "Conclusões", discutimos os resultados do estudo e apontamos desafios a serem enfrentados pelos interessados no estudo deste tema.

5 Nossa análise se inicia em 1980 porque os dados de mortalidade só estão disponíveis para os municípios a partir de 1979.

Revisão da literatura

A hipótese dominante na medicina social até meados dos anos 1970 era de que a elevação da renda e a saída da pobreza assegurariam boas condições de saúde aos indivíduos. A partir de 1985, alguns trabalhos passaram a admitir que o impacto das condições socioeconômicas seria mais amplo, isto é, seus efeitos não apareceriam apenas sob condições adversas, associadas à pobreza, mas também sob condições socioeconômicas mais favoráveis. Por exemplo, a mortalidade tende a decrescer sistematicamente à medida que melhoram as condições socioeconômicas, aferidas por indicadores de escolaridade, ocupação ou renda, utilizados via de regra como marcadores intercambiáveis (Marmot, 2002).[6]

Discussão semelhante vem ocorrendo acerca da relação entre diferenças raciais, étnicas e de gênero, e condições de saúde. O caso dos Estados Unidos, onde os negros apresentam taxas de mortalidade mais altas para praticamente todas as principais causas de morte, tornou-se emblemático. A partir de meados dos anos 1990, em paralelo aos estudos que analisavam as condições de saúde partindo de atributos individuais (renda, educação, ocupação, cor/raça, idade, gênero), ganharam importância os estudos que destacavam os efeitos da desigualdade interna aos países, estados ou cidades sobre a saúde dos indivíduos (Wilkinson, 1996, 2000). Estudando os Estados Unidos, Kaplan et al. (1996) e Kennedy, Kawachi e Prothrow-Stith (1996) demonstraram que populações que moram em áreas de maior desigualdade de renda vivem menos, independentemente da renda dessas áreas. As características da área de residência seriam melhores preditores das taxas de morbidade e mortalidade dos indivíduos do que suas características socioeconômicas (Adler; Ostrove, 1999).[7] Assim, os determinantes sociais da saúde ganharam espaço no debate sobre os

6 Não há conclusões definitivas, contudo, sobre a direção da associação causal: são as condições socioeconômicas que impactam a saúde ou o contrário?

7 Kondo et al. (2009) concluíram que cada acréscimo de 0,05 no coeficiente de Gini está associado a um risco de mortalidade 7,8% maior, muito embora não haja consenso sobre as áreas geográficas para as quais essa relação é válida. Os autores sugerem que, se a relação desigualdade/mortalidade for de fato causal, 1,5 milhão de mortes (9,6% da mortalidade entre adultos) poderia ser revertida em trinta países da OECD com uma redução do coeficiente de Gini para um valor abaixo do limiar de 0,3.

mecanismos que associam determinantes econômicos, psicológicos, culturais, comportamentais e biológicos às condições de saúde dos indivíduos (WHO, 2005; Pellegrini Filho; Vettore, 2011).

Paralelamente, as relações entre sistemas de saúde, gasto em saúde e condições de saúde ganharam importância (Nolte; Mckee, 2004; Moreno-Serra; Smith, 2012). Crémieux, Ovellette e Pilon (1999), comparando províncias canadenses, constataram clara associação entre menor gasto em saúde e maiores taxas de mortalidade infantil e decréscimo na expectativa de vida. Gupta, Verhoeven e Tiongson (2003) analisaram a relação entre gasto público em saúde e condições de saúde em setenta países, em economias em desenvolvimento ou em transição. Concluíram que as condições de saúde dos pobres são significativamente piores do que as dos não pobres; que os primeiros são mais beneficiados pelo gasto público em saúde; e que esse efeito é reforçado pela escolaridade e pelo crescimento econômico. Moore et al. (2003) analisaram a influência da atenção primária sobre os indicadores de mortalidade infantil, para 22 países na América Latina, no período 1990-1998, e destacaram a importância do investimento na atenção básica, na educação das mulheres e no acesso a água potável. Ainda que esses estudos tenham produzido avanços, não faltaram críticas ao seu rigor metodológico (Martin; Rice; Smith, 2008).

Em contraposição, Hitris e Posnett (1992), Filmer e Pritchett (1999) e Young (2001) concluíram que uma maior oferta de serviços de saúde não está associada a melhores condições de saúde.

No Brasil, há acirrada discussão sobre os fatores explicativos da redução da mortalidade infantil a partir dos anos 1990 e sobre as desigualdades em saúde.[8] Sousa, Hill e Dal Poz (2010) verificaram que a redução das taxas de mortalidade neonatal e na infância foi maior nos municípios mais ricos entre 1991 e 2000, acompanhada de aumento da desigualdade relativa, medida como a razão entre as taxas dos 20% municípios mais pobres e dos 20% mais ricos. Na mesma linha, Castro e Simões (2009),

8 Duarte (2007) identificou mais de sessenta trabalhos originais sobre mortalidade infantil publicados entre 1998 e 2006. Esses estudos examinaram as relações entre as taxas de mortalidade infantil e os seguintes fatores: (i) fecundidade total e natalidade; (ii) desemprego; (iii) analfabetismo; (iv) PIB *per capita*; (iv) coeficiente de Gini; (v) ligação à rede geral de água e esgotamento sanitário; (vi) estabelecimentos de saúde; (vii) cobertura vacinal.

analisando a mortalidade infantil entre 1980 e 2005, concluíram que os melhores resultados ficaram concentrados nas regiões mais ricas do país; a desigualdade relativa entre as regiões mais ricas e mais pobres permaneceu inalterada e, portanto, os óbitos infantis permaneceram desproporcionalmente concentrados nas regiões mais pobres. Garcia e Santana (2011) apontam em outra direção, após investigarem a evolução da mortalidade infantil e na infância entre 1993 e 1998. Concluíram que houve redução das desigualdades, no nível individual, na mortalidade infantil e na infância, segundo escolaridade materna e renda domiciliar *per capita*.

Para as regiões metropolitanas, também há conclusões variadas. Costa et al. (2001) analisaram a mortalidade infantil em Salvador, entre 1990 e 1997, e concluíram que, ainda que esta tenha sido reduzida, foram mantidas as desigualdades em saúde entre áreas ricas e pobres. Goldani et al. (2001) investigaram a mortalidade infantil, de 1995 a 1999, com base em uma medida geográfica da escolaridade materna em Porto Alegre, e observaram seu declínio mais acentuado nas regiões mais pobres e redução das desigualdades nos componentes neonatal e pós-neonatal da mortalidade. Holcman, Latorre e Santos (2004) estudaram a mortalidade infantil na região metropolitana de São Paulo, no período de 1980 a 2000, e concluíram que a queda das taxas de mortalidade infantil em todos os municípios da região metropolitana foi acompanhada da homogeneização de seus valores.

Costa et al. (2001) argumentam que o declínio da mortalidade infantil nos anos 1980 deveu-se sobretudo à queda da fecundidade. Holcman, Latorre e Santos (2004) atribuem esse declínio à ampliação da rede de abastecimento de água. Para os anos mais recentes, Macinko et al. (2006, 2012) e Rocha e Soares (2009) apontam a política de saúde e, em especial, o Programa de Saúde da Família (PSF), como um dos principais determinantes na redução das taxas de mortalidade infantil.

A mortalidade na população adulta recebeu bem menos atenção, sendo poucos os estudos com abrangência nacional que a relacionam ao tema da desigualdade. Singer, Campos e Oliveira (1988) concluíram que o estado de saúde da população dependia principalmente da escolaridade e da renda, sendo muito menos afetado pelos serviços de saúde (leitos e consultas). Duarte et al. (2002) observaram ganhos importantes na expectativa de vida ao nascer, especialmente para os homens, no período de 1991 a 1999, assim como maior homogeneidade nesse indicador em anos mais recentes. Chiavegatto Filho, Gotlieb e Kawachi (2012) examinaram o impacto das desigualdades sobre a mortalidade no município de São Paulo e mostraram que áreas com maior desigualdade de renda apresentam piores indicadores de saúde; uma vez controladas as variáveis socioeconômicas e demográficas, a mortalidade por todas as causas foi maior em distritos mais desiguais.

Em resumo, não há consenso na literatura sobre a trajetória das desigualdades em saúde, nem sobre a importância relativa dos fatores que a afetam. Logo, a questão apresentada por Singer et al. (1988) segue atual.

Neste texto, enfrentamos esse desafio, retomando o debate sobre o efeito relativo da renda, da desigualdade de renda, da oferta de serviços públicos de saúde e saneamento, e da escolaridade *vis-à-vis* as condições de saúde da população. Para tanto, examinamos um conjunto de dados demográficos e de saúde, relativo aos anos de 1980 a 2010, disponibilizado pelo IBGE, Ipea, PNUD e DataSUS para as regiões, estados e municípios. A escolha dessas unidades de análise – em detrimento dos indivíduos – se deu tanto em função da limitada disponibilidade de informações sobre mortalidade fornecidas pelos Censos Demográficos quanto pelas dificuldades para realizar cálculos diretos das taxas de mortalidade.

Na próxima seção, descrevemos a variação nas taxas de mortalidade infantil e de expectativa de vida; a seguir, analisamos a relação entre as variáveis independentes – renda, desigualdade de renda, escolaridade, saneamento e sistema de saúde – e o comportamento dessas taxas nos municípios brasileiros, o que representa um ganho importante em relação às análises correntes, que, em sua maioria, examinam regiões e estados.

A mortalidade infantil e a expectativa de vida: 1980-2010

Esta seção apresenta a trajetória da mortalidade infantil e da esperança de vida ao nascer nas grandes regiões, estados e municípios brasileiros nos últimos trinta anos.

Entre 1980 e 2010, a taxa de mortalidade infantil caiu, no Brasil, de 69,1 para 16 por mil nascidos vivos. Essa redução de 77% nos coloca entre os países emergentes que mais reduziram a taxa no período, à frente do México (queda de 74%, de 54,8 para 14,1), da China (queda de 71%, de 47,9 para 13,7), da Índia (queda de 52%, de 101,9 para 48,6) e da África do Sul (queda de 47%, de 67,2 para 35,5).

Com relação à expectativa de vida, o país também registrou expressivos ganhos, tendo passado de uma esperança de vida de 62,6 anos em 1980 para 73,4 anos em 2010, um aumento de 10,8 anos em trinta anos. Esses ganhos foram superiores aos dos países latino-americanos (que apresentaram, na média, ganhos de 9,6 anos, de 64,5 para 74,1) e aos do conjunto dos países de baixa e média renda (ganhos de 7,4 anos, de 60,3 para 67,7) (World Bank, 2013).

Ainda que evidenciem expressiva melhora nos principais indicadores de saúde, esses dados nada revelam sobre as desigualdades no interior do território nacional. O comportamento desses indicadores nas diferentes regiões, estados e municípios também mostra avanços importantes.

Gráfico 1 – Taxa de mortalidade infantil (por mil nascidos vivos) Regiões brasileiras, 1980 a 2010

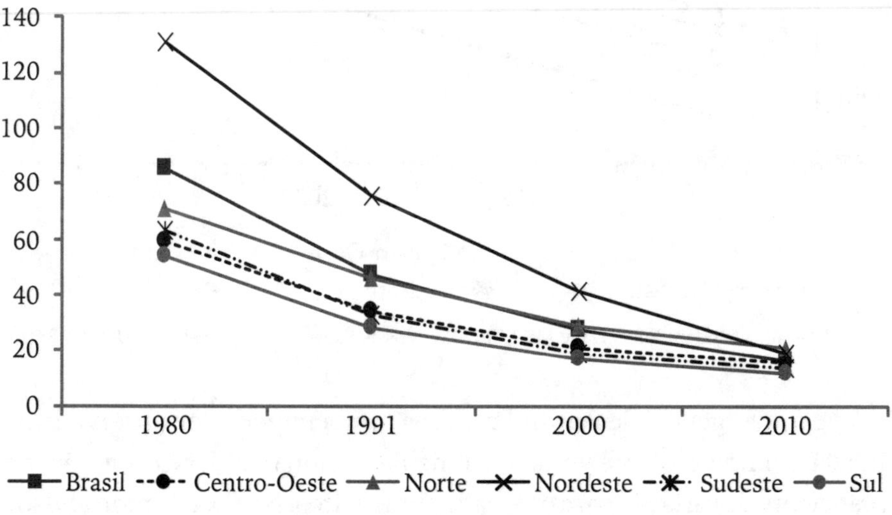

Fonte: Vigilância em Saúde (MS/SVS), Sistema de Informações sobre Mortalidade (SIM), Sistema de Informações sobre Nascidos Vivos (Sinasc). Esperança de vida: IBGE; Fundo de População das Nações Unidas (UNFPA Brasil).

O Gráfico 1 mostra a evolução das taxas de mortalidade infantil nas cinco grandes regiões brasileiras e permite constatar a expressiva queda das desigualdades regionais. Comparando a região que historicamente apresenta os piores indicadores de mortalidade infantil (Nordeste) com aquela de melhores índices (Sul), observa-se que entre 1980 e 2010 a relação entre as taxas médias da primeira e da segunda caiu de 2,4 para 1,6, o que equivale a uma queda de 33%.

Comportamento semelhante, embora menos acentuado, pode ser observado no Gráfico 2, que apresenta dados sobre a esperança de vida ao nascer nas cinco regiões brasileiras. Também em relação à expectativa de vida, houve uma redução das diferenças entre as regiões Sul e Nordeste do país (de 7,7 anos em 1980, para 4,7 em 2010).

Gráfico 2 – Esperança de vida ao nascer (em anos) – Regiões brasileiras, 1980 a 2010

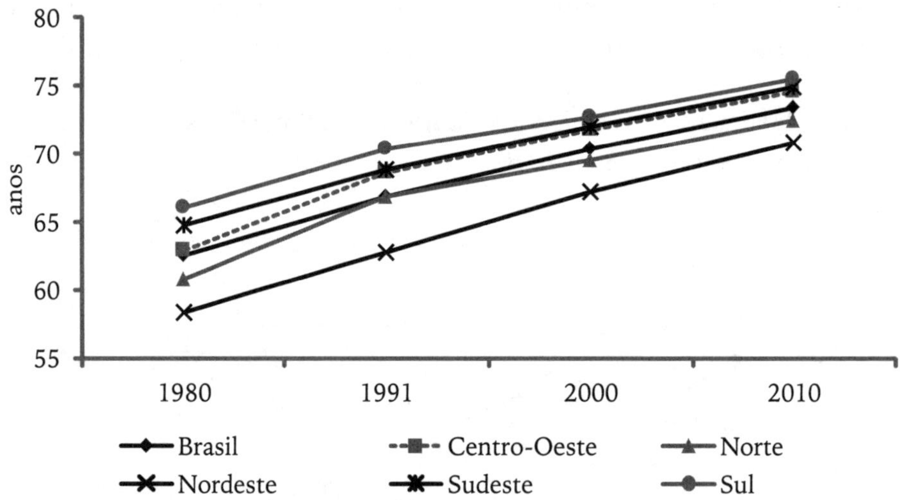

Fonte: Mortalidade infantil: IpeaData; MS/SVS, SIM, Sinasc. Esperança de vida: IBGE; UNFPA Brasil.

A convergência desses indicadores também pode ser observada na Tabela 1, onde são apresentados a média nacional, o desvio-padrão e o coeficiente de variação para os estados brasileiros. Na taxa de mortalidade infantil, registrou-se, entre 1980 e 2010, uma queda de 84% no desvio--padrão entre as unidades da federação (de 24,6 para 3,8 anos). Já com relação à expectativa de vida, essa queda foi de 33% (de 3,3 para 2,2 anos). Essa redução das desigualdades também pode ser verificada através do coeficiente de variação, que, no período, registrou queda de 33% para a mortalidade infantil e de 40% para a esperança de vida ao nascer.

Tabela 1 – Taxa de mortalidade infantil e esperança de vida ao nascer Estados brasileiros, 1980 e 2010

	Taxa de mortalidade Infantil (por mil nascidos vivos)			Esperança de vida ao nascer (em anos)		
	1980	2010	Diferença	1980	2010	Diferença
Média (Brasil)	69,1	16	-77%	62,6	73,4	+17%
Desvio-padrão (estados)	24,6	3,8	-84%	3,3	2,2	- 33%
Coeficiente de variação	36%	24%	-33%	5%	3%	-40%

Fonte: Mortalidade infantil: IBGE, Diretoria de Pesquisa/Coordenação de População e Indicadores Sociais (DPE/Copis); MS/SVS, SIM, Sinasc. Esperança de vida: IBGE; UNFPA/Brasil.

Portanto, a melhora dos indicadores de mortalidade infantil e expectativa de vida, entre 1980 e 2010, foi acompanhada de maior homogeneidade desses indicadores entre as 5 regiões e as 27 unidades da federação.

Entre os municípios (ordenados pela renda *per capita* nas tabelas 2 e 3),[9] também ocorreu melhora acentuada nesses indicadores, acompanhada de pequena redução das desigualdades. Em relação à mortalidade infantil, entre 1980 e 2000, os municípios com maior renda *per capita* avançaram mais que os municípios com menor renda, situação que se inverteu na década de 2000; como resultado, em 2010 havia decrescido a distância nas taxas de mortalidade entre municípios mais pobres e mais ricos. Ainda assim, em 2010 a taxa de mortalidade infantil dos municípios com menor renda *per capita* foi de 27,8 mortes por mil nascidos vivos, mais do que o dobro das 13 mortes por mil nascidos vivos registradas nos municípios com maior renda média.

9 Em cada período, ordenamos a totalidade dos municípios pela renda domiciliar *per capita* média e os dividimos em quartos. No texto deste artigo apresentamos apenas o primeiro (municípios mais pobres) e o último desses quartos (municípios mais ricos). A composição desses quartos muda ao longo do tempo, não apenas porque novos municípios foram criados, mas também porque os municípios podem mudar de posição no ordenamento de um ano para outro.

Tabela 2 – Taxa de mortalidade infantil (por mil nascidos vivos)
Municípios brasileiros, 1980-2010

	Taxa de mortalidade infantil							
	Taxa (por mil nascidos vivos)				Diferença (em %)			
	1980	1991	2000	2010	1980-1991	1991-2000	2000-2010	1980-2010
Municípios do 1° quarto de renda (mais pobres)	133,8	76,4	55,4	27,8	-42,9	-27,5	-49,8	-79,2
Municípios do 4° quarto de renda (mais ricos)	55,6	27,9	17,4	13,0	-49,8	-37,6	-25,3	-76,7

Fonte: IpeaData; PNUD.

Em relação à esperança de vida ao nascer (Tabela 3), a partir de 1991 os municípios com menor renda *per capita* avançaram mais rapidamente que os municípios com maior renda, fazendo que em 2010 a desigualdade entre os quartis se reduzisse. Nos municípios com menor renda *per capita*, a esperança de vida ao nascer era de 70 anos, ao passo que nos de maior renda *per capita* era de 75,7 (uma diferença de 8,1%; inferior, portanto, aos 10,8% registrados em 1980).

Tabela 3 – Esperança de vida ao nascer (em anos)
Municípios brasileiros, 1980 a 2010

	Esperança de vida ao nascer							
	Anos				Diferença (em %)			
	1980	1991	2000	2010	1980-1991	1991-2000	2000-2010	1980-2010
Municípios do 1° quarto de renda (mais pobres)	53,7	58,4	62,5	70,0	8,8	7,0	12,0	30,3
Municípios do 4° quarto de renda (mais ricos)	59,5	68,2	72,2	75,7	14,6	5,9	4,8	27,2

Fonte: IpeaData; PNUD.

Os mapas a seguir mostram a evolução desses indicadores nos municípios brasileiros, entre 1980 e 2010.

O Mapa 1 mostra que em 1980 a região Sul se destacava pelas menores taxas de mortalidade infantil. Em 1991, as regiões Sudeste e Centro-Oeste apresentavam indicadores mais próximos aos da região Sul. Em

Mapa 1 – Mortalidade infantil
Municípios brasileiros, 1980-2010

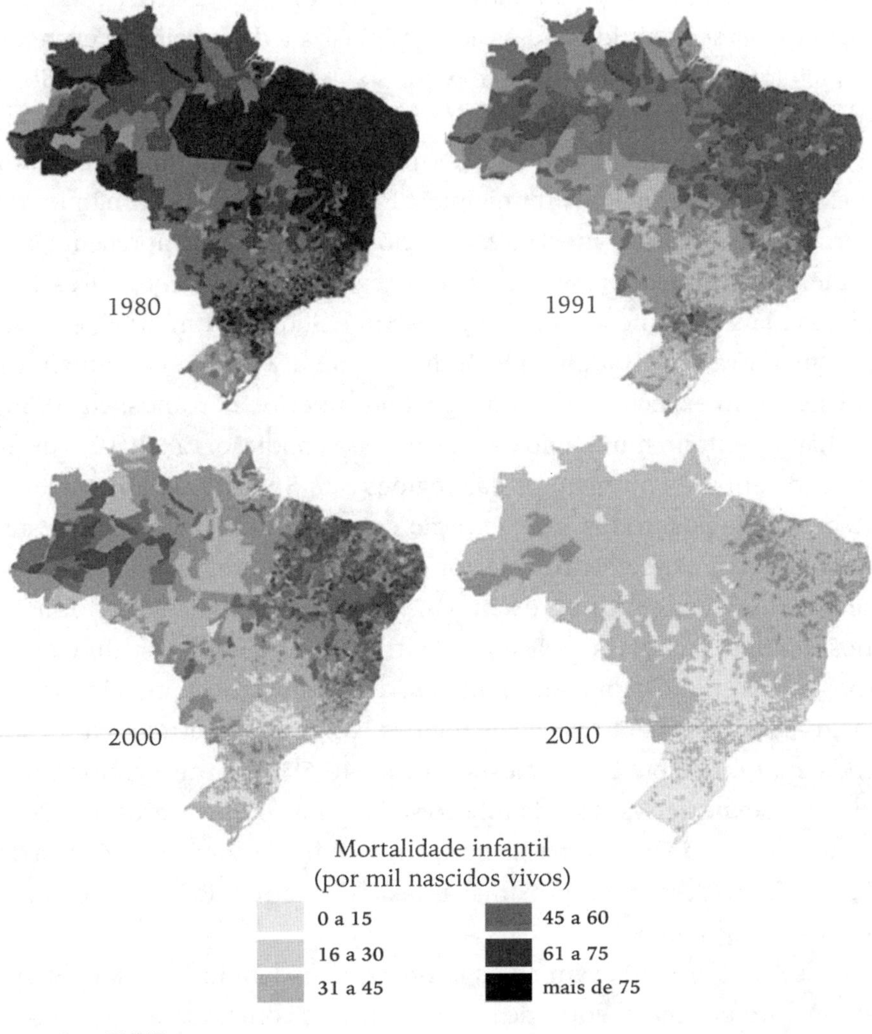

Fonte: Ipea; PNUD.

2000, é notável a melhora registrada entre os municípios da região Norte. Nesse ano, 87,8% dos municípios da região apresentaram taxas de mortalidade infantil inferiores a 60 por mil nascidos vivos, contrastando fortemente com 1980, quando 84,3% dos municípios apresentavam taxas acima desse valor. Em 2010, os municípios do Nordeste alcançaram o patamar apresentado em 2000 pelos municípios do Centro-Oeste. Apenas cinco municípios do país, todos no Nordeste, apresentaram taxa de mortalidade infantil superior a 45 por mil nascidos vivos. Ainda em 2010, apesar dos enormes avanços obtidos no período, persistia a desigualdade entre os municípios do Norte, Nordeste e parte do Centro-Oeste, de um lado, e os do Sul e Sudeste, de outro.[10]

Os mapas apresentados anteriormente mostram o comportamento da expectativa de vida nos municípios. Este se assemelha à dinâmica da mortalidade infantil.[11] Em 1980, as regiões Sul e Sudeste apresentavam os melhores indicadores. Em 1991, a região Centro-Oeste apresenta valores mais próximos aos das regiões Sul e Sudeste. Em 2000, é notável a melhora registrada na região Norte: 62,2% dos seus municípios apresentaram expectativa de vida igual ou superior a 66 anos; em 1980, não havia nenhum município da região nessa condição. Em 2010, a desigualdade entre os municípios das regiões Sul, Sudeste e Centro-Oeste era bem reduzida: todos, com exceção de treze municípios do Sudeste, apresentavam expectativa superior a 70 anos. Na região Sul, mais da metade dos municípios apresentava expectativa de vida superior a 75 anos; no Sudeste, eram 44% e no Centro-Oeste, 26% dos municípios. Apesar dos inquestionáveis avanços, a diferença de longevidade no centro-sul do país em relação às regiões Norte e, sobretudo, Nordeste ainda era grande em 2010. Nesta última, 40,6% dos municípios apresentavam expectativa de vida inferior a 70 anos, o que representa 90% dos municípios do país com esta taxa. Logo, também para a expectativa de vida persiste o desafio de aproximar as taxas do Norte e do Nordeste às das demais regiões do país.

A seção seguinte examina os fatores que podem influenciar o comportamento dos indicadores de saúde, tomando como unidade de observação as taxas municipais de mortalidade infantil e de esperança de vida ao nascer.

10 Ver tabelas sobre mortalidade infantil nos "Anexos Metodológicos e Estatísticos" (A1 a A4), disponíveis em: <http://www.centrodametropole.org.br/trajetorias>.

11 Ver tabelas sobre esperança de vida nos "Anexos Metodológicos e Estatísticos" (A1 a A4), disponíveis em: <http://www.centrodametropole.org.br/trajetorias>.

Mapa 2 – Esperança de vida ao nascer
Municípios brasileiros, 1980-2010

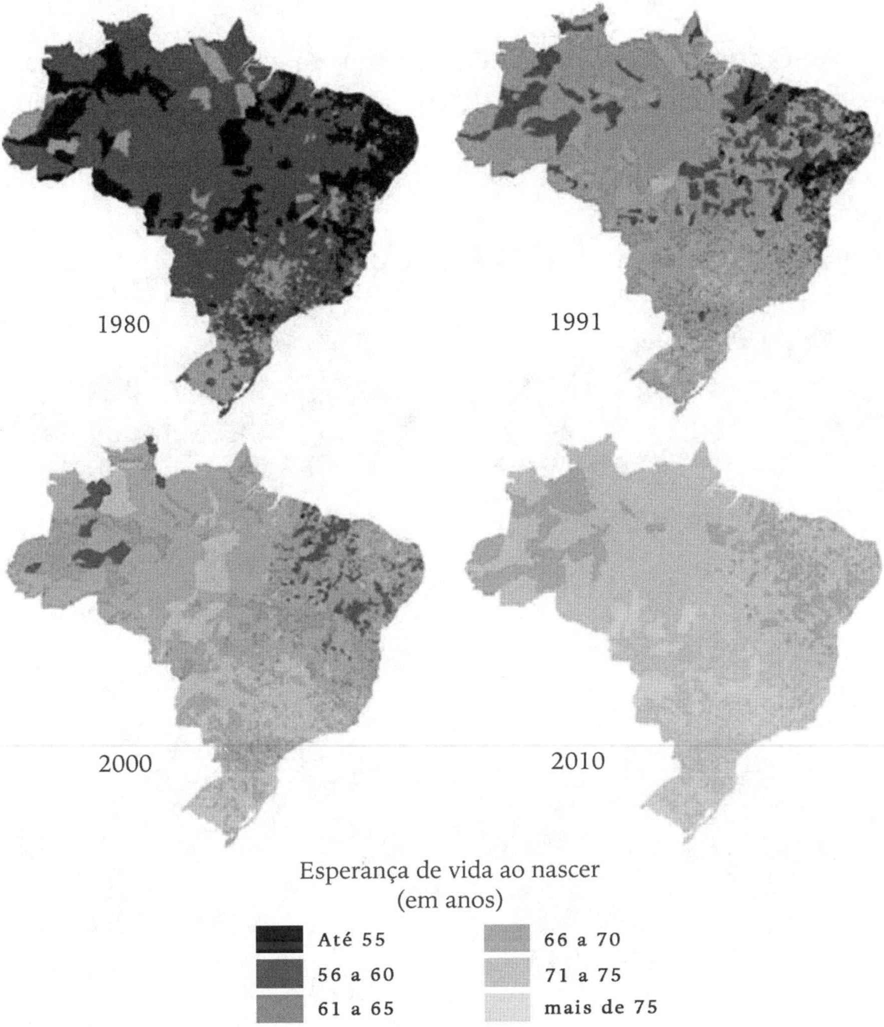

Fonte: Ipea; PNUD.

As condições de saúde nos municípios e seus determinantes

Antes de proceder à análise, um panorama da trajetória dos principais atributos dos municípios entre 1980 e 2010 e um histórico do sistema público de saúde se faz necessário.

Mapa 3 – Renda média
Municípios brasileiros, 1980-2010

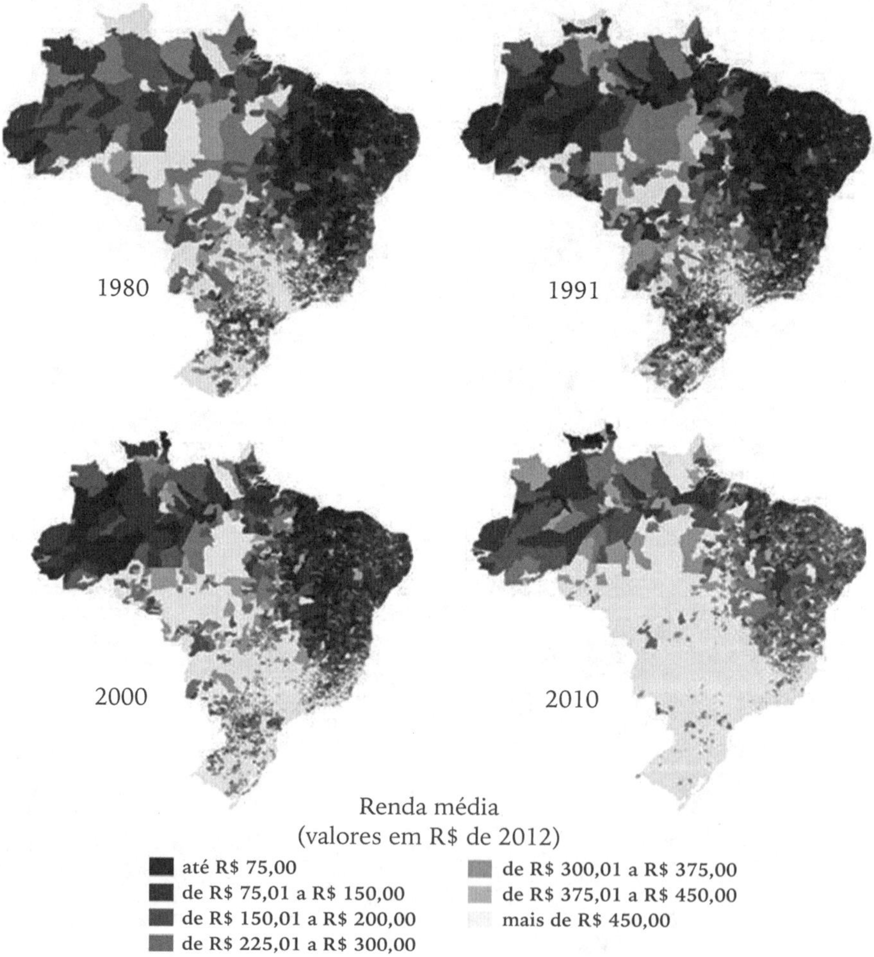

Fonte: IBGE, Censos Demográficos 1980-2010.

O Mapa 3 apresenta a trajetória da renda média dos municípios brasileiros entre 1980 e 2010 (corrigida para valores de 2012). No período, esta cresceu 56%. Em termos relativos, o aumento da renda individual foi mais expressivo entre os municípios do primeiro quartil (mais pobres) do que naqueles do quarto quartil (melhor condição econômica). Enquanto os municípios situados no primeiro quarto de renda aumentaram em média 92% sua renda, aqueles situados no último quarto tiveram um acréscimo de 46% na renda média. Essa dinâmica, contudo, não foi uniforme no período. Entre 1980 e 1991, a renda cresceu mais rapidamente nos municípios mais ricos; a partir daí, a tendência inverteu-se, sobretudo a partir dos anos 2000: municípios mais pobres apresentaram, em 2010, 22% do nível de renda dos municípios mais ricos (contra 16,7% em 1980).

O Mapa 4 mostra a evolução da desigualdade de renda nos municípios brasileiros, entre os anos de 1980 e 2010, medida pelo índice de Theil.[12] Em 1980, a desigualdade de renda era mais pronunciada nas regiões Sul, Sudeste e Centro-Oeste. Em 1991, a desigualdade se aprofunda nas regiões Norte e Nordeste, sendo que em 2000 ela avança mais nas regiões Norte e Centro-Oeste. Entre 2000 e 2010, houve uma redução de 10,5% na desigualdade de renda entre os municípios, sendo que o índice de Theil passou de 0,76 para 0,68. Esse avanço aparece de forma mais clara nas regiões Sul, Sudeste e Centro-Oeste e é um pouco menos nítido nas regiões Norte e Nordeste, que ainda concentram uma parcela expressiva de municípios extremamente desiguais.

Em paralelo à melhora da renda, a oferta de serviços de saúde no país foi consideravelmente ampliada. O sistema de saúde brasileiro foi criado em 1930 e cresceu substancialmente durante a década de 1970. Mas foi apenas em 1988, com a "Constituição Cidadã", que a saúde foi considerada um direito universal de todos os cidadãos, cabendo sua provisão ao poder público. Foi criado o Sistema Único de Saúde (SUS), que articula as três esferas do governo (federal, estadual e municipal) observando os princípios da universalidade, da equidade e da integralidade dos

12 O índice de Theil mensura a desigualdade na distribuição da renda entre os indivíduos, sendo calculado a partir da renda domiciliar *per capita*. Não são incluídos no cômputo aqueles com renda domiciliar *per capita* nula. O índice é nulo quando não há desigualdade de renda entre os indivíduos e cresce à medida que cresce a desigualdade entre eles.

serviços. O SUS oferece acesso a consultas, exames, internações, uma ampla gama de medicamentos, além das campanhas de vacinação e das ações de prevenção e vigilância sanitária, de forma gratuita a todos os brasileiros. Atualmente, cerca de 70% da população brasileira depende exclusivamente do SUS. O restante conta com alguma modalidade de plano privado de saúde (Brasil, 2013).

Mapa 4 – Índice de Theil
Municípios brasileiros, 1980-2010

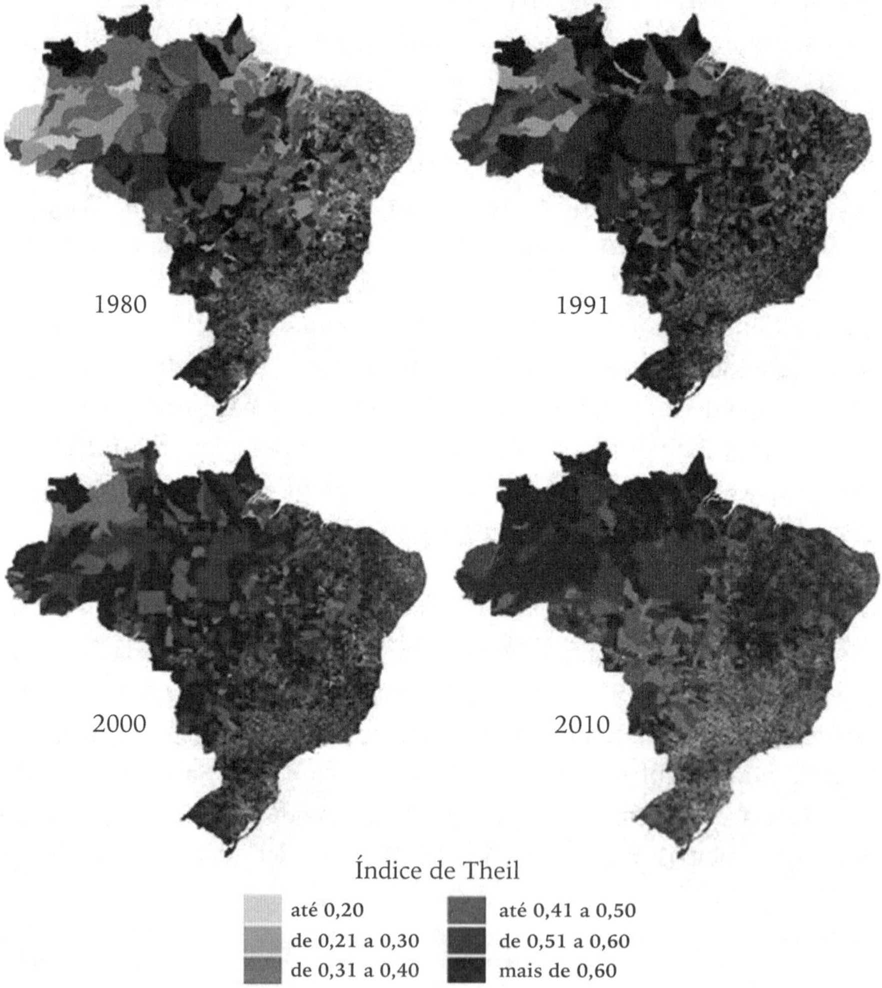

Fonte: IBGE, Censos Demográficos 1980-2010.

Embora ainda existam desafios importantes a serem enfrentados pelo SUS, muitos avanços foram obtidos. Entre 1995 e 2010, houve melhora no número de consultas médicas por habitante (de 2,21 para 2,71) e na cobertura de consultas de pré-natal (a proporção de nascidos vivos com sete ou mais consultas foi de 49% para 61%), assim como foi alcançada virtual universalização da cobertura vacinal para as principais doenças e epidemias (DataSUS, 2011). A natureza universal e gratuita do sistema tem contribuído ainda para o sucesso de programas nacionais como o do combate à HIV/Aids, cujas incidência e mortalidade no país situam-se num nível considerado baixo, e do Programa da Saúde da Família, que em 2010 atendeu mais de 34 milhões de famílias.

Também houve melhora nos recursos aplicados na saúde: entre 1995 e 2010, os gastos em saúde subiram de 6,7% para 8,9% do PIB, tendo a parcela correspondente ao setor público passado de 43% para 47% desse total. Esse aumento traduziu-se na ampliação da oferta de equipamentos públicos de saúde. Entre 1991 e 2010, o número de estabelecimentos públicos sem internação saltou de 1,52 para 2,49 estabelecimentos para cada 10 mil habitantes. Essa evolução pode ser conferida no Mapa 5.

No que se refere às condições de saneamento, entre 1980 e 2010 a porcentagem da população coberta por rede geral, pluvial e fossa séptica passou de 19,2% para 41,7%. Já a cobertura de rede geral de água subiu de 29,2% para 67,8% no mesmo período. Ou seja, em ambos os casos, apesar da expressiva melhora, a cobertura ainda é baixa. Quanto à escolaridade, a proporção de analfabetos caiu de 36,8% da população para 15,8% nas últimas três décadas. Se tomarmos como base apenas a escolaridade das mulheres de 15 anos ou mais, a porcentagem das que concluíram o ensino fundamental mais do que triplicou, passando de 16,1% para 55,5% nesse período.[13]

Para a análise da relação entre esses fatores e as condições de saúde, utilizamos como variáveis dependentes a taxa de mortalidade infantil

---

13 Para uma análise mais aprofundada, ver, neste volume, os capítulos "Trazendo o conceito de cidadania de volta: a propósito das desigualdades territoriais" (p.193), de Marta Arretche; "Educação e desigualdade no Brasil" (p.109), de Naercio Menezes Filho e Charles Kirschbaum; e "Estratificação horizontal da educação superior no Brasil" (p.133), de Carlos Antonio Costa Ribeiro e Rogerio Schlegel.

Mapa 5 – Estabelecimentos públicos de saúde
Municípios brasileiros, 1991-2010

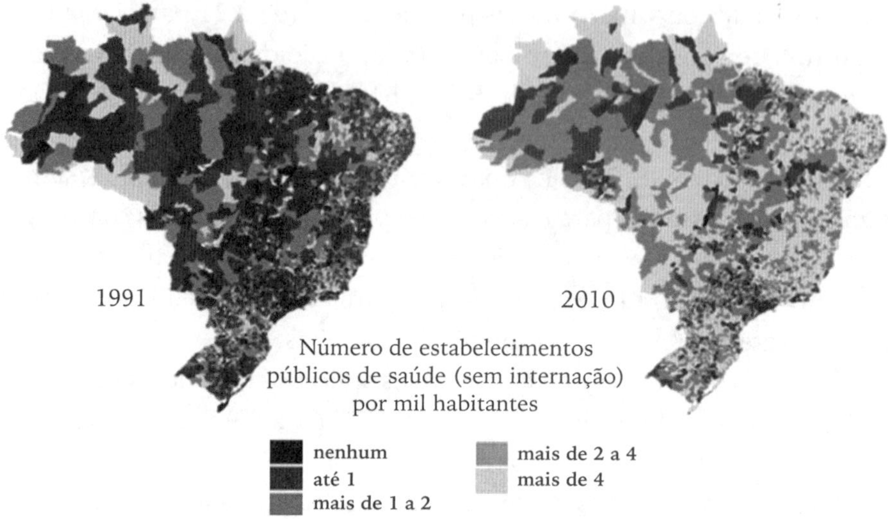

Fonte: IBGE, Pesquisa Assistência Médico-Sanitária e Censos Demográficos 1991-2010.

e a esperança de vida ao nascer, disponibilizadas respectivamente pelo DataSUS e pelo IBGE, e corrigidas pelo Ipea e PNUD. Como variáveis explicativas, tomamos: (a) características econômicas e sociodemográficas (tamanho da população, renda média, desigualdade da renda domiciliar *per capita*, escolarização); (b) infraestrutura e saneamento (cobertura de água e esgoto por rede geral); (c) informações sobre o SUS (número de empregos médicos no SUS e número de estabelecimentos ativos sem internação e taxa de cobertura do Programa Saúde da Família).[14]

Construímos, para cada ano censitário (1980, 1991, 2000 e 2010), dois tipos de modelos de regressão linear múltipla. Como não estão disponíveis informações sobre serviços de saúde para todos os anos, construímos modelos minimamente comparáveis para todos os anos (apenas com variáveis dos dois primeiros blocos, saneamento e características socioeconômicas) e modelos completos apenas para os anos nos quais todas as

14 Para os itens (a) e (b), utilizamos dados dos Censos Demográficos; para o item (c), utilizamos dados fornecidos, respectivamente, pela Pesquisa Assistência Médico-Sanitária e pelo Ministério da Saúde.

variáveis estavam disponíveis. Os dados faltantes em algumas variáveis de saúde foram substituídos pelo valor médio dessas variáveis.[15]

Nos dois modelos, acrescentamos também efeitos fixos para os 27 estados.[16] Além disso, todas as variáveis foram centralizadas nos valores médios de cada um dos anos censitários. Com o primeiro modelo, pretendemos observar se os valores nas características explicativas estão associados a patamares de mortalidade e esperança de vida. O segundo modelo toma como variáveis dependentes e independentes a diferença dos valores observados entre dois anos censitários (1991-1980; 2000-1991; 2010-2000). Ou seja, pretendemos observar se há associação entre a variação em cada variável independente e os indicadores de saúde selecionados. Modelos de diferenças como esses incluem, implicitamente, efeitos fixos por município.[17]

Embora o segundo modelo seja, teoricamente, mais adequado para a análise das associações relacionadas à variação no tempo das variáveis empregadas no estudo, optamos por privilegiar o primeiro modelo. Isso porque nossos modelos de diferença abarcam uma variação temporal muito ampla, de dez anos – intervalo de tempo em que inúmeros fenômenos não observados podem ter ocorrido, além do fato de o número de unidades de análise (municípios) também ter crescido. Desse modo, erros podem estar associados tanto a todas as mudanças não captadas pelos dados quanto à própria variação no universo. Ainda assim, os dois modelos apontam para a mesma direção, o que permitiu ampliar nossa confiança nos resultados do primeiro modelo. Esses resultados são discutidos a seguir.

---

15 Mortalidade infantil e expectativa de vida não obedecem a uma distribuição normal entre os municípios – há assimetria à direita – e convencionalmente se observa heterocedasticidade na distribuição dos resíduos de regressão. A regressão de mínimos quadrados fornece valores não enviesados para as estimativas pontuais mesmo em face de assimetria e heterocedasticidade; desse modo, preferimos não fazer uso da forma logarítmica das variáveis dependentes (mantendo alinhamento com os modelos amplamente utilizados na literatura sobre esse tema). Para obtermos estimativas não enviesadas das estatísticas de distribuição dos coeficientes, calculamos erros robustos (Huber-White).

16 O controle exercido pelos efeitos fixos é semelhante àquele obtido em caso da inclusão de variáveis indicadoras para cada estado, com exceção do fato de que os efeitos fixos implícitos não são levados em conta no cômputo do coeficiente de determinação R^2.

17 Também aqui esses efeitos não entram no cômputo de R^2.

Mortalidade infantil

Os modelos 1 e 1A indicam uma associação sistemática e estatisticamente significativa entre maior renda média dos municípios e menores taxas de mortalidade infantil. A força dessa associação cresce entre os anos 1991 e 2000 e se reduz em 2010. Os modelos 2 e 2A, apresentados nos "Anexos Metodológicos e Estatísticos"[18] deste capítulo, sugerem que em apenas dois períodos dentre os quatro analisados, 1980-1991 e 2000-2010, as variações positivas na renda média dos municípios estiveram associadas de forma estatisticamente significativa às variações negativas nas taxas de mortalidade infantil.

Esses resultados apontam para duas dinâmicas diferentes. Os modelos 1 e 1A captam o crescimento da desigualdade, que ocorreu tanto em 1991 quanto em 2000, entre as taxas de mortalidade infantil dos municípios com maior e menor renda média. Já os modelos 2 e 2A captam tanto o crescimento da renda média quanto a queda da mortalidade infantil que aconteceram, sobretudo, entre os municípios da região Norte entre 1980-1991,[19] quanto a concomitância entre os ganhos de renda e a queda nas taxas de mortalidade infantil, que aconteceram nos municípios da região Norte e, sobretudo, do Nordeste do país entre 2000 e 2010.

Os modelos 1 e 1A também apontam para uma associação sistemática e estatisticamente significativa entre maior proporção de mulheres com mais de 15 anos com ensino fundamental completo e menores taxas de mortalidade infantil. A força dessa associação vem, no entanto, diminuindo ao longo do período. A partir de 1991, observa-se também uma associação sistemática e significativa entre maiores taxas de desigualdade de renda e de mortalidade infantil.

Esses modelos trazem ainda informações sobre a associação entre a mortalidade infantil e as variáveis de saneamento. Esperava-se que quanto maior fosse a oferta desses serviços públicos, menores seriam as taxas de mortalidade infantil. Essa relação não se confirmou em relação ao abastecimento de água, nem, tampouco, de esgoto.

---

18 Disponíveis em: <http://www.centrodametropole.org.br/trajetorias>.

19 Ver Tabelas Série 1 nos "Anexos Metodológicos e Estatísticos", disponíveis em: <http://www.centrodametropole.org.br/trajetorias>.

Em relação ao tamanho da população municipal, em 1980, municípios populosos apresentavam maiores taxas de mortalidade infantil, situação que foi se modificando ao longo dos últimos trinta anos até se inverter em 2010.

O modelo 1A traz, ainda, informações sobre a relação entre a oferta de serviços do sistema público de saúde e o comportamento da mortalidade infantil. A proporção de estabelecimentos públicos de saúde sem internação por mil habitantes é o único indicador de saúde que aparece associado de forma robusta e estatisticamente significativa a menores taxas de mortalidade infantil, mas apenas em 2000. A associação entre a presença do Programa de Saúde da Família e menores taxas de mortalidade infantil vai no sentido esperado, mas a intensidade dessa associação é fraca.

Os modelos apontam, portanto, para uma forte associação entre o crescimento da renda média dos municípios e menores taxas de mortalidade infantil no país. Mostram também que há uma associação estatisticamente significativa, mas que perde força ao longo do período, entre as taxas de mortalidade infantil, a desigualdade de renda intramunicipal e a porcentagem de mulheres com 15 anos ou mais com ensino fundamental completo. Por fim, esses modelos não captam associações significativas entre a ampliação da oferta de serviços públicos de saneamento e saúde e a redução das taxas de mortalidade infantil.

Esperança de vida ao nascer

Os modelos 1 e 1A apontam para uma associação sistemática e estatisticamente significativa entre maior renda média do município e valores mais altos de esperança de vida ao nascer. Essa associação cresce entre os anos 1991 e 2000 e se reduz em 2010. Os modelos 2 e 2A, apresentados nos "Anexos Metodológicos e Estatísticos", sugerem que variações positivas na renda média dos municípios estiveram associadas de forma estatisticamente significativa aos ganhos na esperança de vida registrados entre 1980 e 2010.

Nesses dois modelos, diferentemente do que mostraram os modelos 1 e 1A, a força dessa associação foi menor no período 1991 a 2000. Para

Modelos 1 e 1A – Mortalidade infantil, municípios brasileiros, 1980, 1991, 2000, 2010

	Modelo 1				Modelo 1A (Modelo 1 + Variáveis Saúde)		
	1980	1991	2000	2010	1991	2000	2010
Rede geral de água	-0.018	0.017	0.010	0.012*	0.017	0.009	0.012*
	(0.019)	(0.017)	(0.015)	(0.006)	(0.017)	(0.014)	(0.006)
Rede geral, pluvial e fossa séptica	-0.009	0.003	0.003	-0.003	0.004	0.003	-0.003
	(0.032)	(0.017)	(0.011)	(0.003)	(0.017)	(0.011)	(0.003)
Log da população	3.487***	1.482***	1.167***	-0.147*	1.429***	1.061***	-0.184**
	(0.733)	(0.264)	(0.251)	(0.080)	(0.278)	(0.282)	(0.088)
Índice de Theil	-0.052	0.057*	0.144***	0.010*	0.057*	0.145***	0.010*
	(0.049)	(0.028)	(0.019)	(0.005)	(0.028)	(0.018)	(0.006)
% mulheres com mais de 14 anos com ensino fundamental completo	-0.590***	-0.385***	-0.188***	-0.089***	-0.376***	-0.187***	-0.089***
	(0.203)	(0.086)	(0.041)	(0.027)	(0.083)	(0.042)	(0.027)
Log da renda média	-1.529	-11.467***	-14.024***	-4.640***	-11.406***	-14.182***	-4.666***
	(3.815)	(1.060)	(1.025)	(0.566)	(1.083)	(1.025)	(0.562)
Vínculos médicos/1000 habitantes					-0.482	0.183	0.021
					(0.437)	(0.115)	(0.025)
% população coberta pelo Programa Saúde da Família						-0.001	-0.002
						(0.003)	(0.002)
Estabel. públicos de saúde sem internação/10.000 hab.						-1.029**	-0.177
						(0.475)	(0.151)
Constante	85.306***	48.742***	34.083***	19.247***	48.742***	34.083***	19.247***
	(0.000)	(0.000)	(0.000)	(0.000)	(0.000)	(0.000)	(0.000)
N	3991	4491	5507	5565	4491	5507	5565
r2	0.034	0.166	0.292	0.243	0.166	0.293	0.243
rmse	18.718	11.123	8.408	3.254	11.122	8.407	3.254

* $p < 0.10$, ** $p < 0.05$, *** $p < 0.01$

entender essas diferenças, é preciso levar em conta que os modelos 1 e 1A mostram que, a despeito de os municípios com menor renda média terem apresentado desde 1991 maiores ganhos na esperança de vida ao nascer que os municípios com maior renda média, foi somente a partir de 2000 que esses municípios passaram a apresentar expressivos ganhos de renda.

Os modelos 1 e 1A também apontam para uma associação sistemática e estatisticamente significativa entre maior proporção de mulheres com mais de 15 anos com ensino fundamental completo e maior esperança de vida ao nascer. A força dessa associação vem diminuindo ao longo do período, contudo. Os modelos 2 e 2A mostram que os ganhos de escolaridade variaram no mesmo sentido que os ganhos na expectativa de vida e que a força dessa associação foi estatisticamente significativa em dois períodos, 1980-1991 e 2000-2010.

A partir de 1991, observa-se também uma associação sistemática e significativa entre maiores taxas de desigualdade de renda e menor expectativa de vida.

Quanto à relação entre o tamanho da população municipal e a esperança de vida ao nascer, vê-se que nos anos 1980, 1991 e 2000 há uma associação estatisticamente significativa entre municípios com maior população e menor esperança de vida. Em 2010, o sinal dessa relação mudou, e municípios com maior população já apresentavam maior esperança de vida, embora o valor dessa associação ainda fosse baixo e sem significância estatística.

Esses modelos trazem ainda informações sobre a associação entre a esperança de vida ao nascer e as variáveis de saneamento. Esperava-se que quanto maior a oferta desses serviços públicos, maior seria a expectativa de vida ao nascer. Essa relação só foi confirmada em 2010 em relação ao abastecimento de água, e ainda assim apresentando valores muito baixos.

O modelo 1A incorpora as variáveis relativas ao sistema público de saúde. Não se observam, no entanto, associações estatisticamente significativas entre a maior oferta de serviços do SUS e maior expectativa de vida ao nascer.

Esses resultados apontam na mesma direção dos resultados discutidos no caso da mortalidade infantil. Eles sugerem uma forte associação entre maior renda média dos municípios e maior esperança de vida ao

Modelos 1 e 1A – Esperança de vida ao nascer, municípios brasileiros, 1980, 1991, 2000, 2010

	Modelo 1				Modelo 1A (Modelo 1 + Variáveis saúde)		
	1980	1991	2000	2010	1991	2000	2010
Rede geral de água	-0.000	-0.010**	-0.005	-0.005***	-0.010**	-0.005	-0.005***
	(0.003)	(0.005)	(0.004)	(0.002)	(0.005)	(0.004)	(0.002)
Rede geral, pluvial e fossa séptica	0.003	0.003	-0.001	0.004**	0.002	-0.001	0.003**
	(0.006)	(0.005)	(0.003)	(0.002)	(0.005)	(0.003)	(0.001)
Log da população	-0.641***	-0.458***	-0.404***	0.063	-0.454***	-0.387***	0.063
	(0.129)	(0.073)	(0.087)	(0.038)	(0.079)	(0.097)	(0.038)
Índice de Theil	0.004	-0.024***	-0.050***	-0.007***	-0.024***	-0.050***	-0.007***
	(0.006)	(0.008)	(0.005)	(0.002)	(0.008)	(0.005)	(0.002)
% pessoas com mais de 14 anos com ensino fundamental completo	0.092***	0.111***	0.060***	0.035***	0.110***	0.060***	0.034***
	(0.026)	(0.021)	(0.012)	(0.009)	(0.020)	(0.012)	(0.009)
Log da renda média	0.563	3.193***	4.468***	2.372***	3.190***	4.489***	2.377***
	(0.632)	(0.409)	(0.233)	(0.360)	(0.414)	(0.226)	(0.358)
Vínculos médicos/1000 habitantes					0.035	-0.020	-0.004
					(0.094)	(0.030)	(0.016)
% população coberta pelo Programa Saúde da Família						-0.000	-0.001
						(0.001)	(0.001)
Estabel. públicos de saúde sem internação/10.000 hab.						0.176	0.062
						(0.136)	(0.067)
Constante	56.990***	63.625***	67.748***	73.089***	63.625***	67.748***	73.089***
	(0.000)	(0.000)	(0.000)	(0.000)	(0.000)	(0.000)	(0.000)
N	3991	4491	5507	5565	4491	5507	5565
r2	0.046	0.208	0.328	0.337	0.208	0.329	0.337
rmse	2.675	2.636	2.434	1.277	2.637	2.434	1.277

* p < 0.10, ** p < 0.05, *** p < 0.01

nascer. Sugerem ainda que variações positivas na renda estiveram associadas a variações positivas na esperança de vida ao nascer. Do mesmo modo, variações positivas na proporção de mulheres com ensino fundamental completo apareceram associadas de forma estatisticamente significativa à maior esperança de vida ao nascer.

Observou-se uma associação estatisticamente significativa, mas que perdeu força ao longo do período, entre maior esperança de vida ao nascer e desigualdade de renda intramunicipal. Por fim, esses modelos não captaram associações significativas entre a ampliação da oferta de serviços públicos de saneamento e saúde e o aumento na expectativa de vida ao nascer. Em suma, nossa análise aponta para uma redução das desigualdades em saúde entre os municípios brasileiros.

Desafios na análise das desigualdades em saúde

Nesta seção apresentamos um exercício em que procuramos avançar a discussão sobre as desigualdades em saúde entre grupos populacionais, com o objetivo de estimular o debate sobre a natureza dos dados necessários para esse tipo de análise.

Nesse exercício incluímos, para além das variáveis da seção anterior, a cor. O objetivo foi comparar as taxas médias de mortalidade da população municipal com aquelas reportadas para diferentes grupos populacionais (nesse caso, brancos e não brancos e com diferentes níveis educacionais) nos diferentes períodos (1980, 1991, 2000 e 2010).

O primeiro passo foi calcular, por métodos diretos, as taxas para todos os municípios em cada período.[20] Os resultados não apenas se mostraram pouco consistentes como, também, obtivemos taxas bastante diferentes das apresentadas nos estudos de abrangência nacional (Szwarcwald et

20 Essas taxas foram calculadas usando-se, no numerador, dados informados pelo Sistema de Informação em Mortalidade (SIM/MS) para cada grupo, e, no denominador, a população informada pelo Censo para cada grupo. Esse procedimento se faz necessário porque, para proceder à análise aqui proposta, é necessário contar com informações sobre os óbitos individuais, as quais estão disponíveis no SIM, mas não são disponibilizadas pelos bancos utilizados na seção anterior, que fornecem as taxas de mortalidade corrigidas.

al., 2002; Victora, 2001; Macinko et al., 2006). Estudos anteriores focados na desigualdade nos estados brasileiros já apontaram para a fragilidade da informação disponibilizada por estados que contam com sistemas de informação menos organizados e tendem a sub-registrar os eventos de saúde (Duarte et al., 2002). A situação é ainda mais delicada quando se trata, como na análise que estávamos empreendendo, de utilizar informação disponibilizada pelos municípios brasileiros.

O Gráfico 3 mostra os resultados obtidos para as taxas regionais de mortalidade brutas e corrigidas, disponibilizadas pelo DataSUS e por nossos cálculos com o emprego do método direto.

Gráfico 3 – Comparativo entre as taxas de mortalidade – Regiões brasileiras, 1980-2010

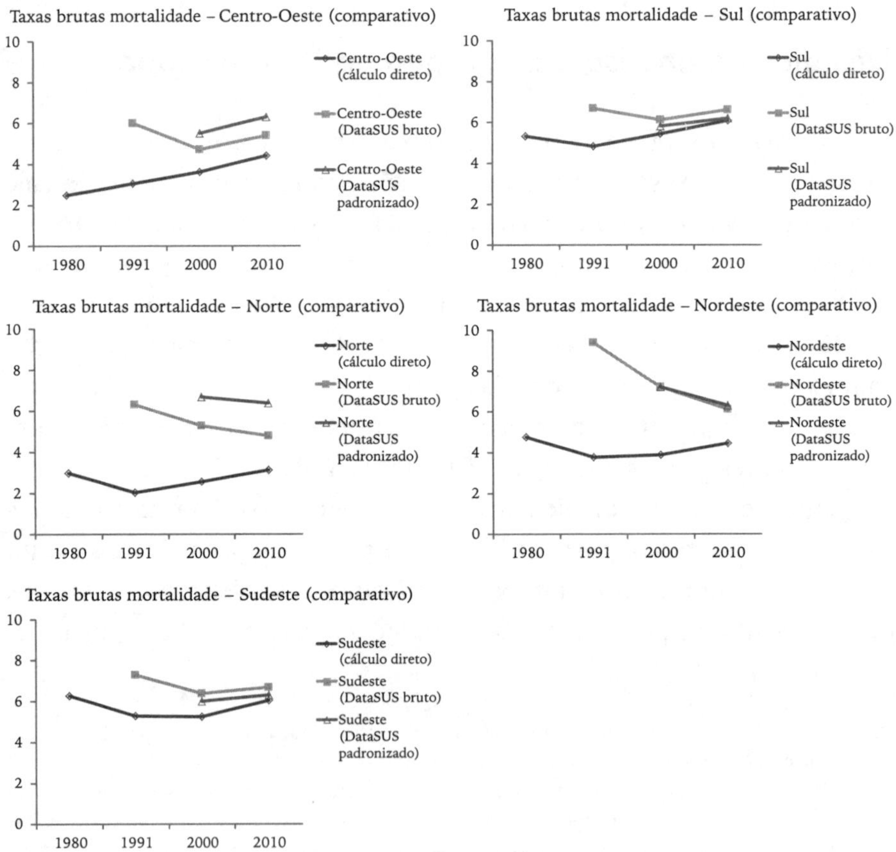

Fonte: DataSUS, Indicadores e Dados Básicos (IDB 2011); MS/SVS, SIM, Sinasc.

A expressiva diferença entre as linhas dos gráficos acima evidencia as elevadas taxas de subnotificação, sobretudo no Nordeste e no Norte, e aponta tanto para a necessidade de se aperfeiçoar o sistema de registro de nascimentos e de óbitos quanto a dificuldade de se levar adiante, a partir dos dados disponíveis, análises mais finas sobre o comportamento das desigualdades em saúde. Reforçamos, assim, a necessidade já apontada por vários autores de se investir no aprimoramento das estatísticas vitais, pois sem esse avanço seguiremos contando com dados primários pouco robustos, o que fragiliza os esforços que vêm sendo feitos no sentido de realizar análises mais detalhadas sobre o comportamento das desigualdades entre grupos populacionais.

Conclusões

Neste trabalho, buscamos avançar na descrição do comportamento das desigualdades em saúde entre 1980 e 2010. Ao longo desse período, foram registrados avanços importantes tanto nas taxas de mortalidade infantil e de esperança de vida ao nascer quanto na redução das desigualdades nesses indicadores entre as regiões, estados e municípios brasileiros.

Encontramos também associação robusta e estatisticamente significativa entre os indicadores de saúde e a renda média dos municípios. Municípios com maior renda média apresentaram ao longo de todo o período taxas mais baixas de mortalidade infantil e maior expectativa de vida. Essa associação também é positiva para a escolaridade das mulheres. Ganhos de renda e escolaridade foram acompanhados por importantes ganhos na saúde da população.

Municípios com maior população, os quais possuíam em 1980 piores indicadores de saúde, apresentavam em 2010 melhores indicadores do que municípios menores. A desigualdade de renda, por sua vez, teve comportamento compatível com o descrito na literatura: maiores taxas de desigualdade apareceram associadas a maiores taxas de mortalidade infantil e menor esperança de vida. A força dessa associação se mostrou, no entanto, modesta e diminuiu ao longo do período.

Esses resultados revelam pouco, entretanto, sobre a dinâmica das desigualdades em saúde entre grupos populacionais. O exercício apresentado na Seção "Desafios na análise das desigualdades em saúde" para o cálculo direto das taxas de mortalidade, que poderia contribuir para essa análise, apresentou resultados pouco consistentes. Acreditamos, portanto, que é preciso cautela ao se utilizar esse método, sobretudo em trabalhos que, como o aqui apresentado, buscam comparar resultados municipais relativos a largos períodos temporais.

Contrariando nossas expectativas, não encontramos associação entre a expansão da oferta de serviços públicos de saúde e a melhora dos indicadores de saúde da população. Esses resultados confirmam, no entanto, os achados de boa parte dos estudos que analisaram essa relação.[21] Nessa linha, Martin et al. (2008, p.827) comentam:

> enquanto uma associação robusta entre melhores indicadores de saúde e fatores socioeconômicos tem sido identificada de forma recorrente, tornou-se um tema persistente na literatura o fato de essa associação não aparecer quando se analisa a relação entre a oferta de serviços de saúde e os indicadores de saúde.

Entendemos, contudo, que esses resultados refletem, ao menos em parte, dificuldades metodológicas associadas à mensuração das intervenções em saúde.

O aperfeiçoamento dos nossos sistemas de estatísticas vitais poderá facilitar, para além do que foi possível neste trabalho, a análise da contribuição do SUS para a melhora das condições de saúde e a redução das desigualdades em saúde.

21 Mcguire (2006) cita como exceções que encontraram uma associação positiva entre investimento em saúde pública e redução da mortalidade infantil: Przeworski et al., 2000; Rajkumar; Swaroop, 2002; Gupta et al., 2003; Wagstaff, 2003.

PARTE IV
DEMOGRAFIA

10
A migração interna no Brasil nos últimos cinquenta anos: (des)continuidades e rupturas

José Marcos Pinto da Cunha[1]

Somos muitos Severinos iguais em tudo e na sina:
a de abrandar estas pedras suando-se muito em cima,
a de tentar despertar terra sempre mais extinta,
a de querer arrancar algum roçado da cinza.
Mas, para que me conheçam melhor Vossas Senhorias
e melhor possam seguir a história de minha vida,
passo a ser o Severino que em vossa presença emigra.

João Cabral de Melo Neto, *Morte e vida severina*

No que se refere ao fenômeno da migração interna no Brasil, vários consensos e estudos sobre a questão foram gerados a partir da análise dos dados censitários, particularmente nos anos pós 1980, antecedidos por um período considerado de "letargia", especialmente por parte dos demógrafos.

Focalizando os campos da Demografia e das Ciências Sociais, as contribuições de um grande número de autores foram centrais para alcançar

1 Professor do Departamento de Demografia da Unicamp.

esse patamar de conhecimento. Vale aqui citar os trabalhos de Lopes (1973), Balán (1973), Singer (1980), Graham e Holanda (1980), Moura (1980), Martine e Camargo (1984), Martine (1990; 1994), Pacheco e Patarra (1997), Brito (2009), Matos (1995), Rigotti (2011), Cunha (2005; 2006), Cunha e Baeninger (2007), Baeninger (2012; 1999), entre outros. De fato, toda a produção sobre o tema até os dias de hoje, particularmente a partir dos anos 1990, foi fundamental para se chegar a algumas conclusões que dificilmente deixarão de ser compartilhadas pelos especialistas.

Nos últimos cinquenta anos, período abordado por este artigo, a grande importância da migração rural-urbana, durante algumas décadas, deu o "tom" da migração interna no país. Alguns autores, entre eles Graham e Holanda (1980), Martine (1994) e Martine e Camargo (1984) destacaram dois processos ligados a esse tipo de migração: o primeiro, de caráter "centrípeto", dizia respeito basicamente aos movimentos populacionais motivados pela industrialização e urbanização no Sudeste do país, especialmente em São Paulo; o segundo, de caráter "centrífugo", movimentou grandes levas de população do Sul e Nordeste rumo às fronteiras agrícolas no Norte e Centro-Oeste como "válvula de escape" não só para áreas que sofriam os impactos da estagnação econômica, como também para as que estavam sujeitas a fatores de mudança (Singer, 1980), tais como modernização agrícola, concentração de terra etc.

Esses movimentos centrífugos foram importantes tanto para a ocupação mais extensiva do território brasileiro como para frear, ainda que apenas relativamente, a concentração da população no Sudeste. Vale lembrar que ao movimento rumo às fronteiras agrícolas se somaram, nas últimas décadas, tendências de ocupação de outras áreas, motivadas pelas chamadas "fronteiras minerais", propiciadas pelo garimpo (esse mais efêmero) e pela exploração de outros minérios, como acontece, por exemplo, no Pará.

Essa efervescência migratória, como se verá, acarretou, nos anos 1970, a maior intensidade de movimentação demográfica do país nos últimos cinquenta anos, dando origem ao fenômeno metropolitano que, indubitavelmente, reflete as grandes mudanças do país, com importantes implicações no seu quadro demográfico, em especial, o migratório e social.

Há também certo consenso de que não apenas nas décadas passadas, mas também hoje em dia, as desigualdades regionais, e sobretudo o ínfimo poder de retenção de certas regiões brasileiras, estiveram entre os principais responsáveis por um volume médio de cerca de 10 milhões de pessoas que mudaram de estado na década de 1970.

Os anos 1990, por sua vez, reforçando uma tendência que já vinha sendo observada nos anos 1980, marcaram um momento de mudanças significativas nas migrações internas, com redução das perdas populacionais de áreas tradicionalmente expulsoras, como Minas Gerais, Paraná e mesmo alguns estados do Nordeste, processo associado à tendência de desconcentração econômica, particularmente da indústria, e ao crescimento e expansão territorial do agronegócio e da agricultura irrigada. Da mesma forma, o aparecimento das "ilhas de prosperidade" (Pacheco, 1998), a progressiva recuperação do salário mínimo (considerada a principal política social no país) e as políticas de transferência de renda, especialmente para as áreas mais pobres (Cunha, 2006), estavam presentes no debate sobre os condicionantes da migração regional e intrarregional da década de 1990.

No período 1990-2000, influenciado pela crise econômica, notam-se, simultaneamente, redução da capacidade de atração e retenção da migração interna nas maiores regiões metropolitanas do Brasil, especialmente em São Paulo e no Rio de Janeiro. Num país cada vez mais urbanizado, assistia-se ainda nesse período à intensificação de um fenômeno: a migração de retorno.

Paralelamente a esse processo, registrava-se um progressivo "fechamento" das fronteiras agrícolas que, até os anos 1970, tiveram impacto decisivo na ocupação territorial e mobilidade da população. Se as chamadas "fronteiras minerais", especialmente no Pará, ainda apresentavam algum fôlego, sua força deixara de ser a mesma.

Outras tendências demográficas podem ter contribuído para tais modificações no cenário nacional. Uma delas diz respeito à queda generalizada da fecundidade, que teve impacto sobre o crescimento e, portanto, sobre a pressão demográfica, em especial nas tradicionais áreas de expulsão, particularmente no Nordeste (Brito, 2009), fenômeno este pouco explorado nos estudos migratórios.

Chega-se ao século XXI com um quadro econômico, social e demográfico bem distinto do século anterior; hoje, aparentemente, a migração interestadual vem ganhando novas feições e até menor relevância no processo de redistribuição espacial da população (Baeninger, 2012).

Este capítulo pretende mostrar que, mesmo reconhecendo tais mudanças, a visão temporal mais ampliada do processo migratório nacional faz refletir sobre o que seriam reais rupturas e o que seriam continuidades, ainda que possibilitadas pelas transformações de nossa sociedade, particularmente no sentido da transição para um país eminentemente urbano e com uma estrutura econômica, social e política bem distinta.

Os dados do Censo de 2010 não trazem muitas novidades com relação às tendências da migração delineadas nos anos 1990. De fato, houve rupturas, como a redução de migração rural-urbana, mas estas já vinham se consolidando desde meados dos anos 1980. Da mesma forma, a crise que assolou as regiões metropolitanas do Sudeste ajuda a compreender o recrudescimento da migração de retorno, que, aparentemente, volta a se reduzir no período de recuperação econômica da década de 2000. Aliado a isso, existe um quadro de clara redução do crescimento demográfico e mudança qualitativa e quantitativa das políticas sociais.

Descrever e discutir tais tendências torna-se ainda mais instigante quando é possível contar com uma série de Censos Demográficos comparáveis, que permitem examinar o fenômeno migratório ao longo de cinco décadas. Essa oportunidade também representa um grande desafio do ponto de vista analítico, tendo em vista que o grande volume de informações leva a inúmeras possibilidades de avaliações. Assim, espera-se tirar proveito dessa abundância sem, contudo, cair na armadilha de tornar essa análise muito densa e pouco objetiva. O desafio está posto.

Alguns esclarecimentos metodológicos

A presente análise baseia-se essencialmente nas informações diretas sobre migração captadas pelos Censos Demográficos, cuja riqueza de dados para o estudo deste tema é reconhecida não apenas pelos pesquisadores brasileiros, mas também por vários estudiosos do exterior.

Rigotti (2011), com grande habilidade, apresenta todas as possibilidades que o Censo oferece ao pesquisador que pretende estudar a mobilidade espacial da população no Brasil, em especial no que se refere às distintas formas de captação do indivíduo migrante. Tendo em vista o longo período de tempo analisado neste estudo, optou-se pela utilização da informação sobre a "última etapa migratória" em nível estadual, disponível em todos os Censos Demográficos consultados.

Assim, será considerado migrante "todo aquele indivíduo que reside há menos de 10 anos na unidade da federação onde foi recenseado", sendo identificado também seu estado de residência anterior. Uma única exceção a essa definição deverá ser feita no caso do Censo de 1970, que, infelizmente, apresenta um problema para a captação da migração por esse critério.[2] Neste texto, os dados foram considerados sem qualquer tipo de correção nesse sentido, o que implica que os valores derivados do Censo de 1970 terão uma ligeira "inflação"[3] com relação ao que seria a realidade da migração do período 1960-1970.

Do cruzamento entre a unidade da federação (UF) de recenseamento e a de residência anterior, pode-se obter uma matriz de dupla entrada na qual é possível observar todos os fluxos migratórios interestaduais no lapso de tempo transcorrido entre dois Censos.[4] Neste estudo dar-se-á importância à origem dos fluxos, de forma a diferenciá-los do seguinte modo:

---

2 No Censo de 1970, o tempo de residência para pessoas com mais de cinco anos de permanência foi levantado em uma categoria fechada de "seis a dez anos", o que, como se nota facilmente, incluiu também as pessoas com tempo de residência nas UFs até dez anos e, com isso, mais migrantes que aqueles do período intercensitário (1960-1970).

3 A partir da tabulação dos migrantes por tempo de residência e da decomposição aproximada do grupo "seis a dez anos", constatou-se que a migração do período intercensitário (ou seja, migrantes entre zero e nove anos de residência) corresponderia, em média, para as UFs, a 95% do volume total derivado do Censo, razão que fez que esse ajuste fosse descartado.

4 Com exceção do Censo de 2000, essa informação é obtida tendo como referência o município de residência anterior de todo aquele que residia há menos de dez anos no município de recenseamento. Ou seja, a UF que consta no Censo como de residência anterior seria aquela correspondente ao município de residência anterior declarado. Isso implica que, mesmo vivendo há menos de dez anos na UF (portanto migrante na classificação aqui utilizada), as pessoas que realizaram movimentos migratórios intraestaduais seriam classificadas como não migrantes, já que sua UF anterior seria a mesma do recenseamento. Por esse motivo, foi necessário distribuir essas pessoas (presentes na diagonal da matriz migratória) entre as origens conhecidas. Assim sendo, os volumes e fluxos migratórios aqui utilizados apresentarão totais diferentes daqueles em geral divulgados pelo IBGE.

- Inter-regionais: ocorridos entre UFs pertencentes às grandes regiões.
- Intrarregionais: ocorridos entre UFs pertencentes a uma mesma grande região.

Com isso, pretende-se conhecer melhor a natureza dos ganhos e perdas demográficas de cada UF e também avaliar o grau de interação existente entre UFs de uma mesma região.

Outra categoria a ser usada refere-se à condição de migrante de retorno, que será definido como a pessoa que, ao longo do período intercensitário, migrou de uma determinada UF para a sua UF de nascimento. Deve-se frisar ainda o fato de que, para este estudo, optou-se por desconsiderar a migração proveniente do estrangeiro, significando que a matriz migratória considera apenas os movimentos realizados entre UFs.

Portanto, a partir dessa matriz migratória,[5] é possível identificar não apenas os volumes de imigração, emigração e migração líquida,[6] mas também os diferentes fluxos entre as UFs. Do mesmo modo, serão utilizadas medidas de intensidades da migração (taxas), cujo cálculo terá como denominador a população média do período.

Outra forma de analisar os dados derivados das matrizes migratórias diz respeito ao que se chamará de "trocas migratórias líquidas" entre regiões ou UFs. Se de uma região A para uma região B imigram n pessoas e o fluxo inverso (de B para A)[7] atinge o valor m, a troca migratória líquida resultante seria a diferença $(n - m)$. Dependendo da região, tal valor será positivo ou negativo. Esse indicador é importante, pois permite decompor o saldo migratório total, possibilitando observar os fluxos com maior impacto sobre os ganhos ou perdas líquidas de uma região.

---

5 As matrizes migratórias completas estão representadas nos "Anexos Metodológicos e Estatísticos", disponíveis em: <http://www.centrodametropole.org.br/trajetorias>.

6 A migração líquida (diferença entre imigração e emigração) obtida a partir da informação sobre a "última etapa migratória" não corresponde formalmente ao real valor de indicador para o período decenal, tendo em vista que não é possível estabelecer exatamente o intervalo de tempo ao qual se referem as mudanças de UF. De qualquer maneira são aproximações razoáveis e, geralmente, não se afastam muito dos valores esperados.

7 No jargão demográfico, fala-se em "corrente" e "contracorrente" migratória, sendo a "corrente" a de maior volume.

Também será utilizado o Índice de Eficácia Migratória (IEM),[8] adaptado para os objetivos deste estudo, com intuito um tanto distinto daquele empregado em outros estudos sobre a migração interestadual (Baeninger, 1999; Oliveira, 2011). Proposto nos anos 1940 (Naciones Unidas, 1972), esse índice, mais que caracterizar o perfil migratório de determinada área como de atração ou expulsão, busca apreender o resultado das trocas migratórias entre as áreas.

Seu cálculo é feito da seguinte forma:

$$IEM(i) = \frac{SM(i)}{MB(i)}$$

onde:

SM(*i*) refere-se à migração líquida (diferença entre imigração e emigração) de determinada UF; e

MB(*i*) corresponde à migração bruta (soma de imigração e emigração) dessa mesma UF.

Quanto mais próximo de 1, mais eficaz será a UF, já que os movimentos migratórios que a envolvem (sejam de entrada ou saída) dão-se predominantemente em sua direção: por outro lado, será menos eficaz a UF cuja migração registrada seja composta por mais emigração, levando o índice a valores próximos a -1.

É interessante utilizar o IEM quando este alcança valores próximos a zero, como, por exemplo, no caso da aferição da circulação de migrantes na sede da região metropolitana de São Paulo (Cunha, 1994), para compreender as mudanças etárias nos fluxos entre São Paulo e Bahia (Cunha, 1999) ou, mais recentemente, para propor a noção de rotatividade como *proxy* do ir e vir migratório (Baeninger, 2012, 2011). Aqui, no entanto, será retomada sua intenção inicial, qual seja, a de graduar a predominância (valores próximos a 1) ou não (próximos a zero) de um sentido sobre o outro para determinado fluxo.[9]

---

8 Calculado como o quociente entre a migração líquida (imigração menos emigração) e a migração bruta (imigração mais emigração).

9 Não é demais lembrar que os fluxos migratórios, além de "direção" (ligando duas áreas específicas), também possuem "sentido" (de/para). O IEM próximo a zero indica que não haveria predominância de um sentido específico.

O IEM será utilizado aqui para mostrar que, juntamente com a redução da mobilidade populacional no Brasil, já não mais se detectam UFs nas quais predominam a imigração ou emigração; portanto, num quadro de menor número de deslocamentos internos, a circulação e trocas entre UFs aparentemente passam a ser o padrão dominante do processo migratório nacional.

Migração interna no Brasil: breve contextualização

Em ensaio muito sugestivo sobre os desafios teóricos para o estudo da migração, Brito (2009) explora alguns dos principais eixos teóricos utilizados no Brasil para compreender o fenômeno. Destacando a existência de dois grandes paradigmas que nortearam a produção sobre o tema – um de cunho econômico-desenvolvimentista e o outro ligado à modernização da sociedade –, o autor mostra que, no interior dessas tradições, há diferenças importantes nas explicações dos movimentos migratórios.

De forma um pouco distinta, mas reconhecendo também a existência de diferentes paradigmas para a compreensão da migração, De Hass (2008) discute as características, vantagens e desvantagens das várias formas de explicá-la, particularmente contrapondo o que poderia ser chamado de enfoque da modernização e o histórico-estrutural.

Assim como faz De Hass (2008), neste estudo parece ser suficiente contrapor ao menos duas formas de compreender a migração: a primeira, como resultado inexorável do processo de desenvolvimento capitalista, particularmente nas sociedades de capitalismo tardio como a brasileira, que geraria desigualdades sociais e regionais; e a segunda, como produto da modernização da sociedade, que levaria a certa racionalidade no processo migratório. Nesse caso, "o migrante é considerado como um indivíduo dotado de racionalidade econômica na decisão de migrar e, portanto, capaz de desenhar os seus caminhos pelo território de uma maneira adequada às necessidades do mercado de trabalho" (Brito, 2009, p.6).

Embora sempre existam elementos racionais na decisão de migrar, é difícil imaginar que esses aspectos sejam suficientes para desvendar as reais causas da migração. Como afirma Singer (1980), há que se estabelecer uma diferença entre causas (estruturais) e motivos (individuais), uma vez que somente as primeiras permitem realmente compreender todo o processo que leva as pessoas a deixarem seus lugares de residência em busca de novas possibilidades de vida.

Assim, para compreender a migração no Brasil nos últimos cinquenta anos, é preciso levar em conta o processo de transformações econômicas, políticas, sociais e territoriais pelas quais o país passou. A migração interna é, em grande medida, fruto das mudanças urbano-industriais que acompanham o desenvolvimento, notadamente a partir dos anos 1960. Era o Brasil moderno... que se sobrepunha ao Brasil agrícola tradicional, gerando uma síntese singular, muito além de qualquer dualismo: desenvolvimento econômico e modernização social, com fortes desequilíbrios regionais e agudos desequilíbrios sociais (Brito, 2009, p.12).

O Gráfico 1 evidencia que o período aqui analisado, em particular os anos 1960 e 1970, presenciou um crescimento sem precedentes da população urbana.

Vale notar, contudo, que enquanto a população brasileira se urbanizava, seu crescimento demográfico sofria constante redução, particularmente a partir dos anos 1980, fruto principalmente da queda da

Gráfico 1 – Grau de urbanização – Regiões do Brasil, 1960-2010

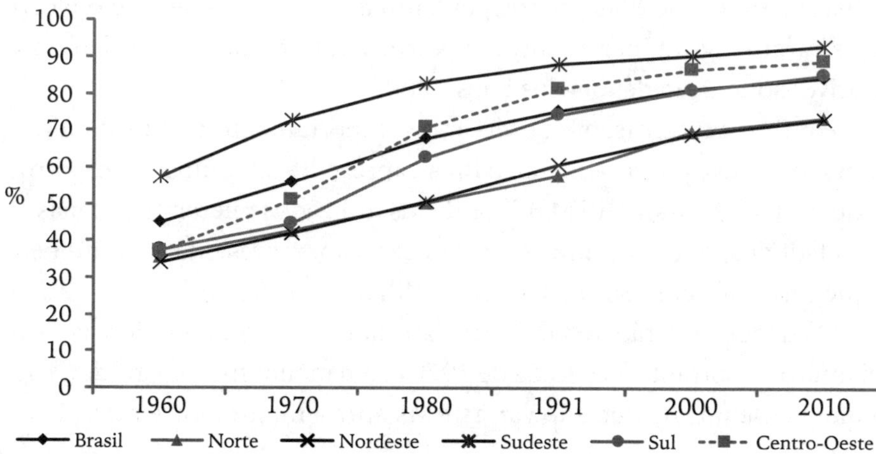

Fonte: IBGE, Censos Demográficos 1960-2010. Tabulações especiais do Núcleo de Estudos de População – Unicamp (Nepo/Unicamp).

fecundidade. Assim, de um crescimento de quase 3% ao ano no decênio 1960-1970, passou-se para menos de 1,2% na década de 2000. Note-se ainda que o ritmo de queda da taxa se acentuou significativamente nos anos 1980, quando, como será visto, a migração interna no Brasil também começou seu período de mudança mais acentuada.

Tabela 1 – Taxas de crescimento demográfico médio anual (em %)
Regiões do Brasil, 1960-2010

	1960-1970	1970-1980	1980-1991	1991-2000	2000-2010
Brasil	**2,90**	**2,51**	**1,77**	**1,61**	**1,18**
Norte	3,64	4,91	3,85	2,57	2,10
Nordeste	2,49	2,13	1,66	1,30	1,08
Sudeste	2,65	2,69	1,61	1,60	1,06
Sul	3,44	1,51	1,21	1,41	0,88
Centro-Oeste	5,63	4,23	2,72	2,37	1,93

Fonte: IBGE, Censos Demográficos 1960-2010. Tabulações especiais do Nepo/Unicamp.

O crescimento populacional das regiões foi desigual (Tabela 1), o que teve impacto sobre a redistribuição da população no território. Esse impacto, contudo, não foi expressivo, já que as mudanças no peso relativo das regiões brasileiras também se revelaram de pequena monta. De qualquer maneira, percebe-se que, enquanto o Sudeste reduziu sua participação em quase dois pontos percentuais, o Centro-Oeste e o Norte registraram algum incremento. O Nordeste, por sua vez, perdeu peso relativo, sobretudo depois dos anos 1980.

Por fim, é interessante observar o comportamento do Brasil metropolitano. Ainda que atualmente o Brasil apresente um número elevado de regiões metropolitanas (RMs),[10] os dados utilizados referem-se apenas às RMs federais, que, com uma ou outra exceção, representam muito bem o que seria a faceta realmente metropolitana do país.

Os dados do Gráfico 3 deixam claro que o crescimento dessas RMs foi muito importante na década de 1970 e, em menor medida, na de 1980, já que nesse último decênio várias RMs apresentaram forte redução de

10 A Constituição de 1988 atribuiu aos estados a autoridade para a criação das regiões metropolitanas, o que propiciou o aumento excessivo dessas áreas sem que muitas delas apresentassem características do que seria um efetivo processo de metropolização.

Gráfico 2 – Distribuição da população (em %)
Regiões do Brasil, 1960-2010

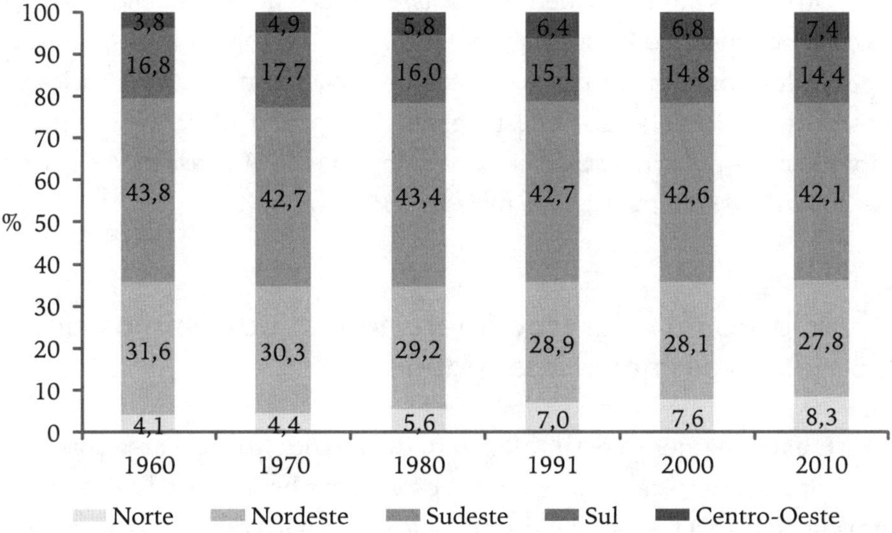

Fonte: IBGE, Censos Demográficos 1960-2010. Tabulações especiais do Nepo/Unicamp.

Gráfico 3 – Taxa de crescimento médio anual
Regiões metropolitanas federais, 1970-2010

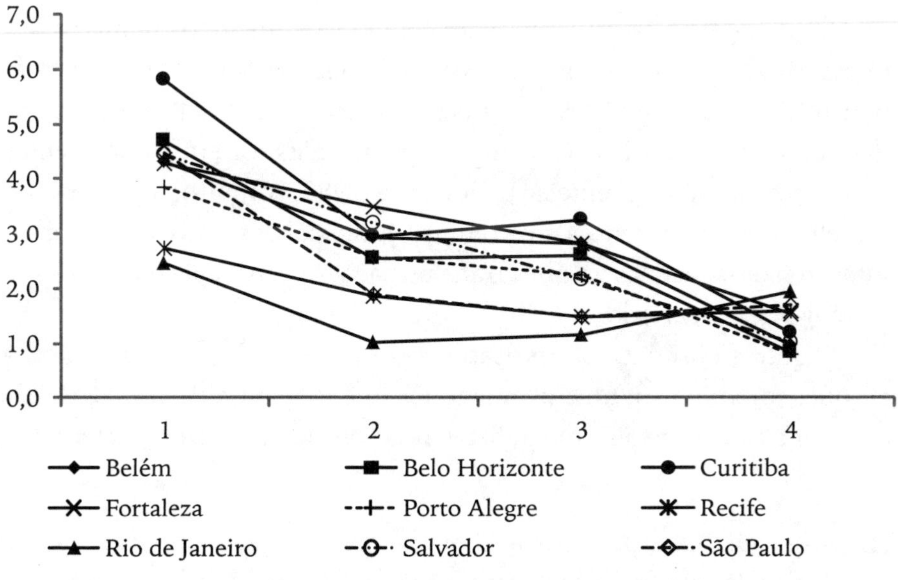

Fonte: IBGE, Censos Demográficos 1970-2010. Tabulações especiais Nepo/Unicamp.

seu crescimento demográfico. Não há dúvidas de que tal comportamento espelha, em grande medida, o que foi observado com a migração.

Ou seja, as mudanças demográficas, em especial o fenômeno migratório, em boa medida se espelharam nas regiões metropolitanas. Contudo, apesar do protagonismo dessas áreas no processo migratório nacional, em particular aquelas do Sudeste, essas RMs pouco alteraram sua participação na população brasileira depois dos anos 1970, passando de cerca de 30%, em 1980, para pouco mais de 31%, em 2010.

A evolução da migração interestadual nas últimas cinco décadas: volumes e intensidade

É extremamente estimulante (e desafiador) observar o comportamento da migração interna entre os estados brasileiros,[11] a partir de uma perspectiva temporal tão ampliada. Contando com dados para cinco décadas, novas questões parecem emergir. De fato, como já reconhecido, não obstante a contribuição da literatura nacional, um olhar de maior amplitude temporal possibilita, talvez, melhor visualização das rupturas e continuidades dos processos migratórios no Brasil.

Obviamente, esse olhar leva em conta tão somente os números das tendências migratórias, pois, como já mencionado por Cano (2011), Baeninger (2012) e Brito (2009), os processos econômicos, sociais e políticos que condicionam os deslocamentos populacionais sofreram importantes mudanças, particularmente no período pós-1980. Portanto, certamente as semelhanças ou diferenças nos volumes, intensidades e fluxos, devem ser interpretadas à luz das grandes transformações pelas quais o país passou ao longo desse período.

O que se observa a partir desses dados? Do Gráfico 4 pode-se deduzir que, embora o volume de indivíduos que mudaram de UF na década anterior a cada Censo Demográfico tenha sofrido importante incremento

11 Vale lembrar que a opção deste texto foi priorizar a migração entre estados, deixando, pois, de lado uma parte importante da migração interna, que se registrou no interior destes e entre municípios e sub-regiões do país.

(de 6,9 para 11,4 milhões de pessoas), é notório o fato de que a intensidade desse tipo de movimento migratório sofreu forte redução ao longo do período. Assim, de um valor de 0,84% ao ano na década de 1960, a taxa de migração interna no país reduziu-se para 0,63% ao ano na de 2000.

Em termos de intensidade, o ápice da migração interna no Brasil ocorreu entre 1970 e 1980, quando o êxodo rural atingiu seus maiores níveis. De fato, estimativas elaboradas por Carvalho e Garcia (2002) dão conta de que, nesse período, o saldo migratório negativo (ou seja, perdas populacionais) do contingente rural brasileiro foi da ordem de 18 milhões, contra 13,6 milhões nos anos 1960 e 10 milhões nos 1980.

O Gráfico 4 também mostra o comportamento da migração de retorno. Como se percebe, mesmo tendo se intensificado a partir dos anos 1980, esse fenômeno já estava presente no processo migratório há mais tempo. Embora nas décadas de 1960 e 1970 a migração de retorno fosse pouco significativa, já existia a volta para as áreas de origem, principalmente entre os nordestinos.

Gráfico 4 – Volume e taxa média anual de migração interestadual total e de retorno – Brasil, 1970-2010

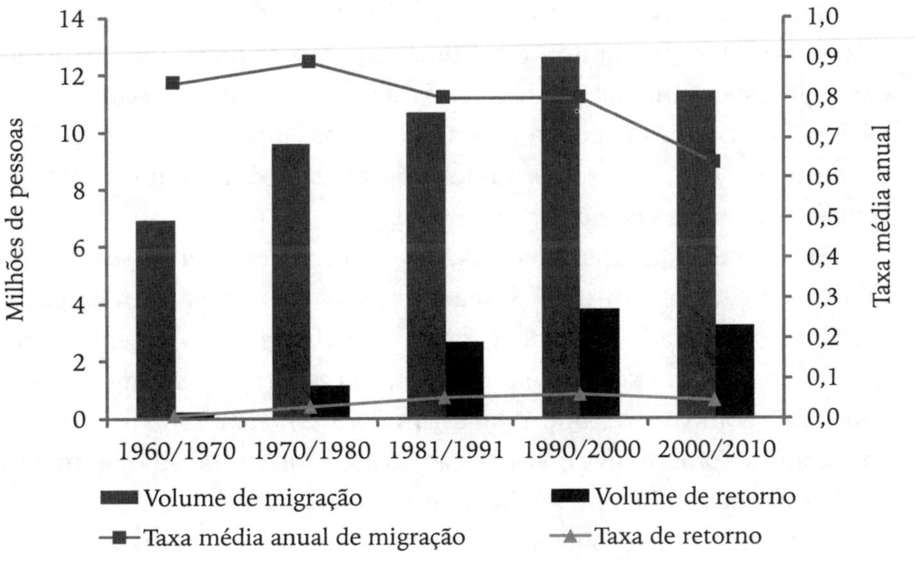

Fonte: IBGE, Censos Demográficos 1970-2010. Tabulações especiais do Nepo/Unicamp.

Para compreender esse processo, é preciso considerar episódios das histórias de várias regiões, como as secas no Nordeste – particularmente a dos anos 1950, uma das mais castigadoras (Moura, 1980; Ribemboim; Moreira, 2008) –, o processo de ocupação do Norte do país (em especial, Rondônia) e do oeste do Paraná, pela expansão do café, e a crescente industrialização do Sudeste.

Os dados do Gráfico 5 mostram que a migração de retorno ocorreu para todas as regiões brasileiras, especialmente no Nordeste e alguns estados como São Paulo, Paraná e Minas Gerais. Por outro lado, observa-se que, em relação ao Nordeste e ao Norte, esse fenômeno ganhou mais intensidade justamente nos momentos de crise econômica e progressivo fechamento das fronteiras agrícolas, como nos anos 1980 e 1990. Também merecem destaque as maiores taxas de retorno do Centro-Oeste; este comportamento reflete muito predominantemente o que aconteceu com Goiás e Distrito Federal.

A necessidade de relativizar a novidade representada pela migração de retorno (Cunha, 2005) é confirmada pelos dados do Gráfico 5. Nos anos 1980 e, principalmente, nos 1990, há de fato um significativo incremento desse tipo de migração, já que nos anos 1970 esse fenômeno era contido pela dinâmica da industrialização, urbanização e crescimento econômico (Cano, 2011), cuja resultante era uma situação de praticamente pleno emprego, especialmente nas áreas mais atrativas do país. No Milagre Brasileiro – como batizado pelo regime militar –, os empregos e as ocupações se multiplicavam, e a esperança dos migrantes podia, muitas vezes, se transformar em realidade (Brito, 2009, p.13).

Passado esse momento, as taxas de retorno começam a subir mais rapidamente. O país enfrentava uma situação crucial, na qual a mobilidade social via mobilidade espacial era colocada pela primeira vez em xeque. Esse momento caracterizava-se, entre outros aspectos, pela "mobilidade truncada", como conceituou Vilmar Faria (1992). Para isso, parecem ter contribuído a progressiva precarização do mercado de trabalho (aumento do desemprego, subemprego, flexibilização da produção etc.). Nos anos 2000, por sua vez, a recuperação econômica – agora num contexto democrático –, explica mais uma vez a tendência declinante tanto do volume como da intensidade da migração de retorno. Assim, vista em perspectiva,

Gráfico 5 – Taxa média anual de migração de retorno
Regiões do Brasil e estados selecionados, 1960-2010

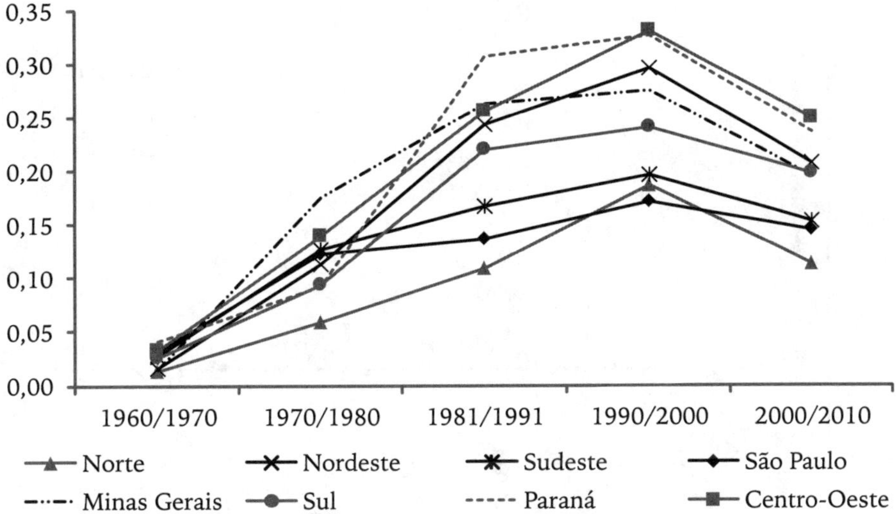

Fonte: IBGE, Censos Demográficos 1970-2010. Tabulações especiais do Nepo/Unicamp.

a migração de retorno parece ser um excelente termômetro da dinâmica do crescimento econômico do país e, portanto, das possibilidades de ascensão social.

Os dados do Gráfico 6 fornecem uma visão geral do comportamento dos volumes de imigração e emigração dos estados brasileiros.

Na região Norte, a quantidade de pessoas que chegavam aos estados foi crescente até os anos 1980, sofrendo redução nos períodos seguintes. Contudo, essa tendência deve-se muito mais ao declínio da atratividade de Rondônia – que bem encarna o processo de progressivo fechamento das fronteiras agrícolas –, já que algumas outras áreas, como Roraima, Amapá e Pará – esta última também com sua característica de fronteira mineral –, ainda mantiveram significativa atratividade. Essa evolução implicou taxas anuais de imigração de 0,5% a.a. nos anos 1960, atingindo seu ápice na década seguinte (1,63% a.a.), até se reduzir novamente a um nível próximo a 0,8% a.a. nos 2000. Nessa região, o volume de emigração cresceu de maneira significativa, a ponto de a intensidade dos ganhos populacionais da maioria dos seus estados, particularmente aqueles mais atrativos, cair abruptamente nos anos 2000 (Gráfico 6).

Gráfico 6 – Taxa média anual de "migração líquida"[12]
Estados do Brasil, 1960-2010

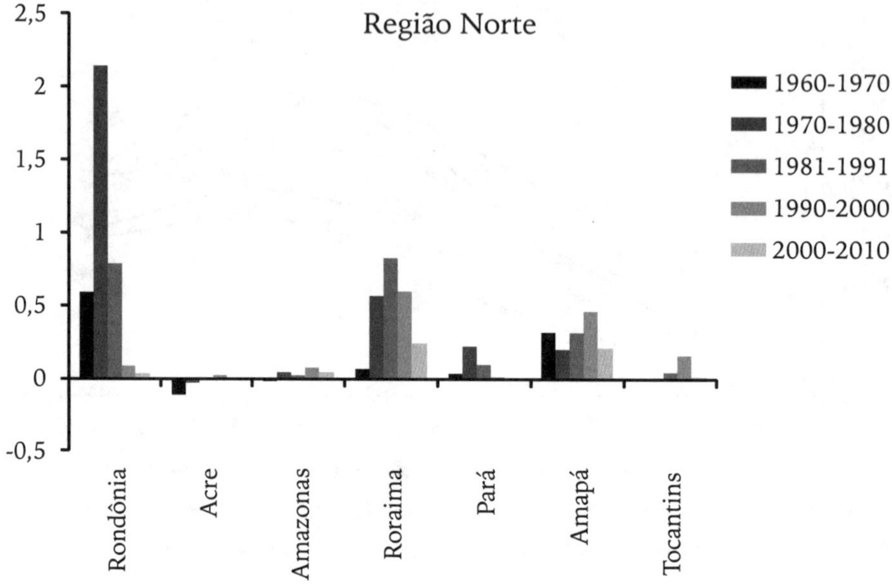

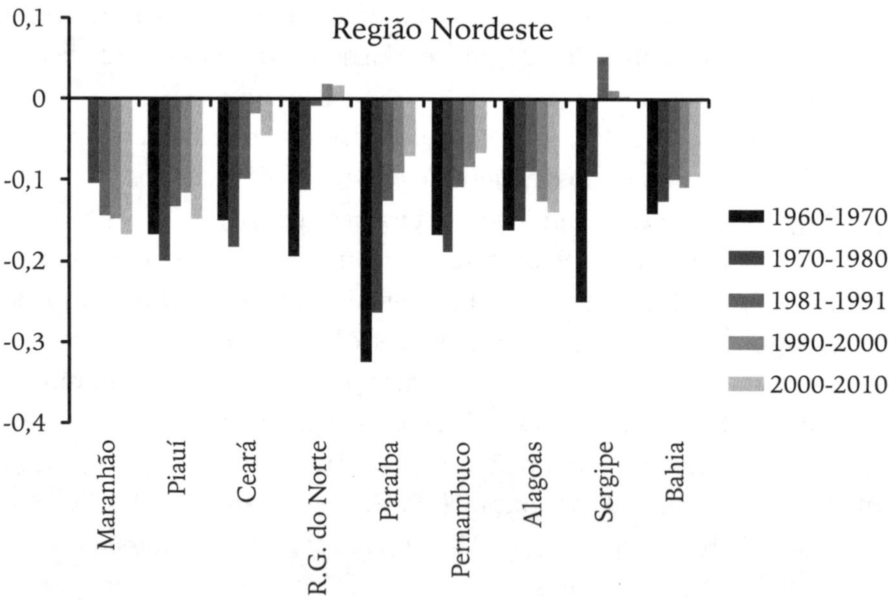

12 Utiliza-se o termo entre aspas porque a estimativa aqui utilizada, embora aproximada, formalmente não corresponde à real migração líquida. Para esclarecimentos, ver Seção "Alguns esclarecimentos metodológicos".

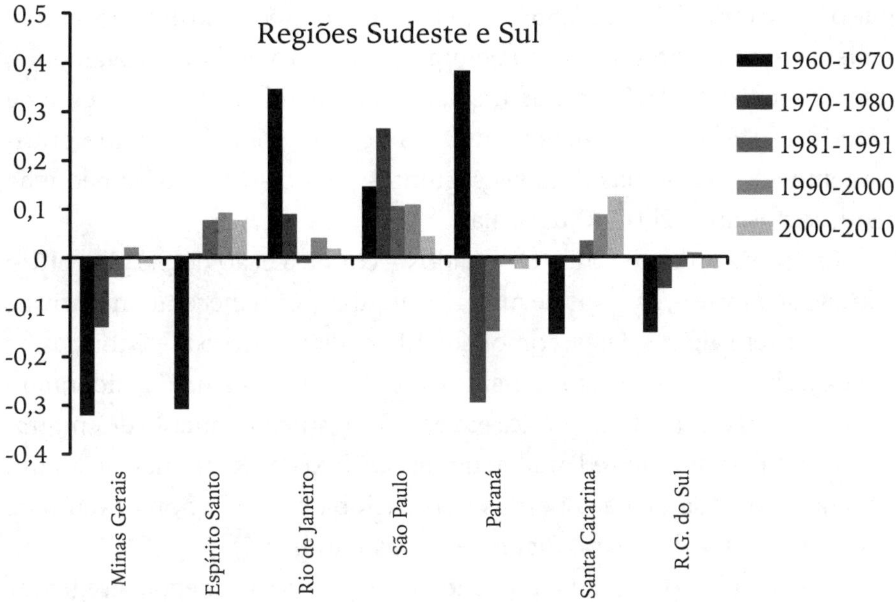

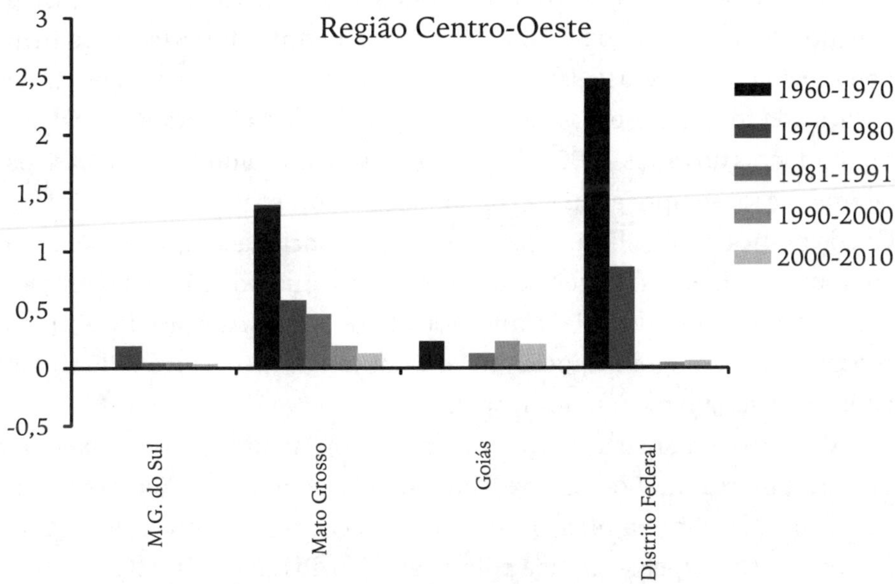

Fonte: IBGE, Censos Demográficos 1970-2010. Tabulações especiais do Nepo/Unicamp.

Na região Nordeste, a elevação significativa da imigração a partir dos anos 1980, fruto do incremento da migração de retorno, não foi suficiente para impactar significativamente a intensidade do fenômeno migratório, que oscilou entre 0,33% e 0,55% a.a. em todo o período. Ao mesmo tempo, registrou-se crescimento de sua emigração, muito embora, novamente, isso não tenha causado grande impacto na intensidade do fenômeno: na década de 1960, a taxa média anual era de 0,95% a.a., valor que praticamente não variou nas décadas seguintes, tendo sofrido uma pequena redução nos anos 2000 (0,81% a.a.).

Em praticamente todos os estados – com exceção de Sergipe e Rio Grande do Norte –, as taxas de migração líquida permaneceram negativas, sendo que em alguns deles, como Maranhão, Piauí, Alagoas e Bahia, estas até experimentaram certa intensificação. Ou seja, mesmo considerando alguma recuperação demográfica em estados tradicionalmente de emigração, como Pernambuco e Paraíba, nos anos 2000 parece ter havido algum tipo de retomada de suas perdas populacionais, sendo bons exemplos disso os estados do Ceará, Piauí e Alagoas (Gráfico 6).

Já a região Sudeste, cuja intensidade de imigração chegou a registrar taxa superior a 1,06% ao ano na década de 1970, com declínio progressivo a menos de 0,6% ao ano na de 2000, apresenta um comportamento bem heterogêneo entre seus estados. Se, por um lado, São Paulo – apesar da redução da intensidade dos seus ganhos migratórios líquidos, principalmente depois dos anos 2000 (Gráfico 6) – registrou volumes significativos de imigração, sempre acima dos 2 milhões de pessoas, por outro, Minas Gerais praticamente elimina suas perdas populacionais líquidas sem, no entanto, dar mostras de que se tenha tornado uma nova área de atração. Nesse caso, é possível dizer que se trata de uma situação de simples recuperação demográfica, pela qual o retorno (Gráfico 5) e a redução da emigração seriam os grandes responsáveis.

Vale a pena chamar a atenção para o comportamento do Rio de Janeiro, que, mesmo registrando um crescimento da sua imigração (embora com impacto nulo sobre a taxa) nas últimas décadas, está muito longe de reproduzir seu papel de grande polo de atração dos anos 1960 (Gráfico 6). Finalmente, o Espírito Santo, embora com ganhos crescentes, movimenta relativamente pequenos contingentes populacionais.

Pode-se perceber, pelos dados referentes à região Sul, ao menos duas questões bem instigantes. A primeira diz respeito ao processo de ocupação, esvaziamento e recuperação demográfica do Paraná: em termos tanto de volume quanto de intensidade, o estado configurou-se como um dos grandes polos de atração demográfica nos anos 1960, passando por fortes perdas posteriormente e reduzindo de forma importante, já na década de 1990, suas taxas negativas (Gráfico 6). A segunda corresponde à emergência de Santa Catarina como área de ganhos populacionais nas últimas décadas. No caso do Rio Grande do Sul, percebe-se que o perfil de área de perdas populacionais foi muito mais intenso nos anos 1960.

Finalmente, o Centro-Oeste abriga algumas das mais importantes UFs partícipes do processo de interiorização da população brasileira a partir dos anos 1950, seja via construção de Brasília, seja pelos projetos de colonização públicos ou privados. Nesse caso, as elevadas taxas de imigração (mais de 3% a.a.) registradas no auge da ocupação nos anos 1960 vão perdendo força ao longo do tempo, a ponto de chegar, na década de 2000, a cerca de 1,5% ao ano, muito embora esta não seja nada desprezível se comparada a outras regiões do país.

Assim, a não ser no caso de Goiás – certamente pelo dinamismo de duas aglomerações urbanas representadas pelas áreas metropolitanas de Goiânia e a Região Integrada de Desenvolvimento do Distrito Federal e Entorno (Ride/DF) –, cujo crescimento e ganhos migratórios ainda são muito expressivos, os demais estados mostram significativo arrefecimento de sua migração. Também a intensidade de emigração no Centro-Oeste vem se reduzindo ao longo de todas as cinco décadas analisadas, indicando que a dinâmica demográfica regional foi muito pautada pelo ciclo de ocupação da fronteira. Mesmo com o impacto atual (de caráter mais urbano) do agronegócio e com o significativo crescimento de algumas cidades, não mais se observa o dinamismo demográfico e migratório de outrora.

Assim, pode-se dizer que no processo migratório nacional no período analisado houve importantes rupturas, particularmente no que diz respeito à progressiva perda de atratividade das fronteiras agrícolas e minerais (Centro-Oeste e Norte), e continuidades, como no Nordeste, onde praticamente todos os estados continuam se constituindo nas principais áreas de evasão do país.

Porém, tudo isso deve ser considerado à luz de um contexto no qual a migração interestadual perde volume e, principalmente, intensidade.

O retorno, especialmente para o Nordeste, apresenta progressivo crescimento até os anos 1990 para, aparentemente, voltar a se reduzir nos anos 2000. No caso do Sudeste, uma região heterogênea, o quadro migratório apresentou modificações importantes a partir da década de 1990, seja pela redução do poder de atração/retenção de São Paulo, seja pela inequívoca recuperação demográfica de Minas Gerais que, até os anos 1980, juntava-se ao Nordeste e Paraná no rol das principais áreas de evasão populacional. Finalmente, no caso do Sul, a já enfatizada recuperação do Paraná e a emergência de Santa Catarina talvez sejam o que de mais importante ocorreu em termos de rupturas com as tendências anteriores aos anos 1990.

Os fluxos migratórios interestaduais: o ir e vir da população brasileira

Como compreender as tendências gerais comentadas até aqui à luz do volume e intensidade da migração interna no Brasil? É certo que indicadores de estoques como os analisados anteriormente permitem visualizar "quem é quem" na dinâmica migratória nacional, mas na verdade ainda são insuficientes para compor um painel mais completo sobre o que aconteceu no Brasil nos últimos cinquenta anos.

Considerando a amplitude temporal aqui adotada e o número de UFs existente, seria um árduo exercício tentar observar todos os fluxos migratórios. Assim, essa análise será realizada em nível de grandes regiões para retratar o que de mais importante ocorreu em termos de trocas migratórias no país no período.

Um primeiro aspecto dos fluxos migratórios interestaduais diz respeito à migração entre estados de uma mesma região (intrarregional). O peso relativo desse tipo de migração no total de movimentos registrados reduziu-se ao longo do período, passando de 45% de toda a migração interna interestadual no decênio 1960-1970 para menos de 35% nos anos 2000, fato que reflete como o processo de redistribuição espacial da população no país ampliou-se espacialmente ao longo desse tempo. De qualquer maneira, não é desprezível a migração de ou para as UFs de uma mesma região, no total de migração registrada. No entanto, em média, mais de 60% de toda a migração captada pelos Censos Demográficos tinham origem em regiões e estados mais distantes.

A Tabela 2 mostra quais seriam os fluxos que mais influenciaram o perfil migratório das regiões brasileiras. Em relação à migração para o Norte, percebe-se que o maior contingente populacional proveio do Nordeste, especialmente a partir dos anos 1970. É interessante ainda notar o papel do Sul nas décadas de 1970 e 1980 para a região Norte, sobretudo porque abrange o período de maiores perdas das antigas áreas de fronteira, especialmente o Paraná. Já nas décadas mais recentes, o Centro-Oeste aparece como área que apresenta ganhos populacionais em suas trocas com o Norte, revertendo tendência de décadas anteriores.

Tabela 2 – Trocas migratórias entre as regiões
Brasil, 1960-2010*

Região de residência anterior	Região de residência no momento do Censo e período de migração				
	1960/1970	1970/1980	1981/1991	1990/2000	2000/2010
			Norte		
Nordeste	58.680	262.356	328.123	248.953	208.250
Sudeste	-29.197	75.214	72.889	-4.405	627
Sul	3.825	131.340	97.772	1.454	988
Centro-Oeste	13.667	91.567	31.144	-49.597	-62.906
			Nordeste		
Norte	-1.154.943	-1.767.947	-966.143	-1.405.378	-1.063.799
Sudeste	-99.284	-6.207	-9.310	-19.484	-46.155
Sul	-279.171	-244.936	-236.543	-284.788	-380.108
Centro-Oeste	-279.171	-244936	-236543	-284788	-380108
			Sudeste		
Sul	-289.299	694.038	201.790	71.465	-114.368
Centro-Oeste	-474.400	-171.709	-98.399	-26.096	-135.658
			Sul		
Centro-Oeste	-53.016	-259.681	-197.792	-48.119	-50.474

Fonte: IBGE, Censos Demográficos 1970-2010. Tabulações especiais do Nepo/Unicamp.

* Valores positivos correspondem a ganhos líquidos para a área de residência no momento do Censo. A tabela parece estar incompleta, já que não contempla todas as trocas duas a duas. No entanto, isso seria desnecessário, tendo em visita que os valores se repetiriam apenas com sinais trocados (para maiores detalhes, ver seção "Alguns esclarecimentos metodológicos").

No caso do Nordeste, além das perdas já mencionadas para o Norte, o Sudeste aparece como o grande beneficiário das trocas migratórias registradas pela região. Também se destacam as perdas resultantes nas trocas com o Centro-Oeste, que tem no Nordeste um importante fornecedor de população.

Já o Sudeste, se ganhou grandes volumes de população nas suas trocas com o Nordeste, ao longo de todo o período analisado, e com o Sul (principalmente o Paraná), nos anos 1970 e 1980, foi também um importante "exportador" de população para o Centro-Oeste (especialmente no início de sua ocupação, na década de 1960). Com as demais regiões, os resultados foram pouco expressivos em termos dos seus impactos sobre a população.

No Sul, os dados da Tabela 2 apenas confirmam o que os vários estudos sobre migração no Brasil apontam: foi uma área que, nas trocas migratórias inter-regionais, perdeu muita população para o Sudeste (principalmente São Paulo) e para as áreas de fronteiras: num primeiro momento, o Centro-Oeste e, depois, o Norte. De qualquer maneira, tal tendência de perdas líquidas vem se arrefecendo significativamente a partir da década de 1990, com a recuperação econômica e demográfica do Paraná e a emergência de Santa Catarina como polo regional. Aliás, esses fatores certamente também explicam a inversão da tendência histórica observada por suas trocas com o Sudeste, antes deficitárias e, nos anos 2000, registrando ganhos demográficos.

Por fim, o Centro-Oeste apresenta ganhos com todas as regiões do país em praticamente todos os períodos analisados. Tal comportamento se justifica pelo fato de ter sido área de intensa ocupação de fronteira, até a década de 1980, e de expansão do agronegócio, mais recentemente. Também não menos importante foi o processo de crescimento e expansão das duas importantes aglomerações urbanas regionais, Brasília e seu entorno e Goiânia.

O Gráfico 7 apresenta o Índice de Eficácia Migratória (IEM), que ajuda a descrever a evolução da migração interna no período estudado. Tendo em vista que o Sudeste e o Sul são as regiões que registraram maior heterogeneidade no comportamento de suas UFs, os dados de São Paulo, Minas Gerais e Paraná estão apresentados em separado.

Gráfico 7 – Índice de Eficácia Migratória (IEM)
Regiões do Brasil, 1960-2010

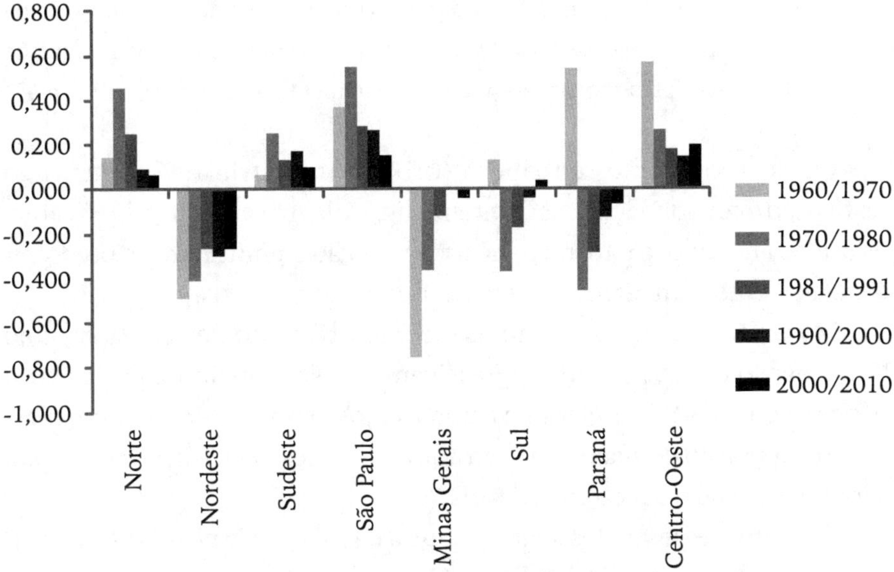

Fonte: IBGE, Censos Demográficos 1970-2010. Tabulações especiais do Nepo/Unicamp.

O IEM indica predominância dos sentidos[13] dos fluxos migratórios. Os valores positivos indicam a predominância dos fluxos em direção ao Sudeste, particularmente para São Paulo, ao Centro-Oeste e ao Norte nos anos 1960 e 1970, os quais definitivamente não se sustentaram a partir dos anos 1980. Ou seja, não apenas presenciou-se a redução do volume e intensidade da migração interna interestadual, mas também houve significativo declínio da hegemonia de certas regiões sobre outras em termos das trocas migratórias. Assim, embora o Nordeste possa ser considerado uma exceção, já que mantém valores negativos expressivos ao longo de todo o período, não há dúvidas de que os movimentos migratórios no período pós-1980 sofreram significativa mudança.

O caráter diferenciado da migração depois desse período fica bem definido neste trecho de Baeninger:

13 Ver nota 8.

> As migrações internas, portanto, assumem maior complexidade a partir dos anos 1980 em função, particularmente, do predomínio das migrações entre áreas urbanas [...]. O entendimento do processo de reorganização da população no espaço desloca-se, portanto, do eixo de análise via migração rural-urbana, força motriz das análises centrípetas. (Baeninger, 2012, p.47)

Ou seja, o padrão centrípeto (urbano-industrial) e o centrífugo (expansão e consolidação das fronteiras agrícolas) ficam muito bem caracterizados até 1980; a partir daí, há uma redução significativa da predominância de determinadas direções nos fluxos migratórios.

No Gráfico 7, destaca-se ainda o comportamento de São Paulo, cujo IEM elevado em 1970 vem progressivamente se reduzindo. O contrário se observou com Minas Gerais e Paraná, cujos dados sugerem muito mais uma recuperação de suas perdas do que a mudança de perfil, por exemplo, para uma área de atração migratória.

Em suma, esses dados sugerem que a circulação de pessoas – ou rotatividade, na concepção de Baeninger (2012) – e a não mais predominância, como no passado, de certos destinos e origens migratórios parecem ser o novo perfil do fenômeno no país.

Os fluxos migratórios: alguns casos típicos

Questões de espaço não permitem explorar em toda sua riqueza os fluxos migratórios das matrizes. Dessa forma, a Tabela 3 apresenta os principais fluxos migratórios em termos de volume, sendo arbitrariamente definido o valor de 100 mil migrantes como ponto de corte. Se, por um lado, tal recorte deixa processos mais localizados regionalmente, por outro, evidencia os principais caminhos da migração brasileira nas cinco décadas analisadas.

O Mapa 1 revela os principais momentos da redistribuição espacial da população brasileira nos cinquenta anos analisados: a tendência centrípeta (do Nordeste, Minas Gerais e Paraná, sobretudo rumo a São Paulo); a centrífuga (rumo ao Paraná, num primeiro momento, e depois para o Centro-Oeste e, mais recentemente, para o Norte); as recuperações

Mapa 1 – Fluxos migratórios inter e intrarregionais
Brasil, 1970-2010

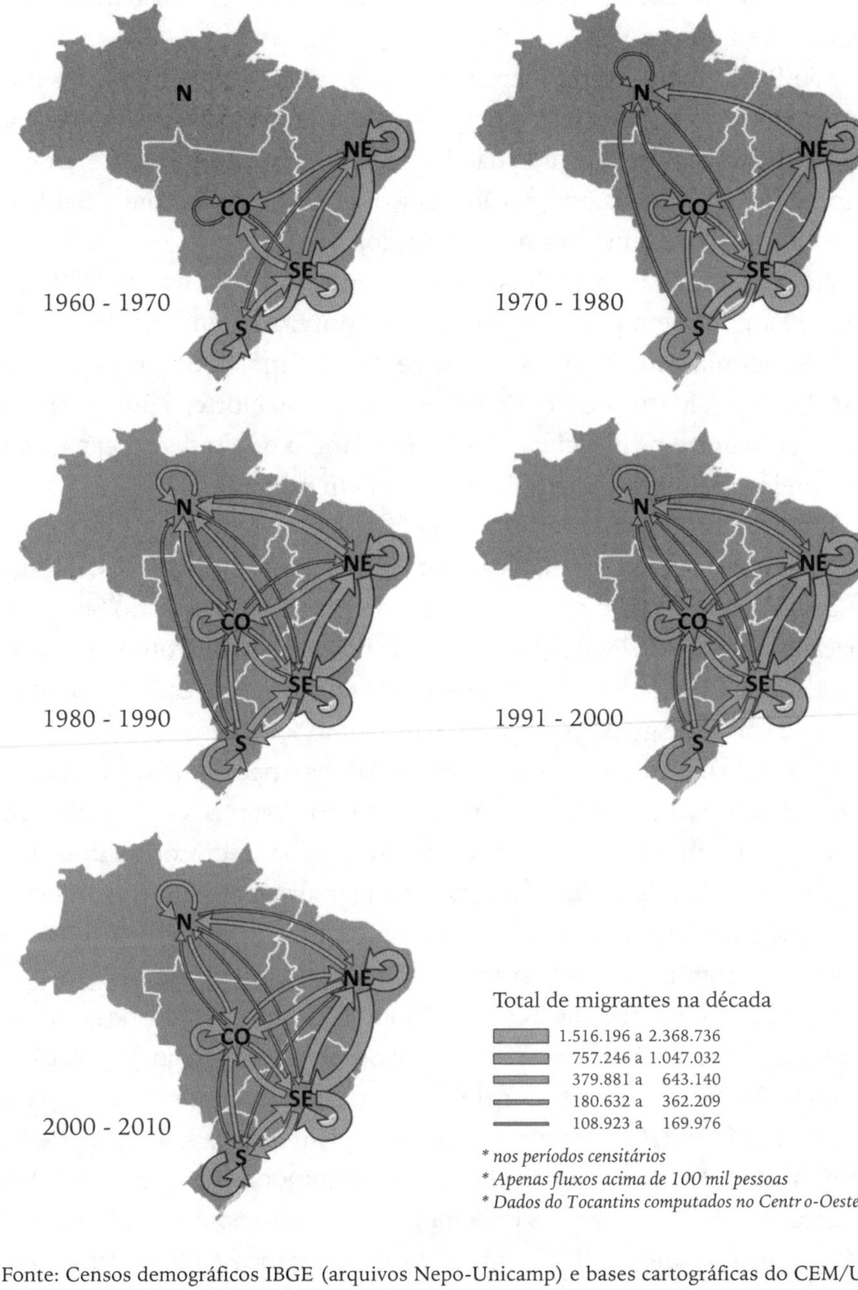

Fonte: Censos demográficos IBGE (arquivos Nepo-Unicamp) e bases cartográficas do CEM/USP Cebrap. Elaboração: José Donizete Cazzolato.

demográficas de Minas Gerais e Paraná; as contrapartidas, muito em função do retorno, de São Paulo com suas principais áreas de trocas migratórias, especialmente o Nordeste; e a intensificação do crescimento de Brasília e seu entorno.

São Paulo manteve ou incrementou os volumes de imigrantes em praticamente todas as suas principais trocas migratórias, o que revela que a atratividade desse estado não foi abalada significativamente, a despeito do incremento da emigração. As trocas migratórias com a Bahia e Pernambuco são exemplares nesse sentido.

Na ocupação das fronteiras, o grande *boom* ocorreu nos anos 1960, tendo o Paraná como protagonista; depois, principalmente na década de 1970, Rondônia e Mato Grosso do Sul e, por último, já nos anos 1980 e parte dos 1990, Mato Grosso. Como se percebe, no Norte, o único estado que aparece entre os principais fluxos é o Pará, o que reflete a expansão da fronteira não apenas agrícola, mas também mineral.

Em primeiro lugar, os anos 1960 e, particularmente, os 1970 foram os momentos de maior intensificação de migração interna no país, impulsionada não apenas pelo desenvolvimento urbano-industrial do Sudeste, especialmente de São Paulo, e aberturas de novas áreas de fronteiras como as do Paraná, Rondônia e Mato Grosso, mas também pela estagnação econômica e social de grandes áreas no país, como foi o caso do Nordeste.

Da mesma forma, a partir dos anos 1980, há importante ruptura com as tradicionais tendências migratórias até então observadas. Verificam-se redução da intensidade (e do volume) dos fluxos migratórios internos e incremento da migração de retorno, principalmente para o Nordeste. Tais tendências, que se aprofundam nos anos 1990, não por coincidência ocorrem concomitantemente com a crise econômica e no mercado de trabalho, em particular nas regiões metropolitanas, com propensões de desconcentração da indústria e com a inequívoca perda de fôlego do processo de ocupação das fronteiras. Por outro lado, podem ter contribuído para incrementar o poder de retenção de potenciais migrantes, a recuperação econômica do Paraná e Minas Gerais e o surgimento de oportunidades nas áreas tradicionais de evasão demográfica, como políticas sociais que outorgaram a muitos trabalhadores rurais e urbanos os benefícios previdenciários e até mesmo políticas específicas de transferência de renda.

No entanto, os dados do Censo de 2010 dão conta de que, embora a redução dos movimentos internos no Brasil tenha se mantido, o retorno (em grande medida para o Nordeste) parece apresentar inflexão na tendência de crescimento, o que pode ser explicado pela recuperação econômica e, sobretudo, do mercado de trabalho dos grandes centros.

O Mapa 1 permite visualizar as trocas na migração interna interestadual no Brasil nos últimos cinquenta anos.[14] Pode-se dizer que a efervescência migratória que se observava no Brasil até 1980 deixou de existir, fato que, se não reduz a importância social, econômica e até mesmo política do fenômeno, ao menos faz refletir sobre suas novas especificidades e implicações. Como mostrado no Gráfico 6, há cada vez menos preponderância de origens ou destinos no país. Infelizmente, a grande continuidade nessa história de cinquenta anos é a situação do Nordeste, que continua sendo uma área de evasão demográfica, mesmo que em intensidade menor.

À guisa de conclusão

Os dados analisados neste estudo mostram que, ao longo dos cinquenta últimos anos, houve significativa mudança no comportamento da migração interna no Brasil. Esta não implicou grandes variações nas direções dos fluxos migratórios, mas certamente provocou a redução de determinadas hegemonias regionais, no que se refere às áreas tanto de origem quanto de destino dos migrantes.

O fechamento progressivo das fronteiras, a desconcentração das atividades econômicas, o desempenho da economia – permeada por períodos de crise e recuperação –, a redução do crescimento demográfico, especialmente de áreas tradicionais de evasão demográfica, o enorme esvaziamento rural e consequente urbanização, representaram grandes transformações que, a partir dos anos 1980, claramente mudaram o rosto da migração no país.

---

14 Ver Tabela A7, nos "Anexos Metodológicos e Estatísticos" disponíveis em: <http://www.centrodametropole.org.br/trajetorias>.

No entanto, é difícil garantir que tais mudanças tenham vindo para ficar: a redução da intensidade da mobilidade interestadual entre 1990 e 2000 foi bem menor do que a observada entre 1980 e 1990. Nos anos 2000, a migração de retorno dá mostras de declínio tanto em volume como em intensidade.

Ou seja, mesmo com outras roupagens, conjunto de condicionantes e implicações, mesmo em outros patamares de volume e intensidade, enfim, mesmo em um momento bem distinto da história migratória nacional (Baeninger, 2012; Brito, 2009), parece que as mudanças observadas nas últimas décadas não se configuram como algo permanente.

É muito difícil afirmar com segurança qual será o comportamento da migração interestadual no país nas próximas décadas. Dois fatos – a redução da intensidade da migração de retorno na década de 2000 após um período de crescente intensificação e a menor queda das taxas de migração interna a partir de 1980 – sugerem que, em momentos de crises ou recuperação (na origem ou no destino), a migração dá sua resposta mesmo que com defasagem temporal.

É possível que, como sugere Baeninger (2012), a relação migração-emprego não tenha mais a mesma força para explicar os movimentos populacionais; no entanto, como entender que ainda hoje milhares de pessoas se desloquem por milhares de quilômetros em busca de sua inserção social? Se não for isso, o que buscariam essas pessoas?

Mesmo tendo em conta que nossa sociedade mudou e que certos paradigmas (como aqueles que explicaram o êxodo rural) necessitam ser revisitados (Brito, 2009), as desigualdade espaciais – regionais ou intrarregionais – e as oportunidades socioeconômicas que delas decorrem parecem ainda compor um referencial importante para os movimentos migratórios no país. Ao mesmo tempo, não se pode perder de vista que o país não apenas se urbanizou, mas também reduziu seu crescimento populacional em ritmo acelerado, o que, do ponto de vista demográfico, deveria ter impacto considerável sobre a intensidade da mobilidade que, como se mostrou, é muito menor hoje do que há cinquenta anos.

No entanto, parte da discussão aqui realizada remete a uma reflexão propiciada pela leitura de um clássico de nossa literatura, que tem em sua apresentação um comentário do jornalista Clóvis Rossi. Numa reedição do belo livro *Morte e vida severina*, de João Cabral de Melo Neto, Rossi escreve:

> Este livro é eterno, feliz e infelizmente. Felizmente porque são raríssimos os textos que se podem ler, depois de 30 anos [...] com o mesmo prazer da primeira leitura [...]. Infelizmente porque a história que o poema conta continua sendo vivida por incontáveis "severinos", meio século depois de o livro ter sido escrito. E não está à vista o momento em que cessará a saga de migrantes nordestinos buscando nova vida para fugir [...].

De fato, este estudo mostra que, não obstante as grandes mudanças no processo migratório nacional, ao menos uma característica parece persistir: a situação do Nordeste como área de evasão demográfica. As notícias atuais, em pleno século XXI, sobre o que seria a pior seca da história do Nordeste mostram que, como afirmava Clóvis Rossi, estamos longe de modificar essa situação. De qualquer maneira, a migração interna no Brasil já tem outra cara, que precisa ser mais bem conhecida e explicada.

Em tempo: não se pode perder de vista que, mesmo no auge da intensidade dos movimentos migratórios interestaduais no país (nos anos 1970), o percentual de migrantes em uma década representava pouco menos que 8% da população, sendo que esse valor é ainda menor em 2010 (6%). Ou seja, talvez começar a pensar um pouco mais sobre os fatores e motivos que levam as pessoas a não migrarem possa ajudar muito mais na tarefa de compreender porque algumas o fazem.

11

Cinquenta anos de relações de gênero e geração no Brasil: mudanças e permanências

Maria Coleta Oliveira[1]
Joice Melo Vieira[2]
Glaucia dos Santos Marcondes[3]

As décadas que se seguiram ao final da Segunda Grande Guerra foram marcadas por intensas transformações na vida privada da população brasileira. Novas oportunidades ampliaram as alternativas de escolhas para homens e mulheres e marcaram profundamente as gerações do pós-guerra.

Fatores de natureza estrutural – material e cultural – compuseram o cenário de forças de mudança que empurraram as novas gerações em direção à modernidade. Dois deles têm particular importância: a escolarização e o trabalho feminino no mercado. O poderoso motor de ambos foi sem dúvida a verdadeira revolução urbana, que transferiu para as cidades enormes contingentes populacionais, alterando definitivamente os regimes de vida e as expectativas de futuro a eles associadas.

Vários autores têm chamado a atenção para uma característica dos processos de mudança social no Brasil e na América Latina, repletos

1 Professora do Departamento de Demografia da Unicamp.
2 Professora do Departamento de Demografia da Unicamp.
3 Pesquisadora do Núcleo de Estudos de População "Elza Berquó" da Unicamp.

de ambivalências, assincronias e contradições que adjetivam a modernidade de incompleta, inacabada, periférica, tardia, anômala e tantas outras expressões que denotam deformações ou distorções em relação ao processo de transição experimentado pelas sociedades capitalistas mais avançadas (Bacha; Klein, 1986; Oliveira, 2001; Martins, 2000; Pintor, 2000; Souza, 2003; Marín; Morales, 2010). Muitas vezes, tendências de mudança não se explicitam ou se realizam por completo, aparentando estancar a meio caminho, o que Rodríguez (2008) chamou de modernidade truncada, produtora de heterogeneidades diante de uma aparente homogeneização de padrões e comportamentos. Modernidade capaz de produzir novas desigualdades, algumas vezes tomadas equivocadamente como sinais do passado (Martins, 1994). No Brasil, as transformações seguem seu curso, destruindo velhas e construindo novas sociabilidades, superando soluções conhecidas e abrindo espaço para a criatividade social.

Em relação às famílias e à vida privada, as mudanças pouco a pouco introduzidas nas relações de gênero constituíram o principal eixo de transformações. As gerações do pós-guerra ecoaram bandeiras do feminismo europeu e norte-americano, embaladas na onda libertária que arrebatou contingentes jovens em praticamente todo o Ocidente. Novos valores e práticas seguem afrontando conceitos e criando oportunidades para a experimentação social à medida que avançamos no século XXI.

As mudanças são também tributárias de alterações profundas no regime demográfico, consolidado na segunda metade do século XX, especialmente a partir da década de 1960, marcada por intenso declínio da fecundidade, consequência das mudanças de caráter estrutural e, ao mesmo tempo, condicionante de outras transformações na vida privada que se seguiram. Associado a este declínio, o envelhecimento demográfico resultante, principalmente, da redução de tamanho das coortes mais jovens e do prolongamento da vida abriu caminho para redefinições nas transições geracionais e suas relações.

Entre as transformações de caráter estrutural, incluem-se a ampliação da disponibilidade de meios eficazes de controle dos nascimentos e a generalização da demanda por seu uso, que expressam a incorporação da ideia de ter filhos como uma escolha e não um destino – particularmente feminino –, envolvendo cada vez mais segmentos sociais diversos.

Neste capítulo, são reunidas evidências e interpretações acerca das mudanças demográficas que integram o amplo e complexo processo de transformações no universo das famílias no Brasil, a partir da segunda metade do século XX. Trata-se dos principais fatores demográficos que incidem sobre a vida privada – mortalidade, fecundidade e nupcialidade –, para em seguida refletir sobre as conformações cada vez mais multifacetadas das famílias contemporâneas, em especial aquelas que abrigam crianças menores de 15 anos.

As informações utilizadas são, em sua maioria, provenientes dos Censos Demográficos, a partir de 1970. Não obstante, dados para períodos anteriores são incorporados sempre e quando auxiliam a compreensão de processos.

Regimes sociodemográficos na segunda metade do século XX

Estendendo a vida...

O prolongamento da vida é um dos aspectos centrais do regime demográfico que aos poucos tomou forma no Brasil na segunda metade do século XX. Acompanhando a tendência geral verificada na maioria dos países, os brasileiros passaram a viver cada vez mais. A expectativa de vida ao nascer não superava 41,5 anos em 1940, chegando a 51,6 anos em 1960, 61,7 anos em 1980, 66 anos em 1991 e 73,5 anos em 2010. Em sete décadas, a expectativa de vida média da população brasileira aumentou mais de trinta anos. Coincidindo com o período de mais forte urbanização, os maiores ganhos ocorreram até as décadas de 1970 e 1980.

Consequência fundamentalmente do controle e redução da mortalidade infantil, o aumento da expectativa de vida ao nascer caminhou no sentido de reduzir as diferenças entre os que têm mais e menos chance de sobrevivência. O que ocorreu foi não apenas a extensão do tempo de vida média dos brasileiros, mas uma diminuição da desigualdade de sobrevida de indivíduos contemporâneos.

A linha superior no Gráfico 1 mostra a expectativa de vida nos últimos trinta anos; a linha localizada logo abaixo corresponde à idade que divide a população em duas partes iguais: os sobreviventes e os que já haviam morrido até ali. Observa-se que, em 1980, 20% da população teria morrido antes de atingir 47 anos, estendendo-se este limiar para 60 anos em 2010. Em contrapartida, os 20% da população que vive mais, em 1980, apenas ultrapassavam os 80 anos, limite dilatado para quase 90 anos em 2010. A distância entre os 20% dos brasileiros que vivem mais e os 20% que vivem menos diminuiu de 35 para 28,9 anos, o que demonstra uma mudança notável em trinta anos.

No Brasil, assim como na América Latina, a redução da mortalidade no período pós-guerra beneficiou-se da importação de meios para o controle de doenças endêmicas, sem que, contudo, ocorressem sensíveis melhoras nas condições de bem-estar da população. Essa queda favoreceu especialmente os estratos sociais mais bem posicionados e os residentes nas regiões mais desenvolvidas do país, acentuando as desigualdades sociais e regionais. A melhoria nas condições de mortalidade foi, portanto, seletiva.

Em meados da década de 1970, no âmbito das políticas centralizadoras do regime militar e das demandas impulsionadas pela incorporação

Gráfico 1 – Extensão da vida e redução das diferenças na expectativa de vida entre pessoas de uma mesma coorte – Brasil, 1980-2010

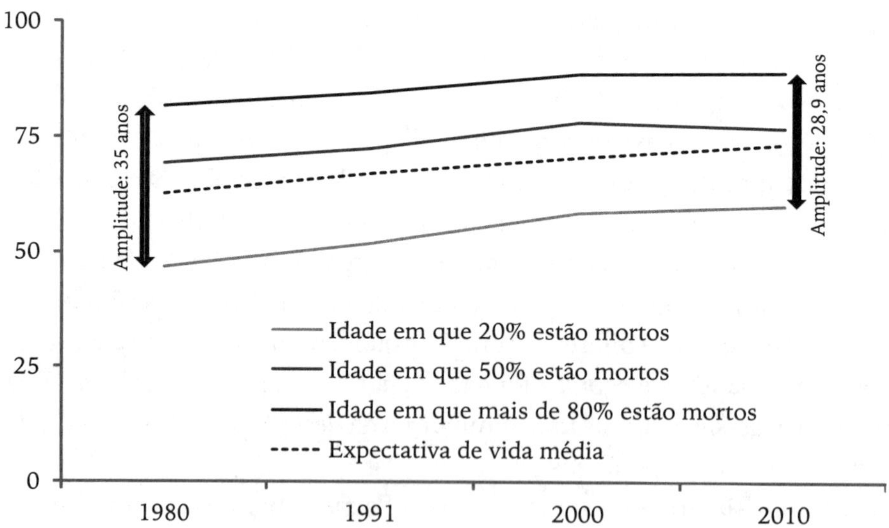

Fonte: Elaboração própria. Dados provenientes de Albuquerque e Senna (2005); IBGE (2011).

crescente da população em uma economia urbano-industrial, ampliaram-se as ações governamentais de saneamento básico e os programas de saúde materno-infantil, envolvendo gestação, parto e puerpério, campanhas de imunização, aleitamento materno e reidratação oral. Áreas carentes, nas quais até então a ação do Estado era nula ou precária, passaram a receber atenção.

A continuidade desses programas, nas décadas seguintes, foi fundamental para a expansão do acesso aos serviços públicos de saúde. A ampliação da cobertura da atenção e a extensão da vacinação, especialmente na infância, proporcionaram ganhos significativos nas chances de vida, beneficiando contingentes cada vez maiores, e não apenas os grupos mais bem posicionados na escala social (Prata, 1992). Investimentos em saúde e saneamento, aliados ao aumento da escolarização e declínio da fecundidade, contribuíram tanto para a redução e mudança do perfil da mortalidade brasileira, quanto para a diminuição de desigualdades sociais e regionais históricas (IBGE, 1999).

Encolhendo a descendência...

Se avanços significativos no controle da morte datam, no Brasil, das primeiras décadas do século XX, alterações expressivas no comportamento da fecundidade se revelaram somente trinta anos depois. Ainda que as evidências indiquem que as elites urbanas, em sociedades predominantemente agrárias, tenham sido as precursoras da fecundidade restrita, apenas nos anos 1960 a prática de famílias reduzidas se expandiu (Guzmán; Rodríguez, 1993; Souza, 1995). O começo do declínio antecede, pois, essa data, tomada como início da queda da fecundidade.

Estimativas para o início do século XX (Frias; Oliveira, 1991; Horta; Carvalho; Frias, 2000; Rios Neto, 2005) indicam que a redução da fecundidade brasileira estava em andamento antes da década de 1930, especialmente nas regiões mais desenvolvidas do país. Os dados do Gráfico 2 sugerem um processo lento de declínio, talvez porque as populações na vanguarda das mudanças não tivessem um peso suficiente para alterar expressivamente as taxas para o conjunto da população. Se o descenso parece ter sido consistente até 1940, teria havido um crescimento pré--transicional das taxas de fecundidade total (TFT) dessa data até 1960, ainda que suave. Por essa razão, Rios Neto (2000) argumenta que o comportamento da fecundidade brasileira, do início do século XX até meados da década de 1960, seria compatível com o tipo de transição observado na experiência europeia, de declínio lento. A partir de 1968, no entanto, a tendência de queda se acentua de modo expressivo, distanciando a transição brasileira dos moldes clássicos europeus.

As características do processo de transição da fecundidade no Brasil antes da segunda metade do século XX devem-se ao efeito combinado da persistência e elevação da fecundidade nas regiões menos desenvolvidas, com reduções expressivas naquelas mais desenvolvidas. Rio de Janeiro e São Paulo exibiam sinais de uma transição para níveis mais baixos de fecundidade já nos anos de 1950, apresentando taxas inferiores à TFT nacional de 1970. Em contrapartida, o Nordeste mantinha altos níveis de fecundidade também na década de 1950 (Carvalho; Wood, 1994). A despeito disso, no geral, houve um declínio de 20% entre 1930 e 1960, e no início da década de 1970 todas as regiões já registravam redução expressiva na fecundidade comparativamente ao começo dos anos 1960 (Frias; Oliveira, 1991; Carvalho; Wood, 1994).

A partir de 1970, o declínio da fecundidade brasileira não deixa margem a dúvidas. O ponto de inflexão parece coincidir com a introdução das pílulas hormonais no Brasil, em 1965 (Carvalho; Paiva; Sawyer, 1981; Merrick; Berquó, 1983). Os dados mostram, entretanto, que a redução ganhou intensidade nos anos 1980, quando um padrão de fecundidade restrita se consolidou, chegando a taxas médias abaixo de dois filhos por mulher (Gráfico 2) ainda na primeira década do século XXI, patamar inferior ao nível de reposição populacional.

Esse intenso declínio foi acompanhado pela redução da idade média das mulheres ao terem seus filhos (Gráfico 2), revelando comportamento de concentração da fecundidade nas idades mais jovens (ver também o Gráfico 3), que se modifica em 2010, com a elevação da idade média, indicando possível postergação da fecundidade.

Gráfico 2 – Taxas de fecundidade total (TFT)[4] e idade média da fecundidade[5] – Brasil, 1893-2010

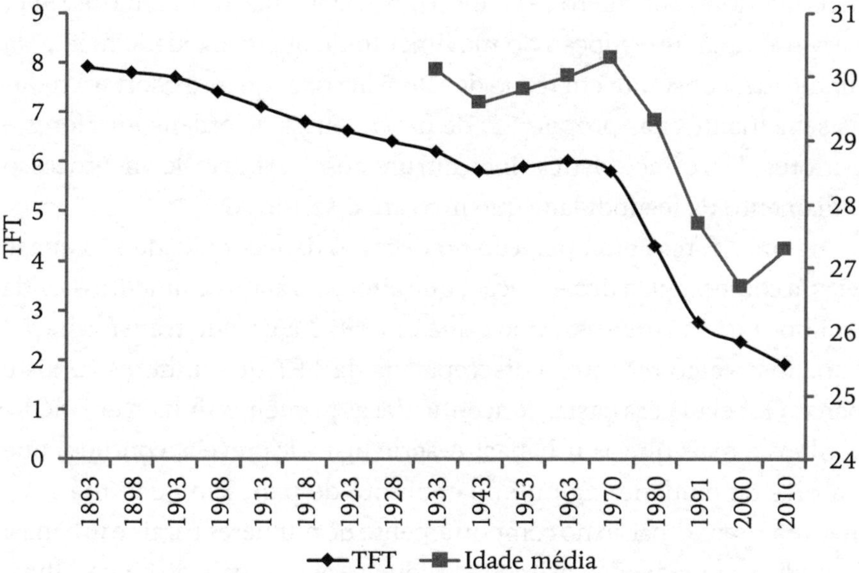

Fonte: Horta, Carvalho e Frias (2000); IBGE, Censos Demográficos 1970-2010. Tabulações das autoras.

Aspectos distintivos de nossa transição começam a ficar claros em análises mais recentes. Miranda-Ribeiro, Rios Neto e Carvalho (2010), em estudo que avalia o *efeito tempo* e o *efeito parturição*[6] na composição da TFT, mostram que, entre 1976 e 1998, a fecundidade brasileira caracte-

4 A taxa de fecundidade total representa o número médio de filhos nascidos vivos, tidos por uma mulher ao término do período reprodutivo, expressa pelo cálculo:

$$TFT_j = n \times \sum_{x=15}^{45} {}_nTFE_{x,j}.$$

5 A idade média da fecundidade é dada pela média dos valores centrais de cada grupo etário, ponderados pelas taxas específicas de fecundidade. A somatória dos valores calculados para cada grupo etário resulta na idade média da fecundidade para a população feminina em idade reprodutiva.

6 O estudo aplica o modelo de Köhler e Ortega para obtenção de um indicador de fecundidade mais apurado do que as medidas convencionais, permitindo mensurar as distorções causadas por um *efeito tempo* – que são as mudanças ocorridas na idade média da fecundidade – e por um *efeito parturição* – mudanças na composição por parturição da fecundidade. A partir do conhecimento desses efeitos é possível ajustar o cálculo da fecundidade obtendo um valor hipotético livre dessas distorções, denominado *quantum*.

rizou-se pela redução nas idades médias da fecundidade (adiantamento da fecundidade) e pelo aumento do peso relativo dos nascimentos de ordens inferiores (primeiro e segundo filhos). No final da década de 1990, observa-se uma interrupção do movimento de queda da idade média da fecundidade, constante em torno dos 26,5 anos, enquanto ocorrem reduções semelhantes nas proporções de nascimentos de ordens inferiores e superiores. Tais características indicam um possível início de um processo de adiamento da fecundidade que marcará o século XXI.

Algumas forças em operação no declínio da fecundidade são quase óbvias, a começar pela urbanização, que alterou o enquadramento da vida de milhões de brasileiros. Ainda que em 1970 a grande transformação urbana fosse algo recente, a discrepância da TFT de mulheres rurais e urbanas (Tabela 1) era bastante acentuada: as primeiras tinham em média três filhos a mais que as urbanas! A série histórica revela, contudo, que os fatores de mudança agiram no conjunto do país. Em quarenta anos houve uma aproximação no comportamento de mulheres rurais e urbanas: a fecundidade média das primeiras reduziu-se em mais de cinco filhos, enquanto a das urbanas diminuiu em quase três filhos. Ainda que siga fazendo diferença viver em cidades ou fora delas, as transformações no Brasil da segunda metade do século XX afrontaram limites, sem dúvida aproximando possibilidades, demandas e, mesmo, o acesso a serviços.

Vale lembrar que o próprio significado de rural se alterou substancialmente no Brasil, levando especialistas a se referirem a um “novo rural” (Abramovay, 1992; Campanhola; Graziano da Silva, 2000), fenômeno que tem igualmente referências fora do país (Barlett, 1986; Arnalte, 1989).

A urbanização ampliou o mercado de trabalho para as mulheres, em um processo de individualização feminina como trabalhadora (Oliveira, 1984). O segmento de serviços, especialmente doméstico, além do comércio, abriu possibilidades para o trabalho feminino independente da família, processo que se reproduz até os dias atuais (Bruschini, 1994; Wajnman, 1998; Hoffmann; Leone, 2004). A ampliação da escolarização beneficiou as mulheres urbanas, somando-se às forças do mercado na promoção de uma fecundidade média menos elevada. Os dados da Tabela 1 mostram que parte da população feminina – justamente a que trabalha e a que atinge alta escolaridade – apresenta tendência acentuada de redução do

Tabela 1 – TFTs* e idade média da fecundidade, por características selecionadas – Brasil, 1970-2010

Anos	Situação de domicílio				Ocupação				Escolaridade				Rendimento médio mensal domiciliar *per capita*			
	Rural		Urbano		Não trabalha		Trabalha		Sem instrução a fundamental incompleto		Superior completo		40% com menor rendimento		20% com maior rendimento	
	TFT	Idade média	TFT	Idade média	TFT	Idade média	TFT	Idade média	TFT	Idade média	TFT	Idade média	TFT	Idade média	TFT	Idade média
1970	7,7	30,7	4,6	29,9	6,7	30	3,2	31,6	6,3	30,2	1,9	30,7	9,1	31,1	2,2	28,5
1980	6,2	30,0	3,6	28,9	5,3	29	2,7	30,3	4,9	29,1	2,3	30,2	7,4	30,0	2,0	28,4
1991	4,3	28,8	2,4	27,4	3,6	27,7	1,9	28,4	3,5	27,5	2,5	29,9	4,7	28,5	1,5	27,9
2000	3,5	27,2	2,2	26,7	3,1	26,9	1,8	27,4	3,4	26,0	1,9	31,0	3,7	26,8	1,3	28,8
2010	2,6	26,7	1,8	27,4	2,6	27,4	1,6	27,9	3,0	25,8	1,9	32,1	3,0	26,7	1,2	30,4

Fonte: IBGE, Censos Demográficos 1970-2010.

* As TFTs foram ajustadas pelo método P/F de Brass (United Nations, 1983), tendo a fecundidade das mulheres de 20-24 anos como referência para o ajuste, exceto para o recorte que faz uso do rendimento médio mensal domiciliar *per capita*, em que o melhor ajuste foi proporcionado pela média da fecundidade das mulheres de 20-24 e 25-29 anos.

número de filhos, atingindo mais cedo taxas próximas ou abaixo de dois filhos por mulher.

O nível de fecundidade das brasileiras em 2010 (1,9 filho, em média) equivalia àquele observado em 1970 entre as mulheres com ensino superior completo. Passados quarenta anos, atenuaram-se as diferenças, ainda que mulheres com ensino fundamental incompleto tenham, em média, cerca de um filho a mais que suas contemporâneas com ensino superior (Tabela 1).

As evidências mostram enfaticamente que a trajetória da mudança não é linear, mas envolve múltiplas transições (Patarra; Oliveira, 1988). Os dados sugerem que mulheres da elite constituíram a vanguarda da mudança da fecundidade, como apontam os resultados da pesquisa pioneira na capital paulista (Berquó; Oliveira; Camargo, 1977) e os de Souza (1995) sobre as mais escolarizadas na Bahia. Trabalhos recentes reiteram a convicção de que as elites educadas comandaram o processo de declínio da fecundidade, no Brasil e em outros contextos, como revela o estudo de Livi-Bacci (1986) sobre a aristocracia veneziana e outras na Europa.

Tal qual ocorre com a escolarização feminina, trabalhar no mercado significa para as mulheres ter um número menor de filhos. Seja porque a vida lhes trouxe menos filhos, ou porque restrinjam suas proles diante do interesse e/ou necessidade de ter uma ocupação, as mulheres que trabalham tendem a ter um número de filhos em média menor do que as que não trabalham (Tabela 1).

Destaca-se que, ao longo do período analisado, a composição das mulheres que trabalham mudou significativamente: de jovens e solteiras, as trabalhadoras passaram a ser majoritariamente casadas ou consensualmente unidas, com filhos e acima dos 30 anos de idade. Essa tendência traz para a reflexão acerca dos diferenciais da fecundidade as implicações das tensões entre trabalho e família para as mulheres de diversos segmentos sociais (Bruschini; Ricoldi, 2009; Dedecca; Ribeiro; Ishii, 2009; Marri; Wajnman, 2006; Montali, 2012).

Observa-se, na Tabela 1, que escolarização e renda parecem ter efeitos próprios no comportamento da fecundidade. Os extremos de renda exibem ao longo do tempo divergência de níveis de fecundidade mais acentuada do que os extremos de escolarização. Essa observação é capciosa, pois o que talvez tenha acontecido é que a progressão na escolarização tenderia a aproximar os níveis de fecundidade de um conjunto maior de mulheres, já em patamares mais baixos em todos os graus educacionais, com exceção daquelas que completaram o ensino superior, cuja liderança era evidente em 1970. Daí a renda revelar, talvez mais do que a escolarização, a desigualdade no Brasil recente. A polarização da fecundidade nos extremos de renda parece ser hoje mais acentuada do que nos extremos educacionais.

Nossa hipótese é que, rapidamente, nas duas últimas décadas, a educação promoveu uma redução na desigualdade, especialmente no caso das mulheres. Extremos do passado tendem hoje a se aproximar, especialmente nas gerações de jovens e adultos jovens. Já a renda não depende apenas da educação. Os patamares educacionais que funcionam como requisitos para melhores empregos têm se elevado e, apesar do crescimento recente do emprego formal, os salários não necessariamente aumentaram. Uma coisa é a massa salarial em seu conjunto; outra, a desigualdade de rendimentos do trabalho avaliados individualmente (Cunha; Vasconcelos, 2012).

Não se pode desconsiderar o papel da nupcialidade nessa equação. A elevação da idade média das mulheres ao casar, a partir dos anos 1990, também se relaciona com o aumento da escolaridade e da inserção feminina no mercado de trabalho, processos que resultam em mudanças no *timing* da formação de parcerias conjugais e, consequentemente, de famílias. Destacam-se igualmente os reflexos no mercado matrimonial. A maior escolaridade e participação econômica das mulheres tenderia a reduzir as possibilidades de escolha de parceiros, em condições em que se combinam uma sobremortalidade masculina e persistentes valores culturais que prescrevem a adesão ao modelo de homens mais velhos, mulheres mais novas. (Berquó, 1986; Camargo; Oliveira, 1977; Oliveira, 1977). Esses constrangimentos afetam especialmente as mulheres. Restritas a buscarem homens mais velhos do que elas, acabariam por incluir em seu rol de eventuais parceiros homens menos educados ou de alguma forma abaixo de suas expectativas sociais. Vale salientar que esses parceiros, prospectivamente mais velhos, tendem a buscar mulheres prospectivamente cada vez mais jovens, reiterando o círculo vicioso do mercado matrimonial.

As informações sobre esses cinquenta anos de Brasil permitem outras reflexões. Diante da constatação da generalização dos níveis mais baixos de fecundidade em vários segmentos da população, Berquó e Cavenaghi (2005) consideram a importância de avaliar em que grupos um padrão mais elevado de fecundidade (em média mais de quatro filhos) persistiria. Comparando dados de 1991 e 2000, as autoras demonstram que a proporção reduzida de mulheres com alta fecundidade (média de cinco filhos ou mais) correspondia àquelas que combinavam os mais baixos níveis de escolaridade (até três anos de estudo) e de renda domiciliar *per capita* (até meio salário mínimo). Com achados semelhantes, Rios Neto (2005) argumenta que, a par do papel positivo do declínio da fecundidade na adaptação das famílias às pressões por recursos no Brasil, persistem os diferenciais de fecundidade observados e até mesmo acentuam-se desigualdades. Da perspectiva desses autores, parece que o acúmulo de carências levaria à preservação, provavelmente residual, de segmentos que continuariam mantendo comportamentos ao largo da curva da tendência mais geral.

Formando famílias...

Impossível seguir na discussão dessa problemática sem avaliar características e implicações do *timing* dos processos de formação das famílias. Afinal, ao tratar de fecundidade abordam-se famílias, independentemente das características das relações ou do *status* legal das uniões.

A redução das idades médias da fecundidade no Brasil (Gráfico 2) revela que as crianças tendem a nascer de mulheres ainda jovens em seu conjunto, produzindo um rejuvenescimento da fecundidade, característica que singulariza o processo de transição da fecundidade brasileira (Berquó; Cavenaghi, 2005). Os dados da Tabela 1, entretanto, indicam pelo menos uma situação que fugiria à regra: as mulheres altamente escolarizadas tendem a apresentar uma idade média ao nascimento dos filhos acima da das demais mulheres. A diferenciação de idade média ao nascimento de filhos entre grupos de escolaridade se acentua a partir dos anos 1980, período de maior declínio da fecundidade no país. Em 2010, a alta renda parece também discriminar mais claramente as idades médias das mulheres ao terem filhos (Berquó; Cavenaghi, 2009; Rios Neto, 2005; Miranda-Ribeiro; Rios Neto; Ortega, 2008).

No Gráfico 3, observa-se que o comportamento da fecundidade altera-se ao longo das idades das mulheres, expressando diferentes tempos na formação de unidades familiares. Se até 1980 o nascimento de filhos se concentrava no grupo de 25 a 29 anos, a partir dessa década as mulheres passaram a antecipar a formação de sua descendência, tornando mais raros os nascimentos a partir dos 30 anos. Contudo, verifica-se uma mudança em curso: a redução da fecundidade na primeira década do século XXI pode ser debitada às mulheres mais jovens (Tabela 1). Reduzem-se as taxas de filhos nascidos de mulheres abaixo dos 30 anos, enquanto suas contemporâneas mais maduras mantêm-se igualmente férteis como há dez anos.

Gráfico 3 – Taxas específicas de fecundidade por idade[7]
Brasil, 1970-2010

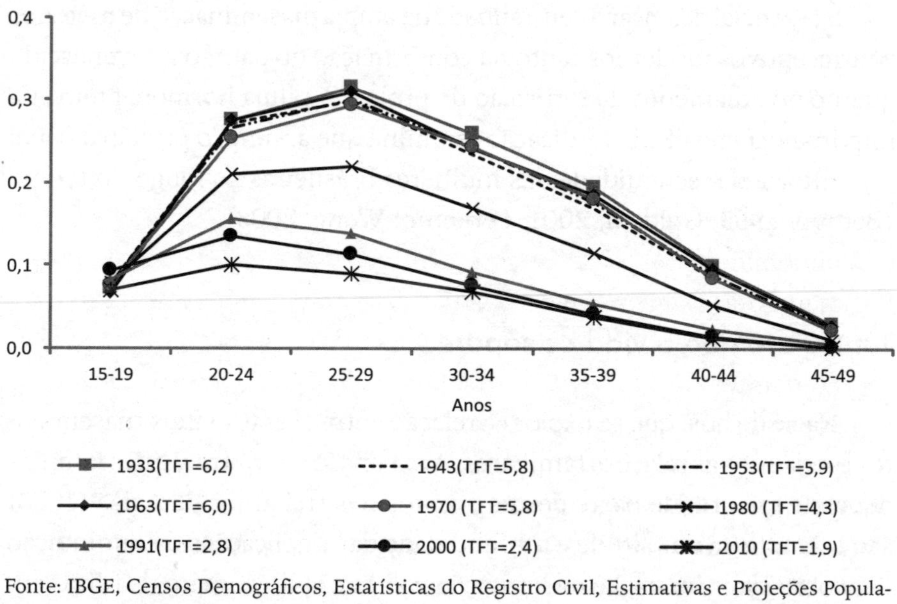

Fonte: IBGE, Censos Demográficos, Estatísticas do Registro Civil, Estimativas e Projeções Populacionais, 1960-2010. As autoras agradecem Humberto Correa pela construção e cessão deste gráfico.

7 Taxa específica de fecundidade por idade compreende a razão entre o número de nascidos vivos de mulheres entre as idades x e (x + n) e a população feminina na mesma idade, expressa pelo cálculo:

$$ {}_{n}TEF_{x,j} = \frac{{}_{n}NV_{x,j}}{{}_{n}P_{x,f,j}}. $$

Vários autores (Berquó; Cavenaghi, 2005; Miranda-Ribeiro; Rios Neto; Ortega, 2008; Alves; Cavenaghi, 2009) sugerem estar em curso no Brasil um adiamento da idade de ter filhos. De fato, haveria hoje dois padrões igualmente associados a uma fecundidade reduzida: mulheres que começam e encerram sua vida reprodutiva relativamente cedo; e as que iniciam mais tarde, após os 30 anos, acabando eventualmente por completar uma prole menor do que suas contemporâneas. Contudo, o alargamento da curva da fecundidade por idade também suscita a hipótese da existência de uma "terceira via": parte das mulheres – entre as mais escolarizadas e mais integradas ao mercado de trabalho – adere ao padrão de adiamento da reprodução de sua geração, mas eventualmente sustenta uma fecundidade mais elevada após os 30 anos (mulheres com dois ou três filhos).

É essencial destacar a centralidade da ampla disseminação de métodos contraceptivos modernos tanto na conformação do padrão rejuvenescido quanto no adiamento da formação de proles. A pílula hormonal tem sua importância, mas é a esterilização feminina que assume o principal papel no controle da fecundidade das mulheres brasileiras ao longo do tempo (Berquó, 1999; Goldani, 2001; Perpétuo; Wong, 2008).

Juntos até que a vida os separe...

Não é de hoje que se explora a relação entre eventos vitais (nascimentos e mortes) e as relações familiares. A expansão ou contração das famílias depende em grande parte destes eventos. Os trabalhos de Ariès (1978) são exemplo da amplitude e profundidade das implicações da diminuição da mortalidade infantil e da limitação voluntária do número de filhos em termos da crescente valorização das crianças e da centralidade que adquirem no interior das famílias euro-ocidentais a partir do século XVIII.

Além disso, o aumento da expectativa de vida expandiu o tempo potencial de convivência familiar ou, ao menos, da coexistência entre duas ou três gerações. Igualmente tem aberto possibilidades para uma redefinição de etapas, em que algumas se estendem, outras surgem entre importantes marcadores do tempo já em uso, como entre a infância e a

Gráfico 4 – Taxa bruta de nupcialidade, desquite, separação judicial e divórcio, grau de urbanização, fecundidade total e evolução das uniões consensuais – Brasil, 1960-2010

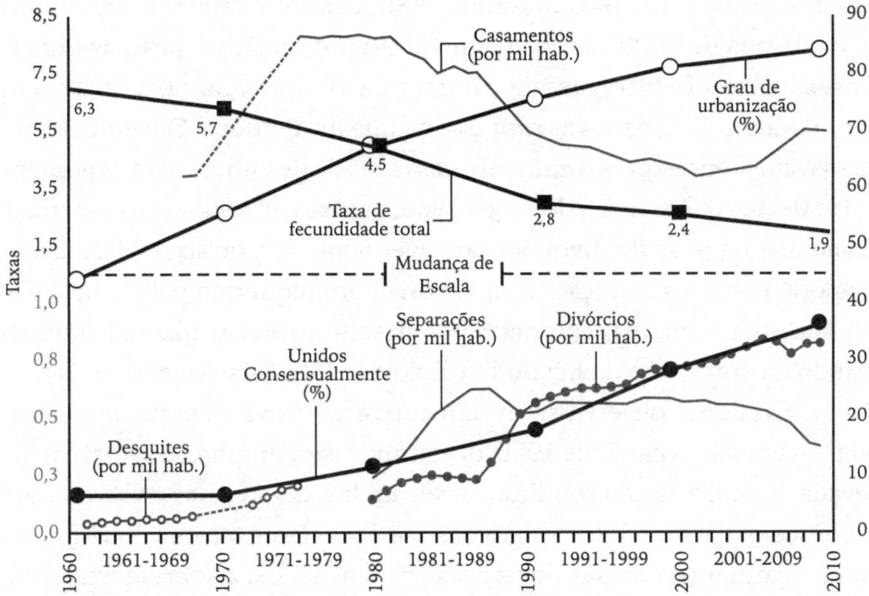

Fonte: IBGE, Censos Demográficos, Estatísticas do Registro Civil, Estimativas e Projeções Populacionais, 1960-2010. Elaborado por Humberto Correa.

vida adulta (a adolescência), e entre esta e a velhice (a maturidade), ou, ainda, de alteração da ordem dos eventos que caracterizam as fases da vida, como a formação da família, a conclusão da escola ou o ingresso no mercado de trabalho.

O Gráfico 4 sintetiza algumas das principais mudanças demográficas observadas no Brasil na segunda metade do século XX, possibilitando visualizar a intensidade e o *timing* da urbanização, além de evidenciar a associação entre esse processo e o declínio da fecundidade no país.

Em termos de tendências, o Gráfico 4 acrescenta informações acerca das uniões conjugais, às quais se somam dados sobre rupturas (desquites,[8] separações e divórcios), eventos cada vez mais importantes na redefinição

8 Desquite refere-se à modalidade legal de ruptura de um casamento antes da Lei do Divórcio de 1977.

de laços familiares em face da extensão do tempo de vida, possibilitando uma aproximação acerca do que se passa nessa seara.[9]

A diminuição sistemática da taxa bruta de nupcialidade legal[10] parece evidente desde princípios dos anos 1980, com leve recuperação no início da década de 2000. Também em 1980 a proporção de pessoas unidas consensualmente ultrapassa o patamar de 10%, chegando a 36,4% em 2010 (Gráfico 4). Quanto às rupturas conjugais, Berquó e Oliveira (1992) chamavam atenção para o aumento das taxas de desquite entre as décadas de 1960 e 1970. Até finais dos anos 1980, as taxas de separação eram mais elevadas do que as de divórcio, provavelmente em razão da defasagem temporal entre a separação legal e o divórcio, requerida pela legislação, gerando uma demanda acumulada por dissolução do vínculo matrimonial quando da aprovação da Lei do Divórcio de 1977 (Marcondes, 2011).

No Gráfico 5, observa-se crescimento expressivo da população separada/divorciada, a partir de 1980, destacando-se a proporção sempre mais elevada de mulheres na condição de separadas, divorciadas e viúvas, com implicações para a conformação das famílias. Dois fatores contribuem para a manutenção dessas diferenças entre os sexos: a sobremortalidade masculina e a maior incidência de recasamentos masculinos.

A diminuição das taxas de nupcialidade e o aumento das rupturas conjugais pareceriam à primeira vista sugerir redução da propensão das pessoas a viverem conjugalmente. Entretanto, os dados indicam que continua a se optar pela vida a dois, e cada vez mais em modalidades de união conjugal que não o matrimônio. Nos últimos quarenta anos, houve pequena alteração na proporção de pessoas vivendo com companheiro, destacando-se a redução da participação dos casados em relação aos unidos consensualmente na população de 15 anos e mais (Gráfico 4).

Embora cada vez mais presentes na vida de indivíduos e famílias brasileiras, separações e divórcios não deixam de provocar impactos na vida de homens, mulheres, filhos, enfim, de famílias. A persistência de

9 As informações de nupcialidade são eventos provenientes do Registro Civil e as de uniões consensuais, dos Censos Demográficos, não sendo estritamente comparáveis.

10 Taxa de nupcialidade é a razão entre o número de registros de casamentos ocorridos no ano e a população total no mesmo ano, expressa por mil habitantes. As taxas brutas de desquites, separações judiciais e divórcios são construídas analogamente.

desigualdades de gênero em relação a rendimentos do trabalho e responsabilidades pelo cuidado dos filhos e do espaço doméstico onera mais intensamente mulheres e crianças. Contudo, o aumento das separações e divórcios não parece indicar um enfraquecimento das parcerias conjugais no sentido de colocar em risco a própria instituição familiar. Os fatos não sugerem rejeição à união, mas sim a incorporação da ruptura como possibilidade legítima no modelo geral de conjugalidade.

Os casamentos formais continuam importantes como alternativa de união e de constituição familiar, ao mesmo tempo que se amplia a legitimidade social das uniões consensuais, presentes em todos os meios sociais.

O aumento da coabitação, os baixos níveis de fecundidade, as taxas crescentes de divórcio e outros eventos da vida privada conformaram um estágio diferente de desenvolvimento demográfico (uma Segunda Transição Demográfica), no qual práticas, projetos e escolhas são pautados em um *ethos* individualista, com a valorização da autonomia e da realização pessoal (Lesthaeghe, 1995; Van De Kaa, 2002). Longe de ser um fenômeno

Gráfico 5 – Distribuição das pessoas de 15 anos e mais, por sexo e estado conjugal* – Brasil, 1970-2010

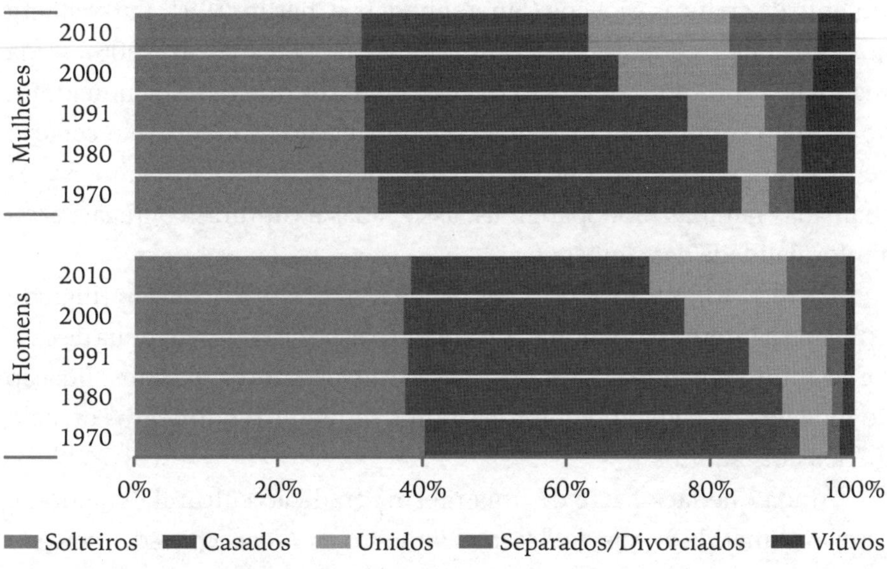

Fonte: IBGE, Censos Demográficos 1970-2010.

* Dados padronizados pela estrutura etária da população em 1970.

novo no Brasil ou na América Latina (Oliveira, 1979, 1982; Quilodrán, 1992, 2011; Marcondes, 2008), historicamente uniões consensuais estiveram associadas à pobreza, em contextos de exclusão social, bem distante de condições que sugerissem emancipação pessoal ou escolha de um estilo de vida. Contudo, o crescimento mais recente desse tipo de união e sua presença em distintos segmentos sociais indicam a existência de mais de um padrão conjugal por detrás da semelhança na forma. De qualquer maneira, a coabitação tem sido uma constante nas dinâmicas de formação e estruturação das famílias brasileiras (Oliveira, 1996).

Família, famílias: heterogeneidade das famílias brasileiras e suas implicações

Diversos estudos nacionais (Berquó; Oliveira, 1990; Berquó, 1998; Bilac, 1991, 2000) e internacionais têm documentado, ao longo das últimas décadas, a emergência da pluralidade de formas familiares. Talvez uma das principais preocupações daqueles que se dedicam a essa linha de estudos seja conhecer os impactos do ambiente familiar no desenvolvimento de crianças e jovens (Furstenberg Jr.; Cherlin, 1991; Furstenberg Jr., 2007; Phelps; Furstenberg Jr.; Colby, 2002; McLanahan, 2006). Cada vez mais, filhos crescem e são criados em lares que não se enquadram no modelo conjugal e biparental consolidado no Ocidente. No cenário de diversificação de arranjos familiares, destacam-se especialmente as chamadas famílias monoparentais, associadas a rupturas conjugais e/ou à informalidade das uniões.

Entretanto, as transformações não se restringem às formas, atingindo a dinâmica interna das famílias. O modelo pai-provedor/mãe-dona de casa foi há muito superado, em razão, entre outros fatores, da consolidação de modelos de consumo que passaram a requerer rendimentos de pelo menos dois adultos.

Ainda que faça parte de uma mesma tradição cultural ocidental e esteja submetida às leis do desenvolvimento das economias de mercado capitalistas, a sociedade brasileira exibe especificidades que não são facilmente assimiláveis à formação social de outros países das Américas com os quais guarda eventualmente semelhanças. A coabitação sem casamento em uma sociedade de forte tradição familista como a brasileira é exemplar. A noção de *geocultura* (Therborn, 2004) ajuda-nos a discriminar características incorporadas ao *ethos* local, cuja origem e permanência radicam na "combinação da tradição ibérica portuguesa com as da população nativa e daquela trazida da África sob o regime da escravidão" (Oliveira, 2009, p.78).

Contudo, essas linhas de estudos interessadas fundamentalmente no efeito do tipo de família sobre o desenvolvimento e bem-estar das crianças, ou que adotam uma perspectiva histórico-cultural, convivem com outra, inspirada nas contribuições de Becker (1981) e centrada no tamanho das famílias. Trata-se da relação entre fecundidade e investimento em capital humano e o papel da redução da fecundidade no adensamento das relações familiares, este último entendido como a crescente importância do vínculo emocional e da busca de satisfação como motivação para ter filhos, e certo arrefecimento das motivações calcadas no utilitarismo e em benefícios econômicos de curto prazo. Para Becker, a decisão de ter filhos é uma escolha racional, e a opção por um número reduzido de descendentes implica mudança de ênfase, da quantidade para a qualidade dos filhos. Investir na qualidade das crianças significa desenvolver nelas características socialmente valorizadas relacionadas à educação, à saúde e capacidade de ascensão social, resultando em crescentes ganhos educativos e avanços nos indicadores de saúde infantil ao longo do tempo.

Tal lógica manifesta-se no cotidiano dos cidadãos comuns na sociedade brasileira atual. Não raro pessoas que geram quatro ou cinco crianças são consideradas "irresponsáveis", pois, segundo certo tipo de percepção, sobretudo das camadas médias, coloca-se em questão a capacidade de prover o adequado sustento, assistência e cuidado de tantos filhos.

A família não é mais aquela...?

O arranjo casal com filhos – a forma de convivência familiar mais comum no Brasil ao longo do século XX – deixou de representar a maioria absoluta da população em 2010. A redução da proporção de pessoas vivendo nesse tipo de arranjo é sem dúvida uma das transformações mais marcantes ocorridas nas famílias brasileiras entre 1970 e 2010. Naquele ano, cerca de 67% dos brasileiros viviam nesse tipo de conformação familiar, passando para 48,3%, em 2010.

A categoria monoparental com parentes foi a que mais se expandiu: em 1970, abrangia 2,4% dos brasileiros, passando para 8,1%, em 2010. Nessa data, 9% da população vivia em arranjos envolvendo a convivência apenas da mãe e seus filhos, proporção um pouco superior à de 1970 (7,2%). Concomitantemente, nota-se importante tendência de crescimento de pessoas morando sozinhas (1,6% em 1970 e 4,3% em 2010). Vale destacar, no entanto, que a família nuclear[11] mantém-se dominante como ambiente de criação de filhos. Em 1970, 77,5% das crianças estavam inseridas em lares desse tipo, número que caiu para cerca de 62% em 2010.

A hipótese de que a família brasileira se tornou mais heterogênea ou plural é o fio condutor das análises que se seguem. Construíram-se indicadores sintéticos que expressam o grau de heterogeneidade de eventos ou fenômenos – os chamados índices de entropia (Theil, 1972; Billari, 2001; Fussell, 2005; Vieira, 2008; Vieira; Miret, 2010) –, aqui utilizados para medir a diversidade das estruturas familiares ao longo de quatro décadas. Variando de 0 a 100, a interpretação do indicador é simples: quanto mais próximo de zero, mais homogêneo é o ambiente familiar; por conseguinte, quanto maior o índice de entropia, maior o grau de heterogeneidade nas configurações familiares.[12]

---

11 Neste capítulo, os termos "família nuclear" e "casal com filhos" são usados como sinônimos.

12 O índice de entropia mede o quanto os indivíduos estão dispersos nas diferentes categorias de arranjo familiar. Quanto mais dispersos em diferentes possibilidades de arranjos, mais heterogêneo é o ambiente familiar em que as pessoas se encontram. Neste trabalho, consideramos oito tipos de arranjos baseados no conceito de "família censitária": domicílio unipessoal; casal sem filhos; casal sem filhos e com parentes; casal com filhos; monoparental; biparental com parentes; monoparental com parentes; e outros. O cálculo do índice é efetuado considerando a fórmula $E = \Sigma P_{s,x} * \ln (1/P_{s,x})$, onde *s* indica determinada categoria de arranjo familiar, x é o grupo social em análise (cor, quintil de renda *per capita* etc.) e $P_{s,x}$ é a proporção de indivíduos do grupo social x na categoria de arranjo familiar *s* em determinado ano. Desse modo, se todos os indivíduos estiverem concentrados em uma única categoria de arranjo familiar, o valor da entropia será igual a zero. Como neste estudo consideramos oito categorias possíveis para o arranjo familiar, o valor máximo que o índice de entropia poderia alcançar é dado por $E_{max} = \Sigma (1/C_s)* \ln [1/(1/ C_s)]$, onde C_s é o número total de categorias de arranjo familiar. No presente estudo, uma vez que existem oito categorias de arranjo familiar, a entropia máxima será dada por $E = \Sigma (1/8)* \ln [1/(1/ 8)] = 2{,}079$. Em

A análise de entropia para mensurar a heterogeneidade das estruturas familiares possibilita comparar o comportamento de grupos sociais específicos, permitindo identificar em quais deles as famílias se tornaram de fato mais plurais.

Gráfico 6 – Evolução do grau de heterogeneidade das configurações familiares, por sexo, segundo grupos etários – Brasil, 1970-2010

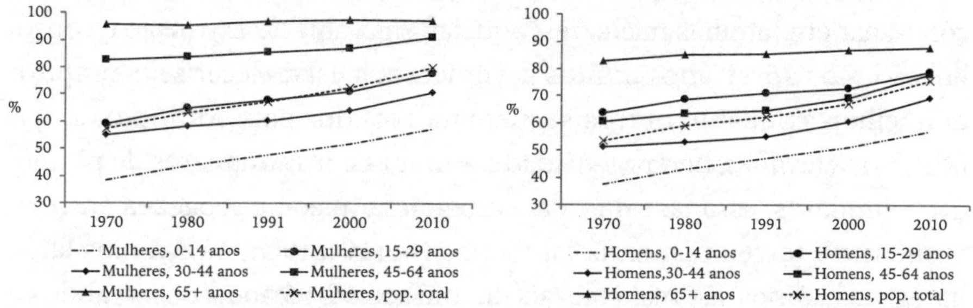

Fonte: IBGE, Censos Demográficos 1970-2010.

O Gráfico 6 descreve movimentos distintos das formas como homens e mulheres transitam pelos arranjos familiares ao longo da vida. Observa-se que a pluralidade de configurações familiares aumenta, embora não de forma linear, com o avançar do ciclo de vida, tendência muito mais forte entre as mulheres. Os grupos mais plurais em termos de formas de família não são os mesmos para homens e mulheres. As configurações familiares femininas são mais complexas (Oliveira, 1992). Os homens adultos aderem mais ao modelo de família nuclear, têm baixa participação nos arranjos monoparentais na posição de pai e, por isso, as configurações familiares em que se inserem são menos heterogêneas. Fica evidente o quanto as formações familiares femininas a partir dos 45 anos são muito mais plurais do que as masculinas.

uma situação hipotética em que fosse possível encontrar exatamente o mesmo número de pessoas em cada uma das oito categorias de arranjo familiar, esta realidade seria sintetizada pela entropia máxima 2,079. Como valores que variam entre 0 e 2,079 não são de muito fácil apreensão e leitura, transformamos os índices de entropia de cada grupo social em uma porcentagem da entropia máxima. Por isso, nossos indicadores de grau de heterogeneidade (os índices de entropia) variam de 0 a 100.

O grupo etário 65 anos ou mais apresenta a maior pluralidade de arranjos familiares, com as mulheres alcançando patamares de heterogeneidade mais elevados do que os homens. Os idosos mantiveram um comportamento relativamente estável ao longo do tempo, apresentando elevados índices de heterogeneidade, reflexo da distribuição ou pulverização desse grupo em diferentes tipos de arranjos familiares.

Aos 0-14 e 30-44 anos, tanto homens quanto mulheres tendem a se congregar em famílias nucleares, aquelas em etapa de expansão e consolidação. Aos 15-29 anos muitos já começam a estabelecer seus próprios domicílios, enquanto outros seguem na casa dos pais. Múltiplos *scripts* possíveis elevam a heterogeneidade. Embora com patamares de pluralidade similares, essa fase da vida é a segunda mais heterogênea entre os homens e a terceira entre as mulheres. Na juventude, os arranjos familiares masculinos são mais plurais do que aos 45-64 anos, observando-se o contrário entre as mulheres.

O grupo de 0 a 14 anos segue a tendência geral de aumento da pluralidade de arranjos domiciliares tal como observado para os demais grupos. Entretanto, a inclinação mais acentuada da curva desse grupo revela um aumento da heterogeneidade mais intenso entre as crianças.

Os diferenciais regionais mantêm-se bastante vivos entre as crianças. Observa-se no Gráfico 7 que no Norte e Nordeste elas parecem inseridas em configurações familiares mais plurais do que no Sul. Embora a heterogeneidade cresça em todas as regiões, os patamares regionais distinguem-se mais acentuadamente quando se trata das crianças do que para o conjunto da população. Esse fato sugere que, ao contrário do que se poderia imaginar, a heterogeneidade de configuração familiar não está necessariamente associada a condições sociais e econômicas mais favoráveis.

Crianças que residem em domicílios cujo responsável é negro (Gráfico 8) ou possui baixa escolaridade tendem a viver em estruturas familiares mais diversificadas do as que moram com responsáveis pelo domicílio com títulos universitários ou pertencentes ao extrato de renda mais alto.

Curiosamente, quando considerados os mais ricos de todas as faixas etárias, eles parecem estar mais dispersos em diferentes arranjos familiares, com a ressalva de que, nas idades que compreendem a infância e o

Gráfico 7 – Grau de heterogeneidade da estrutura familiar segundo grandes regiões – Brasil, 1970-2010

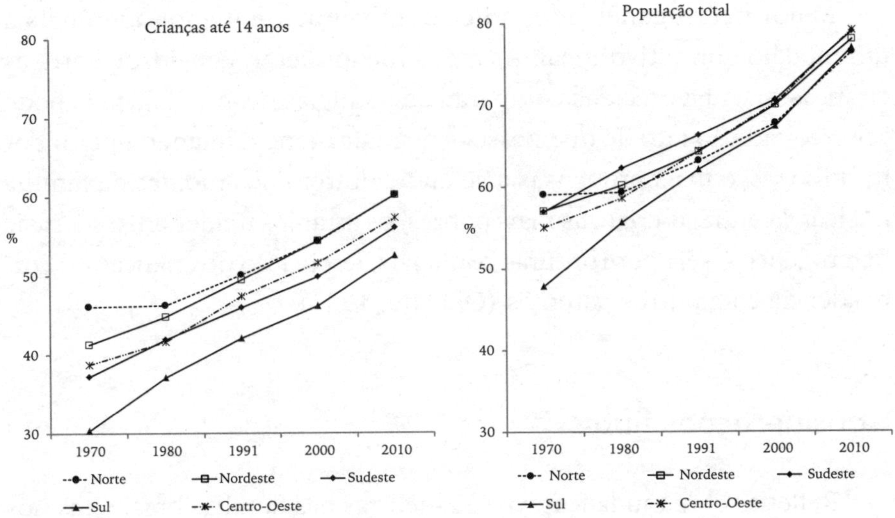

Fonte: IBGE, Censos Demográficos, 1970-2010.

Gráfico 8 – Grau de heterogeneidade da estrutura familiar, segundo cor, renda domiciliar *per capita* e educação do responsável – Brasil, 1970-2010

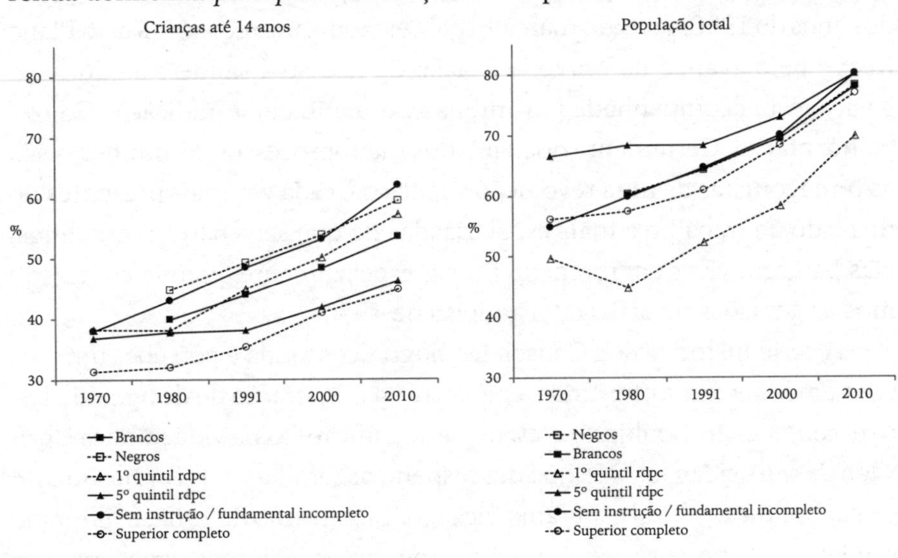

Fonte: IBGE, Censos Demográficos 1970-2010.

início da adolescência, o padrão de residência quase sempre é o de casal com filhos.

Maior heterogeneidade indica possivelmente menor aderência a um modelo normativo-ideal. Assim, a menor heterogeneidade entre as crianças mais favorecidas comparada a daquelas desprivilegiadas pode ser creditada ao fato de que pessoas de maior renda, quando optam por ter filhos, são mais propensas a se enquadrarem nos moldes da família nuclear. Já entre as crianças mais pobres, os arranjos tenderiam a ser mais heterogêneos, seja por rupturas conjugais, circulação de crianças ou corresidência com outros parentes (Oliveira, 1992).

Considerações finais

Refletir sobre mudanças e permanências nas famílias brasileiras nos últimos cinquenta anos não é tarefa trivial. Estão envolvidos processos sociais, culturais e político-econômicos em múltiplos níveis, tornando mais complexas as relações entre os planos macro e micro da sociedade e sua abordagem. Boa parte das transformações se intensificou a partir dos anos de 1990, período marcado pela estabilização econômica do Plano Real e pelo avanço na universalização do acesso à saúde e à educação básica, esta acompanhada por intensa campanha de erradicação do trabalho infantil. Certamente no plano dos microprocessos, as mulheres são as protagonistas de uma revolução silenciosa: cada vez mais presentes no mercado de trabalho e mais escolarizadas do que seus pares masculinos, elas parecem viver em um novo Brasil, especialmente quando contrastamos as gerações de 2010 com aquelas de 1970.

A série histórica dos Censos Demográficos ajuda a perceber um país com um longo caminho ainda a percorrer na superação de desigualdades, mas, ainda assim, exibindo conquistas significativas na vida pública e privada de seus cidadãos. No que diz respeito às famílias, o reconhecimento de sua condição plural e metamórfica na Constituição de 1988, e reiterado por legislações que se seguiram, dá o tom da força, intensidade e rapidez das mudanças tratadas ao longo deste capítulo.

A manutenção de níveis muito baixos de fecundidade não apenas implica a necessidade de revisão do modelo previdenciário, como também acarreta reconfigurações nas relações humanas, nos vínculos fundamentais das redes de sociabilidade e apoio (Oliveira, 1997). Com maior longevidade, aumentam-se as possibilidades e o tempo de convivência intergeracional (bisavós, avós, pais, netos, bisnetos), mas a redução drástica da fecundidade diminui a presença de colaterais (irmãos, primos, tios) e, consequentemente, as chances de solidariedade familiar intrageracional. Pode ser que laços fraternos sejam substituídos por laços de amizade – a sabedoria popular já dizia que os amigos são os irmãos que escolhemos.

Evidencia-se uma crescente heterogeneidade das configurações familiares, ao mesmo tempo que todos os grupos sociais convergem para patamares de fecundidade baixa. A crescente pluralidade não quer dizer perda de relevância do modelo familiar nuclear, principalmente na criação de filhos, ainda na infância. Ainda há muito por ser desvendado sobre o lugar da reprodução na trajetória de vida das pessoas e sua influência na tomada de decisões acerca de outros aspectos da vida.

O tema inevitável deste texto é o teor das escolhas que regem a vida contemporânea, um questionamento nada novo sobre consciência, projeto e/ou constrangimento que se impõe ao longo da vida dos indivíduos. Em que medida restrição ou rejeição da fecundidade; tensões entre vida familiar e profissional; tipos de formação e manutenção de parcerias afetivo-sexuais; redes de apoio, de cuidados e de sociabilidade são formatados por condições externas às pessoas ou seriam produto simplesmente de preferências? Avançar no levantamento de dados que permitam captar trajetórias e explorar os valores que orientam a tomada de decisões individuais e familiares é tarefa pública essencial.

12
Transição religiosa no Brasil[1]

Ronaldo de Almeida[2]
Rogério Jerônimo Barbosa[3]

Introdução

Não é novidade que, desde a segunda metade do século XX, o país vem passando por mudanças sociais profundas, entre elas a religiosa. Os traços gerais apontam em direção à diversidade institucional, ritual, cosmológica, socioeconômica, entre outras. Camargo (1973) é um dos primeiros autores a fazer esse diagnóstico, apoiando-se em ampla pesquisa empírica. Mas, considerando-se o contexto em que o trabalho foi publicado e a datação de suas principais fontes de informação (os Censos de 1940, 1950 e 1960), olhares retrospectivos fazem pensar que a proposição de um "surto de crescimento"[4] dos segmentos não católicos soa um

1 Os autores agradecem a leitura e os comentários atenciosos de Ricardo Mariano, Marcelo Camurça, Eduardo Rios Neto e Marta Arretche.

2 Professor no Departamento de Antropologia da Unicamp.

3 Doutorando em Sociologia na FFLCH/USP.

4 Em *Igreja e desenvolvimento*, Camargo (1971, p.1) afirma que "o atual desenvolvimento da vida religiosa no Brasil apresenta aspectos surpreendentes. O surto de crescimento de denominações religiosas intensamente sacrais, como espíritas, umbandistas e protestantes

pouco exagerada para a época. No período contemplado pela pesquisa, os católicos haviam diminuído de 95,2% para 93,1% da população brasileira.

Mas fato é que os dados do Censo de 2010, meio século depois, confirmam boa parte daqueles prognósticos, reforçando a noção anunciada por Pierucci (2004, p.19) de que, "desde o começo, e isso remonta aos anos de 1950, a sociologia da religião praticada no Brasil foi sempre uma sociologia do catolicismo em declínio". Assim, para Pierucci, estudar o crescimento de outros segmentos seria fazer, pelo avesso, uma sociologia do declínio do catolicismo. "É inevitável", diagnostica Pierucci.

Ainda que inevitável, cabe questionar se essa mudança do campo religioso brasileiro apenas reproduz tendências anunciadas de longa data. Se a transição religiosa segue seu curso, este seria necessariamente linear? Desse processo importariam apenas seus grandes traços, sendo dispensáveis os detalhes adicionais, em vista de sua inevitabilidade? Acreditamos, contudo, que não é bem assim. Cabe examinar a transição religiosa conhecendo seus percursos até hoje.

Em linhas gerais, o objetivo deste capítulo se traduz em duas questões: em que medida o cenário recente é apenas uma continuidade de processos já há muito tempo em curso? Quais são as tendências atuais das religiões no Brasil? Para responder a essas perguntas, a análise foi dividida em quatro partes. Primeiramente, apresenta-se um panorama descritivo básico dos números das religiões no Brasil, indicando crescimentos, decréscimos, continuidades e inflexões. Em seguida, são exploradas as características socioeconômicas dos principais agrupamentos religiosos. Parte-se, então, para um exercício empírico mais sofisticado, que visa identificar como, no cenário religioso brasileiro, se (des)enlaçam aspectos que são regulares aos ciclos de vida dos indivíduos, efeitos conjunturais/contextuais (de cada período) e tendências de longo prazo (geracionais e intergeracionais). Por fim, são analisadas as características da reprodução contemporânea das religiões, abordando o tema da transmissão religiosa.

---

pentecostais, precisamente nas áreas urbanizadas do país, constitui paradoxo que põe em questão as generalizações sociológicas relativas à secularização da sociedade moderna".

Pluralismo e transição

Os Censos foram muito utilizados em análises sobre religião no Brasil, embora suas informações estejam restritas à pergunta: "qual é sua religião?" Além disso, até bem pouco tempo atrás, por limitações de várias ordens, os pesquisadores contavam apenas com os dados pré-processados pelo IBGE, agregados por categorias e localidades geográficas. Mais recentemente, tornou-se viável a utilização direta dos microdados (ou seja, das informações no nível individual), possibilitando refazer passos de pesquisas anteriores e arriscar outros, sem depender da consulta a documentos que muitas vezes exploraram sem o detalhamento desejado o tema da religião.

O Gráfico 1 apresenta as linhas gerais do movimento ocorrido no campo religioso no Brasil. Como as classificações das religiões variaram muito entre os Censos, foram feitos alguns agrupamentos para maximizar a comparabilidade ao longo do tempo.

Gráfico 1 – Distribuição da população, segundo religiões declaradas Brasil, 1960-2010

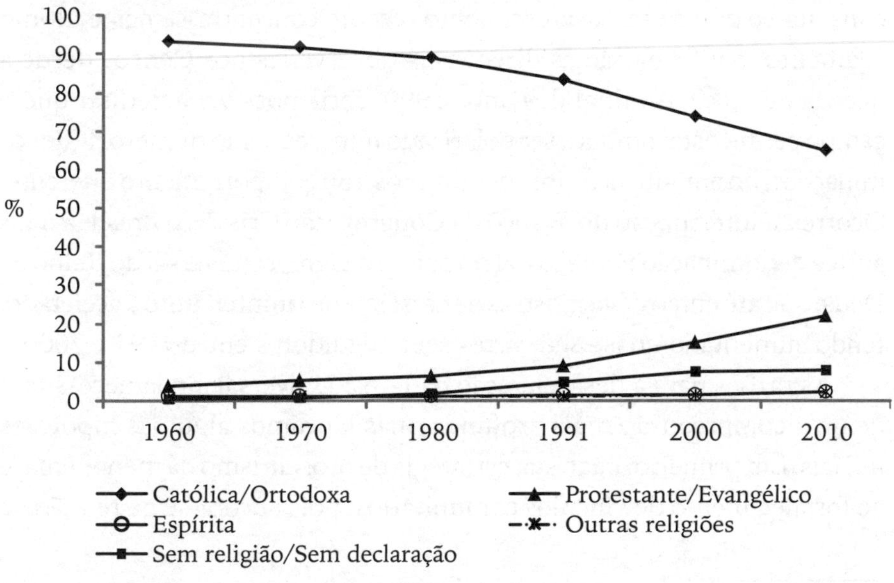

Fonte: IBGE, Censos Demográficos 1960-2010. Tabulações especiais do Centro de Estudos da Metrópole (CEM).

O movimento geral é claro: declínio contínuo (nada moderado) do catolicismo e crescimento (em aceleração) de outros grupos, em especial dos evangélicos. Os não católicos (incluindo os sem religião) somam 35,5% da população em 2010.[5] Como a proposta aqui é observar possíveis rupturas e continuidades nesse período, na Tabela 1 são apresentadas as categorias detalhadas. No Censo de 1980, são feitas diferenciações dos evangélicos (entre protestantes tradicionais e pentecostais) e das religiões espíritas (entre espiritismo kardecista e religiões afro-brasileiras). A partir do Censo de 1991, são acrescentadas mais distinções dentro desses grupos.

Em primeiro lugar, destaca-se que a redução da participação do catolicismo até 2000 foi sempre acompanhada pelo crescimento do número absoluto de indivíduos que se declaravam católicos. Contudo, no último decênio, ocorreu decréscimo tanto percentual (de 73,9% para 64,5%) como em termos absolutos (de 125,5 milhões para 123,9 milhões). Os católicos sempre apresentaram taxas positivas de crescimento, embora inferiores às da população total. Na última década, porém, essa taxa foi negativa.

Dividindo os evangélicos em protestantes tradicionais e pentecostais, constata-se que o grande crescimento recente concentra-se neste último segmento, confirmando as direções já observadas nos Censos desde a década de 1980. Ao final dos anos 1990, seria possível acreditar que o campo pentecostal tendia a ser polarizado num reduzido número de denominações; no entanto, a última década mostrou comportamento diferente. Ocorreu a interrupção do avanço da Congregação Cristã do Brasil, a mais antiga denominação pentecostal no país, e da Igreja Universal do Reino de Deus, que até então dava mostras de crescimento ininterrupto e acelerado, tendo aumentado quase sete vezes seus seguidores entre 1991 e 2000.

As razões para a desaceleração da Igreja Universal ainda necessitam de uma compreensão mais profunda, mas lançamos algumas hipóteses iniciais. Em primeiro lugar, sua estratégia de proselitismo dá menos ênfase ao fortalecimento de vínculos comunitários, pois ancora-se na relação de

5 Dois estados brasileiros já não possuem maioria católica: Rondônia e Rio de Janeiro, onde os católicos são 47,9% e 46,3%, respectivamente.

Tabela 1 – População, segundo religiões declaradas – Brasil, 1960-2010[6]

Religiões	1960	1970	1980	1991	2000	2010
Católica	65.377.921	85.475.431	105.861.113	122.366.762	125.527.349	123.986.727
Católica romana	65.329.520			121.812.831	124.977.528	123.256.665
Católica brasileira				518.534	500.582	560.781
Católica ortodoxa e outras	48.401			35.397	49.239	169.281
Evangélicos	2.824.775	4.813.676	7.885.846	13.189.272	26.184.941	42.275.440
Protestantes tradicionais			4.022.343	4.388.311	6.943.510	7.688.555
Luterana				1.029.680	1.062.145	999.498
Presbiteriana				498.207	981.064	921.209
Metodista				138.885	340.963	340.938
Batista				1.532.675	3.162.691	3.723.853
Adventista				706.407	1.209.842	1.561.071
Outras protestantes tradicionais				482.456	186.805	141.985
Pentecostais			3.863.503	8.211.502	18.515.165	26.305.121
Assembleias de Deus				2.439.770	8.418.140	12.314.410
Congregação Cristã do Brasil				1.635.952	2.489.113	2.289.634
O Brasil para Cristo				48.240	175.618	196.665
Evangelho Quadrangular				303.267	1.318.805	1.808.389

6 Tendo acesso aos microdados dos Censos, procedemos nossas próprias categorizações das nomenclaturas religiosas. Desse modo, alguns dados diferem daqueles apresentados oficialmente pelo IBGE. O número de evangélicos não determinados calculado no presente trabalho é, por exemplo, de 8.281.764 pessoas, ao passo que o valor publicado pelo IBGE é de 9.218.129. A diferença se deve ao fato de que classificamos o código "499 – Outras Evangélicas" (que contabiliza 936.365 indivíduos) como "Outras pentecostais", ao passo que o IBGE as agrupou juntamente com os evangélicos não determinados ou com pertença múltipla.

Religiões	1960	1970	1980	1991	2000	2010
Universal do Reino de Deus				268.955	2.101.887	1.873.243
Deus é Amor				233.920	1.052.172	1.201.404
Outras pentecostais				3.281.397	2.959.430	6.621.376
Evangélicos sem vínculo institucional, com múltipla pertença ou não determinados				589.459	726.267	8.281.764
Religiões espíritas ou "mediúnicas"	977.561	1.178.685	1.538.230	2.292.819	2.767.898	4.437.674
Espírita kardecista			859.516	1.644.344	2.242.886	3.848.876
Religiões afro-brasileiras			678.714	648.475	525.012	588.797
Umbanda				541.519	397.431	407.331
Candomblé				106.956	118.097	167.363
Outras religiões afro-brasileiras					9.484	14.103
Outras religiões	622.987	954.911	1.473.091	1.512.648	2.496.796	4.478.510
Mórmons				93.193	199.645	226.509
Testemunhas de Jeová				752.575	1.104.886	1.393.208
Judaica	96.199		91.795	86.422	86.825	107.329
Islamismo	7.745			236.403	214.873	243.966
Budista	179.464			132.177	161.817	171.301
Religiões orientais			257.006	22.449	27.239	35.167
Outras	339.579		1.124.290	189.429	701.512	2.301.030
Sem religião/Sem declaração	388.126	717.163	2.252.782	7.454.285	12.876.356	15.577.449
Total	70.191.370	93.139.866	119.011.062	146.815.786	169.853.340	190.755.799

Fonte: IBGE, Censos Demográficos 1960-2010. Tabulações especiais do CEM.

clientela entre pastores e seus fiéis que buscam serviços religiosos para problemas da vida prática. Isso a torna bastante vulnerável aos apelos de outras igrejas que têm o mesmo padrão de religiosidade da Igreja Universal, como, por exemplo, a Igreja Mundial do Poder de Deus, que inclusive tem atraído não somente adeptos, mas também pastores e obreiros. Em segundo lugar, é importante ressaltar que, apesar da queda do número de fiéis, durante os anos 2000 a Rede Record, da Igreja Universal, consolidou-se como o segundo canal de televisão do país, assim como sua estrutura política se fortaleceu em boa medida por ter sido base de apoio ao governo Lula. Por fim, recentemente, foi muito expressiva sua expansão por países latino-americanos, africanos, europeus (em menor escala, mas não menos significativa) e alguns asiáticos. Os números do Censo, neste caso, refletiriam mudanças de prioridade no evangelismo. Em resumo, a Igreja Universal, internamente, perdeu fiéis em números absolutos, mas fortaleceu-se política, midiática e comercialmente, e, externamente, tornou-se mais mundial ao direcionar parte de seus esforços e recursos humanos (missionários e pastores) para fora do país.

Em contrapartida, as Assembleias de Deus mantiveram suas taxas de crescimento, perfazendo, em 2010, mais de 12 milhões de brasileiros (46,8% dos pentecostais). Nas últimas décadas, a Assembleia de Deus fragmentou-se em diversas convenções e ministérios (Belém, Madureira etc.). Uma das formas de disputa e demonstração de poder entre as convenções dá-se pelo recrutamento de templos-comunidades dissidentes ou em formação. Devido à grande autonomia dos templos, é recorrente a fragmentação institucional sem abrir mão da doutrina e da identidade "assembleianas". Como consequência, esse universo é composto pelas grandes convenções e pulverizado em pequenos ministérios que se diferenciam por pequenas questões doutrinárias, disputas políticas e, por fim, o acréscimo de um termo ao nome da igreja: Assembleia de Deus Vitória Cristo, Assembleia de Deus dos Últimos Dias, Assembleia de Deus Bereana etc. Nesse sentido, cada vez mais a Assembleia torna-se tão diversa quanto o próprio meio pentecostal (Alencar, 2012).

Na última década, impressionam também o grupo das "outras pentecostais", que passou de pouco mais de 2,9 milhões para 6,6 milhões de pessoas, e o conjunto dos "evangélicos, sem vínculo institucional, com múltipla pertença ou não determinados", que aumentou de pouco mais de 700 mil pessoas para mais de 8 milhões, ampliando sua representação de 3,8% para 23,9% dos evangélicos.

Tal avanço súbito levanta a suspeita de que podem ter ocorrido problemas na coleta dos dados de religião no último Censo.[7] Entretanto, mesmo que isso tenha acontecido, convém afirmar que, tendo em vista inúmeros estudos de natureza qualitativa realizados nas décadas de 1990 e 2000, não surpreende um aumento, em menor escala, de pessoas genericamente identificadas tão somente como evangélicas, uma vez que circulam entre as instituições valendo-se dos seus serviços religiosos. Assim, já não é mais norma coincidirem no mesmo fiel a identidade, o pertencimento, o comportamento e a doutrina de uma igreja evangélica específica. Essa identificação mais ampliada com o universo evangélico permite uma circulação interdenominacional e, por conseguinte, a criação de vínculos fracos com uma comunidade religiosa específica.

Como já dito, os Censos de 1960 e 1970 não distinguiam o espiritismo kardecista das religiões afro-brasileiras. Em parte, isso se deve ao fato de que, de início, as classificações oficiais não reconheciam a existência de terreiros de umbanda, candomblé, xangô e de outras religiões, que eram registrados como "Centros Espíritas" (Negrão, 1996; Montero, 2006); em parte reflete também a influência dos estudos sociológicos e antropológicos sobre o tema, que classificavam esse conjunto de religiões como pertencentes a um "continuum mediúnico": candomblé, umbanda e kardecismo (Camargo, 1961). Contudo, apesar das aproximações sincréticas de ambos segmentos, trata-se de religiões bastante diversas e que atingem grupos sociais completamente distintos.

As expectativas dos estudos clássicos eram de que a umbanda se constituiria numa religião universal, aberta à conversão de todos (Levy, 1967) e, por conseguinte, com a função de adaptar os indivíduos ao contexto moderno, urbano-industrial (Camargo, 1973; Fry; Howe, 1975). O trabalho de Ortiz (1979) é uma das primeiras referências de como a umbanda tinha se formado em meio à urbanização. O candomblé, apesar

7 Hipótese levantada por Ricardo Mariano, quando debatedor de uma versão anterior deste trabalho, durante o primeiro seminário interno do Projeto Censo.

de considerado "religião étnica" (Prandi, 1991), também teria adquirido formas universalistas no contexto da metrópole (Silva, 1995). No entanto, logo nos anos 1980, as religiões afro-brasileiras entraram em refluxo. O candomblé seguiu crescendo em números absolutos (ao menos desde 1991), mas em ritmo lento, e perdeu espaço no cenário geral (como mostra o Censo de 2000). O caso da umbanda foi mais grave: houve declínio percentual e absoluto até 2000, sendo que a leve recuperação observada em 2010 não foi suficiente para trazer crescimento em seus números relativos. Por não realizarem proselitismo como os evangélicos, as religiões afro-brasileiras participam das mudanças em desvantagem competitiva. O prognóstico de Camargo e dos demais estudiosos das décadas de 1960 e 1970 não valeu para os umbandistas. Ela seria para todos, mas nunca houve muitos. O "surto de crescimento", no entanto, de fato foi certeiro para os kardecistas, que quase dobraram de tamanho nos últimos dez anos.

O panorama da categoria outras religiões[8] vem esboçando um sinuoso movimento de ascensão, passando de 0,89% da população, em 1960, para 2,33% em 2010 (Tabela 1). Não há uma religião que exerça grande dominância, embora as testemunhas de Jeová tenham elevado consideravelmente sua participação nas últimas duas décadas. O budismo teve seu momento áureo nos períodos de mais intensa migração japonesa; porém, apesar do crescimento nas últimas décadas, ainda não atinge hoje os patamares observados no início do período analisado.

Os sem religião ou sem declaração vêm aumentando desde seus primeiros registros oficiais, principalmente entre 1980 e 1991. O crescimento na última década, no entanto, foi menos acelerado, apesar de ter trazido um avanço em termos tanto absolutos (de quase 2,7 milhões de pessoas) quanto percentuais (de 7,58% para 8,92%).

Uma primeira leitura poderia sugerir que esse grupo seria sinônimo de avanço do ateísmo, fruto dos processos de urbanização e escolarização da população.[9] Mas, como veremos, essas pessoas não se destacam em

---

8 Religiões étnicas (judaísmo, islamismo, hinduísmo etc.), orientais (budismo, Seicho No-Ie, Hare Krishna etc.), de origem indígena (Santo Daime, União do Vegetal, Barquinha etc.) e outras.

9 O Censo de 2010 trouxe, pela primeira vez, a possibilidade de diferenciar ateus (que não acreditam no sobrenatural/religioso) e agnósticos (aqueles que suspenderam seus

termos de ocupação, renda ou anos de estudo – na realidade, localizam-se abaixo da média nacional em alguns desses indicadores, não sendo possível, desse modo, afirmar que pertençam a qualquer tipo de "clube dos intelectuais desencantados" (Negrão, 2005). Por outro lado, em estudos qualitativos (Almeida; Rumstain, 2009; Almeida, 2011), observou-se que boa parte dos sem religião corresponde a pessoas que praticam intenso trânsito entre denominações e religiosidades – ou meramente religiosos sem religião. Outros estudos mostram também uma grande associação entre juventude e a declaração de não ter religião (Novaes, 2004), trazendo indícios de que se trata de um fenômeno associado a uma etapa do ciclo de vida e que pode ter se acentuado nas gerações mais recentes. Trata-se de um contingente extenso e heterogêneo. Certamente não são apenas os "peregrinos da fé", dos quais falou Hérvieu-Léger (2005), mas também não assinalam o fim da religião.

Em resumo, os dados descrevem fenômenos que ocorrem em dois patamares, um de grande e outro de menor escala. O primeiro compreende a queda do catolicismo e o crescimento dos pentecostais e sem religião. No segundo, apesar de os fenômenos serem quantitativamente menos expressivos, não são menos importantes, pois dão continuidade e reafirmam sua regularidade durante todo o período: a reposição leve dos protestantes tradicionais, alguma manutenção das religiões afro-brasileiras na última década e a quase duplicação (decenal) dos grupos dos kardecistas e das outras religiões.

Os dois patamares da mudança trazem consigo a dimensão do pluralismo, que vem crescendo em um campo marcado historicamente pelo tradicionalismo e sincretismo (Sanchis, 1995, 2001).[10] Pierucci (1997, p.116)

---

questionamentos sobre o assunto). Mas a confiabilidade da coleta dessas informações não é alta. Não é razoável supor que toda população saiba bem diferenciar as expressões "sem religião", "ateu" e "agnóstico".

10 Por pluralismo compreendemos a fragmentação do campo religioso em várias denominações em um cenário de maior "competitividade", o que implica a adesão por escolha individual, no qual ser de uma religião significa não ser ou praticar outra. O tradicionalismo, por sua vez, refere-se ao comportamento religioso "por herança" social e principalmente familiar. O comportamento religioso tradicional geralmente não é internalizado (Camargo, 1971). O sincretismo, por fim, compreende as fusões entre sistemas cosmológicos e práticas rituais distintas, o que pode levar à dupla pertença religiosa ou à elaboração de novos sistemas enraizados nos anteriores (Almeida; Rumstain, 2009).

referiu-se ao pluralismo como o "pulo do gato" para compreender as transformações da religião no Brasil nas últimas décadas, por reforçar a ideia de competição e, por conseguinte, a de mercado religioso como corolário do processo de secularização.[11] Em outro momento, no entanto, Pierucci (2006b) pergunta "cadê nossa diversidade religiosa?", com o intuito de advertir que o pluralismo no Brasil (diversidade e competitividade institucional) tem contornos específicos: a maioria da população ainda se declara cristã, católica ou evangélica. Ou seja, aqui, pluralismo não é o mesmo que diversidade.

Entretanto, o "ramo da diversidade" (kardecistas, afro-brasileiras, outras religiões e sem religião) em 2010 englobava 13,6% da população e tem crescido continuamente, passando de 2,8% em 1960 para 3,1% em 1970, 4,4% em 1980, 7,7% em 1991 e 10,7% em 2000. O avanço não mostra sinais de desaceleração. Assim, embora a matriz cristã continue hegemônica, os fenômenos que ocorrem naquele patamar demográfico de menor escala (das demais religiões), somados ao crescimento dos sem religião, acabaram produzindo um cenário de dimensões consideráveis. Aos poucos o pluralismo engendrou diversidade.

Em linhas gerais, a transição religiosa no Brasil compõe-se de três vetores de mudança: pluralização interna ao cristianismo com a fragmentação crescente do número de denominações evangélicas e modos de ser "crente" (Fernandes, 1992; Fernandes et al., 1998; Mariano, 1999), acompanhada pela multiplicação das várias formas de ser católico (Camurça, 2006; Teixeira; Menezes, 2009; Fernandes, 2009; Carranza; Mariz; Camurça, 2009); transição interna ao segmento cristão, de predominantemente católico a cada vez mais evangélico; e pluralização em geral, com o crescimento do ramo não cristão (outras religiões e sem religião).

11 Estrito senso, secularização refere-se ao processo de separação Igreja-Estado, a partir da qual parâmetros religiosos não ditam o Direito e as instituições laicas. O Estado abre para a concorrência entre religiões num ambiente que antes era marcado pelo monopólio de uma instituição (Pierucci, 1998; Stark; Iannaccone, 1994). Dessa forma, o pluralismo é decorrência da secularização. E num sentido lato, secularização implicaria perda de plausibilidade da cosmovisão religiosa e, por conseguinte, o enfraquecimento das religiões e das religiosidades (Berger, 1985).

Tendências socioeconômicas das religiões

Os dados do Gráfico 2 mostram que mudaram também as características socioeconômicas dos membros das religiões. Com esses dados, é possível contrastar o cenário atual com diversas expectativas de autores que analisaram tendências das religiões no Brasil.

A literatura dos anos 1960 e 1970 foi unânime em estabelecer uma correlação (ou causalidade) entre a urbanização, que se acelerava, e o crescimento de certas religiões. Segundo César (1974), o pentecostalismo era um fenômeno essencialmente urbano, uma resposta satisfatória à desordem comportamental vigente principalmente nas grandes cidades. Para Souza (1969) e Camargo (1973), o pentecostalismo ofereceria ao migrante uma melhor adaptação à lógica urbana. Willems (1967) compreendeu que a rápida mudança nos sistemas de valores deixaria o migrante sem referenciais, facilitando a aceitação do ordenamento oferecido pelo pentecostalismo. Segundo D'Epinay (1975), pensando o pentecostalismo no Chile, a ordem social tradicional seria restabelecida de maneira conservadora (o pastor, por exemplo, substituiria a figura do fazendeiro). Na transição do rural para o urbano, valores e padrões sociais se deslocaram. Esse conjunto de interpretações sugere que, como consequência, o novo ambiente social colocou desafios materiais e afetivos aos migrantes, e certas religiões teriam sido mais eficazes do que o catolicismo em responder a tais necessidades. Em uma perspectiva durkheimiana, as religiões em crescimento teriam uma função de integração social frente ao risco de anomia.

O meio urbano também propicia o convívio com diversidades sociais, sendo que a possibilidade de escolha entre ruptura ou continuidade com determinada religião é sinal de autonomia dos indivíduos. Tal contexto favoreceria a internalização da religião não somente entre os protestantes tradicionais e pentecostais, mas também em parte do catolicismo (Camargo, 1971).[12] Em decorrência, esses religiosos adeptos por convicção foram interpretados como orientados mais adequadamente para a

12 Camargo (1971) contrasta as religiões tradicionais às internalizadas. As primeiras se caracterizam pelo seu aspecto ritualístico e procedimental, estando fortemente ligadas aos poderes instituídos (funcionando, não raro, como legitimadoras da ordem social). Nas religiões internalizadas, a adesão do indivíduo se faz por convicção (a aproximação com o conceito

modernidade econômica na qual adentrava o país com a industrialização. Para os analistas do campo religioso das décadas de 1950, 1960 e 1970, a internalização seria resposta adaptativa às exigências psicossociais dos ambientes urbanos, industriais, periféricos, marginais etc.

O catolicismo concentra-se menos do que a média nos meios urbanos metropolitanos e não metropolitanos. Logo, é a única religião que detém proporcionalmente mais indivíduos no meio rural do que a população total. Os católicos sempre ficaram levemente abaixo da média nacional nas zonas urbanas e, na última década, registraram também um declínio quantitativo nas metrópoles (Gráfico 2). Os âmbitos rurais permanecem *locus* de resistência do catolicismo, onde este estaria organicamente ligado às visões de mundo e à organização das comunidades e famílias (Camargo, 1971). No entanto, o ambiente rural atual não é o mesmo de 1960, e não pode ser igualado à noção de "tradicional".[13]

Os protestantes tradicionais cresceram um pouco acima da média nas áreas urbanas e abaixo da média nas metrópoles, num movimento relativamente semelhante ao do catolicismo. Uma leitura possível é a de que esse processo estaria ligado ao "declínio das religiões tradicionais" de modo geral. As religiões que mais cresceram, espíritas e pentecostais, foram justamente aquelas que elevaram suas proporções nas metrópoles.

Entre as afro-brasileiras, as demais religiões e os sem religião há ainda maiores proporções de indivíduos vivendo nas metrópoles, mas suas taxas de crescimento têm arrefecido nessas localidades. Já nas áreas urbanas não metropolitanas, eles apresentaram leve crescimento, embora tenham permanecido abaixo da média nacional. Isso mostra um espraiamento de práticas religiosas que anteriormente eram mais restritas às metrópoles.

Com relação à renda familiar e às características educacionais, pentecostais e kardecistas se situam em polos opostos. Enquanto os primeiros se localizam na base das duas dimensões (educação e renda), os espíritas

---

weberiano de ética de convicção não é fortuita), que, em boa medida, pode se fundar na crítica aos comportamentos tradicionais, levando a possíveis choques ou confrontos.

13 Foram intensas as transformações nas relações de trabalho e organização econômica dos meios rurais, deslocando a antiga centralidade da agricultura de subsistência (ancorada na organização familiar) e instituindo modelos "mais modernos" de vinculação ao trabalho e de organização social.

Gráfico 2 – População, por religiões, segundo características socioeconômicas – Brasil, 1980-2010*

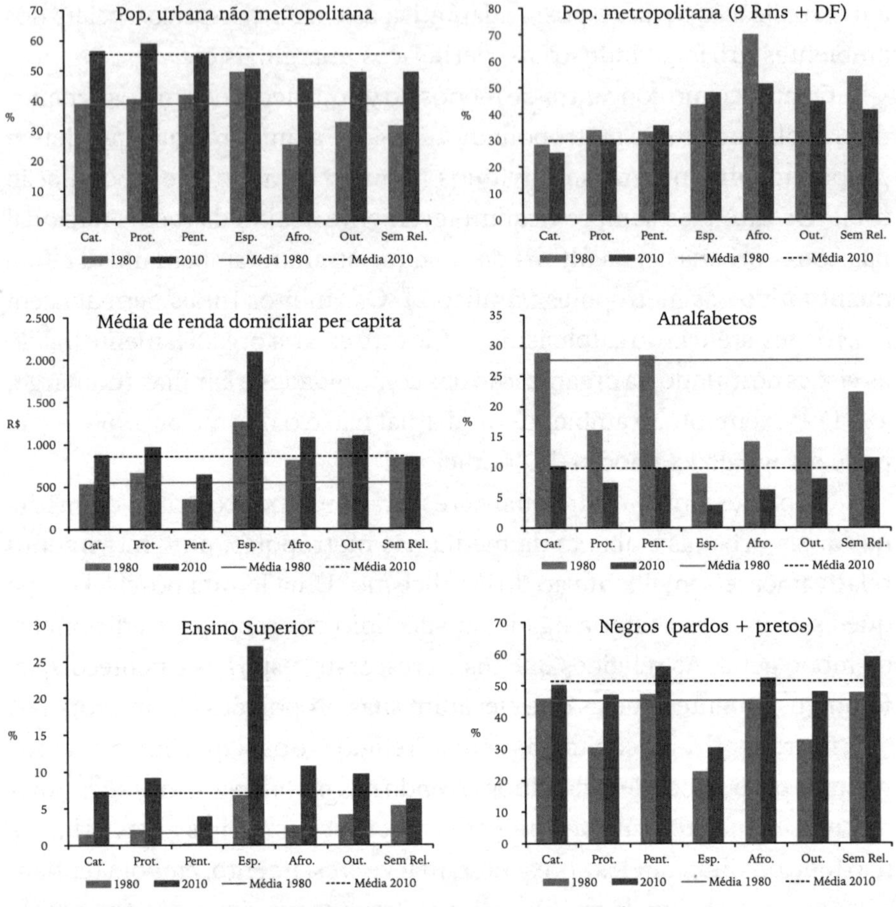

Fonte: IBGE, Censos Demográficos 1980-2010. Tabulações especiais do CEM.

* Foram consideradas apenas as regiões metropolitanas existentes antes de 1988: São Paulo, Rio de Janeiro, Salvador, Belo Horizonte, Porto Alegre, Curitiba, Recife, Fortaleza, Belém, além do Distrito Federal.

constituem um grupo altamente escolarizado e com elevada renda *per capita*.[14] É importante notar que toda a população brasileira melhorou seus patamares de renda e escolaridade durante o período analisado, o que se reflete em todas as religiões. No entanto, em boa medida, as distâncias entre as religiões se mantiveram.

14 As variáveis sobre renda foram deflacionadas segundo a proposta de Corseuil e Fogel (2002).

O Gráfico 2 também apresenta a proporção de negros em cada religião. No Brasil, o binômio religião e raça é clássico nos debates sobre religião. Raça é chave para pensar as religiões afro-brasileiras, enquanto etnia e nacionalidade foram centrais para pensar as religiões de imigração (protestantes reformados), ou, como dizia o jargão, as religiões que, nos países de chegada, assumiram uma função de "preservação do patrimônio étnico-cultural", como budismo e judaísmo (Camargo, 1973).

As temáticas de raça, etnia e nacionalidade de início foram pensadas sob a chave da abertura ou fechamento para a conversão em massas. Uma religião étnica ou voltada para vínculos identitários nacionais, por definição, não seria universal. No espectro afro-brasileiro, o candomblé parecia assumir essa função, uma vez que seu sistema de crenças estava fortemente ancorado em tradições africanas e seus praticantes eram, na maioria, negros. A umbanda, apesar de "afro", era sincrética em suas raízes, e seria então "para todos". Essas definições, no entanto, foram fortemente questionadas quando do refluxo da umbanda e do crescimento e embranquecimento do candomblé, nos anos 1980. O candomblé poderia ser também universal.

O cenário posterior trouxe ainda mais desafios classificatórios, quando, já em 2000, tanto os pentecostais mostraram-se maioria entre os negros, como os negros eram maioria entre os pentecostais (Pierucci, 2006a). Os dados do Censo de 2010 mostram a força desse fenômeno dos "*black evangelicals*". Mas, na última década, o Brasil se tornou mais negro: cresceu muito acima da média o número de pessoas que se autoidentificam pretas ou pardas – o que teve impacto sobre todos os grupos religiosos; todos se tornaram mais negros. Os espíritas são os mais brancos, seguidos dos protestantes, das outras religiões e então dos católicos. Com relação a estes últimos é importante notar que se tornaram menos negros do que a média da população.

Outro aspecto importante da distribuição racial das religiões é o fato de que os sem religião ficaram mais negros. Já havia nesse segmento mais negros do que na média da população, mas essa proporção está consideravelmente maior. Segundo os atributos renda e escolaridade, os sem religião também ficaram "mais pobres" e "menos escolarizados": em 1980, destacavam-se enquanto um grupo com atributos acima da média, o que corroborava a interpretação daqueles que os viam como um segmento "moderno"; agora, passam a estar abaixo ou exatamente iguais à população em geral. Os sem religião já não são mais os mesmos. Uma hipótese é de que a autodeclaração "sem religião" tornou-se menos estigmatizada, processo semelhante às afro-brasileiras, possibilitando que outros segmentos (mais pobres, menos escolarizados, mais negros e menos metropolitanos) a utilizassem também. Pode-se sugerir, ainda, que esses segmentos pobres, menos escolarizados e metropolitanos passam, igualmente, por processos modernizantes, apesar da carência material. Pensar dessa forma evita o estigma de que a religião, sobretudo aquelas com apelo ao sobrenatural e à magia, é própria das camadas sociais mais desfavorecidas.

Em suma, se as religiões mudaram, outras dimensões da realidade social brasileira também se alteraram. Como eixo mais geral da mudança está a transição do campo para a cidade, que nas últimas décadas acentuou a metropolização de partes do país com a formação de grandes periferias, pois tais transformações ocorreram no interior de processos de reprodução das desigualdades sociais. As religiões, por seu turno, expressaram, legitimaram, acomodaram, resistiram e reproduziram a estratificação social do país dos últimos cinquenta anos.

Ciclo de vida e tendências de longo prazo

Os resultados recentes da transformação do campo religioso são um misto de processos de curto, médio e longo prazos, que estão associados a mudanças estruturais observadas ao longo de gerações. Nesta seção, tais dinâmicas são analisadas por meio de uma análise de idade-período-coorte (Yang et al., 2008), fracionando-se a noção de "tempo" em três componentes.

O primeiro, a idade, diz respeito ao curso de vida. Existem regularidades mais ou menos estáveis associadas às faixas etárias, relativas a inúmeras dimensões: entrada na escola, ingresso no mercado, casamento etc. Interessa-nos representar as regularidades do comportamento religioso associadas aos ciclos de vida, o que não implica que a idade exata para experimentar seja a mesma para todos os indivíduos, nem que todas as pessoas passem pelas mesmas experiências. Traçaremos, então, um "perfil médio" que indica em quais idades é mais *provável* a adesão às religiões ou a saída delas.

O componente período expressa momentos históricos que atingem a todos os indivíduos que neles vivem, independentemente da idade, tais como guerras, epidemias, eventos políticos etc. Mas os efeitos de período podem indicar movimentos de maior duração, como processos políticos, de industrialização, entre outros. Assim, a noção de período será entendida como contextos em que a filiação ou pertença a cada religião pode ser mais ou menos favorável ou provável.

O terceiro componente é a coorte de nascimento (que podemos associar à noção de "geração"). Indivíduos que nasceram num mesmo momento experimentam conjuntamente os efeitos de cada idade (isto é, passam juntos pelas regularidades associadas aos ciclos de vida) e de período. Trata-se de consequências da experiência formativa num mesmo contexto (Ryder, 1965; Coutinho; Golgher, 2012).

Tomamos os indivíduos que possuíam de 0 a 80 anos, nos Censos de 1980 a 2010, englobando, assim, gerações que nasceram desde 1900 – um intervalo de tempo bastante extenso.[15] Os gráficos 3 a 5 apresentam os resultados dos modelos estatísticos.

O Gráfico 3 mostra os efeitos de idade na declaração religiosa. O eixo horizontal traz as faixas etárias, e cada linha no gráfico representa um grupo religioso. O valor zero no eixo vertical representa a média de indivíduos de cada religião para todas as idades. A escala do eixo vertical está expressa na unidade de medida do modelo estatístico. De modo simples, valores positivos indicam probabilidades acima da média e valores negativos, probabilidades abaixo da média. Para essa análise, apenas importam os sinais (+/-) e o comportamento das tendências.

15 O modelo utilizado foi o estimador intrínseco (Yang et al., 2008). Trata-se de uma regressão de Poisson com modificações que permitem isolar a influência separada de cada um dos componentes. Sua especificidade está em permitir o uso dessas três variáveis que estão perfeitamente relacionadas (período = coorte + idade), sem implicar limitações matemáticas inerentes à análise de regressão. Detalhes para a estimação podem ser requisitados aos autores.

Gráfico 3 – Efeitos de idade sobre a probabilidade de pertença a cada religião – Brasil, 1980-2010

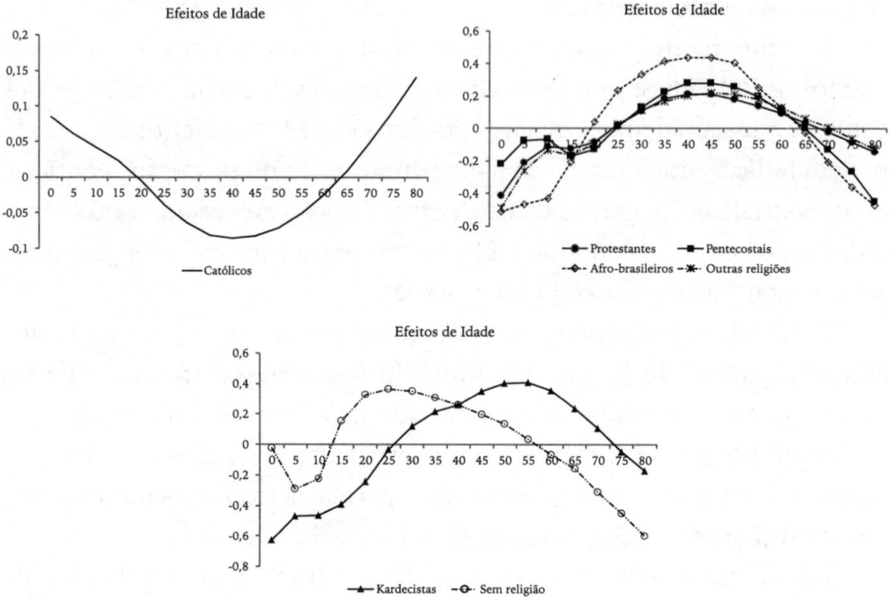

Fonte: IBGE, Censos Demográficos 1980-2010. Tabulações especiais do CEM.

Observamos que, na média, sempre foi e ainda é mais provável que um indivíduo nasça católico no Brasil. No entanto, a probabilidade de permanecer católico cai nas primeiras fases do ciclo de vida, num movimento contrário ao das demais religiões. Entre as pessoas de 20 a 65 anos, encontramos percentuais de católicos inferiores aos da média da população, e o ápice negativo se dá por volta dos 40 anos.

Os demais grupos religiosos passam a crescer justamente quando as probabilidades de ser católico já se reduziram bastante. A partir dos 20 anos, aumentam muito as probabilidades de adesão às religiões afro-brasileiras – o que nos leva a caracterizá-las como um fenômeno tardio da juventude. As chances de pertencimento às protestantes tradicionais, pentecostais e também ao grupo das demais religiões seguem tendência semelhante, mas são fenômenos ainda mais tardios, que atingem a população adulta entre 30 e 45 anos.

Já os sem religião parecem constituir um fenômeno fortemente ligado à juventude: as probabilidades de não ter religião crescem rapidamente a partir dos 15 anos, chegando ao seu ápice por volta dos 25 anos, mas diminuem no correr da vida, tornando-se bastante reduzidas nas idades mais avançadas. Tudo se passa como se um indivíduo que nascesse católico, no processo de constituição de sua própria identidade, tivesse certa necessidade de romper com a religião herdada dos pais durante o período da adolescência, o que o levaria a se declarar sem religião durante um período. Contudo, a probabilidade de permanência nesse grupo decai rapidamente, sugerindo que pode se tratar de uma fase transitória para muitos. É quando as chances de pertença a todas as outras religiões se elevam.

O espiritismo kardecista, por sua vez, é um fenômeno da vida adulta tardia. Apesar de as probabilidades de pertença a esse grupo crescerem também depois dos 25 anos (como nas demais religiões), há uma inflexão e aceleração aos 45 anos, fazendo que seu máximo se dê, de fato, entre os 50 e 60 anos.

Ocorre, no entanto, que as chances positivas de todos os grupos se reduzem fortemente depois dos 65 anos de idade – ao passo que o catolicismo apresenta crescimento justamente nessa etapa. Esse resultado é fruto do fato de que a ampliação de todos os grupos não católicos é ainda recente, sendo que a população pertencente a eles não envelheceu ainda. A média de católicos entre os mais velhos é sempre maior do que na população, como reflexo da dominância dessa religião durante toda a história do Brasil.

O formato dos efeitos de período não é distinto do movimento geral das religiões (Gráfico 4a). O valor zero, no Gráfico 4, expressa a frequência média de cada religião, considerados todos os períodos conjuntamente. Valores positivos indicam períodos em que uma religião foi mais frequente do que no conjunto dos períodos, valores negativos, o inverso. Assim, todas as religiões foram colocadas em uma mesma escala, tornando visíveis tendências que o Gráfico 1 ocultava.

As religiões foram divididas em três grupos, de acordo com a semelhança no comportamento. O primeiro mostra, nos termos de Pierucci (2004), "o declínio das religiões tradicionais": catolicismo, protestantismo histórico e afro-brasileiras (na realidade, a umbanda). Observamos que as tendências de período para os protestantes históricos foram sinuosas, com esboço de recuperação na década de 1990, quando esse conjunto

Gráfico 4 – Efeitos de período sobre a probabilidade de pertença a cada religião – Brasil, 1980-2010

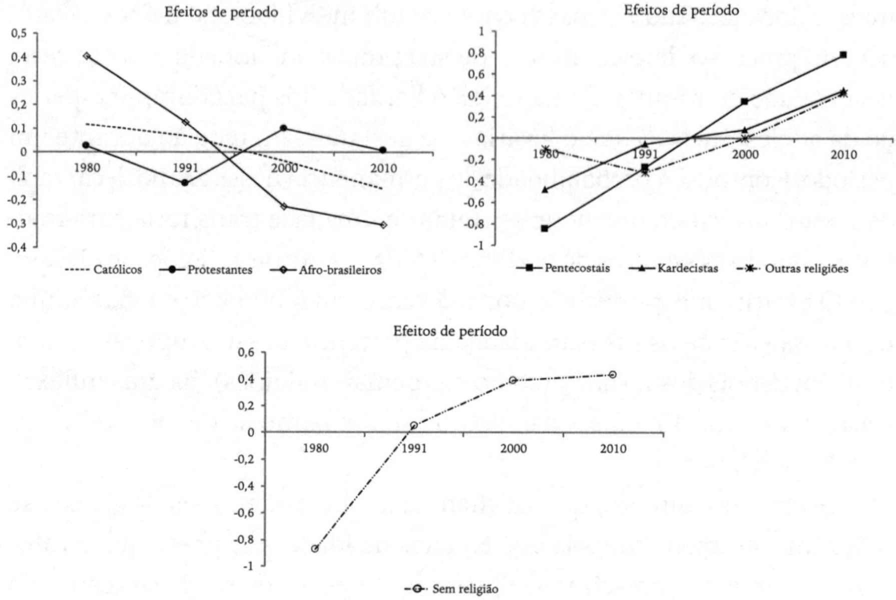

Fonte: IBGE, Censos Demográficos 1980-2010. Tabulações especiais do CEM.

passou de 4,4 milhões para quase 7 milhões de indivíduos (graças aos batistas, presbiterianos, metodistas e adventistas, que se tornaram mais heterogêneos – em parte porque uma parcela deles tornou-se pentecostal), e redução nos anos 2000, dessa vez bastante intensa. A queda das religiões afro (puxada pela umbanda) arrefeceu no último decênio, mas não mostrou sinais de reversão.

No grupo das religiões que cresceram intensamente (pentecostalismo, kardecismo e outras religiões), percebem-se a aceleração do kardecismo na última década e a inflexão das outras religiões, que até o início dos anos 1990 estavam em declínio (o pluralismo se estabelece de modo sinuoso). O terceiro grupo mostra claramente a desaceleração dos sem religião, o que já vinha ocorrendo há pelo menos vinte anos.

Quanto aos efeitos da coorte de nascimento sobre a declaração de religião, os resultados dessa análise são mais contraintuitivos e inovadores, dada a escassez de trabalhos com esse enfoque no campo dos estudos da religião.

Os resultados também foram divididos em três grupos, conforme a semelhança. É interessante o fato de que o primeiro e o segundo gráficos apresentem um contraponto perfeito. As gerações nascidas no início do século XX possuíam maior probabilidade de pertencer a outras religiões do que a média das gerações incluídas na análise (o que não significa que, em termos absolutos, existiam mais pessoas desses grupos do que hoje). Isso é provavelmente consequência do ambiente acometido pela imigração, que foi responsável pela implantação de quase todo ramo de religiões não católicas no país. Mas o intervalo entre 1890 e 1930 é justamente o momento de instalação de um catolicismo autônomo e romanizado, primeiramente pelos pactos locais e estaduais (Miceli, 2009) e, a partir de então, guiado por uma liderança central – de início a figura pessoal de Dom Leme e posteriormente a Conferência Nacional dos Bispos do Brasil.

As gerações nascidas nesse período de estruturação do catolicismo tiveram probabilidades crescentes de participação e permanência nessa religião, ou seja, o investimento romanizador auferiu resultados. Provavelmente por isso a caída do catolicismo não foi ainda mais intensa. A contrapartida da organização interna do catolicismo foi a redução da probabilidade de pertença aos demais grupos nas gerações seguintes. No entanto, a força dessa estratégia católica parece ter atingido os nascidos na década de 1930. Ressalte-se que, nesse período, a urbanização brasileira verdadeiramente se inicia. Os nascidos nos meios urbanos foram crescentemente não católicos, corroborando as análises anteriores sobre os limites do catolicismo tradicional e a grande afinidade dos outros grupos religiosos com o ambiente "moderno".

As gerações com maior proporção de espíritas foram as do século XIX, mas as probabilidades de pertencimento ao kardecismo têm forte queda até a década de 1930, em contraposição ao catolicismo, e não apresentam recuperação relevante desde então – apenas um esboço entre os nascidos nos últimos vinte anos. Isso indica que o crescimento atual do kardecismo é um fenômeno de período, ou seja, as probabilidades crescentes de conversão ao kardecismo atingem a todos, independentemente da geração de que se faz parte.

O comportamento das afro-brasileiras é muito peculiar. Aqueles nascidos até a década de 1920 foram crescentemente afros. Isso certamente justifica todo o otimismo das análises das décadas de 1960 e 1970 com respeito ao futuro dessas religiões. Mas ocorreu uma alteração nessa tendência, e o número absoluto de participantes das religiões afro só apresentou crescimento vegetativo, havendo apenas uma leve inflexão a partir dos anos 1960, que se acentuou no fim dos 1990. Isso indica horizontes de crescimento desses grupos no futuro.

Transmissão: arranjos domiciliares e concordância religiosa

As três dimensões decompostas neste artigo (ciclo de vida, período e coorte) foram formuladas como perfis médios de possíveis trajetórias de vida dos indivíduos no Brasil nos últimos cinquenta anos, indicando tendências de como o campo religioso brasileiro se reproduz. Entretanto, tais dimensões, por enfocarem o indivíduo, não contemplam um outro aspecto de sua trajetória fundamental para a reprodução da religião: os vínculos familiares.[16] Se há uma fragmentação do campo religioso, é de se esperar que os arranjos familiares gerem também novos arranjos religiosos nos domicílios. Assim, o pertencimento religioso deve ser pensado também em função da convivência com familiares em um domicílio, que se torna a unidade da análise demográfica.

Infelizmente, os dados censitários não permitem "seguir os indivíduos" e acompanhar suas trajetórias religiosas e seus modos de transmissão. Em um domicílio, por exemplo, a religião na qual se cresce pode já não ser a atual dos pais; ou ainda, se o jovem concorda com seus pais num momento tardio, ambos podem ter transitado, e muito provavelmente uma das partes pode ter exercido influência sobre a outra. Sabendo-se dessas limitações, é abordada agora a noção de transmissão a partir da concordância religiosa dentro do domicílio. A diversidade religiosa incide, mesmo que parcialmente, sobre as relações cotidianas domiciliares,

16 Em pesquisa de caráter qualitativo, constatou-se que a família exerce influência sobre a adesão ou a recusa de uma religião. Neste caso, o pertencimento diferenciado à religião em um mesmo domicílio pode funcionar como linguagem de acusação entre familiares quando em situação de conflito (Almeida; Rumstain, 2009).

Gráfico 5 – Efeitos de coorte sobre a probabilidade de pertença a cada religião – Brasil, 1980-2010

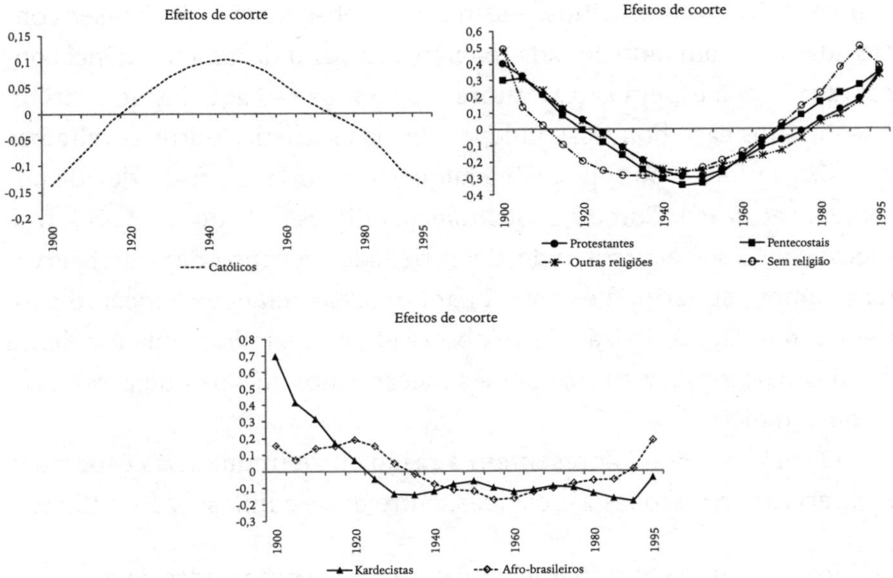

Fonte: IBGE, Censos Demográficos 1980-2010. Tabulações especiais do CEM.

podendo induzi-las tanto ao conflito como ao aumento dos afetos entre as pessoas, entre outras possibilidades.

Além disso, destacam-se duas características etárias. Primeiro, os filhos começam a sair da casa dos pais de maneira crescente após os 20 anos de idade. Segundo, as diferenças de identidade religiosa só começam a aparecer na pré-adolescência, quando os filhos têm mais condições de estabelecer escolhas distintas daquelas dos pais, entre elas, a da religião. Na análise, é cruzada a religião dos filhos com a de seus pais, quando ambos convivem no mesmo domicílio (limitação colocada pelos dados dos Censos) – ou seja, da pré-adolescência até a idade em que os filhos ainda moram com os pais, o que tende a não ultrapassar algo entre 25 e 30 anos. Os dados aqui apresentados referem-se à concordância religiosa entre pais/mães e filhos.

Na Tabela 2, produzida a partir do Censo de 1980, as informações destacadas em negrito mostram o número absoluto de filhos que possuem a mesma religião de suas mães. Observa-se que os maiores valores correspondem aos católicos – dado que sempre foram majoritários no Brasil. Mas isso não significa que os católicos tenham maior poder de transmissão nos domicílios. Assim, essas observações devem ser controladas pelo tamanho de cada religião, comparando-se a frequência observada com a esperada. Os valores esperados são aqueles que seriam encontrados caso houvesse independência estatística entre as religiões de mães e filhos – ou seja, caso qualquer concordância fosse devida puramente ao acaso. Como a concordância religiosa é fruto de processos e mecanismos sociais (e não de aleatoriedade), a concordância observada é sempre superior à esperada para todas as religiões e mesmo para os sem religião. A divisão entre observado e esperado é uma excelente medida para revelar a força desses mecanismos sociais que produzem a concordância.[17]

Os gráficos 6 e 7 apresentam a razão entre frequências esperadas e observadas para todas as religiões, entre mães e filhos e pais e filhos.

Gráfico 6 – Razão entre frequências esperadas e observadas de concordância entre a religião das mães e dos filhos – Brasil, 1980-2010

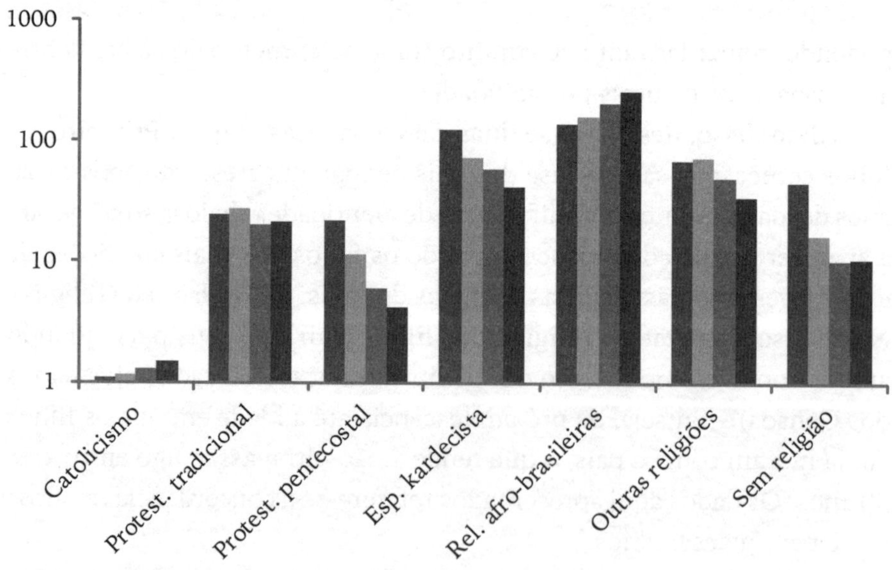

Fonte: IBGE, Censo Demográfico 1980. Tabulações especiais do CEM.

17 Essa mesma metodologia foi utilizada também em Barbosa (2009).

Gráfico 7 – Razão entre frequências esperadas e observadas de concordância entre a religião dos pais e dos filhos – Brasil, 1980-2010

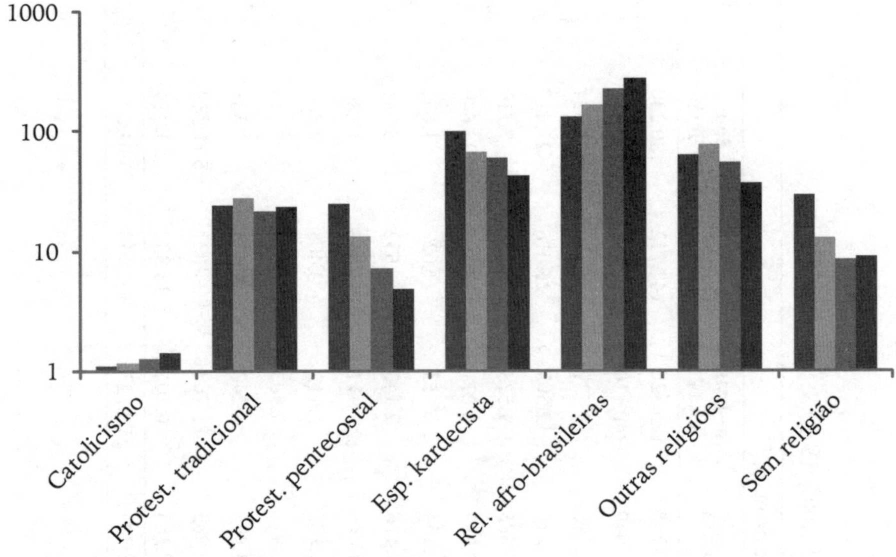

Fonte: IBGE, Censo Demográfico 1980. Tabulações especiais do CEM.

Observam-se grandes semelhanças nas taxas de concordância entre pais e filhos e entre mães e filhos, mas, como seria esperado, são superiores entre mães e filhos, pois de acordo com outros dados censitários, as mulheres são mais religiosas do que os homens. Elas são maioria em todas as seis categorias de religião aqui analisadas, perdendo para os homens somente entre os sem religião. Entretanto, os dados sobre os sem religião mostram também que a maior concordância dos filhos se dá mais com as mães do que com os pais, podendo-se deduzir que as mães não somente têm predominância na definição da religião dos filhos, como também são responsáveis pela não transmissão do *habitus* religioso.

Cabe mencionar que a diferença da capacidade de transmissão entre pai e mãe diminuiu significativamente até o Censo 2000 e manteve-se a mesma em 2010. Em boa medida, tal mudança conecta-se com as transformações nos comportamentos da paternidade contemporânea, que tendem a diminuir a distância afetiva entre o pai e os filhos.

Entre os católicos observamos as menores taxas de concordância. As tendências temporais mostram, no entanto, que esses cenários são

Tabela 2 – Cruzamento entre a religião dos filhos e das mães – Brasil, 1980

Religião do filho		Religião da mãe							Total
		Católica	Protestante	Pentecostal	Espírita	Afro-brasileiras	Outras	Sem religião	
Católica	Observado	**52.630.378**	346.147	493.012	100.785	123.326	147.712	130.230	53.971.590
	Esperado	**47.522.077**	2.050.935	2.354.272	392.940	340.110	719.185	592.071	
Protestante	Observado	84.375	**1.832.732**	17.230	2.195	1.739	4.399	9.684	1.952.354
	Esperado	1.719.051	**74.190**	85.163	14.214	12.303	26.016	21.417	
Pentecostal	Observado	51.805	11.829	**1.988.243**	685	1.523	2.856	7.710	2.064.651
	Esperado	1.817.929	78.457	**90.061**	15.032	13.011	27.512	22.649	
Espírita	Observado	22.334	1.312	793	**311.394**	1.553	1.027	1.699	340.112
	Esperado	299.469	12.924	14.836	**2.476**	2.143	4.532	3.731	
Afro-brasileiras	Observado	22.206	1.283	1.777	1.846	**225.911**	1.065	1.686	255.774
	Esperado	225.209	9.719	11.157	1.862	**1.612**	3.408	2.806	
Outras	Observado	40.744	6.164	5.771	1.816	1.903	**611.268**	5.140	672.806
	Esperado	592.407	25.567	29.348	4.898	4.240	**8.965**	7.381	
Sem religião	Observado	205.128	90.340	121.648	19.985	23.768	34.621	**504.880**	1.000.370
	Esperado	880.827	38.014	43.637	7.283	6.304	13.330	**10.974**	
Total		53.056.970	2.289.807	2.628.474	438.706	379.723	802.948	661.029	60.257.657

Fonte: IBGE, Censo Demográfico 1980. Tabulações especiais do CEM.

bastante móveis, e o quadro de algumas religiões tem mudado rapidamente. No catolicismo, começam a se fortalecer as taxas de concordância, provavelmente significando transmissão religiosa intrafamiliar. À medida que o catolicismo perde espaço no cenário nacional, é bastante possível que os adeptos remanescentes sejam justamente os mais praticantes e, por conseguinte, com maiores potenciais de transmissão e herança religiosa. Mas até quando o catolicismo sofrerá essa drenagem de pessoas e qual o potencial de reação dos carismáticos e de outras expressões católicas vigorosas na atualidade? Essas são questões difíceis de dirimir pelo Censo, exatamente porque os católicos são ainda muitos e diversos internamente.

Entre os praticantes das afro-brasileiras, a concordância intrafamiliar se eleva, sendo possível arriscar a hipótese de que se trata de fato de transmissão religiosa. Não tendo crescido no período, a manutenção do tamanho e do espaço ocupado por esses grupos no campo religioso provavelmente se deve muito à sua capacidade de reprodução no interior dos domicílios. O protestantismo tradicional, por sua vez, apresentou queda nas taxas de concordância, que provavelmente expressa redução da própria capacidade de transmissão, posto que os declínios percentual e absoluto desse grupo se acentuaram.

Entre os kardecistas e os sem religião também as taxas de concordância baixaram. Pentecostais, kardecistas e sem religião são justamente os três grupos que mais cresceram durante o período estudado. Em menor escala, o mesmo fenômeno ocorre no grupo das outras religiões, que também experimentou alguma expansão.

Entre os pentecostais, as taxas de concordância são decrescentes, o que expressa o caráter fortemente dinâmico desse segmento orientado para a conversão de grandes contingentes. Ou seja, provavelmente não se trata de um baixo potencial de transmissão religiosa, mas sim do fato de que a maioria dos pentecostais é composta por convertidos, e não por aqueles criados desde cedo em suas religiões. Eles são conhecidos pela ênfase nos laços familiares e pelo proselitismo, resultando em obrigação cristã da evangelização dos familiares, educação religiosa dos filhos e casamento prioritariamente com um(a) evangélico(a). Em resumo, parentes se tornam "irmãos de fé", e "irmãos de fé" se tornam parentes. E se a capacidade de transmissão dos evangélicos é mais intensa, isso significa que o crescimento é tanto por proselitismo como por herança. Mas, ainda que a transmissão da religião evangélica como herança seja uma tendência crescente, o aumento por proselitismo é muito expressivo. Nessa tendência, é de se esperar que a cúspide da idade dos evangélicos de 45 anos esteja diminuindo conforme os anos dos Censos, uma vez que crescem cada vez mais os nascidos evangélicos.

Ainda conforme o Gráfico 6, a razão entre filhos pentecostais e mães protestantes é muito próxima à razão entre filhos protestantes e mães pentecostais (mais especificamente, 7:5). Esse é um forte indício de circulação interna ao universo evangélico, sem propriamente a predominância de nenhum dos dois segmentos.

Segundo Pierucci (2006a), as religiões de conversão, chamadas universais, "interpelam as pessoas como indivíduos", levando-as a desprenderem-se dos laços religiosos familiares na busca de um bem de salvação que, de início, é individual (e, ao que parece, a hipótese pode também se aplicar ao grupo dos sem religião). Em seu diagnóstico, a trajetória do campo religioso brasileiro contemporâneo é marcada pela lógica individual de rompimento com laços primários como o parentesco. "Salvação individual de caráter universal", sintetizou. A religião contemporânea é solvente dos laços étnicos, raciais, nacionais e de parentesco. Ela seria menos a comunidade moral durkheimiana e mais a congregação weberiana.

Entretanto, os laços familiares são efetivos na transmissão religiosa nos dois sentidos: de pais que transmitem para os filhos como herança e de filhos que evangelizam seus pais como proselitismo. Se a conversão evangélica pode levar ao rompimento com alguns laços familiares (Duarte; Gomes, 2008), uma vez evangélicos, eles podem adquirir outra consistência na reprodução da religião (Almeida, 2010, p.379).

Os Censos não permitem uma observação direta desses fenômenos e comportamentos, mas existem vários indicadores que sustentam essa interpretação. As análises dos ciclos de vida mostraram que diferentes religiões se apresentam de modo específico em cada etapa da vida dos indivíduos. Os "sem religião" são um fenômeno de juventude, as religiões afro possuem um apelo mais forte entre os jovens-adultos, pentecostalismo e protestantismo avançam principalmente entre os adultos de 30 anos ou mais, o espiritismo afina-se com os mais velhos e o catolicismo pode ter especial apelo entre os idosos (aumentando as chances de um trânsito de retorno). Essas especificidades indicam que pais e filhos, em diferentes momentos da vida, podem ter maiores chances de se aproximarem ou distanciarem em termos religiosos – e que a transmissão religiosa não é um fenômeno de mão única. A frase "minha mãe virou crente", frequentemente ouvida em pesquisas de campo, tem respaldo na análise quantitativa sobre os ciclos de vida, uma vez que o protestantismo e o pentecostalismo apelam principalmente às faixas etárias dos pais.

Considerações finais

Toda essa dinâmica do campo religioso brasileiro tem levado o catolicismo a agir e se pensar não mais como a religião dos brasileiros, mas como uma alternativa. Trata-se de um dos efeitos do pluralismo religioso. O saldo talvez seja que o catolicismo terá cada vez mais fiéis por opção, uma vez que continua a perdê-los preferencialmente entre aqueles que apenas o herdaram, mas não o escolheram: são os chamados "católicos não praticantes", segundo uma categoria nativa muito precisa na delimitação de um jeito de ser católico.

Se o catolicismo perde principalmente os não praticantes, entre os evangélicos cresce o número de pessoas que se identificam como evangélicas sem pertencer a nenhuma denominação, circulando pelos diferentes serviços religiosos. "Católico não praticante" e "evangélico circulante" têm em comum a não institucionalização da prática religiosa (Almeida; Rumstain, 2009; Almeida, 2011). A direção é a mesma, mas os sentidos são diferentes. Os não praticantes tendem a se livrar da religião como herança, declarando-se sem religião ou se convertendo ao evangelismo, preferencialmente. Os evangélicos, por sua vez, atraem católicos, fiéis de outras instituições e sem religião, mas cada vez mais um número significativo deles não se filia a uma denominação específica. Em outros termos, à medida que se multiplicam as alternativas, muitas pessoas vão ficando menos fiéis a apenas uma religião.

Se o pluralismo religioso introduzido inicialmente pela presença protestante pressupõe que o pertencimento a uma religião deva ser exclusivo, cada vez menos isso é verdadeiro no Brasil. A noção de pluralismo religioso, como classicamente formulada (Troelstch, 1987; Niebuhr, 1992), adquire outra configuração. A diversidade e a mistura são processos que se retroalimentam, podendo-se supor que parte da dinâmica contemporânea ocorre também como uma espécie de pluralismo sincrético, sobretudo na transição relativa à matriz cristã (Almeida, 2010). Diversidade e competição de alternativas, circulação de fiéis e não institucionalização das práticas e crenças são alguns dos vetores da transição religiosa pela qual passou o Brasil nas últimas décadas.

PARTE V
MERCADO DE TRABALHO

13
Desenvolvimento econômico e desigualdades no Brasil: 1960-2010[1]

Alvaro A. Comin[2]

Introdução

Desde meados dos anos 1970, quando passamos a dispor de dados sistemáticos para medir a desigualdade no Brasil, o coeficiente de Gini da renda variou relativamente pouco: permaneceu em torno de 0,6 entre 1976 e 1999, iniciando somente a partir de então uma trajetória de queda, que o trouxe para 0,53. Esse patamar é, contudo, ainda extremamente elevado quando comparado ao de países de nível de desenvolvimento econômico similar ao do Brasil. Entre 1960 e 2010, as mudanças na estrutura econômica, no arcabouço institucional, na dinâmica demográfica e nos padrões de inserção ocupacional das mulheres foram de grande magnitude, contrastando com a relativa estabilidade na distribuição da renda. Sobretudo, de particular interesse para os propósitos deste texto, a desigualdade de renda sobreviveu ao exponencial aumento da renda *per capita*.

---

1 Agradeço a Rogério Barbosa a cuidadosa preparação de todos os dados utilizados neste artigo. À organizadora deste volume, Marta Arretche, agradeço a leitura atenta e os vários comentários que ajudaram a tornar o texto menos impreciso.

2 Professor do Departamento de Sociologia da FFLCH/USP.

A maioria dos estudos acerca da queda recente da desigualdade de renda no Brasil indica o mercado de trabalho como seu principal fator explicativo, tendo como causas um ciclo positivo de geração de empregos formais e de elevação da renda, bem como a melhora no perfil da educação formal. Desempenharam papel importante também os programas de transferência condicional de renda, os benefícios de prestação continuada e as aposentadorias indexadas ao salário mínimo (Soares, 2010), além de fatores de ordem demográfica, em particular a queda acumulada da fertilidade, com consequente declínio das coortes mais jovens e, portanto, redução no volume de novos entrantes no mercado de trabalho.

Este capítulo analisa a desigualdade no Brasil pela ótica das mudanças nas estruturas produtiva e sócio-ocupacional e sua relação com o desenvolvimento econômico. Uma breve discussão de proposições de ordem teórica será seguida da análise dos Censos de 1960 a 2010, tendo como eixos a transição rural-urbano e a estratificação sócio-ocupacional que dela emerge. A influência da estrutura agrária preexistente e o modelo de industrialização terão papel central na análise. As escolhas dos sucessivos governos brasileiros serão analisadas indiretamente por meio da evolução do perfil educacional da força de trabalho, com ênfase em seus efeitos sobre a população rural e os grupos raciais não brancos. O ingresso das mulheres no mercado de trabalho será examinado em seção específica. Por fim, a estratificação sócio-ocupacional e a cobertura dos direitos trabalhistas e previdenciários serão analisadas.

Desenvolvimento econômico e desigualdades

Em influente artigo publicado em 1955, Simon Kuznets cunhou um esquema teórico para explicar a relação entre desenvolvimento econômico e desigualdade na distribuição pessoal da renda. Seu ponto de partida é uma pergunta simples e atual: o processo de desenvolvimento econômico amplia ou reduz as desigualdades de renda entre os indivíduos?

Duas ordens de considerações o levaram à resposta de que o crescimento econômico deveria, em seu estágio inicial, produzir mais concentração de renda. A primeira deriva do fato de que apenas os estratos mais elevados de renda podem poupar e, logo, realizar investimentos produtivos que se revertem em mais renda e mais poupança, o que amplia sua distância em relação aos estratos inferiores. Entre gerações, a riqueza se transmite primariamente por meio do direito de herança. A segunda razão advém do processo de urbanização típico do desenvolvimento capitalista. As economias agrárias tendem a ser menos desiguais do que as urbanas, nas quais a diversificação setorial e os diferenciais de produtividade entre setores são bem maiores. Assim, o crescimento do setor urbano deveria resultar na ampliação da desigualdade. Além disso, o progresso tecnológico, embora também ocorra no setor rural, tende a ser muito mais acelerado nas atividades industriais, aumentando a distância entre a renda média no campo e nas cidades.

Com base em dados para os Estados Unidos, Reino Unido e Alemanha, para o período entre as últimas duas décadas do século XIX e o imediato pós-guerra, Kuznets encontra evidências de ampliação da desigualdade de renda. Entretanto, a partir de um dado ponto, assistiu-se em cada caso a uma tendência inequívoca de redução dessa desigualdade. Para explicar essa curva em forma de U invertido, Kuznets postula hipóteses adicionais, destacando as decisões políticas, isto é, taxações sobre os ganhos de capital; impostos sobre heranças e manutenção prolongada de taxas de juros baixas, entre outras ações governamentais. A propensão a taxar os ricos ou a impor limites a seu enriquecimento aprofundar-se-ia à medida que sociedades democráticas se tornassem economicamente mais desenvolvidas e a utilidade de concentrar renda como motor dos investimentos produtivos passasse a ser crescentemente questionada pelos cidadãos.

Para Galbraith (2011), essa trajetória de desenvolvimento econômico parece se ajustar bem aos Estados Unidos, a muitas partes da Europa e ao Japão, mas não necessariamente se repete em outros contextos, em que a composição setorial do produto tenha características diferentes, tais como a atividade econômica intensiva na agricultura de exportação ou na mineração. Assim, conclui Galbraith (2011, p.14, tradução nossa): "a mensagem duradoura de Kuznets não é a de que a mesma curva sempre se aplica, mas que a essência da desigualdade se encontra nas transições intersetoriais ou nas mudanças estruturais que constituem o processo de crescimento econômico".

De forma similar ao modelo de Kuznets, a teoria do subdesenvolvimento da Cepal, como em Celso Furtado (1967), opera com um modelo dual que opõe setores modernos (capitalistas) e tradicionais (pré-capitalistas). O dualismo das economias subdesenvolvidas resultaria da penetração apenas parcial das atividades econômicas de tipo capitalista, justapostas a formas pré-capitalistas de produção em que permaneceram vastas parcelas da força de trabalho. A concentração da renda preexistente (herdada do modelo primário exportador) induziu a demanda, pelas elites locais, por bens de consumo típicos das economias avançadas, formatando o modelo de industrialização por substituição de importações. Este, por sua vez, conferiu grande ênfase à atração de empresas produtoras de bens modernos e ao uso de tecnologias poupadoras de mão de obra, sendo o automóvel o exemplo icônico dessa estratégia (Furtado, 1967).

O fato é que a transformação na composição setorial das atividades produtivas implica mudanças na estrutura ocupacional. Uma economia agrícola que apenas se expande, incorporando mais terra, insumos e força de trabalho (nos moldes do que ocorreu no Brasil até meados do século XX), tende a preservar a estrutura ocupacional, ao passo que a industrialização e a urbanização geram diversificação das ocupações. O desenvolvimento da indústria desencadeia também o crescimento e a diversificação de serviços e atividades complementares ao modo de vida urbano, deslocando para as cidades parcela da força de trabalho empregada na agricultura. O volume e a velocidade desses deslocamentos dependem dos diferenciais de renda nesses dois setores (rural e urbano).

Esse não é, contudo, o único fator explicativo do deslocamento campo-cidade. As condições de vida reinantes no campo importam crucialmente nesse processo. É bem conhecida a história pioneira da Inglaterra, onde séculos de ações diretas do Estado para cercar as terras, desligando os camponeses dos seus meios de subsistência, foram decisivos para produzir a força de trabalho disponível para a indústria. Em países como os Estados Unidos e Brasil, o recurso à importação de mão de obra estrangeira cumpriu papel relevante na formação do mercado de trabalho urbano-industrial. Em todos os casos, porém, a estrutura agrária preexistente, a natureza das relações de trabalho e as políticas dos governos nacionais, para conservá-las ou alterá-las, foram cruciais.

No Brasil, a estrutura agrária era e continua sendo uma das mais concentradas do mundo. Frankema (2006; 2009) demonstra que a América Latina apresenta índices de concentração da terra (coeficiente de Gini e índice de Theil) sistematicamente mais elevados do que qualquer outra parte do mundo, ao longo de todo o século XIX e primeira metade do XX. Em meados do século XX, o coeficiente de Gini da propriedade da terra na América do Sul alcançava o valor de 0,804, contra 0,395 no Leste Asiático, 0,554 no Sul da Ásia, 0,638 no Norte da África e Oriente Médio e 0,452 na África Ocidental e Central (Frankema, 2009, p.27). Entre 1920 e 1985, o coeficiente de Gini da terra no Brasil variou de 0,780 para 0,802 (Frankema, 2006, Appendix, Tabela A.1), ou seja, praticamente nada, embora a agricultura brasileira tenha passado por grandes transformações nesse período.

A enorme desigualdade na distribuição da terra combinada à baixa produtividade de boa parte da agricultura brasileira resultou que, dadas as condições de vida miseráveis a que estavam submetidos os trabalhadores rurais, os salários pagos nas ocupações urbanas (inclusive no setor industrial) fossem suficientes para motivar a migração campo-cidade. Não era necessário ir muito além do custo de subsistência, como observou Celso Furtado. O deslocamento maciço e contínuo de trabalhadores com pouca ou nenhuma formação escolar do campo para as grandes cidades produziu o que a sociologia da época chamou de "massa marginal" (Nun, 1969; Kowarick, 1975), isto é, estratos sociais com renda muito baixa, excluídos da proteção social e no mercado de trabalho (Pinto, 1972; Rodríguez, 1993; Filgueira, 2001).

A enorme escassez relativa de força de trabalho qualificada garantiu aos estratos mais escolarizados as melhores posições no mercado de trabalho e prêmios salariais extremamente elevados, além de benefícios típicos dos Estados de bem-estar social, como cobertura previdenciária, crédito habitacional subsidiado e sistemas de saúde subvencionados pelas empresas. Tal como na terra, o acesso muito desigual à educação foi uma característica da história brasileira, com consequências profundas sobre os níveis de desigualdade de renda. Benavot e Riddle (1988) estimam que no Brasil, em 1870, apenas 5,8% das crianças em idade escolar estavam matriculadas no ensino primário, contra 72% nos Estados Unidos, 48,7% na Inglaterra, 67,4% na Alemanha, 39,8% na Hungria, 20,9% na Argentina e 16% no México. Em 1940, essa taxa no Brasil era de apenas 29,8%, quando já atingira 91,1% nos Estados Unidos, 73,3% na Inglaterra, 71,8% na Alemanha, 58,8% na Hungria, 58,2% na Argentina e 37,5% no México. Chaudhary et al. (2011) mostram que, em 1910, quando a taxa de matrícula escolar entre crianças de 5 a 14 anos era de cerca de 15%, o Brasil gastava por estudante, em valores absolutos estimados, mais do que países como Inglaterra, Alemanha e França, nos quais a taxa de matrícula se encontrava perto de 80%. Esses dados revelam um modelo educacional voltado para o atendimento dos estratos sociais médios e altos em detrimento da massa da população.

A integração da força de trabalho proveniente dos setores tradicionais aos setores de maior produtividade foi bastante limitada; consequentemente, toda a estrutura ocupacional assumiu feições radicalmente desiguais. Em particular, os trabalhadores na agricultura familiar de subsistência ou nas franjas da produção agrícola para exportação (boias-frias, meeiros, parceiros) permaneceram privados da propriedade da terra, de crédito e de acesso a recursos tecnológicos mais modernos, não sendo capazes de poupar nem de investir. Por isso, tampouco se tornaram consumidores dos produtos da indústria nascente, mesmo quando o crescimento econômico foi acelerado.

A relativa exaustão do estoque de mão de obra no setor rural implicou desaceleração do ritmo das mudanças na estrutura ocupacional. Ao final dos anos 1980, a transição rural-urbano e a curva demográfica já estavam em estágio bastante avançado, o que colaborou decisivamente para a ampliação do acesso à educação. As baixas taxas de crescimento econômico, a partir de 1981, e em particular a perda de dinamismo do setor industrial, iniciada em meados dos anos 1980 e aprofundada a partir de 1990, resultaram em deterioração do mercado de trabalho, com aumento da informalidade, do desemprego e da desigualdade na renda do trabalho. O traço mais marcante dos anos 1990 e 2000 foi a transição para uma economia mais intensiva em empregos no grande e heterogêneo setor de serviços. Apenas entre 2000 e 2010 os efeitos da redução dos fluxos migratórios, da queda nas taxas de fertilidade e da expansão do sistema de ensino, ao lado de uma aceleração moderada do crescimento econômico e um conjunto mais consistente de políticas redistributivas, tanto pelo mercado de trabalho quanto pelas políticas sociais, começaram a se traduzir em redução da desigualdade de renda.

O Gráfico 1 combina os dados dos Censos de 1960 e 1970 com os da Pesquisa Nacional por Amostra de Domicílios (PNAD) para o período 1976-2011, parecendo confirmar a hipótese de Kuznets de que o desenvolvimento econômico, em particular o período de sua aceleração (o Milagre Econômico), induziu a escalada da desigualdade de renda, tendência que durou até o final da década de 1990, quando uma queda mais consistente se iniciou. Guardadas as devidas precauções metodológicas, deve-se observar que o patamar em que se encontrava o coeficiente de Gini em 2011 era ainda superior ao observado em 1960.

Gráfico 1 – Relação entre desenvolvimento e desigualdade de renda Brasil, 1960-2011

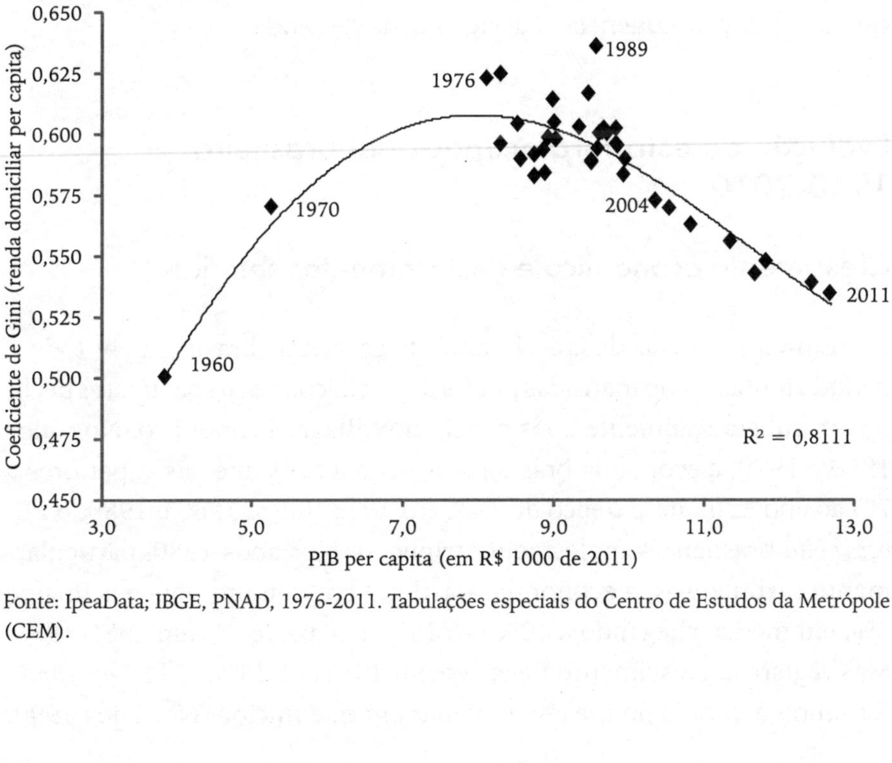

Fonte: IpeaData; IBGE, PNAD, 1976-2011. Tabulações especiais do Centro de Estudos da Metrópole (CEM).

Se a tendência observada na última década se mantiver, o Brasil poderá se tornar um caso notório de confirmação da hipótese de Kuznets. Mas, como nos lembra Galbraith (2011), a lição a ser tirada de Kuznets não é a de que o desenvolvimento cuidará, cedo ou tarde, de reduzir as desigualdades. Prova disso é o fato de que países que se desenvolveram desenhando a famosa curva que resultou em maior igualdade, como os Estados Unidos e o Reino Unido, nas últimas décadas vêm experimentando crescimento das desigualdades. A lição primordial é que a estrutura setorial e as oportunidades ocupacionais importam decisivamente para a desigualdade de renda. Se o desenvolvimento econômico leva ao aumento ou redução das desigualdades depende, em grande medida, das estratégias adotadas e dos resultados efetivamente logrados pelos países.

As próximas seções examinam como o êxodo rural formatou o mercado de trabalho urbano; como esse processo afetou a inserção ocupacional das mulheres e dos negros, pardos e indígenas, segmentos que representam cerca de metade da população do país; e, finalmente, como a expansão do setor de serviços vem reconfigurando a estrutura ocupacional e, por consequência, a desigualdade de renda.

Evolução da estrutura ocupacional brasileira: 1960-2010

Crescimento econômico e deslocamentos setoriais

Embora as taxas de crescimento da economia brasileira em todo o período tenham sido marcadas por fortes oscilações, seus patamares declinaram substancialmente após o ciclo do Milagre Econômico. Nos anos 1960 e 1970, a economia brasileira cresceu a taxas médias superiores a 7% ao ano, atingindo o pico de 14% em 1973. Entre 1960 e 1980, o PIB *per capita* brasileiro simplesmente triplicou. Nos anos 1980, particularmente turbulentos, a economia brasileira cresceu um pouco acima de 3%, em média, chegando a 10% em 1980 e mais de 7% em 1985-1986. Mas registrou crescimento negativo em 1981: -4,25%. O PIB *per capita* terminou a década no mesmo patamar em que iniciou. Nos anos 1990, o crescimento econômico declinou ainda mais, com média de 1,4% nos primeiros quatro anos e pouco mais de 2% no restante da década. Já sob o benefício da curva demográfica, o PIB *per capita* variou 5% entre 1990 e 2000, não chegando a se equiparar, contudo, ao pico atingido em 1987. Finalmente, os anos 2000 marcaram uma recuperação do crescimento, com média acima de 3% na primeira metade e superior a 4% na segunda. O resultado foi uma ampliação de 20% no PIB *per capita* (IpeaData).

A participação da indústria de transformação no PIB brasileiro cresceu continuamente no pós-guerra, atingindo seu pico em meados dos anos 1980, quando começou a declinar.[3] Entre 1960 e 2010, a participação da agricultura caiu de aproximadamente 18% para 5% do PIB. Até 1985, todo o terreno perdido pela agricultura foi deslocado para a indústria manufatureira, mantendo-se o grande setor dos serviços sempre no patamar de 50% (Pedersen, 2008). A partir de 1985, contudo, as perdas de ambos os setores (agricultura e indústria) foram transferidas para o terciário, que passou a representar cerca de dois terços do produto nacional. Esses deslocamentos são essenciais para a análise das mudanças na estrutura ocupacional.[4]

A Tabela 1 mostra os efeitos cumulativos do crescimento econômico sobre a alocação setorial da força de trabalho. O declínio da ocupação no setor primário, entre 1960 e 1991, foi intenso e até mais que proporcional ao declínio do setor no produto nacional. Até 1980, foram os setores

3 Há discrepâncias importantes na forma de medir a participação relativa dos setores econômicos no PIB brasileiro, devido a alterações metodológicas introduzidas pelo IBGE ao longo do tempo. O cálculo usual, que utiliza valores correntes, aponta que a participação da indústria teria atingido o pico de 35% em 1985, como em Pedersen (2008). Aplicando retroativamente as alterações metodológicas introduzidas na década de 1990, que ampliaram a participação dos serviços, e utilizando valores constantes de 2009, Bonelli, Pessoa e Matos (2013) concluem que, em 1985, o peso da indústria se encontrava em torno de 25%. Não obstante as discrepâncias, a trajetória é a mesma em ambos os casos: crescimento acelerado da participação industrial no PIB até meados dos anos 1970 e declínio relativo a partir de 1985. Como a partir das mudanças metodológicas de 1995 as séries históricas passam a coincidir, o ponto de chegada é consensual: em 2011 o peso da indústria se encontrava no patamar de 15%.

4 As razões para estas transformações (a crise dos anos 1980 e as reformas liberais dos anos 1990) são bem conhecidas, e escapa completamente aos objetivos deste texto discuti-las. Para um panorama da história econômica desse período, ver Fishlow (2011), Love e Baer (2009).

industriais que mais absorveram força de trabalho: sua expansão de cerca de 8 p.p. representou aproximadamente metade do que foi perdido pelo setor primário. Praticamente todos os demais setores experimentaram crescimento relativo. Especialmente representativa do movimento de diversificação setorial é a ampliação notável de serviços modernos nas áreas de finanças e negócios, por um lado, e daqueles ligados à expansão dos serviços sociais, como educação e saúde, por outro.

Tabela 1 – Distribuição da força de trabalho, segundo os grandes setores de atividade econômica (em %) – Brasil, 1960-2010

Setores de atividade econômica	1960	1970	1980	1991	2000	2010
Agricultura, pesca e pecuária	55,2	45,4	30,0	22,8	18,7	11,3
Construção civil	3,3	6,0	7,6	6,7	7,1	8,1
Indústria, mineração e utilidades públicas	10,1	12,8	17,9	16,5	14,4	14,7
Comércio, transporte, comunicação e hospitalidades	14,4	14,9	17,7	20,5	24,3	26,2
Financeiro, imobiliário e negócios	1,7	2,2	5,7	6,6	6,5	9,2
Administração pública e defesa	3,1	4,3	4,4	4,9	5,4	6,0
Educação, saúde e assistência social	2,5	4,4	6,1	8,0	9,7	10,6
Serviços domésticos	4,2	8,3	6,1	6,8	7,7	7,7
Outros serviços	5,5	1,7	4,5	7,2	6,2	6,1

Fonte: IBGE, Censos Demográficos 1960-2010. Tabulações especiais do CEM.

A transição rural-urbana

A Tabela 2 apresenta os efeitos das mudanças setoriais sobre a estrutura ocupacional, agora usando o sistema de classificação ocupacional conhecido como EGP, criado por Erikson, Goldthorpe e Portocarrero. A tabela traz ainda (últimas quatro linhas) duas agregações mais elementares, rural e urbano e manual e não manual. Finalmente, nas últimas duas colunas são apresentadas as variações entre dois grandes períodos: 1960-1991 e 1991-2010.

A parcela mais expressiva da transição rural-urbana aconteceu entre 1960 e 1991, quando, em direção favorável à hipótese de Kuznets, a

Tabela 2 – Evolução da estrutura ocupacional, classes EGP (em %)
Brasil, 1960-2010 (inclusive trabalhadores não remunerados)

	Classes EGP	1960	1970	1980	1991	2000	2010	Var. 1960 a 1991	Var. 1991 a 2010
Não manuais	Profissionais (altos)	1,5	2,4	3,1	3,9	4,8	7,4	2,4	3,5
	Profissionais (baixos)	3,8	5,2	6,0	7,5	9,1	7,0	3,8	-0,5
	Não manuais de rotina (altos)	4,9	7,3	9,2	10,0	9,7	10,1	5,1	0,1
	Não manuais de rotina (baixos)	4,0	5,8	7,6	7,4	10,9	14,6	3,5	7,2
	Proprietários e empregadores	0,8	0,8	1,8	3,1	2,7	2,0	2,3	-1,1
	Empregadores rurais	1,0	0,7	0,7	0,8	0,3	0,1	-0,2	-0,7
Manuais	Agricultura de subsistência e trabalhadores rurais autônomos	39,9	33,4	17,6	11,2	12,0	10,4	-28,7	-0,8
	Técnicos e supervisores do trabalho manual	1,8	2,5	3,4	3,4	3,4	3,3	1,6	-0,1
	Trabalhadores qualificados	17,0	17,7	23,9	24,0	24,3	24,9	7,0	1,0
	Trabalhadores semiqualificados	11,7	12,8	15,4	17,8	17,1	15,9	6,2	-2,0
	Assalariados rurais	13,6	11,3	11,2	10,9	5,8	4,3	-2,7	-6,6
	Não manual	16,0	22,4	28,4	32,7	37,3	41,3	16,7	8,5
	Manual	84,0	77,6	71,6	67,3	62,7	58,7	-16,7	-8,5
	Rural	54,5	45,4	29,5	22,8	18,1	14,8	-31,6	-8,1
	Urbano	45,5	54,6	70,5	77,2	81,9	85,2	31,6	8,1

Fonte: IBGE, Censos Demográficos 1960-2010. Tabulações especiais do CEM.

desigualdade medida pelo índice de Gini se ampliou até atingir seu patamar mais elevado. Essa transição resultou da dissolução de vastas parcelas da pequena agricultura familiar de subsistência. Esse grupo, que em 1960 respondia por quase 40% do total das ocupações no Brasil, viu-se reduzido a pouco mais de 10% em 1991. Note-se que o mesmo não aconteceu com os assalariados rurais, cuja variação negativa nesse período foi bastante modesta, nem com os empregadores rurais. A participação de ambos os grupos na estrutura ocupacional, porém, encolheu nas duas décadas mais recentes.

Paul Singer (1971) concluiu que, até 1960, o declínio das ocupações no setor primário foi relativamente lento, a despeito das taxas elevadas de crescimento da indústria. Sua explicação é que, no primeiro período de industrialização, o crescimento concentrado nos setores industriais tradicionais, como têxteis, alimentos e mobiliário, resultou na eliminação dos pequenos negócios artesanais, reduzindo muito o impacto na geração de novos postos de trabalho. Apenas com o desenvolvimento posterior de novos setores industriais (eletroeletrônicos, automóveis etc.), o setor manufatureiro passou a agregar maciçamente novos empregos, ampliando sua atração sobre a força de trabalho rural.

A explicação de Singer (1971) é certamente parte dessa história. Contudo, os fatores de expulsão do campo foram tão ou mais responsáveis pela intensidade da migração. A modernização da agricultura brasileira, intensificada a partir dos anos 1960, resultou no aumento da concentração da terra – que ocorreu pela expulsão violenta de pequenos produtores familiares nas áreas de ocupação tradicional e de populações indígenas nas fronteiras agrícolas, especialmente no Centro-Oeste e Norte –, na deterioração das condições de vida e no aumento da concentração da renda agrícola (Thiesenhusen; Melmed-Sanjak, 1990). Bresser-Pereira, por exemplo, estima que a parcela da renda rural apropriada pela metade mais pobre das famílias no campo declinou de 17% em 1960 para 15% em 1970, e 13% em 1980.[5] O Gini da terra, por sua vez, se elevou de 0,838, em 1960, para 0,853, em 1980 (Thiesenhusen; Melmed-Sanjak, 1990). Apesar disso, Denslow e Tyler calculam que o diferencial da renda média no campo e

5 Bresser-Pereira (1982), citado em Thiesenhusen e Melmed-Sanjak (1990).

na cidade tenha se reduzido ao longo dos anos 1970, como resultado das políticas de arrocho salarial praticadas pelos governos militares.[6]

Os dados de migração interna também corroboram essa periodização.[7] No intervalo 1940-1950, 10% do estoque de população rural no início da década realizaram o movimento campo-cidade; de 1950 a 1960, foram 21% dos que viviam no campo em 1950. Nas décadas de 1960 e 1970, nada menos que 31 milhões de indivíduos abandonaram o campo. Em todo o período analisado, a década de 1990 foi a única em que tanto o número absoluto quanto a participação relativa da ocupação na agricultura familiar de subsistência se ampliou.

As consequências da política educacional foram muito mais dramáticas para a população rural, condenando-a a condições extremamente desfavoráveis de inserção no mercado de trabalho urbano. O Gráfico 2 mostra a escala das desvantagens experimentadas por esse segmento da população. Em 1960 e 1970, 60% dos trabalhadores rurais jamais haviam frequentado a escola, contra 20% no meio urbano. Nesse mesmo período, apenas cerca de 10% dos trabalhadores urbanos possuíam pelo menos o fundamental completo, mas essa proporção evolui continuamente atingindo o patamar de 40% em 1991, quando no meio rural ainda era de cerca de 5%; em 2010, 70% dos ocupados urbanos haviam concluído pelo menos o nível fundamental de ensino, enquanto no campo essa proporção mal superava os 20%; nesse mesmo ano, quase 15% da força de trabalho urbana possuía superior completo, contra residuais 0,8% da rural.

Mesmo quando comparados apenas aos grupos ocupacionais manuais urbanos, os trabalhadores rurais encontram-se em considerável desvantagem. Em 1960, no grupo dos trabalhadores manuais urbanos semiqualificados, havia cerca de 50% menos indivíduos sem passagem pelo sistema escolar do que no meio rural; o grupo dos trabalhadores manuais qualificados tinha um terço da proporção de indivíduos sem escolaridade; e os técnicos e supervisores industriais, apenas um sexto, quando comparados aos rurais. A hierarquia entre esses grupos é muito marcada e

6 Denslow e Tyler (1984), citados em Thiesenhusen e Melmed-Sanjak (1990).

7 Consultar, neste volume, o capítulo "A migração interna no Brasil nos últimos cinquenta anos: (des)continuidades e rupturas" (p.279), de José Marcos Pinto da Cunha.

Gráfico 2 – Trabalhadores ocupados, segundo nível de instrução e setor de ocupação – Brasil, 1960-2010

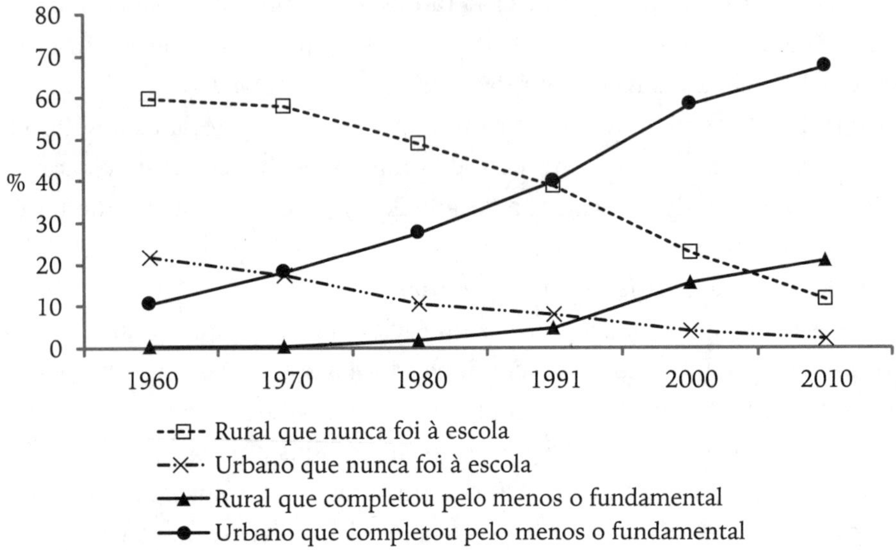

Fonte: IBGE, Censos Demográficos 1960-2010. Tabulações especiais do CEM.

permanece mais ou menos inalterada no tempo. Esses dados reforçam a tese compartilhada pela literatura de que os migrantes rurais, na sua maioria, compuseram o estrato mais baixo das ocupações urbanas, com muito menos chances de se beneficiar das oportunidades criadas pela industrialização.[8] A partir de meados dos anos 1980, quando o ciclo de industrialização já perdera o fôlego, as melhores oportunidades de mobilidade ascendente se deslocaram para nichos de ocupações em serviços para os quais os requisitos educacionais tendem a ser mais elevados do que o ensino fundamental.

O segmento dos trabalhadores semiqualificados (a categoria urbana mais baixa, cujos dois grupos predominantes são o emprego doméstico e o comércio ambulante) cresceu 60% entre 1960 e 1991, passando de 11,7% para 18,5% do total de ocupados (Tabela 2); os trabalhadores qualificados (reduto do trabalho na construção civil e dos ofícios e ocupações

8 Para uma discussão mais abrangente e comparativa sobre os efeitos da migração rural-urbana sobre a estratificação urbana, ver Koo (1978).

industriais mais tradicionais, como alfaiates e tecelões) aumentaram quase 70% (de 17% para 25%), enquanto o grupo dos técnicos e supervisores (que concentra o operariado de mais alta qualificação, ligado às indústrias modernas), não obstante haver duplicado sua participação relativa nesse primeiro período, não chegava a representar 4% do emprego total em 1991, patamar em que se mantém até 2010.

Desigualdade e diferenças de cor

O Gráfico 3 permite observar como o legado da colonização e da escravidão e a posterior marginalização dos grupos raciais não europeus se projetam sobre a hierarquia da estrutura ocupacional brasileira. A população negra, parda e indígena será tratada aqui como um único grupo: não brancos. Sua concentração no meio rural ajuda a explicar por que seu crescimento foi mais rápido do que o da população branca (o declínio da fertilidade é mais lento no campo e entre os mais pobres do que nas

Gráfico 3 – Participação de não brancos na força de trabalho, segundo grupos ocupacionais EGP – Brasil, 1960-2010

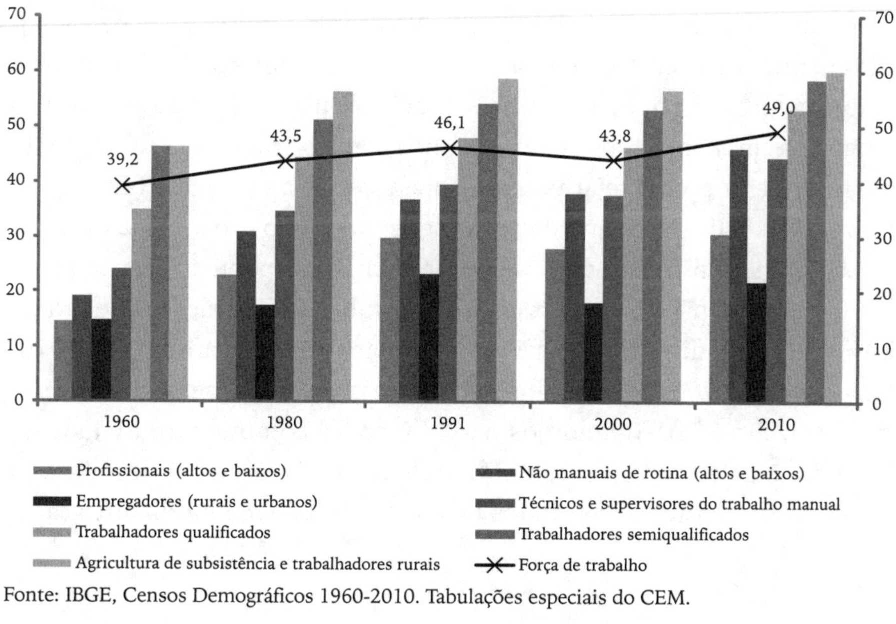

Fonte: IBGE, Censos Demográficos 1960-2010. Tabulações especiais do CEM.

cidades e entre os mais ricos); por consequência, tal população está sobrerrepresentada nas ocupações manuais mais baixas e sub-representada nos demais grupos ocupacionais. Entre 1960 e 2010, a participação de não brancos na força de trabalho ampliou-se em cerca de 10 p.p., de 40% para 50%. Entre os trabalhadores rurais, sua participação era 7% superior ao seu peso na força de trabalho total em 1960, aumentando para 12,5% nas décadas de 1980 a 2000. Em 2010, os não brancos representavam quase dois terços da força de trabalho empregada no setor primário, cuja renda do trabalho é a mais baixa de todas, exceto para empregadores.

Esses números indicam que o processo de urbanização mobilizou mais que proporcionalmente a população rural branca. Para tal, pesaram razões de ordem geográfica – a industrialização foi muito concentrada no Sul e Sudeste, onde a participação de imigrantes europeus é elevada – e histórica – as levas de imigração no final do século XIX e primeiras décadas do século XX já se dirigiam para os centros urbanos, compondo os estratos de operários mais qualificados, de trabalhadores não manuais e de empresários (Barbosa, 2008).

Entre as ocupações urbanas, o único grupo em que os não brancos exibiam sobrerrepresentação em 1960 era o dos manuais semiqualificados (segmento dominado por domésticas e ambulantes), participação que se acentuou ao longo de todo o período. Nos demais grupos, sua participação era inferior a seu peso na força de trabalho. Com exceção do grupo de empregadores, em que a sub-representação de não brancos se ampliou ao longo dos cinquenta anos em estudo, nos demais grupos sua participação melhorou em termos relativos, mas obedecendo a uma clara hierarquia. Entre os trabalhadores qualificados (segundo grupo urbano mais baixo), os não brancos ultrapassaram seu peso relativo na população ativa já em 1970; entre os não manuais de rotina, a sub-representação, que era de 20% em 1960, diminuiu continuamente até quase se anular em 2010. Mas, nas ocupações de mais alta instrução e prestígio, a melhora foi muito modesta. Em 2010, quando os não brancos já compunham metade da força de trabalho total, representavam apenas cerca de 30% desse grupo e estavam bastante concentrados nas profissões de menor qualificação.

Desigualdade e diferenças de gênero

O Gráfico 4 apresenta dados sobre a participação feminina na força de trabalho, um terceiro aspecto estrutural de grande importância. Pelo menos para efeitos estatísticos, esta é significativamente menor nas atividades rurais do que nas urbanas.[9] A transição rural-urbano foi o elemento-chave para o crescimento da inserção feminina no mercado de trabalho. Mesmo assim, a participação feminina tendeu a ser de duas a três vezes maior entre os ocupados na agricultura familiar do que entre os assalariados rurais – estes últimos, pelo menos conceitualmente, já integrados ao mercado. Por outro lado, a participação feminina nas ocupações manuais urbanas já era de cerca de 30% em 1960, patamar só atingido no total da população economicamente ativa (PEA) em 1991.

No universo das ocupações manuais, as mulheres ocuparam maciçamente as posições mais baixas. O emprego industrial moderno era e permanece sendo um reduto masculino. Em 1960, praticamente todo o grupo de técnicos e supervisores do trabalho manual era composto de homens (mais de 95%) e, ao longo das cinco décadas em análise, a participação feminina nesse segmento aumentou lentamente, não chegando a 15% em 2010. Entre os trabalhadores manuais qualificados (construção civil, artesãos e operários em indústrias mais tradicionais), a participação feminina é inferior ao seu peso relativo na PEA, e diminuiu ao longo do tempo. O reduto feminino entre as ocupações manuais foi e continua sendo o trabalho doméstico, com participação cerca de três vezes maior do que seu peso relativo na PEA.

Diferentemente da população não branca, as mulheres estão distribuídas igualmente entre as classes sociais e progrediram mais rapidamente do que os homens em termos educacionais, o que lhes garantiu presença mais significativa no universo das ocupações não manuais. Mas, de forma análoga ao que se passa com os não brancos, elas tenderam a se concentrar mais que proporcionalmente em ocupações de menor qualificação e

9 É muito provável que a contribuição feminina para o trabalho rural, em particular na agricultura familiar, seja ocultada pela sobreposição entre trabalho doméstico e trabalho propriamente produtivo.

Gráfico 4 – Participação feminina na força de trabalho, segundo grupos ocupacionais EGP – Brasil, 1960-2010

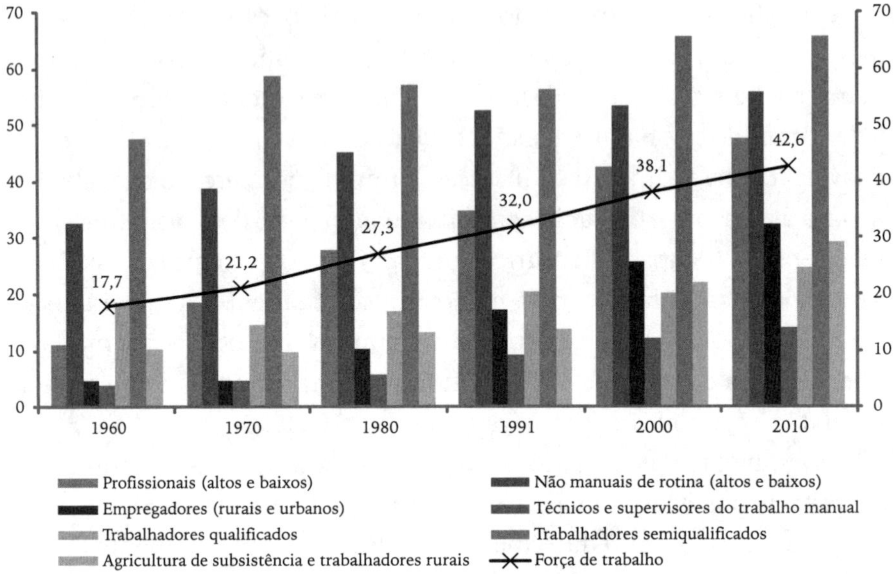

Fonte: IBGE, Censos Demográficos 1960-2010. Tabulações especiais do CEM.

remuneração, principalmente as não manuais de rotina, que englobam uma vasta gama de profissões nos serviços mais elementares (vendedoras, balconistas, cozinheiras, arrumadeiras, passadeiras, telefonistas, recepcionistas e caixas), assim como nas ocupações de escritório, de maior qualificação (secretárias, datilógrafas, assistentes administrativas e contábeis) e dos serviços sociais (assistentes de ensino, pré-escola e professoras das primeiras séries do ensino fundamental). Nessas ocupações, a participação das mulheres em relação ao seu peso no total da população ocupada ampliou-se de cerca de 15% em 1960 para mais de 20% em 1991, recuando a partir daí até, em 2010, ficar um pouco abaixo do patamar de 1960.

Entre as ocupações profissionais de mais alta qualificação e prestígio, as mulheres sempre tiveram participação significativa e, a partir de 1980, passaram a representar parcela superior ao seu peso relativo no total da população ocupada, o que se explica principalmente pela expansão dos serviços sociais. Os principais nichos do trabalho feminino com requisitos educacionais mais elevados correspondem às áreas de educação (professoras dos vários níveis de ensino) e saúde (auxiliares de enfermagem, parteiras e enfermeiras). Elas também têm participação relevante em ocupações como jornalistas, arquitetas, artistas, gerentes e administradoras, psicólogas e médicas, mas nessas áreas não chegam a ser predominantes. Já na maior parte das profissões científicas e tecnológicas (como engenharia, agronomia, matemática, física e análise de sistemas), nas altas carreiras do Judiciário, nas altas funções de comando empresarial e entre os empregadores, a participação feminina, embora tenha crescido ao longo do período, foi sempre muito inferior ao seu peso relativo na força de trabalho e, principalmente, em relação ao seu peso no agregado das ocupações profissionais.

Grosso modo, o processo de inserção das mulheres no mercado de trabalho segue um padrão concentrado em um arco mais restrito de ocupações do que os homens. No extremo de baixo, ainda em 2010, quase 8% do emprego estava nos serviços domésticos (nos quais as mulheres são mais de 80% dos ocupados). Já no polo superior, das profissionais de nível técnico e superior, a expansão dos serviços sociais criou mercados de maior qualificação tipicamente femininos.

Desigualdade e diferenças quanto aos direitos trabalhistas e sociais

Um aspecto central para a conformação das desigualdades provém da seletividade com que a legislação trabalhista e os direitos sociais foram aplicados pelo Estado brasileiro aos diversos segmentos sócio-ocupacionais. É bastante conhecido o fato de que a regulamentação do trabalho e a montagem do aparato de bem-estar social no Brasil seguiram o modelo corporativo de cobertura seletiva de categorias profissionais legalmente reconhecidas, aquelas inseridas nos nichos de atividades mais modernas e estruturadas (o operariado da grande indústria, os operadores dos sistemas de transportes e os funcionários das instituições financeiras) e, acima de tudo, os servidores públicos (Draibe, 2007; Haggard; Kaufman, 2008). O assalariamento se ampliou rapidamente entre 1960 e 1980, englobando perto de 70% do total de ocupados, patamar que só volta a exibir tendência ascendente a partir de 2000. Mas, ainda em 2010, cerca de um quarto dos ocupados trabalhava de forma autônoma ou por conta própria, o que constitui historicamente um dos principais redutos do trabalho informal, vale dizer, não coberto pelas leis trabalhistas nem pelos direitos de proteção social. A condição de assalariado, por si só, nunca foi garantia de um contrato formal de trabalho. Em atividades como a construção civil, nas empresas industriais e de serviços de menor porte, no emprego rural e, sobretudo, no emprego doméstico, as taxas de informalidade sempre foram muito elevadas.

É muito difícil estimar o quanto o contrato formal amplia a renda dos que o possuem *vis-à-vis* os que não o têm. Mas ele traz consigo um amplo universo de direitos e benefícios, que vem se ampliando ao longo do tempo: diversas formas de renda indireta (como o salário-família e os subsídios para alimentação e transporte), compensações diante de demissões imotivadas (FGTS), seguro-desemprego, seguros privados de saúde, proteção contra a impossibilidade transitória ou permanente de trabalho causada por doenças ou acidentes, além do direito à representação sindical.[10]

Infelizmente, a informação sobre a contratação formal não é adequadamente registrada nos Censos e, por essa razão, serão utilizados dados das PNADs. Embora o contrato formal de trabalho aplique-se apenas à relação de assalariamento, empregadores e trabalhadores autônomos também podem contribuir para a previdência social. Assim, na Tabela 3, a proporção de vínculos formais de trabalho corresponde à soma dos indivíduos com contrato de assalariamento formal e os que contribuem para o sistema nacional de previdência social.

Mesmo com essa definição dilatada de formalidade, somente no final dos anos 2000 a parcela formal dos empregos atingiu a metade do total de ocupados. À oscilação negativa do início dos anos 1980 e fim dos anos 1990, a taxa de formalidade apresenta tendência contínua de crescimento a partir de meados dos anos 2000; em 2011, representava 55% do total de vínculos ocupacionais, provavelmente a maior taxa da história, mas ainda muito distante da universalização dos direitos trabalhistas e sociais sem a

---

10 Uma das teses centrais de Esping-Andersen (1985b) para a expansão do *welfare state* é a de que foram esses mecanismos de desmercantilização parcial da força de trabalho que permitiram aos trabalhadores se organizar e pressionar os patrões e o Estado na direção de uma melhor distribuição da renda.

Tabela 3 – Proporção do emprego formal, segundo as classes ocupacionais EGP (em %) – Brasil, anos selecionados das PNADs

Classes EGP	1981	1992	2001	2006	2007	2008	2009	2011
Profissionais (altos)	79	85	76	75	76	76	79	81
Profissionais (baixos)	70	78	68	48	50	50	53	55
Não manuais de rotina (altos)	76	84	76	76	77	77	78	81
Não manuais de rotina (baixos)	60	54	50	58	60	59	62	71
Proprietários e empregadores	89	76	64	63	61	59	61	70
Empregadores rurais	34	27	21	24	28	22	28	30
Agricultura de subsistência e trabalhadores rurais autômos	5	2	2	4	4	3	4	5
Técnicos e supervisores do trabalho manual	85	73	58	63	64	75	73	77
Trabalhadores qualificados	63	50	45	48	49	51	51	55
Trabalhadores semiqualificados	37	35	37	38	38	38	39	43
Assalariados rurais	12	24	27	32	34	36	33	38
Total	**46**	**43**	**43**	**46**	**47**	**48**	**50**	**55**

Fonte: IBGE, PNADs 1981-2011. Tabulações especiais do CEM.

qual dificilmente se poderá falar em redução estrutural das desigualdades sociais num sentido mais amplo.

As razões dessa mudança são múltiplas, e é muito difícil isolá-las umas das outras. A queda da taxa de fecundidade, associada ao aumento no tempo de permanência das crianças e jovens na escola,[11] certamente está entre as mais relevantes, pois reduz o número absoluto de jovens que pressionam o mercado de trabalho. Da mesma forma, o declínio da população rural e a consequente redução nos contingentes migratórios campo-cidade limitam o fluxo da maior fonte de alimentação dos estratos ocupacionais mais baixos. Fenômeno análogo se passa com a participação feminina, que, depois de atingir patamar relativamente elevado, tende a crescer mais lentamente.

11 Sobre as transformações demográficas, ver Rodríguez Wong e Carvalho (2006). Para uma análise da evolução dos indicadores educacionais no Brasil das últimas três décadas, ver Rios Neto et al. (2010).

Essas macrotendências afetaram a estrutura ocupacional e se somaram, no período 2000 a 2010, à aceleração do crescimento econômico, para aumentar a formalização do trabalho. As categorias ocupacionais que mais encolheram em termos relativos, a partir de 1991, são: trabalhadores rurais, trabalhadores semiqualificados, ocupados na agricultura de subsistência, empregadores rurais e profissionais de menor qualificação (Tabela 2). Com exceção da última, estas são também as categorias com os menores níveis de formalização do emprego (Tabela 3). Além disso, observa-se contínua formalização do emprego entre os trabalhadores rurais, cuja proporção mais que triplica entre 1981 e 2011, conquanto permaneça ainda entre as mais baixas. Comportamento semelhante se observa entre os trabalhadores semiqualificados, embora seu ponto de partida tenha sido bem mais elevado e a progressão, bem menos acentuada. Já os profissionais de alto nível e os trabalhadores não manuais de rotina de menor qualificação estão entre as categorias que apresentam as mais altas taxas de formalização nos últimos dois intervalos censitários. Em suma, o progressivo encolhimento da base da pirâmide ocupacional, densa em ocupações de baixa qualificação, e a transferência gradativa da mão de obra principalmente para os dois polos das ocupações não manuais (profissionais de alta qualificação e não manuais de rotina de baixa qualificação) induzem a ampliação da parcela formalizada do emprego e colaboram para a redução geral da desigualdade, não apenas da renda direta, mas também de direitos que envolvem rendas indiretas.

Desigualdades de renda e os efeitos da transição para os serviços

A hierarquia das rendas entre os grandes agregados ocupacionais é mostrada na Tabela 4, em que a renda média de todos os ocupados com renda assume o valor 1, e a renda dos diferentes grupos ocupacionais é calculada como a proporção relativa a este valor. Assim, por exemplo, em 1960, os altos profissionais recebiam em média 4,4 vezes o valor do rendimento médio de todos os ocupados remunerados, enquanto os assalariados agrícolas ganhavam o equivalente a apenas 40% deste mesmo valor. É importante dizer que, como se trata de agregados grandes e relativamente heterogêneos internamente, as médias são medidas grosseiras; mas, mesmo assim, a hierarquia entre os grupos é muito marcada e estável no tempo, servindo como uma aproximação das desigualdades entre eles.

A renda média aumentou substancialmente no período do milagre econômico, mais do que dobrando em valores monetários atualizados. Mas sofreu um recuo de cerca de 15% na década de 1980, quando a inflação dispara. Recuperou-se lentamente nas duas décadas seguintes. Em 2010, a renda média se encontrava num patamar apenas cerca de 5% superior ao de 1980.

Tabela 4 – Relação entre a renda dos grupos ocupacionais EGP e a renda média geral do trabalho principal – Brasil 1960-2010[12]

Classes EGP	1960	1970	1980	1991	2000	2010
Profissionais (altos)	4,4	5,4	4,2	3,7	3,2	2,9
Profissionais (baixos)	2,1	2,3	2,0	1,7	1,6	1,6
Não manuais de rotina (altos)	1,7	1,5	1,0	1,0	1,0	1,0
Não manuais de rotina (baixos)	1,1	0,8	0,8	0,7	0,6	0,7
Proprietários e empregadores	4,5	5,8	4,3	3,9	5,0	3,9
Empregadores rurais	3,0	3,2	3,8	2,6	4,9	4,8
Agricultura de subsistência e trabalhadores rurais autônomos	0,6	0,5	0,6	0,5	0,5	0,5
Técnicos e supervisores do trabalho manual	1,7	1,6	1,5	1,4	1,2	1,2
Trabalhadores qualificados	1,1	0,9	0,8	0,8	0,7	0,7
Trabalhadores semiqualificados	0,7	0,6	0,5	0,5	0,4	0,5
Assalariados rurais	0,4	0,4	0,3	0,3	0,3	0,4
Renda relativa (média geral = 1)	1,0	1,0	1,0	1,0	1,0	1,0
Renda média (em R$ de junho de 2012)	R$ 617,04	R$ 749,46	R$ 1.349,99	R$ 1.147,19	R$ 1.350,83	R$ 1.424,58

Fonte: IBGE, Censos Demográficos 1960-2010. Tabulações especiais do CEM.

12 A variável renda no Censo de 1960 é categórica, e não contínua. Assim, para o cálculo dessa razão, tomamos o ponto médio de cada faixa de renda como uma estimativa de valor pontual para as ocupações. Outra limitação está ligada ao fato de que, nos Censos de 1960 e 1970, as variáveis de renda referem-se à quantia recebida pelo indivíduo advinda de todas as fontes (salários, aposentadorias, aluguéis etc.) – ou seja, não se refere apenas ao rendimento do trabalho. Ainda assim, trata-se de uma boa aproximação, tendo em vista que tomamos apenas as pessoas ocupadas (para as quais a renda do trabalho representa mais de 80% dos ganhos mensais).

A despeito das variações na renda, as ocupações manuais de menor qualificação mantiveram relação bastante estável com a renda média: os assalariados rurais, categoria de menores rendimentos, ganharam cerca de 30% a 40% da renda média ao longo de todo o período; os agricultores de subsistência, em torno de 50%, patamar muito semelhante ao dos trabalhadores manuais semiqualificados. As categorias que reúnem o operariado fabril, trabalhadores manuais qualificados e técnicos e supervisores, que dispunham de uma vantagem muito grande em relação às demais ocupações manuais, perderam terreno ao longo do tempo, principalmente a partir de 1980, quando o setor industrial perdeu dinamismo.

Na contramão do que acontecia com as ocupações manuais, entre 1960 e 1970, as ocupações no topo da hierarquia ocupacional, profissionais de maior e menor qualificação e os empregadores rurais e urbanos experimentaram ganhos em relação à renda média. A partir de então, a categoria dos altos profissionais se expandiu substancialmente, absorvendo a oferta crescente de mão de obra de nível médio e superior, presumivelmente tornando-se mais heterogênea. Apresentou tendência contínua de declínio relativo da renda do grupo como um todo em relação à renda média geral. Nos anos 1990, quando as condições do mercado de trabalho se deterioram acentuadamente, as únicas categorias que experimentam ganhos relativos de renda foram os empregadores, rurais e urbanos. Estes últimos viram esses ganhos relativos desaparecerem na última década. Os empregadores rurais, contudo, tiveram ganhos expressivos, evidência de que a melhora de produtividade da agricultura brasileira contribuiu para o aumento, antes que para a redução, da desigualdade de renda.

O forte declínio da participação dos dois grupos de trabalhadores rurais – os mais pobres de todos na estrutura ocupacional no período 1960-1991 (Tabela 2) – resultou principalmente no crescimento das categorias manuais mais baixas, com rendimentos apenas um pouco superiores. A partir de 1991, o encolhimento do grupo de assalariados rurais (de 11,2% para 4,6% do total dos ocupados) e o decréscimo mais modesto dos trabalhadores manuais semiqualificados foram compensados pelo crescimento das categorias não manuais, com destaque para os profissionais de alta qualificação e os trabalhadores não manuais de rotina de menor qualificação; juntos, passaram de 11,6%, em 1991, para 23,1%

do total de ocupados, em 2010. Há, portanto, um claro deslocamento para cima da estrutura ocupacional.

É importante observar que a expansão do setor de serviços no Brasil (diferentemente do que aconteceu nos países desenvolvidos) pelo menos até aqui não vem se fazendo *principalmente* à custa do emprego industrial, mas, sim, das ocupações na agricultura e, em menor grau, daquelas manuais de muito baixa qualificação. Esses deslocamentos colaboram para a redução das desigualdades de renda. Certamente o que impediu que essa tendência se manifestasse já na década de 1990 foi a estagnação econômica, o que gerou poucos empregos, concentrados principalmente no setor informal. Na última década, a intensa geração de empregos – de tipo formal – favoreceu a convergência das tendências estruturais apontadas com as políticas de distribuição de renda, em particular a valorização do salário mínimo.

A expansão das ocupações não manuais em serviços ocorre em dois polos da estrutura ocupacional: profissionais de alta qualificação e não manuais de rotina de baixa qualificação. Enquanto o crescimento relativo desses setores se der à custa da participação das ocupações manuais de muito baixa qualificação (e ainda há muito espaço para isso), o resultado muito provavelmente favorecerá a queda da desigualdade. Mas, num cenário hipotético de baixo crescimento prolongado, em que o encolhimento do emprego manual vier a se concentrar nos setores de maior produtividade, nomeadamente o industrial – como vem acontecendo em muitos países desenvolvidos –, a expansão dos serviços pode resultar em um novo tipo de polarização, em que a recompensa pelos ganhos educacionais duramente galgados pelos mais pobres não se confirme.

Conclusões

O processo de urbanização é o grande divisor de águas na trajetória de desenvolvimento das nações. A diversificação das atividades econômicas e a elevação da produtividade que acompanham esse processo, longe de apagar as estruturas sociais preexistentes, se constroem sobre elas e são por elas profunda e duradouramente influenciadas. Por isso, a pretensão de universalidade de muitas das explicações econômicas para o processo de modernização capitalista se vê frustrada quando confrontada com a diversidade de experiências concretas.

No Brasil, o passado colonial e escravista produziu uma sociedade agrária excepcionalmente polarizada e desigual, não apenas quando comparada às sociedades camponesas europeias, mas também a áreas de colonização na África, no Oriente Médio e na Ásia. A trajetória de modernização brasileira não rompeu com a estrutura agrária preexistente, nem com o regime de exploração do trabalho. O aparato de regulação do mercado de trabalho e de provimento de serviços sociais (particularmente a educação) discriminou intensamente a população rural. A extensão dos direitos trabalhistas e sociais para os trabalhadores rurais (preconizada pela Constituição de 1988) segue em marcha muito lenta. A principal inovação das últimas décadas foi a introdução de políticas de transferência condicional de renda, nomeadamente o Bolsa Família. Não obstante a relevância desse tipo de política para a redução da pobreza, seu impacto sobre as condições de inserção ocupacional da força de trabalho adulta é muito limitado.

Nas primeiras décadas do período aqui analisado, esse segmento constituía a maioria da força de trabalho; seu deslocamento massivo para as cidades expôs uma população majoritariamente analfabeta com oportunidades muito limitadas de inserção ocupacional. O trabalho doméstico, o comércio ambulante, as ocupações braçais na construção civil, na pequena indústria tradicional, no comércio e em serviços informais cresceram com a urbanização e constituem ainda hoje parte significativa das ocupações existentes. A ampliação gradual da escolaridade dessa força de trabalho pode até resultar em melhorias na produtividade e renda em alguns nichos, que podem vir a gerir melhor seus negócios. Mas, em vários outros, como o do trabalho doméstico, os ganhos de escolaridade dificilmente se traduzem em ganhos de produtividade com repercussões sobre a renda. Nesses casos, o aumento da renda depende da escassez relativa da oferta de trabalho. Porém, a elasticidade da renda de trabalhadores domésticos ou de prestadores de serviços em domicílio será sempre condicionada pela disponibilidade de renda das famílias, e não diretamente por sua produtividade, como na atividade industrial.

Embora o setor industrial represente ainda uma fatia expressiva das oportunidades de melhor renda e de formalidade (muito mais para os homens do que para as mulheres), os nichos ocupacionais de maior qualificação são bastante limitados e também se tornam cada vez mais seletivos.

Os nichos ocupacionais que mais cresceram em termos relativos nas últimas décadas concentram-se, em primeiro lugar, nas atividades não manuais de rotina de menor qualificação (comércio, serviços de alimentação e hospitalidade e serviços burocráticos). São ocupações cujos rendimentos não diferem muito daqueles das ocupações manuais qualificadas, mas exibem patamares muito mais elevados de formalização. Em segundo lugar, cresceu o grupo dos profissionais de alta qualificação, ligados aos serviços sociais, às atividades científicas e tecnológicas, à administração de negócios e ao aparato do Estado. Esse crescimento está ligado à expansão do ensino superior, que se acelerou expressivamente nos últimos quinze anos, em que pesem as deficiências na qualidade do ensino e a desigualdade no acesso às melhores instituições e carreiras. Assim, como tendência geral, o aumento do emprego nas ocupações não manuais beneficiou simultaneamente os grupos ocupacionais de renda e qualificação mais baixos e mais altos. Embora o deslocamento de força de trabalho para os estratos não manuais represente mudança qualitativa importante e em muitos sentidos positiva, ele não necessariamente induz à redução das desigualdades no longo prazo, como a trajetória recente de países desenvolvidos atesta.[13]

A redução das desigualdades, no que diz respeito à dinâmica da estrutura ocupacional, continuará ainda dependendo do encolhimento dos estratos manuais de baixa qualificação. Essa tem sido a tendência, mas ela ainda se deve principalmente ao declínio do trabalho rural, reduzido a cerca de 10% do total das ocupações, em 2010. Esse segmento não representa muito mais do que os quase 8% de trabalhadoras ocupadas em serviços domésticos, grupo que, entretanto, não exibiu tendência de encolhimento. Assim, o esvaziamento do campo, que no início do período aqui estudado resultou na ampliação das desigualdades (a parte ascendente da

13 Para uma discussão sobre a tendência à polarização nas economias avançadas de serviços, ver Sassen (2001).

curva de Kuznets), desde a última década vem colaborando para sua redução (confirmando a "esperada" reversão da curva). Para esse resultado, foram fundamentais a mudança demográfica, a retomada do crescimento econômico e as políticas distributivas pelo mercado de trabalho (salário mínimo, especialmente) e pela distribuição direta da renda (Bolsa Família, aposentadorias e benefícios não contributivos). Daqui para a frente, porém, mesmo que o emprego no setor primário continue a encolher, o efeito de eliminação destes que são os piores postos de trabalho sobre a estrutura ocupacional será cada vez mais marginal. No universo urbano, a parcela das ocupações manuais de baixa qualificação – consequentemente, de baixa renda e baixa formalização – ainda é vasta, e só deu mostras de começar a encolher na última década, embora muito timidamente. Tratando-se de uma força de trabalho de baixa escolaridade média e em sua maioria já adulta, suas chances de mobilidade ocupacional ascendente, na ausência de iniciativas mais ousadas de políticas de capacitação e geração de oportunidades, são limitadas.

O crescimento econômico – e os setores de atividade que prevalecerão – continuará sendo condição indispensável, mas não suficiente, para a manutenção da tendência à redução da desigualdade observada na última década. Como já suspeitava Kuznets, a mudança estrutural é fundamental para explicar a curva da desigualdade, mas as decisões políticas que limitaram a acumulação de renda no topo foram fundamentais para produzir a segunda perna da curva, que marca o declínio da desigualdade. Assim, no campo das políticas distributivas e sociais, o Brasil terá que fazer mais e melhor se quiser que sua curva de Kuznets não seja meramente um sucesso da teoria, mas sim uma vitória contra o seu próprio passado.

14
Mercado e mercantilização do trabalho no Brasil (1960-2010)[1]

Nadya Araujo Guimarães[2]
Leonardo Sangali Barone[3]
Murillo Marschner Alves de Brito[4]

Os últimos cinquenta anos foram decisivos para a reconfiguração do mercado de trabalho no Brasil. Os indivíduos que antes encontravam sua sobrevivência no trabalho agrícola passaram a obtê-la em atividades industriais e de serviços, em espaços urbanos crescentemente concentrados. A composição da população economicamente ativa (PEA) alterou-se de maneira significativa, com uma inflexão célere do engajamento feminino no mercado de trabalho, processo correlato à notável queda na fecundidade e às mudanças nos padrões de família e de organização das unidades domésticas. A qualificação da força de trabalho também se alterou; ganhos de escolaridade da população engajada no mercado caminharam paralelamente à retração do trabalho de crianças e adolescentes. Finalmente, a experiência do desemprego de massa, configurada a partir dos anos 1980

1 Agradecemos a leitura cuidadosa e as ideias instigantes vindas de André Portela de Souza, Claudio Amitrano e Marta Arretche, comentaristas principais deste capítulo, bem como à equipe de suporte metodológico coordenada por Rogério Barbosa, ele mesmo um interlocutor constante.
2 Professora do Departamento de Sociologia da FFLCH/USP.
3 Doutor em Administração Pública e Governo pela FGV-SP.
4 Professor do Departamento de Educação da PUC-RJ.

como um fenômeno socialmente relevante, sinalizou que a sobrevivência passara a ser jogada no mercado.

Diante dessa multiplicidade de processos, expressão das intensas transformações na estrutura do mercado de trabalho no Brasil, este capítulo procura demonstrar que os últimos cinquenta anos marcaram, entre tantas mudanças significativas, a consolidação da *mercantilização do trabalho* no Brasil.

Focalizar o processo de mercantilização do fator trabalho equivale a descrever e explicar a propensão dos indivíduos a buscar sua sobrevivência no mercado. Interessa aqui entender o movimento pelo qual a *oferta potencial de trabalho* – formada pelos indivíduos socialmente considerados aptos por sua idade – se transforma em *oferta efetiva de trabalho* – composta pelas pessoas economicamente ativas, sejam ocupadas ou desempregadas.

Indagar-se sobre o processo de mercantilização do trabalho deixa entrever a complexidade da formação de um mercado no qual se encontram compradores e vendedores de trabalho. Vale dizer, mesmo estando os trabalhadores formal e universalmente livres para se ofertarem no mercado desde fins do século XIX, mesmo estando consolidadas as regras de regulação da relação assalariada com a legislação trabalhista outorgada na primeira metade do século XX, e mesmo estando a dinâmica econômica organizada em bases mercantis capitalistas e crescentemente globalizada a partir da segunda metade do XX, a propensão dos trabalhadores a buscarem sua sobrevivência no mercado de trabalho não responde a qualquer automatismo, seja jurídico ou econômico. Ao contrário, reflete como uma construção normativa – do trabalho e dos direitos – é socialmente assimilada e reconfigura, gradualmente, a operação deste mercado.

Duas preliminares merecem ser destacadas. Em primeiro lugar, as desigualdades que operam no processo de mercantilização do trabalho têm um caráter específico, que não se projeta, nem é redutível aos resultados posteriormente alcançados. Assim, se a probabilidade de encontrar uma ocupação ou receber remuneração mais elevada está condicionada à presença e perfil de outros indivíduos, competidores por posições e salários no mercado, o mesmo não se passa com o movimento de ingresso ao mercado. Barreiras, se existem, decorrem das construções normativas que, em cada sociedade, nos diferentes momentos do tempo, estabelecem quem são aqueles que podem oferecer seu trabalho no mercado. Aqui será tratado um desses momentos: o de oferecer-se no mercado.

Como segunda preliminar, vale lembrar que muitas são as variáveis que afetam a compulsão à busca da sobrevivência pela via do mercado. Neste capítulo, serão abordadas três ordens delas, compreendendo:

- características individuais: idade e escolaridade (e a maior ou menor senioridade e experiência a elas associadas, atributos com elevado valor de mercado); ou sexo e condição racial (atributos que não deveriam ter valor de mercado, muito embora o tenham); ou posição na família (e as responsabilidades de provimento da sobrevivência de dependentes, as quais, sendo socialmente esperadas, constrangem os indivíduos à ida ao mercado de trabalho);
- características do grupo domiciliar (tamanho e peso relativo dos que nele são econômica e socialmente dependentes) e que determinam a maior ou menor urgência do rendimento a ser obtido no mercado;
- contextos em que se vive e se compete (se urbano ou rural; e em que região do país), que sinalizam para a maior ou menor atratividade do mercado em que se está a ingressar.

Nenhuma dessas variáveis importará por si só, mas sim por sua capacidade de nos fazer entender como cresce e se diferencia, ao longo do tempo, essa oferta efetiva de trabalho.

O capítulo se estrutura em quatro seções. A primeira, denominada "Pistas", procura recolher evidências da magnitude dessas mudanças. Por um lado, observa o modo pelo qual a literatura sociológica percebeu as transformações que ocorriam, seja no nosso ponto de partida (anos 1960), seja no nosso ponto de chegada (anos 2000). Por outro, avalia o impacto desses novos processos na concepção das estatísticas censitárias; assume-se que, na esteira das sucessivas alterações nas formas de medir os fenômenos, que atualizaram estruturas classificatórias e categorias censitárias, se inscrevem pistas indeléveis das mudanças em curso.

A segunda seção, denominada "Inflexões", descreve o processo de mercantilização do trabalho tal como flagrado pelos dados dos recenseamentos realizados entre 1960 e 2010. Pelo menos duas inflexões são acompanhadas nessa segunda seção. Em primeiro lugar, identificam-se os segmentos sociais que recorreram crescentemente ao mercado e nele buscaram as condições da sua sobrevivência. Em segundo, é mapeada a diversidade das relações sociais de trabalho sob as quais os indivíduos se incorporaram à atividade econômica; tal diversidade conferiu ao mercado brasileiro de trabalho uma configuração institucional historicamente peculiar, visto que, embora assentado em bases capitalistas, nele não se generalizou a relação assalariada de emprego ao mesmo tempo que se ampliava a oferta efetiva de trabalho, tal como ocorreu nos países que serviram de arquétipo às interpretações consagradas sobre o trabalho no capitalismo.

A terceira seção, "Determinantes do engajamento e desigualdades", busca testar modelos estatísticos para identificar diferenças na propensão a recorrer ao mercado de trabalho no período analisado, explorando alguns fatores determinantes da variação nessa propensão. Isso permitirá, na última seção, integrar, de maneira conclusiva, os vários movimentos da análise.

Pistas

Ampla literatura sociológica explorou as especificidades do mercado brasileiro de trabalho. Particular atenção foi prestada, por um lado, à sua marcada heterogeneidade (dado o modo pelo qual os indivíduos nele se engajavam) e, por outro, à sua abrangência, inicialmente reduzida (tendo em vista a proporção dos incorporados e, em especial, a exclusão dos trabalhadores rurais).

Não cabe aqui uma exaustiva revisão de tal literatura. Assim, sistematizamos, na forma de pistas, algumas dessas sugestões, com inegável dose de arbitrariedade, em dois momentos-chave: um ponto de partida (anos 1960) e um ponto de chegada (anos 2000). Se for correto supor que nesse período consolida-se a mercantilização do trabalho no Brasil, as interpretações da sociologia nesses dois momentos e, em especial, a mudança de tom nas narrativas, podem ser sintomáticas da transformação que se imagina ter ocorrido.[5]

O primeiro desses momentos localiza-se nos anos 1960. Os intérpretes de então se sentiam desafiados a explicar a particularidade de um mercado de trabalho que, sendo capitalista, não generalizara para toda a força de trabalho a esperada norma capitalista de emprego – a relação de trabalho assalariado, contratualmente estabelecida –, uma relação social que submeteria duradouramente os trabalhadores ao vínculo empregatício, típico do capitalismo, de modo que o mercado se tornasse, de forma inescapável, o espaço onde esses indivíduos encontrariam as condições para sua sobrevivência.

Lopes (1964; 1967), Rodrigues (1970) e Durham (1973), em estudos conduzidos nos anos 1950 e 1960, haviam destacado como as estratégias pendulares de migração para os grandes centros industriais revelavam a importância dos elos com os locais de origem e os refluxos da atividade econômica no local de acolhida. Nesse sentido, indicavam a convivência dos *loci* (e *a fortiori*, dos mercados) onde se jogava a sobrevivência. Mais ainda, esses autores sublinharam como os projetos desses migrantes, mais das vezes precariamente integrados aos centros urbanos para onde se deslocavam, eram movidos pelo alvo da obtenção do trabalho assalariado ("fichado"), cujos direitos estavam assegurados àqueles em ocupações industriais e nos serviços modernos[6] e que inexistiam no meio rural. Se o mercado, e o meio urbano, exerciam atração indiscutível pela promessa dos direitos, o constante recurso à migração de retorno testemunhava a frágil construção desta ordem mercantil e o difícil acesso a tais direitos.[7]

---

5 O modo utilitário como definimos esse recorte, por certo, tem custos. Ele deixa de lado, por exemplo, o debate suscitado por uma vasta literatura sociológica e historiográfica sobre o significado e o conteúdo da legislação que regula o mercado de trabalho produzida no período Vargas, em que se destacam Gomes (1979, 1988), Santos (1979), Vianna (1976), Erickson (1979), entre outros. Sem contar a reflexão sobre a mercantilização das relações sociais e de troca no Brasil do fim do século XIX, cuidadosamente organizada em Oliveira (1988).

6 Como reconheceu Santos (1979), cunhando a noção de "cidadania regulada", significativamente fraseada, de início, como "cidadania ocupacional".

7 Cardoso (2010, p.229-230) observou o movimento de três variáveis para o período 1940-1976: a PEA urbana; o número de carteiras de trabalho emitidas; e o número de contribuintes

Machado da Silva (1971) enriqueceu essa narrativa destacando o papel do mercado de consumo. Dado o caráter crescentemente monetizado da economia brasileira, visível desde os fins do século XIX e indiscutível nos anos 1930, os indivíduos eram premidos a encontrar no mercado de trabalho a renda necessária à sua reprodução, pessoal e familiar. Entretanto, para o autor, havia um descompasso entre tal movimento e a construção institucional do mercado de trabalho. Diferentemente do que acontecera nos países capitalistas centrais, a tênue regulação promovia a coincidência entre "população" e "população economicamente ativa", do que decorria uma oferta ilimitada de trabalho; ilimitada porque desregulada. Estávamos diante de um mercado sem barreiras de entrada, o chamado "mercado informal", outro tema de forte apelo no debate daqueles anos e central para o entendimento do descompasso causado pela crescente ampliação da oferta efetiva de trabalho (nosso indicador de mercantilização), sem a equivalente expansão nas relações de assalariamento formal.[8]

Já os anos 2000 oferecem uma narrativa que, de tão diversa em sua natureza, denota a enorme transformação que se operara nos elos entre mercado e mercantilização do trabalho no Brasil. Tal reflexão mudou o tom dos debates tanto sobre o engajamento quanto sobre a heterogeneidade do trabalho. Desafiados a esquadrinhar os efeitos de uma longa conjuntura de refluxo no crescimento econômico (aberta nos anos 1980 pela chamada "década perdida"), os sociólogos documentaram como a retração do assalariamento formal evidenciava o estancar do movimento que, desde os fins dos anos 1940, incluíra progressivamente no mercado de trabalho novos contingentes de trabalhadores. Naquele momento,

para a previdência no Brasil. Mostrou que, nesse período, foram emitidas 150% mais carteiras que o crescimento da PEA e 230% mais que a expansão de beneficiários da previdência. Em que pese algum cuidado na comparação dessas taxas de crescimento (visto que o estoque dos trabalhadores com carteira era muito baixo no ponto de partida), a crescente busca da carteira sinaliza a crença na possibilidade de incorporação ao mercado formal de trabalho. Embora a carteira tenha sido instituída desde 1932 e tornada obrigatória dois anos depois, é significativo que a primeira grande inflexão no crescimento da sua emissão somente tenha ocorrido a partir dos anos 1950-1960 (Cardoso, 2010, p.230), o que sinaliza um momento de inflexão na propensão ao engajamento no mercado.

8 Não sem razão, também eram tênues os limites que circunscreviam a categoria "população economicamente ativa", tal como era traduzida operacionalmente na métrica censitária de então.

assumiu-se que o desemprego era um problema que havia chegado para ficar (Cardoso, 2000; Guimarães, 2004).

A retração da atividade produtiva combinada à crescente racionalização no uso do trabalho pelas empresas teve como resultante um notável crescimento do desemprego, que se figurava como um problema urgente a ser resolvido. Vale dizer, quando o engajamento mercantil em busca da sobrevivência passou a ser uma situação sem retorno, o desemprego se estabeleceu como um traço estruturante do funcionamento dos mercados, começando pelos grandes mercados metropolitanos de trabalho. Precisamos de melhor sinal para esse engajamento mercantil compulsório no mercado do que ali permanecer mesmo sem ocupação regular?[9]

O desemprego crescente, um marco dos anos 1980 e 1990, era fruto de intensa reestruturação micro-organizacional em um contexto de intensa mudança macroeconômica, associada à crise, à nova política regulatória da ação do Estado na economia, com destaque para a célere abertura comercial. Mas não somente. Parcela majoritária e crescente da força de trabalho estava agora presa, sem retorno, ao mercado (Humphrey; Hirata, 1989). O engajamento deixara de ser transitório e/ou pendular, movendo-se entre formas extramercantis de sujeição e o mercado.

Conquanto recursos provindos da esfera da sociabilidade privada pudessem viabilizar (pela via da solidariedade grupal) a sobrevivência ameaçada pelo desemprego – e muito embora tais recursos se aliassem ao engajamento e à sociabilidade via mercado[10] –, esta última se tornara

9 Duas outras pistas também sinalizam a instalação do engajamento mercantil compulsório. Por um lado, o debate sobre a mensuração do desemprego que galvanizou sociólogos e economistas nos anos 1980 e 1990 e do qual resultou uma nova métrica nas estatísticas oficiais da Pesquisa Mensal de Emprego (PME/IBGE) em 2002. Por outro lado, a mobilização sindical em torno dessa disputa pela mensuração se mostrou tão intensa que a medida alternativa para o desemprego – a Pesquisa de Emprego e Desemprego (PED) – foi uma iniciativa do Departamento Intersindical de Estatísticas e Estudos Socioeconômicos (Dieese); mais ainda: foi experimentada justamente na maior região metropolitana, São Paulo, em 1984, apenas dois anos depois que um movimento de desempregados quase derrubara as grades do palácio do primeiro governo estadual de oposição eleito na ditadura militar, em meio à profunda crise econômica e à notável contração de oportunidades de trabalho.

10 Isso foi documentado por ampla e rica literatura produzida pela sociologia brasileira, nos anos 1980, sobre as condições de reprodução da classe trabalhadora e o papel da sociabilidade privada, familiar ou comunitária. Ver Bilac (1978) e Fausto Neto (1982).

imperiosa. Persistia-se, agora, preso ao mercado, mesmo sob variadas formas de desemprego; daí porque medi-lo e sobre ele atuar passam a ser demandas da sociedade para o Estado. Nos anos 2000, o mercado tornara-se, em definitivo, o *locus* necessário da sobrevivência. Consolidara-se a mercantilização do trabalho.

Ademais, a pluralidade de formas do desemprego – e sobretudo o notável peso do desemprego oculto em ocupações precárias ou no desalento[11] – expressava outra característica da mercantilização do trabalho à brasileira: a ausência de uma política social de proteção ao trabalho que institucionalizasse uma cesta mínima de benefícios ao desempregado (seguro, treinamento, intermediação e recolocação etc.) e lhe permitisse dedicar-se à procura de trabalho. Sem isso era impossível exprimir sua condição (subjetiva) de engajamento na forma (estatística) que rotulamos como "desemprego aberto", tal como contabilizado nos países com regimes de proteção social mais inclusivos na cobertura e generosos nos benefícios, facultando os meios para o que se consagrou tratar como desmercantilização do trabalho (Esping-Andersen, 1990).[12]

Passando aos achados sobre as formas do emprego, o debate se mostra igualmente revelador. Nos anos 1960-1970, as heterogeneidades sociais que chamavam a atenção dos intérpretes eram aquelas que segmentavam os trabalhadores entre os ocupados em formas tipicamente capitalistas e aqueles que não logravam inserir-se nesse circuito, ou que nele se incluíam de maneira transitória e fora do coração propulsor da indústria e dos serviços modernos. Já nos anos 1990-2000, a discussão adquire outro tom, com as variadas maneiras cunhadas para nomear e

11 O desemprego oculto era a modalidade que mais crescia nas metrópoles, tão logo começou-se a medir o fenômeno, em meados dos anos 1980 (Dedecca; Montagner; Brandão, 1993; Dedecca; Montagner, 1993).

12 Aqui radica outra particularidade do caso brasileiro. Enquanto o *mainstream* acadêmico examinava em escala internacional a desmercantilização do trabalho, um correlato dos regimes de bem-estar social erigidos sob o fordismo, entre nós os "anos gloriosos" da expansão do fordismo (entre 1950 e 1970) se fizeram livres dessas contrapartidas sociais. No Brasil, tal expansão ocorreu sem a universalização da norma do assalariamento duradouro, assentando-se num sistema de proteção restrito na cobertura e avaro nos benefícios, que deixava às instâncias da sociabilidade privada tanto o ônus de prover as condições para fazer face ao desemprego quanto a responsabilidade de sustentar e orientar a procura de trabalho.

hierarquizar os indivíduos, segundo os seus diversos estatutos. Assim, os sistemas classificatórios das empresas antepunham os "permanentes" aos "temporários"; outras vezes os "mensalistas" aos "horistas"; e não raro os "regulares" aos "subcontratados" ou "cooperativados".

Assim, sobressai outra novidade: não era a natureza do trabalho concreto, a ocupação ou a atividade profissional que diferenciava os trabalhadores; nem tão somente o posto de trabalho. A relação de emprego passara a se constituir no marcador da diferença socialmente significativa. Ganham a frente da cena noções como "flexibilidade" e "precariedade", denotando o quanto os indivíduos estavam aferrados ao seu engajamento no mercado, sob qualquer forma de relação de emprego, mais ou menos protegida, mais ou menos duradoura. Assim, as formas do emprego, tal como descritas pela literatura dos anos 2000, revelam a maturidade crescente da mercantilização do trabalho no Brasil.[13]

Esse processo é confirmado pelo modo como as próprias categorias censitárias foram atualizadas, reinventadas em sua métrica, para dar conta da nova realidade que se apresentava aos gestores da produção oficial de estatísticas. Para refletir nessa direção, tomamos os Censos como fontes num sentido especial. Deixamos de lado os números, os resultados da medida, e nos detivemos nas definições conceituais, nas perguntas que as operacionalizavam (seu fraseamento, ordenação, estruturação das alternativas de resposta) e mesmo nas instruções aos pesquisadores em campo. Inspirou-nos a reflexão pioneira de Paiva (1984), que acompanhou, para os Censos de 1940 a 1980, a alteração da conceituação e da enumeração da população economicamente ativa. Constatamos, como Paiva, um movimento de crescente complexidade na mensuração da condição de trabalho dos indivíduos, que persiste até 2010. Assim, aumenta o número de questões sobre trabalho e renda e busca-se melhorar os mecanismos de captação do fenômeno, sofisticando medidas.

Pode-se argumentar, com razão, que nada há de excepcional em atualizar ferramentas de medição, sendo isso parte das obrigações de quem por elas é responsável. Porém, o modo de fazê-lo e o seu curso no tempo podem ser ilustrativos do que muda na realidade que se quer descrever e

13 Para um desenvolvimento desse argumento, ver Guimarães (2011).

apurar. Assim, algumas dessas mudanças são eloquentes por revelarem o intuito de melhor flagrar fenômenos em transformação. Três evidências são bastante sugestivas.

A primeira delas e talvez a mais significativa: altera-se o modo como os Censos (re)definem a população economicamente ativa, ou seja, como contabilizam o contingente de indivíduos que comparecem ao mercado de trabalho em busca da sobrevivência (a oferta efetiva), ali permanecendo, seja na condição de ocupados, seja na de desempregados (e, como tal, em procura de trabalho). Paiva (1984) destacara que somente a partir de 1960 os Censos brasileiros passaram a adotar esse modo de contabilizar os economicamente ativos. Em 1940, a compulsão a oferecer trabalho no mercado era tão baixa que o recenseamento sequer mediu o desemprego; em 1950, mesmo computando-se os desempregados, estes foram excluídos da PEA e somados aos inativos (aqueles sem trabalho e que tampouco procuravam obtê-lo). Ou seja, até 1960, a população economicamente ativa, tal como computada, coincidia pura e simplesmente com a população ocupada; era mais propriamente um indicador da estrutura ocupacional do que, como utilizado atualmente, da oferta efetiva de trabalho. Antes que um "erro de contagem",[14] isso revela quão desnecessário era medir o desemprego. Dada a baixa compulsão ao engajamento mercantil, o desemprego ainda não era um elemento estruturante da organização do mercado de trabalho.

Segunda evidência: ocorreu uma mudança significativa nas categorias-resposta relativas à mensuração de duas outras variáveis-chave para medir-se o engajamento no mercado: a "posição na ocupação", que permite acompanhar transformações nas relações sociais de emprego; e a "procura de trabalho", que documenta o desemprego como realidade estruturante da inserção no mercado em condições de crise e reestruturação econômica. Só a partir dos anos 1990, quando o desemprego surge como problema social, é que se instala a urgência em medi-lo, e de modo crescentemente refinado. Por um lado, inquirindo mais e melhor sobre a procura de trabalho; por outro, alterando o tempo de referência para

14 Tal problema de contagem da PEA cria dificuldades importantes para a comparação entre os dados censitários anteriores a 1960 e os posteriores (Paiva, 1984).

contabilizar a atividade (de doze meses para uma semana), como o fazem os Censos de 1991, 2000 e 2010.

Terceira evidência: a partir do censo de 2000, notadamente no de 2010, passam a ser contabilizados os rendimentos advindos da política de proteção social, que também impactam na compulsão ao engajamento no trabalho. Passa-se a inquirir sobre fontes de renda providas pelo poder público que permitem, por exemplo, excluir os que não estão socialmente em idade de trabalhar (casos do Programa de Erradicação de Trabalho Infantil – Peti e do Bolsa Escola), ou que apoiam os idosos suplementando-lhes os ganhos e, sobretudo, os mecanismos de transferência de renda dissociados da venda do trabalho (Bolsa Família, Benefício de Longa Permanência). O aperfeiçoamento dos Censos dá testemunho, assim, de um movimento que, nos termos da literatura internacional, apontaria para a desmercantilização do trabalho. Esta, entretanto, ocorre justamente quando o assalariamento formal se expande, ou seja, quando a face mais visível da mercantilização se consolida; nova particularidade do caso brasileiro.

Esses exemplos revelam como, também na medida censitária, cabia atualizar instrumentos em vista das alterações significativas então em curso. Assim, o refinamento das estatísticas censitárias revela a consolidação da mercantilização do trabalho no Brasil.

Inflexões

As pistas até aqui identificadas encontram eco quando se observam os movimentos gerais do engajamento dos indivíduos no mercado de trabalho.

Comecemos pelo comportamento da taxa de atividade. Este quociente mede a relação entre a PEA, nosso indicador da oferta *efetiva* de trabalho, e a população em idade ativa (PIA), nosso indicador da oferta *potencial* de trabalho. Quanto maior o peso do numerador, maior será a propensão dos indivíduos ao engajamento no mercado, seja como ocupados seja como desempregados. Vejamos, então, como se comportou o movimento da oferta efetiva de trabalho nos cinquenta últimos anos.

O Gráfico 1 mostra que, no Brasil, até o final dos anos 1960, a maioria dos indivíduos em idade para trabalhar obtinha sua sobrevivência *sem* recurso à mercantilização do trabalho. Passados cinquenta anos, esse quadro se reverte: seis em cada dez brasileiros, em 2010, estavam premidos a engajar-se na atividade econômica para viver. No período, há um crescimento sistemático da oferta efetiva de trabalho (a linha interrompida passa de 0,47 para 0,61). Mas foi apenas a partir dos anos 1980 que mais da metade daqueles em idade de trabalhar (oferta potencial) passa a se engajar no mercado de trabalho.

Gráfico 1 – Oferta efetiva de trabalho, por sexo – Brasil, 1960-2010

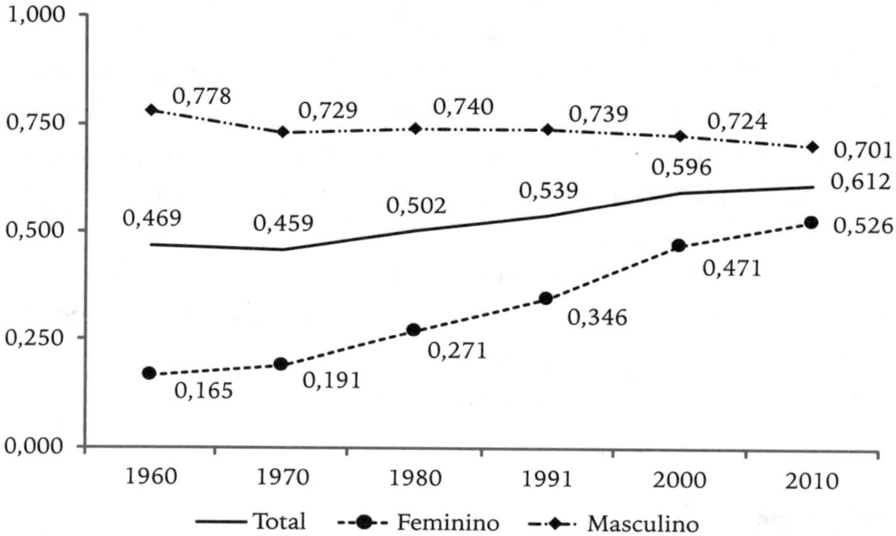

Fonte: IBGE, Censos Demográficos 1960-2010. Tabulações especiais do Centro de Estudos da Metrópole (CEM).

Esse movimento médio, conquanto importante, esconde uma notável característica: mercantilização é um processo que se declina no feminino. No início do período, em 1960, o mercado de trabalho era um domínio dos homens; no final, havia deixado de sê-lo. Em 1960, quase oito em cada dez homens aptos a trabalhar ali buscavam os meios de sobreviver, contra menos de duas em cada dez mulheres. Nesses cinquenta anos, a incorporação feminina à PEA quase quadruplicou, alinhando-se à tendência masculina de elevada mercantilização (a taxa de atividade feminina alcançou 0,52). Esse foi um período de generalizado avanço das mulheres em direção ao mercado de trabalho; entretanto, a comparação com outros países revela a sua especial celeridade, no Brasil, nesses cinquenta anos.[15]

Disso destoa o padrão de engajamento dos homens: elevado já no início do período (taxa de atividade de 0,77) e ligeiramente declinante nas duas últimas décadas (0,70 em 2010). Como resultado, tem-se a expressiva convergência entre as curvas de engajamento de homens e de mulheres (Gráfico 1), num movimento impulsionado pela célere mercantilização do trabalho das mulheres.

Diferenciais por grupos raciais também são significativos. Brancos tendem a um engajamento mais elevado do que os não brancos, sejam homens ou mulheres (Gráfico 2). Tendências, novamente, variam ao longo dos anos, tornando-se particularmente interessantes quando observadas segundo grupos de idade. Assim, o engajamento masculino não somente declina, mas o modo pelo qual a redução ocorre diferencia os padrões de engajamento entre grupos de idade: homens, especialmente os negros, tendem a acentuar o formato (em U invertido) da sua curva de atividade pelas mudanças nas idades-limite, isto é, inserindo-se mais tarde e retirando-se mais cedo da atividade econômica.

Entre as mulheres, a notável expansão do engajamento resulta de um movimento contrário. O aumento da oferta efetiva de mulheres – brancas e não brancas – ocorre justamente nas idades reprodutivas, tornando as curvas (em U invertido) crescentemente similares às masculinas a partir dos anos 1990. Esse crescimento, mais pujante entre as mulheres brancas, não deixa de ser significativo também entre as não brancas, acelerando-se nas duas últimas décadas.

---

15 Conforme dados da Organização Internacional do Trabalho (OIT, www.ilo.org), nesse mesmo período, na França, a incorporação feminina passou de 0,42 para 0,66; nos Estados Unidos, de 0,39 a 0,68; patamares iniciais sensivelmente mais elevados do que o nosso e pontos de chegada bem mais próximos. Mesmo na Argentina, país de industrialização tardia como a brasileira, o engajamento feminino já alcançava 0,24 em 1960, chegando a 0,53 (quase igual ao patamar do Brasil) nesses mesmos cinquenta anos. Ou seja, em todos os casos parte-se de um patamar de engajamento sempre maior que o brasileiro, e o crescimento se faz em ritmo sempre menos célere que o nosso. Para detalhes nas tendências, ver Costa (2000) e Cipollone, Patacchini e Vallanti (2012).

Gráfico 2 – Engajamento no mercado de trabalho, por sexo e cor*
Brasil, 1960-2010

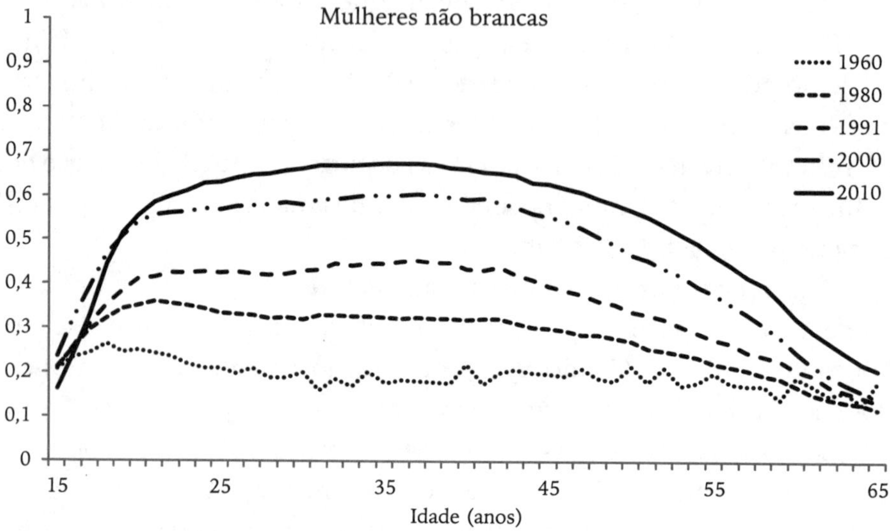

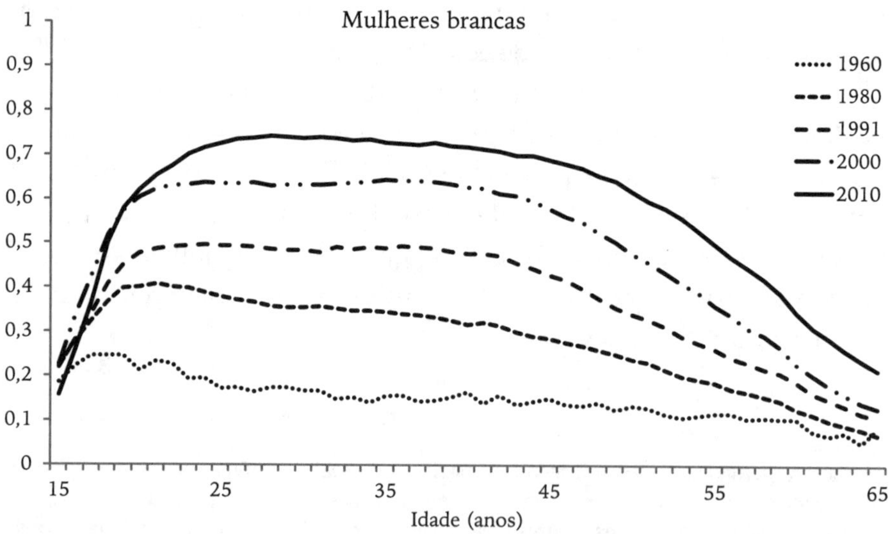

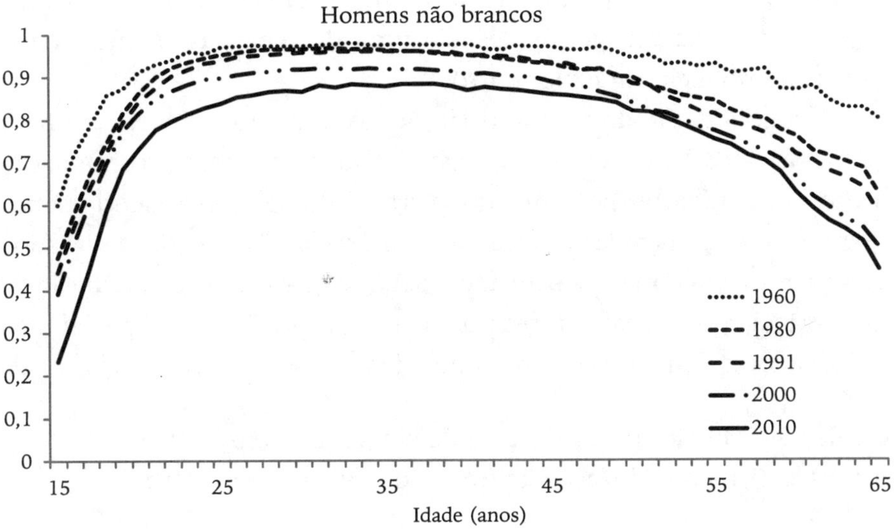

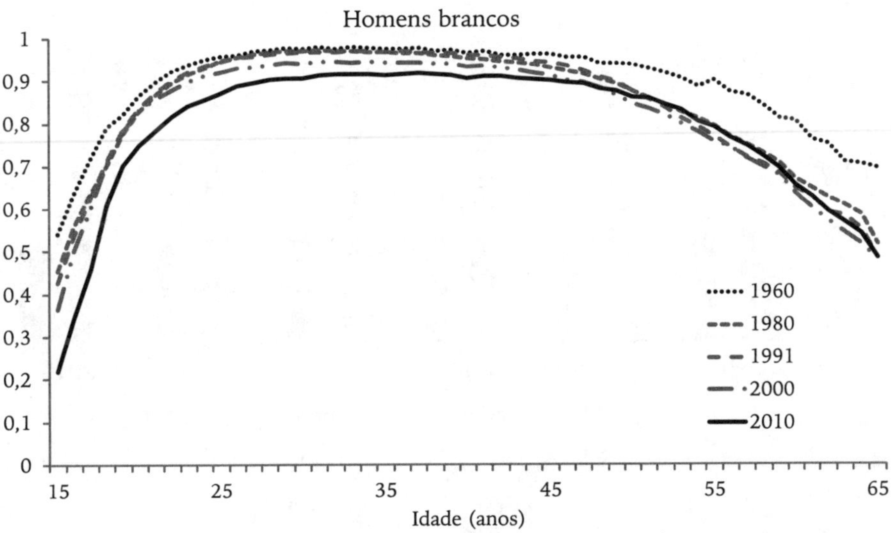

Fonte: IBGE, Censos Demográficos 1960-2010. Tabulações especiais do CEM.

* A ausência do quesito "cor" para o Censo de 1970 impediu a inclusão desse ano.

Mudanças no padrão de inserção são também perceptíveis no crescimento da oferta efetiva de trabalho segundo contextos urbano-metropolitanos, urbanos não metropolitanos e rurais, com especial relevo para a dinâmica nas grandes metrópoles, por um lado, e para as intensas transformações no meio rural, por outro.

A consolidação da mercantilização do trabalho se revela também na mudança das relações de emprego. O Gráfico 3 mostra a combinação de dois movimentos: por um lado, o crescente peso do assalariamento (expresso no avanço da condição de "empregado"), que desde os anos 1980 abarca a maioria dos ocupados; por outro, a sistemática redução da importância dos trabalhadores por "conta própria" e, em especial, dos trabalhadores familiares não remunerados.[16]

Gráfico 3 – Mudanças nas relações de emprego e consolidação do processo de mercantilização do trabalho – Brasil, 1960-2010

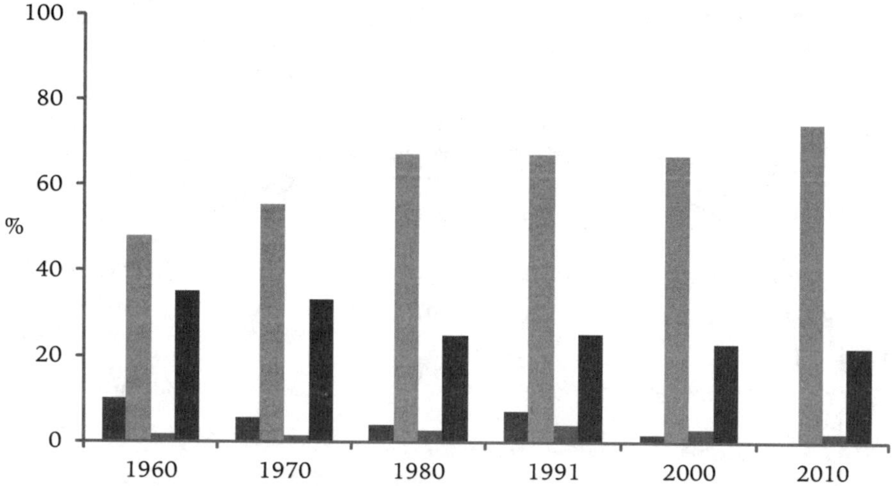

Fonte: IBGE, Censos Demográficos 1960-2010. Tabulações especiais do CEM.

16 A mercantilização é mais consistente entre os que detêm maior capital escolar. Aqueles que realizaram as transições escolares mais elevadas (entraram ou completaram o ensino superior) apresentam altas taxas de participação combinadas com elevada presença de empregados e empregadores, a díade típica de um mercado capitalista de trabalho. No extremo oposto, entre os analfabetos, o autoemprego e o trabalho não remunerado para familiares, juntos, ombreiam com o assalariamento até o fim dos anos 1990.

Determinantes do engajamento e desigualdades

Decidir por competir no mercado de trabalho é sempre uma possibilidade individual não limitada pela decisão dos demais. Mesmo em um cenário de desigualdade de resultados no mercado de trabalho entre grupos de sexo e raça, por exemplo, é possível que não haja diferenças na probabilidade de competir por trabalho entre esses grupos. Isso porque todos os indivíduos podem oferecer seu trabalho e ingressar na PEA, ainda que nem todos consigam obter trabalho, ou alcancem as posições desejadas, ou sejam remunerados como almejam. Logo, a análise das chances de engajamento difere daquela dos resultados obtidos no mercado de trabalho – taxas de ocupação, posição ou renda, por exemplo; estas encontram limites na disponibilidade de postos de trabalho e de recursos a serem distribuídos entre o total de pessoas que ofertam seu trabalho no mercado. As oportunidades e vantagens de um grupo, nesse caso, impactam diretamente nos demais grupos.

Essa particularidade é importante, haja vista o foco de interesse nesta seção: como evoluíram os diferenciais de chances de engajamento no mercado brasileiro de trabalho, quando se considera a parcela da população que pode fazer a opção pela venda de sua força de trabalho.[17] Focalizar na chance de que o indivíduo opte por recorrer ao mercado, antes que nos resultados que decorrem da sua inclusão, pode indicar o sentido da evolução da institucionalização do mercado de trabalho no país. Por esta razão, interessa aqui começar analisando a totalidade da população entre 15 e 65 anos.

A atratividade do mercado de trabalho para essa população não é, obviamente, constante no decorrer do tempo. Em primeiro lugar, porque varia a estrutura do mercado expressa no sistema de posições

17 Para tal, será utilizada uma versão da decomposição de Oaxaca-Blinder (Oaxaca, 1973; Blinder, 1973) para modelos não lineares, seguindo Fairlie (1999, 2005). A rigor, essa decomposição foi concebida para modelos lineares de regressão, nos quais a variável explicada é contínua, como renda. Como aqui interessa a propensão de um indivíduo a se engajar no mercado de trabalho, há que se utilizar métodos não lineares de estimação, daí o recurso à adaptação de Fairlie. A variável dependente do modelo é binária, sendo 1 para os indivíduos que compõem a PEA, independentemente se na condição de ocupados ou desocupados, e 0 para os demais indivíduos, que não pertencem à PEA, mas que são considerados socialmente aptos por sua idade (entre 15 e 65 anos).

ocupacionais. Uma estrutura ocupacional com maior proporção de ocupações de alta qualificação tende a ter um padrão de atratividade diferente daquela concentrada em ocupações de baixa qualificação. Assim, ao observarmos variações na propensão a se engajar no mercado, é preciso considerar, em primeiro lugar, que os indivíduos tomam suas decisões levando em conta as *diferenças entre estruturas ocupacionais*.

Às diferenças entre estruturas ocupacionais articulam-se diferenças de desempenho do próprio mercado de trabalho. Assim, por exemplo, taxas muito elevadas de desemprego, que indicam proporção alta de indivíduos que tentam vender sua força de trabalho e não conseguem, afetam a atratividade do mercado e influenciam as chances de os indivíduos ofertarem sua mão de obra, independentemente da estrutura ocupacional sobre a qual essa conjuntura opera.

Assim, as chances de engajamento dos indivíduos dependem da forma assumida pela articulação entre estrutura ocupacional e performance do mercado de trabalho. Em nossa análise, esse eixo de comparação será denominado *vertical*, pois compara a atratividade do mercado de trabalho, que resulta da conjuntura específica de articulação entre a sua performance e a sua estrutura ocupacional para cada ano censitário.

Figura 1 – Modalidades da comparação: eixos vertical e horizontal

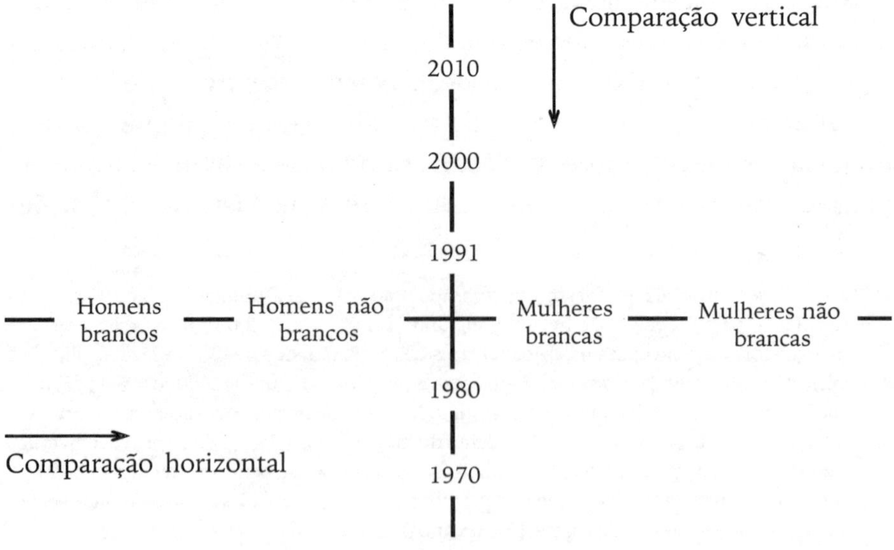

Além disso, é certo que as chances de engajamento também variam entre os diferentes segmentos sociais, mantidas constantes as circunstâncias em que ocorre a busca de trabalho. Dada uma mesma conjuntura de performance e estrutura do mercado, existem características que diferenciam a atratividade do mercado entre segmentos sociais: faz diferença ser homem ou mulher, ser mais jovem ou mais velho, ser negro ou ser branco, morar no Nordeste ou no Sudeste. Assim, as características da população também determinam a atratividade do mercado. Para entender como avança a mercantilização do trabalho no Brasil, é importante investigar a evolução dos diferenciais em chances de engajamento entre diferentes segmentos sociais em uma mesma conjuntura. Denominamos essa comparação de *horizontal*, visto que aqui se comparam as diferentes chances de engajamento decorrentes das características individuais dentro de um mesmo ano. A Figura 1 representa esquematicamente esse argumento, com os eixos vertical e horizontal de análise.

A primeira pergunta refere-se à comparação vertical: será que as chances de os indivíduos recorrerem ao mercado de trabalho se mantiveram constantes entre 1970[18] e 2010? Ou, variando a articulação entre estrutura ocupacional e desempenho do mercado de trabalho, aumentaram (ou diminuíram) as probabilidades de os indivíduos entre 15 e 65 anos buscarem no mercado seus meios de sobrevivência?

Nessa estratégia vertical de análise, comparam-se anos censitários como se fossem grupos. O resultado permite capturar os movimentos do mercado e dos indivíduos no mercado dentro de cada grupo, separando-os em dois componentes: as variações entre anos na propensão a entrar no mercado de trabalho ocorrem porque os indivíduos mudaram no tempo e podemos observar na população mais características que os levam a buscar o mercado; ou as variações entre anos na propensão a entrar no mercado de trabalho devem-se a fatores institucionais ou estruturais, de forma que

18 Devido às dificuldades enfrentadas pelo IBGE no processamento das informações do Censo Demográfico de 1960 (o primeiro planejado para ocorrer com o suporte de computadores modernos) e devido ao nosso desconhecimento a respeito do procedimento de amostragem então utilizado, que definiu a amostra dos microdados, optamos por excluir o ano de 1960 das estimações das quais derivam os resultados que serão apresentados nesta seção. Para maiores detalhes sobre as especificidades dos microdados do Censo de 1960 que ampararam esta decisão, ver Barbosa et al. (2013) e Barbosa (2013).

indivíduos com as mesmas características buscam mais frequentemente o mercado em um ano do que em outro.

Para estimar a propensão dos indivíduos a recorrer ao mercado de trabalho, utilizou-se um modelo de regressão logística idêntico para todos os anos e para os grupos e subgrupos de raça e sexo.[19] O conjunto de variáveis utilizadas na estimação do modelo logit refere-se a características do indivíduo que são relevantes para sua inclusão no mercado: idade, escolaridade e situação conjugal. Outras dizem respeito à configuração do domicílio em que o indivíduo habita, seu tamanho (número de membros), relações entre estatutos dos indivíduos com respeito ao provimento de renda (razão de dependência entre ocupados e moradores). Outras variáveis, ainda, associam-se ao contexto em que indivíduo e domicílio se inserem (região e urbanização).

O Gráfico 4 apresenta as probabilidades totais de participação na população economicamente ativa dos indivíduos de 15 a 65 anos e um exercício contrafactual, utilizando os parâmetros observados para a população em 2010.

Para a comparação vertical, estimaram-se, em cada ano, as chances de engajamento; em seguida, tomando os efeitos observados para as variáveis utilizadas na estimação para 2010, foram estimados parâmetros para as chances de engajamento das populações nos demais anos (Gráfico 4). Ou seja, manteve-se constante a articulação entre estrutura e performance do mercado de trabalho, fazendo variar as características da população, num exercício contrafactual que avalia efeitos das variáveis sobre as chances de engajamento em 2010, e aplicando esses mesmos efeitos às populações de 2000, 1991 etc. Disso resultou uma distribuição contrafactual das chances de engajamento, que pode ser comparada com a distribuição originalmente observada.

Embora a linha contínua, no Gráfico 4, demonstre que as chances de engajamento são crescentes entre 1970 (53,3%) e 2010 (75,5%), se a distribuição das chances de engajamento de acordo com as características dos indivíduos fosse igual à observada em 2010, teríamos probabilidades

19 Por isso, o modelo básico estimado não inclui as variáveis sexo e raça, já que elas viriam a ser utilizadas como critérios para definição dos grupos no exercício contrafactual.

Gráfico 4 – Probabilidade de engajamento no mercado de trabalho para indivíduos de 15 a 65 anos e contrafactual população 2010 (comparação vertical) - Brasil, 1970-2010

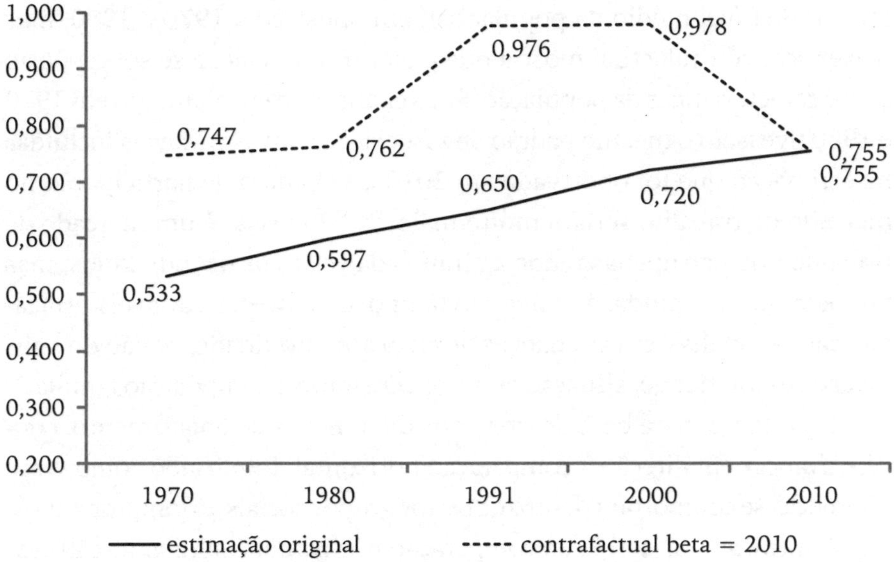

Fonte: IBGE, Censo Demográfico 1970-2010. Tabulações especiais do CEM.

de participação muito distintas daquelas encontradas empiricamente. Isso indica mudanças no efeito composição, ou seja, na associação entre as características observadas (utilizadas nas estimações e que, portanto, conformam um modelo comum a todos os anos) e as probabilidades de engajamento – mudanças tanto nos efeitos específicos observados para cada uma das variáveis entre os anos, como na capacidade do modelo em prever as chances de engajamento.[20] Os anos 1990 e 2000 foram os de maiores chances de engajamento no mercado de trabalho para a PIA no

20 Os resultados da estimação do modelo logit do qual parte o exercício contrafactual demonstram mudanças significativas no efeito da idade (que tende a subir, indicando que, cada vez mais, quanto mais velho o indivíduo, maiores as chances de participação no mercado de trabalho); assim como o efeito da idade ao quadrado, que tende a ser cada vez mais negativo (indicando que idades mais avançadas tendem a diminuir cada vez mais as chances de engajamento dos indivíduos). Tais resultados apontam barreiras crescentes de engajamento entre os mais jovens e os mais velhos, muito provavelmente vinculadas à evolução histórica da regulação da oferta de trabalho entre jovens ainda em idade escolar e entre os idosos, mais próximos de sua aposentadoria.

país; neles, as características utilizadas na estimação tinham os níveis de associação mais altos com as chances de engajamento. Em 2010, têm--se as maiores chances de engajamento observadas empiricamente (em termos de nível médio da população), em oposição a 1970 e 1980, mas o exercício contrafactual mostra que o efeito composição se sobrepõe ao efeito características da população. Se as chances de engajamento em 1970 e 1980 tivessem o mesmo padrão de associação com as variáveis incluídas na estimação que foi observado em 2010, as chances de participação no mercado de trabalho seriam muito maiores.[21] Ou seja, é um mercado de trabalho que não apenas tende a atrair cada vez mais os indivíduos, mas também no qual muda, ao longo do tempo, o efeito das variáveis utilizadas para se analisarem as chances de engajamento (idade, região do país, nível de escolaridade, situação do setor censitário e composição familiar).

Entretanto, para bem descrever os diferenciais de engajamento, convém avançar em direção à comparação horizontal, inquirindo como essas diferenças se comportam dentro de certos grupos sociais ao longo dos anos.

A intuição por detrás da comparação horizontal é similar à realizada anteriormente. Estimam-se as chances de engajamento por segmentos sociais em cada ano e aplicam-se os efeitos observados no grupo de referência aos demais grupos, construindo com isso o exercício contrafactual. O diferencial entre as probabilidades observadas e as contrafactuais obtidas pode ser entendido como indicativo de segmentação entre grupos, já que se elimina a possibilidade de que se trate de diferenças entre as características das populações abarcadas por cada um dos grupos.

O Gráfico 5 apresenta os resultados das probabilidades de engajamento no mercado, por sexo. As pistas referentes ao notável peso do engajamento feminino na consolidação da mercantilização do trabalho no Brasil nos animaram a comparar probabilidades observadas e contrafactuais, por grupos de sexo. No Gráfico 5 são reportadas as probabilidades originais para homens e mulheres (nas linhas pontilhadas) e as probabilidades para mulheres com parâmetros de homens (na linha contínua).

---

21 É importante ressaltar que essa diferença se sustenta mesmo sem a incorporação da variável sexo na estimação. Aqui, os resultados correspondem a todos os indivíduos incluídos na análise, independente do sexo.

Gráfico 5 – Probabilidade de engajamento no mercado de trabalho, por sexo e contrafactual homens (comparação horizontal)
Brasil, 1970-2010

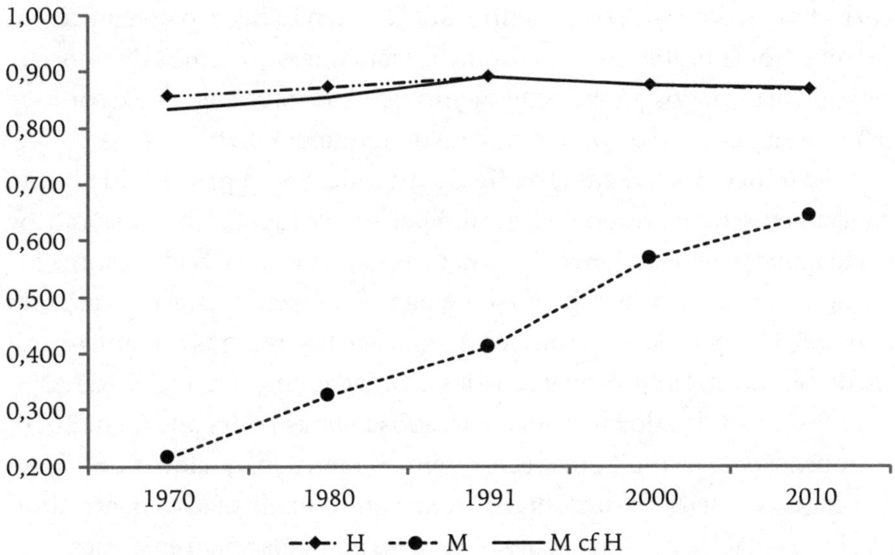

Fonte: IBGE, Censos Demográficos 1970-2010. Tabulações especiais do CEM.

Os resultados mostram um claro aumento nas chances de as mulheres se engajarem no mercado de trabalho, passando de pouco mais de 20% em 1970 para mais de 60% em 2010. Mas, se lhes atribuirmos condições semelhantes às dos homens, as diferenças por sexo nas chances de engajamento tornam-se quase inexistentes a partir de 1991. Isso evidencia que as diferenças encontradas não decorrem de características dos grupos; ou seja, as chances de engajamento de homens e mulheres são distintas desde 1960, ainda que essas populações não sejam tão diferentes em termos das demais características analisadas.

Esses resultados apontam para transformações relevantes nos determinantes das chances de engajamento no mercado de trabalho. As chances de inserção das mulheres constituíram um dos principais fatores dessa mudança, com aumento significativo das probabilidades de que recorram ao mercado de trabalho como fonte de sobrevivência, tornando cada vez menos importante a segmentação por sexo no que respeita ao engajamento mercantil.

Será que o mesmo movimento de mudança pode ser observado para a população em idade ativa, distinguida por sexo e raça? Diante da vasta literatura que flagrou diferenciais de *resultados* no mercado de trabalho entre homens e mulheres e entre brancos e não brancos, sempre em detrimento de mulheres e não brancos, será que os mesmos diferenciais seriam encontrados para o movimento que lhe antecede: o de decidir-se por ofertar sua mão de obra em troca de remuneração?

O Gráfico 6 apresenta, na figura à esquerda, as probabilidades de engajamento no mercado de trabalho por sexo e raça.[22] Homens brancos e não brancos têm, ao longo de todo o período, probabilidades estimadas de ingressar na força de trabalho semelhantes e bastante estáveis, variando entre 85,5% e 89,4%. Já as mulheres brancas e não brancas tinham, no início da década de 1980, probabilidades estimadas em pouco acima de 30%, bem distantes das dos homens. Passados apenas trinta anos, em 2010, a propensão de as mulheres recorrerem ao mercado, qualquer que fosse sua condição racial, havia dobrado. Ainda que tenham efetivamente diminuído ao longo do período, as desigualdades permaneceram em relação aos homens, e a distância entre mulheres brancas e não brancas aumentou.

O Gráfico 6 ainda busca responder a outra questão, por meio da sua figura à direita: qual teria sido o resultado se os fatores que determinam a propensão a recorrer ao mercado de trabalho tivessem o mesmo efeito sobre as chances de engajamento para homens e mulheres, para brancos e não brancos? Para tanto, apresentam-se as chances de engajamento de homens negros, mulheres brancas e mulheres negras como se não houvesse diferenças entre esses grupos nos fatores que os levam a buscar no mercado a sua sobrevivência. Diferentemente do resultado obtido para as probabilidades originais (figuradas à esquerda), agora a distinção entre os grupos de sexo e raça torna-se bem menos clara.

Tal situação indica que o diferencial observado entre esses grupos no que concerne às suas chances originais e às chances contrafactuais de engajamento não é explicado por diferenças nas características dos

---

22 O exercício com os grupos de sexo e raça não é passível de realização para os dados censitários de 1970, já que nesse ano o questionário não incluiu a pergunta sobre cor ou raça. Para a execução da decomposição de Oaxaca-Blinder, é essencial que os modelos para todos os grupos e anos contenham as mesmas variáveis.

Gráfico 6 – Probabilidades de engajamento no mercado de trabalho, por sexo e raça, e probabilidade de engajamento no mercado utilizando o contrafactual de homens brancos para o mesmo ano (comparação horizontal) - Brasil, 1980-2010

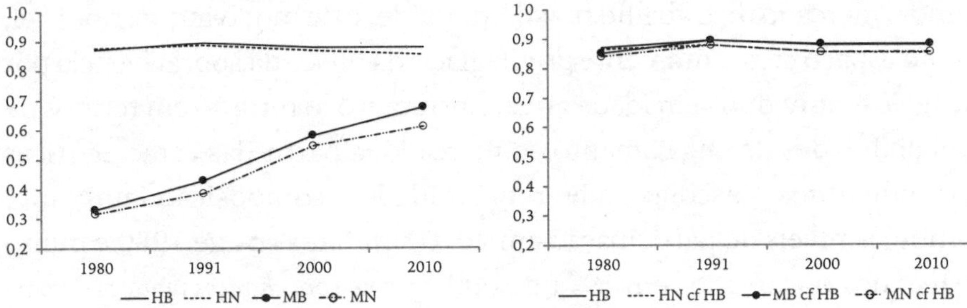

Fonte: IBGE, Censos Demográficos 1980-2010. Tabulações especiais do CEM.

indivíduos, mas sim por diferenças no retorno (chances de engajamento) dessas características entre grupos. Portanto, ainda que a condição racial seja um importante determinante dos resultados das trocas (entre trabalho e remuneração) que ocorrem no mercado de trabalho brasileiro, não há razões para se acreditar que seja uma característica relevante que diferencie significativamente os indivíduos em termos da sua propensão a se engajar na atividade econômica. O efeito de sexo é bastante mais expressivo do que o de raça.[23]

Conclusão

Nos últimos cinquenta anos, o mercado de trabalho se consolidou, no Brasil, como o espaço em que os indivíduos estão premidos a buscar sua sobrevivência. Esse processo implica ampliação da oferta efetiva de trabalho, isto é, peso crescente da população economicamente ativa (ocupados e desempregados) no conjunto dos indivíduos em idade ativa.

---

23 Observe-se, entretanto, que, mesmo no exercício contrafactual, algumas diferenças persistem. Sobretudo a partir de 1991, os grupos de indivíduos não brancos, homens ou mulheres, têm propensão levemente inferior aos grupos de brancos. Essas diferenças podem ser atribuídas a desigualdades nas características médias dos indivíduos pertencentes a cada um dos grupos raciais.

Conjunturas específicas, resultantes da articulação entre características da estrutura ocupacional e *da performance* do mercado de trabalho, definem os parâmetros de atratividade do mercado, pois provêm retornos distintos. A comparação vertical – entre anos censitários – mostrou como o mercado de trabalho brasileiro tende, e de modo inquestionável, a ser o espaço crescentemente privilegiado da busca da sobrevivência por parte dos indivíduos em idade ativa. Entretanto, o retorno em termos de probabilidades de engajamento ao mercado, a partir das características dos indivíduos – escolaridade, região, idade e composição familiar –, tornou os níveis de participação em 2010 similares aos de 1980 e muito abaixo dos observados em 1991 e 2000, *mesmo com chances maiores de participação*. Isso aponta para uma mudança nos parâmetros que definem as chances de engajamento, o que ocorre lado a lado com o aumento nas chances de participação e, sobretudo, com avanços em medidas de política social, responsáveis, pela primeira vez nesses cinquenta anos, por reduzir a crescente compulsão a buscar no mercado de trabalho as condições de sobrevivência.

Mas características individuais também se mostraram relevantes. Particularmente significativas foram as inflexões no estoque de mulheres presentes no mercado. Os dados indicam que as propensões não apenas eram distintas, como também variavam de modo diverso no curso do tempo. A evolução dos diferenciais por grupos de sexo mostra que as probabilidades de recurso ao mercado de trabalho entre as mulheres são muito diferentes ao longo dos anos. Mesmo não atingindo os mesmos níveis de participação dos homens em 2010, é notável o crescimento nas suas chances de participação. Entretanto, não são as diferenças nas características de homens e mulheres que explicam os diferenciais de engajamento, mas sim o variado retorno dessas características entre homens e mulheres em todos os anos censitários. Isso contribui para se entender como, no mercado de trabalho brasileiro, as chances de participação aumentam de forma robusta ainda que a variação explicada pelas características seja menor em 1970, 1980 e 2010 do que em 1991 e 2000.

Uma vez conhecidas as desigualdades entre grupos de sexo e raça em termos de resultados obtidos no mercado de trabalho, testou-se se existiriam, do mesmo modo, diferenciais que operassem na antessala do mercado, desigualando os indivíduos em suas chances de ofertar-se como trabalhadores. Vale dizer, se tais chances poderiam ser explicadas por fatores característicos de cada um dos grupos de sexo e raça no que concerne à distribuição das variáveis usadas na estimação (atributos individuais, do grupo familiar, do contexto em que se oferta trabalho). Concluiu-se que as desigualdades não derivavam de diferenças entre características dos grupos, mas sim de diferenças dos retornos dessas características em atratividade do mercado para cada um desses grupos.

Em suma, os cinquenta últimos anos foram decisivos para que o Brasil consolidasse a mercantilização da sua força de trabalho. A esfera do mercado de trabalho, que nos anos 1960 retinha apenas quatro em cada dez brasileiros, passou, nos anos 2010, a ser um espaço imperioso para a produção da sobrevivência entre quase sete a cada dez brasileiros em idade ativa. Mais que isso, tal esfera, antes um domínio masculino, alterou de maneira substancial sua composição por sexo, com interfaces importantes com outros processos, acompanhados em diversos capítulos deste livro, como a notável redução da fecundidade e a significativa ampliação da escolaridade feminina.

Tais mudanças não passaram despercebidas e estimularam as múltiplas narrativas produzidas pela literatura acadêmica, tanto quanto pressionaram por alterações significativas na própria métrica censitária. Mas, sobretudo, elas desafiam as interpretações correntes, estimulando-nos a entender como se desenvolve e consolida um movimento de mercantilização do trabalho que ocorre ao mesmo tempo que argumentos acadêmicos refinados apontavam, em outras latitudes, para tendência inversa, a desmercantilização do trabalho, na esteira da construção de regimes de bem-estar assentados em políticas sociais que permitiam aos indivíduos criar formas de sobreviver fora do circuito mercantil. Mais curioso ainda é perceber que, quando as experiências de proteção parecem esgotar-se alhures, eis que novamente encontramos o Brasil na contracorrente, ampliando oportunidades de trabalho e garantindo direitos que já não decorrem da inserção no mercado de trabalho. Estaremos começando a criar as condições de possibilidade para uma desmercantilização à brasileira?

Conclusões[1]
As políticas na trajetória da democracia à redução das desigualdades

Marta Arretche

Dois alicerces da ciência social comparada foram abalados pela acumulação de sólidos conhecimentos empíricos acerca da trajetória da desigualdade nos últimos cinquenta anos. O primeiro sustentava que a democracia levaria à redução das desigualdades sociais nas economias avançadas (Dahl, 1997, p.33; Marshall, 1967), ainda que variações na escala da redistribuição dependessem de resultados eleitorais e instituições políticas (Esping-Andersen, 1985a, 1985b, 1990; Immergutt, 1996). A democracia também preservaria essas conquistas sociais no Primeiro Mundo, devido aos custos eleitorais das políticas de imposição de perdas (Pierson, 1994, 2001).

O segundo alicerce sustentava que essa rota virtuosa estava interditada ao Brasil. Aqui, os direitos sociais foram expandidos por regimes autoritários e orientados a produzir desigualdades entre categorias de cidadãos (Draibe, 1994; Santos, 1979). A inversão da sequência virtuosa descrita por Marshall produziria no Brasil efeito distinto daquele obtido

1 Agradeço o suporte de Rogério Barbosa, Edgard Fusaro e Donizete Cazzolato para a produção dos dados apresentados neste capítulo.

no Primeiro Mundo; implicaria desvalorização das instituições representativas (Carvalho, 2001, p.222). Ademais, a escolha por instituições políticas propensas a facilitar o veto a propostas redistributivas, em particular presidencialismo e federalismo, tornaria altamente improvável a aprovação de políticas para a redução das desigualdades (Lamounier, 1992; Stepan, 1999).

A democracia produziria, portanto, duas rotas distintas: estabilidade da baixa desigualdade nas economias avançadas e estabilidade da elevada desigualdade no Brasil. A proposição de Kuznets (1955) de que o voto universal promoveria corretivos à desigualdade econômica se depararia com uma fronteira geográfica: somente seria aplicável ao norte do Trópico de Câncer.

O fato é que essas expectativas não se confirmaram. As democracias das economias avançadas experimentaram crescimento significativo da pobreza e da desigualdade a partir dos anos 1970 (Autor, 2014; Bartels, 2008; Piketty; Saez, 2014), ao passo que, no Brasil, a desigualdade vem caindo sistematicamente desde que a democracia se consolidou. Logo, as relações entre democracia e redução da desigualdade ainda são insuficientemente conhecidas pelas ciências sociais.

Nosso estudo sobre o Brasil mostra que, sob o regime democrático contemporâneo, a desigualdade foi reduzida em múltiplas dimensões relevantes. Caiu muito a desigualdade de renda; o acesso ao ensino fundamental, à energia elétrica e à coleta de lixo tornou-se praticamente universal; a figura do trabalhador rural que nunca foi à escola está em vias de desaparecimento; a associação entre pobreza e falta de acesso a serviços básicos diminuiu sensivelmente; as desvantagens de mulheres e não brancos no mundo escolar e do trabalho foram reduzidas; a desigualdade nas condições de vida entre regiões ricas e pobres foi sensivelmente atenuada; a desigualdade de participação eleitoral é baixa e ampliaram-se significativamente os canais institucionalizados de participação extraparlamentar.

Entretanto, essa trajetória reduziu o aspecto mais inaceitável da desigualdade no Brasil. No ponto de partida do regime democrático contemporâneo, o *grau* de desigualdade era extremamente alto. Era caracterizado pela *fusão* de vantagens em uma parcela muito pequena da população e pela *distância* que a separava da outra parcela – majoritária – de desprovidos de acesso a serviços essenciais e rendimentos decentes.

Essa desigualdade não se justificava pelo nível de desenvolvimento econômico (Barros; Henriques; Mendonça, 2000). A economia brasileira cresceu espetacularmente entre 1960 e 1980, triplicando o PIB brasileiro. Acelerada desruralização e precária absorção de trabalhadores baixamente qualificados nas ocupações urbanas acompanharam esse crescimento.[2] A industrialização teve uma dimensão mais violenta do que apenas rápida transformação da estrutura ocupacional. A superposição de desvantagens a indivíduos e sua concentração no território – leia-se, a região Nordeste – produziram deslocamentos populacionais massivos: um volume médio de 10 milhões de migrantes por década.[3] O Sudeste não concentrou apenas o crescimento do PIB: passou a contar também com uma infraestrutura de serviços urbanos mais ampla do que qualquer outra região brasileira. As regiões mais pobres, por sua vez, não eram apenas desprovidas de oportunidades de trabalho. Ali também se superpunha a carência de todos os serviços básicos de infraestrutura residencial.[4]

A trajetória recente das desigualdades autoriza refutar a interpretação de que haveria uma potencial incompatibilidade entre a democracia, suas instituições políticas e a redução da desigualdade no Brasil, tal como proposto pela literatura das ciências sociais dos anos 1990 (Lamounier, 1992; Reis; Cheibub, 1993; Stepan, 1999). Disso não decorre, contudo, que a democracia seja causa suficiente para a redução das distâncias sociais, como mostra a trajetória recente das democracias avançadas. Portanto, um passo analítico adicional requer identificar os mecanismos pelos quais os regimes democráticos e a redução das desigualdades podem estar conectados.

Para tal, adotamos procedimentos metodológicos que se confirmaram cruciais. Em primeiro lugar, se queremos entender os fundamentos

---

2 Ver o capítulo "Desenvolvimento econômico e desigualdades no Brasil" (p.367), de Alvaro A. Comin, neste volume.

3 Ver o capítulo "A migração interna no Brasil nos últimos cinquenta anos: (des)continuidades e rupturas" (p.279), de José Marcos Pinto da Cunha, neste volume.

4 Ver o capítulo "Trazendo o conceito de cidadania de volta: a propósito das desigualdades territoriais" (p.193), de Marta Arretche, neste volume.

da trajetória, devemos observar o fenômeno no *longo prazo*, de modo a minimizar a importância de fatores aleatórios. Em segundo lugar, dada a multidimensionalidade do fenômeno, é recomendável desagregar suas diferentes dimensões e examiná-las separadamente. Esse procedimento facilita identificar quais fatores são comuns às dimensões cuja trajetória apresentou inflexão relevante. Em terceiro lugar, é necessário adotar a mesma métrica para examinar a trajetória de longo prazo para cada dimensão de interesse.

Em nosso esforço coletivo, essas decisões metodológicas nos permitiram obter uma interpretação abrangente da trajetória das desigualdades no Brasil, pela simples razão de que nossas inferências são absolutamente dependentes de nossos métodos de observação. Avaliações sobre a desigualdade têm se concentrado excessivamente em apenas uma dimensão – a renda –, sendo extrapoladas por dedução para as demais. Além disso, parte expressiva das interpretações que concluem que pouco mudou no Brasil nos últimos cinquenta anos é derivada de um viés negativo de seleção dos indicadores com pior desempenho e, sobretudo, de uma métrica móvel segundo a qual exigências mais elevadas são adotadas à medida que progressos são obtidos. O viés de seleção também afeta a interpretação que sustenta que um novo Brasil emergiu das mudanças recentes. De modo geral, essa inferência está baseada na seleção das dimensões cuja inflexão positiva foi mais destacada. Adotar uma estratégia de investigação que desagrega diferentes dimensões da desigualdade, observa sua trajetória no longo prazo e adota a mesma métrica para todo o período nos permitiu uma interpretação empiricamente robusta sobre as trajetórias das desigualdades e os mecanismos para sua redução.

No Brasil, sob a democracia, diminuiu sensivelmente a desigualdade de renda entre os mais ricos e os extremamente pobres, muito embora seu grau ainda seja muito alto. Essa dimensão da redução da desigualdade é explicada principalmente pelo gasto social e pela política do salário mínimo. A desigualdade de rendimentos no mercado de trabalho também diminuiu, mas a um ritmo bem mais moderado. A trajetória dessa dimensão, contudo, é em grande medida explicada por mecanismo distinto. É principalmente afetada pela tardia e gradual expansão da oferta de educação, que ainda está restrita ao nível fundamental de ensino. Portanto, parte importante da trajetória recente da desigualdade de renda no Brasil é resultado da *combinação* de políticas distintas. Não pode ser explicada por qualquer mecanismo isolado, nem é um subproduto direto da democracia. Além disso, revela que decisões sobre o *destino do gasto público* e sobre as *regras das políticas* têm impacto efetivo sobre a desigualdade de renda. Isso implica dizer que a taxação progressiva, como sugerem Piketty e Saez (2014), não esgota o rol de estratégias possíveis para reduzir desigualdades de renda.

A despeito dessa trajetória geral, a desigualdade de renda por cor e gênero não apenas revelou-se persistente como vem diminuindo a velocidades muito distintas. Se o prêmio da educação fosse condição suficiente para eliminar essas desigualdades, todas as categorias igualmente escolarizadas teriam rendimentos semelhantes. Não é esse o caso na trajetória recente do Brasil. Isso significa que há fatores adicionais, ainda pouco conhecidos, além da corrida entre educação e tecnologia, que produzem desigualdades persistentes.

A desigualdade não se resume à renda. A renda real dos indivíduos é afetada pelo gasto social no momento presente (Marshall, 1967), e sua renda futura é afetada por efeitos intertemporais de políticas (Autor, 2014). Além disso, as condições de vida são parte integrante de uma vida decente (Sen, 1999). Concentrar nossa análise da desigualdade na dimensão da renda implica logicamente a limitação do rol de mecanismos que permitem sua redução.

Diferentemente da política educacional, o regime militar expandiu bastante o acesso a serviços básicos de infraestrutura. Essa expansão, contudo, se fez acompanhar de três ordens de desigualdade na provisão de serviços: entre áreas pobres e ricas dentro das cidades, um *gap* entre o meio rural e o meio urbano e uma marcada desigualdade territorial. Essas três dimensões da desigualdade de acesso a serviços essenciais estão associadas a uma origem comum: a concentração espacial de pobres.

No regime democrático contemporâneo, a oferta de serviços essenciais nas áreas periféricas das cidades foi ampliada e o *gap* rural-urbano diminuiu. Da mesma forma, a superposição de carências nas regiões mais pobres, em contraste com a virtual universalização da oferta nas regiões mais ricas, foi substancialmente reduzida.

Essa trajetória variou para cada política particular, pois dependeu muito da centralidade de cada área de política na agenda do governo federal. A desigualdade de acesso à energia elétrica foi eliminada, assim como foi muito reduzida no que diz respeito às redes de fornecimento de água e à coleta de lixo. Contudo, o acesso a redes de coleta de esgotos é mais desigual do que a desigualdade de riqueza entre os municípios brasileiros.

A queda das desigualdades no acesso a serviços está claramente associada à monotônica inclusão dos mais pobres à prestação de serviços públicos. A despeito dessa progressiva incorporação, a renda continua sendo um obstáculo para o acesso aos serviços, o que significa que os muito pobres continuam acumulando desvantagens de acesso. Também nessa dimensão, a importância da renda somente é eliminada sob a restrita condição da universalização. Portanto, os mais pobres são sistematicamente os últimos a ser incorporados.

Na trajetória recente, a redução das distâncias no universo dos que têm direito a serviços essenciais está associada a um elemento comum: decisões sobre o desenho das políticas. Estas não foram, contudo, mudanças paradigmáticas, derivadas de inovações nos pilares dos modelos tradicionais de provisão de serviços. Diferentemente, resultaram da adição de novas regras, orientadas a reduzir os obstáculos à incorporação dos mais pobres, aos sistemas nacionais implantados sob o regime militar. Combinadas, reduziram sensivelmente os aspectos mais inaceitáveis das condições de (in)habitabilidade no Brasil.

Em resumo, a trajetória recente do Brasil demonstra que as políticas e suas regras têm impacto crucial sobre a pobreza e a desigualdade. Parte substancial da redução das desigualdades sociais no país foi resultado da *combinação em um curto período de tempo da adoção de diferentes políticas cuja trajetória foi independente*. Nosso estudo, entretanto, revela que não devemos atribuir as mudanças em curso na estratificação social brasileira exclusivamente às políticas. Desenvolvimentos anteriores, entre os quais uma revolução silenciosa no comportamento das mulheres, cujas consequências sobre a composição demográfica e as normas sociais começam a ser exploradas, não são de modo algum irrelevantes.

Desigualdades de participação política e desigualdade de renda

O Brasil pode ser tomado como um caso que confirma a proposição de que a democracia produz corretivos para a desigualdade. A desigualdade de renda aumentou durante o regime militar, quando a participação eleitoral era restrita. Embora ocorressem eleições regulares, a proibição do direito de voto aos analfabetos excluía um largo contingente de cidadãos – os mais pobres – da arena eleitoral. A queda na desigualdade de renda está associada à universalização do sufrágio. Quando o alistamento eleitoral se aproximou de 100%, o que ocorreu a partir da década de 1990, houve uma inflexão para baixo na curva da desigualdade de renda (Gráfico 1).[5]

Da associação, contudo, não decorre que exista uma relação causal entre ambos, como mostra a trajetória recente das democracias avançadas. Para avançar nossa compreensão desse fenômeno, é necessário explicitar os mecanismos que conectam democracia e desigualdade.

Iniciemos pela universalização do sufrágio. Historicamente, o voto universal visou reduzir a desigualdade de participação política, visto que

5 Thomas Piketty e seus colaboradores argumentam que dados de renda coletados através de *surveys* tendem a subestimar a renda dos mais ricos e, por extensão, as taxas de desigualdade (ver Piketty; Saez, 2014). Medeiros, Souza e Castro (2014) compararam a renda dos 0,1%, 1% e 5% mais ricos no Brasil nas *surveys* (PNAD, POF e Censo Demográfico) e nas declarações do IRPF para 2006-2012 e confirmaram essa proposição. Logo, o coeficiente de Gini calculado com base nas primeiras subestimaria a real desigualdade da renda no Brasil. Contudo, Medeiros, Souza e Castro (2014) também advertem que os dados do IRPF não permitem calcular a desigualdade de renda domiciliar *per capita* no Brasil, porque (a) o IRPF não coleta informações para a totalidade da população que obtém rendimentos e (b) os membros de uma família podem fazer declarações em separado, sendo que aqueles que têm mais alta renda frequentemente o fazem. Medeiros, Souza e Castro (2014) registraram uma média de 25 milhões de declarações no período 2006-2012. No Brasil, indivíduos podem ser declarados independentes para efeitos da declaração de IRPF a partir dos 21 anos de idade. Para uma população de 131 milhões com idade acima de 19 anos no Censo de 2010, teríamos que o universo de declarantes do IRPF seria de *aproximadamente* 19% da população em idade de declarar. Assim, o IRPF é uma fonte mais precisa que as *surveys* para medir a renda dos mais ricos, mas não pode ser empregada para calcular a distribuição global da renda. Portanto, ainda que imprecisos, os *surveys* continuam sendo a única fonte de dados para o cálculo da distribuição da renda no Brasil. Mais que isso, podemos assumir que, a despeito dessa imprecisão, os dados dos *surveys* subestimam o *nível* da desigualdade, mas permitem uma descrição o mais aproximada possível de sua *trajetória*.

Gráfico 1 – Universalização do sufrágio e desigualdade de renda Brasil, 1960-2010

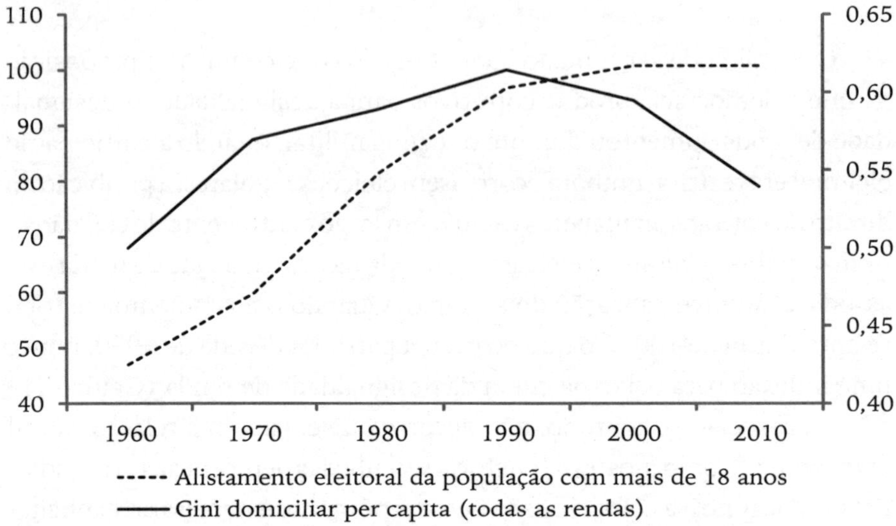

Fontes: TSE e IBGE, Censos Demográficos 1960-2010. Tabulações especiais do Centro de Estudos da Metrópole (CEM).

Nota: Os valores das taxas de alistamento eleitoral estão dispostos no eixo vertical esquerdo e os valores do coeficiente estão dispostos no eixo vertical direito.

esta era viesada em favor dos proprietários e/ou das camadas de mais alta renda e/ou escolaridade nos modelos de representação dominantes até o século XIX. Porém, a adoção do sufrágio universal não implica necessariamente que a participação política efetiva não seja afetada pela posse de recursos. Na verdade, a desigualdade de participação eleitoral entre ricos e pobres tem sobrevivido nas democracias modernas (Bartels, 2008). Uma maneira de examinar empiricamente a efetiva universalização do direito de voto consiste em observar o exercício desse direito por meio da taxa de comparecimento eleitoral.

Desde 1986, a primeira eleição posteriormente à eliminação da última barreira à universalização do sufrágio, a taxa de comparecimento eleitoral no Brasil é igual ou superior a 80%.[6] A desigualdade entre os estados

6 A barreira da escolaridade foi eliminada por meio da emenda constitucional que autorizou a extensão do direito de voto aos analfabetos em 1985. Ver Gráfico 2 do capítulo "Participação política no Brasil" (p.39), de Fernando Limongi, José Antonio Cheibub e Argelina Cheibub Figueiredo, neste volume.

brasileiros também caiu sistematicamente, de tal sorte que aqueles estados em que o comparecimento eleitoral era mais baixo – fato que atinge desproporcionalmente os mais pobres – equipararam-se àqueles em que o comparecimento era mais alto.[7]

Portanto, a taxa de comparecimento eleitoral tem sido alta. Na verdade, tem sido mais alta do que em países presidencialistas com os quais o Brasil é usualmente comparado.[8] Dado que o não comparecimento afeta desproporcionalmente os mais pobres, isso equivale a dizer que a desigualdade de participação eleitoral no Brasil é baixa.

Isso posto, a questão a ser analisada passa a ser por que a desigualdade de comparecimento eleitoral é baixa. A explicação de Fernando Limongi, José Antonio Cheibub e Argelina Cheibub Figueiredo minimiza o impacto da constitucionalização do direito de voto aos analfabetos – e mesmo da obrigatoriedade do voto, candidato natural para explicar esse resultado. Alternativamente, os autores mostram que decisões sobre as regras de participação eleitoral reduzem custos de alistamento, obtenção de informação e manifestação de preferências. A validade do cadastramento eleitoral para várias eleições – evitando, portanto, que o eleitor tenha de se cadastrar para cada eleição –, a propaganda eleitoral gratuita em horário nobre, a adoção da urna eletrônica e, acrescento, a realização das eleições aos domingos – evitando que o eleitor tenha de faltar ao trabalho para votar – favorecem a participação efetiva dos mais pobres e menos escolarizados. Portanto, para além da universalização do sufrágio, decisões sobre o funcionamento das eleições parecem ser explicações mais plausíveis para a elevada participação eleitoral no Brasil.

O Brasil é também considerado um caso notório de participação extraparlamentar. Ainda assim, as análises sobre o impacto dessas arenas decisórias sobre as políticas são ainda inconclusivas. Nosso estudo mostra,

---

7 Ver Gráfico 3 do capítulo "Participação política no Brasil" (p.42), de Fernando Limongi, José Antonio Cheibub e Argelina Cheibub Figueiredo, neste volume.

8 A taxa de comparecimento eleitoral nas eleições para a presidência no Chile em 2013 foi de 42%; nas eleições presidenciais do México em 2012 foi de 63%; nas eleições para presidente nos Estados Unidos em 2013 esta taxa foi de 67%. Apenas a França apresenta taxa semelhante à do Brasil: 80% de comparecimento nas eleições presidenciais de 2012. Fonte: Institute for Democracy and Electoral Assistance (Idea), *Voter Turnout Database*. Disponível em: <http://www.idea.int/vt/viewdata.cfm>.

contudo, que há sólidas evidências de uma causalidade reversa, isto é, há estreitas relações entre a incorporação do princípio da participação popular às políticas governamentais e a trajetória de expansão dessas arenas.

As demandas por participação popular tiveram origem independente na sociedade civil e foram incorporadas como princípio constitucional na Carta de 1988. A regra constitucional, contudo, é bastante genérica. Definida como um princípio a ser regulamentado por legislação complementar, não é condição suficiente para explicar a trajetória de explosão dos conselhos de políticas públicas.

Sua expansão monotônica a partir dos anos 1990 revela que a renda também representa um obstáculo à participação política. Municípios com concentração de população mais vulnerável – em termos de renda, escolaridade e saúde – têm menores chances de constituir conselhos, o que confirma os achados de sólida tradição de estudos nas ciências sociais. Entretanto, dados agregados para a totalidade dos conselhos escondem um fato: essas arenas tornaram-se universais apenas naquelas políticas em que a indução federal atrelou transferências de recursos à instalação e funcionamento de conselhos municipais. Nessas políticas específicas, estes últimos estavam presentes na quase totalidade dos municípios em meados da década de 2000. Apenas sob essa estrita condição, a desigualdade de condições socioeconômicas entre os municípios não parece afetar a emergência de arenas locais de representação extraparlamentar. Saltos no crescimento do número de conselhos estão claramente associados ao momento no tempo em que essas regras de indução foram introduzidas na legislação específica das políticas. Na ausência desses mecanismos de indução, os conselhos municipais das demais políticas setoriais obedecem a um padrão de expansão que claramente distingue municípios segundo sua condição socioeconômica.[9]

Portanto, não parece haver qualquer automatismo entre regras constitucionais que ampliam e universalizam a participação política e a eliminação dos obstáculos à sua realização efetiva produzidos pelas desigualdades socioeconômicas. Diferentemente, políticas deliberadamente orientadas

9 Ver o capítulo "Conselhos, associações e desigualdade" (p.51), de Adrian Gurza Lavalle e Leonardo Sangali Barone, neste volume.

a reduzir o impacto desses obstáculos contribuíram decisivamente para a baixa desigualdade de comparecimento eleitoral e a consolidação dos canais institucionais de participação extraparlamentar.

Desigualdades de renda

A queda do coeficiente de Gini (Gráfico 1) é um indicador importante, porém limitado, para examinar a trajetória das desigualdades. Não revela que categorias sociais específicas foram por ela beneficiadas. Logo, examinar a extensão em que as distâncias sociais foram de fato reduzidas requer evidências adicionais. Uma maneira de tratar desse problema é desagregar a trajetória de diferentes faixas de renda a partir da década imediatamente anterior à inflexão que é nosso objeto de interesse.

O Gráfico 2 apresenta dados sobre a trajetória da renda domiciliar *per capita* para diferentes faixas a partir de 1981, a saber: (i) 1° vintil, o teto da renda dos 5% mais pobres, que capta a renda da população-alvo dos programas focalizados de transferência de renda; (ii) 3° e 5° decis, cuja renda é *mais* diretamente afetada pelo valor do salário mínimo;[10] (iii) 10° e 15° vintis, que correspondem a diferentes estratos sociais cuja renda depende do mercado de trabalho e, finalmente, (iv) o 19° vintil, que corresponde ao piso da renda dos 5% mais ricos, porque Medeiros, Souza e Castro (2014) concluíram que, ainda que exista grande desigualdade de renda entre os 5% mais ricos, a discrepância entre os dados de *survey* (Pesquisas Nacionais por Amostra de Domicílios – PNAD e Censo) e os dados do IRPF nesta faixa é bem reduzida.

---

10 O vintil cuja renda está mais próxima ao valor do salário mínimo variou ao longo deste período, o que é uma decorrência das alterações na distribuição da renda. Entre 1981 e 1989, o valor correspondente a um quarto do salário mínimo vigente estava mais próximo à renda domiciliar *per capita* do 5° e 6° vintis, com exceção de 1986 quando correspondeu ao 2° vintil. A partir de 1990, essa associação caiu para o 3° e 4° vintis, onde permaneceu ao longo da maior parte do período. A partir de 2008, ela corresponde mais exatamente ao 3° vintil de renda.

Gráfico 2 – Renda domiciliar *per capita* por vintis de renda (todas as fontes) – Brasil, 1981-2013

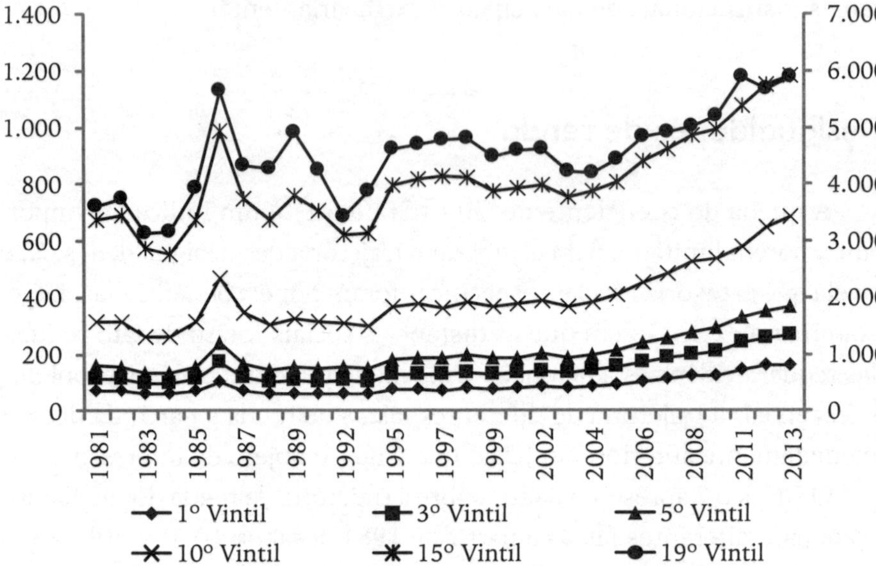

Fonte: IBGE, PNADs 1981-2013. Tabulações especiais do CEM.

* Valores deflacionados para setembro de 2014.

** Anos censitários estão excluídos. Em 1994, não foi realizada a PNAD.

*** Os valores para o 19° vintil estão apresentados no eixo vertical direito; os valores para os demais estratos estão apresentados no eixo vertical esquerdo.

Todos os estratos sociais tiveram ganho real de renda com a adoção do Plano Cruzado e do Plano Real. Como já demonstraram Barros, Henriques e Mendoça (2000), os planos de estabilização bem-sucedidos tiveram efeito similar ao crescimento econômico sobre os níveis de renda. No que diz respeito à redução da pobreza, a principal diferença entre o Plano Real e o Plano Cruzado é que o primeiro sobreviveu, preservando assim os ganhos de renda derivados da estabilização da moeda. Entretanto, o 5° e o 10° decis tiveram uma ligeira melhora da renda já no segundo mandato de Fernando Henrique Cardoso. Nos dois mandatos do presidente Lula, por sua vez, superada a retração econômica associada às incertezas da transição para um governo de esquerda, todos os estratos sociais tiveram crescimento monotônico da renda, tendência que se manteve no governo Dilma Rousseff, a despeito das baixas taxas de crescimento econômico.

Os ganhos de renda nos governos petistas foram muito mais expressivos do que nos períodos anteriores.

Não é verdade, contudo, que as "*rising tides*" de estabilização da moeda e/ou de crescimento econômico "*lifted all boats*".[11] A trajetória das desigualdades de renda revela que os barcos não foram levantados à mesma altura.

O Gráfico 3 apresenta a trajetória da razão de renda entre vintis selecionados, desagregando os extremos da distribuição de renda (o 19° vintil em relação ao 1° e ao 3°) daqueles vintis cuja renda é mais diretamente dependente do mercado de trabalho. Esse procedimento permite distinguir separadamente o impacto das políticas condicionadas de transferência de renda, da política do salário mínimo e do comportamento do mercado de trabalho.

O Gráfico 3a descreve a trajetória do aspecto mais escandaloso da desigualdade de renda no Brasil, que diz respeito à enorme distância entre os extremos da distribuição. No governo Sarney, a desigualdade de renda aumentou dramaticamente; em seu pico, em 1989, a renda do 19° vintil era 79 vezes a do 1° vintil. A partir de então, iniciou sustentada trajetória de queda, que foi favorecida pelos programas de estabilização da moeda, em 1992[12] e 1995. Ainda que essa queda tenha iniciado com a implantação dos programas de transferência condicionada de renda sob Fernando Henrique Cardoso, sua aceleração de fato é explicada pelo Programa Bolsa Família (PBF) a partir de 2001.

Que razões explicam o impacto do PBF sobre a queda da desigualdade entre os extremos da renda? As análises sobre o impacto do PBF na redução da pobreza têm enfatizado sua *escala*, isto é, a massiva e progressiva inclusão dos extremamente pobres ao universo de beneficiários (Neri; Herculano, 2012, p.10; Soares, 2006, p.16). Entretanto, têm minimizado importante aspecto complementar, que diz respeito a seu *desenho*. Os erros de vazamento do PBF são de limitada intensidade (Medeiros; Britto; Soares, 2007), o que é explicado pela centralização da autoridade

11 Referência à expressão usada por John Kennedy, em um discurso proferido em 1963: "*A rising tide lifts all boats*" [trad.: "Uma maré alta levanta todos os barcos"] . (N. E.)

12 Observe-se que a queda da desigualdade de renda entre os extremos em 1992 não se deveu à expansão da renda real dos mais pobres, mas à queda real da renda dos mais ricos, possivelmente derivada da expropriação da poupança no governo Collor.

Gráfico 3 – Razão de renda por vintis selecionados (todas as fontes) Brasil, 1981-2013

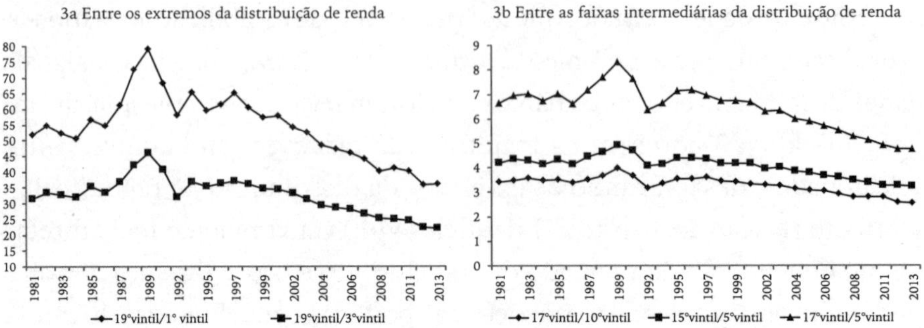

Fonte: IBGE, PNADs 1981-2013. Tabulações especiais do CEM .
* Valores deflacionados para setembro de 2014.
** Anos censitários estão excluídos. Em 1994, não foi realizada a PNAD.

para distribuição dos benefícios sob Lula. Nos programas adotados por FHC no início de 2000, os benefícios eram transferidos do governo federal para os governos municipais, que detinham, por sua vez, a autoridade sobre sua alocação. O PBF, sob Lula, eliminou essa intermediação (Melo, 2008, p.169). A *combinação* de escala do número de beneficiários e autoridade centralizada para a distribuição do benefício não é, portanto, irrelevante. Ampliar o número de beneficiários sem garantir a efetiva focalização não teria produzido os ganhos de renda dos extremamente pobres descritos no Gráfico 2. Portanto, *isoladamente*, nenhuma dessas características – escala ou centralização da distribuição de benefícios – teria produzido a redução da desigualdade entre os extremos da distribuição da renda descrita no Gráfico 3.

A política em torno do salário mínimo está no centro da redução da desigualdade de renda entre o piso da renda dos 5% mais ricos e os domicílios no 3° vintil. A população mais diretamente dependente do salário mínimo também teve sua distância em relação aos ricos diminuída com os planos de estabilização (em 1992[13] e 1995). A despeito dessa redução, a razão de renda entre ambos os estratos permaneceu em torno de 35 vezes durante a década de 1990. A trajetória de queda da desigualdade

13 Ver nota 12.

iniciou-se em 1997, mas sua aceleração ocorreu apenas a partir do governo Lula (Gráfico 3a).

Por política do salário mínimo, entendo aqui tanto a atualização dos valores quanto as categorias sociais afetadas por essa valorização. Três categorias sociais têm sua principal fonte de renda diretamente associada aos ganhos correspondentes a um salário mínimo: (i) a maioria dos aposentados do INSS; (ii) os beneficiários do Benefício de Prestação Continuada[14] e (iii) os trabalhadores baixamente qualificados no mercado formal de trabalho. Em conjunto, compõem um amplo contingente de eleitores, do que decorre a importância eleitoral da decisão sobre seu valor real.

A participação dessas três categorias no conjunto dos domicílios afetados pela política do salário mínimo variou ao longo do período, o que dificulta distinguir o impacto das transferências federais do impacto da renda dos trabalhadores formais menos qualificados na elevação da renda das categorias protegidas por esta política. Entretanto, importa destacar que a trajetória de queda descrita no Gráfico 3 é resultado da *incorporação progressiva* de indivíduos mais vulneráveis ao universo dos protegidos pela política do salário mínimo. Esta, por sua vez, é resultado de diferentes decisões que se desdobraram no tempo. Desde 1940, os salários no mercado formal de trabalho estão atrelados à decisão governamental sobre o valor do salário mínimo.[15] A Constituição Federal de 1988 estabeleceu o salário mínimo como piso das aposentadorias rurais e urbanas. A implementação do Benefício de Prestação Continuada data de 1995 (Medeiros; Britto; Soares, 2007). Logo, o universo de protegidos pela política do salário mínimo foi resultado de mudanças endógenas que se desdobraram no tempo. Uma vez incorporado um amplo contingente de indivíduos mais vulneráveis, a trajetória de sua renda passou a depender da política de valorização do salário mínimo. Na trajetória

14 Em janeiro de 2014, o INSS pagava cerca de 26 milhões de benefícios, dos quais cerca de 17 milhões recebiam o piso do valor previdenciário, incluindo aposentados e beneficiários do Benefício de Prestação Continuada.

15 A lei n.185, de janeiro de 1936, e o decreto-lei n.399, de abril de 1938, regulamentaram a instituição do salário mínimo, e o decreto-lei n.2.162, de 1° de maio de 1940, fixou os valores do salário mínimo, que passaram a vigorar a partir do mesmo ano.

recente, essa valorização iniciou-se no governo FHC em 1994, mas sua aceleração somente ocorreu a partir do governo Lula.

A queda da desigualdade no mercado de trabalho, por sua vez, apresentou comportamento distinto. Observe-se no Gráfico 3b que sua trajetória de queda inicia apenas no final dos anos 1990, além de ser bem menos acentuada do que aquela observada para os extremos da distribuição da renda. Os capítulos da "Parte 2" deste volume – "Educação e renda" – examinam como essa trajetória é em grande parte explicada pela expansão – tardia, porém massiva – da oferta de ensino no Brasil a partir dos anos 1990. Portanto, a "maré que levantou o barco" no mercado de trabalho não é contemporânea do momento em que o barco é levantado, como ocorre com as de transferência de renda ou de valorização do salário mínimo. Diferentemente, esta é resultado de políticas implementadas em momentos anteriores no tempo.

Em suma, a queda global da desigualdade de renda no Brasil é resultado da *combinação* de políticas que afetam categorias sociais distintas. Os programas de transferência condicionada de renda reduziram de fato a desigualdade quando se tornaram simultaneamente massivos e com limitado vazamento, o que supôs a centralização da autoridade sobre sua distribuição. A política do salário mínimo produziu impacto por meio da progressiva incorporação de parte dos mais vulneráveis ao universo de protegidos combinada ao aumento de seus valores reais. Por fim, a queda da desigualdade no mercado de trabalho está associada à trajetória da política educacional, ainda que, como veremos a seguir, o prêmio da educação não esgote o rol de mecanismos que afetam as desigualdades de renda.

Desigualdades de renda por cor e gênero

Se o retorno da educação fosse suficiente para explicar distâncias nos rendimentos do mercado de trabalho, não haveria uma lacuna considerável entre categorias sociais igualmente escolarizadas. A persistência das desigualdades na renda por cor e por gênero foram examinadas nos capítulos "Educação e desigualdade no Brasil", de Naercio Menezes

Filho e Charles Kirschbaum, "Desigualdades raciais no Brasil: um desafio persistente", de Márcia Lima e Ian Prates, "Desenvolvimento econômico e desigualdades no Brasil", de Alvaro A. Comin, e "Estratificação horizontal da educação superior no Brasil", de Carlos Antonio Costa Ribeiro e Rogerio Schlegel. Eles revelam que há fatores ainda pouco conhecidos na preservação das desigualdades, mesmo em um contexto de acentuada mudança dos padrões de estratificação social. Os gráficos 4 e 5 apresentam dados sobre a razão de renda, respectivamente, entre homens e mulheres e entre brancos e pretos,[16] para anos selecionados. Esta foi calculada a partir da distribuição por percentis da renda individual de cada uma dessas categorias, excluindo os anos censitários.

Os ganhos de renda dos mais pobres distribuíram-se muito desigualmente por gênero e por cor. Em 2012 – ano em que a razão da renda entre o 19° e o 1° percentis estava no patamar mais baixo da série –, os homens no 10° e 15° percentis da distribuição da renda dos homens obtinham três vezes a renda das mulheres cuja renda as posicionava neste mesmo ponto da distribuição da renda do conjunto das mulheres (Gráfico 4). Neste mesmo ano, os brancos na mesma posição na distribuição da renda entre os homens ganhavam o dobro dos pretos na mesma posição (15° percentil da distribuição da renda de cada uma das categorias, no Gráfico 5). A conclusão é clara: entre os indivíduos extremamente pobres, a desigualdade de renda por gênero e cor *aumentou* no mesmo contexto em que a desigualdade entre faixas de renda diminuiu. Foram os homens brancos que mais se beneficiaram da melhora de renda no estrato cuja renda é inferior a um salário mínimo, qual seja, os baixamente qualificados no mercado *informal* de trabalho.

A política do salário mínimo, por sua vez, elimina a importância do gênero e da cor na desigualdade de renda entre os mais pobres. Observe-se nos gráficos 4 e 5 que, nas faixas de renda que vivem basicamente do salário mínimo – que vão do 25° ao 35° percentis –, a razão de renda entre homens e mulheres e entre pretos e brancos caiu para um em 2001 e 2012, isto é, sua renda individual é a mesma. A política do salário mínimo é, portanto, um divisor de águas na renda dos indivíduos menos

16 A PNAD somente começou a coletar dados de renda por cor a partir de 1987.

Gráfico 4 – Razão de renda entre homens e mulheres por percentis Brasil, 1981-2012

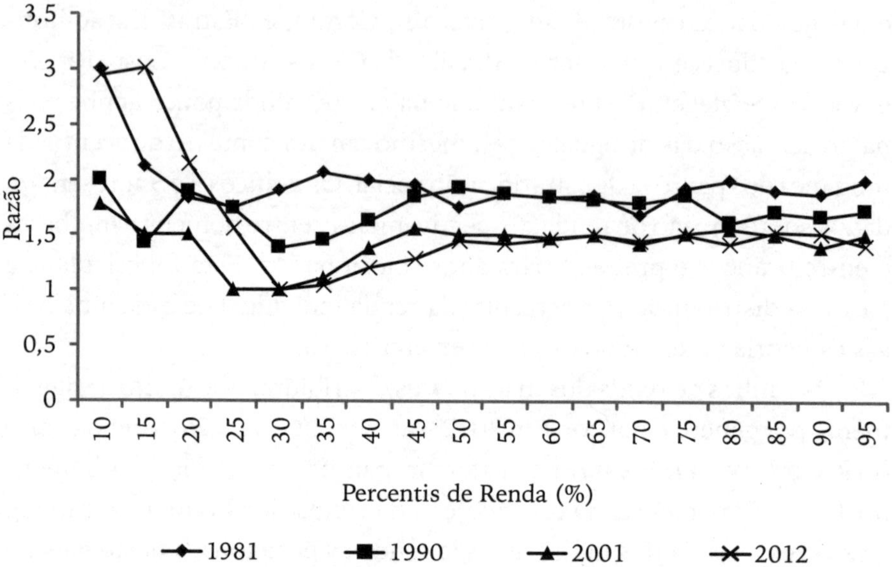

Fonte: IBGE, PNADs 1981, 1990, 2001, 2012. Tabulações especiais do CEM.

qualificados. A incorporação ao universo dos protegidos pela política do salário mínimo reduz a desigualdade entre faixas de renda e elimina a desigualdade entre categorias de cor e gênero. A partir de 1990, aumentou progressivamente o número de mulheres e pretos com renda equivalente a um salário mínimo, ao mesmo tempo que diminuiu o número de indivíduos dessas mesmas categorias com renda inferior a este patamar. A eliminação das desigualdades de renda por cor e gênero entre os mais pobres foi resultado, portanto, da incorporação dessas categorias entre os muito pobres ao universo dos protegidos pela política do salário mínimo.[17]

17 Em 1981, os homens cuja renda individual correspondia ao salário mínimo da época estavam localizados no 7° vintil da distribuição da renda dos homens, ao passo que as mulheres com renda similar à desses homens estavam localizadas no 13° vintil da distribuição da renda das mulheres. Em 2013, os homens e brancos recebendo um salário mínimo estavam distribuídos entre o 4° e 6° vintis da distribuição da renda, respectivamente, do conjunto dos homens e do conjunto dos brancos, ao passo que, para as mulheres e os pretos, o valor de um salário mínimo correspondia aos ganhos do 6° ao 9° vintis de suas respectivas distribuições de renda.

Gráfico 5 – Razão de renda entre brancos e pretos por percentis
Brasil, 1981-2012

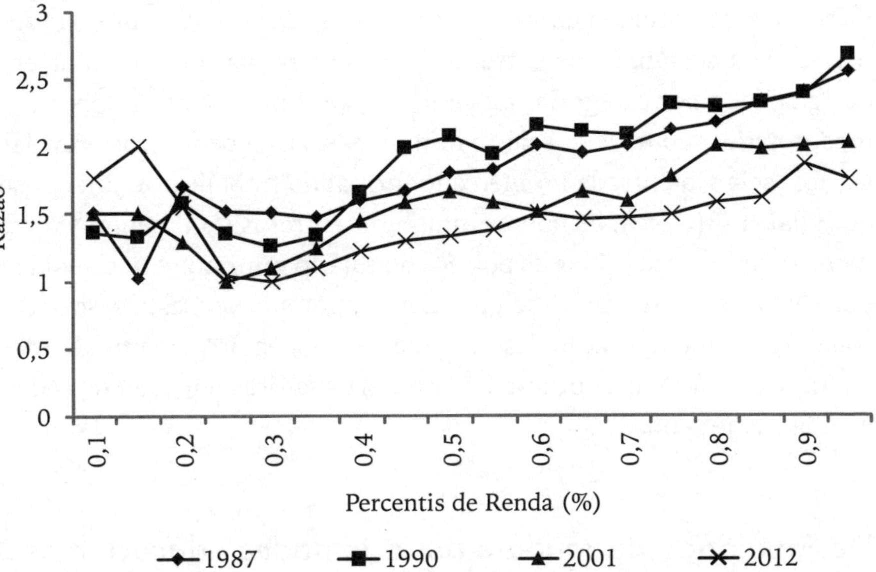

Fonte: IBGE, PNAD 1987, 1990, 2001, 2012. Tabulações especiais do Centro de Estudos da Metrópole.

Para os indivíduos cuja renda depende principalmente do mercado de trabalho (a partir do 35° percentil), a desigualdade de renda entre homens e mulheres bem como entre pretos e brancos passou para outro patamar em 2001. Mesmo as mulheres de renda mais alta obtinham a metade da renda dos homens de renda mais alta em 1981, assim como os pretos de renda mais alta obtinham um terço da renda dos brancos de renda mais alta em 1987 e 1990. Em 2012, essa razão havia caído para cerca de 1,5.

Entretanto, essa redução das distâncias de renda discriminou desigualmente os não brancos e as mulheres. A razão de 1,5 já se apresentou para as mulheres em 2001; para os pretos, ela só se manifestou em 2012. Além disso, para os pretos, mesmo em 2012, essa razão de renda aumentava para os estratos superiores de renda, ao passo que permanecia estável para as mulheres. Isso significa que o topo da pirâmide de renda dos pretos obteve menos rendimentos do que o topo da pirâmide de renda das mulheres. Ambos, contudo, obtêm sistematicamente menores rendimentos do que homens e brancos.

Em suma, a queda da desigualdade de renda discriminou desigualmente mulheres e não brancos. De um lado, a política do salário mínimo tem produzido uma espécie de "bolha de proteção" que não apenas reduz a desigualdade entre categorias de renda como elimina essa desigualdade por categorias de gênero e cor. Entre os mais pobres, ser incorporado à política do salário mínimo – seja via benefícios previdenciários, seja via entrada no mercado formal de trabalho – é um divisor de águas. Entre os mais pobres, mulheres e pretos têm menores rendimentos quando excluídos da política do salário mínimo. A desigualdade por gênero e cor no mercado de trabalho, por sua vez, está associada à trajetória de incorporação dessas categorias específicas ao mundo escolar, mas o prêmio da educação não esgota os fatores que afetam as desigualdades de renda.

Desigualdade de renda e desigualdades educacionais

A ciência social contemporânea acumulou sólidas evidências acerca das relações recíprocas entre renda e escolaridade (Autor, 2014; Ribeiro, 2009). A política educacional afeta a renda *presente* das famílias, na medida em que sua renda real é afetada pelo montante do orçamento familiar destinado à educação. Em 2009, o coeficiente de Gini da renda caía de 0,565, se apenas a renda nominal, impostos e transferências fossem considerados, para 0,479, caso o gasto social em saúde e educação fosse incluído na mensuração da desigualdade de renda entre os domicílios (Silveira et al., 2013). Ao reduzir o gasto das famílias com esses itens, as políticas de saúde e educação afetam sensivelmente a desigualdade de renda.

A política educacional também afeta a renda *futura* dos indivíduos na medida em que diferenciais de salário estão associados ao prêmio da educação,[18] o que depende da quantidade e qualidade da oferta de matrículas escolares. Por fim, a política educacional afeta a renda *futura* dos indivíduos na medida em que determina as desigualdades de oportunidades educacionais, isto é, a extensão em que a escolaridade é dependente

18 Ver o capítulo "Educação e desigualdade no Brasil" (p.109), de Naercio Menezes Filho e Charles Kirschbaum, neste volume.

da origem social dos indivíduos.[19] Portanto, a política educacional tem impacto sobre os diferenciais de salário no mercado de trabalho e a mobilidade social.

A enorme escassez relativa de força de trabalho escolarizada e mais qualificada contribuiu decisivamente para que o Brasil tenha apresentado tão elevadas taxas de desigualdade de renda em sua história. Decisões de política educacional no passado estão na raiz dessa escassez.[20] A massificação do acesso aos níveis básicos de ensino, por sua vez, ocorreu muito tardiamente, mesmo quando comparada a países com menor nível de desenvolvimento econômico da América Latina (Arretche, 2007).

Apenas a partir dos anos 1990 foram substancialmente reduzidos os obstáculos de acesso e conclusão dos níveis mais básicos de escolaridade, como mostram os capítulos da "Parte 2", sobre educação e renda. Por essa razão, a redução na escassez relativa de trabalhadores mais qualificados somente começou a afetar a desigualdade de renda no mercado de trabalho no final dos anos 1990.[21] Apenas em 2010, mais de 80% dos jovens de 12 a 15 anos concluíam quatro anos de estudo (Gráfico 6a). A tardia expansão do acesso e conclusão do ensino primário implicou que apenas em 1991 a oferta de trabalhadores com quatro a sete anos de estudo tenha ultrapassado a dos muito baixamente qualificados, com menos de três anos de estudo (Gráfico 6b). A aceleração do acesso e conclusão ao ensino fundamental e médio ocorreu somente a partir dos anos 1990 (Gráfico 6a). Como resultado, somente em 2010 os trabalhadores com oito anos de estudo se equiparam em número àqueles com fundamental incompleto. Como essa expansão foi bem mais limitada no ensino médio, a despeito da expansão da oferta nos anos 1990 (Gráfico 6a), a escassez relativa de trabalhadores mais qualificados era bem mais alta ainda em 2010 (Gráfico 6b).

19 Ver o capítulo "Estratificação educacional entre jovens no Brasil" (p.79), de Carlos Costa Ribeiro, Ricardo Ceneviv e Murillo Marschner Alves de Brito, neste volume.

20 Ver o capítulo "Desenvolvimento econômico e desigualdades no Brasil" (p.367), de Alvaro A. Comin, neste volume.

21 Ver o capítulo "Educação e desigualdade no Brasil" (p.109), de Naercio Menezes Filho e Charles Kirschbaum, neste volume.

Em suma, somente a partir dos anos 1990 alterou-se um quadro histórico de elevados obstáculos de acesso à escola que implicavam grandes desigualdades nas oportunidades educacionais, cujo resultado era um prêmio elevado aos mais escolarizados no mercado de trabalho. Contudo, a eliminação da desigualdade de oportunidades educacionais ainda estava restrita ao ensino fundamental em 2010. Estas foram eliminadas por saturação, sob a estrita condição da universalização do acesso. Uma vez atingido este patamar para um nível de ensino, as desigualdades deslocam-se para os níveis mais altos de escolaridade.[22]

A desigualdade de oportunidades educacionais tem paralelo com os diferenciais de rendimento por cor e gênero no mercado de trabalho. A velocidade com que mulheres e não brancos reduziram suas desvantagens em um universo que era majoritariamente ocupado por homens brancos na década de 1960 não foi a mesma. A despeito de uma trajetória geral de expansão das oportunidades educacionais e de ocupação de carreiras de maior prestígio no mercado de trabalho, os brancos – homens e mulheres – apresentam claras e persistentes vantagens sobre os não brancos. Quando o acesso não é universal, as vantagens na progressão escolar dos brancos sobre os não brancos aumentam à medida que aumentam os níveis de escolaridade.

O assalariamento – formal ou informal – consolidou-se como a principal fonte de sobrevivência.[23] Entretanto, os não brancos permaneciam ainda em 2010 concentrados nas ocupações de menor qualificação, ao passo que seu ingresso nas ocupações de mais alta instrução e prestígio melhorou muito modestamente. As mulheres, por sua vez, ainda que tenham presença fortemente concentrada em ocupações baixamente qualificadas (em particular o trabalho doméstico), aumentaram monotonicamente sua presença nas ocupações de maior prestígio.[24] A despeito disso, sua presença nessas ocupações ainda era em 2010 muito inferior

22 Ver o capítulo "Estratificação educacional entre jovens no Brasil" (p.79), de Carlos Costa Ribeiro, Ricardo Ceneviva e Murillo Marschner Alves de Brito, neste volume.

23 Ver o capítulo "Mercado e mercantilização do trabalho no Brasil" (p.395), de Nadya Araujo Guimarães, Leonardo Sangali Barone e Murillo Marschner Alves de Brito, neste volume.

24 Ver o capítulo "Desenvolvimento econômico e desigualdades no Brasil" (p.367), de Alvaro A. Comin, neste volume.

Gráfico 6 – Oportunidades educacionais e escassez relativa da força de trabalho por idade e tempo de estudo – Brasil, 1960-2010

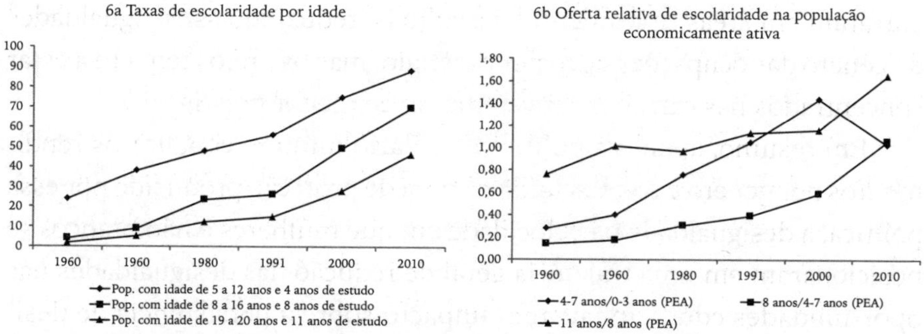

Fonte: IBGE, Censos Demográficos 1960-2010. Tabulações especiais do CEM.

a seu peso relativo na força de trabalho. Logo, as desigualdades de renda por gênero e cor são parcialmente explicadas pela desigual trajetória de inserção dessas categorias na estrutura ocupacional.

Contudo, a tardia eliminação dos obstáculos de acesso e conclusão dos níveis básicos de escolaridade discriminou desigualmente mulheres e pretos. As razões de chance de as mulheres completarem as transições educacionais já eram maiores em 1960 e se acentuaram a partir de então. Mais que isso, as mulheres avançaram sua participação na educação superior a partir da década de 1970; ultrapassaram os homens em 1991 e, em 2010, já eram maioria na população universitária.[25]

Em outras palavras, se os mundos escolar e do trabalho deixaram de ser monopolizados pelos homens brancos, a velocidade da entrada de mulheres e pretos/pardos neste mundo foi muito diferente dos anos 1960 para cá. A trajetória das oportunidades educacionais de pretos e pardos foi muito distinta da trajetória das mulheres. A desigualdade entre pretos e brancos desapareceu no acesso ao ensino fundamental apenas em 2000, mas permaneceu significativa para o ensino médio e superior até 2010. As desvantagens dos não brancos não decorrem apenas do fato de que estes

25 Ver os capítulos "Estratificação educacional entre jovens no Brasil" (p.79), de Carlos Costa Ribeiro, Ricardo Ceneviv e Murillo Marschner Alves de Brito e "Desigualdades raciais no Brasil: um desafio persistente" (p.163), de Márcia Lima e Ian Prates, neste volume.

têm menores chances de estar em uma carreira universitária.[26] A equalização nas carreiras universitárias beneficiou apenas as mulheres, pois estas entraram em áreas tipicamente masculinas, reduzindo as desigualdades de gênero das ocupações de maior prestígio, mas os pretos tendem a estar concentrados nas carreiras universitárias de menor prestígio.[27]

Em resumo, apenas a política do salário mínimo equaliza os rendimentos por gênero e cor. Excluída a bolha de proteção produzida por essa política, a desigualdade na velocidade em que mulheres e não brancos se posicionaram em uma trajetória geral de redução das desigualdades nas oportunidades educacionais tem impacto sobre a persistência de desigualdades de rendimentos por gênero e cor. Entretanto, nem o prêmio da educação, nem a expansão das oportunidades educacionais são suficientes para explicar essas desigualdades estáveis, pois as desvantagens dos não brancos permanecem mesmo quando desempenham a mesma ocupação e detêm o mesmo nível de escolaridade dos brancos.

Desigualdades no acesso a serviços básicos

O acesso a serviços básicos é parte integrante de uma vida decente (Sen, 1999). Para além das razões morais, que poderiam ser suficientes para justificar que a redução das desigualdades não se restrinja à dimensão da renda, há evidências de que a presença de serviços de infraestrutura nos domicílios pode ser convertida em ativos sociais que afetam estratégias de saída da pobreza (Moser, 1998), bem como as condições de saúde.[28]

A trajetória de expansão dos serviços de infraestrutura básica no Brasil varia de acordo com cada política. Mas, diferentemente da política educacional, os serviços de água, esgoto e energia elétrica expandiram-se

26 Ver o capítulo "Desigualdades raciais no Brasil: um desafio persistente" (p.163), de Márcia Lima e Ian Prates, neste volume.

27 Ver o capítulo "Estratificação horizontal da educação superior no Brasil" (p.133), de Carlos Costa Ribeiro e Rogerio Schlegel, neste volume.

28 Ver o capítulo "Saúde e desigualdade no Brasil" (p.249), de Vera Schattan P. Coelho e Marcelo F. Dias, neste volume.

muito durante o regime militar. Sob a democracia, a expansão das coberturas foi bem mais limitada, tendendo mesmo à estagnação.

A expansão sob o regime militar, contudo, esteve restrita aos *domicílios urbanos*. Em 1980, o percentual de domicílios urbanos conectado a redes de água e energia era respectivamente de 76% e 88%. O acesso a serviços de coleta de esgotos era – e continua sendo – o "lanterninha": atingia 40% dos domicílios urbanos (Gráfico 7).

Essa expansão das coberturas no meio urbano deve levar em conta o processo de urbanização. Em 1970, apenas 56% dos domicílios eram urbanos. Isso significa que, se 76% desses domicílios tinham acesso à energia elétrica em 1970, estes representavam pouco mais de 40% do total de domicílios. Em 1980, 68% dos domicílios eram urbanos e 89% deles tinham acesso à energia elétrica, o que representava 61% do total de domicílios. Portanto, em termos absolutos, a expansão dos serviços de água e energia durante o regime militar foi muito expressiva.

Entretanto, as taxas globais de cobertura no regime militar não revelam as desigualdades de acesso que acompanharam a expansão dos serviços: a existência de "cidades dentro das cidades",[29] a lacuna entre os meios urbano e rural e as desigualdades regionais.[30]

Os obstáculos para o acesso a serviços básicos de infraestrutura estão relacionados à renda dos domicílios. Os domicílios mais pobres e as regiões com maior concentração de domicílios pobres apresentam sistematicamente desvantagens de acesso. Na verdade, estes acumulam uma superposição de desvantagens sob a forma de ausência simultânea de vários serviços.[31]

Observe-se no Gráfico 7 a lacuna entre as taxas de cobertura dos domicílios urbanos e os demais evidenciada pela área que separa as linhas contínuas (que se referem aos domicílios urbanos) e as linhas pontilhadas (que se referem ao total de domicílios).

---

29 Ver o capítulo "Condições habitacionais e urbanas no Brasil" (p.223), de Eduardo Marques, neste volume.

30 Ver o capítulo "Trazendo o conceito de cidadania de volta: a propósito das desigualdades territoriais" (p.193), de Marta Arretche, neste volume.

31 Ver os capítulos "Condições habitacionais e urbanas no Brasil" (p.223), de Eduardo Marques, e "Trazendo o conceito de cidadania de volta: a propósito das desigualdades territoriais" (p.193), de Marta Arretche, neste volume.

Gráfico 7 – Taxas de cobertura de serviços essenciais, total de domicílios e domicílios urbanos – Brasil, 1970-2010

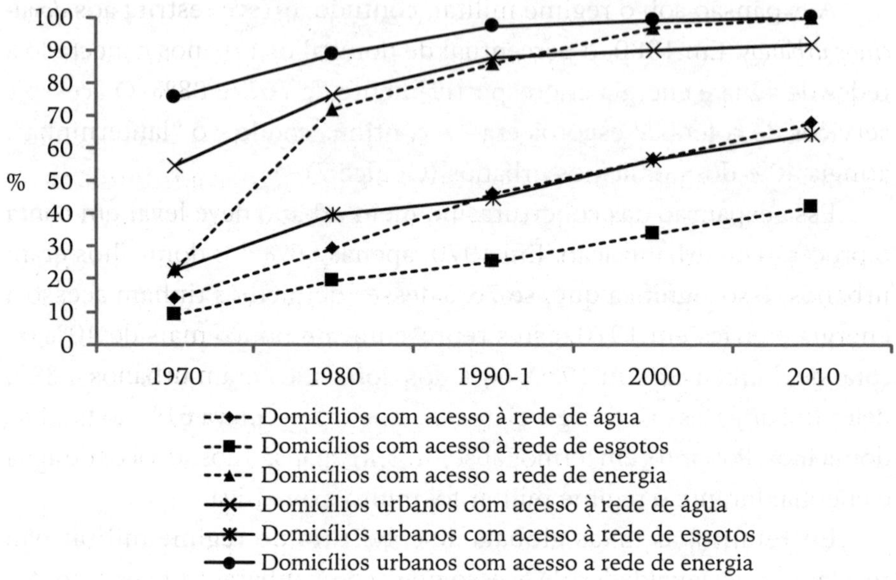

Fontes: IBGE, Censos Demográficos 1970-2010. Tabulações especiais do CEM.

Sob a democracia, a distância entre aquelas áreas diminuiu, indicando que caiu a desigualdade de cobertura entre domicílios rurais e urbanos. Para a energia elétrica, foi eliminada a desigualdade de acesso. Portanto, apenas em 2010 o acesso a fontes de energia elétrica tornou-se praticamente universal. Dado que as taxas de cobertura no meio urbano já eram muito altas em 1990, a universalização do acesso a partir de 1990 significou de fato a incorporação dos domicílios rurais.

A redução da lacuna no acesso à água não pode ignorar o efeito do processo de urbanização. As taxas de cobertura nos domicílios urbanos praticamente se estagnaram a partir de 1990, mas a população urbana passou de 75% para 84% entre 1990 e 2010. Portanto, parte da redução dessa lacuna se deve à diminuição da população rural.

As taxas globais de cobertura também escondem outra dimensão relevante da desigualdade, que diz respeito à distribuição dos serviços no território. O Mapa 1 apresenta a trajetória de um indicador sintético, elaborado a partir de uma análise fatorial para as taxas de cobertura dos serviços de água, esgoto e energia nos municípios, para o período 1970-2010.[32] Este mostra que a expansão das coberturas durante o regime militar foi acompanhada por marcada desigualdade territorial. Até 1980, foram os municípios das regiões mais ricas do Sul e Sudeste que de fato se beneficiaram dessa expansão.

Essa concentração territorial da infraestrutura básica revela que a renda dos domicílios não é suficiente para explicar desigualdades de acesso a serviços. Indivíduos de renda média que vivem em regiões com alta concentração de pobres têm menor probabilidade de acesso a serviços do que indivíduos de renda baixa vivendo em regiões com menor concentração de pobres. Assim, para além da renda individual dos domicílios, decisões de expansão dos serviços no território são afetadas pela concentração espacial da pobreza. Municípios com maior concentração de pobres têm menor probabilidade de contar com serviços de infraestrutura básica.[33]

Observe-se, entretanto, no Mapa 1 a trajetória de redução na desigualdade territorial de acesso a serviços sob a democracia. Em 1991, essa distribuição reproduzia a divisão tradicional entre regiões mais ricas e mais pobres: as taxas mais elevadas de cobertura concentravam-se no Sul e Sudeste, ao passo que a região Nordeste era basicamente carente de acesso a serviços básicos de infraestrutura. Em 2010, o *grau* de desigualdade havia diminuído sensivelmente: a distância nas taxas de cobertura entre as regiões foi bastante reduzida.

Parte importante dessa redução da desigualdade territorial no acesso a serviços básicos está associada à incorporação dos mais pobres. Essa trajetória pode ser observada no Gráfico 8, que apresenta taxas anuais de cobertura para esgoto, coleta de lixo, bem como acesso a redes de água e energia elétrica por vintis de renda de 1981 e 2013.

Os dados mostram inequivocamente que há clara associação negativa entre renda e acesso a serviços. Há um paralelismo entre a posição dos indivíduos na distribuição da renda e as taxas de acesso a serviços básicos dos vintis de renda. Quanto mais baixa a renda, mais baixa a taxa de

32 Ver a metodologia no capítulo "Trazendo o conceito de cidadania de volta: a propósito das desigualdades territoriais" (p.193), de Marta Arretche, neste volume.

33 Ver o capítulo "Trazendo o conceito de cidadania de volta: a propósito das desigualdades territoriais" (p.193), de Marta Arretche, neste volume.

cobertura de serviços. Mais que isso: a hierarquia de vantagens no acesso é estável. Somente desaparece sob a estrita condição da universalização, como demonstra a energia elétrica (Gráfico 8d).

Entretanto, as distâncias entre os degraus desta hierarquia diminuíram sensivelmente. Em 2013, as distâncias entre os vintis eram muito menores do que no início da série. Observe-se que, em 1981, o acesso a serviços básicos já era praticamente universal para o 19° vintil. A distância entre os extremos da renda se traduzia em distância no acesso a serviços essenciais. Não mais de 20% dos muito pobres contavam com os mesmos serviços dos quais desfrutava a quase totalidade dos indivíduos do 19° vintil. Além disto, os 20% mais pobres acumulavam desvantagens de acesso.

Sob a democracia, para todas as políticas, a trajetória de longo prazo foi a de progressiva incorporação dos mais pobres às redes de serviços, evidenciada pela inclinação mais acentuada da curva dos vintis de mais baixa renda.

Essa trajetória de incorporação não deve obscurecer o fato de que, exceto sob a estrita condição da universalização, a renda continua sendo um obstáculo importante para o acesso a serviços. A despeito da progressiva e acelerada inclusão dos mais pobres, o paralelismo entre renda e acesso permanece. Portanto, as mais baixas taxas de cobertura continuam sendo encontradas para os indivíduos com mais baixa renda. A despeito de todos os avanços, mais de 70% dos domicílios do 1° vintil não contavam com acesso à rede coletora de esgotos e 36% deles não contavam com acesso à rede de água em 2013.

Logo, a queda das desigualdades entre indivíduos e entre territórios no acesso a serviços essenciais reduziu o aspecto mais inaceitável da desigualdade, que dizia respeito à enorme distância entre os extremos da distribuição. A realidade, no entanto, segue marcada pela presença de desigualdades persistentes.

Em suma, sob a democracia, as desigualdades – entre domicílios, rural-urbana e entre regiões – no acesso a serviços básicos de infraestrutura herdadas do regime militar foram reduzidas. Essa redução foi resultado da progressiva incorporação dos mais pobres ao universo dos beneficiários, ainda que a associação negativa entre renda e acesso tenha sido limitada, mas não eliminada. O tardio e limitado acesso a condições

Mapa 1 – Taxas de cobertura de água, esgoto e energia, 1970-2010

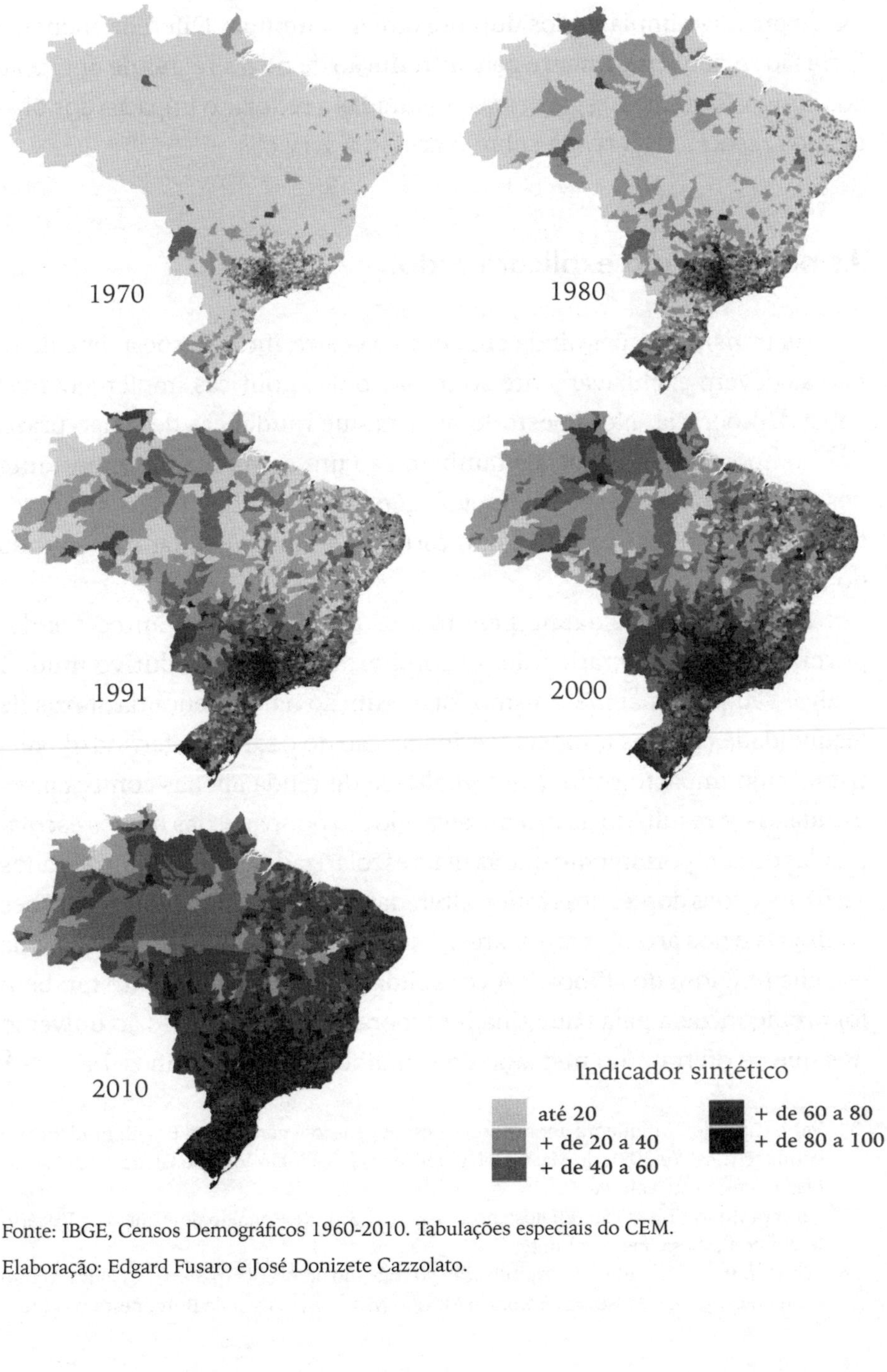

Fonte: IBGE, Censos Demográficos 1960-2010. Tabulações especiais do CEM.

Elaboração: Edgard Fusaro e José Donizete Cazzolato.

básicas de habitabilidade foi resultado de políticas deliberadas. Tais políticas, contudo, não representaram mudanças paradigmáticas nos modelos de provisão implantados durante o regime militar. Diferentemente, a inclusão se deu basicamente pela introdução de novas regras de operação aos antigos sistemas, regras estas orientadas a reduzir o impacto dos obstáculos associados à renda sobre o acesso a serviços.

As políticas não explicam tudo...

As transformações ainda em curso na estratificação social brasileira não se devem exclusivamente ao impacto das políticas implementadas sob a democracia. Nosso estudo mostra que mudanças de longo prazo nos comportamentos sociais também são um componente importante dessa trajetória, em especial a revolução silenciosa da qual as mulheres foram protagonistas na esfera doméstica, no mundo escolar e no mundo do trabalho.

Essas mudanças datam pelo menos dos anos 1970, antecedendo, portanto, a redemocratização. O comportamento reprodutivo mudou muito. Seu principal mecanismo foi a redução na diferença das taxas de fecundidade entre as mulheres. A instalação do padrão de fertilidade restrita – cujo impacto sobre a desigualdade de renda apenas começa a ser estudado – é resultado da progressiva adoção por parte das menos escolarizadas do comportamento que as mais escolarizadas já adotavam nos anos 1970. Relações domésticas foram alteradas pela diversificação dos padrões conjugais e dos arranjos familiares,[34] mas as mães têm predominância na escolha religiosa dos filhos.[35] A consolidação do assalariamento também foi protagonizada pela paulatina incorporação das mulheres ao universo dos que se ofertam no mercado de trabalho a partir dos anos 1970.[36] A

34 Ver o capítulo "Cinquenta anos de relações de gênero e geração no Brasil: mudanças e permanências" (p.309), de Maria Coleta Oliveira, Joice Melo Vieira e Glaucia dos Santos Marcondes, neste volume.

35 Ver o capítulo "Transição religiosa no Brasil" (p.335), de Ronaldo de Almeida e Rogério Jerônimo Barbosa, neste volume.

36 Ver o capítulo "Mercado e mercantilização do trabalho no Brasil" (p.395), de Nadya Araujo Guimarães, Leonardo Sangali Barone e Murillo Marschner Alves de Brito, neste volume.

Gráfico 8 – Taxas de cobertura em serviços essenciais por vintis de renda – Brasil, 1981-2013

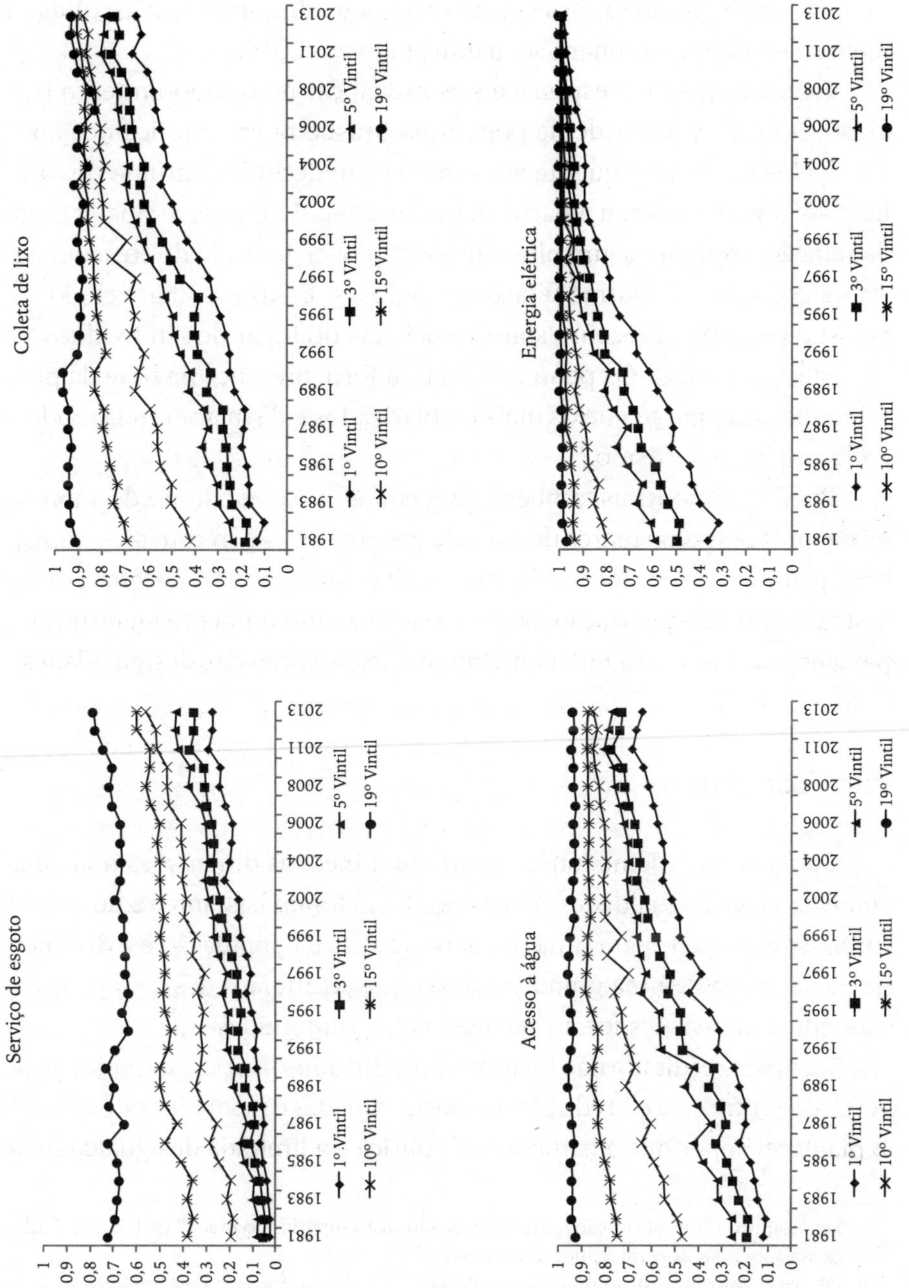

Fonte: IBGE, PNADs de 1981 a 2013. Tabulações especiais do Centro de Estudos da Metrópole.

entrada massiva das mulheres na universidade também teve início nos anos 1970, ainda que sua condição majoritária nos bancos universitários e a eliminação das diferenças entre profissões tipicamente masculinas e femininas somente tenham se manifestado em 2010.[37]

Também não são desprezíveis as mudanças no comportamento religioso. A quase totalidade da população brasileira era católica nos anos 1960. Nos últimos cinquenta anos, houve um declínio contínuo do catolicismo, que se acelerou a partir dos anos 1990. Longe de assinalar o fim da religião, instalou-se um pluralismo religioso, derivado do crescimento (em aceleração) de outras filiações religiosas. Essas escolhas religiosas, por sua vez, não parecem estar dissociadas do lugar dos indivíduos na estratificação social. Os pentecostais têm forte presença na base da pirâmide social, ao passo que os mais escolarizados e de maior renda tendem a filiar-se ao espiritismo.[38]

Por fim, as políticas também parecem ter um efeito limitado sobre as desigualdades persistentes de cor e de gênero. Estas parecem ser eliminadas apenas sob a estrita condição da universalização. Na ausência desse instrumento de equalização, fatores ainda não inteiramente identificados parecem ter um efeito independente na preservação das desigualdades.

Para concluir

Sob o regime democrático contemporâneo, as dimensões mais inaceitáveis das desigualdades sociais no Brasil foram bastante reduzidas. A fusão de vantagens para uma pequena parcela da população e a distância que a separava de uma grande maioria que acumulava desvantagens em diferentes dimensões foram sensivelmente diminuídas.

Mas esse resultado não foi um subproduto automático da democracia. A relação entre esta e a redução das desigualdades é mediada por políticas. É plausível supor que a competição política e a limitada desigualdade de

37 Ver o capítulo "Estratificação horizontal da educação superior no Brasil" (p.133), de Carlos Costa Ribeiro e Rogerio Schlegel, neste volume.

38 Ver o capítulo "Transição religiosa no Brasil" (p.335), de Ronaldo de Almeida e Rogério Jerônimo Barbosa, neste volume.

participação eleitoral operem como incentivos à adoção dessas políticas. Essa relação não torna menos relevante que o mecanismo que aciona a redução das desigualdades está no desenho das políticas; mais especificamente, na adoção de regras de elegibilidade e de gestão que não apenas reduzam desigualdades de renda, mas também afetem a extensão em que esta opera como um obstáculo para a titularidade em outras dimensões relevantes do bem-estar.

A queda simultânea dessas desigualdades no Brasil não foi resultado de nenhum fator isolado, mas da combinação no tempo do efeito de diferentes políticas orientadas a públicos diferentes, cuja característica comum tem sido a perspectiva de reverter a longa trajetória de estabilidade da elevada desigualdade no Brasil.

Se isso é verdade, há estratégias adicionais à da taxação para reduzir desigualdades, que incluem decisões sobre o destino do gasto público e o desenho das políticas. Mas, se estas são resultado de decisões, não há nenhuma garantia *ex-ante* de que não sejam revertidas no futuro, como mostra a trajetória recente das democracias das economias avançadas.

É plausível, portanto, supor que o primeiro efeito da democracia sobre a desigualdade seja corrigir seus aspectos mais inaceitáveis. Uma vez atingido esse ponto, as sociedades se defrontam com uma decisão crucial que consiste em continuar nessa trajetória ou não. A ver...

Referências bibliográficas

ABRAMOWAY, R. *Paradigmas do capitalismo agrário em questão*. São Paulo: Anpocs/Hucitec, 1992.

ABREU, M. *Evolução urbana do Rio de Janeiro*. Rio de Janeiro: Iplan Rio/Zahar, 1987.

ACEMOGLU, D.; JOHNSON, S.; ROBINSON, J. The colonial origins of comparative development: an empirical investigation. *The American Economic Review*, v.91, n.5, p.1369-1401, dez. 2001.

______.; ROBINSON, J. A. The political economy of the Kuznets curve. *Review of Development Economics*, v.6, n.2, p.183-203, 2002.

ADLER, N. E.; OSTROVE, J. M. Socioeconomic Status and Health: What we know and what we don't. In: ADLER, N. E. et al. (Eds.). *Socioeconomic Status and Health in Industrial Nations:* Social, Psychological, and Biological Pathways. New York: New York Academy of Sciences, 1999. p.3-15.

ALBERNAZ, A.; FERREIRA, F.; FRANCO, C. Qualidade e equidade no ensino fundamental brasileiro. *Pesquisa e Planejamento Econômico*, v.32, n.3, 2002.

ALBUQUERQUE, F. R. P. C.; SENNA, J. R. X. *Tábuas de mortalidade por sexo e grupos de idade – Grandes Regiões e Unidades da Federação – 1980, 1991 e 2000*. Rio de Janeiro: IBGE, 2005.

ALENCAR, G. *Assembleias Brasileiras de Deus:* teorização, história e tipologia (1911-2011). São Paulo, 2012. Tese (Doutorado) – PUC/SP.

ALMEIDA, A. C. O Brasil no final do século XX: um caso de sucesso. *Dados*, v.41, n.4, 1998.

ALMEIDA, C.; LÜCHMANN, L.; RIBEIRO, E. Associativismo e representação política feminina no Brasil. *Revista Brasileira de Ciência Política*, n 8, p.237-263, 2012.

ALMEIDA, R. Evangélicos no trânsito religioso. In: CABANES, R. et al. *Saídas de emergência:* ganhar/perder a vida na periferia de São Paulo. São Paulo: Boitempo, 2011.

______. *Religião em transição. Novos Horizontes Antropológicos (Antropologia)*. São Paulo: Anpocs, 2010.

______.; RUMSTAIN, A. Católicos no trânsito religioso. In: TEXEIRA, F.; MENEZES, R. (Orgs.). *Catolicismo plural:* dinâmicas contemporâneas. Petrópolis: Vozes, 2009.

ALVES, J. E. D.; CAVENAGHI, S. Timing of childbearing in below replacement fertility regimes: how and why Brazil is different? In: IUSSP INTERNATIONAL POPULATION CONFERENCE, 26, Marrakech. *Proceedings*... Paris: International Union for the Scientific Study of Population, 2009. Disponível em: <http://zanran_storage.s3.amazonaws.com/iussp2009.princeton.edu/ContentPages/17488668.pdf>. Acesso em: 24 fev. 2013.

ANDRADE, C.; DACHS, J. Acesso à educação por faixas etárias segundo a renda e a cor. *Cadernos de Pesquisa*, v.37, n.131, maio-ago. 2007.

ARAUJO, H. et al. Desigualdade da renda no território brasileiro. *Comunicados do Ipea*, n.60, 2010.

ARIÈS, P. *História social da criança e da família*. Rio de Janeiro: Zahar Editores, 1978.

ARMENTO, D. C. Criação dos sistemas municipais de ensino. *Educação & Sociedade*, v.26, n.93, p.1363-1390, 2005.

ARNALTE, A. E. V. Estructura de las explotaciones agrarias y externalización del proceso productivo. *Revista de Economía*, v.66, p.101-117, 1989.

ARRETCHE, M. Federalismo e políticas sociais: o Brasil em perspectiva comparada. In: DINIZ, E. (Org.). *Globalização, estado e desenvolvimento:* dilemas do Brasil no limiar do novo milênio. Rio de Janeiro: Editora FGV, 2007. p.263-300.

______. Políticas de desenvolvimento urbano na crise: descentralização ou crise no modelo do BNH? In: REIS, E.; ALMEIDA, M.; FRY, P. *Pluralismo, espaço social e pesquisa.* São Paulo: Hucitec/Anpocs, 1995.

______.; MARQUES, E. Municipalização da saúde no Brasil: diferenças regionais, poder do voto e estratégias de governo. *Ciência e Saúde Coletiva*, v.7, n.3, 2003.

______.; VASQUEZ, D.; FUSARO, E. Capacidades administrativas, déficit e efetividade na política habitacional. Brasília: Ministério das Cidades / Centro de Estudos da Metrópole, 2007. Disponível em: <http://centrodametropole.org.br/v1/mc/assets/pdfs/capacidades_web.pdf>. Acesso em: 29/07/2013.

______. et al. *Capacidades administrativas dos municípios brasileiros para a política habitacional.* Brasília: Ministério das Cidades/Centro de Estudos da Metrópole, 2012.

AUTOR, D. H. Skills, education, and the rise of earnings inequality among the "other 99 percent". *Science*, v.344, n.6186, p.843-850, maio 2014.

______.; DORN, D. The Growth of Low Skill Service Jobs and the Polarization of the U.S. Labor Market. IZA Discussion Paper, n.7068, 2012.

AYALON, H. Women and men go to university: gender differences in choice of field in higher education. *Sex Roles*, n.48, p.277-290, 2003.

______.; SHAVIT, Y. Educational Reforms and Inequalities in Israel. The MMI Hypothesis Revisited. *Sociology of Education*, v.77, 2004.

AZEVEDO, S.; ANDRADE, L. *Habitação e poder:* da fundação da casa popular ao Banco Nacional da Habitação. Rio de Janeiro: Zahar, 1981.

AZZONI, C. R. Concentração de renda regional e dispersão das rendas *per capita* estaduais: análise a partir de séries históricas estaduais de PIB, 1939-1995. *Estudos Econômicos*, v.27, n.3, p.341-393, set.-dez. 1997.

______. et al. Geography and Income Convergence among Brazilian States. Research Network Working paper R-395, Inter-American Development Bank/ University of São Paulo, 2000. Mimeografado.

BACHA, E.; KLEIN, H. S. (Orgs.). *A transição incompleta:* Brasil desde 1945. Rio de Janeiro: Paz e Terra, 1986.

BAENINGER, R. Crescimento da população da região metropolitana de São Paulo: desconstruindo mitos do século XX. In: KOWARICK, L.; MARQUES, E. (Eds.). *São Paulo:* novos percursos e atores. São Paulo: Editora 34, 2011.

______. *Fases e faces da migração em São Paulo*. Campinas: Nepo/Unicamp, 2012.

______. *Região, Metrópole e Interior*: espaços ganhadores e espaços perdedores nas migrações recentes – Brasil, 1980-1996. Campinas, 1999. 231f. Tese (Doutorado) – IFCH/UNICAMP.

BAENINGER, R.; PERES, R. Metrópoles brasileiras no século 21: evidências do Censo Demográfico de 20101. *Informe Gepec*, Toledo, v.15, número especial, p.634-648, 2011.

BAIRROS, L. et al. Negros e brancos num mercado de trabalho em mudança. *Ciências Sociais Hoje*, Rio de Janeiro, Anpocs, p.32-54, 1992.

BAKER, D. P.; JONES, D. P. Creating gender equality: cross-national gender stratification and mathematical performance. *Sociology of Education*, v.66, n.2, p.91-103, 1993.

BALÁN, J. Migrações e desenvolvimento capitalista no Brasil: ensaio de interpretação histórico comparativa. *Estudos Cebrap*, n.5, 1973.

BALASSIANO, R. *Estudo 22:* Mobilidade urbana metropolitana. Belo Horizonte: BNDES/Cedeplar, 2009. Relatórios Perspectivas dos Investimentos Sociais no Brasil – PIS. Disponível em: <www.cedeplar.ufmg.br/pesquisas/pis/Estudo%2022.pdf>. Acesso em: 29 jul. 2013.

BARBOSA, A. F. *A formação do mercado de trabalho no Brasil*. São Paulo: Editora Alameda, 2008.

BARBOSA, R. J. *Nota técnica:* Instruções para o uso dos bancos de microdados das amostras dos Censos Demográficos Brasileiros (1960 a 2010). São Paulo: Centro de Estudos da Metrópole, out. 2013. Disponível em: <http://www.fflch.usp.br/centrodametropole/upload/aaa/517-nstru%C3%A7%C3%B5es_para_os_ Censos_out_2013.pdf>. Acesso em: fev. 2014.

______. Transmissão e participação religiosa sob rupturas e continuidades: interpretações. In: PEREZ, L. F.; TAVARES, F.; CAMURÇA, F. *Ser jovem em Minas Gerais:* religião, cultura e política. Belo Horizonte: Argumentum, 2009.

______. et al. Ciências sociais, censo e informação quantitativa no Brasil: entrevista com Elza Berquó e Nelson do Valle Silva. *Novos Estudos Cebrap*, n.95, p.143-155, 2013.

BARCELOS, L. C. Educação: um quadro das desigualdades raciais. *Estudos Afro-Asiáticos*, Rio de Janeiro, v.23, p.37-38, 1992.

______. Raça e oportunidades educacionais no Brasil. *Estudos Afro-Asiáticos*, Rio de Janeiro, v.18, p.73-91, 1990.

BARLETT, P. Part-time farming: saving the farm or saving the life-style? *Rural Sociology*, v.51, n.3, p.289-313, 1986.

BARROS, R. P.; FRANCO, S.; MENDONÇA, R. A recente queda da desigualdade de renda e o acelerado progresso educacional brasileiro da última década. In: BARROS, R. P.; FOGUEL, M. N.; ULYSSEA, G. (Orgs.). *Desigualdade de renda no Brasil:* uma análise da queda recente. v.2. Brasília: Ipea, 2007.

______.; HENRIQUES, R.; MENDONÇA, R. Desigualdade e pobreza no Brasil: retrato de uma estabilidade inaceitável. *Revista Brasileira de Ciências Sociais*, v.15, n.42, p.123-42, 2000.

______.; LAM, D. Desigualdade de renda, desigualdade em educação e escolaridade das crianças no Brasil. *Pesquisa e Planejamento Econômico*, v.23, n.2, 1993.

______.; MENDONÇA, R. *Os determinantes da desigualdade no Brasil*. Brasília: Ipea, 1995. Texto para Discussão, n.377.

BARTELS, L. M. *Unequal Democracy*. The Political Economy of the New Gilded Age. Princeton: Princeton University Press, 2008.

BASTIDE, R. Os efeitos do preconceito de cor. In: BASTIDE, R.; FERNANDES, F. *Brancos e negros em São Paulo*: ensaio sociológico sobre aspectos da formação, manifestações atuais e efeitos de cor a sociedade paulistana. 2.ed. São Paulo: Cia. Editora Nacional, 1959.

BECKER, G. *A Treatise on the Family*. Cambridge, Mass.: Harvard University Press, 1981.

BELTRÃO, K. I.; TEIXEIRA, M. de P. *O vermelho e o negro:* gênero na universidade brasileira. Uma análise da seletividade das carreiras a partir dos censos demográficos de 1960 a 2000. Rio de Janeiro: Ipea, 2004. Texto para discussão, n.1052.

BENAVOT, A.; RIDDLE, P. The expansion of primary education, 1870-1940: trends and issues. *Sociology of Education*, v.61, n.3, p.191-210, jul. 1988.

BERGER, P. *O dossel sagrado*. São Paulo: Paulinas, 1985.

BERNARDI, B. B. *O debate sobre a adoção da cédula oficial no Brasil*. USP, Programa de Pós-Graduação em Ciência Política, 2008. Mimeografado.

BERQUÓ, E. Ainda a questão da esterilização feminina no Brasil. In: GIFFIN, K.; COSTA, S. H. (Orgs.). Questões da saúde reprodutiva. Rio de Janeiro: Editora Fiocruz, 1999, p.113-126.

______. Arranjos familiares no Brasil: uma visão demográfica. In: SCHWARCZ, L. M. (Org.). *História da vida privada no Brasil:* contrastes da intimidade contemporânea. 5.ed. São Paulo: Companhia das Letras, 1998. p.411-441.

______. Demografia da desigualdade: algumas considerações sobre os negros no Brasil. *Anais da Abep*, Olinda, v.3, p.89-110, 1988.

______. *Pirâmide da solidão*. Campinas: Núcleo de Estudos de População/Unicamp, 1986. Mimeografado.

______.; CAVENAGHI, S. Brazilian fertility regimes: profiles of women below and above replacement levels. In: IUSSP INTERNATIONAL POPULATION CONFERENCE, 25, Tours. *Proceedings*... Paris: International Union for the Scientific Study of Population, 2005. Disponível em: <http://iussp2005.princeton.edu/download.aspx?submissionId=51864>. Acesso em: 2 fev. 2013.

______.; OLIVEIRA, M. C. F. A. Casamento em tempos de crise. *Revista Brasileira de Estudos de População*, v.9, n.2, p.155-167, 1992.

______.; ______.; CAMARGO, C. P. F. (Orgs.). *A fecundidade em São Paulo:* características demográficas, biológicas e sócio-econômicas. São Paulo: Cebrap/ Editora Brasileira de Ciências, 1977.

BIANCHINI, L.; SCHICCHI, M. Cortiços no centro de São Paulo. *Cuadernos de vivienda y urbanismo*, v.2, n.3, p.12-37, 2009.

BILAC, E. D. *Convergências e divergências nas estruturas familiares no Brasil*. Ciências Sociais Hoje. São Paulo: Vértice/Editora Revista dos Tribunais, 1991, p.70-94.

______. Família: algumas inquietações. In: CARVALHO, M. do C. B. (Org.). *A família contemporânea em debate*. São Paulo: Educ/Cortez, 2000. p.29-38.

______. *Famílias de trabalhadores – estratégias de sobrevivência:* a organização da vida familiar em uma cidade paulista. São Paulo: Edições Símbolo, 1978.

BILLARI, F. The analysis of early life courses: complex descriptions of the transition to adulthood. *Journal of Population Research*, v.18, n.2, p.119-42, 2001.

BLINDER, A. S. Wage discrimination: reduced form and structural variables. *Journal of Human Resources*, n.8, p.436-455, 1973.

BLOEM, R. *A crise da democracia e a reforma eleitoral*. São Paulo: Livraria Martins Fontes, 1955.

BONDUKI, N. *As origens da habitação social no Brasil*. São Paulo: Estação Liberdade, 1998.

______.; ROLNIK, R. Periferia da Grande São Paulo: reprodução do espaço como expediente de reprodução da força de trabalho. In: MARICATO, E. (Org.). *A produção capitalista da casa (e da cidade) do Brasil industrial*. São Paulo: Alfa-Ômega, 1982.

BONELLI, R.; PESSOA, S.; MATOS, S. Desindustrialização no Brasil: fatos e interpretações. In: BACHA, E.; BAUMGARTEM, M. (Orgs.). *O futuro da indústria no Brasil*. Rio de Janeiro: Civilização Brasileira, 2013. p.45-79.

BOURDIEU, P. *Escritos de educação*. 2.ed. Petrópolis: Vozes, 1999.

______.; PASSERON, J. C. *A reprodução:* elementos para uma teoria do sistema de ensino. 3.ed. Rio de Janeiro: Francisco Alves, 1992.

BRADLEY, K. The incorporation of women into higher education: paradoxical outcomes? *Sociology of Education*, v.73, n.1, p.1-18, 2000.

BRASIL. Instituto Nacional de Estudos e Pesquisas Educacionais Anísio Teixeira (Inep). Avaliando o desempenho no Enade de bolsistas do ProUni. *Na Medida*, v.1, n.3, set. 2009.

______. Ministério da Educação. Censo da Educação Superior (CES) de 2010. Resumo técnico. Brasília, 2011a.

______. ______. ProUni. *Bolsas ofertadas por ano*. Disponível em: <http://prouniportal.mec.gov.br/images/pdf/Representacoes_graficas/bolsas_ofertadas_ano.pdf>. Acesso em: 12 abr. 2013.

______. Ministério da Saúde. Agência Nacional de Saúde Suplementar. *Informações em Saúde Suplementar*. Disponível em: <http://www.ans.gov.br/anstabnet/anstabnet/ materia_novo.htm>.

______. ______. Índice de Desempenho do Sistema Único de Saúde. Brasília, 2011b.

______. ______. Saúde Brasil 2006: uma análise da desigualdade em saúde. Brasília, 2006.

BRASILEIRO, A.; HENRY, E. (Orgs.). *Viação ilimitada:* ônibus das cidades brasileiras. São Paulo: Cultura Editores Associados, 1999.

BREEN, R.; JONSSON, J. O. Analyzing Educational Careers. A Multinomial Transition Model. *American Sociological Review*, v.65, n.5, 2000.

______. et al. Nonpersistent Inequality in Educational Attainment: Evidence from Eight European Countries. *American Journal of Sociology*, v.114, n.5, 2009.

BRESSER-PEREIRA, L. C. *Economia brasileira*: uma introdução crítica. São Paulo, Brasiliense. 1982.

BRITO, F. As migrações internas no Brasil: um ensaio sobre os desafios teóricos recentes. Belo Horizonte: Cedeplar/UFMG, 2009. Texto para discussão, n.366.

BRUNELLI, A. de Q. Two Decades of Structural Shifts in the Brazilian Labor Market: assessing the unemployment rate changes through stylized facts on labor supply and labor demand. *Working Papers*, Brasília, n.348, fev. 2014.

BRUSCHINI, C. O trabalho da mulher brasileira nas décadas recentes. *Estudos Feministas*, v.2, n.3, p.179-199, 1994.

______.; RICOLDI, A. M. Família e trabalho: difícil conciliação para mães trabalhadoras de baixa renda. *Cadernos de Pesquisa*, v.39, n.136, p.93-123, 2009.

CAILLAUX, E. Cor e mobilidade social no Brasil. *Estudos Afro-Asiáticos*, Rio de Janeiro, v.26, p.53-66, 1994.

CAMARGO, C. P. F. (Org.). *Católicos, protestantes, espíritas*. Petrópolis: Vozes, 1973.

______. *Igreja e desenvolvimento*. São Paulo: Cebrap, 1971.

______. *Kardecismo e Umbanda*. São Paulo: Ed. Pioneira, 1961.

______.; OLIVEIRA, M. C. F. A. Padrões de casamento. In: BERQUÓ, E. S.; OLIVEIRA, M. C. F. A.; CAMARGO, C. P. F. (Eds.). *A fecundidade em São Paulo:* características demográficas, biológicas e sócio-econômicas. São Paulo: Cebrap/Ed. Brasileira de Ciências, 1977. p.86-110.

CAMPANHOLA, C.; GRAZIANO DA SILVA, J. *O novo rural brasileiro:* uma análise nacional e regional. Campinas: Embrapa/Unicamp, 2000. 4v.

CAMPANTE, F. R.; CRESPO, A. R. V.; LEITE, P. G. Desigualdade salarial entre raças no mercado de trabalho urbano brasileiro: aspectos regionais. *Rev. Bras. Econ.*, Rio de Janeiro, v.58, n.2, jun. 2004. Disponível em: <http://www.scielo.br/scielo.php?script=sci_arttext&pid=S0034-71402004000200003&lng=en&nrm=iso>. Acesso em: 27 mar. 2014.

CAMPELLO DE SOUZA, M. do C. *Estado e partidos políticos no Brasil (1930 a 1964)*. 3.ed. São Paulo: Alfa-Ômega, 1990.

CAMURÇA, M. A realidade das religiões no Brasil no Censo do IBGE. In: TEXEIRA, F.; MENEZES, R. (Orgs.). *As religiões no Brasil:* continuidades e rupturas. Petrópolis: Vozes, 2006.

CANO, W. *Novas determinações sobre as questões regional e urbana após 1980*. Campinas: Instituto de Economia Unicamp, 2011. Texto para discussão, n.193.

CARDOSO, A. (Org.). *Habitação social nas metrópoles brasileiras*. Rio de Janeiro: Ippur/Habitare, 2007.

CARDOSO, A. M. *A construção da sociedade do trabalho no Brasil*. Sociabilidade capitalista, padrões de justiça e persistência das desigualdades. Rio de Janeiro: Editora FGV, 2010.

______. *Trabalhar, verbo transitivo:* Destinos profissionais dos deserdados da indústria automobilística. Rio de Janeiro: Editora FGV, 2000.

CARONE, E.; DÉR, R. Light versus Guinle. *Memória da Eletropaulo*, v.2, n.3, 1989.

CARRANZA, B.; MARIZ, C.; CAMURÇA, M. (Orgs.). *Novas comunidades católicas:* em busca do espaço pós-moderno. São Paulo: Ideias & Letras, 2009.

CARVALHO, J. A. M.; GARCIA, R. A. *Estimativas decenais e qüinqüenais de saldos migratórios e taxas líquidas de migração do Brasil, por situação do domicílio, sexo e idade, segundo unidade da federação e macrorregião, entre 1960 e 1990, e estimativas de emigrantes internacionais do período 1985/1990*. Belo Horizonte: Cedeplar/ UFMG, 2002. Disponível em: <http://www.cedeplar.ufmg.br/ pesquisas/ saldos_migratorios/Estimativas_saldos_migratorios.pdf>.

______.; PAIVA, P. T. A.; SAWYER, D. R. *The recent sharp decline in fertility in Brazil:* economic boom, social inequality and baby bust. México: Population Council/ Latin America and Caribbean Regional Office, 1981. Working Papers, n.8.

______.; WOOD, C. H. *A demografia da desigualdade no Brasil*. Rio de Janeiro: IPEA, 1994.

CARVALHO, J. M. Cidadania no Brasil. São Paulo: Civilização Brasileira, 2001.

CARVALHO, O. *Ensaios de sociologia eleitoral*. Belo Horizonte: Edições da Revista Brasileira de Estudos Políticos, 1958.

CASTRO GOMES, A. *A invenção do trabalhismo*. 3.ed. Rio de Janeiro: FGV Editora, 2005.

CASTRO, M. H. G. As desigualdades regionais no sistema educacional brasileiro. In. HENRIQUES, R. (Org.). *Desigualdade e pobreza no Brasil*. Rio de Janeiro: Ipea, 2000.

CASTRO, M.; SIMÕES, C. Spatio-temporal trends of infant mortality in Brazil. In: IUSSP INTERNATIONAL POPULATION CONFERENCE, 26, Marrakech. *Proceedings*... Paris: International Union for the Scientific Study of Population, 2009.

CASTRO, N. A.; GUIMARÃES, A. S. Desigualdades raciais no mercado e nos locais de trabalho. *Estudos Afro-Asiáticos*, Rio de Janeiro, v.24, p.23-60, 1993.

CÉSAR, W. Urbanização e religiosidade popular: um estudo da função da doutrina pentecostal na sociedade urbana. *Revista Vozes*, n.7, 1974.

CHARLES, M.; BRADLEY, K. Equal but separate? A cross-national study of sex segregation in higher education. *American Sociological Review*, v.67, n.4, p.573-99, 2002.

CHAUDHARY, L. et al. Big BRICs, weak foundations: the beginning of public elementary education in Brazil, Russia, India, and China. NBER working paper n.17852, 2011. Disponível em: <http://www.nber.org/papers/w17852>.

CHEIBUB, J. A.; GANDHI, J.; VREELAND, J. R. Democracy and dictatorship revisited. *Public Choice*, n.143, p.67-101, 2010.

CHEIN, F.; LEMOS, M. B.; ASSUNÇÃO, J. J. Desenvolvimento desigual: evidências para o Brasil. *Revista Brasileira de Economia*, v.61 n.3, p.301–330, jul.-set. 2007.

CHIAVEGATTO FILHO, A. D. P.; GOTLIED, S. L. D.; KAWACHI, I. Cause-specific mortality and income inequality in São Paulo, Brazil. *Revista Saúde Pública*, v.46, n.4, p.712-718, 2012.

CIELICI, E. *Do Plano Real ao Programa Minha Casa, Minha Vida:* negócios, votos e as reformas da habitação. 2012. Dissertação (Mestrado em Ciência Política) – Faculdade de Filosofia, Letras e Ciências Humanas.

CIPOLLONE, A.; PATACCHINI, E.; VALLANTI, G. *Women labor market performance in Europe:* trends and shaping factors. *CEPS Special Report*, set. 2012. Disponível em: <http://www.neujobs.eu/sites/default/files/event/2012/03/VALLANTI-REPORT_complete.pdf>. Acesso em: jul. 2013.

COELHO, E. *As profissões imperiais*: medicina, engenharia e advocacia no Rio de Janeiro (1822-1930). Rio de Janeiro: Record, 1999.

COELHO, R. L. P.; FIGUEIREDO, L. de. Uma análise da hipótese da convergência para os municípios brasileiros. *Revista Brasileira de Economia*, v.61, n.3, p.331–352, jul.-set. 2007.

COHEN, J.; ARATO, A. *Civil society and political theory*. Cambridge: MIT Press, 1992.

COLLARES, A. C. The Expansion of Higher Education in Brazil between 1982 and 2006: disentangling age, period and cohort effects. In: ENCONTRO DA ASSOCIAÇÃO NACIONAL DE PÓS-GRADUAÇÃO E PESQUISA EM CIÊNCIAS SOCIAIS, 33, Caxambu, 2009.

CORSEUIL, C.; FOGUEL, M. *Uma sugestão de deflatores para rendas obtidas a partir de algumas pesquisas domiciliares do IBGE*. Rio de Janeiro: Ipea, 2002. Texto para discussão, n.897.

COSTA, D. From mill town to board room: the rise of women's paid labor. *Journal of Economic Perspectives*, v.14, n.4 (Fall), p.101-122, 2000.

COSTA, E. *A legislação eleitoral brasileira*. Histórico, comentários e sugestões. Rio de Janeiro: Departamento de Imprensa Nacional, 1964.

COSTA, M. C. N. et al. Mortalidade infantil e condições de vida: a reprodução das desigualdades sociais em saúde na década de 90. *Cadernos de Saúde Pública*, v.17, n.3, p.555-567, 2001.

COSTA, V.; NASCIMENTO, J. O conceito de favelas e assemelhados sob o olhar do IBGE, das Prefeituras do Brasil e da ONU. In: ENCONTRO DE GEÓGRAFOS DA AMÉRICA LATINA, 10, São Paulo, 2005.

COUTINHO, R.; GOLGHER, A. The changing landscape of religious affiliation in Brazil 1980-2010: age, period and cohort perspectives. In: ENCONTRO NACIONAL DE ESTUDOS POPULACIONAIS, 18, Águas de Lindoia. *Anais*... Águas de Lindoia: Abep, 2012.

CRÉMIEUX, P. Y.; OUELLETTE, P.; PILON, C. Health care spending as determinants of health outcomes. *Health Economics*, v.8, p.627-639, 1999.

CUNHA, E. M. G. P. O recorte racial no estudo das desigualdades em saúde. *São Paulo em Perspectiva*, São Paulo, Fundação Seade, v.22, n.1, p.79-91, jan.-jun. 2008.

CUNHA, J. M. P. (Des)continuidades no padrão demográfico do fluxo São Paulo/Bahia no período 1970/91: qual o efeito da crise? *Revista Brasileira de Estudos de População*, v.16, n.1/2, p.83-98, jan.-dez. 1999.

______. A migração no Brasil no começo do século 21: continuidades e novidades trazidas pela PNAD 2004. *Parcerias Estratégicas*, n.22, p.381-439, junho 2006.

______. Amazônia Legal e cerrado no contexto da migração interna no Brasil nos anos 2000. In: REUNIÓN DE EXPERTOS SOBRE POBLACIÓN TERRITORIO Y DESARROLLO SOSTENIBLE, Santiago de Chile, Celade, 16-17 ago. 2011.

______. Migração e urbanização no Brasil: alguns desafios metodológicos para a análise. *Revista São Paulo em Perspectiva*, São Paulo, v.19 n.4, p.3-20, out.-dez. 2005.

______. *Mobilidade populacional e expansão urbana*: o caso da Região Metropolitana de São Paulo. Campinas, 1994. 283f. Tese (Doutorado) – Instituto de Filosofia e Ciências Humanas, Universidade Estadual de Campinas.

______.; BAENINGER, R. A. Las migraciones internas en el Brasil contemporâneo. *Notas de Población*, Santiago de Chile, v.33, n.82, 2007.

CUNHA, M. S.; VASCONCELOS, M. R. Evolução da desigualdade na distribuição dos salários no Brasil. *Economia Aplicada*, v.16, n.1, p.105-136, 2012. Disponível em: <http://www.scielo.br/scielo.php?script=sci_arttext&pid=S1413-80502012000100005&lng=en&nrm=iso>. Acesso em: 20 abr. 2013.

CURY, C. R. J. O Conselho Nacional de Educação e a gestão democrática. In: OLIVEIRA, D. A. (Org.) *Gestão democrática da educação*: desafios Contemporâneos. Petrópolis: Vozes, 1997.

D'EPINAY, C. L. *O refúgio das massas:* estudo sociológico do protestantismo chileno. Rio de Janeiro: Paz e Terra, 1975.

DAHL, R. A. *Los dilemas del pluralismo democrático. Autonomía versus control*. México: Alianza Editorial/Conaculta, 1991.

______. *On Political Equality*. New Haven: Yale University Press, 2006.

______. *Poliarquia*. São Paulo: Edusp, 1997.

DATASUS. Sistema de Informações de Mortalidade. Disponível em: <http://www2.datasus.gov.br/DATASUS/index.php?area=040701>.

______. Sistema de Informações de Nascidos Vivos. Disponível em: <http://www2.datasus.gov.br/DATASUS/index.php?area=040702>.

______. Sistema de Informações em Saúde. Indicadores e Dados Básicos 2011. Disponível em: <http://tabnet.datasus.gov.br/cgi/idb2011/matriz.htm>.

DAYMONT, T. N.; ANDRISANI, P. J. Job preferences, college major, and the gender gap in earnings. *Journal of Human Resources*, n.19, p.408–28, 1984.

DE HASS, H. *Migration and development*: a theoretical perspective. United Kingdom: International Migration Institute/University of Oxford, 2008. Working papers, n.9.

DEDECCA, C. S.; MONTAGNER, P. *Flexibilidade produtiva e das relações de trabalho:* considerações sobre o caso brasileiro. Campinas: Instituto de Economia da Unicamp, 1993 (Textos para discussão, n.29).

______.; ______.; BRANDÃO, S. *Recessão e reestruturação econômica:* as novas condições de funcionamento do mercado de trabalho na década de 90. Campinas: Instituto de Economia da Unicamp, 1993.

______.; RIBEIRO, C. S. M. F.; ISHII, F. H. Gênero e jornada de trabalho: análise das relações entre mercado de trabalho e família. *Trabalho, Educação e Saúde,* v.7, n.1, p.65-90, 2009.

DENSLOW, D.; TYLER, W. Perspectives on poverty and income inequality in Brazil, *World Development*, v.12, n.10, p.1019-1028, 1984.

DIAS, E. *Do Plano Real ao Programa Minha Casa, Minha Vida*: negócios, votos e as reformas da habitação. 2012. Dissertação (Mestrado) – FFLCH/DCP, USP.

DRAIBE, S. As políticas sociais do regime militar brasileiro: 1964-84. In: SOARES, G. D.; D'ARAÚJO, C. *21 Anos de Regime Militar.* Rio de Janeiro: FGV, 1994.

______. *O Welfare State no Brasil:* características e perspectivas. Ciências Sociais Hoje, Rio de Janeiro: Anpocs/Ed. Rio Fundo, 1989.

______. The Brazilian developmental welfare state: rise, decline and perspectives. In: RIESCO, M. (Ed.). *Latin America:* a new developmental welfare state model in the making? New York: Palgrave Macmillan, 2007. p.239-281.

DUARTE, C. M. R. Equidade na legislação: um princípio do sistema de saúde brasileiro? *Ciência & Saúde Coletiva*, v.5, n.2, p.443-463, 2000.

______. Reflexos das políticas de saúde sobre as tendências da mortalidade infantil no Brasil: revisão da literatura sobre a última década. *Cadernos de Saúde Pública,* v.23, n.7, p.1511-1528. 2007.

DUARTE, E. C. et al. Expectativa de vida ao nascer e mortalidade no Brasil em 1999: análise exploratória dos diferenciais regionais. *Rev Panam Salud Publica,* v.12, n.6, 2002.

DUARTE, L. F. D.; GOMES, E. (Orgs.). *Três famílias:* identidades e trajetórias transgeracionais nas classes populares. Rio de Janeiro: FGV, 2008.

DURHAM, E. *A caminho da cidade*: a vida rural e a emigração para São Paulo. São Paulo: Editora Perspectiva, 1973.

ERICKSON, K. *Sindicalismo no processo político do Brasil.* São Paulo: Brasiliense, 1979.

ERIKSON, R.; GOLDTHORPE, J.; PORTOCARRERO, L. Intergenerational Class Mobility in Three Western European Countries: England, France and Sweden. *The British Journal of Sociology*, v.30, n.4, 1979.

ESPING-ANDERSEN, G. *Politics against markets*. The Social Democratic Road to Power. Princeton: Princeton University, 1985a.

______. Power and Distributional Regimes. *Politics & Society*, v.14, n.2, p.223-256, 1985b.

______. *Social Foundations of Postindustrial Economies*. Oxford: Oxford University Press, 1999.

______. *The Three Worlds of Welfare Capitalism*. Princeton, Princeton University, 1990.

______. *Why We Need a New Welfare State*. Oxford: Oxford University Press, 2002.

FAIRLIE, R. W. An extension of the Blinder–Oaxaca decomposition technique to logit and probit models. *Journal of Economic and Social Measurement*, n.30, p.305-316, 2005.

______. The absence of the African-American owned business: an analysis of the dynamics of self-employment. *Journal of Labor Economics*, n.17, p.80-108, 1999.

FARIA, V. A conjuntura social brasileira: dilemas e perspectivas. *Novos Estudos Cebrap*, n.33, 1992.

______. *Políticas de governo e regulação da fecundidade:* consequências não antecipadas e efeitos perversos. Ciências sociais hoje. São Paulo: Vértice/Anpocs, 1989, p.62-103.

FAUSTO NETO, A. M. Q. *Família operária e reprodução da força de trabalho*. Rio de Janeiro: Vozes, 1982.

FERNANDES, D. C. Estratificação educacional, origem sócio-econômica e raça no Brasil: as barreiras da cor. In: *Prêmio Ipea 40 Anos*. Monografias premiadas. Brasília: 2004.

FERNANDES, F. Cor e estrutura social em mudança. In: BASTIDE, R.; FERNANDES, F. *Brancos e negros em São Paulo*: ensaio sociológico sobre aspectos da formação, manifestações atuais e efeitos de cor a sociedade paulistana. 2.ed. São Paulo: Cia. Editora Nacional, 1959.

______.; BASTIDE, R. *Relações raciais entre negros e brancos em São Paulo:* ensaio sociológico sobre as origens, as manifestações e os efeitos do preconceito de cor no município de São Paulo. São Paulo: Anhembi, 1955.

FERNANDES, R. C. *Censo Institucional Evangélico – CIN 1992*. Rio de Janeiro: ISER, 1992.

______. et al. *Novo nascimento:* os evangélicos em casa, na política e na igreja. Rio de Janeiro: Mauad, 1998.

FERNANDES, R.; MENEZES FILHO, N. Educação, salários e a alocação de trabalhadores entre tarefas: teoria e evidências para o Brasil. *Pesquisa e Planejamento Econômico*, v.42, n.3, 2012.

______.; NARITA, R. Instrução superior e o mercado de trabalho no Brasil. *Economia Aplicada*, v.5, n.1, 2001.

FERNANDES, S. R. A. *Novas formas de crer:* católicos, evangélicos e sem-religião nas cidades. São Paulo: Ceris, 2009.

FERREIRA, A. H. B.; DINIZ, C. C. Convergência entre as rendas *per capita* estaduais no Brasil. *Revista de Economia Política,* v.15, n.4 (60), p.38-56, out.-dez. 1995.

FERREIRA, F. et al. Ascensão e queda da desigualdade de renda no Brasil. *Econômica,* Rio de Janeiro, v.8, n.1, 2006.

FIGUEIREDO, A. C. Coalition Government in the Brazilian Democracy. *Brazilian Political Science Review*, v.1, p.182-216. 2007.

FILGUEIRA, C. La actualidad de viejas temáticas: sobre los estudios de clase, estratificación y movilidad social en América Latina. Santiago: Cepal, 2001. Serie Políticas Sociales, n.51).

FILMER, D.; PRITCHETT, L. The impact of public spending on health: does money matter? *Social Science & Medicine*, v.49, p.1309-1323, 1999.

FIORENTINE, R. Men, women, and the premed persistence gap: a normative alternatives approach. *American Journal of Sociology*, n.92, p.1118-39, 1987.

FISHLOW, A. *Starting Over*: Brazil since 1985. Washington, D.C.: Brookings Institution Press, 2011.

FRANCO, V. de M. *A campanha da UDN (1944-1945)*. Rio de Janeiro: Livraria Editora Zelo Valverde, 1946.

FRANKEMA, E. The colonial origins of inequality in Latin America: exploring the causes and consequences of land distribution. In: KLASEN, S.; NOWAK-LEHMANN, F. (Eds.). *Poverty, inequality, and policy in Latin America.* Cambridge: The MIT Press, 2009, p.19-46.

______. *The Colonial Origins of Inequality*: Exploring the Causes and Consequences of Land Distribution. Research Memorandum GD-81; University of Groningen, Groningen Growth and Development Centre. 2006.

FRIAS, L. A. de M.; OLIVEIRA, J. C. Níveis, tendências e diferenciais de fecundidade do Brasil a partir da década de 30. *Revista Brasileira de Estudos de População,* v.8, n.1/2, p.72-111, 1991.

FRY, P.; HOWE, G. N. Duas respostas à aflição: Umbanda e Pentecostalismo. *Debate e Crítica,* v.6, p.25-39, 1975.

FUJIWARA, T. *Voting technology, political responsiveness, and infant mortality:* evidence from Brazil. University of British Columbia, 2010. Mimeografado.

FURSTENBERG JR., F. F. *Destinies of the Disadvantaged:* the politics of teenage childbearing. New York: Russell Sage Foundation, 2007.

______.; CHERLIN JR., A. J. *Divided families:* what happens to children when parents part. Cambridge: Harvard University Press, 1991.

FURTADO, C. *Teoria e política do desenvolvimento econômico.* São Paulo: Companhia Editora Nacional, 1967.

FUSSELL, E. Measuring the early adult life course in Mexico: an application of the entropy index. In: MACMILLAN, R. (Ed.). *The structure of life course:* Standardized? Individualized? Differentiated? Minneapolis: University of Minnesota, 2005, p.91-122. Advances in life course research, v.9.

GALBRAITH, J. K. Inequality and economic and political change: a comparative perspective. *Cambridge Journal of Regions, Economy and Society*, 4, p.13-27 (doi:10.1093/cjres/rsq014). 2011.

GARCIA, L. P.; SANTANA, L. R. Evolução das desigualdades socioeconômicas na mortalidade infantil no Brasil, 1993-2008. *Ciência & Saúde Coletiva*, v.16, n.9, p.3717-28, 2011.

GERBER, T. P.; CHEUNG, S. Y. C. Horizontal stratification in postsecondary education: forms, explanations, and implications. *Annual Review of Sociology*, n.34 p.299-318, 2008.

GINGERICH, D. W. Can Institutions cure clientelismo? Assessing the impact of the Australian Ballot in Brazil. In: ANNUAL MIDWEST POLITICAL SCIENCE ASSOCOIATION CONFERENCE, 70, Chicago, 11-15 abr. 2012.

GLAESER, E. L. et al. Do Institutions Cause Growth? *Journal of Economic Growth*, v.9, p.271-303, 2004.

GOLDANI, A. M. Rethinking Brazilian fertility decline. In: IUSSP INTERNATIONAL POPULATION CONFERENCE, 24, Salvador. *Proceedings...* Paris: International Union for the Scientific Study of Population, 2001. Disponível em: <http://www.abep.nepo.unicamp.br/iussp2001/cd/Sessao_Especial_Goldani_Text.pdf>. Acesso em: 20 jan. 2013.

GOLDANI, M. Z. et al. Infant mortality rates according to socioeconomic status in a Brazilian city. *Revista Saúde Pública*. v.35, n.3, p.256-261, 2001.

GOLDIN, C.; KATZ, L. *The Race between Education and Technology*. Harvard: Harvard University Press, 2008.

GOMES, A. C. *A invenção do trabalhismo*. Rio de Janeiro: Editora Vértice, 1988.

______. *Burguesia e trabalho:* política e legislação social no Brasil, 1917-1937. Rio de Janeiro: Editora Campus, 1979.

GRAHAM, D. H.; HOLANDA, S. B. As migrações inter-regionais e urbanas e o crescimento econômico do Brasil. In: MOURA, H. (Org.). *Migração interna*: textos selecionados. Fortaleza: Banco do Nordeste do Brasil, 1980.

GROGGER, J.; EIDE, E. Changes in college skills and the rise in the college wage premium. *Journal of Human Resources*, n.30, p.280-310, 1995.

GRUSKY, D. *Social stratification:* class, race, and gender in sociological perspective. Boulder: Westview Press, 1994.

GUIMARÃES, A. S. A. *Classes, raças e democracia*. São Paulo: Editora 34, 2002.

GUIMARÃES, N. A. *Caminhos cruzados:* estratégias de empresas e trajetórias de trabalhadores. São Paulo: Editora 34, 2004.

______. O que muda quando se expande o assalariamento (e em que o debate da sociologia pode nos ajudar a compreendê-lo)? *Dados*, v.54, p.97-130, 2011.

GUNDERSON, M. Male-female wage differentials and policy responses. *Journal of Economic Literature*, n.27, p.46-72, 1989.

GUPTA, S.; VERHOEVEN, M.; TIONGSON, E. R. Public spending on health care and the poor. *Health Economics*. v.12, p.685-696, 2003.

GURZA LAVALLE, A.; BUENO, N. Waves of change within civil society in Latin America: Mexico City and Sao Paulo. *Politics & Society*, v.39, n.3, p.415-450, 2011.

______.; HOUTZAGER, P.; CASTELLO, G. A construção política das sociedades civis. In: GURZA LAVALLE, A. (Org.). *O horizonte da política:* Questões emergentes e agendas de pesquisa. 1.ed. São Paulo: CEM/Unesp/Cebrap, 2012. p.185-259.

GUZMÁN, J. M.; RODRÍGUEZ, J. La fecundidad pre-transicional en América Latina: un capítulo olvidado. *Notas de Población*, v.21, n.57, p.217-246, 1993.

HAGGARD, S.; KAUFMAN, R. R. *Development, democracy, and welfare states:* Latin America, East Asia, and Eastern Europe. Princeton: Princeton University Press, 2008.

HAMILTON, H. Consideraciones prácticas y matemáticas en la formulación y selección de tasas de migración. In: ELIZAGA, J. C.; MACISCO JR., J. J. (Orgs.). *Migraciones internas*: teoria, método y factores sociológicos. Santiago de Chile: Celade, 1975. p.171-198.

HANSEN, M. N. Education and economic rewards: variations by social-class origin and income measures. *European Sociology Review*, n.17, p.209-31, 2001.

HASENBALG, C. *Discriminação e desigualdades raciais no Brasil.* Rio de Janeiro: Graal, 1979.

______. O negro na indústria: proletarização tardia e desigual, *Ciências Sociais Hoje*, Rio de Janeiro, ANPOCS, p.13-31, 1992.

______.; SILVA, N. (Orgs.). *Origens e destinos:* desigualdades sociais ao longo da vida. Rio de Janeiro: Topbooks, 2005.

______.; ______. *Estrutura social, mobilidade e raça.* São Paulo, Rio de Janeiro: Vértice/IUPERJ, 1988.

______.; ______. Raça e oportunidades educacionais no Brasil, *Estudos Afro-Asiáticos*, Rio de Janeiro, v.18, p.73-91, 1990.

______.; ______. Tendências da desigualdade educacional no Brasil. *Dados*, v.43, n.3, p.423-445, 2000.

______.; VALLE SILVA, N.; Recursos familiares e transições educacionais. *Cadernos de Saúde Pública*, v.18, 2002.

______. et al. *Cor e estratificação social.* Rio de Janeiro: Contra Capa Livraria, 1999.

HAUSER, R. M.; ANDREW, M. Another Look at Educational Transitions: The Logistic Response Model with Partial Proportionality Constraints. *Sociological Methodology*, v.36. 2006.

HELLER, L. *Estudo 20:* Saneamento ambiental e recursos hídricos. Belo Horizonte: BNDES/Cedeplar, 2009. Relatórios Perspectivas dos Investimentos Sociais no Brasil – PIS. Disponível em: <www.cedeplar.ufmg.br/pesquisas/pis/Estudo%2020.pdf>. Acesso em: 29 jul. 2013.

______. Saneamento para todos com equidade: desafios contemporâneos para o Brasil. Assemae, 2012. Mimeografado. Disponível em: <http://www.assemae.org.br/arquivoArtigos/saneamentoparatodos.pdf>. Acesso em: 29 jul. 2013.

HÉRVIEU-LÉGER. D. *O peregrino e o convertido*: a religião em movimento. Lisboa: Gradita, 2005.

HIDALGO, D. *Digital democracy:* the consequences of electronic voting technology in Brazil. UC Berkeley, 2010. Mimeografado.

HIRATA, H.; HUMPHREY, J. Trabalhadores desempregados: trajetórias de operárias e operários industriais no Brasil. *Revista Brasileira de Ciências Sociais*, v.11, n.4, p.71-84, 1989.

HIRST, P. *Associative democracy.* New forms of economic and social governance. Amherst: University of Massachusetts Press, 1994.

HITRIS, T.; POSNETT, J. The determinants and effects of health expenditure in developed countries. *Journal of Health Economics*, v.11, n.2, p.173-181, 1992.

HOBSBAWM, E. *Era dos extremos:* o breve século XX (1914-1991). São Paulo: Companhia das Letras, 1994.

HOFFMAN, R. As transferências não são a causa principal da redução da desigualdade. *Econômica*, v.7, n.2, p.335-341, 2005.

______. Desigualdade da distribuição da renda no Brasil: a contribuição de aposentadorias e pensões e de outras parcelas do rendimento domiciliar *per capita*. *Economia e Sociedade*, v.18, n.1 (35), p.213-231, abr. 2009.

______. Desigualdade da renda e das despesas *per capita* no Brasil, em 2002-2003 e 2008-2009, e avaliação do grau de progressividade ou regressividade de parcelas da renda familiar. *Economia e Sociedade*, v.19, n.3 (40), p.647-661, dez. 2010.

______.; DUARTE, J. C. A distribuição de renda no Brasil. *Revista de Administração de Empresas*, v.12, PP. 46-66, 1972.

______.; LEONE, E. T. Participação da mulher no mercado de trabalho e desigualdade da renda domiciliar per capita no Brasil: 1981-2002. *Nova Economia*, v.14, n.2, p.35-58, 2004.

HOLCMAN, M. M.; LATORRE, M. R. O.; SANTOS, J. L. Evolução da mortalidade infantil na região metropolitana de São Paulo, 1980-2000. *Revista Saúde Pública*, v.38 n.2, p.180-186, 2004.

HOROWITZ, D. *Ethnic groups in conflict*. Berkeley: University of California Berkeley, 1985.

HORTA, C. J. G.; CARVALHO, J. A. M.; FRIAS, L. A. Recomposição da fecundidade por geração para Brasil e Regiões: atualização e revisão. In: ENCONTRO NACIONAL DE ESTUDOS POPULACIONAIS, 12, Caxambu. *Anais*... Belo Horizonte: Abep, 2000. Disponível em: <http://www.abep.nepo.unicamp.br/docs/anais/pdf/2000/Todos/rept10_1.pdf>. Acesso em: 20 jan. 2013.

HOUT, M.; Maximally Maintened Inequality and Essentially Maintained Inequality Crossnational Comparisons. *Sociological Theory and Methods*, v.21, n.2, 2006.

______.; RAFTERY, A. E.; BELL, E. Making the grade. Educational Stratification in the United States, 1925-1989. In: SHAVIT, Y.; BLOSSFELD, H. P. (Ed.). *Persistent Inequality*. Changing Educational Attainment in Thirteen Countries. Boulder, Colorado: Westview Press, 1993.

HOYER, L. Financeirização da política habitacional: limites e perspectivas. São Paulo, 2009. Tese (Doutorado) – FAU/USP.

IBGE (Instituto Brasileiro de Geografia e Estatística). *Censo demográfico 2010. Aglomerados subnormais, primeiros resultados*. Rio de Janeiro, 2010.

______. *Evolução e perspectivas da mortalidade infantil no Brasil*. Rio de Janeiro, 1999.

______. *Fundações Privadas e Associações sem Fins Lucrativos no Brasil – 2002*. Rio de Janeiro: Estudos e pesquisas – Informação econômica, n.4. 2002.

______. *Fundações Privadas e Associações sem Fins Lucrativos no Brasil – 2005*. Rio de Janeiro: Estudos e pesquisas – Informação econômica, n.8. 2005.

______. Tábuas Completas de Mortalidade 2010. Rio de Janeiro, 2011. Disponível em: <http://www.ibge.gov.br/home/estatistica/populacao/tabuadevida/2010/defaulttab.shtm>. Acesso em: 15 jul. 2012.

IMMERGUTT, E. M. As regras do jogo: A lógica da política de saúde na França, na Suíça e na Suécia. *Revista Brasileira de Ciências Sociais*, v.30, n.11, p.139-163, 1996.

IPEA (Instituto de Pesquisa Econômica Aplicada). Educação, juventude, raça/cor. Comunicados da Presidência. Brasília, 2008.

JONSSON, J. Explaining sex differences in educational choice: an empirical assessment of a rational choice model. *European Sociological Review*, n.15, p.391-404, 1999.

KAPLAN, G. A. et al. Inequality in income and mortality in the United States: analysis of mortality and potential pathways. *BMJ*, v.312, p.999–1003, 1996.

KAREN, D. Changes in access to higher education in the United States: 1980-1992. *Sociology of Education*, v.75, n.3, p.191-210, 2002.

______. The politics of class, race and gender access to higher education in the United States, 1960-1986. *American Journal of Education*, n.99, p.208-37, 1991.

KARLSON, K. B. Multiple paths in educational transitions. A multinomial transition model with unobserved heterogeneity. *Research in Social Stratification and Mobility*, n.29, 2011.

KENNEDY, B. P.; KAWACHI, I.; PROTHROW-STITH, D. Income distribution and mortality: cross sectional ecological study of the Robin Hood index in the United States. *BMJ*, v.312, p.1004-1007, 1996.

KERSTENETZKY, C. L. Desigualdade e pobreza: lições de Sen. *Revista Brasileira de Ciências Sociais*, v.15, n.42, p.113-122, 2000.

______. Redistribuição e desenvolvimento? A economia política do programa bolsa família. *Dados*, v.51, n.1, 2008.

KESLER, C. Educational Stratification and Social Change: evidence from German Unification. *European Sociological Review*, v.19, n.5, p.467-482, 2003.

KINGSTONE, P. R.; POWER, T. *Democratic Brazil Revisited*. Pittsburgh: University of Pittsburgh Press, 2008.

KINZO, M. D. G. *Representação política no Brasil*. São Paulo: Símbolo, 1979.

KONDO, N. et al. Income inequality, mortality, and self rated health: meta--analysis of multilevel studies. *BMJ*, v.339, 2009.

KOO, H. Rural-Urban Migration and Social Mobility in Third World Metropolises: A Cross-National Study. *The Sociological Quarterly*, v.19, n.2, p.292-303, 1978.

KOWARICK, L. *A espoliação urbana*. Rio de Janeiro: Paz e Terra, 1979.

______. *Capitalismo e marginalidade na América Latina*. Rio de Janeiro: Paz e Terra, 1975.

______. *Viver em risco*. São Paulo: Editora 34, 2011.

KUZNETS, S. Economic growth and income inequality. *American Economic Review*, v.45, n.1, p.1-28, 1955.

LAMOUNIER, B. Estrutura institucional e governabilidade na década de 90. In: REIS VELLOSO, J. P. dos (Org.). *O Brasil e as reformas políticas*. Rio de Janeiro: José Olympio, 1992.

LANGONI, C. G. *Distribuição da renda e desenvolvimento econômico do Brasil*. Editora Expressão e Cultura, 1973.

LAURINI, M.; ANDRADE, E.; PEREIRA, P. L. V. Clubes de Convergência de Renda para os Municípios Brasileiros: Uma Análise Não-Paramétrica. Insper Working Paper, WPE: 048, 2003. Mimeografado.

LEAL, V. N. *Coronelismo, enxada e voto*. 3.ed. São Paulo: Editora Alfa-Ômega, 1993.

LEME, M. (Org.). *Urbanismo no Brasil 1895/1965*. São Paulo: Nobel, 1999.

LEME, M. C.; WAJNMAN, S. Diferenciais de rendimentos por gênero. In: LISBOA, M. B.; MENEZES FILHO, N. A. (Orgs.). *Microeconomia e sociedade no Brasil*. Rio de Janeiro: Contraponto, 2001.

LESTHAEGHE, R. The second demographic transition in western countries: an interpretation. In: MASONY, K. O.; JENSEN, A. (Eds.). *Gender and family change in industrialized countries*. New York: Oxford University, 1995, p.17-62.

LEVY, M. S. F. *The Umbanda is for all of us*. Madison, 1967. Dissertação (Mestrado em Antropologia) – University of Wisconsin.

LIMA, M. *Serviço de branco, serviço de preto*: representações sobre cor e trabalho no Brasil. Tese (Doutorado) – IFCS/UFRJ, 2001.

LIVI-BACCI, M. Social-group forerunners of fertility control in Europe. In: COALE, A. J.; WATKINS, S. C. (Eds.). *The decline of fertility in Europe*. Princeton: Princeton University Press, 1986, p.82-200.

LOPES, J. R. B. *A crise do Brasil arcaico*. São Paulo: Difusão Européia do Livro, 1967.

______. Desenvolvimento e migrações: uma abordagem histórico-estrutural. *Cadernos CEBRAP*, n.5, São Paulo, CEBRAP, 1973.

______. *Sociedade industrial no Brasil*. São Paulo: Difusão Européia do Livro, 1964.

LOPEZ, F.; BUENO, N. Transferências federais a entidades privadas sem fins lucrativos (1999-2010). Brasília: Ipea, 2012. Texto para discussão, n.1778.

LOVE, J. L.; BAER, W. *Brazil under Lula*: Economy, Politics, and Society under the Worker-President. London: Palgrave Macmillan, 2009.

LUCAS, S. Effectively Maintained Inequality: Education Transitions, Track Mobility, and Social Background Effects. *American Journal of Sociology*, v.106, n.6, 2001.

______.; FUCELLA, P.; BERENDS, M. A neo-classical education transitions approach: A corrected tale for three cohorts. *Research in Social Stratification and Mobility*, n.29, 2011.

LÜCHMANN, L. Impactos democráticos do associativismo: questões teóricas e metodológicas. In: ENCONTRO INTERNACIONAL PARTICIPAÇÃO, DEMOCRACIA E POLÍTICAS PÚBLICAS, Araraquara. Unesp, abr. 2013.

MACHADO DA SILVA, L. A. *Mercados metropolitanos de trabalho manual e marginalidade*. Rio de Janeiro, 1971. Dissertação (Mestrado) – Programa de Pós-Graduação em Antropologia do Museu Nacional, Universidade Federal do Rio de Janeiro.

MACINKO, J.; GUANAIS, F. C.; SOUZA, M. F. M. Evaluation of the impact of the Family Health Program on infant mortality in Brazil, 1990-2002. *Journal of Epidemiology and Community Health*, v.60, n.1, p.13-9, 2006.

______.; LIMA-COSTA, M. F. Horizontal equity in health care utilization in Brazil, 1998-2008. *International Journal for Equity in Health*. v.11, 2012.

MAGALHÃES, A.; HEWING, G. J. D.; AZZONI, C. R. Spatial Dependence and Regional Convergence in Brazil. *Investigaciones Regionales*, n.6, p.5-20, 2005.

MANSO, C. A.; BARRETO, F. A.; FRANÇA, J. M. S. de. Bem-Estar Social, Mercado de Trabalho e o Desequilíbrio Regional. *Estudos Econômicos*, v.40, n.2, p.401-443, abr.-jun. 2010b.

______.; ______.; ______. Retornos da Educação e o Desequilíbrio Regional no Brasil. *Revista Brasileira de Economia*, v.64, n.2, p.115–133, abr.-jun. 2010a.

MARCONDES, G. S. La normalización jurídica de la familia, vida conyugal y reproducción en Brasil. In: BINSTOCK, G.; VIEIRA, J. M. (Orgs.). *Nupcialidad y familia en la América Latina actual*. 1.ed. Rio de Janeiro: Alap, 2011. p.255-280. Serie Investigaciones, n.11.

______. *Recasamento formal no Brasil: alguns achados do Registro Civil*. Campinas: Unicamp, 2008. Textos Nepo, n.58.

MARE, R. Change and Stability in Educational Stratification. *American Sociological Review*, v.46, n.1, 1981.

______. Social Background and School Continuation Decisions. *Journal of the American Statistical Association*, n.75, 1980.

MARIANO, R. *Neopentecostais:* sociologia do novo pentecostalismo no Brasil. São Paulo: Loyola, 1999.

MARICATO, E. O Ministério das Cidades e a política nacional de desenvolvimento urbano. Cidades brasileiras: a matriz patrimonialista. *Políticas Sociais*, v.12, p.211-220, 2006.

______. *Os impasses da política urbana no Brasil*. Rio de Janeiro: Vozes, 2011.

______. *Política habitacional no regime militar*. Petrópolis: Vozes, 1987.

MARÍN, Á.; MORALES, J. J. Modernidad y modernización en América Latina: una aventura inacabada. *Nómadas: Revista Crítica de Ciencias Sociales y Jurídicas*, v.26, n.2, p.1-20, 2010.

MARINI, M. M. et al. Gender and job values. *Sociology of Education*, v.69, n.1, p.49-65, 1996.

MARMOT, M. The Influence of Income on health. *Health Affairs*, Bethesda, v.21, n.2, p.31-46, 2002.

MARQUES, E. Da higiene à construção da cidade: a constituição do setor saneamento no Rio de Janeiro. *Revista História, Ciência, Saúde-Manguinhos*, v.2, n.2, 1995.

______. Os espaços da metrópole. As transformações de São Paulo nos anos 2000. Centro de Estudos da Metrópole, 2013. Mimeografado.

______.; BICHIR, R. Public policies, political cleavages and urban space: State infra-structure policies in São Paulo, Brazil – 1975-2000. *Internacional Journal of Urban and Regional Research*, v.27, n.4, p.811-827, 2003.

______.; ______.; SCALON, C. Residential segregation and social structure in São Paulo: continuity and change since the 1990s. In: MALOUTAS, T.; FUJITA, K. (Eds.). *Residential segregation around the world:* Why context matters. London: Ashgate Pub., 2012.

______.; TORRES, H. (Orgs.). *São Paulo:* segregação, pobreza urbana e desigualdade social. São Paulo: Senac, 2005.

______. et al. *Assentamentos precários no Brasil urbano*. Brasília: Ministério das Cidades/CEM, 2007. 390p. Disponível em: <http://centrodametropole.org.br/v1/mc/assets/pdfs/assentamentos_web.pdf>. Acesso em: 29 jul. 2013.

MARRI, I.; WAJNMAN, S. Esposas como principais provedoras de renda familiar. In: ENCONTRO NACIONAL DE ESTUDOS POPULACIONAIS, 15, Caxambu. *Anais*... Belo Horizonte: Abep, 2006. Disponível em: <http://www.abep.nepo.unicamp.br/encontro2006/docspdf/ABEP2006_731.pdf>. Acesso em: 28 fev. 2013.

MARSHALL, T. H. *Cidadania, classe social e status*. Rio de Janeiro: Zahar, 1967.

MARTIN, S.; RICE, N.; SMITH, P. C. Does health care spending improve health outcomes? Evidence from English programme budgeting data. *Journal of Health Economics*, v.27, p.826-842, 2008.

MARTINE, G. *A redistribuição espacial da população brasileira durante a década de 80*. Brasília: Ipea, 1994. Texto para discussão, n.329.

______. As migrações de origem rural no Brasil: uma perspectiva histórica. In: *História e população:* estudos sobre a América Latina. São Paulo: Fundação Seade, 1990.

______. *Ciclos e destinos da migração para áreas de fronteira na era moderna:* uma visão geral. Brasília: ISPN, 1992. Documento de trabalho, n.12.

______. Migração e metropolização. *São Paulo em Perspectiva*, v.1, n.2, p.28-31, jul.-set. 1987.

______.; CAMARGO, L. Crescimento e distribuição da população brasileira: tendências recentes. *Revista Brasileira de Estudos de População*, v.1, n.1, jan.-dez. 1984.

MARTINS, J. de S. A reprodução do capital na frente pioneira e o renascimento da escravidão no Brasil. *Tempo Social: Revista de Sociologia da USP*, v.6, n.1-2, p.1-25, 1994.

______. *A sociabilidade do homem simples:* cotidiano e história na modernidade anômala. São Paulo: Hucitec, 2000.

MATOS, R. Questões teóricas acerca dos processos de concentração e desconcentração da população no espaço. *Revista Brasileira de Estudos de População*, v.12, n.1-2, jan.-dez. 1995.

MCGUIRE, J. W. Basic Health care provision and under-5 mortality: A cross-national study of developing countries. *World Development*, v.34, n.3, p.405-425, 2006.

MCLANAHAN, S. S. Fragile Families and the Marriage Agenda. In: KOWALESKI-JONES, L.; WOLFINGER, N. H. (Eds.). *Fragile Families and the Marriage Agenda*. New York: Springer, 2006. p.1-21.

MEDEIROS, M.; BRITTO, T.; SOARES, F. Transferência de Renda no Brasil. *Novos Estudos Cebrap*, v.79, p.5-21, nov. 2007.

______.; SOUZA, P. H. G. F.; CASTRO, F. A. *O topo da distribuição de renda no Brasil:* primeiras estimativas com dados tributários e comparação com pesquisas domiciliares, 2006-2012. 2014. Disponível em: <http://ssrn.com/abstract=2479685>.

MELO FRANCO, A. A. *A escalada (memórias)*. Rio de Janeiro: Livraria José Olympio Editora, 1965.

______. *Evolução da crise brasileira.* 2.ed. Rio de Janeiro: Topbboks, 2005.

MELO NETO, J. C. de. *Morte e vida severina.* Rio de Janeiro: MediaFashion, 2008. Coleção Folha Grandes Escritores Brasileiros, v.2.

MELO, M. A. Unexpected Successes, Unanticipated Failures: social policy from Cardoso to Lula. In: KINGSTONE, P. R.; POWER, T. *Democratic Brazil Revisited.* Pittsburgh: University of Pittsburgh Press, 2008.

MELTZER, A. H.; RICHARD, S. F. A Rational Theory of the Size of Government. *Journal of Political Economy*, v.89, p.914-27, 1981.

MENEZES FILHO, N. Apagão de mão de obra qualificada? As profissões e o mercado de trabalho brasileiro entre 2000 e 2010. *Policy Paper*, São Paulo, n.4, dez. 2012.

______. Educação e desigualdade. In: LISBOA, M. B.; MENEZES FILHO, N. A. (Orgs.). *Microeconomia e sociedade no Brasil.* Rio de Janeiro: Contraponto, 2001.

______.; FERNANDES, R.; PICCHETTI, P. Educação e a queda da desigualdade no Brasil. In: BARROS, R. P.; FOGUEL, M. N.; ULYSSEA, G. (Orgs.). *Desigualdade de renda no Brasil:* uma análise da queda recente. v.2. Brasília: Ipea, 2007. p.285-304.

MERRICK, T.; BERQUÓ, E. *The determinants of Brazil's rapid decline in fertility.* Washington: National Academy of Science Press, 1983.

MICELI, S. *A elite eclesiástica brasileira.* São Paulo: Companhia das Letras, 2009.

MILESI, C. Do all roads lead to Rome? Effect of educational trajectories on educational transitions. *Research in Social Stratification and Mobility*, n.28, 2010.

MIRANDA-RIBEIRO, A.; RIOS NETO, E. L. G.; CARVALHO, J. A. M. Tempo e quantum no Brasil: indicadores e evidências empíricas. In: ENCONTRO NACIONAL DE ESTUDOS POPULACIONAIS, 16, Caxambu. *Anais...* Belo Horizonte: Abep, 2010. Disponível em: <http://www.abep.nepo.unicamp.br/encontro2010/docs_pdf/tema_5/abep2010_2399.pdf>. Acesso em: 20 fev. 2010.

______.; ______.; ORTEGA, J. A. Declínio da fecundidade no Brasil e México e o nível de reposição: efeitos tempo, parturição e quantum. In: WONG, L. R. R. (Org.). *Población y salud sexual y reproductiva en América Latina.* 1.ed. Rio de Janeiro: Alap, 2008. p.81-100. Serie Investigaciones, n.4.

MONTALI, L. Família e trabalho: os desafios da equidade para as famílias metropolitanas na recuperação da economia nos anos 2000. In: TURRA, C. M.; CUNHA, J. M. P. (Orgs.). *População e desenvolvimento em debate:* contribuições da Associação Brasileira de Estudos Populacionais. Belo Horizonte: Abep, 2012, p.177-186.

MONTALVÃO, A. Estratificação educacional no Brasil no século XXI. *Dados*, v.54, n.2, 2011.

MONTERO, P. Religião, modernidade e cultura: novas questões. In: TEXEIRA, F.; MENEZES, R. (Orgs.). *As religiões no Brasil:* continuidades e rupturas. Petrópolis: Vozes, 2006, p.249-263.

MOORE, D. et al. Determinants of health status and the influence of primary health care services in Latin America, 1990-98. *International Journal of Health Planning and Management*, v.18, p.279-292, 2003.

MORENO-SERRA, R.; SMITH, P. C. Does progress towards universal health coverage improve population health? *The Lancet*, v.380 p.917-923, 2012.

MOSER, C. O. N. The asset vulnerability framework: Reassessing urban poverty reduction strategies. *World Development*, v.26, n.1, p.1-19, jan. 1998.

MOURA, H. A. Nordeste: migrações internas e desequilíbrios regionais. *Revista Pernambucana de Desenvolvimento*, v.9, n.2, 1982.

______. O balanço migratório do nordeste no período de 1950/70. In: *Migração interna:* textos selecionados. Fortaleza: Banco do Nordeste do Brasil, 1980. p.1025-1071.

NACIONES UNIDAS. *Métodos de medición de la migración interna*. Manual VI. Nova York, 1972.

NEGRÃO, L. N. *Entre a cruz e a encruzilhada:* formação do campo umbandista em São Paulo. São Paulo: Edusp, 1996.

______. Nem “jardim encantado”, nem “clube dos intelectuais desencantados”. Revista Brasileira de Ciências Sociais, v.20, n.59, 2005.

NERI, M. Desigualdade, estabilidade e bem-estar social. *Ensaios Econômicos*, Fundação Getulio Vargas, n.637, 2006.

______.; SOARES, W. Desigualdade social e saúde no Brasil. *Cadernos de Saúde Pública*, v.18, p.77-87, 2002. Suplemento.

______.; SOUZA, P. H. C. F. de. A Década Inclusiva (2001-2011): Desigualdade, Pobreza e Políticas de Renda. *Comunicados do Ipea*, n.155, 2012.

NICOLAU, J. Eleições no Brasil. *Do Império aos dias atuais*. Rio de Janeiro: Zahar Editores, 2012.

______. *História do voto no Brasil*. Rio de Janeiro: Zahar Editores, 2002.

NIEBUHR, H. R. *As origens sociais das denominações cristãs*. São Paulo: Aste, 1992.

NOLTE, E.; MCKEE, M. *Does health care save lives?* Avoidable mortality revisited. London: The Nuffield Trust; 2004.

NOVAES, R. Os jovens “sem religião”: ventos secularizantes, “espírito de época” e novos sincretismos. Notas preliminares. *Estudos Avançados*, v.18, n.52, dez. 2004.

NUN, J. Superpoblación relativa, ejército industrial de reserva y masa marginal. *Revista Latinoamericana de Ciencias Sociales*, v.2, n.2, jul. 1969.

OAXACA, R. Male-female wage differentials in urban labor markets. *International Economics Review*, v.14, n.3, p.693-709, 1973.

OLIVEIRA, F. de. Intelectuais, conhecimento e espaço público. *Revista Brasileira de Educação*, n.18, p.125-132, 2001.

OLIVEIRA, L. A. P.; OLIVEIRA, A. T. R. (Orgs.). Reflexões sobre os deslocamentos populacionais no Brasil. *Estudos e Análises Informação Demográfica e Socioeconômica*, n.1. Rio de Janeiro: IBGE, 2011.

OLIVEIRA, L. et al. *O lugar do negro na força de trabalho*. Rio de Janeiro: IBGE, 1985.

OLIVEIRA, M. C. F. A. A família brasileira no limiar do ano 2000. *Estudos Feministas*, v.4, n.1, p.55-63, 1996.

______. A individualização da força de trabalho e o trabalho feminino familiar: um estudo de caso de Pederneiras, SP. In: AGUIAR, N. (Coord.). *Mulheres na força de trabalho na América Latina:* análises qualitativas. Rio de Janeiro: Vozes, 1984, p.99-122.

______. *Classe social, família e reprodução:* reflexões teóricas e referências empíricas. São Paulo: FAU-USP, 1979.

______. Condição feminina e alternativas de organização doméstica: as mulheres sem companheiro em São Paulo. *Revista de Estudios Demográficos y Urbanos*, v.7, n.2-3, p.511-537, 1992.

______. Constrangimentos e motivações: a propósito da queda da fecundidade em Göran Therborn. In: MENEZES, J. E. X.; CASTRO, M. G. (Orgs.). *Família, população, sexo e poder: entre saberes e polêmicas*. São Paulo: Paulinas, 2009, p.73-96. Coleção Família na Sociedade Contemporânea.

______. *Mercantilização e urbanização em São Paulo*. Campinas:Unicamp/Nepo, 1988. Textos Nepo, n.14.

______. Notas sobre união dos sexos e família: tipos e fundamentos de legitimidade. In: CLACSO. *Reproducción de la población y desarrollo*. v.2. Montevideo: Clacso, 1982, p.275-319.

______. Os grupos ocupacionais em São Paulo: características sociais, demográficas e o comportamento reprodutivo. In: BERQUÓ, E. S.; OLIVEIRA, M. C. F. A.; CAMARGO, C. P. F. (Eds.). *A fecundidade em São Paulo:* características demográficas, biológicas e sócio-econômicas. São Paulo: Cebrap/Ed. Brasileira de Ciências, 1977, p.161-212.

______. Some notes on the family as a mechanism of social protection in Brazil. In: COSIO-ZAVALA, M. E. (Org.). *Women and families:* the evolution of the status of woman as a factor in and a consequence of changes in family dynamics. Paris: Cicred/UNFPA/Unesco, 1997, p.118-128.

______. Women's status and labor regimes: the demand for fertility regulation. In: HOGAN, D. (Org.). *Population change in Brazil:* contemporary perspectives. Campinas: Nepo/Unicamp, 2001, p.53-60.

ORTIZ, R. *A morte branca do feiticeiro negro*. Petrópolis: Vozes, 1979.

PACHECO, C. A. *Fragmentação da nação*. Campinas: Instituto de Economia/Unicamp, 1998.

______.; PATARRA, N. Movimentos migratórios nos anos 80: novos padrões. In: PATARRA, N. L. et al. (Orgs.). *Migração, condições de vida e dinâmica urbana:* São Paulo 1980-1993. Campinas: IE/Unicamp, 1997.

PAES DE SOUSA, R.; MENEGOLLA, I. Perfil epidemiológico das populações indígenas do Brasil. In: *Consórcio IDS-SSL-Cebrap Diagnóstico Situacional da Saúde Indígena no Brasil.* Brasília: Consórcio IDS-SSL-Cebrap, 2009.

PAGLIN, M.; RUFOLO, A. Heterogeneous human capital, occupational choice, and male-female earnings differences. *Journal of Labor Economics*, n.8, p.123-44, 1990.

PAIVA, P. T. A. A conceituação e a enumeração da população economicamente ativa nos censos demográficos brasileiros. In: *Censos, consensos, contra-sensos.* Ouro Preto: Abep, 1984, p.19-66.

PAIXÃO, M. Níveis de intensidade da pobreza e indigência sobre os grupos de cor ou raça no Brasil e estimação dos efeitos das políticas governamentais de transferências de rendimentos sobre as desigualdades. In: CONGRESSO DA ASSOCIAÇÃO DE ESTUDOS LATINO-AMERICANOS, Rio de Janeiro, jun. 2009.

PATARRA, N. L.; OLIVEIRA, M. C. F. A. Transição, transições. In: ENCONTRO NACIONAL DE ESTUDOS POPULACIONAIS, 6, Olinda. *Anais*... Belo Horizonte: Abep, 1988, p.17-36. Disponível em: <http://www.abep.org.br/?q=publicacoes/anais/anais-do-vi-encontro-nacional-de-estudos-populacionais-1988-volume-1>. Acesso em: 24 fev. 2013.

PEDERSEN, J. D. *Globalization, development and the state.* The performance of India and Brazil since 1990. New York: Palgrave MacMillan, 2008.

PELLEGRINI FILHO, A.; VETTORE, M. V. Estudos brasileiros sobre determinantes sociais das iniquidades em saúde. *Cadernos de Saúde Pública*, v.27, supl.2, p.132-133, 2011.

PEREIRA NETO, A. F. *Conselho de favores* – Controle social na saúde: a voz dos seus atores. Rio de Janeiro: Garamond, 2012.

PERPÉTUO, I. H. O.; WONG, L. L. R. Desigualdade socioeconômica na utilização de métodos anticoncepcionais no Brasil: uma análise comparativa com base nas PNDS 1996 e 2006. In: BRASIL. Ministério da Saúde. *Pesquisa Nacional de Demografia e Saúde da Criança e da Mulher – PNDS 2006:* dimensões do processo reprodutivo e da saúde da criança. Brasília, 2009, p.87-104.

PESSÔA, S. de A. *Existe um Problema de Desigualdade Regional no Brasil?* 1997. Mimeografado.

PHELPS, E.; FURSTENBERG JR., F. F.; COLBY, A. (Eds.). *Looking at lives:* American longitudinal studies of the twentieth century. New York: Russell Sage Foundation, 2002.

PIERSON, P. (Ed.). *The New Politics of the Welfare State*. Oxford: Oxford University Press, 2001.

______. *Dismantling the Welfare State?* Reagan, Thatcher, and the Politics of Retrenchment. Cambridge: Cambridge University Press, 1994.

PIERUCCI, A. F. "Bye bye, Brasil": o declínio das religiões tradicionais no Censo 2000. *Estudos Avançados*, v.18, n.52, 2004.

______. A propósito do autoengano em sociologia da religião. *Novos Estudos*, n.49, p.99-117, nov. 1997.

______. Cadê nossa diversidade religiosa? – comentários ao texto de Marcelo Camurça. In: TEXEIRA, F.; MENEZES, R. (Orgs.). *As religiões no Brasil:* continuidades e rupturas. Petrópolis: Vozes, 2006b, p.17-34.

______. Religião como solvente – uma aula. *Novos Estudos*, n.75, p.111-127, jul. 2006a.

______. Secularização em Max Weber: da contemporânea serventia de voltarmos a acessar aquele velho sentido. *Revista Brasileira de Ciências Sociais*, v.13, n.37, 1998.

PIKETTY, T.; SAEZ, E. Inequality in the long run. *Science*, v.344, n.6186, p.838-842, maio 2014.

PINTO SERVA, M. *A reforma eleitoral*. São Paulo: Livraria Zenith, 1931.

PINTO, A. Factores estructurales y modalidades del desarrollo; su incidencia sobre la distribución del ingreso. *Revista Latinoamericana de Ciencias Sociales*, n.4, dez. 1972.

PINTO, M. S.; OLIVEIRA, J. C. de. Crescimento Pró-Pobre: Análise dos Estados Brasileiros entre 1995 e 2007. Revista de Economia Contemporânea, v.14, n.2, p.327-358, maio-ago. 2010.

PINTOR, A. Modernización, escuela e identidad en América Latina. *Investigación y Desarrollo*, n.11, p.106-121, jul. 2000.

PIRES, J. M. *A invenção da lista aberta:* o processo de implantação da representação proporcional no Brasil. Biblioteca digital da Câmara dos Deputados, 2009.

PIRES, R. R. (Org.). *Efetividade das instituições participativas no Brasil:* estratégias de avaliação. v.7. Brasília: Ipea, 2011.

______.; VAZ, A. C. N. *Participação faz diferença?* Uma avaliação das características e efeitos da institucionalização da participação nos municípios brasileiros. A dinâmica da participação local no Brasil. São Paulo: Cortez, 2010.

PORTO, W. C. *O voto no Brasil*. 2.ed. Rio de Janeiro: Topbooks, 2002.

PRANDI, R. *Os candomblés de São Paulo:* a velha magia na metrópole nova. São Paulo: Hucitec/Edusp, 1991.

PRATA, P. R. A transição epidemiológica no Brasil. *Cadernos de Saúde Pública*, v.8, n 2, p.168-175, 1992.

PRZEWORSKI, A. *Democracy and the Limits of Self-Government*. New York: Cambridge University Press, 2010.

______. et al. *Democracy and development:* Political Instituions and well-being in the world, 1950-1990. New York: Cambridge University Press, 2000.

QUILODRÁN, J. La vida conyugal en América Latina: contrastes y semejanzas. In: CONFERENCIA DE EL POBLAMIENTO DE LAS AMÉRICAS, Vera Cruz. *Actas...* Paris: International Union for the Scientific Study of Population, 1992.

______. Un modelo de nupcialidade postransicional en América Latina? In: BINSTOCK, G.; VIEIRA, J. M. (Orgs.). *Nupcialidad y familia en la America Latina actual.* 1.ed. Alap, 2011, p.11-34. Serie Investigaciones, 11.

RAFTERY, A.; HOUT, M. Maximally Maintained Inequality: Expansion, Reform, and Opportunity in Irish Education, 1921-75. *Sociology of Education*, v.66, n.1, 1993.

RAJKUMAR, A. S.; SWAROOP, V. Public spending and outcomes: Does governance matter? Washington: World Bank, 2002. Policy research working paper, n.2840.

RAMIREZ, F.; WOTIPKA, C. M. Slowly but surely? The global expansion of women's participation in Science and Engineering Fields of study, 1972-92. *Sociology of Education*, n.74, p.231-51, 2001.

RAVALLION, M. Income Inequality in the Developing World. *Science*, v.344, n.6186, pp.851-855, maio 2014.

REIS, E. P. Percepções da elite sobre pobreza e desigualdade. *Revista Brasileira de Ciências Sociais*, v.15, n.42, p.143-152, 2000.

REIS, E.; CHEIBUB, Z. B. Pobreza, Desigualdade e Consolidação Democrática. *Dados*, v.36, n.2, p.233-260, 1993.

REIS, J. G. A.; BARROS, R. P. Desigualdade salarial e distribuição de educação: a evolução das diferenças regionais no Brasil. *Pesquisa e Planejamento Econômico*, v.20, n.3, p.415-478, 1990.

REIS, M. R.; CRESPO, A. R. V. *Race Discrimination in Brazil:* an analysis of the age, period and cohort effects. Rio de Janeiro: Ipea, 2005. Texto para discussão, n.1.114.

REZENDE, S.; HELLER, L. *O saneamento no Brasil.* Políticas e interfaces. Belo Horizonte: UFMG/Ingenium, 2002.

RIBEIRO, C. A. C. Classe, raça e mobilidade social no Brasil. *Dados*, v.49, n.4, p.833-873, 2006.

______. Desigualdade de oportunidades e resultados educacionais no Brasil. *Dados*, v.54, n.1, p.41-87, 2011.

______. *Desigualdade de oportunidades no Brasil.* Belo Horizonte: Argvmentvm Editora Ltda., 2009.

RIBEIRO, E. C. B. de A.; ALMEIDA, E. S. de. Convergência Local de Renda no Brasil. *Economia Aplicada*, v.16, n.3, p.399-420, 2012.

RIBEIRO, L. *Dos cortiços aos condomínios fechados*. Rio de Janeiro: Civilização Brasileira, 1997.

RIBEMBOIM, J.; MOREIRA, F. G. L. O fenômeno da chegada urbana em contraponto ao do êxodo rural durante a segunda metade do século XX. In: ENCONTRO NACIONAL DE ESTUDOS POPULACIONAIS, 16, Caxambu. *Anais*... Belo Horizonte: Abep, 2008.

RIGOTTI, J. I. Dados censitários e técnicas de análise das migrações no Brasil: avanços e lacunas. In: CUNHA, J. M. P. (Org.). *Mobilidade espacial da população:* desafios teóricos e metodológicos para o seu estudo. Campinas: Nepo/Unicamp, 2011.

RIOS NETO, E. L. G. Passado, presente e futuro da fecundidade: uma visão de idade, período e coorte. *Revista Brasileira de Estudos de População*, v.17, n.1-2, p.5-15, 2000.

______. Questões emergentes na análise demográfica. *Revista Brasileira de Estudos de População*, v.22, n.2, p.371-408, 2005.

______. et al. Análise da evolução de indicadores educacionais no Brasil: 1981 a 2008. Brasília: Ipea, 2010. Texto para discussão, n.386.

ROCHA, R.; SOARES, R. R. *Evaluating the Impacts of Community-Based Health Interventions:* Evidence from Brazil's Family Health Program. IZA Discussion Paper, n.4119. Bonn: The Institute for the Study of Labor, abr. 2009.

RODRIGUES, L. M. *Industrialização e atitudes operárias*. São Paulo: Brasiliense, 1970.

RODRÍGUEZ WONG, L.; CARVALHO, J. A. M. de. Age-structural transition in Brazil. Demographic bonuses and emerging challenges. In: POOL, I.; WONG, L. R.; VILQUIN, É. (Eds.). *Age-structural transitions:* challenges for development. Paris: Committee for International Cooperation in National Research in Demography, 2006. p.159-200.

ROKSA, J.; VELEZ, M. When studying schooling is not enough: Incorporating employment in models of educational transitions. *Research in Social Stratification and Mobility*, n.28, 2010.

RYDER, N. The cohort as a concept in the study of social change. *American Sociological Review*, v.30, n.6, p.843-861, 1965.

SANCHIS, P. As tramas sincréticas da história: sincretismo e modernidades no espaço luso-brasileiro. *Revista Brasileira de Ciências Sociais*, v.10, n.28, jun. 1995.

______. Religião, religiões... Alguns problemas do sincretismo no campo religioso brasileiro. In: SANCHIS, P. (Org.). *Fiéis e cidadãos*: percursos de sincretismo no Brasil. Rio de Janeiro: EDUERJ, 2001, p.9-58.

SANTOS, W. G. *Cidadania e justiça*. Rio de Janeiro: Campus, 1979.

SASSEN, S. *The global city:* New York, London and Tokio. 2.ed. Princeton: Princeton University Press, 2001.

SCATENA, J. H. G.; TANAKA, O. Y. Os instrumentos normalizadores no processo de descentralização da saúde. *Saúde e Sociedade*, v.10, n.2, 2001.

SCHOR, S.; BORIN, M. Cortiços adaptados e concebidos na cidade de São Paulo. *São Paulo em Perspectiva*, São Paulo, Fundação Seade, v.11, n.1, p.152-159, jan.-mar. 1997.

SEGATTO, J. A República e a Light. *Memória da Eletropaulo*, v.2, n.2, 1989.

SEN, A. *Desenvolvimento como liberdade*. São Paulo: Companhia das Letras, 1999.

SHAVIT, Y.; BLOSSFELD, H. P. *Persistent Inequality*. Changing Educational Attainment in Thirteen Countries. Boulder: Westview Press, 1993.

SHAVIT, Y.; YAISH, M.; BAR-HAIM, E. *The Persistence of Persistent Inequality*, 2005. Mimeografado.

SILVA, D. F.; LIMA, M. Raça, gênero e mercado de trabalho. *Estudos Afro-Asiáticos*, Rio de Janeiro, v.23, p.97-111, 1992.

SILVA, L. (Org.). *O que mostram os indicadores sociais sobre a pobreza na década perdida*. Brasília: Ipea, 1992. Relatório de pesquisa Ipea.

SILVA, N. do V. Cor e processo de realização socioeconômica. In: HASENBALG, C.; SILVA, N. V. (Eds.). *Estrutura social, mobilidade e raça*. Rio de Janeiro: Vértice, 1988.

______. Updating the cost of not being white in Brazil. In: FONTAINE, P. M. (Org.). *Race, Class and Power in Brazil*. v.1. 1.ed. Los Angeles: UCLA/CAAS, 1986. p.42-55.

SILVA, V. G. da. *Orixás da metrópole*. 1.ed. Petrópolis: Vozes, 1995.

SILVEIRA NETO, R. Impacto do programa Bolsa Família sobre a frequência à escola: estimativas a partir de informações da Pesquisa Nacional por Amostra de Domicílio (PNAD). In: CASTRO, J. A. de; MODESTO, L. (Orgs.) *Bolsa Família 2003-2010:* avanços e desafios. Brasília: Ipea, 2010. p.25-52.

SILVEIRA, F. G. et al. *Fiscal Equity:* Distributional Impacts of Taxation and Social Spending in Brazil. Brasília, 2013. Working paper do International Policy Center for Inclusive Growth, n.115.

SINGER, P. Força de trabalho e emprego no Brasil, 1920-1969. São Paulo, *Cadernos Cebrap*, n.3, 1971.

______. Migrações internas: considerações teóricas sobre o seu estudo. In: MOURA, H. (Org.). *Migração interna*: textos selecionados. Fortaleza: Banco do Nordeste do Brasil S.A., 1980.

______.; CAMPOS, O.; OLIVEIRA, E. M. *Prevenir e curar:* O controle social através dos serviços de saúde. Rio de Janeiro: Forense Universitária, 1988.

SNIS (Sistema Nacional de Informações sobre Saneamento). *Diagnóstico do manejo de resíduos sólidos, 2010*. Brasília: Ministério das Cidades, 2012. Disponível em:

<www.snis.gov.br/PaginaCarrega.php?EWRErterterTERTer=93>. Acesso em: 29 jul. 2013.

______. *Diagnóstico dos serviços de água e esgotos, 2010*. Brasília: Ministério das Cidades, 2011. Disponível em: <www.snis.gov.br/PaginaCarrega.php?EWRErterterTERTer=95>. Acesso em: 29 jul. 2013.

SOARES, S. S. D. *Distribuição de Renda no Brasil de 1976 a 2004 com ênfase entre 2001 e 2004*. Brasília: Ipea, 2006. Texto para discussão, n.1166.

______. *O perfil da discriminação no mercado de trabalho:* homens negros, mulheres brancas e mulheres negras. Brasília: Ipea, 2000. Texto para discussão, n.769.

______. O ritmo na queda da desigualdade no Brasil é aceitável? *Revista de Economia Política*, v.30, n.3 (119), p.364-380, jul.-set. 2010.

______. *PNAD 2009. Primeiras análises:* distribuição de renda entre 1995 e 2009. Comunicados Ipea, Brasília, n.63.

______.; FONTOURA, N. O.; PINHEIRO, L. *Tendências recentes na escolaridade e no rendimento de negros e de brancos*. Brasília: Ipea, 2000.

SOARES, S.; DE SOUZA, P. H. G. F.; OSÓRIO, R. G.; SILVEIRA, F. G. Os impactos do benefício do programa Bolsa Família sobre a desigualdade e a pobreza. In: CASTRO, J. A. de; MODESTO, I. (Orgs.). *Bolsa Família 2003-2010:* avanços e desafios. Brasília: Ipea, 2010. p.25-52.

______.; FONTOURA, N.; PINHEIRO, L. Tendências recentes na escolaridade e no rendimento de negros e de brancos. In: BARROS, R. P.; FOGUEL, M. N.; ULYSSEA, G. (Orgs.). *Desigualdade de renda no Brasil:* uma análise da queda recente. v.2. Brasília: Ipea, 2007. p.285-304.

SOKOLOFF, K. L.; ENGERMAN, S. L. Lessons from history. Institutions, factor endowments, and paths of development in the new world. *Journal of Economic Perspectives*, v.14, n.3, p.217-232, Summer 2000.

SOUSA, A.; HILL, K.; DAL POZ, M. Sub-national assessment of inequality trends in neonatal and child mortality in Brazil. *International Journal for Equity in Health*, v.9, p.1-10, 2010.

SOUZA, B. M. de. *A experiência da salvação:* pentecostais em São Paulo. São Paulo: Duas Cidades, 1969.

SOUZA, G. A. A. de. Difusión de prácticas para limitar la procreación: momentos, mecanismos y determinantes. *Notas de Población*, v.61, p.9-28, 1995.

SOUZA, J. *A construção social da subcidadania: para uma sociologia política da modernidade periférica*. Belo Horizonte: Editora da UFMG, 2003.

SPENCER, S. J.; STEELE, C. M. Stereotype Threat and Women's Math Performance. *Journal of Experimental Social Psychology*, n.35, p.4-28, 1999.

STARK, R.; IANNACCONE, L. A supply-side reinterpretation of the "secularization" of Europe. *Journal for the Scientific Study of Religion*, 1994.

STEELE, C. M. A threat in the air: How stereotypes shape intellectual identity and performance. *American Psychologist*, v.52, n.6, p.613-629, jun. 1977.

STEINER, J. E. Conhecimento: gargalos para um Brasil no futuro. *Estudos Avançados*, v.20, n.56, p.75-90, 2006.

STEPAN, A. Para uma nova análise comparativa do federalismo e da democracia: Federações que restringem ou ampliam o poder do *demos*. *Dados*, v.42, n.2, p.197-252, 1999.

SZWARCWALD, C. L.; LEAL, M. C.; ANDRADE, C. L. T.; SOUZA JR., P. R. B. Estimação da mortalidade infantil no Brasil: o que dizem as informações óbitos e nascimentos do Ministério da Saúde? *Cadernos de Saúde Pública*, 18, p.1725-36, 2002.

TASCHNER, S.; BALTRUSIS, N. Um olhar sobre a habitação em São Paulo. In: CARDOSO, A. (Org.). *Habitação social nas metrópoles brasileiras*. Rio de Janeiro: Ippur/Habitare, 2007.

TATAGIBA, L. Conselhos gestores de políticas públicas e democracia participativa: aprofundando o debate. *Revista de Sociologia e Política*, n.25, p.209-213, 2005.

______. *Os conselhos gestores e a democratização das políticas públicas no Brasil*. Sociedade civil e espaços públicos no Brasil. São Paulo: Paz e Terra, 2002.

TEIXEIRA, F.; MENEZES, R. (Orgs.). *Catolicismo no plural*. Petrópolis: Vozes, 2009.

THEIL, H. *Statistical decomposition analysis:* with applications in the social and administrative sciences. Amsterdam/London: North-Holland Publishing Company, 1972.

THERBORN, G. *Between sex and power:* family in the world, 1900-2000. London: Routledge, 2004.

______. Meaning, mechanisms, patterns and forces: an introduction. In: THERBORN, G. (Ed.). *Inequalities of the world:* new theoretical frameworks, multiple empirical approaches. Verso: London/New York, 2006.

THIESENHUSEN, W. C.; MELMED-SANJAK, J. Brazil's Agrarian Structure: Changes from 1970 through 1980. *World Development*, v. 18, n.3, p.393-415, 1990.

TILLY, C. *La desigualdad persistente*. Buenos Aires: Editoriales Manancial, 2006.

TINBERGEN, J. *Income distribution:* analysis and policies. Amsterdam: North Holland, 1975.

TOILPAN, R.; TINELLI, A. *A controvérsia sobre distribuição de renda e desenvolvimento*. Rio de Janeiro: Zahar Editores, 1978.

TORCHE, F. Economic Crisis and Inequality of Educational Oportunity in Latin America. *Sociology of Education*, v.83, n.2, 2010.

TRAVASSOS, C.; OLIVEIRA, E. X. G. de; VIACAVA, F. Desigualdades geográficas e sociais no acesso aos serviços de saúde no Brasil: 1998 e 200. *Ciência & Saúde Coletiva*, v.11, n.4, p.975-986, 2006.

TRIBUNAL SUPERIOR ELEITORAL. *Dados Estatísticos*. Vários Volumes. Brasília: Departamento de Imprensa Nacional, 1973.

______. *Perfil do eleitorado brasileiro*. Brasília: Subsecretaria de Informações Eleitorais, 1989.

TROELTSCH, E. Igreja e seitas. *Religião e Sociedade*, Rio de Janeiro, ISER, 14/3, 1987.

UNITED NATIONS. *Manual X:* indirect techniques for demographic estimation. New York: Department of International Economic and Social Affairs, 1983. Population Studies, n.81.

VALLADARES, L. (Org.). *Habitação em questão*. Rio de Janeiro: Zahar, 1980.

VALLE SILVA, N. Expansão escolar e estratificação educacional no Brasil. In: VALLE SILVA, N.; HASENBALG, C. (Org.). *Origens e destinos:* desigualdades sociais ao longo da vida. Rio de Janeiro: Topbooks, 2003.

______.; SOUZA, A. M. Um modelo para a análise da estratificação educacional no Brasil. *Cadernos de Pesquisa*, Fundação Carlos Chagas, n.58, 1986.

VALLET, L. A. *The Dynamics of Inequality of Educational Opportunity in France:* Change in the Association Between Social Background and Education in Thirteen Five-Year Birth Cohorts (1908-1972). 2004. Trabalho apresentado na reunião do Comitê de pesquisa da Associação Sociológica Internacional (ISA) em Estratificação e Mobilidade Social, Neuchâtel, Suiça, 2004.

VAN DE KAA, D. The idea of a second demographic transition in industrialized countries. In: WELFARE POLICY SEMINAR, 6, Tokyo. *Proceedings*... Tokyo: National Institute of Population and Social Security, 2002. Disponível em: <http://websv.ipss.go.jp/webj-ad/WebJournal.files/population/2003_4/Kaa.pdf>. Acesso em: 24 fev. 2013.

VAN DER WERFHORST, H. G. Fields of study, acquired skills, and the wage benefit from a matching job. *Acta Sociol.*, v.45, n.4, p.287-303, 2002.

______.; KRAYKAMP, G. Four field-related educational resources and their impact on labor, consumption and sociopolitical orientation. *Sociology of Education*, v.74, n.4, p.296-317, 2001.

VAZ, L. *Modernidade e moradia*. Habitação coletiva no Rio de Janeiro, séculos XIX e XX. Rio de Janeiro: 7 Letras/Faperj, 2002.

VERBA, S.; SCHLOZMAN, K. L.; BRADY, E. H. *Voice and equality:* Civic voluntarism in American politics. London: Cambridge University Press, 2005.

VIANNA, L. W. *Liberalismo e sindicato no Brasil*. Rio de Janeiro: Paz e Terra, 1976.

VICTORA, C. G. Intervenções para reduzir a mortalidade infantil pré-escolar e materna no Brasil. *Revista Brasileira de Epidemiologia*, 4, p.3-69, 2001.

VIEIRA, J. M. Transição para a vida adulta no Brasil: análise comparada entre 1970 e 2000. *Revista Brasileira de Estudos de População*, v.25, p.27-48, 2008.

______.; MIRET, P. Transición a la vida adulta en España: una comparación en el tiempo y en el territorio utilizando el análisis de entropía. *Revista Española de Investigaciones Sociológicas*, v.131, p.75-107, 2010.

WAGSTAFF, A. Child health on a dólar a day: Some tentative cross-country comparisons. *Social Science and Medicine*, v.57, n. 9; p.1529-1538, 2003.

WAJNMAN, S. O crescimento da atividade feminina nos anos noventa no Brasil. In: ENCONTRO NACIONAL DE ESTUDOS POPULACIONAIS, 10, Caxambu. *Anais*... Caxambu: Abep, 1998. Disponível em: <http://www.abep.nepo.unicamp.br/docs/anais/pdf/1998/a224.pdf>. Acesso em: 28 fev. 2013.

WHO. *Action on the social determinants of health*: Learning from previous experience. Background paper. Geneva. March 2005.

WILKINSON, R. G. *Mind the Gap:* Hierarchies, health and Human Evolution. London: Weidenfeld and Nicolson, 2000.

______. *Unhealthy Societies:* The Afflictions of Inequality. London: Routledge, 1996.

WILLEMS, E. *Followers of the New Faith*: Culture Change and the Rise of Protestantism in Brazil and Chile. Vanderbilt University Press, 1967.

WORLD BANK. World Development Indicators 2013. Washington, 2013. Disponível em: <http://wdi.worldbank.org/tables>.

WU, X. Economic Transition, School Expansion and Education Inequality in China, 1990-2000. *Research in Social Stratification and Mobility*, n.28, 2010.

XIE, Y.; SHAUMAN, K. A. *Women in Science:* career processes and outcomes. Cambridge: Harvard Univ. Press, 2003.

YANG, Y. et al. The intrinsic estimator for age-period-cohort analysis: what it is and how to use it. *American Journal of Sociology*, v.113, n.6, 2008.

YOUNG, F. W. An explanation of the persistent doctor-mortality association. *Journal of Epidemiology and Community Health*, 55, p.80-84, 2001.

SOBRE O LIVRO

Formato: 16 x 23 cm
Mancha: 27,6 x 44 paicas
Tipologia: Iowan Old Style 10,5/15
Papel: Offset 75 g/m² (miolo)
Cartão Supremo 250 g/m² (capa)
1ª edição: 2015
4ª reimpressão: 2020

EQUIPE DE REALIZAÇÃO

Capa
Estúdio Bogari

Edição de texto
Ana Maria Fiori (Copidesque)
Mariana Pires (Revisão)

Editoração Eletrônica
Sergio Gzeschnik

Assistência Editorial
Alberto Bononi